Forschungen zum Alten Testament

Herausgegeben von
Bernd Janowski (Tübingen) · Mark S. Smith (New York)
Hermann Spieckermann (Göttingen)

44

Karin Finsterbusch

Weisung für Israel

Studien zu religiösem Lehren und Lernen im
Deuteronomium und in seinem Umfeld

Mohr Siebeck

Karin Finsterbusch, geboren 1963; 1982–1989 Studium der Evangelischen Theologie; 1985–1994 Studium der Judaistik; 1994 Promotion im Fach Neues Testament; 2004 Habilitation im Fach Altes Testament;1993–2000 Tätigkeit als Vikarin und Pfarrvikarin in der Evang. Landeskirche in Württemberg; Berufung zum WS 03/04 an die Evang. Fachhochschule Bochum, Berufung zum Sommersemester 04 an die Universität Koblenz-Landau; seit April 2004 Professorin für Altes Testament und seine Didaktik in Landau.

ISBN 3-16-148623-4
ISSN 0940-4155 (Forschungen zum Alten Testament)

Die Deutsche Bibliothek verzeichnet diese Publikation in der Deutschen Nationalbibliographie; detaillierte bibliographische Daten sind im Internet über *http://dnb.ddb.de* abrufbar.

© 2005 Mohr Siebeck Tübingen.

Das Werk einschließlich aller seiner Teile ist urheberrechtlich geschützt. Jede Verwertung außerhalb der engen Grenzen des Urheberrechtsgesetzes ist ohne Zustimmung des Verlags unzulässig und strafbar. Das gilt insbesondere für Vervielfältigungen, Übersetzungen, Mikroverfilmungen und die Einspeicherung und Verarbeitung in elektronischen Systemen.

Das Buch wurde von Selignow Verlagsservice in Berlin aus der Adobe Times gesetzt, von Gulde-Druck in Tübingen auf alterungsbeständiges Werkdruckpapier gedruckt und von der Großbuchbinderei Josef Spinner in Ottersweier gebunden.

Vorwort

Bei der vorliegenden Monographie handelt es sich um die leicht überarbeitete Fassung meiner im März 2003 eingereichten und im Sommersemester 2004 von der Evangelisch-Theologischen Fakultät der Universität Tübingen angenommenen Habilitationsschrift. Im Interesse einer zügigen Publikation wurde auf die Einarbeitung der nach März 2003 erschienenen Literatur verzichtet. Mein Dank gilt zuallererst Prof. Dr. Bernd Janowski. Er hat die Arbeit wohlwollend begleitet und zahlreiche wertvolle Anregungen gegeben. Herrn Prof. Dr. Erhart Blum danke ich für ein instruktives Zweitgutachten. Bedanken möchte ich mich sodann bei den Herausgebern der Reihe Forschungen zum Alten Testament (Prof. Dr. B. Janowski, Prof. Dr. Mark S. Smith und Prof. Dr. H. Spieckermann) für die Aufnahme des Buches in die Reihe sowie bei dem Verlag Mohr Siebeck für die verlegerische Betreuung. Die Entstehung der Arbeit wäre nicht möglich gewesen ohne ein Habilitationsstipendium der DFG; die DFG gewährte zudem einen Druckkostenzuschuss. Wertvolle Hilfestellungen erhielt ich im Rahmen des Tübinger Doktoranden- und Habilitandenkolloquiums (Prof. Janowski), namentlich erwähnt seien Dörte Bester, Dr. Alexandra Grund und Dr. Kathrin Liess. Besonders bedanken möchte ich mich bei Prof. Dr. N. Lohfink, der mir die Gastteilnahme an der Jahrestagung der Arbeitsgemeinschaft der deutschsprachigen katholischen Alttestamentlerinnen und Alttestamentler vom 2.–5. September 2002 in Brixen zum Thema „Neue Zugänge zum Buch Deuteronomium" ermöglicht hat. Ihm wie auch Prof. Dr. G. Braulik verdanke ich manchen wichtigen exegetischen Hinweis. Prof. Dr. H.-J. Fabry und Prof. Dr. U. Rüterswörden danke ich für vielfältige Unterstützung in Bonn, meinem Wohnort während der Habilitation. Für Ermutigung und Begleitung danke ich herzlich den Freunden Dr. Frances Back, Prof. Dr. Armin Lange und Dr. Annkathrin Pöpel sowie meiner Familie, insbesondere meiner Mutter Ilse Finsterbusch und meinem Mann Prof. Dr. Dr. Udo Benzenhöfer. Ihm, dem „Knuck", sowie einem gewissen Dr. S. auf der Fensterbank sei die Arbeit gewidmet.

Bonn, im Oktober 2004

Inhalt

Abkürzungsverzeichnis und Zeichenliste XIII

Kapitel 1: Einleitung 1

1.1. Zum Thema der Arbeit 1
1.2. Stand der Forschung 2
1.3. Zur Methodik 9
    1.3.1. Zur synchronen Betrachtungsweise 9
    1.3.2. Zur Auswahl der behandelten Stellen im Buch
           Deuteronomium 11
    1.3.3. Zur Konturierung der dtn Lehr- und Lernkonzeption 12
1.4. Zur Gliederung 13

*Kapitel 2: Religiöses Lehren und Lernen
im Umfeld des Deuteronomiums* 15

2.1. Hoffnung auf die Zukunft:
Religiöses Lehren und Lernen im Jesajabuch 15
    2.1.1. Jes 1,17: Lernt, Gutes zu tun 17
    2.1.2. Jes 2,3.4: JHWH wird die Völker weisen und sie werden keinen
           Krieg mehr lernen 19
    2.1.3. Jes 8,16: Die Versiegelung der Tora in den Prophetenschülern 21
    2.1.4. Jes 9,14: Der Prophet, der Lüge weist 23
    2.1.5. Jes 26,9.10: Die Bewohner des Erdkreises lernen
           Gerechtigkeit 24
    2.1.6. Jes 26,16: JHWHs Züchtigung als Erziehung 27
    2.1.7. Jes 28,9: Die Lehrtätigkeit von Priester und Prophet 28
    2.1.8. Jes 28,26: JHWH erzieht und unterweist den Landmann 29

2.1.9.	Jes 29,13: Ihre JHWH-Furcht – nur angelerntes Menschengebot	32
2.1.10.	Jes 29,24: Die Murrenden werden Vernunft lernen	33
2.1.11.	Jes 30,20: JHWH als Unterweiser seines Volkes	34
2.1.12.	Jes 48,17: JHWH lehrt Israel, was nützt	36
2.1.13.	Jes 50,4: JHWH gab mir eine Zunge von Schülern	38
2.1.14.	Jes 54,13: Die Kinder Jerusalems als Schüler und Schülerinnen JHWHs	40
2.1.15.	Jes 59,21: Die Worte des Propheten im Munde seiner Nachkommenschaft	41
2.1.16.	Ergebnisse	43
2.2.	Erklärung der Vergangenheit: Religiöses Lehren und Lernen im Jeremiabuch	46
2.2.1.	Jer 2,33: Bosheiten lehrtest du deine Wege	48
2.2.2.	Jer 5,4f.: Den Geringen ist der Weg JHWHs nicht bekannt	50
2.2.3.	Jer 6,8: Lass dich erziehen, Jerusalem	52
2.2.4.	Jer 9,4.13.19: Falsche Lehre in Israel und die Konsequenzen	53
2.2.5.	Jer 10,2: Zum Weg der Völker hin lernt nicht	57
2.2.6.	Jer 10,24: Israels Bitte um maßvolle Züchtigung	58
2.2.7.	Jer 12,16: Die Nachbarvölker sollen Israels Wege lernen	60
2.2.8.	Jer 13,23: Könnt ihr Gutes tun, die ihr Belehrte im bösen Tun seid?	63
2.2.9.	Jer 30,11.14; 31,18: JHWHs Züchtigung und Israels Antwort	64
2.2.10.	Jer 31,34: Nicht mehr wird einer den anderen belehren	71
2.2.11.	Jer 32,33: JHWH als erfolgloser Lehrer seines Volkes	76
2.2.12.	Ergebnisse	78
2.3.	Weisheit für das Leben: Religiöses Lehren und Lernen im Proverbienbuch	82
2.3.1.	Prov 1,1–7: Das Proverbienbuch als Lehrbuch	84
2.3.2.	Prov 1,8–19: Die Eltern als Lehrer ihres Sohnes	87
2.3.3.	Prov 3,11f.: JHWH als väterlicher Erzieher	91
2.3.4.	Prov 4,4.11: Die Unterweisung des Vaters und des Weisheitslehrers	94
2.3.5.	Prov 5,13: Nicht hörte ich auf die Stimme meiner Lehrer	99

2.3.6.	Prov 8,10: Die Weisheit als Lehrerin		101
2.3.7.	Prov 9,7–9: Der unbelehrbare Hochmütige und der lernwillige Weise		103
2.3.8.	Prov 22,17–21: Eröffnung des „heutigen" Unterrichts durch einen Weisheitslehrer		105
2.3.9.	Prov 30,3: Agur – ein Weiser, der keine Weisheit lernte		108
2.3.10.	Prov 31,1: Die Königinmutter als Lehrerin ihres Sohnes		110
2.3.11.	Ergebnisse		111

Kapitel 3: Religiöses Lehren und Lernen im Buch Deuteronomium 117

3.1.	Moses Erklärung der Tora (Dtn 1–4)			117
	3.1.1.	Buchüberschrift und erste Rede des dtn Mose (Dtn 1,1–4,40)		117
		3.1.1.1.	Dtn 1,1–5: Die Überschrift des Bucherzählers	117
		3.1.1.2.	Dtn 1,6–3,29: Moses Rückblick auf die Ereignisse seit dem Horeb	123
		3.1.1.3.	Dtn 4,1–40: Moses Lehre des Tuns der Satzungen und Rechtsvorschriften	128
	3.1.2.	Belegstellen für religiöses Lehren und Lernen in Dtn 1–4		148
		3.1.2.1.	Dtn 1,5: Mose begann, diese Tora zu erklären	149
		3.1.2.2.	Dtn 4,1: Ich lehre euch zu tun die Satzungen und Rechtsvorschriften	149
		3.1.2.3.	Dtn 4,5: Ich werde euch gelehrt haben Satzungen und Rechtsvorschriften	149
		3.1.2.4.	Dtn 4,9: Bringe die Horebereignisse deinen Kindern zur Kenntnis	151
		3.1.2.5.	Dtn 4,10: Ich will sie hören lassen meine Worte, damit sie mich fürchten lernen, und sie sollen ihre Kinder lehren	153
		3.1.2.6.	Dtn 4,14: Mir gebot JHWH, euch Satzungen und Rechtsvorschriften zu lehren	155
		3.1.2.7.	Dtn 4,36: Er hat dich hören lassen seine Donnerstimme, um dich zu erziehen	157
3.2.	Der Lehrauftrag für Mose am Horeb (Dtn 5)			158
	3.2.1.	Aufbau und Inhalt von Dtn 5		158
	3.2.2.	Belegstellen für religiöses Lehren und Lernen in Dtn 5		159
		3.2.2.1.	Dtn 5,1: Hört, lernt und tut sorgfältig die Satzungen und Rechtsvorschriften	159

		3.2.2.2.	Dtn 5,31: Du sollst Israel die Satzungen und Rechtsvorschriften lehren 161
3.3.	Moses Lehre der Satzungen und Rechtsvorschriften (Dtn 6–26) 169
	3.3.1.	Fünf Lehrreden des dtn Mose (Dtn 6,1–26,16) 170
		3.3.1.1.	Dtn 6,1–7,11: Die erste Lehrrede (Liebe und Gehorsam) 170
		Exkurs 1:	Die Thesen von N. Lohfink zum Aufbau von Dtn 6,10–25 176
		3.3.1.2.	Dtn 7,12–8,20: Die zweite Lehrrede (Segen und Gehorsam) 185
		Exkurs 2:	Der Abschnitt Dtn 7,17–26 188
		3.3.1.3.	Dtn 9,1–10,11: Die dritte Lehrrede (Gabe des Landes trotz Ungehorsam) 199
		3.3.1.4.	Dtn 10,12–11,32: Die vierte Lehrrede (Leben im Land nur in Gehorsam) 213
		3.3.1.5.	Dtn 12,1–26,16: Die fünfte Lehrrede (Die Satzungen und Rechtsvorschriften) 225
		Exkurs 3:	Zur Bedeutung der Satzungen und Rechtsvorschriften 229
	3.3.2.	Belegstellen für religiöses Lehren und Lernen in Dtn 6–26 .. 239
		3.3.2.1.	Dtn 6,1: JHWH gebot, euch die Satzungen und Rechtsvorschriften zu lehren 239
		3.3.2.2.	Dtn 6,7: Du sollst diese Worte deinen Kindern wiederholt vorsprechen 239
		3.3.2.3.	Dtn 6,20–25: Wenn dich dein Kind morgen fragt .. 249
		3.3.2.4.	Dtn 8,5: Du sollt erkennen, dass dich JHWH erzieht wie ein Mann seinen Sohn 253
		3.3.2.5.	Dtn 11,2: Ihr sollt heute die Erziehung JHWHs erkennen 256
		3.3.2.6.	Dtn 11,19: Ihr sollt meine Worte eure Kinder lehren 259
		3.3.2.7.	Dtn 14,23: Du sollst den Zehnten vor JHWH essen, damit du lernst, JHWH zu fürchten 263
		3.3.2.8.	Dtn 17,10 f.: Du sollst handeln gemäß der Weisung, die sie dich weisen 267
		3.3.2.9.	Dtn 17,19: Der König soll täglich in der Tora lesen, damit er lernt, JHWH zu fürchten 271
		3.3.2.10.	Dtn 18,9: Du sollst nicht lernen, gemäß den Greueln dieser Völker zu tun 275
		Exkurs 4:	Der Prophet – Lehrer von JHWHs Worten? .... (Dtn 18,18) 276

	3.3.2.11.	Dtn 20,18: Die Völker sollen dich nicht lehren, gemäß ihrer Greuel zu tun 277
	3.3.2.12.	Dtn 24,8: Ihr sollt tun gemäß allem, was euch die levitischen Priester weisen 279

3.4. Ein weiterer Lehrauftrag für Mose in Moab
und abschließende Lehraufträge für Israel (Dtn 27–34) 281
    3.4.1. Aufbau und Inhalt von Dtn 27–34 281
    3.4.2. Belegstellen für religiöses Lehren und Lernen in Dtn 27–34 . 284
        3.4.2.1. Dtn 30,14: Nahe ist dir das Wort in Mund und Herz 285
        3.4.2.2. Dtn 31,12: Du sollst das Volk versammeln, damit es hört und lernt 287
        3.4.2.3. Dtn 31,13: Ihre Kinder, die nicht wissen, sollen hören und lernen, JHWH zu fürchten 292
        3.4.2.4. Dtn 31,19.22: Lehre Israel dieses Lied 294
        Exkurs 5: Das Geschichtswissen der Väter und der Alten (Dtn 32,7) 298
        3.4.2.5. Dtn 32,46: Ihr sollt euren Kindern das Tun dieser Worte gebieten 300
        3.4.2.6. Dtn 33,10: Die Leviten werden weisen JHWHs Rechtssprüche und seine Weisung 303

3.5. Ergebnisse 306
    3.5.1. Mose als Lehrer der Tora 306
    3.5.2. Israel als Lehr- und Lerngemeinschaft 308
    3.5.3. Die Weisungsbefugnis bestimmter Autoritäten 312
    3.5.4. JHWH als Erzieher seines Volkes 312
    3.5.5. Semantischer Befund 313

Kapitel 4: Schluss 315

Literaturverzeichnis 317
Bibelstellenregister 347

Abkürzungsverzeichnis und Zeichenliste

Soweit nicht anders angegeben, wird nach S. M. SCHWERTNER, Theologische Realenzyklopädie. Abkürzungsverzeichnis, Berlin/New York ²1994, abgekürzt. Zusätzlich werden folgende Abkürzungen verwendet:

hif.	Hifil
nif.	Nifal
pi.	Piel
pu.	Pual
q.	Qal
VTE	Vassal Treaties of Esarhaddon
WBC	World Biblical Commentary
ZAR	Zeitschrift für altorientalische und biblische Rechtsgeschichte.

In den Übersetzungen werden folgende Zeichen verwendet:

< >	Textänderung gegenüber MT.
[ ]	Im MT vorhandenes Wort, das zu streichen ist.
( )	Im Deutschen notwendige Ergänzung.

Kapitel 1

Einleitung

1.1. Zum Thema der Arbeit

In seiner Studie „Das kulturelle Gedächtnis. Schrift, Erinnerung und politische Identität in frühen Hochkulturen" beschrieb der Ägyptologe und Kulturwissenschaftler J. ASSMANN das Deuteronomium „als Gründungstext einer Form kollektiver Mnemotechnik, die in der damaligen Welt etwas vollkommen Neuartiges darstellte und mit einer neuen Form von Religion zugleich auch eine neue Form kultureller Erinnerung und Identität fundierte."[1] Laut ASSMANN wurde im Buch Deuteronomium „eine Erinnerungskunst entwickelt, die auf der Trennung von Identität und Territorium basiert. Worauf es im Deuteronomium ankommt, ist die Zumutung, sich *im* Land an Bindungen zu erinnern, die außerhalb des Landes eingegangen sind und ihren Ort in einer extraterritorialen Geschichte haben: Ägypten – Sinai – Wüste – Moab. Die eigentlich fundierenden ‚lieux de mémoire' liegen außerhalb des Gelobten Landes. Damit wird eine Mnemotechnik fundiert, die es möglich macht, sich *außerhalb* Israels an Israel zu erinnern, und das heißt, auf den historischen Ort dieser Ideen bezogen: im babylonischen Exil Jerusalem nicht zu vergessen [...]. Wer es fertigbringt, in Israel an Ägypten, Sinai und Wüstenwanderung zu denken, der vermag auch in Babylonien an Israel festzuhalten."[2]

ASSMANN fand im Deuteronomium acht verschiedene Verfahren kollektiver Mnemotechnik, vier davon in Dtn 6,6–9:[3] 1. *Bewusstmachung* – Einschreibung ins eigene Herz (Dtn 6,6); 2. *Erziehung* – Weitergabe an die folgenden Generationen (Dtn 6,7); 3. *Sichtbarmachung* – Denkzeichen auf der Stirn (Dtn 6,8); 4. *Limitische Symbolik* – Inschrift auf den Türpfosten (Dtn 6,9); 5. *Speicherung und Veröffentlichung* – Inschrift auf gekalkten Steinen (Dtn 27,2–8); 6. *Feste der kollektiven Erinnerung* – die drei großen Versammlungs- und Wallfahrtsfeste, an denen „alles Volk, groß und klein" vor dem Angesicht JHWHs zu erscheinen hat (Dtn 16); 7. *Mündliche Überlieferung*, d. h. Poesie als Kodifikation der Geschichtserinnerung (Dtn 31,19–21); 8. *Kanonisierung des Vertragstextes* (Tora) als Grundlage „buchstäblicher" Einhaltung (Dtn 31,9–13).

---

[1] Assmann, Gedächtnis, S. 212.
[2] Assmann, Gedächtnis, S. 213.
[3] Assmann, Gedächtnis, S. 219–221.

Die Ausführungen ASSMANNs zum Deuteronomium waren wichtig, da er die Relevanz der im Deuteronomium erwähnten Verfahren kulturell geformter Erinnerung im Hinblick auf die Bewahrung von Identität aufzeigen konnte. Aus alttestamentlicher Sicht ist die Bedeutung des Deuteronomiums für dieses Thema damit jedoch noch nicht zureichend erfasst.[4] ASSMANN beachtete weder das im Deuteronomium dominante mosaische Lehren, noch schenkte er den vielfältigen Bestimmungen zu religiösem Lehren und Lernen die gebührende Aufmerksamkeit – was im Rahmen seiner Publikation, die sich ja nicht schwerpunktmäßig mit dem Deuteronomium befasste, sondern dem Vergleich der drei Mittelmeerkulturen Ägypten, Israel und Griechenland galt, auch nicht möglich war.

Das Deuteronomium, so die These der vorliegenden Untersuchung, enthält nicht nur zum großen Teil Reden des Mose, die sich als Lehre bezüglich der Tora charakterisieren lassen, sondern es enthält auch ein regelrechtes, den Israelitinnen und Israeliten gebotenes Lehr- und Lernprogramm. Beides ist in der Hebräischen Bibel einmalig: Mose erscheint sonst nicht als Lehrer und es existiert – obwohl Lehren und Lernen auch in anderen biblischen Schriften thematisiert werden[5] – kein vergleichbares Programm, das dem Ziel dienen könnte, die religiöse Identität Israels nachhaltig zu fundieren und zu sichern.

1.2. Stand der Forschung

Literatur zum Thema religiöses Lehren und Lernen im Deuteronomium gibt es kaum, auch breiter angelegte Untersuchungen zu Lehren und Lernen in der Hebräischen Bibel, die das Deuteronomium einbeziehen, fehlen nahezu vollständig.[6] Im Folgenden sind deshalb nur fünf Titel zu besprechen.

E. SCHAWE legte 1979 mit seiner Dissertation „Gott als Lehrer im Alten Testament" eine „semantisch-theologische" Studie vor. Er wollte „anhand einiger biblischer Ausdrücke für ‚Lehren'" erschließen, „was das AT meint, wenn es

---

[4] Vgl. dazu schon Braulik, Gedächtniskultur, S. 119–121.
[5] Vgl. die Ausführungen unten zu Jesaja, Jeremia und dem Proverbienbuch.
[6] Auf Spezialstudien zu einzelnen für das Thema relevanten Stellen, so etwa zu Dtn 6,7 und 6,20–25, kann hier nicht eingegangen werden. Sie werden bei der Exegese der jeweiligen Stelle vermerkt. In der allgemeinen Literatur zu den Themen Erziehung, Familie, Kinder in der Hebräischen Bibel wird auf das Deuteronomium nur gelegentlich verwiesen, vgl. Kraus, Erziehung; Crenshaw, Education; Delkurt, Erziehung; Koerrenz, Pädagogik; Wolff, Anthropologie, S. 259–269; Müller, Mitte, S. 123 ff.; Blenkinsopp, Family; Perdue, Family; Gillmayr-Bucher, Hoffnung; Fischer, Kinder; Crüsemann, Anwalt. Hinzuweisen ist noch auf Lexikonartikel zu den wichtigsten hebräischen Begriffen in Bezug auf Lehren und Lernen למד und למוד, ירה III hif. und מורה, יסר und מוסר im THAT und im ThWAT, die naturgemäß keine ausführlichen Exegesen der einschlägigen Stellen enthalten; zur Bedeutung der Verben למד und ירה III hif. siehe auch noch Jenni, Piel, S. 119–122, und Willi, Juda, S. 95–99.

vom Lehren Gottes spricht"[7]. Als semantische Grundlage wählte SCHAWE „aus der Fülle der Vokabeln, die allgemein mit ‚lehren' übersetzt werden"[8], die drei wichtigsten Verben aus, nämlich למד pi., ירה III hif. und יסר pi., wobei er auch das Derivat מוסר berücksichtigte. Um das Bedeutungsfeld „dieser Vokabeln möglichst umfassend und exakt in den Griff bekommen zu können", analysierte er nicht nur Texte, „in denen Gott das Satzsubjekt ist, sondern auch solche, die ein anderes Satzsubjekt als Gott haben"[9]. Seine Exegesen, die auch mehrere dtn Texte betrafen, fielen angesichts der Fülle von zu besprechenden Stellen allerdings denkbar knapp aus, der Kontext wurde kaum berücksichtigt. Daher ist sowohl der semantische als auch der theologische Ertrag der Dissertation eher dürftig.[10] Sie blieb kaum zufällig nahezu ohne Wirkung.

N. LOHFINK veröffentlichte 1987 den richtungsweisenden Aufsatz „Der Glaube und die nächste Generation. Das Gottesvolk der Bibel als Lerngemeinschaft", wobei der Schwerpunkt der Ausführungen auf dem Deuteronomium lag. LOHFINK zeichnete zunächst ein düsteres Bild der fortschreitenden staatlichen Zeit. „Dort, wo gelernt wurde, in den Schulen, wurde nicht der Glaube gelernt. Dort, wo er ohne Lernsysteme einfach im Vollzug des Lebens hätte weitergegeben werden können [z. B. in den Familien], entschwand er fast unbemerkt aus der Gestalt des Lebens." In dieser geschichtlichen Konstellation kam es nach LOHFINK zu dem Versuch, den Glauben Israels durch Lernen wieder stark zu machen: „Als in Jerusalem sowohl dem Staat als auch dem Jahweglauben das Wasser bis zum Hals stand, griff man also auf das mit der radikalen Alleinverehrung Jahwes gekoppelte Gesellschaftsideal der vorstaatlichen Zeit zurück. Man versuchte, den Staat so umzumodeln, daß er, ohne aufzuhören, Staat zu sein, doch zugleich neu als Jahwegesellschaft bezeichnet werden konnte. Dem diente zweifellos die Zentralisation des Jahwekultes in Jerusalem. [...] Doch wie konnte man die neue Konzeption auch in den Hirnen der Menschen durchsetzen? Natürlich stand dem Staat die Macht zur Verfügung. Bei Joschija wuchs sie sogar im gleichen Maß, in dem die Macht des zerfallenen Assyrerreiches verblaßte. Trotzdem konnte Zwang nicht genügen. Es ging ja um die Schaffung eines neuen Bewußtseins. Und hier ist nun die Stelle, wo zum erstenmal in der Geschichte Israels zugunsten des Jahweglaubens geradezu technokratisch zum

---

[7] Schawe, Lehrer, S. 3.
[8] Schawe, Lehrer, S. 4.
[9] Schawe, Lehrer, S. 4.
[10] Als Beispiel sei hier nur auf Schawes semantischen Ertrag bezüglich למד pi. eingegangen. Er hebt das „geschlossene und spezielle Bedeutungsfeld von lmd pi." hervor, „nämlich die Bedeutung von lmd pi. im Dtn, wo es meistens ‚das Promulgieren und Verkünden von Gesetzen' durch Mose bedeutet", a. a. O., S. 264. Doch von den insgesamt zehn Belegen des Verbs למד pi. im Deuteronomium lassen sich dafür nur fünf reklamieren. Dass למד pi. nicht einfach nur „promulgieren" bedeutet, hätte Schawe unter anderem bei seiner Exegese von Dtn 6,1 auffallen müssen: Auf die mosaische Ankündigung zum Lehren der Gebote in Dtn 6,1 folgen nämlich keine Gebote.

‚Lernen' gegriffen wurde."[11] Da nach LOHFINK im einzelnen schwer zu klären ist, was aus vorexilischer und was aus exilischer Zeit stammt, nahm er „das Buch und seine Lernkonzeption als eine Einheit"[12].

Nach LOHFINK lassen sich im Deuteronomium vier Formen von vorgeschriebenem Glaubenlernen ausmachen: So schreibe Dtn 6,4–9 „textorientiertes Lernen" vor (erste Form); Dtn 26,5–10.13–15 und Dtn 6,21–25 enthielten Anweisungen zu „situationsorientiertem" und „situationsreflektierendem" Lernen des Glaubens (zweite Form); Dtn 31,10–13 sei eine Anweisung zu einem „festlichen Lernritual" (dritte Form); als vierte Form des Lernens bestimmte LOHFINK das „Lernen [des sog. Moseliedes] gewissermaßen auf Vorrat für den Katastrophenfall"[13]. LOHFINK bemerkte ausdrücklich, dass mit seinen Ausführungen „noch lange nicht alles gesagt [ist], was im Zusammenhang mit dem Deuteronomium vom Thema ‚Lehren und Lernen' zu berichten wäre. Denn neben diesen Ortsanweisungen für das Lernen in der vom Deuteronomium angezielten Synthese von Staat und Jahwegesellschaft gibt es nun auch noch so etwas wie eine alles fundierende Theologie des Lernens. Jahwe ist der große, göttliche Erzieher Israels. Mose ist der große archetypische Lehrer Israels. Es gibt ferner bestimmte Rollen in Israel, die bezüglich der Tora besondere Aufgaben übernehmen: Priester, König und Propheten. Und schließlich müßte das Wort Tora, diese Selbstbezeichnung des Deuteronomiums, näher untersucht werden."[14] Diese und andere Themen sind also noch zu entfalten. So müsste auch die dtn Sprachregelung für Lehren und Lernen untersucht und die Frage nach der Bedeutung religiösen Lehrens und Lernens für das Buch Deuteronomium insgesamt gestellt werden.

D. VETTER veröffentlichte 1989 in der Festschrift für C. WESTERMANN den Beitrag „Lernen und Lehren. Skizze eines lebenswichtigen Vorgangs für das Volk Gottes". Die Skizze enthält einen knappen historisch ausgerichteten Durchgang von den Propheten bis hin zu den neutestamentlichen Gemeinden. In Bezug auf die Propheten resümierte VETTER: „Im Nordreich und auch in Jerusalem hatten die Propheten ihre Stimmen erhoben, als die für die lehrmäßige Pflege Verantwortlichen [insbesondere die Priester] ihrer Pflicht nicht oder nur unzureichend nachgekommen waren und die Gemeinde Gottesdienste feierte, ohne noch an den Gotteswillen gewöhnt zu sein."[15]

---

[11] Lohfink, Glaube, S. 152f.
[12] Lohfink, Glaube, S. 153. Lohfink bemerkte dazu noch: „Das muß keine Verfälschung sein. Der Gesellschaftsentwurf des Deuteronomiums wurde nach dem Exil nicht verwirklicht. Aus den Heimkehrenden wurde kein Staat. Das exilische Deuteronomium ist gerade unter den uns interessierenden Aspekten der lehrenden Vermittlung des Glaubens nicht eine Weiterentwicklung aufgrund neuer Erfahrungen, sondern eher nur reflektierender Ausbau des Ansatzes aus der joschijanischen Zeit. Es gibt keinen inneren Bruch."
[13] Lohfink, Glaube, S. 154–160.
[14] Lohfink, Glaube, S. 160.
[15] Vetter, Lernen, S. 225.

Anschließend ging VETTER kurz auch auf das Deuteronomium ein: „In den dtn. Paränesen meldeten sich Theologen aus Israel bzw. Juda zu Wort, die eindringlich vor einem Vergessen der göttlichen Forderungen *und damit Gottes selbst* warnten [...]. Gottes Willensoffenbarung sollte wieder zum gegenwärtigen ‚Wissen' Israels werden. Das darauf ausgerichtete Bemühen umfaßte zwei Aspekte: das Weitergeben und das Annehmen, Teile eines umfassenden Geschehens. [...] Die Träger dieser Konzeption legitimierten den für Israel als lebenswichtig erkannten Prozeß der Gewöhnung an die Willensäußerung Gottes mit der Autorität des Mose, der die Israeliten nur lehrte, was Gott selbst ihm am Horeb aufgetragen hatte [...]. In die mit Mose begonnene Traditionskette fügten sie unmittelbar alle Israeliten ein: sie sind verpflichtet, ihre Kinder an die konkrete Willenskundgebung zu gewöhnen. [...] Die Beteiligung der Familie an der Unterweisung erachteten die dtn. Kreise als so wichtig, daß sie das elterliche Lehren sprachlich gleich dem des Mose an die Seite stellten [durch den Gebrauch von *lmd* pi.], die den levitischen Priestern obliegende Pflicht davon aber begrifflich abhoben (17,10f; 24,8; 33,10: *jrh* III hi. ‚unterrichten, lehren')."[16] VETTER hielt ausdrücklich fest: „Diese Beobachtung stellt jedoch den gottesdienstlichen Zusammenhang als Ausgangsort allen Lehrens und Lernens keineswegs in Frage; die Verbindung von kultischen und Unterrichtsaufgaben im Priesteramt blieb als Anspruch bestehen (33,10). Aber aus den Erfahrungen mit diesem System, dessen Unzulänglichkeiten und Versagen in bestimmter Zeit schon die Propheten des 8. Jh.s aufgedeckt hatten, zogen die reformwilligen Priester-Theologen die Konsequenz, die Elternhäuser in die vergegenwärtigende Bewahrung der überlieferten Lehrstoffe einzubeziehen."[17]

VETTER ging davon aus, dass zur Klärung des pädagogischen Auftrags der Familie bzw. der Priester im Deuteronomium die Beachtung der unterschiedlichen Verwendung der Verben למד pi. und ירה III hif. beitragen könne. Er bekräftigte dabei eine These von E. JENNI[18] und bemerkte: „Der die substantielle Handlung markierende Hi.-Stamm von *jrh* III bleibt der priesterlichen als der normalen, sachgemäß-zuständigen Belehrung vorbehalten, während die Unterweisung des Mose als eine einmalige und sogar der elterliche Unterricht als eine außergewöhnliche Handlung durch die Pi.-Formen von *lmd* vermittelt wird, die sich akzidentiell auf ihr Objekt beziehen. Hierin zeichnet sich die Auffassung ab, daß die Familie als Ort des Lehrens und Lernens darauf angewiesen ist, daß die hier Lehrenden Lernende bleiben."[19] VETTER wies zu Recht auf die zentrale Bedeutung der dtn Bestimmungen bezüglich der familiären Unterweisung hin. Seine „Klärung" dieses pädagogischen Auftrags war jedoch insofern problema-

---

[16] Vetter, Lernen, S. 225.
[17] Vetter, Lernen, S. 225.
[18] Jenni, Piel, S. 119–122. Zur These von Jenni siehe Anm. 564 zu Dtn 11,19 (3.3.2.6.).
[19] Vetter, Lernen, S. 226.

tisch, da sie nicht auf einer Exegese der Texte beruhte, sondern sich auf eine These bezüglich der Verben למד pi. und ירה III hif. stützte. Übersehen wurde nicht nur, dass die mit den Verben verbundenen Lehraufträge ganz verschiedene (Lebens)Bereiche betreffen, übersehen wurde auch, dass das familiäre Lehren in dtn Perspektive keinesfalls als „akzidentiell" zu beurteilen ist. Insofern sind die Aussagen VETTERs kritisch zu bewerten.

G. BRAULIK knüpfte in seinem 1993 veröffentlichten Aufsatz „Das Deuteronomium und die Gedächtniskultur Israels. Redaktionsgeschichtliche Beobachtungen zur Verwendung von למד" an J. ASSMANN und N. LOHFINK an. „Anhand der auf ihren engsten Kontext beschränkten Belege von למד" wollte BRAULIK „einige, vor allem redaktionsgeschichtliche, Beobachtungen zur Mnemotechnik des Dtn beisteuern"[20]. Natürlich war die Lernkultur des Deuteronomiums, so BRAULIK, nicht auf den Gebrauch von למד beschränkt; die Konzentration auf dieses Verb begründete er damit, dass „keine andere Schrift des Alten Testaments [...] in größerer Dichte למד [benutzte], das wichtigste Verb für ‚Lehren' und ‚Lernen', als das Dtn; innerhalb des Pentateuch ist die Wurzel überhaupt nur in diesem Buch belegt."[21] BRAULIK ordnete die entsprechenden Lehr- bzw. Lernstellen folgenden Schichten zu: I. Ein vor-dtr Text (6,6*–9); II. Dtr Texte aus der Vorexilszeit (5,31; 6,1; 5,1; 11,18–21; 31,9–13); III. Dtr Texte aus der Exilszeit: (14,23; 17,19; 18,9; 20,18; 31,19.22); IV. Eine dtr Schicht aus der ausgehenden Exilszeit (4,1.5.10.14).

Die redaktionsgeschichtliche Entwicklung der dtn-dtr „Theologie des Lehrens und Lernens" im Wandel der Gesellschaft wurde auf dieser Grundlage wie folgt skizziert: „6,6*–9 zu Beginn der joschijanischen Vertragsurkunde möchte mit dem allgegenwärtigen Rezitieren des Mosegesetzes das ganze Volk in die dtn Gesellschaftsordnung sozialisieren. Der Ort dieses Lernens ist nicht mehr die Schule, sondern die Familie."[22] In Bezug auf die dtr Texte aus der Vorexilszeit hielt BRAULIK fest: „Die früh-dtr. Horeberzählung, die der ältesten Lernparänese bald vorausgestellt wurde, autorisiert Mose in 5,31 und 6,1 als den von Jahwe beauftragten archetypischen Lehrer. [...] Schließlich rückt 11,18–21 [...] die Belehrung der Kinder ins Zentrum und verheißt dafür ein langes Leben im gelobten Land. Nach der mosaischen Gesetzesverkündigung werden in 31,10–13 die levitischen Priester und Ältesten Israels dazu verpflichtet, am Laubhüttenfest des Brachjahres die Toraschrift in einem öffentlichen Lernritual vorzutragen. Beim Hören und Wiederholen dieser Sozialordnung im Kult, dem zweiten Ort des Lernens, erfährt ganz Israel wie einst in Moab Jahwefurcht und

---

[20] Braulik, Gedächtniskultur, S. 121. Braulik hielt allerdings fest: „Bei der gegenwärtigen literarkritischen Diskussion, die weder in der Methodik noch bei den Ergebnissen einen Konsens kennt, müssen verschiedene meiner Thesen hypothetisch bleiben."
[21] Braulik, Gedächtniskultur, S. 120.
[22] Braulik, Gedächtniskultur, S. 142.

kann seine gesellschaftliche Welt neu leben."[23] Die aus der Exilszeit stammenden Belege des dtn Kodex (14,23 und 17,19) beziehen sich nach BRAULIK ebenfalls auf die Jahwefurcht, die Israel bzw. der König jetzt aber aus einer konkreten Praxis, dem Opfer bzw. der Torameditation, lernen soll. Letztlich geht es, so BRAULIK – auch in 18,9 und 20,18 – um die Verwirklichung des ersten Gebots. In Bezug auf Dtn 31,19.22 konstatierte BRAULIK nur, dass Mose nach der Gesetzesverkündigung von Jahwe beauftragt wird, Israel ein Lied für den Katastrophenfall des Exils zu lehren. Das in der Spätexilszeit der Torapromulgation programmatisch vorangestellte Kapitel 4 betont nach BRAULIK das Hören und Lehren der Gesetze (V. 1.5.14), damit Israel überleben kann. „Vor allem aber muß es die Jahwefurcht, die es in der Horebtheophanie von Jahwe selbst gelernt hat, als eigene Erfahrung an die kommenden Generationen weitervermitteln (V. 10). So geht es dem Dtn zuerst und zuletzt um das Lehren und Lernen eines gesellschaftsbezogenen ‚Glaubens'."[24] BRAULIK hat ohne Zweifel eine Fülle von wichtigen, auch in synchroner Perspektive verwertbaren Beobachtungen zu den einzelnen Texten geliefert (auch wenn ihm nicht in allen Punkten zu folgen ist).[25] Kritisch ist jedoch anzumerken, dass durch die Konzentration auf das Verb למד relevante Aspekte des religiösen Lehrens und Lernens im Deuteronomium, die erst zusammen ein „Programm" ergeben, nicht in den Blick kamen.

Die fünfte einschlägige Arbeit mit dem Titel „Religiöse Erziehung im alten Israel" stammt von G. WANKE. WANKE unternahm 1994 den Versuch einer Rekonstruktion des historischen Phänomens Erziehung im alten Israel. Im Hinblick auf die vorexilische Zeit müsste man, so WANKE, annehmen, dass sich die Erziehungsbedingungen im Israel der vorstaatlichen Zeit nicht unwesentlich von denen der staatlichen Zeit unterschieden haben. Denn es spreche eigentlich alles dafür, dass es nach der Umformung Israels in einen Territorialstaat mit königlicher Zentralgewalt ein *öffentliches* Interesse an der Erziehung und Bildung der Jugend gegeben und sich dieses in einem entsprechend organisierten Erziehungswesen niedergeschlagen habe. Doch gibt es nach WANKE bei kritischer Betrachtung der Quellen keinen schlüssigen Beweis für die Existenz von Schulen im alten Israel. „Damit ist aber – grundsätzlich gesehen – hinsichtlich des Erziehungswesens die Differenz zwischen dem vorstaatlichen und dem staatlichen Israel unbedeutend. Als einziger Unterschied ist festzuhalten, daß es in Jerusalem eine Ausbildung von Beamten gegeben haben muß, ohne die ein zentralistisches Staatswesen nicht auskommt. Doch es ist nicht zu erkennen, welche besonderen Auswirkungen diese Beamtenschulung auf die religiöse Erziehung in

---

[23] Braulik, Gedächtniskultur, S. 142.
[24] Braulik, Gedächtniskultur, S. 143.
[25] So geht es m. E. in Dtn 6,7 nicht um „Rezitieren" und in Dtn 4,1 nicht um die Lehre der Gesetze (die in Dtn 4,2 ff. nicht folgen). Auch liegt der Grund für die mehrfache Betonung des Hörens und Lehrens in Dtn 4 wohl nicht nur darin, dass Israel überleben kann – um das Überleben Israels geht es auch an vielen anderen Stellen im Deuteronomium.

Israel gehabt haben könnte. So kann man im großen und ganzen davon ausgehen, daß die für die Königszeit ermittelten Sachverhalte auch für die vorstaatliche Zeit gelten können, zumal die für die Vermittlung der religiösen Traditionen des alten Israel zuständigen Institutionen und Personenkreise in beiden Epochen die gleichen gewesen sein werden."[26] Als Institutionen nannte Wanke die Familie sowie die Heiligtümer und die an ihnen tätigen Priesterschaften: „Neben der Versorgung des Heiligtums und der ordnungsgemäßen Durchführung kultischer Verrichtungen dürften die Priester [...] auch für die Unterweisung des Volkes zuständig gewesen sein."[27]

Ein entscheidender Wandel dieser Situation und damit auch ein entscheidender Wandel in der religiösen Erziehung trat nach Wanke mit der endgültigen Auslöschung des judäischen Staatswesens durch die Babylonier, also mit der Exilszeit, ein. In dieser Situation verschafften sich die Deuteronomisten Gehör: „Nachdem in den Augen der Deuteronomisten die bis dahin maßgeblichen Institutionen des Staates und des Kultus hinsichtlich der religiösen Erziehung des Volkes versagt haben, verwundert es nicht, daß sie in ihrem pädagogischen Bemühen um die Neuvermittlung der Jahweweisungen der Institution der Familie besonderes Gewicht beimaßen."[28] Die religiöse Unterweisung blieb nach Wanke freilich nicht auf die Familie beschränkt, denn der Levispruch des sog. Mosesegens wies den Leviten eine wichtige Rolle in der religiösen Unterweisung des Volkes zu. „Schließlich ist noch ein recht auffälliger Ort der religiösen Unterweisung im Deuteronomium erwähnt (Dtn 31,10–13): Alle sieben Jahre soll bei einer großen Festversammlung am Laubhüttenfest die den Priestern als Nachkommen Levis übergebene Weisung dem Volk laut vorgetragen werden. [...] Auch hier ist zu beobachten, daß die Unterweisung in der Torah und ihr Lernen ganz bewußt auch im kultischen Bereich verankert werden soll. Religiöse Unterweisung wird also zur Aufgabe des Tempels."[29] Somit resümierte Wanke: „Der wesentliche Unterschied zwischen der religiösen Erziehung in vorexilischer Zeit und der in nachexilischer Zeit ist nicht an den beteiligten Institutionen abzulesen, sondern besteht in der fast durchgängigen Ausrichtung der Unterweisung am Gesetz und in der Betonung des Lernens desselben."[30]

Problematisch erscheint, dass Wanke zwar die wichtigsten an religiöser Unterweisung beteiligten Institutionen im Deuteronomium aufführte, aber zu wenig auf ihre im Text erwähnten spezifischen Aufgaben einging. Zumindest im Hinblick auf die vielfältigen Bestimmungen des dtn Lehrens und Lernens (die Wanke im Rahmen seiner Fragestellung nicht weiter aufgriff) lässt sich auch das Urteil nicht aufrecht erhalten, dass sich religiöse Unterweisung fast durch-

---

[26] Wanke, Erziehung, S. 56.
[27] Wanke, Erziehung, S. 57. Wanke verwies dabei auf II Reg 17,27f.; Hos 4,4–6 und Jer 2,8.
[28] Wanke, Erziehung, S. 59f.
[29] Wanke, Erziehung, S. 61.
[30] Wanke, Erziehung, S. 61.

gängig am Gesetz ausrichtet: kein Lernen des Gesetzes ohne Lernen der JHWH-Furcht und Kenntnis der Geschichte JHWHs mit seinem Volk.

Zusammenfassend ist festzuhalten, dass eine eingehende Analyse der dtn Aussagen zu religiösem Lehren und Lernen bisher aussteht, die vorliegende Untersuchung schließt hier eine Forschungslücke. Für die Würdigung des dtn Lehrens und Lernens kann im Übrigen die viel diskutierte Frage nach der Existenz von „Schulen" im vorexilischen Israel, die in den Beiträgen von LOHFINK, BRAULIK und WANKE anklang, offen bleiben.[31]

1.3. Zur Methodik

Hinsichtlich der Methode sind Bemerkungen in Bezug auf drei Punkte notwendig: 1. Zur synchronen Betrachtungsweise; 2. Zur Auswahl der behandelten Stellen im Deuteronomium; 3. Zur Auswahl der biblischen Texte, die zur Konturierung der dtn Lehr- und Lernkonzeption dienen sollen.

1.3.1. Zur synchronen Betrachtungsweise

Die Untersuchung sowohl des Buches Deuteronomium als auch der übrigen ausgewählten Texte (zur Auswahl siehe 1.3.3.) wird, entsprechend der Studie von N. LOHFINK, synchron erfolgen. H. UTZSCHNEIDER/S. A. NITSCHE fassten die Unterschiede zwischen Diachronie und Synchronie wie folgt zusammen: „‚Diachron' wird jede Exegese genannt, die die Entstehungsverhältnisse und -geschichte (Literargeschichte) eines vorliegenden Textes im Auge hat. ‚Synchron' kann zunächst jede Exegese heißen, die irgendeinen Text ohne Rücksicht auf seine literargeschichtliche Genese in einem bestimmten – synchronen – Kom-

---

[31] Von der Existenz von Schulen in vorexilischer Zeit gehen z. B. aus Klostermann, Schulwesen; Dürr, Erziehungswesen; Hermisson, Spruchweisheit, S. 113 ff.; Lang, Schule und Unterricht; Lemaire, Les écoles; Davies, Israel; Fox, Art. Erziehung. Skeptisch äußern sich diesbezüglich etwa Golka, Weisheitsschule; Haran, Diffusion; Dietrich, Königszeit, S. 180 f.; vgl. auch noch die zurückhaltenden Äußerungen von Jamieson-Drake, Scribes, S. 136 ff.; Perdue, Family, S. 172 f., und Crenshaw, Silence, S. 85–113. Zu Schulen und Erziehung im Palästina der griechisch-römischen Zeit siehe insbesondere Hezser, Literacy, S. 40–109. Für das Vorhandensein von Schulen in der Königszeit wird in der Literatur vor allem der mutmaßliche Bedarf seitens des Tempels und der königlichen Verwaltung angeführt, weiter einige Inschriften, welche als Unterrichtstexte bzw. Schulaufgaben gedeutet werden können, schließlich die Existenz ägyptischer und mesopotamischer Schulen, von denen auf die Existenz von Schulen in Israel zu schließen sei. Gegen die Existenz von Schulen wird eingewendet, dass sichere (textliche und archäologische) Belege fehlen und dass z. B. die Kunst des Lesens und Schreibens im alten Israel durchaus auch durch ein Famulussystem vermittelt worden sein könnte. Im Hinblick auf das Deuteronomium ist auffällig, dass im Zuge des ausgefeilten Lehr- und Lernprogramms nichts von Schulen und professionellen Lehrern etwa für Kinder verlautet. Zusammenfassend ist festzuhalten: Es gibt derzeit keine sicheren Hinweise darauf, dass es in der Königszeit flächendeckend Schulen für die Bevölkerung gab, in denen literarische Kenntnisse vermittelt wurden.

munikationskontext untersucht. Ein noch spezielleres, aber verbreitetes Verständnis des Begriffes ‚synchroner Exegese' setzt für ‚Text' den vorliegenden ‚End'-text und ist mehr am ‚synchronen' Zusammmenspiel seiner sprachlichen und literarischen Elemente interessiert."[32] Für die vorliegende Untersuchung wurde vor allem aus inhaltlichen Gründen der synchrone Zugang gewählt: Die Frage nach der Bedeutung von religiösem Lehren und Lernen im Deuteronomium ist, so eine der Thesen der Untersuchung, untrennbar mit den im Buch erkennbaren *narrativen Prozessen* verbunden. Als Beispiel sei angeführt, dass der dtn Mose seine Lehre in Bezug auf die Tora im Zuge seiner ersten und zweiten Rede *entfaltet*; die Leserschaft des Buches bzw. – in der Innenwelt des Deuteronomiums – die Hörerschaft des Mose in Moab wird, wenn man so will, *sukzessiv* belehrt. Die Lehre ist als Prozess angelegt, dessen zentrale Aussageintentionen sich nur in der Wahrnehmung der *Gesamtheit* dieses Prozesses erschließen. Von daher ist für die Analyse dieser Lehre eine synchrone Exegese sinnvoll.

J. P. SONNET ging aus ähnlichen Gründen in einem konsequent synchronen Zugang der Bedeutung und Funktion mosaischer Autorschaft im Buch Deuteronomium nach: „In the present study, however, I will avoid the detour through genetic hypotheses, and I will do so for a theoretical reason. Whatever the actual genesis of a narrative work, and whatever the traces this process left behind in the text, the work in question is supposed to provide within itself (within its literary context of interpretation) the elements required for its intelligibility *as a narrative*. Deuteronomy tells the beginning (see 1:5) and the completion (see 31:24; 32:46) of a process, and it is to be presumed that it efficiently brings the reader from the former to the latter point."[33]

Die Wahl des synchronen Zugangs soll nun aber nicht besagen, dass die Texte zu religiösem Lehren und Lernen nicht auch sinnvoll unter diachronen Gesichtspunkten zu betrachten sind.[34] In Bezug auf das Verhältnis von synchronen und diachronen Zugang seien in diesem Zusammenhang einige grundlegende Sätze von E. TALSTRA zitiert, der sich für „a clear order in the complementary appli-

---

[32] Utzschneider/Nitsche, Arbeitsbuch, S. 20. Siehe zum Thema Synchronie und Diachronie auch noch Polzin, Moses, S. 2; Oeming, Hermeneutik, S. 70–75, und die Beiträge in de Moor, Synchronic or Diachronic?; vgl. auch die Anmerkungen von Otto, Mose, S. 328, und Veijola, Deuteronomismusforschung, S. 327, zu der Untersuchung des „Synchronikers" Sonnet, Book. Unlängst hat Sonnet, Book, S. 7, Anm. 11, gegen die Verwendung der Begriffe synchron und diachron Vorbehalte geäußert, „because of their confusing character. Anyone who has approached narratives in a ‚synchronic' way knows how much ‚diachrony' they imply, in their unfolding of a plot throughout represented time (dia-chronos), as in their resorting to an essentially ‚dia-chronic' representing medium (language, in its discrete and linear character). I will instead designate the rise and growth of a given text as its ‚genesis' [...] and call ‚poetics' the representational architectonics of the same text." Die Begriffe synchron und diachron sind mittlerweile aber eingeführt und werden daher auch im Folgenden verwendet, siehe auch Otto, Mose, S. 320, Anm. 1.

[33] Sonnet, Book, S. 7.

[34] Vgl. nur die oben besprochene Studie von Braulik.

cation of methods" ausspricht: „The *first* claim is that synchronic analysis has priority over diachronic analysis. The synchronic analysis searches for both the syntactical and the lexical markers of a textual structure. Within the synchronic analysis observations of ‚form' are prior to conclusions of syntactic ‚function', syntactical observations have priority over lexical ones, which, in their turn, are prior to stylistic observations. The *second* claim is that this linguistic and structural research provides the information needed to enter the diachronic analysis as a necessary second step. There is no need to base diachronic analysis on the readers ‚irritation', or on what traditional critical scholarship prefers to call „*Spannungen und Widersprüche*', because diachronic questioning can start positively on the basis of linguistically observable patterns and on changes of patterns in the text. *Third*, this proposal implies that ideally a text be analysed twice: following the order synchrony – diachrony."[35]

Im Rahmen der vorliegenden Studie ist dieser Maximalanspruch nicht zu erfüllen. Es können jenseits der synchronen Untersuchung nur kurze Bemerkungen zur Diachronie gemacht werden.[36]

Die Grundlage für die synchrone Betrachtung ist im Folgenden der MT.[37] Eine Entscheidung für den MT bedeutet aber keinen Verzicht auf Textkritik. Stellte sich der MT als nicht haltbar heraus, wurde textkritisch eingegriffen.

1.3.2. Zur Auswahl der behandelten Stellen im Buch Deuteronomium

Die Auswahl der für das dtn Lehren und Lernen relevanten Stellen erfolgte in zwei Schritten:

Zuerst wurde – den Anregungen von SCHAWE und BRAULIK folgend – das Deuteronomium im Hinblick auf die wichtigsten hebräischen Begriffe in Bezug auf Lehren und Lernen geprüft: Die Sichtung der Verben למד, ירה III hif. und יסר ergab, dass das Verb למד – zweifellos das wichtigste Verb in der Hebräischen Bibel für Lehren und Lernen – mit siebzehn Belegen, das Verb ירה III hif. mit vier Belegen und das Verb יסר pi. mit fünf Belegen vertreten ist. Die Sichtung ergab weiter, dass bis auf zwei Belege von יסר pi.[38] alle Stellen für das Thema religiöses

---

[35] Talstra, Observations, S. 193.
[36] Diese erfolgen unter Bezugnahme auf vorliegende diachrone Hypothesen zur Entstehungsgeschichte des Deuteronomiums sowie des Jesaja-, Jeremia- und Proverbienbuches. Siehe dazu vor allem die Anmerkungen in den Einleitungs- und Schlussteilen der jeweiligen Hauptabschnitte und Exkurs 2.
[37] Die Unterschiede der Fassungen von MT und LXX sind in Bezug auf das Buch Deuteronomium nicht erheblich. Dies ist in Bezug auf das Jeremiabuch (vgl. die einleitenden Bemerkungen in Teil 2.2.) und das Proverbienbuch (vgl. die einleitenden Bemerkungen in Teil 2.3.) anders, wenngleich sich die Unterschiede hinsichtlich der hier zu untersuchenden Belegstellen für religiöses Lehren und Lernen in Grenzen halten.
[38] In Dtn 21,18 und 22,18 bedeutet יסר pi. jemanden körperlich züchtigen. Hierbei handelt es

Lehren und Lernen relevant sind. Von den abgeleiteten Nomina sind im Deuteronomium nur תורה mit zweiundzwanzig Belegen und מוסר mit einem Beleg vertreten. Nach einer kursorischen Sichtung der Tora-Stellen wurden nur diejenigen berücksichtigt, nach denen die Tora zu lehren und zu lernen ist.[39] Die Stelle, an der מוסר vorkommt, wurde wegen ihrer thematischen Bedeutung aufgenommen.

Anschließend wurden weitere Stellen ausgewählt, die – auch ohne das entsprechende Vokabular zu verwenden – wichtige Aussagen zu religiösem Lehren und Lernen enthalten. So war beispielsweise auf die Anweisungen in Dtn 4,9, Dtn 6,7, Dtn 6,20–25 und Dtn 32,26, die alle die Belehrung von Kindern betreffen, einzugehen.

1.3.3. Zur Konturierung der dtn Lehr- und Lernkonzeption

Um die deuteronomische Konzeption religiösen Lehrens und Lernens konturieren zu können, erschien es notwendig, andere Aussagen zum Thema in biblischen Texten in den Blick zu nehmen. Entsprechend wurden zunächst die Belege des „Leitverbs" für religiöses Lehren und Lernen למד in den Schriften der Hebräischen Bibel geprüft. Es ergab sich, dass das in der Hebräischen Bibel insgesamt 86x vorkommende Verb 9x bei Jesaja, 13x bei Jeremia und 27x im Psalter vertreten ist (wobei 13 Belege auf den vom Deuteronomium beeinflussten Ps 119 fallen). In den anderen Schriften der Hebräischen Bibel kommt das Verb למד jeweils nur selten vor (dies gilt im Übrigen im Großen und Ganzen auch für die Verben ירה III hif. und יסר). Von den abgeleiteten Nomina findet sich תורה 220x in der Hebräischen Bibel; davon kommt es in drei Büchern mehr als 20x vor (Dtn; Ps; Neh), in weiteren Büchern zwischen 10x und 20x (Lev; Num; II Reg; Jes; Jer; Prov; II Chr). Ansonsten ist zu vermerken, dass von den sechs Belegen des Nomens למוד in der Hebräischen Bibel vier auf Jesaja und zwei auf Jeremia entfallen; von den sechs Belegen des Nomens מורה[40] finden sich zwei bei Jesaja. Von den einundfünfzig Belegen des Nomens מוסר entfallen zwei auf Jesaja, acht auf Jeremia und neunundzwanzig auf das Proverbienbuch (hier bezeichnet es jedoch überwiegend profane Strafmaßnahmen).[41] Ansonsten ist das Vorkommen der abgeleiteten Nomina unspezifisch.

---

sich nicht um „religiöse" Belehrung, sondern um profane Strafmaßnahmen. Diese Stellen wurden folglich nicht behandelt.

[39] Siehe z. B. die Exegesen von Dtn 1,5 (3.1.1.1.); 31,12 (3.4.2.2.); Dtn 31,19.22 (3.4.2.4.); Dtn 32,46 (3.4.2.5.) und Dtn 33,10 (3.4.2.6.); vgl. auch 3.5.1. Eine eigene Auswertung des Nomens תורה im Rahmen des „semantischen Befundes" erfolgte nicht.

[40] Gerechnet ohne die drei lokalen Angaben, deren Namen mit dem Nomen מורה verbunden sind, vgl. zu den Belegen Wagner, Art. מורה/ירה III, Sp. 928–930.

[41] Siehe dazu Branson, Art. מוסר/יסר, Sp. 695 f.

Der Psalter, der sich, wie schon G. BRAULIK formulierte, aus inhaltlichen und formalen Gründen „mit dem Dtn nicht recht vergleichen läßt"[42], wurde von der Untersuchung ausgeschlossen. Dagegen wurden das Jesaja- und das Jeremiabuch aufgenommen. Die zu untersuchenden Stellen wurden nach demselben Verfahren wie im Deuteronomium ausgewählt. Die Tora-Stellen wurden nicht vollständig abgehandelt, es genügte hier, auf diejenigen Stellen einzugehen, in denen sich Aussagen über תורה als Objekt religiösen Lehrens und Lernens finden.[43] Lehren und Lernen ist auch im Proverbienbuch zentrales Thema: Das Buch als Ganzes soll, wie aus dem Proömium (Prov 1,1–6) hervorgeht, Lehrbuch für die Weisen und ihre Schüler sein. Deshalb wurde auch das Proverbienbuch berücksichtigt – obwohl die wichtigsten Begriffe für Lehren und Lernen hier nur relativ selten vorkommen.[44]

1.4. Zur Gliederung

In Teil 2 der Untersuchung („Religiöses Lehren und Lernen im Umfeld des Deuteronomiums") sind die Analysen der für das Thema relevanten Texte im Jesajabuch (2.1.), im Jeremiabuch (2.2.) und im Proverbienbuch (2.3.) in kanonischer Reihenfolge enthalten. Jedes der drei Kapitel wird durch eine Übersicht über die wichtigsten Ergebnisse abgeschlossen.

Teil 3 enthält den Hauptteil der Untersuchung („Religiöses Lehren und Lernen im Buch Deuteronomium"). Anders als im Jesaja-, im Jeremia- und im Proverbienbuch ist im Deuteronomium eine Beschränkung auf die Analyse der einzelnen Stellen zum Thema religiöses Lehren und Lernen nicht möglich. Denn im Deuteronomium finden sich nicht nur zahlreiche Stellen zum Thema, sondern auch die Struktur des Buches erschließt sich weitgehend von diesem Thema her. Zu analysieren sind also in Teil 3.1. („Moses Erklärung der Tora") die Buchüberschrift und die im weiteren Sinn als Lehre zu charakterisierende erste Rede des dtn Mose (Dtn 1,1–4,40); es folgt eine Exegese der in diesen Kapiteln enthaltenen Belegstellen für religiöses Lehren und Lernen. In Teil 3.2. („Der Lehrauftrag für Mose am Horeb") ist auf Dtn 5 einzugehen: Nach einem Überblick zu Aufbau und Inhalt des Kapitels schließt sich die Exegese der beiden im Kapitel enthaltenen Belegstellen an. In Teil 3.3. („Moses Lehre der Satzungen und Rechtsvorschriften") werden die fünf Lehrreden in Bezug auf die dtn Gebote genauer betrachtet (Dtn 6,1–26,16), sodann werden die in diesen Lehrreden enthaltenen Belegstellen zu religiösem Lehren und Lernen untersucht. In Teil 3.4. („Ein wei-

---

[42] Braulik, Gedächtniskultur, S. 120, Anm. 8.
[43] Wie im Deuteronomium wurde das Nomen תורה im Rahmen des „semantischen Befundes" nicht berücksichtigt.
[44] Beispielsweise ist von den Verben für Lehren und Lernen das Verb למד im Proverbienbuch nur zweimal vertreten; das Verb ירה III hif. dreimal; das Verb יסר fünfmal.

terer Lehrauftrag für Mose in Moab und abschließende Lehraufträge für Israel") sind die Aussagen zum Thema in den restlichen Kapiteln des Deuteronomiums in den Blick zu nehmen: Zunächst wird ein Überblick über Aufbau und Inhalt von Dtn 27–34 gegeben, sodann folgt die Exegese der Belegstellen für religiöses Lehren und Lernen in diesen Kapiteln. In Teil 3.5. werden die wichtigsten Ergebnisse zum Thema religiöses Lehren und Lernen im Buch Deuteronomium zusammengefasst.

Im Schlussteil des Buches (Teil 4) ist auf die Bedeutung der deuteronomischen Lehr- und Lernkonzeption im Vergleich mit den Aussagen zu Lehren und Lernen in den anderen drei besprochenen Büchern einzugehen.

Kapitel 2

Religiöses Lehren und Lernen im Umfeld des Deuteronomiums

2.1. Hoffnung auf die Zukunft: Religiöses Lehren und Lernen im Jesajabuch

Den komplexen Aufbau und Inhalt des Jesajabuches[1] kann man mit M. A. SWEENEY wie folgt beschreiben: „[...] the structure of the book of Isaiah comprises two major subunits. Chs. 1–33 focus on the projection of YHWH's plans to establish worldwide sovereignty at Zion, and chs. 34–66 focus on the realization of YHWH's plans for the establishment of worldwide sovereignty at Zion."[2] Weiter schreibt Sweeney: „Whereas chs. 1–33 are wholly anticipatory, chs. 34–66 present the process at a current event. The downfall of Edom, the Assyrian monarch, and Babylon, on the one hand, and the rise of Cyrus, on the other, partially fulfill the promises found in chs. 1–33 and support the contention of chs. 34–66 that YHWH's worldwide sovereignty is about to be manifested."[3] Unter Berücksichtigung der vorhandenen Überschriften sowie inhaltlicher Kriterien lassen sich die sechsundsechzig Kapitel genauer wie folgt gliedern:[4]

Jes 1:   Buchüberschrift und Bucheinleitung
Jes 2–12:   „Das Wort, das Jesaja, Sohn des Amoz, schaute über Juda und Jerusalem"

---

[1] Siehe dazu Rendtorff, Komposition; ders.; Complex Unity; ders., Theologie 1, S. 155–186; Clements, Unity; Brueggemann, Unity; Evans, Unity; Webb, Transformation; Clifford, Unity; Vermeylen, L'unité; Tomasino, Composition; Fischer, Tora; Sheppard, Isaiah; Seitz, Isaiah 1–66; Berges, Jesaja; Childs, Isaiah. Vgl. auch die Forschungsüberblicke bei Kilian, Jesaja 1–39; Hardmeier, Jesajaforschung; Sweeney, Recent Research; Jüngling, Jesaja, S. 393–399; Becker, Jesajaforschung.

[2] Sweeney, Isaiah 1–39, S. 44, wendet sich damit gegen die übliche Grobunterteilung des Buches in Jes 1–39 und 40–66. Ähnlich im Übrigen auch schon der Vorschlag von W. H. Brownlee, der von der Beobachtung ausgeht, dass in 1QJes^a zwischen den Kapiteln 33 und 34 eine dreizeilige Lücke existiert, vgl. dazu Berges, Jesaja, S. 16.

[3] Sweeney, Isaiah 1–39, S. 44.

[4] Die hier vertretene Gliederung folgt in modifizierter Form dem Vorschlag von Jüngling, Jesaja, S. 383 (Jes 34–35 werden jedoch nicht zusammen mit Jes 28–33 als Block angesehen). Zu anderen (detaillierteren) Gliederungsvorschlägen siehe die Übersicht bei Berges, Jesaja, S. 15–46. Der Aufbau der Versionen weicht (anders als etwa bei Jeremia und den Proverbien) nicht von dem des MT ab.

16 Kapitel 2: Religiöses Lehren und Lernen im Umfeld des Deuteronomiums

Jes 13–23: „Aussprüche" (über/gegen Völker)
Jes 24–27: (sog.) Jesaja-Apokalypse
Jes 28–33: Wehe-Rufe
Jes 34–35: Ankündigung des Gerichts über Edom und Verheißung der Heimkehr der Zerstreuten zum Zion
Jes 36–39: Jesaja-Hiskija-Erzählungen
Jes 40–55: Aufforderung zur Heimkehr aus Babel und Verheißung der Wiederherstellung Zions
Jes 56–66: Verheißung der inneren Erneuerung der Zionsgemeinde und ihres neuen Verhältnisses zu den Völkern.

Die in Qumran gefundene vollständig erhaltene Jesajarolle 1QJes[a], die zwischen 150 und 100 v. Chr. angefertigt wurde, belegt, dass der (dem MT weitgehend entsprechende) Text des Jesajabuches spätestens in dieser Zeit festlag.[5] Die Endredaktion des Buches ist wohl aber schon im 5. oder 4. Jh. v. Chr. erfolgt; das Jesajabuch enthält demnach aller Wahrscheinlichkeit nach Texte aus mindestens vier Jahrhunderten.[6]

Die wichtigsten Verben, die religiöses Lehren und Lernen bezeichnen (למד, ירה III hif. und יסר), sind im Jesajabuch vergleichsweise häufig vertreten: Es finden sich neun Belege des Verbs למד (למד q.: Jes 1,17; 2,4; 26,9; 26,10; 29,24; למד pi.: 40,14 [2x] 48,17; למד pu.: 29,13) vier des Verbs ירה III hif. (Jes 2,3; 9,14; 28,9; 28,26), einmal begegnet das Verb יסר (יסר pi.: Jes 28,26).[7] Exegesiert werden im Folgenden sieben Belege von למד (Jes 1,17; 2,4; 26,9; 26,10; 29,13;

---

[5] So zusammenfassend Jüngling, Jesaja, S. 393 f.

[6] Sweeney hat in seinem Kommentar, a. a. O., S. 51–60, auch eine „(akzeptable) Gesamthypothese" (Jüngling, Jesaja, S. 398) in Bezug auf die Entwicklung des Jesajabuches vorgestellt, wonach mit vier Hauptstadien zu rechnen ist. Diese seien hier unter besonderer Berücksichtigung der im Folgenden zu exegesierenden Stellen kurz vorgestellt:
1) Worte des historischen Jesaja (in der 2. Hälfte des 8.Jh v. Chr.) finden sich in Jes 1*; 2–4*; 5–10*; 14–23* und 28–32*, unter anderem verfasste der Prophet laut Sweeney Jes 8,16–9,6; 29,15–24 [s. u.] (in der Zeit des sog. syrisch-ephraimitischen Krieges); Jes 9,7–10,4; 29,1–14 (in der Zeit des Falls Samarias); Jes 1,10–18; 28 (in der Zeit der Revolte Hiskijas gegen die Assyrer).
2) Ein joschijanisches Jesajabuch Ende des 7. Jh. enthielt Jes 5–12; 14–23*; 27; 28–32 und 36–37; wobei eine Reihe von Texten für diese Redaktion verfasst wurden, unter anderem Jes 30,19–33.
3) Ende des 6. Jh. entstand im Zusammenhang mit dem Aufbau des zweiten Tempels eine Buchausgabe, die Jes 2–32*; 35–55 und 60–62 enthielt. Obwohl die verantwortliche Redaktion vor allem vorhandenes Material bearbeitete, wurden im Zuge der Redaktion auch mehrere Texte verfasst, unter anderem Jes 2,2–4; 24–26; 48,17–22; 54,1–17.
4) Die Endredaktion erfolgte im 5. Jh. im Zusammenhang mit der Reform von Esra/Nehemia, diese Redaktion zeichnete u. a. verantwortlich für die Komposition von Jes 56–59. – Nicht zuzustimmen ist allerdings der zeitlichen Einordnung von Jes 29,15–24; selbst konservative Exegeten wie Wildberger, Jesaja 28–39, S. 1137, sprechen Jes 29,(17)22–24 dem historischen Jesaja ab; vgl. auch noch Barthel, Prophetenwort, S. 259 f., und Becker, Jesaja, S. 245. Der Abschnitt ist frühestens in die exilische Zeit zu datieren.

[7] Die Verbform ויסרני in Jes 8,11 ist mit der Mehrheit der Exegetinnen und Exegeten von סור hif. und nicht von יסר pi. abzuleiten.

29,24; 48,17),[8] ferner werden alle Stellen besprochen, an denen die Verben ירה III hif. und יסר vorkommen. Von den abgeleiteten Nomina finden sich zwei Belege von מורה (Jes 30,20 [2x]), vier Belege von למוד (Jes 8,16; Jes 50,4 [2x]; Jes 54,13) und zwei Belege von מוסר (Jes 26,16; 53,5).[9] Berücksichtigt werden alle Stellen, an denen die Nomina מורה und למוד vorkommen, in Bezug auf מוסר ist für das Thema religiöses Lehren und Lernen nur Jes 26,16 relevant.

Aufgenommen wurde nach einer gesonderten Durchsicht des Buches noch Jes 59,21, da diese Stelle auf eine Lehrtätigkeit des Propheten und seiner „Nachkommenschaft" hinweist.

2.1.1. Jes 1,17: Lernt, Gutes zu tun

Nach der Buchüberschrift Jes 1,1 bilden Jes 1,2–31 – nach hinten abgegrenzt durch eine zweite Überschrift (Jes 2,1) – eine Art Bucheinleitung.[10] Die Einleitung beginnt mit einer vom Propheten zitierten Anklage JHWHs: Sein Volk lehnt sich gegen ihn auf (V. 2f.). In V. 4–9 thematisiert der Prophet die katastrophalen Folgen dieser Auflehnung: Das Land liegt verwüstet, die Städte sind niedergebrannt. Allein Jerusalem ist übriggeblieben, wobei nur JHWHs Eingreifen verhindert hat, dass die Stadt nicht ganz zerstört wurde. In V. 10 fordert der Prophet die Bewohnerinnen und Bewohner Jerusalems auf, das Wort bzw. die Tora JHWHs zu hören, die er im Folgenden wiedergibt (V. 11–17):[11] Zunächst wird das Missverhältnis zwischen den zahlreichen kultischen Aktivitäten der Bewohnerinnen und Bewohner und ihrer Lebensführung im Alltag scharf kritisiert (V. 11–15). Abschließend werden sie in V. 16f. zu einer Verhaltensänderung aufgefordert.[12] Die

---

[8] Die rhetorischen Fragen in Jes 40,14 (2x למד pi.) werden nicht behandelt, siehe dazu insbesondere Albani, Heerscharen, S. 131 f.; vgl. auch Hiob 21,22 und dazu Diedrich, Überlegungen, S. 61.

[9] Zu dem Nomen Tora siehe oben 1.3.3.

[10] Vgl. schon Fohrer, Jesaja 1, sowie Barth, Jesaja-Worte, S. 217–220; Melugin, Speech, S. 294 ff.; Sweeney, Isaiah 1–4, S. 97–99; Carr, Unity, S. 72 ff.; Williamson, Perspective, S. 224; Barthel, Prophetenwort, S. 54; Becker, Jesaja, S. 176 ff. Die erste Einheit ist nicht Jes 1,1–2,4(5), so etwa Tomasino, Composition; Berges, Jesaja, S. 50 ff.; Loretz, Prolog. Jes 1,1 ist in synchroner Hinsicht Überschrift über das ganze Buch, vgl. etwa Wildberger, Jesaja 1–12, S. 2; Seitz, Isaiah 1–66; Sweeney, Isaiah 1–4, S. 28–30; Gosse, Isaïe 1, S. 65; Fischer, Tora, S. 17.23; Williamson, Perspective, S. 222 ff.; Melugin, Speech, S. 286; Berges, Jesaja, S. 53–56; anders Goldingay, Isaiah (Jes 1,1 sei die Überschrift über Jes 1; Jes 2,1 sei Kolophon). Zu der Überschrift Jes 2,1 siehe unten 2.1.2. (zu Jes 2,3.4).

[11] Die Bestimmung von V. 10–17 als „prophetische Tora-Belehrung", so Berges, Jesaja, S. 58, ist nicht ganz zutreffend, denn der Prophet teilt lediglich *JHWHs* Tora mit; dies auch gegen Fischer, Tora, S. 23: „Im kanonischen Endtext bekommt mit diesem Abschnitt *das ganze Prophetenbuch*, ja sogar der ganze Kanonteil der Schriftpropheten, die Sinnrichtung einer ‚Prophcten-Tora', welche *die* Tora aufgreift und durch das prophetische Wort aktualisiert."

[12] Vgl. zu Jes 1,17 bzw. zu Jes 1,10–17 außer den Kommentaren insbesondere noch Vetter, Lernen, S. 223 f.; Ernst, Kultkritik, S. 152–178; Fischer, Tora, S. 17–23; Wendel, Jesaja, S. 98–123; Kratz, Kultpolemik, S. 106 ff., und Vargon, Background.

beiden Verse weisen m. E. eine klare Struktur auf, insofern sich drei Reihen zu je drei Imperativsätzen erkennen lassen:[13]

16a:	Wascht euch, reinigt euch, entfernt die Bosheit eurer Taten vor meinen Augen!
16b.17aα:	Hört auf, Böses zu tun, lernt, Gutes zu tun, sucht das Recht!
17aβ.b:	Weist den Gewalttätigen[14] zurecht, verschafft Recht der Waise, streitet für die Witwe!

Von Interesse ist hier insbesondere die zweite Reihe (V. 16b.17aα): Die Bewohnerinnen und Bewohner Jerusalems sollen nicht nur beginnen, von dem bösen Tun Abstand zu nehmen,[15] sie sollen lernen, Gutes zu tun (למדו היטב), und sie sollen das Recht suchen (דרשו משפט). Das Verb „lernen" (למד q.) in V. 16a signalisiert, dass man sich um das Tun des Guten bemühen muss: Es kommt nicht von alleine, sondern muss „gelernt" werden – im Sinne einer aktiven und bewussten Einübung.[16]

Was bedeutet nun, Gutes zu tun? Durch den Kontext wird nur angezeigt, dass dies mit Rechtssuche und mit sozialem Verhalten verbunden ist. Es ist aber anzunehmen, dass die Angeredeten wissen, was in JHWHs Augen als „gut" gilt.[17] Sie brauchen diesbezüglich keine „Lehrenden". Sie müssen nur beginnen, ihr vorhandenes Wissen in die gute Tat umzusetzen.

Die Verhaltensänderung und damit auch das Lernen ist, wie der im Anschluss an den Abschnitt V. 10–17 zitierte Aufruf JHWHs in V. 18–20 zeigt, konstitutiv für die Gottesbeziehung und überlebenswichtig: Hören die Angeredeten auf JHWH und ändern sie ihr Verhalten, so wird ihnen ihre Schuld von JHWH vergeben (V. 18) und sie werden von dem Ertrag des Landes leben (V. 19); hören sie nicht auf JHWH, so werden sie „vom Schwert gefressen" werden (V. 20a). Die Aufforderung zur Verhaltensänderung bzw. zum Lernen setzt im Einleitungskapitel des Buches einen starken Akzent – auch wenn in Bezug auf die Änderungsbereitschaft bzw. Lernwilligkeit der Bewohnerinnen und Bewohner Jerusalems gleich Zweifel angemeldet werden (V. 21–31).[18]

---

[13] Dies gegen Ernst, Kultkritik, S. 157 f., der in V. 16 f. keinen klaren poetischen Aufbau erkennt.

[14] Siehe zum masoretischen חָמוֹץ vor allem Barthélemy, Critique textuelle Bd. 2, S. 6 f.

[15] Vgl. zu dem Verb חדל insbesondere Jenni, Strukturunterschiede, S. 126 f. Demnach wäre die genaue Bedeutung eigentlich: „Fangt an, nicht Böses zu tun!"

[16] Vgl. noch Jer 2,33 und 13,23: An beiden Stellen ergeht der Vorwurf, dass das Lehren im Gottesvolk ausschließlich auf Bosheiten bzw. auf böses Tun bezogen ist, siehe die Exegesen zu den Stellen.

[17] Vgl. auch Jes 5,20; Mi 6,8; Jer 4,22; 13,23. Kaiser, Jesaja 1–12, S. 48, bemerkt zu Recht, dass es bei dem guten Tun nicht um „so allgemeine und selbstverständliche Dinge wie die alltägliche Nachbarschaftshilfe" geht.

[18] Vgl. insbesondere V. 23b: Demnach werden die Bewohnerinnen und Bewohner zugunsten der Waise nicht richten und für die Witwe nicht streiten. Dennoch sind die Aufforderungen in Jes 1,16 f. – insbesondere auch im Hinblick auf die Gesamtperspektive des Buches – in ihrer

2.1.2. Jes 2,3.4: JHWH wird die Völker weisen und sie werden keinen Krieg mehr lernen

Nach einer zweiten Überschrift (Jes 2,1)[19] folgt in Jes 2,2–5 der bekannte Text von der Völkerwallfahrt zum Zion, wobei hier auch Lehren und Lernen Thema ist:[20]

> 2 Und es wird am Ende der Tage geschehen:
> Fest gegründet sein wird der Berg des Hauses JHWHs als Gipfel der Berge und erhaben über die Hügel. Zu ihm werden strömen alle Völker.
> 3 Viele Nationen werden sich auf den Weg machen und sagen: ‚Kommt, wir ziehen hinauf zum Berg JHWHs, zum Haus des Gottes Jakobs, dass er uns einige seiner Wege weise (יורנו מדרכיו)[21] und wir auf seinen Pfaden gehen; denn vom Zion geht Tora aus und das Wort JHWHs von Jerusalem.'
> 4 Er wird richten zwischen den Völkern und zurechtweisen viele Nationen. Und sie werden ihre Schwerter zu Pflugscharen schmieden und ihre Lanzen zu Winzermessern. Nicht wird erheben ein Volk gegen das andere ein Schwert und nicht mehr werden sie lernen, Krieg zu führen.
> 5 Haus Jakobs, kommt, lasst uns gehen im Licht JHWHs.

Die Weltvölker werden nach dieser prophetischen Vision zu einem nicht näher bestimmten Zeitpunkt in der Zukunft zum Gottesberg Zion ziehen (V. 2.3aα). Sie tun dies in der Gewissheit: יורנו מדרכיו (V. 3aβ). Die Einführung eines Objekts durch מן nach ירה III hif. ist in der Hebräischen Bibel einmalig. Nahelie-

---

Funktion nicht der Unheilsansage untergeordnet, in diesem Sinn jedoch Warmuth, Mahnwort, S. 79f.; Ernst, Kultkritik 177; Wendel, Jesaja, S. 104. Anders auch Vetter, Lernen, S. 224; Williamson, Perspective, S. 224; Melugin, Speech, S. 291; Kratz, Kultpolemik, S. 109f.; Vargon, Background, S. 181, und Fischer, Tora, S. 22: „Ziel der geharnischten Predigt ist [...] nicht das unausweichliche Gericht, sondern das Lernen (למד V. 17a) des Guten."

[19] Die ausführlich gehaltene Überschrift Jes 2,1 leitet kaum nur Jes 2,2–4 ein, vgl. auch Wildberger, Jesaja 1–12, S. 77; Barth, Jesaja-Worte, S. 221; Bartelt, Immanuel, S. 235; Carr, Unity, S. 72; Williamson, Perspective, S. 221 ff.; Melugin, Speech, S. 286 (Jes 2–33); Sweeney, Isaiah 1–39 (Jes 2–33), z. St.; Barthel, Prophetenwort, S. 53, Anm. 56. Anders Loretz, Prolog, S. 43; Blum, Testament I, S. 565f. (im Anschluss an Ackroyd, Note); Becker, Jesaja, S. 195; Berges, Jesaja, S. 55.

[20] Vgl. zu Jes 2,3 bzw. zu Jes 2,(1)2–5 außer den Kommentaren insbesondere Schottroff, Friedensfeier; Wolff, Schwerter; Schwienhorst-Schönberger, Zion; Lohfink, Völkerwallfahrt; Fischer, Tora, S. 24–36; Bartelt, Immanuel, S. 231–237. Zu dem Verhältnis der Parallelüberlieferungen Mi 4,1–3 und Jes 2,2–4 siehe insbesondere Wolff, a.a.O.; Schwienhorst-Schönberger, a.a.O. und jüngst Sweeney, Debate.

[21] In 1QJes[a] steht ויורונו („sie werden/man wird uns belehren"), vgl. auch die Fassung der LXX in der Parallelstelle Micha 4,2: δείξουσιν ἡμῖν. Lohfink, Völkerwallfahrt, S. 40, Anm. 10, hält die pluralische Lesetradition in Jes 2,3 und in Micha 4,2 für die *lectio difficilior*. Doch könnte dies auch *lectio facilior* sein, insofern dadurch die Rede von *JHWHs* Weisen (wie sieht dies konkret aus?) vermieden wird.

20　Kapitel 2: Religiöses Lehren und Lernen im Umfeld des Deuteronomiums

gend ist die partitive Deutung des מן: Es geht nicht um alle Wege JHWHs, sondern um einige Wege.²² Das Verb ירה III hif. ist hier m. E. am besten mit „weisen" wiederzugeben:²³ Die Völker erwarten, dass JHWH ihnen einige seiner Wege weist in dem Sinn, dass er ihnen konkrete Anweisungen in Bezug auf das von ihm gewollte Verhalten gibt. Die Gewissheit der Weltvölker, dass JHWH ihnen seinen Willen zugänglich machen wird, ist bemerkenswert: Die Unterweisung gewinnt eine universale Dimension.

V. 3b begründet, warum sich die Völker sicher sind, dass JHWH auf dem Zion weisen wird: Die Völker wissen, dass vom Zion „Tora" bzw. von Jerusalem das „Wort" JHWHs ausgeht.²⁴ „Tora" bedeutet hier wohl nicht „Mosetora", sondern, wie der Parallelbegriff „Wort" anzeigt, aktuelle Kundgebung von JHWHs Willen.²⁵ Dies verweist auf Jes 1,10: Der Prophet macht den Bewohnerinnen und Bewohnern Jerusalems JHWHs (aktuelle) „Tora" bzw. sein „Wort" bekannt.²⁶

In V. 4 wird gesagt, wie die Gewissheit der Völker, dass JHWH ihnen einige seiner Wege weist, und ihre Absicht, auf den gewiesenen Wegen JHWHs zu gehen, Wirklichkeit werden wird: JHWH wird den Völkern Wege im Zuge seines Richtens und Vermittelns zwischen ihnen weisen (V. 4a). Die Völker werden auf

---

[22] So ausdrücklich auch König, Jesaja, S. 56, und Lohfink, Völkerwallfahrt, S. 40, Anm. 11. Die Wege sind nicht die „Quelle" der Unterweisung, gegen Gray, Isaiah, S. 46, und Oswalt, Isaiah 1–39, S. 112.

[23] So auch noch Buber/Rosenzweig, Kündung, S. 13; Fischer, Tora, S. 24; mit „instruct" übersetzen Gray, Isaiah, S. 41; Watts, Isaiah 1–33, S. 27; Bartelt, Immanuel, S. 233, und Blenkinsopp, Isaiah 1–39, S. 6. Zumeist wird ירה III hif. hier mit „lehren" wiedergegeben, vgl. König, Jesaja, S. 56; Wildberger, Jesaja 1–12, S. 75; Kaiser, Jesaja 1–12, S. 60; Schottroff, Friedensfeier, S. 206; Schwienhorst-Schönberger, Zion, S. 111; Lohfink, Völkerwallfahrt, S. 40. Zu unscharf ist m. E. die Übersetzung mit „zeigen", so die Einheitsübersetzung (in: Kilian, Jesaja 1–12, S. 29).

[24] Vgl. auch noch die JHWH-Rede in Jes 51,4: „Merkt auf mich, mein Volk, meine Völkerschaft, auf mich hört! Denn *Tora geht von mir aus* und mein Recht – zum Licht der Völker lasse ich es ruhen", siehe dazu insbesondere Fischer, Tora, S. 100–115. Zu verweisen ist auch noch auf die Rolle des sog. „Gottesknechts" in Bezug auf die Völker: Nach Jes 42,1–9 bringt er das Recht (משפט) zu den Völkern bzw. richtet auf der Erde das Recht auf und bringt „seine Tora" zu den „Inseln", er wird aber interessanterweise nicht als „Lehrer" der Völker bezeichnet (und ist insofern wohl zumindest im dtn Sinn auch nicht der „Mose für die Völker", so aber Jeremias, Gottesknechtslied, S. 38, und Fischer, Tora, S. 86).

[25] Zu beachten ist, dass in Jes 2,3b.4 Tora und Wort mit den Rechtsstreitigkeiten unter den Völkern in Zusammenhang stehen. Nach Kaiser, Jesaja 1–12, S. 65, wird man „unter der Tora, der Weisung, und unter dem Wort Jahwes nicht ausschließlich die Schlichtung und Erhellung strittiger oder dunkler Fälle durch Orakelentscheid zu verstehen haben, sondern [...] auch die kultisch-rituelle Belehrung und [...] die Belehrung auf Grund des schriftlich aufgezeichneten mosaischen Gesetzes mit in Betracht zu ziehen haben." Nach Lohfink, Völkerwallfahrt, S. 44, lässt sich „sehr wohl sagen, daß der Grundtext von der Wallfahrt der Völker zum Zion den Völkern als Frucht ihres Zuges eine Tora verheißt, und daß diese Tora mit der Tora Israels zu tun hat. Mehr nicht." Nach Fischer, Tora, S. 32, bedeutet Tora in Jes 2,3 nicht einfach die Mosetora, sondern durch das aktuelle Wort vermittelte Tora.

[26] „Wort" und „Tora" stehen im Jesajabuch nur in Jes 1,10 und in Jes 2,3 parallel, vgl. auch Fischer, Tora, S. 23.

den ihnen gewiesenen Wegen gehen, indem sie friedlich miteinander leben (V. 4bα) und nicht mehr „lernen" werden (למד q.), Krieg zu führen (V. 4bβ.γ). Solches Lernen ist – ganz im Gegensatz zu dem Lernen im Sinn von Jes 1,17 – nicht vereinbar mit einem Lebenswandel nach JHWHs Willen.

In V. 5 wechselt der Sprecher: Das „Haus Jakobs" fordert sich auf, im Licht JHWHs zu gehen. Während die Selbstaufforderung der Völker, zum Zion zu ziehen, nach der prophetischen Vision am Ende der Tage erfolgen wird, ist die des Hauses Jakobs (לכו ונלכה V. 5) von präsentischer Bedeutung. „Die Logik ist: Wir sollen jetzt zur gerechten Gesellschaft werden, damit eintreten kann, was Gott in späteren Tagen wirken will"[27]. Das toragemäße Handeln Israels ist also die *conditio sine qua non* für die zukünftige Unterweisung der Völker am Zion.

2.1.3. Jes 8,16: Die Versiegelung der Tora in den Prophetenschülern

Der Exegese von Jes 8,16 sind einige Bemerkungen zur sog. Denkschrift Jesajas (Jes 6,1–8,18) vorauszuschicken. Die Denkschrift steht im Zentrum des Komplexes Jes 2–12. Denn „inhaltlich geht es hier um die ‚Mitte', um Aufgabe und Wirkung von Wort und Existenz des Propheten innerhalb der Konfrontation des ‚Heiligen Israels' mit dem ‚Volk unreiner Lippen': von dem eröffnenden Bericht vom Sendungsauftrag für Jesaja in der großen Thronratsvision (6) über die in drei parallelen Abschnitten (*7–8) paradigmatisch dargestellte Ablehnung der prophetischen Weisung durch Königshaus und Volk bis zum Appell, dem ‚Weg dieses Volkes da' nicht zu folgen (8,11 ff.)."[28] Jes 8,16–18 bilden den Abschluss der sog. Denkschrift.[29] In V. 16 werden unvermittelt „Schüler" (למודים) des Propheten erwähnt:[30]

> 16 <Zu verschnüren>[31] (ist) Bezeugung, <zu versiegeln> Tora in meinen Schülern.[32]

---

[27] Lohfink, Völkerwallfahrt, S. 42f. In diesem Sinn auch Fischer, Tora, S. 35, und Berges, Jesaja, S. 52.

[28] Blum, Testament I, S. 552.

[29] Vgl. Kaiser, Jesaja 1–12, S. 117f.189; Barth, Jesaja-Worte, S. 154–156; Hermisson, Der verborgene Gott, S. 106f.; Blum, Testament I, S. 552f.; Barthel, Prophetenwort, S. 229ff.; gegen Sweeney, Isaiah 1–39, S. 175ff., der Jes 8,16–9,6 als Einheit bestimmt.

[30] Siehe zu Jes 8,16 bzw. 8,16–18 außer den Kommentaren vor allem noch Fischer, Tora, S. 43–50; Barthel, Prophetenwort, S. 228–242; Becker, Jesaja, S. 114–120; Rechenmacher, Abschluß; van Wieringen, Reader, S. 89–125.

[31] Die beiden Verbformen צור und חתום sind im MT als Imperative vokalisiert – demnach ist der Sprecher JHWH und der Angeredete der Prophet, in diesem Sinne Fischer, Tora, S. 43f.; Bartelt, Immanuel, S. 117; van Wieringen, Reader, S. 116ff.; Berges, Jesaja, S. 391 (die „Schüler" sind demnach JHWHs Schüler). Aufgrund des syntaktischen und inhaltlichen Zusammenhangs mit V. 17 sind die Verben jedoch besser als Infinitivi absoluti zu vokalisieren, der Sprecher ist dann der Prophet, so auch die Mehrheit der Exegetinnen und Exegeten.

[32] Die LXX hat hier einen anderen Text, der einen „glatten" Übergang von V. 15 und V. 16 bietet: Sie hat am Ende von V. 15: ἄνθρωποι ἐν ἀσφαλείᾳ ὄντες und fährt in V. 16 fort: τότε φα-

17 Und ich will warten auf JHWH, der sein Angesicht vor dem Haus Jakobs verbirgt, und will hoffen auf ihn.
18 Siehe, ich und die Kinder, die JHWH mir gab, sind zum Zeichen und Vorzeichen in Israel (geworden) von JHWH Zebaoth, der auf dem Berg Zion wohnt.

Nach V. 16 will der Prophet „Bezeugung" (תעודה) verschnüren und „Tora" (תורה) versiegeln und zwar בלמדי. Die Präposition Beth (ב) wird hier entweder mit „im Beisein von"[33] oder mit „in"[34] wiedergegeben. Gegen die Übersetzung „im Beisein von" spricht, dass sich „unter den über 15500 Belegen zu b = [...] keiner im Sinn von ‚etwas im Beisein von X tun' [findet]"[35]. Vorzuziehen ist also die zweite Übersetzungsmöglichkeit, der Prophet will demnach Bezeugung und Tora in seinen Schülern verschnüren bzw. versiegeln. In synchroner Perspektive legt sich der Gedanke nahe, dass mit Bezeugung und Tora der Inhalt der sog. Denkschrift Jes 6,1–8,15 bezeichnet wird, wobei das erste Nomen („Bezeugung") wohl mehr den Aspekt der Zeichenhandlung, das zweite („Tora") mehr den Aspekt des JHWH-Wortes betont.[36] Die Schüler werden also wohl aufgrund von gezielter mündlicher Instruktion sozusagen zu Traditionsträgern.

Wozu soll die Verschnürung und Versiegelung der sog. Denkschrift in den Schülern dienen? Der Akzent liegt, wie die Fortsetzung nahelegt, kaum auf dem Verbergen der Botschaft in der Gegenwart, sondern auf ihrer Bewahrung für die Zukunft:[37] Die Schüler sollen sie wohl insbesondere in der Zeit bewahren, da JHWH sein Angesicht vor dem Haus Jakobs verbirgt (V. 17aβ). Erst dann kann die Botschaft Jesajas durch die Schüler (wenn nicht durch den Propheten selbst) wieder zugänglich gemacht werden: Im Laufe der Geschichte wird sich die jetzt

---

νεροὶ ἔσονται οἱ σφραγιζόμενοι τὸν νόμον τοῦ μὴ μαθεῖν. Gelegentlich wurden Vorschläge gemacht, בלמדי zu ändern, etwa in בל למוד („nicht zu lernen"), so Driver, Isaianic Problems, S. 44, oder in בלמדיה („auf seinen Schnüren"), Irvine, Crisis, S. 208. Die Mehrheit der Exegetinnen und Exegeten folgt dem MT.

[33] In diesem Sinn Kaiser, Jesaja 1–12, S. 190; Kilian, Jesaja 1–12, S. 67 f.; Blum, Testament I, S. 552; Barthel, Prophetenwort, S. 233–236.

[34] So Gray, Jesaja, S. 155 f.; Wildberger, Jes 1–12, S. 344 f.; Watts, Isaiah, S. 122 f.; Jenni, Präposition Beth, S. 197; Fischer, Tora, S. 44; Becker, Jesaja, S. 116; Rechenmacher, Abschluß, S. 31.

[35] Rechenmacher, Abschluß, S. 31, Anm. 15.

[36] Zu beachten ist, dass das Lexem (עוד) עוד hif. und (עד) auch in Jes 8,2 steht. Das Nomen תעודה (in der Hebräischen Bibel nur in Jes 8,16.20 und in Ruth 4,7) verweist wohl auf die von JHWH gebotene in Jes 8,1–4 berichtete Zeichenhandlung. „Tora" lässt sich hier wie z. B. in Jes 1,10 am besten als JHWH-Wort, das der Prophet reden muss, verstehen; anders Kaiser, Jesaja 1–12, S. 189, nach dem תעודה die Denkschrift und „Tora" Jes 8,12 f. bezeichnet. Beide Nomina beziehen auch Barthel, Prophetenwort, S. 236, und Rechenmacher, Abschluß, S. 42, Anm. 47, auf die Denkschrift.

[37] So zu Recht Barthel, Prophetenwort, S. 234 f. Vgl. auch Blum, Testament II, S. 27 (für Jes 1–11*): „Diese Schrift dokumentiert und zieht Bilanz, auch für die Zeit nach dem in naher Zukunft erwarteten Abbruch des Alten und dem heilvollen Neubeginn und d. h. auch: nach der letzten Bewahrheitung des dokumentierten Wortes."

bestrittene bittere Wahrheit des Prophetenwortes erweisen und das „Haus Jakobs" wird die Schuldhaftigkeit seiner Ablehnung erkennen.

Wer sind nun die Schüler Jesajas? Ihre Identität lässt sich nicht mit Sicherheit bestimmen. Mit Blick auf den Kontext könnten die beiden in V. 2 erwähnten zuverlässigen Zeugen[38] und/oder auch die in V. 18 erwähnten Kinder des Propheten gemeint sein. In der Literatur gelegentlich geäußerte weitergehende Vermutungen in Bezug auf eine regelrechte „Prophetenschule" oder auf eine „religiöse Jüngergemeinde" werden durch V. 16 und seinen Kontext nicht gedeckt.[39]

2.1.4. Jes 9,14: Der Prophet, der Lüge weist

Das Thema des Kehrversgedichts Jes 9,7–20 ist „das fortwährende Wirken des von Israel abgelehnten JHWH-Wortes"[40], wobei das Gedicht „die Geschichte des Nordreiches Israels vom Wirken des Propheten Amos (ca. 760 v. Chr.) bis zum ‚syrisch-ephraimitischen Krieg' und der Abtrennung der Nord-, Ost- und Westregionen Israels durch die Assyrer (732) [verfolgt]"[41]. In V. 14 wird – einmalig in der Hebräischen Bibel – die Tätigkeit eines Propheten mit „weisen" (ירה III hif.) bezeichnet:[42]

> 12 Und das Volk kehrte nicht um zu dem, der es schlug, und JHWH Zebaoth suchten sie nicht.
> 13 Und JHWH hieb ab von Israel Kopf und Schwanz, Palmwedel und Binse an einem Tag.
> 14 Der Älteste und Hochangesehene, das ist der Kopf, und der Prophet, der Lüge weist,[43] das ist der Schwanz.
> 15 Nämlich[44] die dieses Volkes lenkten, führten irre und seine Geführten wurden verwirrt.

Nach V. 12 bewirkten die „Schläge" JHWHs nicht das, was sie sollten: Das Volk kehrte nicht um. Als Strafe für die nicht erfolgte Umkehr wurden „Kopf" und

---

[38] So etwa Clements, Isaiah, S. 100f., Barthel, Prophetenwort, S. 236.
[39] Gegen Eaton, Origin, S. 138–157; Rechenmacher, Abschluß, S. 48. Skeptisch auch Wildberger, Jesaja 1–12, S. 346; Barthel, Prophetenwort, S. 236.
[40] Blum, Testament I, S. 556.
[41] Blum, Testament II, S. 12.
[42] Vgl. zu Jes 9,14 bzw. zu Jes 9,7–20 außer den Kommentaren noch Blum, Jesaja, S. 75–95; Bartelt, Immanuel, S. 65 ff.; Lange, Wort, S. 77–79.
[43] Drei Hss. der LXX, Cyrill und eine Targum-Hs. haben eine Kopula („und der Lüge weist" bzw. „und der Lügenlehrer"). Jüngst machte sich Lange, Wort, S. 78, Anm. 65, dafür stark, dass diese Zeugen „die ursprünglichere Lesart bewahrt haben. Die Kopula wurde unter Einfluß späterer Falschprophetentexte gestrichen, um das מורה שקר als die kritisierte Tätigkeit des Propheten erscheinen zu lassen", vgl. auch Watts, Isaiah, S. 139.141 (obwohl dieser selbst zugibt: „this is the easier reading and not well attested"!). Doch die Kopula könnte auch eingefügt worden sein, damit in V. 14b wie in V. 14a zwei Gruppen der Führungsschicht erscheinen. Mehrheitlich wird dem MT gefolgt.
[44] Waw explicativum, so auch König, Jesaja, S. 142.

„Schwanz" von Israel abgehauen (V. 13). In V. 14 wird die Bedeutung der Nomina erläutert: „Kopf" meint Älteste und Würdenträger Israels, „Schwanz" steht für den Propheten, der Lüge weist. V. 15 bringt die Ausrottung der Führungsschicht Israels mit der Irreführung des Volkes in Verbindung.

Was ist nun ein „Prophet, der Lüge weist" (נביא מורה שקר)? H. WILDBERGER äußert sich in seinem Kommentar dazu wie folgt: „In Hab 2,18, wo diese Wendung [d. h. מורה שקר] noch einmal vorkommt, ist unter מורה שקר das heidnische Lügenorakel verstanden (par. zu מסכה und פסל). Die ‚Orakel-Terebinthe' (אלון מורה) von Sichem war wohl ein weitberühmter Kultort [...]. Bleiben wir beim MT, so sind Propheten gemeint, die lügnerische Orakel erteilen."[45] Diese Interpretation ist möglich, zu beachten ist allerdings, dass Jes 9,14b und der Kontext die Deutung von ירה III hif. im Sinne von „Orakel erteilen" nicht stützen. Insofern soll im Folgenden ein anderer Deutungsvorschlag gemacht werden.

Der Formulierung von V. 14b ist auf jeden Fall zu entnehmen, dass JHWH nur Propheten vernichtet hat, die dem Volk *Lüge* (שׁקר) gewiesen haben. Daraus folgt, dass es Propheten geben muss, die *nicht* Lüge weisen. Dabei ist hier sicherlich insbesondere an den Nordreichpropheten Amos zu denken.[46] Die Frage ist, was der Prophet weist, der nicht Lüge weist. Bei der Beantwortung dieser Frage hilft m. E. die Semantik weiter: Das Verb ירה III hif. verweist auf das Nomen תורה.[47] Tatsächlich gehört es zu den genuinen Aufgaben eines Propheten, JHWHs Tora mitzuteilen: Jesaja ruft das Volk zum Hören des Wortes bzw. der Tora JHWHs auf (Jes 1,17; 5,24; 30,9); er verschnürt bzw. versiegelt Bezeugung und Tora in seinen Schülern (Jes 8,16.20). Demnach gibt es eine von JHWH autorisierte religiöse Weisungspflicht des Propheten, die „Lügenpropheten" haben sie – wie auch immer – verletzt.

2.1.5. Jes 26,9.10: Die Bewohner des Erdkreises lernen Gerechtigkeit

Die Kapitel Jes 24–27, die sehr heterogene Texte enthalten, werden zusammenfassend als Jesaja-Apokalypse bezeichnet. Zu Beginn wird das Weltgericht geschildert (24,1–13.16b–20), dem ein heilvoller Neubeginn folgen wird: JHWH

---

[45] Wildberger, Jesaja 1–12, S. 219f. Vgl. auch die Übersetzung von Jes 9,14b durch Gray, Isaiah, S. 178: „and the Prophet, who delivers false oracles, that is ‚the tail'".

[46] Vgl. Lange, Wort, S. 78. Zur Bedeutung der Amosüberlieferung für Jes 9,7 ff. siehe insbesondere Blum, Jesaja.

[47] Zur Weisung von Tora siehe auch noch Lev 14,57; Dtn 17,11; 24,8 (in der Fassung der LXX); 33,10. Vgl. auch Fabry, Art. תורה, Sp. 602, und Wagner, Art. ירה III/מורה, Sp. 925 f. Um den Zusammenhang von תורה und ירה III hif. in Jes 9,14 deutlich zu machen, ist die Übersetzung des Verbs mit „weisen" vorzuziehen, vgl. auch Buber/Rosenzweig, Kündung, S. 34: „lugunterweisende Künder"; anders die Einheitsübersetzung: „Propheten, die Lügen verkünden" (in: Kilian, Jesaja 1–12, S. 77); Kaiser, Jesaja 1–12, S. 210: „der Lüge lehrende Prophet"; in diesem Sinn auch noch Wildberger, Jesaja 1–12, S. 203, und Oswalt, Isaiah, S. 253; Blenkinsopp, Isaiah 1–39, S. 13.

wird König werden (Jes 24,21–23); auf dem Zion wird ein Festmahl für alle Völker und Israel stattfinden (25,6–10a). Kapitel 26 beginnt mit einem „Lied" (שיר) zum Einzug des „gerechten Volkes" in eine „starke Stadt" im Land Juda, womit nur Jerusalem gemeint sein kann (Jes 26,1–6). Der folgende Abschnitt (Jes 26,7–21[48]) knüpft an das Stichwort „gerecht" an. In dem Abschnitt geht es um das Volk in der Zeit vor dem Gericht JHWHs an den Erdbewohnern. Im Rahmen des Unterabschnitts V. 7–10 wird in V. 9f. „Lernen" (למד q.) thematisiert:[49]

7   Der Pfad für den Gerechten ist Geradheit, gerade ist die Wegspur des Gerechten: Du wirst (sie) bahnen.
8   Auch auf dem Pfad deiner Gerichte hofften wir, JHWH, auf dich.
    Nach deinem Namen, nach deinem Gedenken ist das Verlangen der Seele.
9   Mit meiner Seele verlangte ich nach dir in der Nacht,
    mit meinem Geist in meinem Inneren sehne ich mich (jetzt) nach dir.
    Denn wenn deine Gerichte die Erde (treffen),[50]
    haben die Bewohner des Erdkreises (immer) Gerechtigkeit gelernt.[51]
10 Wird der Frevler Erbarmen finden, so lernt er nicht Gerechtigkeit: In einem Land der Redlichkeit wird er (weiterhin) Unrecht tun und nicht die Hoheit JHWHs sehen.

Für die Exegese ist die Beobachtung wichtig, dass der Unterabschnitt eine sorgfältig komponierte Struktur besitzt:[52]

a) Der Gerechte [צדיק], dessen Wegspur JHWH bahnen wird (V. 7)

   b) Gerichte JHWHs [משפטיך]: Hoffen Israels (V. 8a)

      c) Verlangen Israels nach JHWH (V. 8b)

      c') Verlangen des Propheten nach JHWH (V. 9a)

   b') Gerichte JHWHs [משפטיך]: Lernen der Völker (V. 9b)

a') Der Frevler [רשע], dessen JHWH sich nicht erbarmen wird (V. 10).

---

[48] Jes 26,7–21 ist mit Wildberger, Jesaja 13–27, S. 901 f.; Kaiser, Jesaja 13–39, S. 167 ff.; Kilian, Jesaja 13–39, S. 152; Childs, Isaiah, S. 190, und van Wieringen, Analysis, als Einheit zu verstehen.

[49] Vgl. zu Jes 26,9f. bzw. 26,7–(19)21 außer den Kommentaren insbesondere noch Irwin, Syntax, S. 245–247; Doyle, Apocalypse, S. 289–320, und van Wieringen, Analysis.

[50] Die LXX hat in V. 9bα: διότι φῶς τὰ προστάγματά σου ἐπὶ τῆς γῆς (freie Übersetzung? andere Vorlage?); die Einheitsübersetzung folgt der Version der LXX (in: Kilian, Jesaja II, S. 153); Irwin, Syntax, S. 245 f., will כאשר als Verb deuten („for when your commandments set right the earth"); die Mehrheit der Exegetinnen und Exegeten folgt dem MT.

[51] Das Targ. interpretiert das schwierige Perfekt als יתאלפין. Die LXX übersetzt das Perfekt als Imperativ: δικαιοσύνην μάθετε, οἱ ἐνοικοῦντες ἐπὶ τῆς γῆς.

[52] Vgl. auch van Wieringen, Analysis, S. 241, und Irwin, Syntax, S. 245, der in V. 9b.10a eine konzentrische Struktur ausmacht.

Zu Beginn des Unterabschnitts steht ein Glaubenssatz (V. 7): Der Weg des Gerechten ist gebahnt, dafür sorgt JHWH. Der Sprecher ist, wie V. 8 zeigt, ein Kollektiv („wir"), damit ist sicher das Volk Israel gemeint. Israel ist wohl „der Gerechte schlechthin, eben darum kann auch der Pfad der Gerichte es nicht anfechten"[53] (V. 8a), eben darum ist sein Verlangen nach JHWHs Namen und nach dem Gedenken an ihn (V. 8b).

In V. 9f. spricht ein „Ich", damit kann hier nur der Prophet gemeint sein. Er betont zunächst, dass er nach JHWH in der Nacht verlangte und sich jetzt nach ihm sehnt (V. 9a). Dieses Sehnen gilt insbesondere JHWH als Weltenrichter, wie V. 9b zeigt: Wenn JHWHs Gerichte kommen, dann haben die „Bewohner des Erdkreises" (ישבי תבל), also wohl die Weltvölker,[54] immer Gerechtigkeit „gelernt" (למד q.). In V. 10 macht der Prophet eine Aussage über den „Frevler" (רשע). Dieser steht für die Weltvölker (so wie der „Gerechte" für Israel):[55] Der Frevler würde keine Gerechtigkeit „lernen" (למד q.), wenn sich JHWH bei den Gerichten seiner erbarmen würde (V. 10aα). Gerechtigkeit impliziert hier gerechtes Handeln und Anerkenntnis JHWHs, wie der Fortsetzung zu entnehmen ist: Der Frevler würde ohne Gericht in einem „Land der Redlichkeit"[56] weiterhin Unrecht tun und die Hoheit JHWHs nicht sehen (V. 10aβ.b).

Es bleiben Fragen offen: Wie lernen die Völker Gerechtigkeit aufgrund der Gerichte JHWHs?[57] Woher wissen sie, was Gerechtigkeit ist? In synchroner Hinsicht lassen sich zumindest unter Heranziehung von Jes 24,5 Antworten geben. In Jes 24,5 wird folgender Grund für die erwartete Vernichtung der Erde im Zuge des Weltgerichts angeführt: „War doch die Erde entweiht unter ihren Bewohnern, denn sie haben Weisungen übertreten, Satzungen überschritten, den ewigen Bund gebrochen." Die Weltvölker hätten sich demnach als Gerechte verhalten *können*, da ihnen ja im Rahmen des (Noach)Bundes[58] Weisungen bzw. Sat-

---

[53] Wildberger, Jesaja 13–27, S. 987.
[54] Vgl. dazu V. 20f.: Hier werden Israel und die „Bewohner der Erde" (ישבי הארץ) klar unterschieden; vgl. dazu auch Wildberger, Jesaja 13–27, S. 989, und Blenkinsopp, Isaiah 1–39, S. 370, gegen Gray, Isaiah, S. 441, und Kaiser, Jesaja 13–39, S. 170.
[55] So auch Oswalt, Isaiah 1–39, S. 479; Höffken, Jesaja 1–39, S. 186; anders Gray, Isaiah, S. 441 (es werde zwischen Weltbewohner und Frevler unterschieden).
[56] „Land" steht für jedes beliebige Land der Erde. Dass hier eine universale Perspektive eingenommen wird, ist in der neueren Literatur Konsens, anders aber noch Gray, Isaiah, S. 441 (Land stehe hier für das Land Israel).
[57] Gelegentlich wird V. 9f. dahingehend interpretiert, dass die Weltvölker anhand des Gerichts JHWHs lernen, was Gerechtigkeit ist; in diesem Sinne König, Jesaja, S. 237f.; Kaiser, Jesaja 13–39, S. 170; Watts, Isaiah 1–33, S. 336 (V. 9bβ übersetzt er: „they [the judgements] teach [!] righteousness to the world's inhabitants"); Höffken, Jesaja 1–39, S. 186. Doch ist das „erbarmungslose" Gericht JHWHs Maßstab für die Gerechtigkeit? M. E. ist dies zu bezweifeln. Anders auch Gray, Isaiah, S. 441; Wildberger, Jesaja 13–27, S. 989; Blenkinsopp, Isaiah 1–39, S. 370.
[58] Im Anschluss an Fischer, Tora, S. 61: „Im Rahmen der Hebräischen Bibel gibt es aber nur einen einzigen Bund, der ewig ist und mit ‚allem Fleisch' geschlossen wurde, nämlich der Noachbund."

2.1. Hoffnung auf die Zukunft: Religiöses Lehren und Lernen im Jesajabuch

zungen gegeben wurden. Die Weltvölker können demnach Gerechtigkeit lernen, insofern sie, gezwungen durch das Gericht JHWHs, endlich beginnen, nach den ihnen schon bekannten Maßstäben zu leben.

2.1.6. Jes 26,16: JHWHs Züchtigung als Erziehung

Im Abschnitt Jes 26,7–21[59] wird in V. 16 – das einzige Mal im Jesajabuch – JHWHs מוסר erwähnt. Der schwierige Vers ist wie folgt zu übersetzen:

> JHWH, in der Not haben sie dich gesucht,
> sie haben ausgegossen Flüstern (?)[60] (als) deine Züchtigung
> sie (erreichte).

Für das Thema religiöses Lehren und Lernen ist hier nur festzuhalten: In V. 16a konstatiert der Prophet, dass Israel[61] JHWH in der Not suchte. Berücksichtigt man den Kontext (V. 13), dann ist die Not konkret als Existenz unter Fremdherrschaft zu verstehen. In V. 16b (wie auch immer die ersten beiden Worte zu übersetzen sind) interpretiert der Prophet die Not als מוסר JHWHs für Israel. מוסר ist demnach am besten mit „Züchtigung" wiederzugeben.[62]

Das Suchen nach JHWH in der Not (V. 16a) steht in engem Zusammenhang mit der Züchtigung JHWHs. Die Züchtigung war offensichtlich als Erziehungsmaßnahme gedacht:[63] Israel sollte bewegt werden, sich (wieder) JHWH zuzu-

---

[59] Vgl. zu V. 16 bzw. zu Jes 26,7–21 außer den Kommentaren insbesondere noch Irwin, Syntax, S. 250 f.; Emerton, Notes; Fouts, Suggestion; Doyle, Apocalypse, S. 289–320, und van Wieringen, Analysis.

[60] In diesem Sinne deuten den MT צקון לחש auch noch Doyle, Apocalypse, S. 308, und van Wieringen, Analysis, S. 244; vgl. auch den Vorschlag von Barthélemy, Critique textuelle Bd. 2, S. 186. Die Bedeutung Gebet lässt sich für לחש nicht sicher nachweisen, gegen Gray, Isaiah, S. 445; König, Jesaja, S. 239; Fouts, Suggestion, S. 473, und André, Art. פקד u. a., Sp. 718. Die LXX hat: ἐν θλίψει μικρᾷ, zu den alten lateinischen Versionen siehe insbesondere Haelewyck, Le cantique. Vgl. auch die Übersicht über die Deutungsmöglichkeiten von V. 16 bei Wildberger, Jesaja 13–27, S. 984; Emerton, Notes; Barthélemy, Critique textuelle Bd. 2, S. 183–186; Oswalt, Isaiah, S. 483, Anm. 42, und Doyle, Apocalypse, S. 308.

[61] Die 3. Pers. pl. in V. 16 des MT bezieht sich wohl auf das im Kontext sprechende Israel. M. E. gibt es keinen Grund, die 3. Pers. pl. in die 1. Pers. pl. zu ändern, vgl. auch Watts, Isaiah, S. 337; Oswalt, Isaiah, S. 276, anders (im Anschluss an die Version der LXX) Gray, Isaiah, S. 445; Wildberger, Jesaja 13–27, S. 984 f.; Kaiser, Jesaja 13–39, S. 168; Fouts, Suggestion, S. 473; Blenkinsopp, Isaiah, S. 366.

[62] So etwa Gray, Isaiah, S. 444 f. („chastisement"); Wildberger, Jesaja 13–27, S. 982; Kaiser, Jesaja 13–39, S. 168; Oswalt, Isaiah, S. 476 („discipline"); Blenkinsopp, Isaiah 1–39, S. 367 („chastening"). Anders Irwin, Syntax, S. 252 („correction").

[63] Vgl. Höffken, Jesaja 1–39, S. 187, nach dem der Vers „die Katastrophen als göttliches Erziehungshandeln an Israel [bestimmt]". Diese erzieherische Intention spricht dagegen, מוסר als „Strafe" zu übersetzen, so aber die Einheitsübersetzung von V. 16b: „wir schrien in unserer Qual, als du uns straftest" (in: Kilian, Jesaja II, S. 154), und Doyle, Apocalypse, S. 308 („punishment").

wenden. Nach dem Zeugnis des Propheten hat die göttliche Erziehungsmaßnahme in diesem Fall auch zum Erfolg geführt.[64]

2.1.7. Jes 28,9: Die Lehrtätigkeit von Priester und Prophet

An die sog. Jesaja-Apokalypse mit ihrem universalen Panorama von Weltgericht und künftigem Heil schließt sich Jes 28–33 als nächster Komplex an.[65] Jes 28 beginnt mit einem Gerichtswort gegen Samaria verbunden mit einem Heilswort für den „Rest des Volkes" (V. 1–6). Darauf folgt ein Gerichtswort gegen Priester und Propheten (V. 7–13), wobei zunächst offen bleibt, ob Verhältnisse in Samaria oder in Jerusalem gemeint sind – erst von V. 14 her erschließt sich, dass Jerusalemer Verhältnisse angeprangert werden.[66] Von Interesse ist hier V. 9, in dem das „Weisen" (ירה III hif.) des Priesters erwähnt wird.[67]

> 7 Und auch diese: Vom Wein taumeln sie und vom Bier schwanken sie. Priester und Prophet taumeln vom Bier, sind verwirrt vom Wein, schwanken vom Bier, taumeln beim Sehen, torkeln beim Bescheid.
> 8 Wahrlich, alle Tische sind voll von Gespei, Erbrochenes überall.
> 9 Wem will er (d. h. ein solcher Priester) Wissen[68] weisen? Wem will er (d. h. ein solcher Prophet) Gehörtes verständlich machen? Von der Milch Entwöhnten, von den Brüsten Abgesetzten?
> 10 Denn (so klingt es): ‚Zaw lazaw, zaw lazaw, kaw lakaw, kaw lakaw, hier ein bißchen, dort ein bißchen.'

Priester und Prophet können, so der Vorwurf Jesajas, aufgrund von Volltrunkenheit ihre Aufgaben nicht erfüllen. Nach V. 7bβ ist der Prophet für das „Sehen" (ראה), der Priester für den „Bescheid" (פלילה), d. h. den „Rechtsentscheid" zu-

---

[64] Nach anderen Stellen im Jesajabuch „schlug" JHWH das Volk, ohne es durch diese „göttliche Pädagogik" (so Blum, Testament II, S. 28) oder „erzieherische Anstrengung" (so Berges, Jesaja, S. 59) zur Umkehr bewegen zu können, vgl. etwa Jes 1,5 ff.; 5,25; 9,12.

[65] Folgt man dem Strukturmerkmal der Wehe-Rufe, so sind Jes 28–33 als Einheit zu betrachten, vgl. auch Watts, Isaiah, S. 352 ff.; Sweeney, Isaiah 1–39, S. 353 f.; Römer, Jugement, S. 55; Stansell, Isaiah 28–33. S. 69 f.; Berges, Jesaja, S. 199; Beuken, Isaiah II, S. 3 f.

[66] So auch die Mehrheit der Exegetinnen und Exegeten, anders aber Tanghe, Dichtung, S. 237; Beuken, Isaiah 28, S. 19 („the double explanation remains in effect"); Römer, Jugement, S. 57 f.

[67] Vgl. zu V. 9 bzw. zu V. 7–13 außer den Kommentaren insbesondere Hossfeld/Meyer, Prophet, S. 51–55; van Selms, Attempt; Exum, Knowledge; van der Toorn; Echoes; Tanghe, Dichtung; Beuken, Isaiah 28, S. 19 f. 34 ff.; Barthel, Prophetenwort, S. 290–305, und Becker, Jesaja, S. 229 f.

[68] Die LXX hat hier κακά (Verlesung von דעה als רעה?); das Targ. übersetzt אוריתא („Gesetze").

ständig. Ergänzend dazu geht aus V. 9 hervor,[69] dass der Priester „Wissen" (דעה) „weisen" (ירה III hif.) und der Prophet „Gehörtes" (שמועה) „verständlich machen" (בין hif.) soll.

Die Bedeutung der jeweiligen „Lehrtätigkeit" im weiteren Sinne erschließt sich hier im Vergleich der Zuständigkeiten von Prophet und Priester: Der (wahre) Prophet muss die Audition, d. h. die vernommene aktuelle Offenbarung JHWHs,[70] seinen Adressaten gewissermaßen übersetzen. Der Prophet, dessen Tätigkeit nur hier in der Hebräischen Bibel mit dem Verb בין hif. bezeichnet wird, soll, wenn man so will, „Dolmetscher" JHWHs sein.

Die Tätigkeit des Priesters wird auch an anderen Stellen in der Hebräischen Bibel mit „weisen" bezeichnet (ירה III hif.).[71] Doch was bedeutet hier „Wissen" (דעה)? Im Kontext wird der Begriff דעה nicht erläutert. Es ist anzunehmen, dass es sich um speziell in Priesterkreisen überliefertes und gepflegtes Wissen von JHWH und seinem Willen handelt,[72] das dem Volk vermittelt werden muss. Offen bleiben freilich die näheren Umstände dieser priesterlichen Lehrtätigkeit.

2.1.8. Jes 28,26: JHWH erzieht und unterweist den Landmann

Der Abschnitt Jes 28,23–29 enthält ein Gleichnis vom Landmann, wobei auch eine Aussage über JHWHs „Erziehung" bzw. „Unterweisung" (יסר pi. und ירה III hif.) getroffen wird.[73]

> 23 Horcht her und hört meine Stimme, merkt auf und hört mein Wort:
> 24 ‚Pflügt denn der Pflügende den ganzen Tag um zu säen, öffnet und eggt seinen Acker?

---

[69] In V. 9a spricht weiter Jesaja, so auch van Selms, Attempt, S. 332 ff.; Watts, Isaiah, S. 359.363; Exum, Knowledge, S. 120 f.; van der Toorn, Echoes, S. 205–212; Tanghe, Dichtung, S. 245 f.; Barthel, Prophetenwort, S. 291.298, und Becker, Jesaja, S. 229. Als uneingeleitete, gegen Jesaja gerichtete Rede deuten V. 9f. hingegen König, Jesaja, S. 251; Hossfeld/Meyer, Prophet, S. 52; Kaiser, Jesaja 13–39, S. 193; Botterweck, Art. ידע u. a., Sp. 510; Wildberger, Jesaja 28–39, S. 1052; Oswalt, Isaiah, S. 511; Höffken, Jesaja 1–39, S. 196; Kilian, Jesaja 13–39, S. 160; Beuken, Isaiah 28, S. 35; Lange, Wort, S. 71.

[70] Vgl. dazu auch Wildberger, Jesaja 28–39, S. 1058; Kaiser, Jesaja 13–39, S. 195; Rüterswörden, Art. שמע u. a., Sp. 278; Barthel, Prophetenwort, S. 296; gegen König, Jesaja, S. 251, der im Hinblick auf Jes 53,1 שמועה mit (prophetische) „Predigt" übersetzt.

[71] Bei den Schriftpropheten noch Ez 44,23 und Mi 3,11.

[72] Vgl. Schottroff, Art. ידע, Sp. 695 (lies statt Jer 28,9: Jes 28,9), und besonders Wildberger, Jesaja 28–39, S. 1059: „Es dürfte sich bei der דעה aber um ein Wissen handeln, das nicht nur zur Erteilung von Weisungen in Fragen des Kultus befähigt (vgl. Hos 4,6), sondern auch um Überlieferungs- und Lehraufgaben der Priesterschaft." Nach Barthel, Prophetenwort, S. 296, handelt es sich um Wissen „sowohl kultischer als auch rechtlicher und heilsgeschichtlicher Art". Vgl. auch noch Vetter, Lernen, S. 220 f.

[73] Vgl. zu Jes 28,16 bzw. 28,23–29 außer den Kommentaren noch Amsler/Mury, Yahweh; Beuken, Isaiah 28, S. 23 ff.; Werner, Studien, S. 61–84, und Barthel, Prophetenwort, S. 329–348.

25 Ist es nicht so: Wenn er seine Fläche geebnet hat, dann streut er Schwarzkümmel, wirft Kreuzkümmel aus, setzt Weizen reihenweise, Gerste an bezeichnetem Platz, Emmer an seinen Rand.
26 Und (es) erzieht ihn zur Ordnung, (es) unterweist ihn (immer wieder) sein Gott.
27 Denn nicht mit einem Schlitten wird Schwarzkümmel gedroschen, und das Wagenrad über Kreuzkümmel gedreht, sondern mit dem Stecken wird Schwarzkümmel ausgeklopft und Kreuzkümmel mit dem Stock.
28 Wird Brotkorn (etwa) zermalmt? Nicht auf Dauer drischt es <der Drescher>[74]. Und treibt er das Rad seines Wagens und seine Pferde an, zermalmt er es nicht.
29 Auch dies ging von JHWH Zebaoth aus: Er machte Ratschluss wunderbar (und) Gelingen groß.'

Nach dem Höraufruf des Propheten (V. 23) wird in V. 24 eine rhetorische Frage in Bezug auf das Vorgehen des Landmanns bei der Aussaat gestellt, ob er (was natürlich unsinnig wäre) den Acker den ganzen Tag pflügen würde. V. 25 beschreibt dann das tatsächliche, planvolle Vorgehen des Bauers bei der Aussaat. V. 26 beantwortet die von V. 24 f. her aufgeworfene Frage, warum der Landmann bei seiner Tätigkeit die richtigen Entscheidungen trifft. Die erste Aussage von V. 26 lautet: ויסרו למשפט. Das Nomen משפט ist hier, wie der Kontext nahelegt, im Sinn von „Ordnung" in Bezug auf die Natur zu verstehen. Diese Ordnung muss der Landmann kennen, um seine Tätigkeit sinnvoll ausüben zu können.[75] Dazu ist vor allem Erfahrung (nicht primär theoretisches Wissen) nötig. Dem trägt wohl das Verb יסר pi. Rechnung, das hier am besten mit „erziehen" wiederzugeben ist:[76] Der Landmann wird auf die Naturordnung hin (von JHWH) erzogen, d. h. er wird durch Erfahrungen genötigt, sich so mit der Naturordnung vertraut zu machen, dass er seiner Tätigkeit effektiv nachkommen kann. Im zweiten Teil des Verses steht: אלהיו יורנו. Das Nomen אלהיו steht betont vor dem Verb, es wird also herausgestellt, dass es *sein Gott selbst* ist, der den Landmann „unterweist" (ירה III hif.). „Unterweisen" steht ohne Objekt, im Kontext ist ein Bezug auf die Tätigkeit des Landmanns naheliegend: Gott erteilt dem Landmann im

---

[74] Das masoretische אדוש ידושנו macht hier keinen Sinn. Mit 1QJes[a] ist הדש ידושנו zu lesen und הדש als Partizip aufzufassen, in diesem Sinn auch Barthel, Prophetenwort, S. 331.
[75] Zu dieser Bedeutung von משפט siehe insbesondere Johnson, Art. משפט u. a., Sp. 105 f.
[76] Mit „erziehen" übersetzen יסר pi. hier auch noch Buber/Rosenzweig, Kündung, S. 90; König, Jesaja, S. 260. Zumeist werden die beiden Verben יסר pi. und ירה III hif. mit „unterweisen" und „belehren" übersetzt, vgl. etwa Kaiser, Jesaja 13–39, S. 205; Wildberger, Jesaja 28–39, S. 1083; Watts, Isaiah 1–33, S. 374; Oswalt, Isaiah 1–39, S. 521; die Einheitsübersetzung (in: Kilian, Jesaja 13–39, S. 164); Barthel, Prophetenwort, S. 329; Childs, Isaiah, S. 203. Ganz unwahrscheinlich ist die Übersetzung von Blenkinsopp, Isaiah, S. 396: „He deals with it in just measure; his God provides the rain." In Parallele zu יסר pi. bedeutet ירה hif. hier sicher nicht „Regen geben".

Rahmen der Erziehung je und je konkrete Anweisungen zur rechten Bestellung von Grund und Boden.[77]

V. 27 f. schließen begründend an V. 26 an (כי)[78] und zeigen, dass es Gott ist, der erzieht und unterweist: Das Vorgehen des Landmanns beim Dreschen ist so kompliziert, dass diese Weisheit nur auf Gott zurückgeführt werden kann. Der kausale Anschluss von V. 27 f. wird häufig verkannt.[79] Dies beruht darauf, dass zumeist von einer Zweistrophigkeit des Abschnittes ausgegangen wird, die einen Einschnitt zwischen V. 26 und V. 27 verlangt.[80] Dies würde etwa so aussehen:

V. 23:   Einleitung
V. 24–26:   1. Argumentationsgang: Das Vorgehen des Bauern (V. 24 f.) mit Begründung (V. 26)
V. 27–29a: 2. Argumentationsgang: Das Vorgehen des Bauern (V. 27 f.) mit Begründung (V. 29a)
V. 29b: Schluss

Der Text legt jedoch eine andere Gliederung nahe, wenn man eine begründende Funktion des *ki* in V. 27 annimmt:

V. 23: Einleitung
  V. 24–25: Das Vorgehen des Bauers bei der Aussaat
    V. 26: JHWHs Erziehung und Unterweisung
  V. 27–28: Das Vorgehen des Bauers beim Dreschen
V. 29: Schluss

Im Zentrum des Abschnitts steht demnach die Aussage über Erziehung bzw. Unterweisung des Landmanns durch JHWH.

V. 29 ist m. E. nicht mehr Teil des Gleichnisses,[81] sondern eine Art Schlusswort, das einen klaren Bezug zu dem Schlusswort des vorausgehenden Abschnitts Jes 28,14–22 aufweist:

22   Denn von Vernichtung und Entscheidung habe ich gehört vom Herrn JHWH Zebaoth – über das ganze Land.

29   Auch dies ging von JHWH Zebaoth aus: Er machte Ratschluss wunderbar (und) Gelingen groß.

---

[77] Vgl. auch Wagner, Art. ירה III/מורה, Sp. 927, der V. 26b wie folgt interpretiert: „Der Bauer ist gelehrt, in rechter Weise den Acker zu bestellen."

[78] Vgl. auch König, Jesaja, S. 260, und Watts, Isaiah, S. 374 ff.

[79] Kaiser, Jesaja 13–39, S. 205, Anm. 2, will das V. 27 f. einleitende כי ohne Begründung streichen; Buber/Rosenzweig, Kündung, S. 90, und Barthel, Prophetenwort, S. 329, lassen es unübersetzt. Wildberger, Jesaja 28–39, S. 1083, gibt es mit „wahrlich", Childs, Isaiah, S. 203, mit „so too" wieder.

[80] Vgl. neben den in der vorhergehenden Anm. genannten Autoren auch noch Beuken, Isaiah 28, S. 24, und Römer, Jugement, S. 60 f.

[81] Zu beachten ist: Im Gleichnis selbst wird von Gott als אלהים gesprochen (V. 26), in V. 29a wird er gewichtig „JHWH Zebaoth" genannt.

V. 22b weist eine düstere Perspektive auf: JHWH Zebaoth will Vernichtung (כלה) und (harte) Entscheidung (נחרצה) über das Land (Juda) bringen. Ganz anders klingt demgegenüber V. 29: „Auch dies" (גם זאת) ging von JHWH Zebaoth aus: nämlich wunderbarer Ratschluss (עצה) und großartiges Gelingen (תושיה). Die beiden Nomina dürften (wie die in V. 22) einen Bezug zur Geschichte haben. Wie ist der Text zu verstehen? Ist er Gleichnis für JHWHs Geschichtshandeln? Steht der weise Landmann in apologetischer Absicht für den Propheten? Hat der Text die Funktion einer Ermahnung, sich so wie der Landmann zu verhalten? Die Deutungsversuche sind Legion.[82] Versteht man V. 24–28 im Licht des Schlussworts V. 29, so lässt sich jedenfalls so viel sagen: JHWH erzieht und unterweist Menschen, um die Bedingungen dafür zu schaffen, dass die Geschichte (Judas) nach seiner guten Ordnung ablaufen kann.

2.1.9. Jes 29,13: Ihre JHWH-Furcht – nur angelerntes Menschengebot

Der Abschnitt Jes 29,9–16 stellt sich als eine Komposition aus drei Prophetenworten (V. 9–12; 13 f. 15 f.) dar. Für das Thema Lehren und Lernen ist das Gerichtswort V. 13 f. wichtig:[83]

> 13 Und mein Herr sprach:
> ‚Weil dieses Volk sich (immer nur) mit seinem Mund näherte
> und sie (die Judäerinnen und Judäer) mich mit seinen (ihren)
> Lippen ehrten, sein (ihr) Herz aber fern von mir blieb und ihr
> Mich-Fürchten (nur) angelerntes Menschengebot war,
> 14 deshalb will ich weiterhin wunderlich handeln an diesem
> Volk, wunderlich und wundersam, so dass vergehen wird die
> Weisheit seiner Weisen und die Klugheit seiner Klugen sich
> verbergen muss.'

Der Gegenstand der hier besonders interessierenden Anklage (V. 13) gegen das judäische Volk[84] ist die Diskrepanz zwischen der Nähe zu JHWH im Kult (V. 13aα) und der Ferne des Herzens (V. 13aγ).[85] Es fehlte nicht an kultischer Ehrung JHWHs mit den Lippen (V. 13aβ), doch die JHWH-Furcht war, so der Vorwurf in V. 13b, nur „angelerntes Menschengebot" (מצות אנשים מְלֻמָּדה). Das Volk

---

[82] Vgl. insbesondere die Übersicht über die verschiedenen Deutungen bei Wildberger, Jesaja 28–39, S. 1087–1089; Werner, Studien, S. 63–68, und Barthel, Prophetenwort, S. 332–335.

[83] Siehe zu Jes 29,13(f.) außer den Kommentaren noch Exum, Broken Pots, S. 338 ff.; Barthel, Prophetenwort, S. 384–387, und Becker, Jesaja, S. 241–243.

[84] So auch die Mehrheit der Exegetinnen und Exegeten. Gemeint ist nicht nur die politisch-religiöse Führungsschicht Jerusalems, gegen Barthel, Prophetenwort, S. 384.

[85] Nach Wildberger, Jesaja 28–39, S. 1119 f. (im Anschluss an W. Dietrich), ist an einen bestimmten Gottesdienst gedacht. Doch lassen sich die Aussagen in V. 13 schwerlich auf einen einmaligen Gottesdienst beschränken. Exum, Broken Pots, S. 349 f., bemerkt: „[...] that vv 13-14 have political undertones and are not simply references to cultic practice in general, is likely."

sprach demnach in der kultischen Liturgie Worte, die Ehrfurcht vor JHWH zum Ausdruck brachten, nur weil dies geboten wurde und wie dies geboten bzw. gelehrt wurde (למד pu.),[86] nicht aber aus echtem Vertrauen auf JHWH.[87]

Die Judäerinnen und Judäer besaßen demnach durch Lernen erworbene Kenntnisse bestimmter kultisch-liturgischer Traditionen. Wer sind die Lehrenden? Es ist hier wohl an Menschen (Männer)[88] zu denken, die für den Kult besondere Verantwortung trugen, also an Priester.

2.1.10. Jes 29,24: Die Murrenden werden Vernunft lernen

Der Abschnitt Jes 29,17–24 enthält die Ankündigung einer heilvollen Wandlung von Natur und Gesellschaft (V. 17–21) und eine Gottesrede (V. 22–24), die dem „Haus Jakob" Heil zusagt und verheißt, dass es in Folge einer nicht näher bestimmten göttlichen Tat den Namen JHWHs heiligen wird (V. 23). Nach V. 24 impliziert diese Heiligung Folgendes:[89]

> Und Taumelnde im Geist werden Einsicht gewinnen
> und Murrende werden Vernunft lernen.

Die Deutung des Verses hängt wesentlich davon ab, wie man „Taumelnde im Geist" (תעי רוח) und „Murrende" (רוגנים) versteht. Mit den Begriffen wird wohl, wie H. WILDBERGER darlegte, auf das gegen JHWH meuternde Gottesvolk in der Wüste angespielt.[90] In der künftigen Heilszeit wird demnach das Gottesvolk nicht mehr gegen JHWH meutern: Es wird „Einsicht gewinnen" (ידעו בינה) und

---

[86] Vgl. noch Neh 12,24: Die kultische Liturgie folgt „dem Gebot Davids", siehe auch Irwin, Isaiah 28–33, S. 59; Exum, Broken Pots, S. 349.
[87] Die Opposition ist nicht „Gott-Mensch", so Becker, Jesaja, S. 242; Beuken, Isaiah II, S. 99, sondern „äußerlich – innerlich", vgl. noch Wildberger, Jesaja 28–39, S. 1121 f.; Watts, Isaiah 1–33, S. 386, und Höffken, Jesaja 1–39, S. 205: „Sie [die Gottesfurcht] ist hier nicht im Inneren der Menschen verankert, sondern bleibt an der Oberfläche: beim menschlichen Gebot, das man lernen (und lehren) kann." Mit Blick auf V. 14 lässt sich ergänzend sagen: Das Volk vertraute (aus Sicht der Anklage) mehr seinen weisen und klugen (politischen) Ratgebern als JHWH. Möglicherweise wird hier insbesondere die antiassyrische, auf Unterstützung durch Ägypten hoffende Politik Hiskijas in den Jahren 703–701 angeprangert, siehe dazu vor allem Kaiser, Jesaja 13–39, S. 218; Wildberger, Jesaja 28–39, S. 1120, und Barthel, Prophetenwort, S. 381, anders zuletzt Becker, Jesaja, S. 242 f.
[88] Vgl. Fischer, Tora, S. 77: „angelerntes Männergebot".
[89] Vgl. zu Jes 29,24 bzw. zu 29,17–24 außer den Kommentaren insbesondere Beuken, Perversion; Schottroff, Zeitwende; Tilly, Heil.
[90] Wildberger, Jesaja 28–39, S. 1145; vgl. auch Höffken, Jesaja 1–39, S. 208. In Bezug auf die Taumelnden siehe insbesondere Ps 95,10; 107,4 und 119,110.176; in Bezug auf die Murrenden siehe vor allem Ps 106,25 und Dtn 1,27. Die Taumelnden im Geist sind m. E. also nicht mit den trunkenen Propheten (Jes 29,7) in Verbindung zu bringen, vgl. Fischer, Tora, S. 77, Anm. 25. Meist werden die Begriffe auf zweifelnde und rebellierende Menschen in den exilisch-nachexilischen Gemeinden bezogen, vgl. Kaiser, Jesaja 13–39, S. 224; Kilian, Jesaja 13–39, S. 171. Zu den Fassungen der LXX und des Targ. siehe insbesondere Tilly, Heil, S. 387 f.

„Vernunft lernen" (ילמדו לקח).[91] Die Menschen werden also ihr *religiöses Bewusstsein* ändern, angestoßen durch JHWHs heilvolles Handeln.

2.1.11. Jes 30,20: JHWH als Unterweiser seines Volkes

Im Abschnitt Jes 30,18–26 verheißt der Prophet dem Volk auf dem Zion ein gnädiges Handeln JHWHs. In V. 20 wird JHWH zweimal als „Unterweiser" (מורה) bezeichnet.[92]

> 18 Und daher wartet JHWH, euch (wieder) gnädig zu sein, und daher wird er sich erheben, sich eurer zu erbarmen, denn ein Gott des Rechts ist JHWH, glücklich alle, die auf ihn warten.
> 19 Ja, Volk auf dem Zion, das in Jerusalem wohnen wird, weinen, weinen musst du nicht. Gnädig, gnädig wird er dir sein auf den Klang deines Schreiens hin, sowie er (ihn) hört, wird er dir antworten.
> 20 Und mein Herr wird euch (zwar) geben Brot der Not und Wasser der Bedrängnis, aber dein Unterweiser wird sich nicht mehr verbergen.[93] Und deine Augen werden (stets) deinen Unterweiser sehen,
> 21 und deine Ohren werden hören Rede, die hinter dir ergeht: ‚Dies ist der Weg, geht auf ihm', ob ihr euch nach <rechts>[94] oder nach links wenden müsst.

Die beiden Verse 18 und 19 beschreiben JHWH als den sich seines Volkes (nach vollzogenem Gericht)[95] wieder erbarmenden Gott. V. 19 endet mit der Verhei-

---

[91] Das Nomen לקח bedeutet als Parallelbegriff zu בינה hier wohl Verstand oder Vernunft, vgl. auch KBL³; Wildberger, Jesaja 28–29, S. 1133; Oswalt, Isaiah 1–39, S. 534 („knowledge"), nicht Belehrung, so aber König, Jesaja, S. 269; Kaiser, Jesaja 13–39, S. 221; Schottroff, Zeitwende, S. 432; oder Lehre („instruction" bzw. „lesson"), so Irwin, Isaiah 28–33, S. 66; Watts, Isaiah 1–33, S. 387; Beuken, Perversion, S. 46; Blenkinsopp, Isaiah 1–39, S. 407, und Childs, Isaiah, S. 213. Gegen die Bedeutung „Lehre"/„Belehrung" spricht hier auch, dass im Kontext offen bliebe, was das für eine Lehre wäre bzw. wer lehren sollte. Beuken, Perversion, S. 62, bemerkt zwar: „Likewise, the ‚instruction' which they will receive [...] is in contrast to the previous false ‚instruction' (v. 13 [...])." Doch in V. 13 wird nicht *falsche* Lehre kritisiert, siehe oben die Exegese.

[92] Vgl. zu Jes 30,20 bzw. dem Abschnitt 30,18–26 außer den Kommentaren noch Beuken, Vision; Barthel, Prophetenwort, S. 419.

[93] Der Satz hat konzessiven Sinn, so auch König, Jesaja, S. 276; Watts, Isaiah 1–33, S. 398; Oswalt, Isaiah 1–39, S. 557; Blenkinsopp, Isaiah 1–39, S. 419; Childs, Isaiah, S. 222. Anders Kaiser, Jesaja 13–39, S. 238, der die Nomina „Not" (צר) und „Bedrängnis" (לחץ) trotz ihrer durchgängigen Bezeugung als Glossen streicht, und Wildberger, Jesaja 28–39, S. 1191, der den MT wie folgt ändert: לחם מצר („Brot ohne Not"), מים מלחץ („Wasser ohne Bedrängnis").

[94] Der MT (תאמינו „glaubt") ist hier zu korrigieren und entweder als תימינו oder – wie in 1QJes^a – als תיאמינו zu lesen.

[95] Vgl. vor allem die Gerichtsworte V. 12–14 und 15–17, siehe dazu Beuken, Vision, S. 454f.; Pfaff, Entwicklung, S. 102–105; Barthel, Prophetenwort, S. 419–427; Becker, Jesaja, S. 255–257.

2.1. Hoffnung auf die Zukunft: Religiöses Lehren und Lernen im Jesajabuch 35

ßung, dass JHWH die Notrufe seines Volkes hören und antworten wird. V. 20a zeigt, dass dies zwar noch nicht ein Ende der äußeren Not bedeutet,[96] dass sich aber JHWH als der Israel „Unterweisende" (מוריך)[97] nicht mehr verbergen wird. Dies impliziert, dass JHWH als Unterweiser dem Volk zuvor verborgen blieb.

Die Bedeutung dieser Implikation lässt sich durch einen Blick in den Kontext (Jes 30,8–11) erhellen, in dem zwar nicht von JHWHs „Unterweisen" (ירה III hif.), aber von seiner „Weisung" bzw. Tora (תורה) die Rede ist:[98]

> 8 Jetzt komm, schreib sie (die Tora) auf eine Tafel vor ihnen und auf einem Schriftstück ritze sie ein, damit sie für einen künftigen Tag <zum Zeugen>[99] sei für immer.
> 9 Denn ein widerspenstiges Volk ist es, verlogene Kinder, Kinder, die die Tora JHWHs nicht hören wollten,
> 10 die zu den Sehern sagten: ‚Seht nicht!', und zu den Schauern: ‚Schaut uns nicht, was wahr ist. Sagt uns Eingängiges, schaut Täuschung!
> 11 Biegt ab vom Weg, weicht ab vom Pfad, lasst uns in Ruhe mit dem Heiligen Israels!'

Nach V. 8 erteilt JHWH Jesaja den Auftrag, die Tora, d. h. die von dem Propheten zu vermittelnde Botschaft JHWHs,[100] auf eine Tafel zu schreiben, damit sie in Juda zum „Zeugen" für die Zukunft werden kann – in Zukunft wird das Schriftstück die Wahrheit der Botschaft JHWHs „bezeugen". V. 9–11 begründen die Niederschrift: Das Volk wollte die Tora JHWHs nicht hören (V. 9). Der Modus der Ablehnung wird in V. 10 f. näher erläutert: Die Propheten sollten auf Wunsch des Volkes nicht JHWHs Botschaft weitergeben, sondern dem Volk nach dem

---

[96] Die äußere Not wird wohl erst in einem zweiten Schritt beseitigt werden, vgl. V. 22 ff.

[97] Das Nomen מוריך ist m. E. aus inhaltlichen Gründen mit der Mehrheit der Exegetinnen und Exegeten als Singular aufzufassen und auf JHWH zu beziehen, vgl. Wildberger, Jesaja 28–39, S. 1197; Watts, Isaiah 1–33, S. 400; Oswalt, Isaiah 1–39, S. 560; Kilian, Jesaja II, S. 177; Fischer, Tora, S. 77; Höffken, Jesaja 1–39, S. 216; Barthel, Prophetenwort, S. 419. Anders Blenkinsopp, Isaiah 1–39, S. 421, nach dem ein künftiger Prophet gemeint ist. Anders auch Beuken, Vision, der das erste מוריך als Plural („Lehrer Israels") und das zweite Nomen als Singular deutet und auf JHWH bezieht. Beide Nomina deuten als Plural König, Jesaja, S. 276 (gemeint seien Propheten), und Kaiser, Jesaja 13–39, S. 239 (gemeint seien besondere Gemeindelehrer). Schon in 1QJes[a] wurde מוריך als Plural gedeutet, vgl. auch die LXX: οἱ πλανῶντές σε. In der Hebräischen Bibel wird JHWH noch in Hiob 36,22 als מורה bezeichnet.

[98] Auf diesen Zusammenhang machen auch noch Fischer, Tora, S. 77, und Childs, Isaiah, S. 227, aufmerksam. Jes 30,9 f. und 30,20 f. erweisen sich in synchroner Hinsicht durch verschiedene Lexementsprechungen als aufeinander bezogen: ירה (V. 9b; 20b); שמע (V. V. 9b; 21aα); ראה (V. 10a; 20bβ); דרך (V. 11a; 21ba).

[99] Im MT steht לְעַד („bis dann"). Aus inhaltlichen Gründen ist mit der Mehrheit der Exegetinnen und Exegeten besser לְעֵד („zum Zeugen") zu vokalisieren (siehe auch Vg., Targ. und Pesch.).

[100] Die Femininsuffixe der Verben in V. 8a beziehen sich im jetzigen Kontext auf תורת יהוה (V. 9b). Möglicherweise hat der Aufzeichnungsbefehl einmal allein der symbolischen Bezeichnung von V. 7bβ gegolten, vgl. Barthel, Prophetenwort, S. 405.

Mund reden. Die Konsequenz von V. 8–10 ist deutlich: Das Volk bleibt aufgrund seiner Widerspenstigkeit ohne echte Prophetie und damit ohne Kenntnis der (aktuellen) Weisung JHWHs. Dies wird sich in der Perspektive der Verheißung Jes 30,18–26 grundlegend ändern.

Auf dem Hintergrund von Jes 30,8–11 gewinnen auch die Aussagen Jes 30,20bβ.21 Kontur: Nach V. 20bβ wird das Volk den unterweisenden Gott stets sehen und (seine) Rede bezüglich des je und je einzuschlagenden Wegs stets hören[101] (V. 21). Die Metapher vom Gehen auf dem rechten Weg steht hier für das Leben nach JHWHs Willen.[102]

Sind die Aussagen, wie gelegentlich vermutet, so zu deuten, dass JHWH in Zukunft selbst, d. h. nicht mehr durch Mittler (Propheten) unterweist?[103] Dagegen spricht, dass nicht betont wird, der *Modus* der Unterweisung JHWHs würde sich ändern. Der Ton in V. 20bβ liegt m. E. darauf, dass das Volk den unterweisenden Gott *gewiss* sehen und hören wird – wie vermittelt auch immer.

2.1.12. Jes 48,17: JHWH lehrt Israel, was nützt

Die Kapitel Jes 40–55 bilden im Jesajabuch einen eigenen Komplex, sie lassen sich grob wie folgt gliedern: Nach einem Prolog (Jes 40,1–11) folgt ein erster Hauptteil (Jes 40,12–48,19) mit dem Nachweis von JHWHs Einzigkeit und der Schilderung seiner Vorbereitung der Rettung seines in Babel gefangenen Volks. Der zweite Hauptteil (Jes 48,20–55,5) enthält die Aufforderung zum Exodus aus Babel und Verheißungen von Zions Erneuerung. Eine Art Epilog schließt den Komplex ab (Jes 55,6–13).[104] Der nun näher zu besprechende Abschnitt Jes 48,17–19 hat insofern eine Schlüsselstellung, da er am Ende des ersten Hauptteils steht:[105]

---

[101] Die Formulierung, das Volk höre *hinter sich* (מאחריך) JHWHs Wort (V. 21a), kann dahingehend gedeutet werden, dass JHWH wie ein Hirte seine Herde von hinten her überwacht, vgl. etwa Wildberger, Jesaja 28–39, S. 1198; Watts, Isaiah 1–33, S. 401; Beuken, Vision, S. 462; Höffken, Jesaja 1–39, S. 216. Eher unwahrscheinlich ist die Deutung von Blenkinsopp, Isaiah 1–39, S. 421: „Hence the message that comes to them from behind, that is, from the past."

[102] Vgl. insbesondere noch Jes 2,4; 48,17, und Fischer, Tora, S. 75.

[103] Die Auffassung, dass JHWH in Zukunft keine Mittler mehr braucht, vertreten ausdrücklich auch Kilian, Jesaja 13–39, S. 178, und Fischer, Tora, S. 77. Vgl. auch Watts, Isaiah 1–33, S. 401.

[104] Die Gliederung folgt in modifizierter Form Jüngling, Jesaja, S. 390, als Epilog bestimmt Jüngling aber nur Jes 55,10–13, so noch Berges, Jesaja, S. 393. Anders auch Westermann, Jesaja 40–66, S. 230; Höffken, Jesaja 40–66, S. 180–182; Koole, Isaiah III Vol. 1, S. 423 ff. Mit Jüngling (entgegen der Mehrheitsmeinung) schließen Jes 48,20f. wohl nicht den ersten Teil ab, sondern eröffnen mit dem Aufruf zum Exodus den zweiten Teil.

[105] Vgl. zu Jes 48,17 bzw. zu Jes 48,17–19 außer den Kommentaren noch Melugin, Formation, S. 137–142; Merendino, Untersuchung, S. 523 ff.; Schmitt, Prophetie; Matheus, Lied, S. 77–83; Kratz, Kyros, S. 117–119; van Oorschot, Babel, S. 306–308; Fischer, Tora, S. 100–102, und Labahn, Wort, S. 238–245.

17 So spricht JHWH, dein Erlöser, der Heilige Israels:
‚Ich bin JHWH, dein Gott, der dich lehrt, was nützt, der dich treten lässt auf dem Weg, den du gehen sollst.

18 Wenn du doch auf meine Gebote gehört hättest, wäre dein Friede wie ein Strom und deine Gerechtigkeit wie die Wogen des Meeres,

19 wäre wie Sand deine Nachkommenschaft und die Nachkommen deiner Lenden wie seine Körner. Nicht wird getilgt und nicht wird vernichtet werden sein Name vor mir.'

In V. 17b wird JHWHs Gott-Sein für Israel in doppelter Hinsicht bestimmt: Er ist derjenige, der Israel „lehrt, was nützt" (מלמדך להועיל, V. 17bα2), und der Israel auf dem Weg treten lässt, auf dem es gehen soll (V. 17bβ). V. 18a ist ein irrealer Bedingungssatz: Wenn Israel doch auf die Gebote JHWHs gehört hätte! Die unvermittelte Erwähnung der Gebote macht hier nur Sinn, wenn sich die in V. 17b beschriebenen Bemühungen JHWHs auf den Gebotsgehorsam Israels bezogen haben.[106] Im Licht von V. 18a sind die Bestimmungen in V. 17b demnach wie folgt zu verstehen: Das Lehren (למד pi.) des für Israel Nützlichen ist eine Umschreibung für das Lehren der Gebote. Die Gebote sind für Israel „nützlich", denn die Folgen von Gebotsgehorsam sind, wie aus V. 18b.19a hervorgeht, Friede, Gerechtigkeit und reiche Nachkommenschaft. Der Weg ist – wie häufig in der Hebräischen Bibel – Metapher für JHWHs Weisungen: JHWH lässt Israel auf den zu gehenden Weg treten (דרך III hif.), insofern er durch seine Weisungen zeigt, wie das Volk handeln soll.[107]

Aus dem irrealen Bedingungssatz V. 18a geht klar hervor, dass Israel sich der Lehre und Leitung JHWHs in der *Vergangenheit* verweigert hat, es hat nicht auf die Gebote JHWHs gehört.[108] Am Ende des ersten Hauptteils, in dem ein wichtiges Thema die Exilierung Israels ist, mutet dies wie eine „Erklärung" seines Schicksals an: Israel wurde nach Babel exiliert wegen der Missachtung der Gebote JHWHs.[109]

---

[106] Vgl. auch Kratz, Kyros, S. 117 f.; van Oorschot, Babel, S. 307; Hermisson, Deuterojesaja, S. 288. Gegen Merendino, Untersuchung, S. 531: „Durch den Propheten hat Jahwe Israel darüber belehrt, daß er der Schöpfer der Welt und der Lenker der Geschichte, der einzige wahre Gott ist, daß er als solcher in der Geschichte wirken kann und wirkt, daß er also sein Volk retten will und zu retten vermag" (ähnlich auch Koole, Isaiah III Vol. 1, S. 594 f.), und Labahn, Wort, S. 239: „Als das von Israel zu Lernende sind hier nicht unmittelbar die Gebote genannt, sondern der Weg Jahwes."

[107] Vgl. insbesondere noch Jes 42,24, dazu Kratz, Kyros, S. 118.

[108] Vgl. Melugin, Formation, S. 139; Merendino, Untersuchung, S. 523.526.538; Oswalt, Isaiah 40–66, S. 279; Matheus, Lied, S. 82; Labahn, Wort, S. 238; Höffken, Jesaja 40–66, S. 124; Hermisson, Deuteronjesaja, S. 286 ff. V. 18 f. sind keine „Mahnung in Wunschform", gegen Westermann, Jesaja 40–66, S. 165, und Schmitt, Prophetie, S. 55 („Ach, würdest du doch auf meine Gebote merken").

[109] Vgl. auch Fischer, Tora, S. 101 f. Dass mit V. 17–20 ein ausbleibender Heilszustand im Exil begründet werden sollte, ist unwahrscheinlich (hätte man im Exil „Nachkommenschaft wie Sand" erwartet?), so aber van Oorschot, Babel, S. 308.309.

38   *Kapitel 2: Religiöses Lehren und Lernen im Umfeld des Deuteronomiums*

Doch ist wohl nicht diese „Erklärung" das Ziel des Abschnitts: Der Schlusssatz V. 19b verheißt, dass Israel trotz des vergangenen Ungehorsams JHWHs Volk bleibt. Dies bedeutet: JHWH *ist* Gott Israels und als solcher vor allem auch sein Lehrer und Leiter. Insofern erstrecken sich das Lehren der Gebote und JHWHs Wegweisung auch auf die „Gegenwart" und die „Zukunft". In diesem Zusammenhang ist zu beachten, dass der zweite Hauptteil im Komplex „Deuterojesaja" mit Imperativen einsetzt (V. 20):

> Geht hinaus aus Babel, flieht aus Chaldäa, verkündet mit lauter Stimme, lasst hören dies, lasst es hinausgehen bis an die Enden der Erde, sagt: ‚JHWH hat seinen Knecht Jakob erlöst (...).'

Die Imperative in V. 20 lassen sich als Lehre von aktuellen Geboten JHWHs, vermittelt durch den Propheten, verstehen: Das exilierte Israel soll *ab sofort* die Gebote JHWHs halten und dies heißt in der „gegenwärtigen" Stunde, es soll aus Babel fliehen – insofern hat das „Treten lassen auf dem Weg" in V. 17bβ (auch) eine ganz wörtliche Bedeutung – und es soll seine Erlösung durch JHWH aller Welt verkünden.[110]

2.1.13. Jes 50,4: JHWH gab mir eine Zunge von Schülern

Jes 50,4–9 ist das sog. dritte Gottesknechtslied.[111] Dieses Lied ist eine fiktive Gerichtsrede, in der der Angeklagte seinen Standpunkt darlegt und schließlich seine Ankläger in die Schranken weist. Für das Thema Lehren und Lernen ist zu beachten, dass der Gottesknecht in V. 4 zweimal den Begriff „Schüler" (למודים) verwendet.

> 4   Mein Herr JHWH gab mir eine Zunge von Schülern, um dem Müden <antworten>[112] zu können eine Rede, die aufweckt[113]. Morgen für Morgen weckt er mir das Ohr, um zu hören wie die Schüler.

---

[110] Vgl. auch Hermisson, Deuterojesaja, S. 288: „Zu den überlieferten Geboten Jahwes vom Sinai [kommt] nun ein aktuelles Gebot Jahwes [hinzu]."

[111] Siehe zu Jes 50,4 bzw. zu Jes 50,4–9 außer den Kommentaren insbesondere noch Hermisson, Lohn, S. 185–188; Steck, Aspekte, S. 14–20; Weippert, ‚Konfessionen'; Crenshaw, Silence, S. 92 f.; van Oorschot, Babel, S. 279–283, und Zapff, Schüler.

[112] Der MT לעות („befeuchten") ist hier problematisch. Die LXX hat ἐν καιρῷ (für לעת?), doch zu erwarten ist ein Verb. König, Jesaja, S. 411, deutet לעות „metaphorisch-psychologisch" als „stärken, erquicken". Wahrscheinlicher ist, dass ein Schreibfehler vorliegt und לענות („antworten") zu lesen ist, so auch Ehrlich, Randglossen Bd. 4, S. 182; Westermann, Jesaja, S. 182; Steck, Aspekte, S. 14.

[113] Der Atnach ist besser nach יעיר zu setzen, vgl. König, Jesaja, S. 411; anders Barthélemy, Critique textuelle Bd. 2, S. 370 f.; Watts, Isaiah 34–66, S. 194; Oswalt, Isaiah 40–66, S. 320 f.; Koole, Isaiah III Vol. 2, S. 100. Zu der Übersetzung von דבר יעיר vgl. auch noch Hermisson, Lohn, S. 187, Anm. 20 (im Anschluss an Begrich, Studien zu Deuterojesaja, S. 49, Anm. 2).

5   Als mein Herr JHWH mir das Ohr öffnete, war ich nicht widerspenstig, zurück wich ich nicht.

Nach V. 4aα gab JHWH dem Knecht eine „Zunge von Schülern" (לשון למודים). Aus V. 4aβ geht hervor, dass er mit dieser „Zunge" auf jeden Fall dem Müden – gemeint ist im Kontext von „Deuterojesaja" sicher das exilierte Israel –[114] eine aufweckende Rede halten kann. V. 4bα greift das Stichwort „wecken" (עור hif.) auf: JHWH erweckt demnach seinem Knecht Morgen für Morgen das Ohr, damit er hören kann „wie die Schüler" (כלמודים).[115] Damit ist wohl gemeint, dass er wie die Schüler (idealiter) Tag für Tag konzentriert (zu-)hört. V. 5aα unterstreicht, dass der Gottesknecht hören kann, weil JHWH die Voraussetzung schuf und ihm (einst) „das Ohr öffnete". Dies bezieht sich wohl auf die Berufung zum Propheten, der der Gottesknecht sich nicht widersetzte (V. 5aβ.b).[116]

Zu beachten ist, dass der Gottesknecht sich genau genommen nicht als Schüler JHWHs betrachtet bzw. JHWH nicht als seinen Lehrer bezeichnet.[117] Welchem Zweck dient die Schülermetaphorik? Um diesen zu verdeutlichen, sollen im Folgenden einige Sätze von M. WEIPPERT zu Jes 50,4 zitiert werden: „Die prophetische Rolle ist hier nicht, wie gewöhnlich, im Bild des Boten gefaßt, sondern in dem des Schülers. Um dies verstehen zu können, muß man die orientalische Unterrichtsmethode kennen, die uns bereits aus der Spätantike bekannt ist, die man aber auch heute noch in arabischen und orthodox-jüdischen Elementarschulen erleben kann: Der Stoff wird vom Lehrer vor-, vom Schüler nachgesprochen."[118] Nach der plausiblen Interpretation von WEIPPERT ist dies der Hintergrund der Rede von der „Schülerzunge": „Es geht nicht, wie man auch übersetzen könnte, um eine ‚geübte Zunge', die auf die bohrenden Fragen der ‚Müden', d.h. der der Resignation nahen Exilierten, eine geschickte Antwort zu geben weiß, *sondern um die wörtliche Übereinstimmung von Jahwe- und Prophetenwort* [Hervorhe-

---

[114] Vgl. besonders Jes 40,28–31 und Hermisson, Lohn, S. 185.

[115] Gelegentlich wird Jes 50,4 als ein Beleg für die Existenz von Schulen angeführt. Doch mit Crenshaw, Silence, S. 93 gilt: „[...] this text neither confirms nor refutes the theory of formal schools among exiled Jews in Babylon".

[116] Auf die Frage, wie die Figur des Gottesknechts zu deuten ist, kann nicht näher eingegangen werden, siehe zu der Diskussion bezüglich der Identität des Knechts insbesondere Weippert, ‚Konfessionen', und Haag, Gottesknecht. Angemerkt werden soll hier nur, dass nach Jes 50,4 der Gottesknecht offenbar die Funktion eines Propheten *für* Israel hat; vgl. auch Hermisson, Lohn, S. 185 ff. Nach van Oorschot, Babel, S. 280 ff., wird in Jes 50,4–9 das Bild einer prophetischen Idealgestalt gezeichnet, wobei der Prophet dabei für einen Israeliten steht, der in Verfolgung und Leiden auf JHWHs Hilfe vertraut und des endgültigen Untergangs der Feinde gewiss bleibt. Vgl. auch Janowski, Stellvertretung, S. 76 f.: „[...] der prophetische Gottesknecht [repräsentiert] vom ersten EJL an das ‚wahre Israel'. Die Rolle, die er damit gegenüber dem empirischen Israel bekommt, liegt jenseits der einfachen Alternative kollektiv/individuell."

[117] Gegen Oswalt, Isaiah 40–66, S. 324, und Zapff, Schüler, S. 223. Nach Fischer, Tora, S. 45, und Berges, Jesaja, S. 391, sind die למודים hier wie in den anderen beiden Belegen im Jesajabuch JHWH-Schüler.

[118] Weippert, ‚Konfessionen', S. 111 f.

bung K. F.]. Danach wird der tägliche Offenbarungsempfang im selben Bild beschrieben. Auch hier haben wir die Situation des Schülers, dem der göttliche Lehrer allmorgendlich das Ohr ‚aufweckt', damit er genau hört, was ihm vorgesprochen wird, und *damit er das wörtlich nachsprechen kann* [Hervorhebung K. F.]."[119] Der Gottesknecht unterstreicht also mit Hilfe der Schülermetaphorik seinen fiktiven Anklägern gegenüber, dass er dem Auftrag JHWHs, die Müden zu trösten, gerecht wird, da er auf das genauste JHWHs Wort weitergibt – das alleine das verzweifelte Israel zu trösten vermag.

2.1.14. Jes 54,13: Die Kinder Jerusalems als Schüler und Schülerinnen JHWHs

Der Abschnitt Jes 54,1–55,5 enthält verschiedene Segensverheißungen. Jes 54,11–17 ist eine Beschreibung des neuen Jerusalems, wobei in V. 13 zum letzten Mal im Jesajabuch לִמּוּדִים erwähnt werden.[120]

> 11 Elende, Geschüttelte, Ungetröstete! Siehe, ich belege deine
>   Steine mit Bunterz und deine <Grundsteine>[121] mit Saphiren.
> 12 Deine Zinnen mache ich aus Rubin, deine Tore aus Kristallsteinen, und all deine Umgrenzung aus Edelsteinen.
> 13 Und alle deine Kinder[122] werden Schüler (und Schülerinnen)
>   JHWHs sein, und groß wird der Friede deiner Kinder sein.
> 14 Durch Gerechtigkeit wirst du fest gegründet sein (...).

Die Bedeutung dieser Verheißung erschließt sich in synchroner Perspektive, wenn man erkennt, dass hier insbesondere Bezug auf die Aussagen von Jes 48,17–19 genommen wird. Laut Jes 48,17–19 hielt das Volk trotz Belehrung (למד pi.) durch JHWH in der Vergangenheit die Gebote nicht und folglich stellten sich kein Frieden (שׁלום) und keine Gerechtigkeit (צדקה) ein, d. h. Israel musste Jerusalem verlassen und ins Exil gehen. Nach Jes 54,11 f. wird das (zerstörte) Jerusalem von JHWH selbst mit Edelsteinen wieder aufgebaut werden. Die künftig in Jerusalem lebenden בנים werden למודי יהוה sein (V. 13a). Es ist

---

[119] Weippert, ‚Konfessionen', S. 112. Weippert bezieht sich nach eigener Aussage (a. a. O., S. 114, Anm. 24) bei seiner Interpretation auf P. Rießler, Schulunterricht im A. T., ThQ 91 (1909), S. 606-607. Vgl. noch Steck, Aspekte, S. 16: „[...] insbesondere der zweimal verwendete Begriff למוד zeigt die enge Jahwenähe im Ebeddienst an: Der Gottesknecht kann weitergeben (Zunge) und aufnehmen (Ohr) allein, was Jahwe ihn lehrt."

[120] Vgl. zu Jes 54,13 bzw. Jes 50,11–17 außer den Kommentaren insbesondere noch Glaßner, Vision, S. 76 f.; Steck, Versuch, S. 108–112; van Oorschot, Babel, S. 267–269.

[121] Das masoretische ויסדתיך בספירים („und ich gründe dich [Zion] mit Saphiren") macht im Parallelismus membrorum hier keinen Sinn. Mit 1QJes^a ist ויסדתיך als Nomen zu vokalisieren, vgl. auch die LXX: καὶ τὰ θεμέλιά σου.

[122] Westermann, Jesaja, S. 222 f., liest in V. 13a statt „deine Söhne" „deine Erbauer" (בניך); V. 13b stellt er hinter V. 14a. Doch der MT „est appuyé par toute la tradition textuelle", Barthélemy, Critique textuelle Bd. 2, S. 408.

m. E. ganz unwahrscheinlich, dass mit בנים nur die „Söhne"[123] gemeint sind – gilt JHWHs Lehre doch auch in Jes 48,17–19 dem *ganzen* Volk. Demnach werden künftig alle Kinder im Sinn von Söhnen und Töchtern Schüler und Schülerinnen JHWHs (למודי יהוה)[124] sein, auf JHWHs Lehre hören und seine Gebote halten. Folglich wird ihr Friede (שלום) „groß" sein (V. 13b) und das Fundament der Stadt Jerusalem wird gerechtes Tun (צדקה) sein, wodurch die Stadt zu einem sicheren Wohnort werden wird (V. 14a). Damit wird das genaue Gegenbild zu dem noch andauernden unheilvollen Zustand in Volk und Stadt entworfen.

Bemerkenswert ist die in V. 13a zum Ausdruck gebrachte Gewissheit, dass alle Israelitinnen und Israeliten künftig im Sinne JHWHs lernen werden. Der Kontext legt nahe, dies hier als die geradezu „zwingende" Reaktion auf die erbarmende neue Zuwendung JHWHs zu seinem Volk zu interpretieren (V. 7f.).

2.1.15. Jes 59,21: Die Worte des Propheten im Munde seiner Nachkommenschaft

Jes 56–66 bilden im Jesajabuch einen weiteren Komplex. Hier fehlt das für religiöses Lehren und Lernen typische Vokabular. Relevant für das Thema ist jedoch die Aussage von Jes 59,21.[125] Dies ist ein Vers, der nach C. WESTERMANN in Stil und Inhalt so stark von 59,1–20 abweicht, dass er ursprünglich nicht hier gestanden haben kann und besser zu dem Schluss des Buches (Jes 66,22–24) genommen werden sollte:[126]

> Und ich: Dies (soll sein) mein Bund mit ihnen – sprach JHWH:
> ‚Mein Geist, der auf dir ist, und meine Worte, die ich in deinen Mund legte, werden nicht aus deinem Mund weichen und

---

[123] In der Literatur wird בנים hier nahezu durchweg mit „Söhne" wiedergegeben, vgl. Buber/Rosenzweig, Kündung, S. 171; Westermann, Jesaja, S. 223; Steck, Versuch, S. 108; van Oorschot, Babel, S. 268; Glaßner, Vision, S. 76; Koole, Isaiah III Vol. 2, S. 376. Watts, Isaiah 34–66, S. 235, übersetzt בנים mit „children"; kommentiert aber: „all her sons are being taught about Yahweh", a. a. O., S. 239. Childs, Isaiah, S. 425, übersetzt בנים in V. 13a mit „children", in V. 13b mit „sons".

[124] M. E. ist eine besondere inhaltliche Bezugnahme auf die in Jes 50,4 erwähnten למודים nicht zu erkennen. Anders Höffken, Jesaja 40–66, S. 176: „Sie alle [die Bewohner] werden als von dem Herrn Belehrte (oder Jünger) verstanden, was auf dem Hintergrund von Jes 50,4 wohl eher als prophetische Existenz zu verstehen ist", und auch Glaßner, Vision, S, 183, Anm. 633. Doch damit wird verkannt, dass der Gottesknecht sich eben nicht als „Schüler (JHWHs)" bezeichnet. Nicht ganz befriedigend auch Steck, Versuch, S. 109: „Die Hervorhebung, daß Jerusalems Söhne למודי יהוה sind (V. 13a), steht nicht nur in Entsprechung zu 48,17 (vgl. V. 18 שלום), sondern nimmt למודים aus 50,4 auf."

[125] Siehe zu Jes 59,21 außer den Kommentaren insbesondere Gosse, Isa 59,21; Kellermann, Geheimnis, S. 49–54, und Lau, Prophetie, S. 225–227.

[126] Westermann, Jesaja 40–66, S. 280. Dass V. 21 ein Zusatz oder eine Glosse ist, wird allgemein anerkannt, vgl. auch Koenen, Ethik, S. 66; Höffken, Jesaja 40–66, S. 209; Ruszkowski, Volk, S. 60.

aus dem Mund deiner Nachkommenschaft und aus dem Mund
der Nachkommenschaft deiner Nachkommenschaft – sprach
JHWH – von nun an bis auf Weltzeit.'

Unvermittelt ist in V. 21 die Rede von einem Bund, den JHWH mit „ihnen" schließen will. Gemeint sein können hier mit Blick auf den unmittelbar vorausgehenden Kontext nur die Israelitinnen und Israeliten, die von ihren Sünden umkehren. Der Inhalt des Bundes JHWHs ist wie folgt zu bestimmen: JHWHs auf ihn – m. E. auf den Propheten,[127] nach der Buchfiktion also auf „Jesaja" – gegebener Geist und seine ihm in den Mund gelegten Worte werden nicht aus seinem Mund und dem seiner (wohl im übertragenen Sinn zu verstehenden) „Nachkommenschaft" weichen.[128] Auffallend ist hierbei, dass der Geist nicht aus dem *Mund* weichen wird. Offensichtlich hat der Geist JHWHs vor allem die Funktion, die zum Sprechen der Worte JHWHs notwendige Inspiration zu verleihen.[129]

Besonders interessant ist die Zusage, dass die Worte, die JHWH dem Propheten in den Mund gelegt hat bzw. gelegt haben wird[130] – in synchroner Perspektive wäre dies die gesamte in Jes 1–66 tradierte Prophetie „Jesajas" – im Mund des Propheten selbst sowie im Mund seiner Nachkommenschaft bleiben werden. Dies impliziert die Vorstellung, dass der Prophet diese Worte seiner Nachkommenschaft „wortwörtlich" weitergibt und dass wiederum die Nachkommen sie ihren Nachkommen gezielt mündlich überliefern sollen. Der Prophet ist insofern im weiten Sinne Lehrer seiner Botschaft und Begründer einer Tradentenkette.[131]

Zu beachten ist noch, dass JHWHs Bund *Israel* gilt. Demnach sollen die Tradenten doch wohl die Botschaft „Jesajas" *Israel* gegenüber „in den Mund neh-

---

[127] Der auffällige Wechsel der Person zeigt m. E. an, dass verschiedene Personen gemeint sind, mit Hinblick auf Jes 61,1–3 ist wohl der Prophet gemeint. Auf den Propheten beziehen das „Du" auch noch König, Jesaja, S. 505; Steck, Beobachtungen, S. 182. Anders Koenen, Ethik, S. 66, nach dem sich sowohl die 3. Pers. pl. als auch die 2. Pers. sg. im Vers auf die Umkehrwilligen von V. 20 bezieht, in diesem Sinn auch Childs, Isaiah, S. 490; nach Höffken, Jesaja 40–66, S. 209, bezieht sich das „Du" auf den Zion bzw. auf seinen Sprecher; Lau, Prophetie, S. 226, nimmt aufgrund der literarischen Bezüge zu Jes 42,1 und 51,16 an, dass hier eine kollektive Interpretation der Gottesknechttradition vorliegt.

[128] Die Nachkommenschaft ist kaum auf die leibliche Familie des Propheten einzuschränken; in synchroner Hinsicht kann man auf die Zusage von Lohn (Nachkommenschaft und langes Leben) für den gestorbenen (!) Gottesknecht in Jes 53,10a verweisen, vgl. noch Steck, Beobachtungen, S. 182; Hermisson, Das vierte Gottesknechtslied, S. 237.

[129] Vgl. auch noch Jes 42,1ff.; 61,1.

[130] Vgl. noch Dtn 18,18; Jes 51,16 und Jer 1,9.

[131] Es ist durchaus zu erwägen, ob die geistbegabten (!) Tradenten mit der Aufgabe, die Botschaft „Jesajas" zu bewahren und zu rezitieren, auch als Propheten zu verstehen sind, vgl. Kellermann, Geheimnis, S. 52: „Man muß hier von einem nichtaufhörenden Prophetenamt der göttlichen Willensvermittlung und des Gehorsams in der Heilszeit sprechen, wie es das Alte Testament sonst nicht kennt." Bedenkenswert sind auch die Überlegungen von Gosse, Isa 59,21, S. 10: „En raison de l'instance sur le don de l'esprit et de la parole de Yahvé au personnage mentionné et sa descendance, ce passage peut également être considéré comme la justification du travail des rédacteurs finaux du livre d'Isaïe."

men". Welche Bedeutung soll die Tradierung und Rezitation der Botschaft nun für die kommenden Generationen in Israel haben? Eine Antwort lässt sich durch die Betrachtung des Kontextes finden. Der vorhergehende Abschnitt Jes 59,1–20 schließt wie folgt:

> Doch für Zion kommt er (JHWH) als Erlöser und für die in
> Jakob, die von ihrer Sünde umkehren – Spruch JHWHs.

Die heilvolle Botschaft, die der Prophet dem *umkehrenden* Israel verkündet, wird in synchroner Hinsicht insbesondere in der Einheit Jes 60–62 entfaltet. Jes 59,21 signalisiert durch seine Position zwischen Jes 59,1–20 und Jes 60–62: Die *letztlich* als heilvoll gedeutete Botschaft „Jesajas" wird durch die Tradierung der Nachkommenschaft des Propheten für alle künftigen Generationen Israels vernehmbar sein und damit auch *gültig bleiben* – insofern JHWH für die Umkehrenden als Erlöser kommen wird.

2.1.16. Ergebnisse

Der recht heterogene Befund zum Thema religiöses Lehren und Lernen im Jesajabuch ist wie folgt zusammenzufassen:

1. Die einzigen („irdisch"-)religiösen Lehrer, die in den jesajanischen Texten erwähnt werden, sind Priester und Propheten (nicht erwähnt werden z. B. Eltern, Weisheitslehrer, Schullehrer): Nach Jes 28,9 ist ein Priester dafür verantwortlich, Wissen zu weisen, d. h. wohl, das speziell in Priesterkreisen gepflegte religiöse Wissen über JHWH und seinen Willen entsprechend weiterzugeben. Aus Jes 29,13 ist zu erschließen, dass Priester die Kenntnis bestimmter kultisch-liturgischer Traditionen vermittelten. Nach der auf die Verhältnisse in Samaria bezogenen Aussage Jes 9,14 hat JHWH jeden dort „Lüge" weisenden Propheten vernichtet. Positiv gewendet bedeutet dies, dass ein Prophet eine von JHWH autorisierte Weisungspflicht hat, also dass er *JHWHs* Weisung (Tora) dem Volk vermitteln muss. Aus Jes 28,9 geht hervor, dass ein Prophet Auditionen verständlich zu machen hat, d. h. er muss JHWHs Botschaft den Adressaten sozusagen „übersetzen". Zu beachten ist, worauf der Schwerpunkt der genannten Stellen liegt: In Jes 9,14 und 28,9 beschuldigt Jesaja Priester und Propheten, ihren Lehraufgaben nicht nachzukommen; in Jes 29,13 wird das Volk beschuldigt, mit der gelernten Tradition oberflächlich umzugehen. Es geht aber nicht darum, die Prozesse von Lehren und Lernen zu beschreiben, insofern bleiben die näheren Umstände der erwähnten Lehrtätigkeiten offen.

2. Der im Buch sprechende Prophet erscheint zweimal in der Rolle eines Lehrers seiner Schüler bzw. eines Tradentenkreises (obwohl er nicht explizit als Lehrer bezeichnet wird): Nach Jes 8,16 will Jesaja einen Teil seiner Gerichtsbotschaft

in seinen „Schülern" (לִמּוּדִים) versiegeln, d. h. sie in das Gedächtnis dieser nicht näher bezeichneten „Schüler" geben. Aus Jes 59,21 kann man entnehmen, dass JHWH den Propheten im Rahmen eines Bundes mit Israel befähigen will, die (insgesamt heilvoll gedeutete) prophetische Botschaft, also in synchroner Perspektive Jes 1–66, seiner „Nachkommenschaft" *wortwörtlich weiterzugeben*, wobei auch diese (durch JHWH) befähigt werden wird, die Botschaft ihrer „Nachkommenschaft" weiterzugeben. Die demnach spezifische Lehre im Sinn der genauen mündlichen Weitergabe prophetischer Botschaft an ausgewählte Schüler bzw. Tradenten hat eine eminent wichtige Funktion für das Volk: Sie garantiert, dass die Botschaft unverfälscht bewahrt wird und auf Dauer in Israel hörbar sein kann – als bleibende Warnung und als Ermutigung.

3. In Bezug auf die Fähigkeit und Willigkeit des Volkes, sich in JHWHs Sinn zu ändern, wird gleich im Einleitungskapitel des Buches ein stark pessimistischer Akzent gesetzt: Die Bewohnerinnen und Bewohner Jerusalems werden aufgefordert zu lernen, Gutes zu tun (Jes 1,17), d. h. sie sollen ihr vorhandenes Wissen in Bezug auf das, was in JHWHs Augen als „gut" gilt, in die Tat umsetzen. Aus dem folgenden Kontext geht hervor, dass sie dieser Aufforderung keine Folge leisten werden.

4. Doch wird für eine mehr oder weniger ferne Zukunft erwartet, dass sich die Lernfähigkeit oder Lernwilligkeit grundlegend verändert – hier liegt auch das eigentliche „theologische" Gewicht der Aussagen zu Lehren und Lernen im Jesajabuch: Nach Jes 29,24 wird das murrende Gottesvolk in Folge einer nicht näher bestimmten göttlichen Tat Vernunft lernen, d. h. sein religiöses Bewusstsein positiv verändern. Nach Jes 30,20 wird sich JHWH in einer künftigen Heilszeit als derjenige, der sein Volk hinsichtlich seines aktuellen Willens unterweist, nicht mehr verbergen; das nunmehr seinem Gott gehorsame Volk wird seinen Unterweiser stets hören und sehen. Nach Jes 54,13 werden die künftigen Kinder Jerusalems Schülerinnen und Schüler JHWHs sein, d. h. sie werden endlich das tun, was sie nach Jes 48,17 bisher nicht taten: Sie werden im Sinne JHWHs lernen und seine Gebote befolgen.

5. In diese optimistischen Erwartungen werden auch die Völker einbezogen. Nach der Vision Jes 2,2–4 wird JHWH in Zukunft Unterweiser der Völker sein: Die Völker wollen zum Zion in der Erwartung ziehen, dass JHWH ihnen konkrete Handlungsanweisungen gibt, die sich auch befolgen wollen. In Jes 26,9 f. begründet der Prophet seine Sehnsucht nach JHWH als (erwartetem) Weltenrichter damit, dass sich im Zuge des Weltgerichts universale Gerechtigkeit einstellen wird, da die frevlerischen Weltvölker infolge der harten Gerichte JHWHs Gerechtigkeit lernen, d. h. endlich beginnen werden, nach den ihnen bekannten ethisch-religiösen Maßstäben zu leben.

6. Es kann kaum verwundern, dass in diesen visionären, utopisch anmutenden Texten wenig Interesse besteht, detailliert auf religiöses Lehren und Lernen einzugehen. So wird beispielsweise nicht weiter erläutert, wie man die Aussagen zu verstehen hat, dass JHWH unterweist (Jes 2,3; 30,20). Der Ton liegt wohl nicht darauf, dass JHWH *selbst* unterweisen wird, sondern dass er *gewiss* seine (Weg-)Weisung denen zugänglich machen wird, die sie hören wollen. Die näheren Umstände können dabei offen bleiben.

7. Eine Sonderstellung nehmen im Jesajabuch die sog. Gottesknechtslieder ein.[132] Nach der Aussage des Knechts zu Beginn des dritten Liedes, das als eine fiktive Gerichtsrede zu bezeichnen ist, gab JHWH ihm eine Zunge von „Schülern" (למודים) und erweckt ihm jeden Morgen das Ohr, damit er hören kann wie „Schüler" (Jes 50,4). Damit bringt der Knecht – hier eine prophetische Figur – zum Ausdruck, dass er das göttliche Wort genau hört und dieses wörtlich nachspricht und weitergibt. Dies ist die Voraussetzung für die Erfüllung seiner Aufgabe – nämlich mittels des göttlichen Wortes die Exilierten zu trösten. Von Jes 50,4 aus kann man schließen, dass es „Schüler" gegeben haben muss, die sich Morgen für Morgen versammelten, auch verweist die Stelle auf die üblichen altorientalischen Lehr- und Lernmethoden (Hören und Wiederholen des Lernstoffes). Weitergehende Vermutungen bezüglich Schulen und Schulwesen in Israel trägt die Stelle jedoch nicht.

8. Eine Sonderstellung nimmt im Jesajabuch auch das weisheitlich anmutende Gleichnis vom Landmann ein. Nach Jes 28,26 erzieht JHWH den Landmann auf die Naturordnung hin und unterweist ihn. Es handelt sich um ein erfahrungsbezogenes Lehren, das den Landmann zur Erfüllung seiner schwierigen bäuerlichen Aufgaben befähigt. JHWHs Lehren erscheint damit als Ausdruck seiner Souveränität und Fürsorge. Übertragen könnte das Gleichnis besagen, dass JHWH Menschen zur Erfüllung ihrer Aufgaben befähigt, so dass die Geschichte (Judas) nach seiner (guten) Ordnung ablaufen kann.

9. Nur in Jes 26,16 wird JHWHs מוסר erwähnt: Hier wird die Existenz des Volkes unter Fremdherrschaft „Züchtigung" JHWHs genannt. Im Kontext wird diese Züchtigung als Erziehungsmaßnahme gedeutet: Sie sollte Israel bewegen, sich wieder JHWH zuzuwenden. Insofern wird dem harten Handeln JHWHs an seinem Volk in der Perspektive des Textes Sinn zugesprochen.

10. Abschließend ist noch auf den semantischen Befund einzugehen. In Bezug auf das Verb למד ist der Befund äußerst heterogen: Das Verb למד q. „lernen" be-

---

[132] Nur hingewiesen werden soll hier noch darauf, dass der sog. Gottesknecht in seiner Mission für die Völker (Jes 42,1–9) nicht als deren „Lehrer" bezeichnet wird bzw. nicht in der Rolle eines Lehrers erscheint.

zieht sich auf ein Verhalten (Jes 1,17; Jes 26,9.10), eine Fertigkeit (Jes 2,4) oder eine Haltung (Jes 29,24). In Jes 29,13 bezieht sich למד pu. auf die Vermittlung einer Vorschrift im Zusammenhang von kultischer Liturgie. In Jes 48,17 bezeichnet למד pi. das Lehren JHWHs in dem Sinn, dass er seinem Volk die Kenntnis seiner Gebote bzw. seines aktuellen Willens vermittelt. Die למודים („Schüler") nehmen laut Jes 8,16 die prophetische Botschaft auf; in Jes 50,4 (2x) bezeichnet das Nomen eine Gruppe, die sich regelmäßig versammelt, ferner hören die „Schüler" genau die Worte des Lehres und sprechen sie nach; nach Jes 54,13 werden die Einwohner Jerusalems JHWHs למודים genannt; sie sind wohl in dem Sinn „Schülerinnen und Schüler", als sie dessen Gebote und Willen lernen. Das Verb ירה III hif. meint durchweg Weisen im Sinn von lehrhafter *Mitteilung*: das prophetische Weisen einer göttlichen Botschaft (Jes 9,13); das priesterliche Weisen in Bezug auf speziell priesterliches Wissen (Jes 28,9); JHWHs (An-)Weisungen in Bezug auf ein bestimmtes Handeln oder Verhalten (Jes 2,3; 28,26). Daran anknüpfend kann JHWH auch als מורה, als „Unterweiser", bezeichnet werden (Jes 30,20 [2x]). In Jes 28,26 ist JHWH Subjekt von יסר pi.: Das Verb bedeutet hier erziehen im Sinn von Vermittlung von Erfahrung, um zu rechtem Handeln zu befähigen. Das Nomen מוסר bedeutet in Jes 26,16 Züchtigung im Sinn einer (harten) Erziehungsmaßnahme.[133]

2.2. Erklärung der Vergangenheit: Religiöses Lehren und Lernen im Jeremiabuch

Die Komposition des Jeremiabuches ist im Vergleich mit anderen biblischen Büchern besonders kompliziert.[134] Dennoch lässt sich festhalten, dass „als erstes das markante Gerüst Jer 1; 25; 52 hervor[tritt], an dem das ganze Buch wie an Pfeilern aufgehängt ist, zwei Bögen spannend von der Bestellung des Propheten zu Beginn über die doppelte Gerichtsankündigung in der Mitte hin zu deren

---

[133] Abschließend seien noch einige Beobachtungen in diachroner Hinsicht angefügt (unter Bezugnahme auf die oben in Anm. 46 skizzierte Hypothese Sweeneys): In den dem historischen Jesaja zuzurechnenden Worten spielt JHWH als religiöser Lehrer kaum eine Rolle (Ausnahme: Jes 28,26). Dies ist anders in den Texten aus dem 6. Jh (Jes 2,3; 26,9.10.16; 29,24; Jes 48,17; Jes 50,4; Jes 54,13) – und in Jes 30,30, dem einzigen im Rahmen dieser Studie besprochenen Text aus dem späten 7. Jh.: Diese Texte bringen in der schwierigen Zeit kurz vor und nach 587 v.Chr. die Hoffnung auf eine Heilszeit zum Ausdruck, in der JHWH selbst dafür sorgen wird, dass religiöses Lehren und Lernen in Israel (und unter den Weltvölkern) – in welcher Form auch immer – gelingt.

[134] Vgl. außer den Kommentaren insbesondere noch Seybold, Jeremia; Schmid, Buchgestalten; Huwyler, Jeremia; Rendtorff, Theologie 1, S. 186–214; Maier, Jeremia; Lange, Wort; Fischer, Art. Jeremia/Jeremiabuch, Sp. 416–422. Siehe auch noch die Forschungsübersichten von Thiel, Jeremia-Forschung, S. 37 ff.; Herrmann, Prophet, S. 53–181; Backhaus/Meyer, Jeremia, S. 420–423.

2.2. Erklärung der Vergangenheit: Religiöses Lehren und Lernen im Jeremiabuch 47

Vollzug am Ende. Diese Texte sind durch ausschließlich in ihnen begegnende Zeitangaben verknüpft: 13. Jahr Josias (1,2; 25,3), Exilierung im fünften Monat (1,3; 52,12.15). So ergibt sich eine Zweiteilung des Buches."[135] Weiter lässt sich das Jeremiabuch in der Fassung des MT[136] unter besonderer Beachtung der strukturierenden Zwischenüberschriften wie folgt untergliedern:[137]

Jer 1:	Überschrift und Bucheinleitung
Jer 2–6:	Israels und Judas Schuld und die Folgen
Jer 7–10:	Tempelrede und Unheilsankündigungen
Jer 11–20:	Verschiedene Textkomplexe mit Unheilsankündigungen gegen Jerusalem und Juda, Zeichenhandlungen und den sog. Konfessionen
Jer 21–24:	Verkündigungen zur Zeit Zidkijas
Jer 25:	Verkündigungen zur Zeit Jojakims
Jer 26–29:	Tempelrede und Erzählungen über die Auseinandersetzung Jeremias mit ‚falschen' Propheten
Jer 30–35:	Unheil und Trost für Israel und Juda
Jer 36–45:	Erzählungen über Jeremias Schicksal im Zusammenhang mit dem Untergang Jerusalems
Jer 46–51:	Sprüche über Fremdvölker
Jer 52:	Historischer Anhang.

So umstritten die Entstehung der „Buchgestalten" (K. SCHMID) im einzelnen auch ist, wird man mit der Mehrheit der Exegetinnen und Exegeten doch sagen können, dass es sich im Wesentlichen um Texte aus dem 6. und 5. Jh. v. Chr. handelt.[138]

Die wichtigsten Verben für religiöses Lehren und Lernen (למד, ירה III hif. und יסר) sind im Jeremiabuch folgendermaßen präsent: Dreizehnmal kommt das Verb למד vor (למד q.: 10,2; 12,16 [2x]; למד pi.: Jer 2,33; 9,4.13.19; 12,16; 13,21; 31,34; 32,33 [2x]; למד pu.: 31,18); siebenmal das Verb יסר (יסר nif.: Jer 6,8;

---

[135] Fischer, Art. Jeremia/Jeremiabuch, Sp. 417.
[136] Die MT-Fassung und die LXX-Fassung des Jeremiabuchs unterscheiden sich hinsichtlich der Anordnung des Textmaterials (die Fremdvölkersprüche stehen an anderer Position, nämlich nach Jer 25,13) und hinsichtlich des Textumfangs (die LXX ist um ca. ein Siebtel kürzer als der MT), siehe dazu die Übersichten bei McKane, Jeremiah Vol. 1, S. xv–xIi; Herrmann, Prophet, S. 182–186, und Backhaus/Meyer, Jeremia, S. 406–411. Zur jüngeren Diskussion, die sich vor allem um die Frage dreht, ob der Vorlage der LXX historische Priorität zukommt, siehe Tov, Literary History; ders., Aspects; Bogaert, Le livre; Stipp, Sondergut; Huwyler, Jeremia, S. 42–72; Fischer, Jeremia 52; ders., Text. Zur Rezeption jeremianischer Texte in Qumran siehe Brooke, Book.
[137] Die Gliederung folgt in wesentlichen Punkten Herrmann, Prophet, S. 41–52; Wanke, Jeremia Teilband 1 (passim); Backhaus/Meyer, Jeremia, S. 409. Zu flächigeren Gliederungen siehe noch Schreiner, Jeremia, S. 5, und Seybold, Jeremia, S. 18.
[138] So könnte man mit der Mehrheit der Exegetinnen und Exegeten die im Folgenden ausführlich zu besprechenden Stellen entweder deshalb, weil sie die Katastrophe von 587/6 explizit voraussetzen, oder aufgrund ihrer theologischen Aussagen in die exilisch-nachexilische Zeit datieren: Jer 6,8; 9,13.19; 10,2.24; 12,16; 30,11.14; 31,34; 32,33; nicht auszuschließen ist m. E. eine vorexilische Datierung von Jer 5,4f.; 9,4 und 13,23; wie schon häufig erwogen wurde, könnten Jer 2,33 und Jer 31,18 aus der Frühzeit der Verkündigung Jeremias stammen.

31,18; יסר pi.: 2,19; 10,23; 30,11; 31,18; 46,28); an keiner Stelle das Verb ירה III hif.[139] Exegesiert werden im Folgenden elf Belege von למד (Jer 2,33; 9,4.13.19; 10,2; 12,16 [3x], 31,34 und 32,33 [2x]).[140] Von den sieben יסר-Belegen werden fünf ausführlich besprochen (Jer 6,8; 10,23; 30,11 [par 46,28][141]; 31,18 [2x]).[142] Das abgeleitete Nomen למוד ist zweimal im Jeremiabuch vertreten (Jer 2,24; 13,23). Jer 2,24 ist für das Thema religiöses Lehren und Lernen nicht relevant, zu berücksichtigen ist aber Jer 13,23, da hier die negativen Aussagen in Bezug auf das Lehren und Lernen des Volkes in Jer 2,33 und 9,4 aufgenommen und verstärkt werden. Von den acht Belegen des Nomens מוסר ist nur Jer 30,14 für das Thema von Bedeutung, insofern hier eine weitere, Jer 30,11 und Jer 31,18 ergänzende Aussage über den züchtigenden bzw. erziehenden JHWH gemacht wird.[143]

Aufgenommen wurde nach einer gesonderten Durchsicht des Buches noch Jer 5,4f., da hier ausdrücklich auf sozial bedingte Bildungsunterschiede in der judäischen Bevölkerung hingewiesen wird.

Die zu exegesierenden Stellen sind also nicht gleichmäßig über das Buch verteilt. Sie finden sich bis auf zwei Ausnahmen (Jer 32,33 und 46,28) in den Teilen Jer 2–6, Jer 7–10, Jer 11–13 sowie im sog. Trostbüchlein Jer 30–31.

2.2.1. Jer 2,33: Bosheiten lehrtest du deine Wege

Nach dem Einleitungskapitel Jer 1 bildet Jer 2–6 einen ersten abgrenzbaren Komplex. In seiner Gesamtanlage orientiert sich Jer 2–6 nach C. HARDMEIER am Modell von Reden in einem Gerichtsverfahren:[144] „Der wie auf einer Bühne inszenierte Rechtsstreit (vgl. 2,9.35) zwischen JHWH und seinem Volk (vgl. 2,11–13) dreht sich um die fundamentale Anklage, daß Volk und Stadt [Jerusalem] ihrem Gott JHWH untreu geworden sind und ihn verlassen, ja vergessen haben."[145] Der Abschnitt Jer 2,29–37 ist eine Verteidigungsrede JHWHs. Die Rede beginnt mit der Frage nach der Berechtigung der Anklage durch das Volk und

---

[139] Gelegentlich wird MT Jer 5,31 והכהנים ירדו על ידיהם geändert in: והכהנים ירו על ידיהם, so etwa Schreiner, Jeremia 1–25,14, S. 47, und Wanke, Jeremia Teilband 1, S. 76. Doch dies lässt sich m. E. nicht stichhaltig begründen, zumal auch die Fassungen der LXX und der Vg. eine solche Änderung nicht nahelegen, vgl. auch McKane, Jeremiah Vol. 1, S. 136 f.; Craigie u. a., Jeremiah 1–25, S. 94 f.; Lundbom, Jeremiah 1–20, S. 410.

[140] Jer 13,21 (למד pi.) und Jer 31,18 (למד pu.) sind für das Thema religiöses Lehren und Lernen nicht relevant.

[141] Die Parallelstelle Jer 46,28 wird im Rahmen der Exegese von Jer 30,11 nur kurz besprochen.

[142] Jer 2,19 wird nicht behandelt, da die Stelle für das Thema nicht ergiebig ist.

[143] Zu dem Nomen Tora siehe oben 1.3.3.

[144] Möglicherweise war die Anrede an bzw. die Rede über Israel/Jakob in Jer 2–3 ursprünglich nur an das ehemalige Nordreich gerichtet, vgl. dazu insbesondere Albertz, Frühzeitverkündigung; Seybold, Jeremia, S. 68 f.; Böhler, Geschlechterdifferenz, S. 104 ff. 118 ff.

[145] Hardmeier, Zeitverständnis, S. 320.

geht dann in Gegenanklagen über. Von Interesse ist hier vor allem die Gegenanklage JHWHs in V. 33–35:[146]

> 33 Wie gut richtest du deinen Weg, Liebschaft zu suchen! Darum hast du auch die Bosheiten deine Wege gelehrt.[147]
> 34 Sogar an deinen Gewandsäumen fand sich das Blut von armen Unschuldigen, die du nicht (etwa) beim Einbruch ertappt hast.
> Ja, bei alledem (?)[148]
> 35 hast du noch gesagt: ‚Ich bin unschuldig, hat sich doch sein Zorn von mir gewendet!' Siehe, richten werde ich dich, weil du gesagt hast: ‚Ich habe nicht gesündigt.'

V. 33a ist ein Ausruf JHWHs: Gut richtet (יטב hif.) das Volk seinen Weg aus, Liebschaft zu suchen, d. h. hier wohl, es besitzt eine besondere „Fertigkeit", sich anderen Göttern zuzuwenden.[149] In V. 33b wird gesagt, was die Ausübung dieser „Fertigkeit" notwendig mit sich brachte: Das Volk „lehrte" (למד pi.) auch die Bosheiten (הרעות)[150] seine Wege. Der schwierige doppelte Akkusativ ist wie folgt aufzulösen: Gelehrt wurden die Bosheiten, belehrt wurden „die Wege".[151] Die Bosheiten wurden aufgrund der Lehre sozusagen „wegbestimmend". Im Zuge des Umgangs mit den Fremdgöttern ist das Volk also zu seinem eigenen Lehrmeister bezüglich der Bosheiten geworden.

In V. 34 wird dargelegt, was das Tun der Bosheiten konkret bedeutet: Mord an Unschuldigen. Mit diesem Beispiel wird zugleich gezeigt, dass das Recht JHWHs außer Kraft gesetzt ist.[152] In V. 35 wird dem Volk vorgehalten, dass es sich für unschuldig erklärt, da JHWHs Zorn sich (scheinbar) abgewendet hat.

---

[146] Vgl. zu Jer 2,33 bzw. zu Jer 2,29–37 außer den Kommentaren insbesondere noch Wendel, Jesaja, S. 117–123.

[147] Die Form למדתי ist hier mit McKane, Jeremiah Vol. 1, S. 53; Herrmann, Jeremia, S. 101, und Wendel, Jesaja, S. 117, als 2. Pers. fem. sing. zu bestimmen (vgl. die analoge Form in V. 20a). Die LXX hat in V. 33b einen Text, der auf eine vom MT abweichende hebräische Vorlage schließen lässt: οὐχ οὕτως ἀλλὰ σὺ ἐπονηρεύσω τοῦ μιᾶναι τὰς ὁδούς σου.

[148] So übersetzen den MT hier auch noch Buber/Rosenzweig, Kündung, S. 222; die Einheitsübersetzung (in: Schreiner, Jeremia 1–25,14, S. 24); Craigie u. a., Jeremiah 1–25, S. 42. Einen guten Überblick über die verschiedenen Deutungsmöglichkeiten geben Barthélemy, Critique textuelle Bd. 2, S. 475, sowie Barbiero, Lektüre. Barbiero selbst übersetzt V. 34bβ mit „Ja, für alle diese Vergehen (klage ich dich an)", a. a. O., S. 37.

[149] So auch McKane, Jeremiah Vol. 1, S. 53; Herrmann, Jeremia, S. 159; Wanke, Jeremia Teilband 1, S. 44 f.; Werner, Jeremia 1–25, S. 59; Lundbom, Jeremiah 1–20, S. 295.

[150] Gelegentlich wird הרעות als „böse Frauen" interpretiert, vgl. die RSV-Übersetzung (in: Carroll, Jeremiah, S. 138), sowie Craigie u. a., Jeremiah 1–25, S. 42. Doch die Annahme einer Gruppe „böser Frauen" macht hier wenig Sinn, vgl. auch Carroll, Jeremiah, S. 139, in seiner Anmerkung zu V. 33, und Wendel, Jesaja, S. 119.

[151] Anders Lundbom, Jeremiah 1–20, S. 295, der übersetzt: „So even you can teach your wicked ways." M. E. spricht gegen diese Übersetzung, dass das Verb zwischen den beiden Akkusativobjekten steht.

[152] So auch Herrmann, Jeremia, S. 160.

Doch nun kündigt JHWH dem Volk das Gericht an. Damit wird deutlich: Verehrung von Fremdgöttern und Lehre von Bosheiten gestattet JHWH seinem Volk nicht.

2.2.2. Jer 5,4f.: Den Geringen ist der Weg JHWHs nicht bekannt

Dem Prophetenwort Jer 5,4f. sind einige interessante Aussagen zum Thema religiöse Bildung zu entnehmen:[153]

1 Streift durch die Gassen Jerusalems und seht doch und erkundet und sucht auf ihren Plätzen, ob ihr jemand findet, ob es einen gibt, der Recht tut, der Wahrhaftigkeit sucht, so will ich ihr vergeben.[154]
2 Doch selbst wenn sie sagen: ‚So wahr JHWH lebt‘, <gewiss>[155] schwören sie zur Lüge.
3 JHWH, sind nicht deine Augen auf Wahrhaftigkeit gerichtet? Du hast sie geschlagen und sie erbebten nicht, du hast sie vernichtet (und) sie weigerten sich, Zucht anzunehmen. Sie machten ihr Gesicht härter als Fels, sie weigerten sich, umzukehren.
4 Doch ich, ich sagte (mir): Nur Geringe sind sie, sie handelten (freilich) töricht,[156] denn ihnen war (und ist) nicht bekannt der Weg JHWHs, das Recht ihres Gottes.
5 Ich will zu den Großen gehen und mit ihnen reden, denn ihnen war (und ist) bekannt der Weg JHWHs, das Recht ihres Gottes.
Doch sie allesamt zerbrachen das Joch, zerrissen die Stricke.
6 Deshalb schlug sie der Löwe vom Wald, wird der Steppenwolf ihnen Gewalt antun, belauert der Panther ihre Städte, jeder, der herausgeht, wird zerrissen, denn zahlreich sind ihre Auflehnungen, gewaltig ihre Abkehrungen.

Der Sprecher von V. 1f. ist JHWH.[157] In V. 1 fordert er nicht näher bestimmte Menschen auf, die im Kontext von Jer 4–6 wohl als Bewohnerinnen und Be-

---

[153] Zu Jer 5,4f. bzw. zu Jer 5,1–6(9) siehe außer den Kommentaren insbesondere noch Carroll, Theodicy, und Vieweger, Beziehungen, S. 130–132.

[154] In der LXX steht am Ende des Verses noch: λέγει κύριος.

[155] Das masoretische לכן macht hier keinen Sinn. Mit vielen Hss. ist אכן („gewiss") zu lesen, so auch Weiser, Jeremia 1–25,14, S. 41; Bright, Jeremiah, S. 35; Carroll, Theodicy, S. 20.35; Craigie u. a., Jeremia 1–25, S. 86, vgl. auch die Übersetzung von Buber/Rosenzweig, Kündung, S. 233, und die Einheitsübersetzung (in: Schreiner, Jeremia 1–25,14, S. 40).

[156] Der Atnach im MT ist gegen den Vorschlag in der BHS zu belassen, so ausdrücklich auch Holladay, Jeremiah 1, S. 177f.

[157] V. 2 schließt sich eng an V. 1 an (ואם), dies ist m. E. ein Indiz dafür, dass auch V. 2 noch als Wort JHWHs zu verstehen ist. Erst in V. 3 wechselt explizit der Sprecher, vgl. auch McKane, Jeremiah Vol. 1, S. 115. Weiser, Jeremia 1–25,14, S. 44f., und Holladay, Jeremiah 1, S. 174, bestimmen V. 1 als JHWH-Rede, V. 2(ff.) als Prophetenrede; Schreiner, Jeremia 1–25,14, S. 39f., und Wanke, Jeremia Teilband 1, S. 68, bestimmen V. 1 und V. 2 als Prophetenrede.

2.2. Erklärung der Vergangenheit: Religiöses Lehren und Lernen im Jeremiabuch

wohner Jerusalems zu identifizieren sind, zu untersuchen, ob in Jerusalems Gassen und auf seinen Plätzen jemand „Recht tut" bzw. „Wahrhaftigkeit sucht". Sollten sie auch nur einen solchen finden, würde JHWH der Stadt vergeben.[158] Doch das Ergebnis der Untersuchung wird negativ sein, wie aus JHWHs in V. 2 geäußerter Beurteilung der Jerusalemer hervorgeht: Alle sind sie vor JHWH eidbrüchig geworden.[159]

In V. 3 wird JHWH angeredet, der Sprecher ist sicher Jeremia. Zunächst stellt der Prophet eine rhetorische Frage: JHWHs Augen sind doch auf „Wahrhaftigkeit" (אמונה) gerichtet (V. 3aα1)? Dann fällt er ein vernichtendes Urteil über die Bewohnerinnen und Bewohner Jerusalems (V. 3aα2.b) und bestätigt damit die Sicht seines Gottes: Alle harten „pädagogischen" Maßnahmen JHWHs haben bisher ihr Ziel verfehlt. Die Jerusalemer haben sich geweigert, Zucht anzunehmen (מאנו קחת מוסר) und umzukehren (מאנו לשוב). JHWHs auf Wahrhaftigkeit gerichtete Augen könnten also in Jerusalem keine Wahrhaftigkeit sehen – er kann demnach der Stadt auch nicht vergeben.

V. 4 beginnt emphatisch mit ואני אמרתי („doch ich, ich sagte"). Jeremia gibt sich ganz offensichtlich noch nicht zufrieden: Er hält für sich[160] fest: Nur „Geringe" (דלים) sind sie. „Sie" meint nach dem Kontext die sich in den Gassen und auf den Plätzen aufhaltenden Menschen, die JHWH in den Blick zu nehmen forderte (V. 1). Diese „Geringen"[161] handelten töricht. Der Prophet erklärt dies damit, dass ihnen JHWHs „Weg" (דרך), also sein „Recht" (משפט) nicht bekannt war/ist (V. 4b). JHWHs „Weg" und „Recht" sind Normbegriffe, sie bezeichnen – allgemein gesprochen – JHWHs Lebensordnung für Israel.[162] Der festgestellte Mangel an Kenntnis bedeutet im Hinblick auf die in V. 3 erwähnten pädagogischen Maßnahmen JHWHs, dass diese bei den „Geringen" nichts ausrichten konnten: Sie konnten gar keine Zucht annehmen bzw. umkehren, da ihnen hierfür die Voraussetzung fehlte.

---

[158] Vgl. auch Ez 22,30f. Zu Übereinstimmungen zwischen Jer 5,1–6 und Ez 22,23–31 siehe insbesondere Vieweger, Beziehungen, S. 130–132.

[159] Möglicherweise ist hier insbesondere an den bei JHWH beeideten Vasallenvertrag um 597 v. Chr. gedacht, der gebrochen wurde, indem die Loyalität gegenüber Babylon im Vertrauen auf die ägyptische Unterstützung aufgekündigt wurde (Ez 17,12ff.), siehe dazu Hardmeier, Geschichte, S. 26f., und ders., Zeitverständnis, S. 330f.

[160] Die Prophetenworte in V. 4f. sind aufgrund der Rede *über* JHWH wohl als Selbstgespräch zu deuten, vgl. auch Buber/Rosenzweig, Kündung, S. 233; Schreiner, Jeremia 1–25,14, S. 40; Holladay, Jeremiah 1, S. 177; Wanke, Jeremia Teilband 1, S. 68; Lundbom, Jeremiah 1–20, S. 373.

[161] Die דלים bezeichnen hier wohl die sozial schwächeren Bevölkerungsschichten, die vorwiegend auf den Gassen und Plätzen Jerusalems (vgl. V. 1aα) zu finden sind, also z. B. Kleinbauern, Händler u. a. Siehe dazu auch Fabry, Art. דל u. a., Sp. 238f.; Schreiner, Jeremia 1–25,14, S. 41; Carroll, Theodicy, S. 23; Holladay, Jeremiah 1, S. 178; Craigie u. a., Jeremiah 1–25, S. 88; Wanke, Jeremia Teilband 1, S. 69.

[162] Vgl. auch V. 1aγ: das Recht *tun*.

Nach V. 5aα beschließt Jeremia, zu den „Großen" (גדולים), also wohl zu den wohlhabenden Familien, der Königsfamilie, den Familien der Beamten, Priester und Propheten zu gehen und mit diesen zu reden. Er begründet dies damit, dass diesen der „Weg JHWHs", also sein „Recht" bekannt war/ist (V. 5aβ). Jeremias Vorstoß hat nach dem Kontext ein kaum zu überschätzendes Gewicht: Könnte er JHWH zeigen, dass unter den „Großen" jemand Recht tut und nach Wahrhaftigkeit fragt, dann müsste JHWH seinem Versprechen folgend (V. 1b) der Stadt vergeben.

Doch der Prophet muss schließlich die Bilanz ziehen, dass auch die „Großen" gegen JHWHs Willen handeln (V. 5b). In V. 6 beschreibt Jeremia dann in Bildern die „tödlichen" Konsequenzen, die sich für die Bewohnerinnen und Bewohner Jerusalems in der Vergangenheit ergaben (Perfekt: הכם), die sich in der „Gegenwart" ergeben (Partizip: שקד) und die sich in Zukunft ergeben werden (Imperfekt: ישדדם).[163] Letztlich muss also der Prophet JHWHs Beschluss, der Stadt nicht zu vergeben,[164] billigen.

Besonders beachtenswert ist die Formulierung in V. 4 f., JHWHs Weg und sein Recht seien zu *kennen* (ידע q.). Ihr ist zu entnehmen, dass sich dieser Weg und dieses Recht nicht von selbst erschließen. Die Kenntnis von JHWHs Lebensordnung ist demnach eine Sache von Bildung.[165] Die „Geringen" besitzen diese Bildung nicht. Im Licht von V. 1 f. ist das Handeln, das aus diesem Mangel folgt, nämlich nicht nach JHWHs Willen zu leben, eindeutig als Schuld bestimmt. Doch im Licht des Jeremiawortes V. 4 f. wird dies relativiert: Der Mangel an Bildung der „Geringen" hängt mit ihrem sozialen Status zusammen und ist ihnen insofern nicht zum Vorwurf zu machen. Im Jeremiabuch wird auf das Problem der mangelnden Bildung der „Geringen" explizit nicht weiter eingegangen. Implizit deutet freilich die Verheißung des neuen Bundes (Jer 31,34bα) eine Lösung an.[166]

2.2.3. Jer 6,8: Lass dich erziehen, Jerusalem

In Jer 6,1–8 wird Jerusalem zunächst als konkret bedrohte Stadt beschrieben. JHWH selbst ist es, der aufgrund ihrer Bosheit den Feind auffordert, die Stadt zu belagern. Überraschend heißt es in V. 8 dann aber:[167]

---

[163] Vgl. auch noch Liwak, Prophet, S. 255, und Lundbom, Jeremiah 1–20, S. 379. Nicht plausibel ist die These von Althann, Analysis, S. 131: „It may be observed that הכם is in *qtl* and ישדדם in *yqtl*, so that we have a fine example of these two tenses in parallel *with the same time implied* [kursiv K. F.]."

[164] Vgl. V. 7: „Wie sollte ich dir dies vergeben?"

[165] Siehe Hosea 4,6 und die Anmerkungen von Schreiner, Jeremia 1–25,14, S. 41; Wanke, Jeremia Teilband 1, S. 69; Lundbom, Jeremiah 1–20, S. 378.

[166] Siehe zu Jer 31,34 ausführlich unter 2.2.10.

[167] Zu Jer 6,8 bzw. 6,1–8 siehe außer den Kommentaren noch Hardmeier, Zeitverständnis, S. 327 f., und Delkurt, Erziehung, S. 251 f.

2.2. Erklärung der Vergangenheit: Religiöses Lehren und Lernen im Jeremiabuch

> Lass dich (von mir) erziehen, Jerusalem, sonst reißt sich meine Seele von dir los, sonst mache ich dich zur Öde, zum unbesiedelten Land.

Demnach besteht für Jerusalem kurz vor der Belagerung doch noch die Möglichkeit, sich zu ändern – noch hat sich JHWHs Seele nicht von der Stadt losgerissen. Die Bedingung dafür, dass dies nicht geschieht, wird in V. 8aα formuliert: הוסרי ירושלים. M. E. ist das Verb יסר nif. hier tolerativ zu übersetzen: „Lass dich (von mir) erziehen." Der „Erzieher" ist (wie auch in Jer 31,18[168]) sicherlich JHWH,[169] der noch einen letzten Versuch unternehmen will, die Bewohnerinnen und Bewohner Jerusalems zu einer Verhaltensänderung zu bewegen.[170] Aus dem weiteren Kontext geht hervor, dass sich Jerusalem nicht erziehen ließ. So weigerte sich, wie im Jeremiabuch mehrmals betont wird, das Volk konsequent, vor dem Untergang Jerusalems und Judas מוסר (Erziehung bzw. Zucht) anzunehmen.[171]

2.2.4. Jer 9,4.13.19: Falsche Lehre in Israel und die Konsequenzen

Jer 9 ist Teil des Komplexes Jer 7,1–10,25. Dieser Komplex besteht im Wesentlichen aus Unheilsankündigungen und Klagen. In Jer 9 steht dreimal das Verb „lehren" (למד pi.). Die drei Stellen sind inhaltlich aufeinander bezogen und sollen deshalb zusammen behandelt werden. Die erste zu besprechende Stelle (V. 4) steht in dem kleinen Unterabschnitt Jer 9,3–5, der als eine an die Judäerinnen und Judäer gerichtete scheltende Klage JHWHs bestimmt werden kann:[172]

> 3 Hütet euch ein jeder vor seinem Nächsten und auf jeglichen Bruder vertraut nicht, denn jeder Bruder betrügt Jakobstrug[173] und jeder Nächste betreibt Verleumdung.

---

[168] Siehe zu Jer 31,18 ausführlich unten.
[169] Vgl. auch Branson, Art. מוסר/יסר, Sp. 691. Dies wird bei einigen Übersetzungen nicht deutlich: McKane, Jeremiah, Vol. 1, S. 138, übersetzt mit „mend your ways"; Lundbom, Jeremiah 1–20, S. 421, mit „correct yourself".
[170] Weiser, Jeremia 1–25,14, S. 51; Sæbø, Art. יסר, Sp. 741; die Einheitsübersetzung (in: Schreiner, Jeremia 1–25,14, S. 49); Craigie u. a., Jeremiah 1–25, S. 98, und Wanke, Jeremia Teilband 1, S. 78, Delkurt, Erziehung, S. 251, übersetzt mit „zurechtweisen". Diese Übersetzungen sind möglich, die Übersetzung mit „erziehen" ist m. E. jedoch deshalb angemessener, da es um eine dauerhafte Veränderung Jerusalems und nicht nur um eine momentane Warnung/Zurechtweisung gehen soll.
[171] Vgl. Jer 2,30; 5,3; 7,28; 17,23; 32,33; 35,15. Siehe zu der Wendung לקח q. + מוסר im Jeremiabuch Branson, Art. מוסר/יסר, Sp. 692 f.; Maier, Jeremia, S. 116 f.
[172] Vgl. Wanke, Jeremia Teilband 1, S. 104.
[173] Die *figura etymologica* (עקוב יעקב) spielt auf die Jakobsgeschichte an, vgl. die Kommentare.

54 Kapitel 2: Religiöses Lehren und Lernen im Umfeld des Deuteronomiums

> 4 Und ein jeder täuscht seinen Nächsten und Wahrheit reden sie nicht. Sie lehrten ihre Zunge, Lüge zu reden, sie erschöpften sich durch verkehrtes Tun.[174]
> 5 Dein Sitz – inmitten von Trug, im Trug weigerten sie sich, mich zu kennen – Spruch JHWHs.

Der Abschnitt beginnt formal mit einer Warnung („Hütet euch"). Angesichts der Tatsache, dass in V. 8 und V. 10 Strafe angekündigt und in V. 9 und V. 11b als eingetreten beschrieben wird, ist die Warnung nur rhetorisch zu verstehen. Entscheidend ist die Beschreibung der (nach dem Text) katastrophalen „moralischen" Verfassung der Judäerinnen und Judäer. Der Tatbestand von V. 3 wird in V. 4a wiederholt: Zwischen den Menschen herrsche nur noch Täuschung (V. 4aα) und werde keine Wahrheit geredet (V. 4aβ). In V. 4b wird dies hergeleitet (zu beachten ist das Perfekt), wobei hier insbesondere V. 4b1 von Interesse ist: Sie „lehrten" (למד pi.) ihre Zunge, Lüge zu reden. „Lehren" meint hier das bewusste und nachhaltige Einüben einer Verhaltensweise, die Zunge der Judäerinnen und Judäer *kann* deshalb nur noch Lüge reden.[175] Diese Verhaltensweise entspricht ausdrücklich nicht JHWHs Willen, sie ist Ausdruck der Weigerung des Volkes, JHWH zu kennen (V. 5b). Das Volk praktiziert also sozusagen ein antireligiöses Lehren – ein Vorwurf, der auch schon in dem JHWH-Wort Jer 2,33 erhoben wurde. Dieses Verhalten will JHWH, so seine Ankündigung, nicht ungestraft lassen (vgl. V. 8.10.).

Im Abschnitt Jer 9,11–15 ist in V. 13 erneut von „lehren" (למד pi.) die Rede:[176]

> 11 Wer ist so weise, dass er dies einsehen könnte, und dass er das, was der Mund JHWHs zu ihm geredet hat, verkünden könnte,[177] (nämlich) warum das Land zugrunde ging, verfallen ist wie die Wüste, die niemand durchzieht?
> 12 Und JHWH sagte:

---

[174] Der Infinitiv abs. העוה ist hier wohl im Sinne eines Objekts zu verstehen, vgl. noch Buber/Rosenzweig, Kündung, S. 252: „im Fehlgehen erschöpften sie sich", und Lundbom, Jeremiah 1–20: „they tire themselves doing wrong". Schwierig bleibt die direkte Anrede (an Jeremia?) in V. 5 („dein Sitz"). Zumeist wird im Gefolge der LXX (ἠδίκησαν καὶ οὐ διέλιπον τοῦ ἐπιστρέψαι) der Infinitiv העוה als finites Verb übersetzt und das erste Wort von V. 5 (שבתך) geteilt, so dass sich ergibt: העוה נלאו שוב, so etwa Weiser, Jeremia 1–25,14, S. 77; Bright, Jeremiah, S. 72; Schreiner, Jeremia 1–25,14, S. 69; Holladay, Jeremiah 1, S. 297; McKane, Jeremia Vol. 1, S. 198.201; Craigie u. a., Jeremiah 1–25, S. 141 f.; Wanke, Jeremia Teilband 1, S. 103; vgl. auch Barthélemy, Critique textuelle Bd. 2, S. 534 f.

[175] Vgl. Holladay, Jeremiah 1, S. 301, z. St.: „It is striking that people must ‚teach' their tongue to speak falsehood: it is not something that comes naturally but takes planning and effort." Vgl. auch Craigie u. a., Jeremiah 1–25, S. 144.

[176] Vgl. zu Jer 9,13 bzw. zu 9,11–15 außer den Kommentaren noch Thiel, Redaktion I, S. 137f.

[177] Die Syntax von V. 11a ist kompliziert, vgl. dazu insbesondere Holladay, Jeremiah 1, S. 307.

,Weil sie meine Tora verließen, die ich ihnen vorgelegt habe, und auf meine Stimme nicht hörten und in ihr (der Tora) nicht gingen,
13 sondern nach der Verstocktheit ihres Herzens und nach den Baalen gingen, die ihre Väter sie gelehrt haben.'
14 Darum, so spricht JHWH Zebaoth, der Gott Israels: ‚Siehe, ich lasse sie, dieses Volk, Wermut essen und tränke sie mit Giftwasser,
15 und ich zerstreue sie unter die Völker, die weder sie noch ihre Väter kannten, und ich sende hinter ihnen her das Schwert, bis ich sie vernichtet haben werde.'

Die in V. 11 gestellte rhetorische Frage, warum das Land verwüstet wurde, beantwortet JHWH in V. 12f. selbst.[178] Die Antwort ist in mehrerer Hinsicht aufschlussreich: Nach V. 12a ergeht der Vorwurf an die Judäerinnen und Judäer, die ihnen von JHWH vorgelegte Tora verlassen zu haben. In Bezug auf die Bedeutung von Tora steht in synchroner Hinsicht von Jer 8,8 her fest, dass Tora die schriftlich überlieferte Willenskundgebung JHWHs bezeichnet. Offen bleibt der Umfang der Tora,[179] offen bleiben die näheren Umstände, wann und wie sie „vorgelegt" wurde.[180] Die beiden Vorwürfe in V. 12b verstärken das in V. 12a Gesagte noch: Die Judäerinnen und Judäer haben nicht auf JHWHs Stimme gehört und sind nicht in der Tora gegangen.

Laut V. 13 ging das Volk seinen eigenen und nicht den von JHWH vorgegebenen Weg. Interessant ist hier insbesondere der Vorwurf, dass nach V. 13bβ die Väter-Generationen (אבותם) – besser wohl: die Elterngenerationen – (ihre Kinder) die „Baale" „lehrten" (למד pi.). Die Judäerinnen und Judäer gingen folglich den „Baalen" nach (V. 13bα). Damit ist implizit auch deutlich, was zwischen den Generationen *nicht* gelehrt wurde, nämlich die Tora: Niemand ging in der Tora (V. 12b). Die sehr pauschalen Aussagen legen die Vermutung nahe, dass Lehren bezüglich der „Baale" wohl als eine Art Chiffre für „falsches" religiöses Lehren steht. Es fand also, zusammenfassend gesagt, aus der Perspektive des Textes durchaus religiöses Lehren und Lernen im vorexilischen Juda statt – aber nicht in JHWHs Sinn.

---

[178] Der Frage-Antwort-Stil hat Parallelen in Jer 5,19; 16,10–13; 22,8f. sowie in Dtn 29,23–27 und I Reg 9,8f. (par 2. Chr. 7,21f.); vgl. dazu Thiel, Redaktion I, S. 298–300; Maier, Jeremia, S. 317–324.

[179] Der Begriff תורה im Jeremiabuch wird „als ein Gesamtausdruck für den in einer fixierten Gesetzessammlung zum Ausdruck kommenden Gotteswillen verwendet", Maier, Jeremia, S. 351. Maier hat überzeugend dargelegt, dass eine konkrete Fassung des Begriffes „Tora" im Jeremiabuch nicht erkennbar ist (gegen P. Hyatt, Torah, S. 392.396).

[180] Nach Jer 31,31–34 wurde die Tora der Exodusgeneration vorgelegt, nach Jer 26,4 den von Jeremia Angeredeten, nach Jer 44,10 (MT) den Vätern und der „gegenwärtigen" Generation. Der in Jer 9,12 erhobene Vorwurf richtet sich wohl kollektiv gegen alle Generationen (sie = alle vorexilisch im Land jemals lebenden Judäerinnen und Judäer), vgl. auch Römer, Väter, S. 415; Maier, Jeremia, S. 322.

Die ganze Dramatik dieses Befundes zeigt das anschließende JHWH-Wort (V. 14f.): Selbst die Judäerinnen und Judäer, die die in V. 11 erwähnte Verwüstung des Landes überlebten, werden von JHWH selbst vernichtet werden.

In Jer 9,19 wird zum dritten Mal das Thema „Lehren" (למד pi.) angeschlagen:[181]

> 19 Ja, Frauen, hört das Wort JHWHs und euer Ohr nehme auf das Wort seines Mundes, dann lehrt eure Töchter (folgendes) Klagelied und eine Frau (lehre) die andere (folgendes) Leichenlied:
> 20 ‚Der Tod stieg in unsere Fenster, er kam in unsere Wohntürme, auszurotten das Kind von der Gasse, Jünglinge von den Plätzen.'

In V. 19a fordert der Prophet im Auftrag JHWHs die Klagefrauen bzw. weisen Frauen (vgl. V. 16) auf, JHWHs Wort zu hören und aufzunehmen. Nach V. 19b sollen sie dann dieses Wort, das nun als Klagelied (נהי) bzw. Leichenlied (קינה) charakterisiert wird,[182] ihre Töchter und andere Frauen „lehren" (למד pi.).[183] Doch wozu diese Lehre und die Klage? Nach V. 10a macht JHWH Jerusalem zum „Aufenthaltsort von Schakalen" (מעון תנים), nach V. 10b die Städte Judas zur „Öde ohne Bewohner" (שממה מבלי יושב); nach V. 14 werden auch die exilierten Judäerinnen und Judäer von JHWH noch vernichtet werden. Dies bedeutet, dass auch diejenigen, die die Vernichtung des Landes überleben, nach dem Willen JHWHs dem Tod geweiht sind (also auch die klagenden Frauen). „Realistisch" betrachtet sind das Lehren des Klageliedes und die Klage also sinnlos.[184]

Doch im größeren Zusammenhang betrachtet macht das Thema „Lehren" hier durchaus Sinn. In synchroner Hinsicht kann als sicher gelten, dass Lehren mit Blick auf Jer 9,4 und Jer 9,13 noch einmal gezielt thematisiert wird. Nach V. 4 und V. 13 war das falsche Lehren des Volkes ein wichtiger Grund für JHWHs Zorn und den daraus folgenden Beschluss der Vernichtung Judas. Angesichts der

---

[181] Vgl. zu Jer 9,19 bzw. zu Jer 9,16–21 außer den Kommentaren noch Pohlmann, Ferne, S. 172–180.

[182] Nach Lundbom, Jeremiah 1–20, S. 564, spricht Jeremia in V. 20 „for himself and the people (*our* windows... *our* citadels)". Doch aus der Wir-Form des Klageliedes folgt dies nicht zwingend. Das Klagelied ist von der Textlogik her besser als vorgegebenes Wort JHWHs an die Frauen zu bestimmen.

[183] V. 19b (ולמדנה) führt V. 19a (שמענה bzw. ותקח אזנכם) fort. Demnach ist V. 19b nicht Wort JHWHs, so auch Holladay, Jeremiah 1, S. 310; Pohlmann, Ferne, S. 176; gegen Weiser, Jeremia 1–25,14, S. 78; Wanke, Jeremia Teilband 1, S. 107; Lundbom, Jeremiah 1–20, S. 563f.

[184] Vgl. auch Jones, Jeremiah, S. 168, der in Bezug auf die „weisen Frauen" (חכמות) festhält: „In the light of the wisdom vocabulary of the section, and the scathing reference to the ‚wise' in 8.8,9, it is difficult not to detect an element of irony. ‚In the judgement that is coming, this is the only use you will be able to put your wisdom to – wailing!'" In Bezug auf das Lehren der Töchter bemerkt Jones zu Recht: „[...] the irony is continued. ‚And if you teach any more, it will be to teach how to wail!'" Zu einer „normalen" Lehre eines Klageliedes siehe insbesondere II Sam 1,17ff.

schon fast vollständig erfolgten Vernichtung muss in Juda, und zwar gerade in der Gruppe der sonst (zumindest im Jeremiabuch) wenig beachteten Frauen, noch ein letztes Mal gelehrt werden – ausdrücklich nach der Vorgabe JHWHs. Vermittelt werden soll ein Wissen, das nicht in die Zukunft reicht, das den Frauen bzw. dem Volk nichts nützt, das für die Beziehung zu JHWH nichts austrägt: Gelehrt werden soll eine Leichenklage. Falls nichts gänzlich Neues geschieht, ist bald (noch gibt es Überlebende) das Ende der Geschichte Judas erreicht. Freilich wird in der Buchperspektive schon mit dem mahnenden Spruch JHWHs in Jer 9,22f. und mit Jer 10,2, der nächsten Stelle, an der das Verb למד steht, signalisiert, dass in gewisser Weise für die „gegenwärtigen", von Jeremia angesprochenen Judäerinnen und Judäer doch noch Hoffnung besteht.

2.2.5. *Jer 10,2: Zum Weg der Völker hin lernt nicht*

Die nächste zu besprechende Stelle Jer 10,2 ist Teil des Abschnitts Jer 10,1–16, der Polemik gegen Fremdgötter und Lobpreis JHWH enthält.[185] Von Bedeutung ist hier nur der Anfang:

> 1 Hört das Wort, das JHWH zu euch redete, Haus Israel:
> 2 So sprach JHWH:
> ,Zum Weg der Völker hin lernt nicht
> und vor den Zeichen des Himmels erschreckt nicht,
> denn die Völker erschrecken vor ihnen,
> 3 denn die Bräuche der Nationen – dies ist Nichtigkeit.
> Denn (jeder ihrer Götzen) ist Holz vom Wald, das man schlug,
> ein Werk von der Hand eines Kunstfertigen mit Hilfe eines Messers (gefertigt).'

Das JHWH-Wort beginnt in V. 2aα mit der Aufforderung an das Haus Israel – gemeint sein kann im Kontext nur das JHWH-Volk –[186] nicht zu „lernen" (למד q.). Vor das Verbum finitum tritt die Umstandsangabe „zum Weg der Völker hin" (אל דרך הגוים). Die Formulierung ist ungewöhnlich, denn das Verb למד steht in der Hebräischen Bibel sonst nicht mit der Präposition אל.[187] Sie ist wohl dahin-

---

[185] Der Abschnitt ist in dem Qumranfragment 4QJer^b enthalten, wobei wie in der LXX die Verse 10,6–8.10 fehlen, siehe zur Textgeschichte insbesondere Wambacq, Jérémie; Bogaert, Les mécanismes; McKane, History, und Tov, Text, S. 268–270. Zu Jer 10,2 bzw. 10,1–16 vgl. außer den Kommentaren auch noch Margaliot, Jeremiah, und Berlejung, Theologie, S. 392–399.

[186] Mit der Mehrheit der Exegetinnen und Exegeten gegen Margaliot, Jeremiah, S. 307: „Jeremiah X,1–16 has to be interpreted against the historical and religious background of the exiled Israelites in Mesopotamia between 627 and 605 B.C.E."

[187] Der Wortlaut des MT ist mit der Mehrheit der Exegetinnen und Exegeten zu belassen, vgl. auch die LXX: κατὰ τὰς ὁδοὺς τῶν ἐθνῶν μὴ μανθάνετε. Anders Weiser, Jeremia 1–25,14, S. 85, der die nota accusativi את דרך הגוים vorzieht; anders auch Lundbom, Jeremiah 1–20, S. 576 (im Anschluss an D.N. Freedman), der den MT V. 2 ändert und übersetzt: „Thus said Yahweh God [für: כה אמר יהוה אל]: The way of the nations do not learn [...]."

gehend zu verstehen, dass Israel nicht lernen soll, was es auf den Weg der Völker bringen würde. Zu fragen ist, was mit „Weg der Völker" gemeint ist. Dies geht aus der Fortsetzung hervor. Um diese Fortsetzung zu verstehen, ist kurz auf die Struktur von V. 2a–3a (ohne die einleitende Botenspruchformel) einzugehen. M. E. liegt eine chiastische Struktur vor, die wie folgt darzustellen ist:[188]

2aα: 1. Aufforderung: „Lernt nicht [...]!"
    2aβ: 2. Aufforderung: „Erschreckt nicht [...]!"
    2b: Begründung der 2. Aufforderung (כי)
3a: Begründung der 1. Aufforderung (כי)

Nach V. 2aβ.b soll Israel nicht vor den Zeichen des Himmels erschrecken, denn die Völker erschrecken vor ihnen. Gemeint ist wohl: Lasst nur die Völker erschrecken – für euch haben die Himmelszeichen keine Bedeutung. V. 3a ist die Begründung für V. 2aα: Israel soll nicht zum Weg der Völker hin lernen, denn deren „Bräuche" (חקות) sind „Nichtigkeit" (הבל). Unter Bräuchen ist, wie die Fortsetzung in V. 3bff. zeigt, wesentlich Götzenverehrung zu verstehen.[189] Damit ist die Aufforderung in V. 2aα wie folgt zu konkretisieren: Israel soll nicht die Götzenverehrung der Völker lernen, um nicht auf den (Ab-)Weg der Völker zu geraten.

Zu beachten ist in synchroner Hinsicht insbesondere der Bezug der Verse zu Jer 9,13: Im Rückblick auf die Zeit vor der Zerstörung Judas wurde festgestellt, dass das Volk den Baalen nachlief, die die Eltern-Generationen „lehrten" (למד pi.). Im Licht dieser Stelle ist die Aufforderung von Jer 10,2 ein Anzeichen von Hoffnung: Noch ist es für das „gegenwärtige" Israel nicht zu spät; noch kann es sich entscheiden, nicht (mehr) zum Weg der Völker hin zu lernen; noch kann es beginnen, JHWHs Tora (und nicht die Bräuche der Völker) zu halten,[190] noch kann der Gang der Geschichte anders verlaufen als in Jer 9,11 ff. angekündigt.

2.2.6. Jer 10,24: Israels Bitte um maßvolle Züchtigung

Jer 10,17–25 enthält verschiedene Klagen und Unheilsankündigungen. Der Abschnitt schließt den Komplex Jer 7,1–10,25 ab. Im Folgenden sind V. 22–25 genauer zu besprechen. Der Exegese ist vorauszuschicken, dass sich die Bedeutung dieser Verse für das Thema religiöses Lehren und Lernen nicht prima vista

---

[188] Vgl. auch Holladay, Jeremiah 1, S. 326f., und Lundbom, Jeremiah 1–20, S. 578f.
[189] V. 3bff. (כי) deuten das Wort הבל in V. 3a aus, insofern das Nomen nicht nur „Nichtigkeit", sondern auch „Götze" bedeuten kann (vgl. Jer 2,5; 8,19; 14,22; 16,19f.), siehe auch McKane, Jeremiah Vol. 1, S. 218, und Wanke, Jeremia Teilband 1, S. 113.
[190] Vgl. Jer 9,12.

erschließt. Diese lässt sich erst in Zusammenschau mit Jer 30,11 zeigen,[191] da Jer 30,11 auf Jer 10,24 Bezug nimmt. Nun zunächst zu Jer 10,22–25:[192]

> 22 Die Stimme einer Kunde kommt eben und ein großer Lärm vom Land des Nordens, um die Städte Judas zur Ödnis zu machen, zum Aufenthaltsort von Schakalen.
> 23 ‚Ich habe erkannt, JHWH:
> Nicht (liegt es) am Menschen, seinen Weg (zu bestimmen), nicht (liegt es) am gehenden Mann, seinen Schritt zu lenken.
> 24 Züchtige mich,[193] JHWH, aber rechtens, nicht in deinem Zorn, dass du mich nicht (zu) wenig werden lässt.'
> 25 ‚Gieße deine Zornesglut aus über die Völker, die dich nicht erkannt haben, und über die Sippen, die deinen Namen nicht angerufen haben, denn sie haben Jakob gefressen, und sie haben ihn gefressen[194] und haben ihn vernichtet und seine Stätte zur Ödnis gemacht.'

In V. 22 wird – wohl vom Propheten[195] – bekannt gegeben, dass sich nunmehr die Ankündigung JHWHs erfüllt, Jerusalem und die Städte Judas zur Ödnis zu machen.[196] Die Verwüstung geschieht durch das „Land des Nordens", im Jeremiabuch steht diese Bezeichnung bekanntlich für die Großmacht Babel. V. 23 f. ist m. E. ein Gebet des Volkes (kollektives Ich wie in V. 19 f.)[197] angesichts der drohenden Verwüstung. Zunächst wird in V. 23 die Einsicht formuliert, dass ein Mensch seinen Weg bzw. seine Schritte nicht bestimmen kann.[198] Die Judäerinnen und Judäer haben demnach eingesehen, dass es nicht in ihrer Macht steht, den Gang ihrer *Geschichte* zu bestimmen,[199] d. h. im Kontext konkret: Sie kön-

---

[191] Siehe unten z. St.
[192] Zu Jer 10,24 bzw. zu 10,17–25 siehe außer den Kommentaren noch Schmid, Buchgestalten, S. 167 f.
[193] Die LXX hat als Objekt im Vers „uns". Dadurch wird deutlicher als im MT, dass es sich hier um ein kollektives Gebet des Volkes handelt. Im Sinne der LXX übersetzt Bright, Jeremiah, S. 71.
[194] Es handelt sich bei ואכלהו wohl um Dittographie, das Verb fehlt in der LXX und in dem Paralleltext Ps 79,7, vgl. auch Stipp, Sondergut, S. 38. Siehe auch noch Barthélemy, Critique textuelle Bd. 2, S. 449–551.
[195] Er spricht auch in V. 21. Vgl. auch Craigie u. a., Jeremiah 1–25, S. 163. Nach Holladay, Jeremiah 1, S. 339, und Lundbom, Jeremiah 1–20, S. 607, ist der Sprecher JHWH.
[196] Vgl. Jer 9,10.
[197] Vgl. auch Carroll, Jeremiah, S. 263. Die Mehrheit der Exegeten nimmt an, dass Jeremia dieses Gebet als Fürbitter im Namen des Volkes spricht, vgl. Bright, Jeremiah, S. 74; Schreiner, Jeremia 1–25,14, S. 78; McKane, Jeremiah Vol. 1, S. 233 f.; Craigie u. a., Jeremiah 1–25, S. 164; Lundbom, Jeremiah 1–20, S. 609.
[198] Vgl. Prov 16,9 und 20,24.
[199] In diesem Sinn auch McKane, Jeremiah Vol. 1, S. 232; Craigie u. a., Jeremiah 1–25, S. 164; Lundbom, Jeremiah 1–20, S. 609. Anders etwa Weiser, Jeremia 1–25,14, S. 92, nach dem man diese Aussage zu verstehen hat „in der religiös-ethischen Perspektive der Erkenntnis des unseligen Zwiespalts zwischen Wollen und Vollbringen (vgl. Röm 7,18ff.) im Sinn der menschlichen Unfähigkeit, das als gut und recht Erkannte auch wirklich zu tun", vgl. auch

60 Kapitel 2: Religiöses Lehren und Lernen im Umfeld des Deuteronomiums

nen dem von JHWH beschlossenen Unheil nicht entrinnen. In V. 24 folgt dann die Bitte an den geschichtsmächtigen Gott, sie nur in Gerechtigkeit und nicht im Zorn zu „züchtigen" (יסר pi.),[200] damit sie nicht zu sehr dezimiert würden. Das Verb יסר pi. hat hier sicher nicht die Bedeutung von erziehen oder belehren,[201] denn die Judäerinnen und Judäer haben ja bereits die entscheidende Erkenntnis gewonnen: Aus der Bitte an JHWH um gerechte (im Sinn von *maßvolle*) Züchtigung spricht das Bewusstsein, dass sie *Strafe* verdient haben und dass sie diese auch annehmen wollen. Damit spricht aus der Bitte auch die Bereitschaft, sich künftig zu ändern.

V. 25 setzt eine dramatische Veränderung der Situation voraus: „Jakob" – in synchroner Hinsicht klingt mit diesem Namen die *Schuld* des Volkes an (Jer 9,3b) – wurde vernichtet (כלה pi.) und seine Wohnstätte zur Ödnis gemacht. Der Beter – hier wohl wieder der Prophet – bittet JHWH, seine Zornesglut deshalb über die gottlosen Völker auszugießen. Es scheint also, als ob JHWH der Bitte des Volkes um gerechte Züchtigung nicht entsprochen, sondern seine Ankündigung der Vernichtung wahr gemacht hat.[202] Dagegen spricht jedoch, dass es noch den Beter gibt, der – wie in der Buchperspektive klar ist – nicht als Einziger überlebte. Und in der Tat verhallte die Bitte des Volkes nicht ungehört – JHWH nimmt sie *auf seine Weise* auf, wie das in synchroner Hinsicht auf Jer 10,24 bezogene JHWH-Wort in Jer 30,11 zeigt.

2.2.7. Jer 12,16: Die Nachbarvölker sollen Israels Wege lernen

Der als JHWH-Rede gestaltete Abschnitt Jer 12,14–17 ist Teil des Komplexes Jer 11–13, der in der vorliegenden Gestalt im Wesentlichen Worte und Berichte des Propheten enthält. In Jer 12,16 wird – einmalig im Jeremiabuch – eine Aussage über religiöses Lernen und Lehren der Nachbarvölker Israels getroffen:[203]

> 14 So sprach JHWH über alle meine bösen Nachbarn, die den Besitz antasten, den ich meinem Volk, nämlich Israel, zum Erbe

---

Schreiner, Jeremia, S. 78: Der Mensch sei „nicht fähig, stets richtig und gut zu handeln". Diese Deutung ist im Kontext des Jeremiabuches kaum zutreffend: Das Problem ist nicht, dass die Judäerinnen und Judäer nicht gut handeln *könnten*, sondern dass sie im Sinne JHWHs handeln könnten und es *nicht tun* (vgl. nur Jer 9,1–15).

[200] Vgl. noch Ps 6,2; 38,2.

[201] Insofern ist יסר pi. hier nicht mit „to correct" zu übersetzen, so aber Bright, Jeremiah, S. 71; die RSV-Übersetzung (in: Carroll, Jeremiah, S. 262); Holladay, Jeremiah 1. S. 338; Craigie u. a., Jeremiah 1–25, S. 162; Lundbom, Jeremiah 1–20, S. 608 f. Mit „züchtigen" bzw. „chastise" übersetzen Weiser, Jeremia 1–25,14, S. 87; die Einheitsübersetzung (in: Schreiner, Jeremia 1–25,14, S. 78); McKane, Jeremiah Vol. 1, S. 228; Wanke, Jeremia Teilband 1, S. 116.

[202] Vgl. das Gerichtswort Jer 9,14f.

[203] Zu Jer 12,16 bzw. zu Jer 12,14–17 siehe außer den Kommentaren noch Thiel, Redaktion I, S. 162–168.

2.2. Erklärung der Vergangenheit: Religiöses Lehren und Lernen im Jeremiabuch

gegeben habe: ‚Siehe, ich reiße sie aus von ihrem Boden und das Haus Juda werde ich aus ihrer Mitte reißen.

15 Und es wird geschehen: Nachdem ich sie weggerissen habe, werde ich umkehren und mich ihrer erbarmen und sie zurückkehren lassen, jeden in seinen Erbbesitz, jeden in sein Land.

16 Und es wird geschehen: Wenn sie gewiss lernen die Wege meines Volkes, (d. h.) zu schwören bei meinem Namen: ‚So wahr JHWH lebt', wie sie gelehrt haben mein Volk zu schwören beim Baal, dann sollen sie aufgebaut werden inmitten meines Volkes.

17 Und wenn sie nicht hören, dann reiße ich jenes Volk (das nicht hört) aus, (es ist) auszureißen und zu vernichten' – Spruch JHWHs.

Nach V. 14a.bα will JHWH die Nachbarvölker Judas von ihrem Boden wegreißen, d. h. ins Exil führen, da sie das dem JHWH-Volk Israel von JHWH selbst verliehene Erbteil antasten. Nach V. 14bβ soll Juda dasselbe Schicksal ereilen, JHWH will es ohne Angabe von Gründen „aus ihrer (der Völker) Mitte" (מתוכם) reißen.[204] Das Exil soll nach V. 15 aber nur eine begrenzte Zeit dauern: JHWH will aus Erbarmen dafür sorgen, dass jedes Volk (also Israel und die Nachbarvölker) wieder in sein Land zurückkehren kann. Damit wird der vorherige Zustand in Bezug auf die *äußeren Lebensbedingungen* wiederhergestellt. Doch in Bezug auf die *Lebensweise* müssen sich die Völker (nach dem Text nicht Israel!) ändern, wenn sie auf Dauer in ihren Ländern überleben wollen, wie durch die beiden bedingten Heils- und Unheilsankündigungen in V. 16 und V. 17 unmissverständlich deutlich gemacht wird.

V. 16aα ist der Vordersatz des Bedingungssatzgefüges in V. 16. Demnach müssen die Nachbarvölker, wenn sie nicht vernichtet werden wollen, die Rolle von Lernenden einnehmen: Sie müssen die Wege des JHWH-Volkes „lernen" (למד q.), wobei der sich anschließende Infinitivsatz präzisiert, was dies bedeutet:[205] Sie

---

[204] V. 14bβ ist nicht als *Heilsorakel* an Juda zu deuten, da das Verb אתוש („ich will wegreißen") im Kontext des Jeremiabuches kaum anders als im Sinne eines unheilvollen Handelns JHWHs zu verstehen ist (Jer 1,10), vgl. auch Weiser, Jeremia 1–25,14, S. 107; Schreiner, Jeremia 1–25,14, S. 86; Wanke, Jeremia Teilband 1, S. 130 f.; anders aber Holladay, Jeremiah 1, S. 390; McKane, Jeremiah Vol. 1, S. 284; Brueggemann, Jeremiah, S. 124; Lundbom, Jeremiah 1–20, S. 662.

[205] Einige Exegetinnen und Exegeten deuten den Infinitivsatz V. 16aα2 konsekutivisch („wenn sie die Wege meines Volkes lernen, dass/so dass sie bei meinem Namen schwören"), vgl. etwa Weiser, Jeremia 1–25,14, S. 102; die Einheitsübersetzung (in: Schreiner, Jeremia 1–25,14, S. 87); McKane, Jeremiah Vol. 1, S. 279 („and swear"); Wanke, Jeremia Teilband 1, S. 130. Dies ist mit Jenni, Präposition Lamed, S. 218 ff., jedoch auszuschließen: Jenni zeigt, dass, falls der Hauptsatz ein Verbalsatz ist, ein konsekutivischer Gebrauch von ל + Infinitiv nur möglich ist, wenn die Verben Vorgangs- oder Zustandsverben der inneren (mentalen) und äußeren (körperlichen) Befindlichkeit sind. Jenni selbst, a. a. O., S. 160, deutet den Infinitivsatz hier als Spezifikation des vorausgehenden Hauptsatzes („wenn sie die Wege meines Volkes lernen, [nämlich] indem sie bei meinem Namen schwören"). Gegen diese Deutung spricht jedoch, dass der Akzent von V. 16aα auf „Lernen *zu schwören*" liegt, der Infinitiv nif. להשבע also an das

müssen lernen, in JHWHs Namen zu schwören. Sie müssen also insbesondere JHWH-fürchtig werden, sie müssen aber wohl nicht *alle* Wege im Sinne der jüdischen Religion lernen.[206] Aus der Formulierung, dass die Völker die Wege *meines Volkes* (nicht nur: *meine* Wege) lernen sollen, geht hervor, dass das JHWH-Volk diese Wege in Zukunft gehen wird. Es ist also anzunehmen, dass die Völker durch den Kontakt mit Israel lernen werden, in JHWHs Namen zu schwören.

Der sich an V. 16aα anschließende Vergleichssatz (כאשר-Satz) besagt Folgendes: Die Völker sollen lernen, bei JHWH zu schwören, wie sie in der Vergangenheit das JHWH-Volk „lehrten" (למד pi.), beim „Baal" zu schwören. Entscheidend sind hier nicht die Details des Lehrens: Lehren, bei JHWH bzw. „Baal" zu schwören, steht wohl pauschal für „richtiges" und „falsches" religiöses Lehren. Der entscheidende Punkt ist vielmehr: Die Vorzeichen werden sich in religiöser Hinsicht vollständig umkehren. Israel wird als Lehrmeister der Völker fungieren, so wie die Völker einst – allerdings „unguter" – Lehrmeister Israels waren. Die Zeit, in der die Völker Israel lehrten, beim „Baal" zu schwören, lässt sich im Horizont des JHWH-Wortes genauer bestimmen: Es muss die Zeit vor dem Exil gemeint sein (vgl. V. 14). In der Baalsverehrung infolge der Lehre der Völker dürfte der in V. 14bβ nicht angegebene Grund für das strafende Handeln JHWHs an Juda zu sehen sein. In synchroner Hinsicht zeigt V. 16aβ, dass die „gegenwärtigen" Judäerinnen und Judäer die Aufforderung Jeremias, nicht zu „lernen" (למד q.), was sie auf den Weg der Völker bringt (Jer 10,2), missachten werden.

V. 16b ist der Nachsatz des Bedingungssatzgefüges: Lernen die Völker, dann werden sie inmitten des JHWH-Volkes aufgebaut werden (ונבנו בתוך עמי). Die Bedeutung dieser Verheißung ist umstritten. Sollen die Völker, wie manche Exegeten meinen, inmitten von Israel aufgebaut werden in dem Sinn, dass sie inmitten von Israel (als Proselyten) leben können?[207] Dagegen spricht jedoch, dass die Völker nach V. 15b in ihre jeweiligen Länder bzw. Erbteile zurückkehren sollen; sie sollen also doch wohl *dort* (und nicht in Juda) JHWH-fürchtig leben. Die Verheißung kann m. E. nur wie folgt verstanden werden:[208] Die lernwilligen Völker

---

Hauptverb למד q. anzuschließen ist. Dies ergibt sich aus dem Vergleichssatz (V. 16aβ), in dem die verglichene Handlung der Völker „lehren zu schwören" ist. In diesem Sinn auch noch Lundbom, Jeremiah 1–20, S. 663.

[206] Von einer Annahme der jüdischen Religion gehen etwa Thiel, Redaktion I, S. 162 f.; Schreiner, Jeremia 1–25,14, S. 86 f.; Holladay, Jeremiah 1, S. 391, und Lundbom, Jeremiah 1–20, S. 663, aus.

[207] Vgl. etwa Carroll, Jeremiah, S. 292: „Then they are represented as living in the midst of Yahweh's people, built up by Yahweh [...] because they have become Yahwists"; Jones, Jeremiah, S. 194: „they shall be built up in the midst of my people: the future Israel will consist of Jews and proselytes"; Wanke, Jeremia Teilband 1, S. 130: „Der Textabschnitt [...] befaßt sich mit der nachexilischen Thematik der Aufnahme von Fremden in das Volk Jahwes (Proselyten)."

[208] Die Aussage von V. 14bβ, nach der Israel vor dem Exil „inmitten der (Nachbar-)Völker" existierte, ist m. E. in zweifacher Hinsicht zu deuten: Israel war in räumlicher Hinsicht von den

werden in übertragenem Sinn inmitten des JHWH-Volkes aufgebaut, insofern sie im Kontakt mit Israel lernen und dadurch (wie Israel) lebensfähig werden.[209]

Ein Punkt ist abschließend noch besonders hervorzuheben. Nach V. 16aβ wurde das JHWH-Volk in der Zeit vor dem Exil in Bezug auf die Baalsverehrung von den Völkern belehrt. Aus V. 16aα geht hervor, dass Israel sich nach dem Exil *grundlegend gewandelt haben wird*: Zum einen wird es Wege im Sinne JHWHs gehen. Im Hinblick auf die Aussage in Jer 5,4f. bedeutet dies, dass nunmehr auch die „Geringen" die Wege JHWHs kennen und dass alle, „Geringe" und „Große", ihr Wissen umsetzen werden. Zum zweiten werden nun sogar die Völker von Israel lernen können. Angesichts der bisherigen Aussagen im Jeremiabuch bezüglich der Unfähigkeit bzw. Unwilligkeit der Judäerinnen und Judäer, in JHWHs Sinn zu lehren und zu lernen – wobei ihnen z. B. nach der Gerichtsankündigung Jer 9,14f. deshalb die endgültige Vernichtung durch JHWH im Exil droht – ist diese Zukunftsperspektive höchst erstaunlich. Es stellt sich die im Kontext von Jer 12 nicht beantwortete Frage: Wodurch kann ein solcher grundlegender religiöser Wandel im JHWH-Volk möglich werden? Diese Frage verschärft sich noch einmal durch Jer 13,23f.

2.2.8. *Jer 13,23: Könnt ihr Gutes tun, die ihr Belehrte im bösen Tun seid?*

Gegen Ende des Komplexes Jer 11–13 findet sich in Jer 13,23f. folgendes mit einer Unheilsankündigung verbundenes Scheltwort:[210]

> 23 Kann ein Kuschit seine Haut(farbe) ändern und ein Leopard seine Flecken? Dann könntet auch ihr Gutes tun, die ihr Belehrte im bösen Tun seid.
> 24 So werde ich sie[211] zerstreuen wie Spreu, die davonfliegt, wenn der Wüstenwind (weht).

In V. 23 f. ist der Sprecher JHWH, die Angeredeten sind nach dem Kontext die Bewohnerinnen und Bewohner Jerusalems. JHWH wirft ihnen in V. 23b vor, dass sie למודי הרע sind. Die Übersetzung der Wendung mit „die ihr (euch) an das Böse

---

Völkern umgeben, und es lebte auch in religiöser Hinsicht „inmitten der Völker", d.h. es teilte ihre Religionen.

[209] Siehe auch Jer 3,17; 16,19–21; 48,47 und 49,6. Hingewiesen sei hier noch auf einige interessante, Jer 12,14–17 konturierende Aussagen in Bezug auf Israel und die Völker im Jesajabuch: Nach Jes 19,24f. wird Ägypten mit Assur und Israel eine Dreiheit von *Völkern* JHWHs bilden; nach Jes 56,3–7 werden *einzelne* gesetzesobservante Nichtjuden in das JHWH-Volk integriert werden; nach Jes 66 wird nach dem Gericht ein *neues Kollektiv* aus allen Menschen (Israel und Völker) entstehen, das sich regelmäßig jeden Neumond und am Shabbat zur Verehrung JHWHs am Zion versammelt, vgl. zu der Thematik insbesondere Groß, Krise.

[210] Vgl. zu Jer 13,23f. außer den Kommentaren insbesondere noch Weippert, Wort, S. 344f., und Wendel, Jesaja, S. 105–110.

[211] Die in den Kommentaren durchweg vorgenommene Änderung in die 2. Pers. pl. hat textkritisch keinen Anhalt.

gewöhnt habt"[212] ist wohl zu schwach, denn Gewohnheiten lassen sich (mehr oder weniger leicht) auch wieder ändern. Die Formulierung besagt vielmehr, dass das Lehren unter den Bewohnerinnen und Bewohner Jerusalems[213] ganz im Zeichen des bösen Tuns steht, dass sie also aktiv und bewusst böses Tun einüben bzw. ausüben. Das böse Tun ist ihnen im Zuge dieses Lehrens folglich „zur zweiten Haut"[214] geworden, die sie ebensowenig verändern können wie der Kuschit (der Nubier) seine dunkle Hautfarbe oder der Leopard die Musterung seines Fells (V. 23a). Dieser pessimistischen Einschätzung[215] entspricht die von JHWH beschlossene Strafe: die spurlose Auslöschung der Existenz Jerusalems (V. 24).

2.2.9. Jer 30,11.14; 31,18: JHWHs Züchtigung und Israels Antwort

Das sog. Trostbüchlein Jer 30–31 kann im Wesentlichen als eine Sammlung von meist durch die Botenformel eingeleiteten Heilsverheißungen charakterisiert werden. „In der heutigen Form [MT wie LXX] spiegelt Jer 30f die vielfältigen Bemühungen wider, den Zusammenbruch von 587 in exilisch-nachexilischer Zeit zu bewältigen."[216] Im MT[217] steht an zwei Stellen das Verb יסר (Jer 30,11; 31,18 [2x]) sowie an einer Stelle das Nomen מוסר (Jer 30,14). Diese Stellen verweisen inhaltlich aufeinander und sollen deshalb zusammen behandelt werden. Die erste Stelle Jer 30,10f.[218] ist „eine Art Heilsorakel"[219] an Jakob/Israel:

---

[212] In diesem Sinne Weiser, Jeremia 1–25,14, S. 110; die Einheitsübersetzung (in: Schreiner, Jeremia 1–25,14, S. 91); Wendel, Jesaja, S. 105; Wanke, Jeremia Teilband 1, S. 138. Anders jedoch auch McKane, Jeremiah Vol. 1, S. 306 („who are practised in evil-doing"); Craigie u. a., Jeremiah 1–25 („who are trained to do evil"); Lundbom, Jeremiah 1–20, S. 683 („who are taught this evil").

[213] Lundbom, Jeremiah 1–20, S. 687, merkt an: „In v. 21 Judah was faulted for teaching the enemy to be confidants; here the mistake is having allowed the *enemy* [Hervorhebung K. F.] to teach the nation evil." Doch im Hinblick auf Jer 2,33 und 9,4 wird auch hier wohl eher gemeint sein, dass das *Volk* sein eigener Lehrmeister ist.

[214] Weippert, Wort, S. 345.

[215] Vgl. auch Jer 4,22. Ganz anders Jes 1,17: Die Bewohnerinnen und Bewohner Jerusalems werden aufgefordert zu lernen, Gutes zu tun und vom bösen Tun Abstand zu nehmen. Siehe dort die Exegese z. St.

[216] Kilpp, Verhältnis, S. 99. Möglicherweise enthielt das Trostbüchlein (ebenso wie Jer 2–3) ursprünglich einmal nur an das Nordreich gerichtete Worte, so Lohfink, Jeremia; zustimmend Holladay, Jeremiah 2, S. 156ff.; Seybold, Jeremia, S. 68f.; Böhler, Geschlechterdifferenz, S. 125f.

[217] Jer 30,10f. fehlen in der LXX. Im MT stehen die beiden Verse als (nahezu gleichlautende) Dublette noch einmal in Jer 46,27f., hier bezeugt sie auch die LXX. Jer 30,10f. sind im Kontext gut eingebunden, durchschlagende Argumente dafür, dass die Verse hier „auszuscheiden" sind, gibt es m. E. nicht, vgl. zur Diskussion Janzen, Studies, S. 93f.; Kilpp, Verhältnis, S. 112f.; Fischer, Trostbüchlein, S. 59–63; Stipp, Sondergut, S. 93; McKane, Jeremiah II, S. 762f.; Schmid, Buchgestalten, S. 165, Anm. 543, und Huwyler, Jeremia, S. 126–133.

[218] Vgl. zu Jer 30,10f. außer den Kommentaren insbesondere noch Becking, Remarks, S. 69–71; Odashima, Heilsworte, S. 98–103; Kilpp, Verhältnis, S. 112–120; Bozak, Life, S. 40–45; Fischer, Trostbüchlein, S. 59–63, und Schmid, Buchgestalten, S. 165–169.

10 Und du fürchte dich nicht, mein Knecht Jakob – Spruch JHWHs – und erschrecke nicht, Israel, denn siehe, ich errette dich von fern her und deine Nachkommenschaft aus dem Land ihrer Gefangenschaft. Und Jakob wird heimkehren und wird Ruhe haben und sicher wohnen und keiner erschreckt (ihn mehr).
11 Denn mit dir bin ich – Spruch JHWHs – um dich zu retten, denn ich werde Vernichtung anrichten unter allen Völkern, unter die ich dich verstreut habe, aber bei dir werde ich keine Vernichtung anrichten, sondern ich werde dich rechtens züchtigen, doch ungestraft lassen werde ich dich gewiss nicht.

V. 10aα enthält eine Aufforderung an Jakob/Israel,[220] sich nicht zu fürchten. Diese Aufforderung wird in zweifacher Hinsicht begründet: Nach V. 10aβ ist JHWH im Begriff, die Angesprochenen und ihre Nachkommen aus dem Land ihrer Gefangenschaft zu retten. Die Folge wird sein, dass Jakob/Israel heimkehren und sicher wohnen kann – zu ergänzen ist: im Heimatland (V. 10b). V. 11a enthält die zweite Begründung: JHWH ist gegenwärtig schon mit Jakob/Israel, um es zu retten. V. 11b, wieder mit כי („denn") eingeleitet, stellt heraus, dass JHWH zu Jakob/Israel ein besonderes Verhältnis hat und untermauert damit quasi die Zusage JHWHs, zum Retter zu werden: Im Gegensatz zu den Völkern, unter die JHWH sein Volk verstreut hat, wird JHWH es nicht vernichten (V. 11a.bα); er wird es nur „rechtens züchtigen" (V. 11bβ: יסר pi. + למשפט). Aus V. 11bγ geht hervor, dass das Züchtigen eine Strafmaßnahme infolge von Schuld ist. Analog wird auch die Vernichtung der Völker, für die kein Grund angegeben wird, Strafe für Schuld sein.

Wie ist nun das zeitliche Verhältnis von Rettung und Züchtigung in V. 11 zu deuten? Aus inhaltlichen Gründen ist es nicht plausibel, die Züchtigung *nach* der Rettung anzusetzen.[221] Was die *Folge* der Rettung sein wird, wird ja in V. 10b gesagt: Heimkehr und sicheres Wohnen im Land. Nach N. KILPP kann „eine Verkündigung von Strafe [...] bei den Hörern nur als Heilsverheißung ankommen, wenn die angekündigte Strafe schon eingetroffen ist. Das Heilsorakel kommt auf die gegenwärtige Situation der Hörer zurück. Der Verfasser erkennt im ergangenen Unheil [in der Katastrophe von 587/6 v. Chr.] Strafe Gottes, weiß aber auch, daß das Gericht sich in Grenzen gehalten hat"[222]. Dies ist jedoch nicht die Per-

---

[219] Böhmer, Heimkehr, S. 60, vgl. auch Beckings, Remarks, S. 69, und Schmid, Buchgestalten, S. 166 f.
[220] Es ist in synchroner Hinsicht nicht klar, ob mit Jakob/Israel Nordisrael oder ganz Israel angesprochen werden soll. Jakob/Israel ist der Urvater aller Stämme, „Israel" bezeichnet in Jer 30,2 das ganze Volk, in Jer 30,3 f. hingegen insbesondere das ehemalige Nordreich. M. E. ist mit Kilpp, Verhältnis, S. 113 f.; Bozak, Life, S. 33 ff., und McKane, Jeremiah II, S. 756, in Jer 30,5–11 das Volk JHWHs insgesamt angesprochen, anders Sweeney, Jeremiah 30–31, S. 573 f.
[221] So aber Fischer, Trostbüchlein, S. 62 („nach der Errettung Züchtigung").
[222] Kilpp, Verhältnis, S. 118. Dass er das ergangene Unheil auf die Katastrophe von 587/6 v. Chr. bezieht, geht aus seinen Ausführungen auf S. 119 hervor.

spektive der Verse, nach denen die Züchtigung *für die Exilierten noch nicht eingetroffen ist*. Es bleibt die Deutung, dass JHWH „jetzt" mit (dem schwer geschlagenen) Volk ist und „jetzt" beginnt, Rettung zu bewirken, wobei er aber Jakob/Israel noch züchtigen wird.[223] Dies ist ein Indiz dafür, dass die Züchtigung (auch) als Teil der Rettung verstanden werden muss. Jedenfalls will JHWH auf die Züchtigung auf keinen Fall verzichten, wie durch die *figura etymologica* in V. 11bγ unterstrichen wird (ונקה לא אנקך).[224] Der Grund ist m. E. kaum darin zu sehen, dass JHWH die Züchtigung nicht erlassen könnte, dass er Schuld bestrafen müsste.[225] Die Züchtigung muss also wohl um Jakobs/Israels willen erfolgen. Dies legt den Gedanken nahe, dass die Züchtigung als Erziehungsmaßnahme gedacht ist, die Jakob/Israel offenbar (aus JHWHs Sicht) noch nötig hat. Offen bleibt, wie die Züchtigung aussehen wird. Offen bleibt hier auch, was diese Erziehungsmaßnahme genau austragen soll, also welchen „Lerneffekt" sie haben soll.

Schon häufiger wurde in der exegetischen Literatur vermerkt, dass Jer 30,11b, „deutlich im Rückgriff auf die Bitte 10,24f (,Züchtige mich...') formuliert, auf sie eine Antwort gibt"[226]. K. SCHMID lässt bei seiner Besprechung der beiden Texte allerdings offen, inwieweit Jer 30,11b „Antwort" ist. Dem soll nun genauer nachgegangen werden. Die Bitte der Judäerinnen und Judäer um maßvolle Züchtigung in Jer 10,24 ist nach der Fiktion des Textes am Vorabend der drohenden Eroberung durch die Babylonier geäußert, sie sagt also konkret, dass JHWH die Eroberung nicht zur totalen Katastrophe für das Volk werden lassen möge. Die Zusage JHWHs in Jer 30,11b, maßvoll zu züchtigen, ist Teil einer Heilsverheißung an Jakob/Israel im Exil. Festzuhalten ist also, dass die „historischen" (im Sinn der Textfiktion vorausgesetzten) Situationen, in der die Bitte und in der die Verheißung geäußert werden, verschieden sind. Will man dennoch daran festhalten, dass die Verheißung JHWHs in synchroner Hinsicht Anwort auf die an ihn gerichtete Bitte ist, so lässt sich Folgendes sagen: Die Antwort JHWHs entspricht insofern nicht der Bitte des Volkes, da das Land verwüstet wurde und das Volk ins Exil musste. Dennoch verhallte die Bitte nicht ungehört: JHWH wird Jakob/Israel rechtens züchtigen als Strafe für Schuld – im Zusammenhang seines nun rettenden Handelns. Damit wird die rechtens erfolgende Züchtigung in einen heilvollen Horizont gestellt, der nicht im Blick der bittenden Judäerinnen und Judäer lag. Insofern übertrifft die Antwort die Bitte bzw. das Erbetene. Anzumerken ist auch, dass mit der Ankündigung JHWHs, die Völker zu vernichten (V. 11bα) in synchroner Hinsicht noch einer Bitte entsprochen wird, nämlich der

---

[223] Dies gilt auch für Jer 46,27f.
[224] Vgl. auch Ex 34,6f.; dazu insbesondere Spieckermann, Herr, S. 9f.
[225] Anders etwa Weiser, Jeremia 25,15–52,34, S. 271: „Um seiner Gerechtigkeit willen konnte Gott die Sünde des Volkes nicht ungestraft hingehen lassen."
[226] Schmid, Buchgestalten, S. 167; vgl. auch Odashima, Heilsworte, S. 103.

2.2. Erklärung der Vergangenheit: Religiöses Lehren und Lernen im Jeremiabuch

des Propheten, der JHWH nach 10,25 im Zusammenhang der Eroberung Judas um Bestrafung der Völker bat, weil sie Jakob vernichtet haben.

Die zweite zu besprechende Stelle steht in dem sich an Jer 30,10f. unmittelbar anschließenden Abschnitt, nämlich in Jer 30,12–17. Hier sind nur die Verse 12–14 von Interesse:[227]

> 12 Denn so sprach JHWH:
> ‚Unheilbar dein Zusammenbruch,[228] schlimm dein Geschlagensein.
> 13 Niemand setzt dein Recht durch bezüglich der Wunde, Heilungen, Vernarbung gibt es für dich nicht.
> 14 Alle deine Liebhaber haben dich vergessen, dich suchen sie nicht (mehr). Denn mit einem Schlag eines Feindes schlug ich dich, <eine grausame Züchtigung>,[229] wegen der Menge deines Frevels, (weil) deine Sünden (so) zahlreich wurden.'

Das Wort JHWHs richtet sich an eine *Adressatin* (2. sing. fem.), die nach V. 17bβ mit Zion zu identifizieren ist.[230] In V. 12–14a wird der katastrophale Zustand Zions beschrieben. In V. 14b wird der Grund für diesen Zustand genannt. Die Deutung des Satzes ist nicht einfach: Nach dem MT ist מוסר אכזרי eine Konstruktusverbindung. Von daher ergibt sich, dass מכת אויב und מוסר אכזרי in V. 14bα als nahezu gleichbedeutende Objekte des Verbs „schlagen" (נכה hif.) zu bestimmen sind. Die Übersetzung muss demnach lauten:[231]

Denn mit einem Schlag eines Feindes habe ich dich geschlagen,
mit (der) Züchtigung eines Grausamen.[232]

Gegen den MT spricht hier jedoch, dass „Züchtigung" (מוסר) in der Hebräischen Bibel sonst nie Objekt des Verbs „schlagen" (נכה hif.) ist. Dies ist verständlich, denn die Züchtigung erfolgt ja (unter anderem) durch Schlagen. Es ist also hier

---

[227] Vgl. zu Jer 30,14 bzw. zu Jer 30,12–17 außer den Kommentaren insbesondere noch Gerlach, Struktur; Kilpp, Verhältnis, S. 120–127, und Bozak, Life, S. 47–57.

[228] Das ל von שבר („Zusammenbruch") ist als emphatisches ל zu deuten und wurde hier unübersetzt gelassen, siehe auch Bozak, Life, S. 48; Keown u. a., Jeremiah, S. 96. Die LXX hat in V. 12a nach der Botenformel: ἀνέστησα σύντριμμα („ich habe Zerstörung gebracht").

[229] Der MT ist hier wie folgt vokalisiert: מוּסַר אַכְזָרִי („Züchtigung eines Grausamen"); aus inhaltlichen Gründen erscheint es geraten, anders zu vokalisieren: מוּסָר אַכְזָרִי („grausame Züchtigung"); vgl. auch die LXX: παιδείαν στερεάν.

[230] Vgl. auch Schreiner, Jeremia II, S. 177f.; Carroll, Jeremiah, S. 582; Keown u. a., Jeremiah, S. 96; Sweeney, Jeremiah 30–31, S. 574.

[231] Den MT belassen Lohfink, Jeremia, S. 91; Caroll, Jeremiah, S. 580; Holladay, Jeremiah 2, S. 151; Kilpp, Verhältnis, S. 121 f.; Bozak, Life, S. 46.52.; Keown u. a., Jeremiah, S. 95; Jones, Jeremiah, S. 381; McKane, Jeremiah II, S. 764.768 f.; Schmid, Buchgestalten, S. 144.

[232] Lohfink, Jeremia, S. 91, übersetzt מוסר mit „Erziehung"; Fischer, Trostbüchlein, S. 14, mit „Lehre". Die Übersetzung von מוסר mit „Züchtigung" liegt im Kontext von „Schlag" und „Schlagen" näher, so auch die meisten Kommentare.

angezeigt, gegen den MT מוּסַר zu vokalisieren und אכזרי als Adjektiv zu bestimmen.[233] Durch מוסר אכזרי wird das Schlagen JHWHs mit Hilfe eines Feindes *charakterisiert*:[234] Es ist eine „grausame Züchtigung". Der Züchtigende ist demnach (wie auch in Jer 30,11 und 31,18) JHWH. Der Grund für das Schlagen bzw. für die grausame Züchtigung liegt nach V. 14bβ in der vielfältigen Schuld Zions.

Ist die grausame Züchtigung Zions hier ausschließlich als Bestrafung bzw. Vergeltung von Schuld zu deuten[235] oder hat sie – auch – eine erzieherische Intention? Wie die Fortsetzung zeigt, wollte JHWH Zion nicht vernichten. Ausdrücklich verheißt er, dass er die Schläge Zions selbst heilen will (V. 17a). Eine erzieherische Intention ist also nicht ganz auszuschließen, doch was Zion durch die grausame Züchtigung seines Gottes „lernen" sollte, bleibt im Kontext offen.

Zum dritten Mal ist vom Züchtigen JHWHs im Kontext des Trostbüchleins in Jer 31,18 die Rede.[236]

> 16 So sprach JHWH:
> ‚Wehre (Rachel) deiner Stimme das Weinen und deinen Augen die Träne, denn es gibt Lohn für dein Werk – Spruch JHWHs – und sie werden heimkehren vom Feindesland.
> 17 Und es gibt Hoffnung für deine Zukunft – Spruch JHWHs – und Kinder werden heimkehren in ihr Gebiet.
> 18 Hörend hörte ich Ephraim sich schüttelnd klagen:
> ‚Du hast mich gezüchtigt und ich ließ mich züchtigen wie ein ungelerntes Kalb. Lass mich umkehren und ich will umkehren, denn du bist JHWH mein Gott,
> 19 denn nach meiner Abkehr[237] bereute ich, und nachdem ich zur Erkenntnis gebracht wurde, schlug ich auf (den) Schenkel.[238]

---

[233] In diesem Sinn auch Weiser, Jeremia 25,15–52,34, S. 260; Bright, Jeremiah, S. 271; die Einheitsübersetzung (in: Schreiner, Jeremia II, S. 178); Gerlach, Struktur, S. 37.

[234] Nach Bozak, Life, S. 52 f., ist der Feind bzw. der Grausame JHWH selbst, vgl. auch Keown u. a., Jeremiah, S. 99; Holladay, Jeremiah 2, S. 175. M. E. ist es (nach der Erwähnung der „Liebhaber" in V. 14a) näherliegend, den Feind als Fremdvolk, konkret als Babel, zu bestimmen (siehe auch Jer 44,30), vgl. auch Weiser, Jeremia 25,15–52,34, S. 272.

[235] Nach Branson, Art. מוסר/יסר, Sp. 694, ist מוסר in der Hebräischen Bibel nur in Jer 30,14 und Hosea 5,2 „in der Bedeutung ‚Bestrafung' in Verbindung zu JHWH gesetzt, ohne daß eine Nebenbedeutung von Läuterung oder Erlösung belegt ist". In diesem Sinn auch Bozak, Life, S. 52 f. Anders Gerlach, Struktur, S. 47.50.

[236] Vgl. zu Jer 31,18 bzw. zu Jer 31,(15)16–22 außer den Kommentaren insbesondere noch Kilpp, Verhältnis, S. 156–164; Bozak, Life, S. 92–100; Schmid, Buchgestalten, S. 127–140.

[237] Die LXX hat: ὕστερον αἰχμαλωσίας μου („nach meiner Kriegsgefangenschaft"), sie übersetzte wohl שבי, vgl. dazu Becking, Consolation, S. 162. M. E. ist dem MT der Vorzug zu geben, da sich das klagende Ephraim doch wohl noch im Zustand der Kriegsgefangenschaft befindet, vgl. auch Kilpp, Verhältnis, S. 159, Anm. 111.

[238] Die LXX hat in V. 19bβ.ba: καὶ ὕστερον τοῦ γνῶναί με ἐστέναξα ἐφ' ἡμέρας αἰσχύνης καὶ ὑπέδειξά σοι („und nachdem ich wusste, seufzte ich über den Tag der Schande und gestand dir ein"). Möglicherweise ist dies eine freie Interpretation einer dem MT nahestehenden hebräischen Vorlage, vgl. dazu Becking, Consolation, S. 162; Keown u. a., Jeremiah 26–52, S. 117.

2.2. Erklärung der Vergangenheit: Religiöses Lehren und Lernen im Jeremiabuch

    Ich schämte mich und war beschämt, denn ich trug die Schande meiner Jugend.'
20 Ist mir Ephraim ein treuer Sohn oder ist er mir ein Lieblingskind, dass, so oft ich gegen ihn redete, ich mich erinnernd seiner erinnere? (Selbstredend,) deshalb rumoren meine Eingeweide für ihn, erbarmend werde ich mich seiner erbarmen' – Spruch JHWHs.

Der JHWH-Spruch beginnt mit tröstenden Worten an die klagende Rachel, die Stammmutter „Ephraims", also insbesondere der Nordisraelitinnen und Nordisraeliten: Kinder werden in ihr Land heimkehren (V. 16f.). Die Verheißung des Heimkehrens (שוב q.) der Exilierten steht mit Ephraims Willen zum Umkehren (שוב q.) in enger Verbindung,[239] Umkehr ist zentrales Thema seines Klagegebets (V. 18aβ–19).

Das Klagegebet beginnt mit einem kunstvollen Wortspiel יסרתני ואוסר (V. 18aβ): JHWH hat Ephraim gezüchtigt (יסר pi.) und Ephraim ließ sich züchtigen (יסר nif.)[240], und zwar wie ein „ungelerntes Kalb" (כעגל לא למד). Ein „ungelerntes" junges Kalb wird gezüchtigt, um in seine Aufgaben eingeführt zu werden.[241] Der Vergleich zeigt, dass – so die Einsicht Ephraims – das züchtigende Handeln JHWHs in erzieherischer Absicht erfolgte;[242] er zeigt weiterhin, dass Ephraim die Notwendigkeit dieser Erziehung ausdrücklich anerkennt (anders als etwa nach Jer 6,8 Jerusalem). Offen bleibt, welches Handeln JHWHs hier genau als „züchtigend" beschrieben wird. Aus dem Kontext geht nur hervor, dass dieses Handeln mit der Exilierung Ephraims in Zusammenhang steht.

Die folgenden Worte Ephraims zeigen die Wirkung der Züchtigung. V. 18bα beginnt wieder mit einem Wortspiel השיבני ואשובה: Ephraim fordert JHWH auf

---

[239] Dies hat schon Lohfink, Jeremia, S. 95, herausgearbeitet: „Die beiden Stücke [V. 15–17 und V. 18–20] sind eine Einheit. Jahwe antwortet, weil er Rachels Klage hört (15 šmʻ), doch er kann antworten, weil er zugleich Efraims Bußgebet vernimmt (18 šmʻ)." Zu den vielfältigen Wortspielen mit dem Lexem שוב in Jer 30f. vgl. insbesondere noch Bozak, Life, S. 138f.

[240] Möglich sind auch die Übersetzungen von Lohfink, Jeremia, S. 93 („Ich mußte erzogen werden"), und Holladay, Jeremiah 2, S. 153 („and I took the punishment"). Die einfache Wiedergabe des Nifals im Passiv ist hier m. E. zu wenig aussagekräftig, so aber Kilpp, Verhältnis, S. 158 („und ich wurde gezüchtigt"); Carroll, Jeremiah, S. 595 („and I was chastened"); Keown u. a., Jeremiah, S. 117 („and I have been disciplined"); McKane, Jeremiah II, S. 796 („and I became disciplined"). Wenig plausibel ist eine finale Auflösung der Verbverbindung: „Du hast mich gezüchtigt, damit ich gezüchtigt werde, also Zucht lerne", so jedoch Jones, Jeremiah, S. 393; vgl. auch die Anmerkung von Bright, Jeremiah, S. 282.

[241] Vgl. auch Hos 10,10f.: Hier wird Ephraim als „eingelernte Jungkuh" (עגלה מלמדה) bezeichnet; als solche ist sie arbeitsfähig. In Hos 4,16 wird Israel hingegen mit einer störrischen Kuh verglichen (כפרה סררה סרר ישראל); beide Stellen könnten Referenztexte für die Formulierung von Jer 31,18aγ gewesen sein, so Holladay, Jeremiah 2, S. 190, und Schmid, Buchgestalten, S. 138f.

[242] Insofern ist die Wiedergabe von יסר pi./nif. hier mit „erziehen" möglich, so etwa Lohfink, Jeremia, S. 93, und die Einheitsübersetzung (in: Schreiner, Jeremia II, S. 184). M. E. ist die Wiedergabe mit „züchtigen" aufgrund der harten Maßnahmen JHWHs jedoch vorzuziehen.

(Imperativ), ihn umkehren zu lassen, und bekundet seinen Willen (Kohortativ), umzukehren, das heißt hier wohl, sein (religiöses) Verhalten grundlegend zu ändern.[243] Das Zulassen der Umkehr Ephraims durch JHWH und der Wille Ephraims umzukehren sind angesichts der im Spiegel der ersten 29 Kapitel im Jeremiabuch zumeist außerordentlich problematisch dargestellten Beziehung zwischen JHWH und seinem Volk in der vorexilischen Zeit alles andere als selbstverständlich. An V. 18bα schließen sich zwei כי-Sätze an (V. 18bβ und V. 19). Aus inhaltlichen Gründen ist der erste am besten als Begründung der Aufforderung, der zweite als Begründung der Willensbekundung zu verstehen: Die erste Begründung (für השיבני) lautet, dass JHWH Ephraims Gott ist (V. 18bβ). Als Gott Ephraims kann JHWH eigentlich Ephraim nicht verstoßen, sondern sollte ihn umkehren lassen. Im Mittelpunkt der zweiten Begründung (für אשובה) steht die – nach dem Kontext durch die Züchtigung ausgelöste – Veränderung Ephraims (V. 19). Die Veränderung wird in zwei parallel gebauten Sätzen beschrieben: Erstens bereute Ephraim nach seiner Abkehr (אחרי שובי). Das Nomen Abkehr signalisiert, dass Ephraim selbst aktiv wurde und seine Richtung änderte. Zweitens schlug er sich auf die Schenkel, d. h. er schämte sich ob seiner Jugendschande,[244] nachdem er zur Erkenntnis gebracht wurde (אחרי הודעי). Das Nifal הודעי ist auffällig. Das passive „Zur-Erkenntnis-Bringen" passt nicht recht zu der aktiven Abkehr.[245] Zudem bleibt offen, wer Ephraim zur Erkenntnis gebracht hat. Jedenfalls sicher nicht JHWH, der im Gebet explizit als derjenige angesprochen wird, der züchtigte und der Ephraim umkehren lassen möge. Offen bleibt auch, welche Erkenntnis Ephraim erlangt hat.[246] Doch wie auch immer, für das in Folge von Abkehr und Erkenntnis reuige Ephraim gibt es nur noch – wenn sein Gott

---

[243] Die Verben השיבני ואשובה in Jer 31,18bα könnten theoretisch auch wie folgt übersetzt werden: „Lass mich heimkehren [in das Land], und ich will heimkehren", vgl. McKane, Jeremiah II, S. 796.800. Dagegen spricht, dass der Wunsch heimzukehren doch wohl selbstverständlich ist und kaum mittels des Wortspiels betont werden müsste. Siehe auch Kilpp, Verhältnis, S. 158f.; Jones, Jeremiah, S. 393; Schmid, Buchgestalten, S. 139; Sweeney, Jeremiah 30–31, S. 575. Lohfink, Jeremia, S. 95, will die konkrete und die „theologische" Deutung verbinden: „Die Umkehr kommt erst ganz in ihre Wirklichkeit durch die Heimkehr", in diesem Sinn auch Schreiner, Jeremia II, S. 184f., und Bozak, Life, S. 96f.

[244] V. 19b ist als Erläuterung zu V. 19aγ (ספקתי על ירך) zu verstehen (es gibt im MT kein Anzeichen dafür, dass die Perfekta von V. 19aγ und 19bα nicht auf einer Ebene liegen). Dies gegen die Übersetzung von Bozak, Life, S. 98: „And after I (will) have understood I *will slap my thigh* (in sorrow or in joy). I *have been ashamed* and *felt* humiliated [kursiv K. F.]." Anders durchweg auch die Kommentare.

[245] Bright, Jeremiah, S. 275, überspielt das Problem und übersetzt: „After I'd learned I smote on my thigh." Kilpp, Verhältnis, S. 160, erklärt (im Anschluss an Rudolph) das Nifal reflexiv („sich erkennen"). Doch diese Deutung ist m. E. zu „modern".

[246] Vgl. den Kommentar von Keown u. a., Jeremiah, S. 121: „Not knowing (ידע) is a charge brought against Israel in Jer 4:22 and several times in Hosea (e. g., 4:1), but Ephraim has to come to know (ידע) in the midst of his remorse." Anders McKane, Jeremiah II, S. 800: „The sense of v. 19 would seem to be that Ephraim claims to have repented of his apostasy [...] and to have come to its senses (ואחרי הודעי)."

es zulässt – die Umkehr. Und dieser wird es zulassen, er wird sich seines Lieblingskindes erbarmen (V. 20).

Zusammenfassend ist festzuhalten, dass Jer 31,18 f. einen wichtigen Aspekt in das System der Aussagen bezüglich der Züchtigung JHWHs einbringt. Sie wird hier von den Gezüchtigten im Rückblick als göttlich-pädagogische Maßnahme begriffen,[247] wobei sich zugleich die „optimale" Wirkung dieser Maßnahme im Zuge des Klagegebets des Volkes zeigt: Sie brachte Ephraim dazu, umkehren zu wollen.

2.2.10. Jer 31,34: Nicht mehr wird einer den anderen belehren

Ein einziges Mal kommt im sog. Trostbüchlein auch das Verb למד pi. vor und zwar in Jer 31,34. Der Vers ist Teil der bekannten Verheißung des neuen Bundes:[248]

> 31 Siehe, Tage sind am Kommen – Spruch JHWHs – da werde ich mit dem Haus Israels und dem Haus Judas einen neuen Bund schließen.[249]
> 32 Nicht wie der Bund, den ich mit ihren Vätern schloss am Tag, als ich sie bei ihrer Hand nahm, um sie herauszuführen aus dem Land Ägypten, den sie gebrochen haben, meinen Bund, obgleich ich über sie Herr war – Spruch JHWHs –
> 33 sondern dies ist der (neue) Bund, den ich mit dem Haus Israel schließen werde nach jenen Tagen – Spruch JHWHs:
> Ich habe meine Tora in ihre Mitte gegeben,[250] doch auf ihr Herz werde ich sie (dann) schreiben, und ich werde ihnen Gott sein und sie werden mir Volk sein.

---

[247] Insofern besteht ein Unterschied zwischen Jer 30,11 und 31,18: Nach Jer 31,18 ist die Züchtigung erfolgt, nach Jer 30,11 steht sie noch aus, vgl. auch Böhmer, Heimkehr, S. 62.

[248] Literatur zu Jer 31,34 bzw. zu Jer 31,31–34 außer den Kommentaren kann hier nur in Auswahl genannt werden: Thiel, Redaktion II, S. 24–28; Weinfeld, Spiritual Metamorphosis; Weippert, Bund; Levin, Verheißung; Herrmann, Jeremia; Schenker, Tafel; ders., Beobachtungen; Lohfink, Der niemals gekündigte Bund, S. 59–74; Vieweger, Beziehungen, S. 87–92; Robert, La nouvelle alliance; Wacker, Bund; Becking, Chronology; Schmid, Buchgestalten, S. 66–85; Groß, Zukunft für Israel, S. 134–152; Ego, Rezeption; Renaud, L'oracle; Vermeylen, L'alliance renouvelée; Maier, Jeremia, S. 337–352.

[249] Wörtlich: „eine berit schneiden". Vgl. zum Hintergrund der Wendung Groß, Zukunft für Israel, S. 19. Das hebräische Nomen ברית wird mit „Bund" wiedergegeben, der Vorschlag von E. Kutsch, ברית nicht mit „Bund", sondern mit „Verpflichtung" wiederzugeben, vgl. ders., Art. ברית; ders., Art. Bund; ders., Verheißung; ders., Testament, wurde in der Exegese nicht aufgegriffen, vgl. Weinfeld, Art. ברית; Hermisson, Bund, S. 245–247; Levin, Verheißung, 119–125.269, Anm. 8.

[250] Die LXX hat: διδοὺς δώσω νόμους μου εἰς τὴν διάνοιαν αὐτῶν („gebend gebe ich meine Gesetze in ihren Verstand"), dies deutet auf eine *figura etymologica* in der hebr. Vorlage hin. Die Vulgata hat Futur, viele Hss. haben ונתתי. Dies passt ohne Zweifel besser zu den anderen finiten Verben in V. 33, die ausnahmslos futurisch zu verstehen sind. M.E. ist der MT als *lectio difficilior* zu belassen und das Perfekt auszudeuten, siehe unten die Exegese.

72 Kapitel 2: Religiöses Lehren und Lernen im Umfeld des Deuteronomiums

> 34 Und nicht mehr wird lehren einer seinen Nächsten und einer seine Geschwister: ‚Erkennt JHWH!',[251] sondern alle werden mich kennen, von ihrem Kleinsten bis zu ihrem Größten – Spruch JHWHs. Denn ich werde ihnen ihre Schuld verzeihen und ihrer Sünde werde ich nicht mehr gedenken.

Die Struktur von Jer 31,31–34 hat W. GROSS plausibel erläutert:[252] V. 31 eröffnet den Abschnitt mit der Verheißung, dass JHWH zu einem nicht näher bestimmten Zeitpunkt in der (fernen) Zukunft[253] einen *neuen Bund* (ברית חדשה) mit Israel und Juda schließen will. Diese Verheißung in V. 31 wird in V. 34bβ „im Blick auf ihre innere Voraussetzung, auf die objektive Ermöglichung des göttlichen Neueinsatzes"[254] begründet (כי): JHWH kann mit Israel und Juda einen neuen Bund schließen, weil er ihnen ihre Schuld vergibt und ihrer Sünde nicht mehr gedenkt. In diesem „Rahmen" stehen zwei Aussagekomplexe (V. 32f.; V. 34a.bα), die strukturiert sind nach dem Schema „nicht wie (לא כ) – sondern (כי)" bzw. „nicht mehr (לא עוד) – sondern (כי)".

Zuerst zu V. 32f.: Der frühere, mit den Vätern am Tag des Exodus geschlossene Bund zeichnet sich nach V. 32 dadurch aus, dass die Väter (המה) und – so ist in synchroner Perspektive zu ergänzen – auch die nachfolgenden Generationen ihn gebrochen haben.[255] Worin der Bruch besteht, bleibt in V. 32 offen. Der angekündigte neue Bund, den JHWH nach jenen Tagen mit (Gesamt)Israel schließen will, wird gemäß der Ankündigung in V. 33aα anders sein. Die Erläuterung der Beschaffenheit des neuen Bundes folgt im Anschluss an die Ankündigung.

Hierbei ergibt sich allerdings sofort ein Problem, denn die Erläuterung beginnt nach dem MT mit dem Perfekt נתתי. Einige Exegetinnen und Exegeten deuten diese Form als *Perfectum propheticum*.[256] Doch diese Erklärung „krankt daran, daß dies eine theologische, keine syntaktische Kategorie [ist] und deswegen inzwischen aufgegeben worden ist."[257] G. FISCHER übersetzt die beiden Verben in V. 33aβ.bα präsentisch und will sie im Sinne performativer Rede verstehen.[258]

---

[251] In der LXX steht: γνῶθι τὸν κύριον („erkenne den Herrn"), der MT ist *lectio difficilior*, siehe unten die Exegese; vgl. auch Maier, Jeremia, S. 338, Anm. 10.
[252] Groß, Zukunft für Israel, S. 139f.
[253] Die Formel für *futurum instans* in V. 31a „siehe Tage kommen", mit der an V. 27 angeknüpft wird, wird in V. 33aα ergänzt mit: „nach jenen Tagen". Der Bundesschluss wird also zu einem unbestimmten Zeitpunkt in der fernen Zukunft erfolgen, vgl. auch Groß, Zukunft für Israel, S. 144.149. Zu der Frage, wann bzw. ob sich in der Perspektive der Hebräischen Bibel diese Verheißung erfüllt hat, siehe Lohfink, Der niemals gekündigte Bund, S. 68–74; Vanoni, Tora, S. 370f.; Ego, Rezeption.
[254] Groß, Zukunft für Israel, S. 140.
[255] Vgl. Jer 11,10.
[256] Levin, Verheißung, S. 258; Bozak, Life, S. 121 (*perfectum confidentiae*); Keown u. a., Jeremiah, S. 126; Becking, Chronology, S. 34; Robinson, New Covenant, S. 194, Anm. 51.
[257] Groß, Zukunft für Israel, S. 136.
[258] Fischer, Trostbüchlein, S. 31. Nach Weinfeld liegt Koinzidenz vor, er übersetzt das Verb aber futurisch, Spiritual Metamorphosis, S. 26f., Anm. 38. Ohne Begründung übersetzen prä-

2.2. Erklärung der Vergangenheit: Religiöses Lehren und Lernen im Jeremiabuch 73

Doch ist V. 33aγ sicherlich futurisch gemeint, Koinzidenz scheidet hier und damit auch für V. 33aβ aus. Die Mehrheit der Exegetinnen und Exegeten ändert den MT mit „mlt Mss" in ונתתי.[259] Doch auch diese Änderung ist nicht plausibel, denn nach dem überschriftartigen Nominalsatz in V. 33aα würde der erste Satz syndetisch („*und ich werde geben*") einsetzen, nach Überschriften ist aber ein asyndetischer Einsatz üblich.[260] M. E. kann der MT an dieser Stelle belassen werden, die Übersetzung des Perfekts נתתי mit „ich habe gegeben" macht durchaus Sinn, wie im Folgenden zu zeigen ist.[261]

V. 33aβ besagt, dass JHWH seine Tora in die Mitte Israels gegeben hat – d. h. im Zuge des früheren Bundesschlusses (V. 33aβ). Die Formulierung, dass JHWH seine Tora *in die Mitte Israels gegeben hat* (בקרב + תורה + .נתן q.), ist in der Hebräischen Bibel einmalig, nach Jer 9,12; 26,4 und 44,10(MT) hat JHWH seine Tora Israel „vorgelegt" (לפני + תורה + .נתן q.). Die Formulierung verweist m. E. auf Vorstellungen, wie sie insbesondere im Dtn bezeugt sind:[262] JHWH schrieb im Zuge des Bundesschlusses am Sinai die zehn Worte auf Steintafeln, übergab (נתן q.) sie Mose, dieser legte sie schließlich in die Bundeslade (vgl. Dtn 5,22; 9,11; 10,4 f.); Mose schrieb im Zuge des Bundesschlusses in Moab die dtn Tora auf eine Rolle und übergab sie (נתן q.) den Ältesten und levitischen Priestern, die levitischen Priester sollten sie in die Lade legen (vgl. Dtn 29,20; 30,10; 31,24.25 f.). Nun steht von Jer 31,32b und 31,34bβγ her fest, dass diese frühere Gabe der schriftlichen Tora nicht die gewünschte Wirkung zeigte – das Gottes-Volk brach kontinuierlich den Bund (V. 32b) bzw. sündigte (V. 34bβγ). Doch nicht von Israel wird eine Umkehr oder Änderung verlangt. Allein JHWH will etwas ändern, und zwar den Modus seiner Toragabe, wie V. 33aγ zeigt: JHWH will im Zuge des neuen Bundesschlusses nunmehr seine Tora *auf das Herz der Einzelnen* schreiben. Der Grund für den neuen Bundesschluss liegt also offenbar darin, dass JHWH seine Auffassung davon, was den Israelitinnen und Israeliten zugemutet werden kann, grundlegend geändert hat.

---

sentisch noch Weiser, Jeremia 25,15–52,34, S. 264; Lohfink, Der niemals gekündigte Bund, S. 70.

[259] Holladay, Jeremiah 2, S. 154; McKane, Jeremiah II, S. 820; Schmid, Buchgestalten, S. 79; Groß, Zukunft für Israel, S. 137; Maier, Jeremia, S. 337, Anm. 7.

[260] Auf diese Schwierigkeit weist Groß, Zukunft für Israel, S. 137, Anm. 15, ausdrücklich hin – obwohl er sich dafür entscheidet, w=qatal zu lesen.

[261] Der m. W. einzige Autor, der das Perfekt mit einer Vergangenheitsform übersetzt, ist Robert, La nouvelle alliance, S. 10. In seiner sehr knapp gehaltenen Exegese zu Jer 31,31–34 deutet er das Perfekt allerdings nicht aus. Vgl. zu *natatti* in Jer 31,33 auch Finsterbusch, Tora.

[262] Liest man hingegen Jer 31,32aβ im Sinn von „JHWH *wird* seine Tora in ihr Inneres geben", findet man verwandte Aussagen vor allem in Ez 11,18–20 und 36,24–27: Demnach wird JHWH ein neues/anderes Herz bzw. einen neuen Geist ins Innere (בקרב) der Menschen geben (נתן q.), vgl. Vieweger, Beziehungen, S. 87–92; Schmid, Buchgestalten, S. 82–84; Krüger, Herz, 81–86; Maier, Jeremia, S. 348–350.

74 Kapitel 2: Religiöses Lehren und Lernen im Umfeld des Deuteronomiums

Zwei Punkte sind in diesem Zusammenhang besonders bemerkenswert: Zum einen der Kontrast zwischen der deuteronomischen Forderung, dass die Israelitinnen und Israeliten die Gebote im Zuge der mosaischen Promulgation lernen sollen (Dtn 5,1) bzw. dass die dtn Gebote auf ihrem Herzen (על לבב) sein sollen (Dtn 6,6–9; 11,18), und der jeremianischen Verheißung, dass JHWH selbst die Tora auf das Herz der Einzelnen (על לב) schreiben will. Das nach dem Deuteronomium Israel auferlegte Lehren und Lernen der Tora soll *idealiter* dazu führen, dass die Tora dem Einzelnen durchgängig präsent ist und nicht vergessen wird. Die verheißene Inskription *garantiert* dies. Zum zweiten hat Ch. MAIER zu Recht darauf hingewiesen, dass das Schreiben der Tora auf das Herz auch im Kontrast zu Jer 2,8 und 8,8 steht, „wo die Tätigkeit von Schriftgelehrten und die Existenz einer auf eine Schriftrolle geschriebenen Tora vorausgesetzt wird: Jer 2,8; 8,8f. kritisieren eine falsche Auslegung der Tora und betonen, daß die Tätigkeit der dazu beauftragten Gruppen gerade nicht zur Erkenntnis JHWHs führt (2,8)."[263] Mit der auf das Herz geschriebenen Tora wird die Tora nicht nur *allen* Israelitinnen und Israeliten zugänglich, auch die Möglichkeit ihrer falschen oder einseitigen Auslegung wird ausgeschlossen.

V. 33b benennt noch die Folge des neuen Bundesschlusses: JHWH wird den Israelitinnen und Israeliten Gott und sie werden ihm Volk sein. Die Beziehung zwischen JHWH und seinem Volk kann nicht mehr gestört, der neue Bund kann nicht mehr gebrochen werden.

Der zweite Aussagekomplex umfasst V. 34a.bα. Zunächst wird in V. 34a eine überraschende Aussage darüber getroffen, was in der Zeit des neuen Bundes *nicht mehr* gelten wird: Nicht mehr wird „lehren" (למד pi.) einer seinen Nächsten bzw. seine Geschwister wie folgt (לאמר): „Erkennt JHWH!" Zur Zeit des früheren Bundes galt demnach: Einer lehrte seinen Nächsten und seine Geschwister: „Erkennt JHWH!" In der exegetischen Literatur wird V. 34a meist so gedeutet, dass Lehren der Tora bzw. Lehren im Sinn des Deuteronomiums im neuen Bund nicht mehr gelten soll.[264] Doch mit dieser Deutung verstellt man sich den Blick für die

---

[263] Maier, Jeremia, S. 348.
[264] Angeführt seien hier nur einige wenige Stellungnahmen zu Jer 31,34. Nach Schenker, Tafel, S. 74, gilt: „Wenn Jer 31.34 den Zustand verheisst, in welchem die Tora nicht mehr durch Lehren und Lernen vermittelt werden muss, so kündigt der V. die Ausschaltung der Tora-Gelehrsamkeit an, die bei dem adäquaten Auffassungsvermögen des Herzens überflüssig wird." Weinfeld, Spiritual Metamorphosis, S. 28f., merkt an: „Behind the statement there is the didactic situation of adults teaching the little ones, an activity stressed in particular in Deuteronomy, especially in connection with the book of the law [...] Jeremiah's reaction to a written Law seems to reflect a certain disappointment with the literary-religious activity which failed to improve the spiritual attitude of the people." Nach Holladay, Jeremiah 2, S. 198, gilt: „The Deuteronomic law lays upon the Israelite the obligation to teach the divine words to his children (Deut 11:19); instead what has happened is that the people have deceived their brother and neighbour and taught their tongue to speak lies, refusing to ‚know Yahweh' (Jer 9,4–5). If the law is external, teaching is a necessity; now that Yahweh will make his law internal, teaching will be a thing of the past." Nach Maier, Jeremia, S. 350, korrespondiert Jer 31,34a mit der in

Merkwürdigkeiten der Aussage von Jer 31,34a. Zum ersten in Bezug auf die Lehr- und Lernpersonen: Das vorausgesetzte Lehren im früheren Bund war ganz offensichtlich ein kollektives Lehren unter Erwachsenen[265] und zwar (gänzlich undeuteronomisch) ohne feste Strukturen: Jeder lehrte quasi jeden. Zum zweiten in Bezug auf den Lernstoff. Man lehrte nicht etwa, wie von V. 33a her (und in dtn Tradition) eigentlich zu erwarten gewesen wäre, Toragebote oder einen Toratext. Gelehrt wurde: דעו יהוה („Erkennt JHWH!"). An keiner Stelle sonst wird in der Hebräischen Bibel etwas, was gelehrt wird bzw. werden soll, so bezeichnet. Zu beachten ist insbesondere der *Imperativ Plural*, aus dem hervorgeht, dass die Belehrung hier in einer Art *Aufruf* zu einer kollektiven religiösen JHWH-Beziehung bestand. Doch hier ist sofort zu beachten, was über die Zeit des früheren Bundes in V. 32 gesagt wird: Es war eine Zeit des kontinuierlichen Bundesbruches. Zieht man in synchroner Hinsicht noch andere Aussagen im Jeremiabuch heran, so zeichnet sich diese Zeit durch kollektive „Nicht-Kenntnis JHWHs"[266] sowie durch Lehren gerade nicht in JHWHs Sinn[267] aus. Die entscheidende Frage ist also: Wie passt das nach V. 34a von den Erwachsenen praktizierte, nicht nur als Möglichkeit postulierte kollektive Lehren in Bezug auf JHWH-Erkenntnis zu den Aussagen über das sonstige Verhalten Israels zur Zeit des früheren Bundes?[268]

In synchroner Perspektive lässt sich m.E. eine Antwort finden, wenn man die einzige Stelle im sog. Trostbüchlein beachtet, in der noch einmal das Verb ידע vorkommt, nämlich Jer 31,19aβ:[269] Wie oben schon dargelegt, bewirkte die Züchtigung JHWHs (Jer 31,18aβ) bei dem exilierten Ephraim eine entscheidende positive Veränderung in Bezug auf seine religiöse Haltung: Er will umkehren, weil er nach seiner Abkehr und nachdem er *zur Erkenntnis gebracht wurde* (ידע nif.) bereute. Demnach gab es also zur Zeit des früheren Bundes eine Zeit der religiösen Erkenntnis. Nun steht das Verb ידע nif. in Jer 31,19 absolut, Angaben darüber, was, wie und wodurch erkannt wurde, fehlen. Im Licht von Jer 31,34a lässt sich diese „Leerstelle" wie folgt füllen: Ephraim wurde im Exil erkennend, d.h. er erlangte JHWH-Erkenntnis, bedingt durch ein kollektives religiöses Lehren. Diese Erkenntnis wird allerdings nicht von Dauer sein: In den Verheißungen JHWHs im Kontext (insbesondere Jer 31,27f.29f.) wird davon ausgegangen,

---

Dtn 4,9f.; 6,7–9; 31,12f. geforderten Unterweisung der Erwachsenen und der Weitergabe des Wissens an die Kinder, die noch nicht wissen (31,13).

[265] Vgl. auch Jer 9,3 und 34,17. Wären bei dem in Jer 31,34a erwähnten Lehren Kinder mit im Blick, so wäre wohl formuliert worden: Nicht mehr wird einer seine Kinder und einer seinen Nächsten (oder: seine Geschwister) belehren, vgl. Jer 9,16.

[266] Vgl. Jer 2,8; 4,22; 9,2.5; einzige Ausnahme: der König Josia, Jer 22,16.

[267] Vgl. Jer 2,33; 9,4.13; 13,23.

[268] Erwägenswert ist die These, dass das Verb „lehren" hier als Kontrast zu Jer 2,33; 9,4.13; 12,16 und 13,23 gewählt wurde, vgl. Fischer, Trostbüchlein, S. 263, und Keown u.a., Jeremiah 26–52, S. 135.

[269] Zu einem Versuch, Jer 31,31–34 in seinem literarischen Kontext zu deuten, siehe auch noch Becking, Chronology, S. 50f.

dass die ins Land Zurückgekehrten wieder sündigen werden (Jer 31,29f., vgl. auch Jer 31,34bβ.γ).

Erst in der Zeit des neuen Bundes wird nach V. 34bα gelten, dass *alle* Israelitinnen und Israeliten JHWH erkennen werden. Die JHWH-Erkenntnis hat dann ihren Grund nicht mehr in dem lehrhaften Aufruf, in Bezug auf dessen Wirksamkeit Skepsis geboten ist, sondern in dem von JHWH veränderten Herz:[270] In wessen Herz JHWHs Tora geschrieben ist, der kennt JHWH selbst.

Einzugehen ist noch auf die Erläuterung von כולם („alle") in V. 34bα, nämlich למקטנם ועד גדולם („vom Kleinsten bis zum Größten").[271] Betont wird durch diesen Merismus in synchroner Hinsicht m. E. vor allem Folgendes: In Jer 5,4f. wurde konstatiert, dass die „Geringen" (דלים) im Gegensatz zu den „Großen" (גדולים) JHWHs Weg nicht kannten. Im neuen Bund wird es im Zuge der Verwandlung aller durch JHWHs Eingriff auch kein Problem mehr in Bezug auf mangelnde Bildung der „Geringen" geben.

Abschließend sei hier nochmals auf Jer 12,16 hingewiesen. In dem Verheißungswort wurde vorausgesetzt, dass das JHWH-Volk nach dem Exil wieder auf JHWHs Wegen gehen und bei seinem Namen schwören wird, so dass die Nachbarvölker von ihm lernen können. Offen blieb die Frage, wie diese Wandlung im JHWH-Volk angesichts des im Kontext negativ gezeichneten Bildes der Judäerinnen und Judäer überhaupt möglich sein kann. Im Licht von Jer 31,31–34 ist die Antwort eindeutig: Das Volk wird auf JHWHs Wegen gehen können, weil JHWH mit ihm einen neuen Bund geschlossen und das Herz der einzelnen verändert haben wird.[272] Jer 31,31–34 zeigt zudem: Religiöses Lehren und Lernen wird künftig nur für Israel unnötig, nicht für die Völker.

2.2.11. Jer 32,33: JHWH als erfolgloser Lehrer seines Volkes

Die letzte im Jeremiabuch zu besprechende Stelle steht in Jer 32,33. Im Kontext kündigt JHWH an, Jerusalem in die Hände der Chaldäer zu geben (V. 28f.) und begründet dies damit, dass das Volk ihn von dem Tag, an dem Jerusalem erbaut wurde, bis zu „diesem Tag" insbesondere durch die Verehrung fremder Götter erzürnt hat (V. 30–32). V. 33 vertieft den Vorwurf noch:[273]

---

[270] Vgl. auch Jer 24,7.

[271] Da im Kontext von den Erwachsenen die Rede ist (V. 34aα: „Bruder", „Nächster"), ist wohl die Aussage „von ihrem Kleinsten bis hin zu ihrem Größten" (למקטנם ועד גדולם) wohl nicht im Sinn „von Kindern bis hin zu Erwachsenen" zu deuten, anders etwa Holladay, Jeremiah 2, S. 198; Bozak, Life, S. 122.

[272] Vgl. auch Groß, Zukunft für Israel, S. 150: „Sein [des Verfassers von Jer 31,31–34] Hauptproblem ist nicht: Wie kann Israel dazu motiviert und veranlaßt werden, nach seiner Sündengeschichte YHWH wieder zu erkennen und ihm zu gehorchen? Sein Problem geht tiefer: Wie kann Israel allererst dazu befähigt werden?"

[273] Zu Jer 32,33 bzw. zu Jer 32,26–35 siehe außer den Kommentaren insbesondere Brueggemann, Reflection; Migsch, Ackerkauf, passim, und Schmid, Buchgestalten, S. 94–105.

2.2. Erklärung der Vergangenheit: Religiöses Lehren und Lernen im Jeremiabuch

> Und sie wandten mir den Nacken zu und nicht das Gesicht, obwohl <ich> sie lehrte[274], immer wieder lehrte, doch sie hörten nicht, so dass sie hätten Zucht annehmen können.

Laut V. 33a nahm das Volk gezielt eine von JHWH abgewandte Haltung ein. Es tat dies trotz permanenten „Lehrens" (למד pi., V. 33aβ). Der Lehrer ist zweifelsohne JHWH.[275] Lehren steht absolut. Die Frage ist, was und wie JHWH lehrte. Das Was bezieht sich sicher auf das Verhalten der Israelitinnen und Israeliten und Judäerinnen und Judäer. Denn das Ziel des Lehrens wäre nach V. 33bβ gewesen, dass sie nach dem Hören der Lehre „Zucht" (מוסר) angenommen hätten und also ihre religiöse Haltung im Sinne JHWHs geändert hätten.

Das Lehren JHWHs ist im übertragenen Sinn zu verstehen. Gemeint ist sicherlich, dass JHWH *durch seine Propheten* sein Volk über Generationen hinweg lehrte. Dieses Verständnis wird durch die Formulierung in V. 33bα mit dem betonten „immer wieder" (למד pi. + שכם hif. + למד pi.) nahegelegt. Sie greift ähnliche Formulierungen im Jeremiabuch auf, nach denen JHWH „immer wieder" seine Propheten sandte (שלח q. + שכם hif. + שלח q.).[276] Die Propheten werden im Jeremiabuch allerdings nicht als Lehrer bezeichnet – möglicherweise deshalb nicht, weil nach Jer 32,33bβ der eigentliche Lehrer seines (je aktuellen) Willens JHWH selbst ist.[277] Er ist die Autorität, die hinter dem durch seine Propheten vermittelten Wort steht.[278]

Aufschlussreich für das Thema religiöses Lehren und Lernen ist noch ein Blick in den Kontext: Als Konsequenz dessen, dass das Volk sich permanent der Lehre JHWHs verweigerte, wird der Untergang Jerusalems angekündigt. Auf die göttliche Gerichtsansage folgt dann jedoch eine Heilszusage (Jer 32,36–44):

---

[274] Im MT steht der Inf. abs. ולמד, erforderlich wäre von der Syntax her ein finites Verb, vgl. auch die LXX: καὶ ἐδίδαξα αὐτούς. Vermutlich ist ein א durch einen Abschreibfehler verloren gegangen und es ist ואלמד zu lesen, so auch noch Weiser, Jeremia 25,15–52,34, S. 292; Schreiner, Jeremia II, S. 194; Keown u. a., Jeremiah 26–52, S. 144. Siehe auch noch McKane, Jeremiah II, S. 848. Anders Holladay, Jeremiah 2, S. 205.219, und Migsch, Ackerkauf, S. 189.

[275] So auch die Mehrheit der Exegetinnen und Exegeten. Anders m. W. nur Migsch, Ackerkauf, S. 190: „Offenbar soll nicht Jahwe als Subjekt der Handlung gelten; denn in diesem Fall könnte der wayyiqtol-Satz V. 33a ja problemlos durch einen weiteren wayyiqtol-Satz bei Subjektwechsel (ואלמד) fortgeführt werden. Vielmehr wird das Subjekt der Handlung bewußt verschwiegen, so daß es, wäre es ausgedrückt, unbestimmten Charakter hätte", a. a. O. S. 190. Die Argumentation überzeugt nicht, da die Formulierung שכם hif. + למד pi. in V. 33b an die Stellen im Jeremiabuch erinnert, die ebenfalls mit שכם hif. („immer wieder") konstruiert sind, nämlich Jer 7,13.25; 11,7; 25,3.4; 26,5; 29,19; 35,14.15; 44,4. Stets ist JHWH Subjekt der Aussage und es ist nicht plausibel, dass Jer 32,33 hier eine Ausnahme bilden sollte. Demnach ist JHWH Lehrender.

[276] Vgl. Jer 7,25; 15,15; 25,4; 26,5; 19,13; 44,4.

[277] Oder lag es an der dtn Sprachregelung, nach der nur Mose als Lehrer berufen wurde, nicht aber der jeweilige Prophet? Siehe den Exkurs zu der Rolle des Propheten im Deuteronomium.

[278] Vgl. Jer 1,9: „Ich werde ihm meine Worte in seinen Mund legen"; vgl. auch den Bezug zum dtn Prophetengesetz Dtn 18,18, dazu Thiel, Redaktion I, S. 67 f.; Rüterswörden, Exegeten, S. 329.

Demnach wird JHWH nach seinem Gericht die Exilierten ins Land zurückführen, ihnen ein „einmütiges Herz" (לב אחד) und einen „einmütigen Wandel" (דרך אחד) „geben" (נתן q.), so dass sie JHWH alle Tage fürchten, „ihnen zugute und ihren Kindern nach ihnen" (V. 39); er wird mit ihnen einen „ewigen Bund" (ברית עולם) schließen und ihnen JHWH-Furcht ins Herz geben, um ein Abwenden unmöglich zu machen (V. 40).[279] Nach dieser Utopie werden also künftig alle Generationen im Sinne JHWHs handeln, weil JHWH selbst die Voraussetzungen dafür schafft. Damit wird dem Modell göttlichen Lehrens, welches ja auf der Voraussetzung beruhte, dass das Volk sich durch eigene Einsicht und eigenes Vermögen im Sinne JHWHs ändern könne, eine klare und endgültige Absage erteilt.

2.2.12. Ergebnisse

Der komplexe Befund zum Thema religiöses Lehren und Lernen im Jeremiabuch soll in elf Punkten gebündelt werden:

1. Drei der acht exegesierten Stellen, an denen das Verb למד vorkommt, und die besprochene Stelle mit dem Nomen למוד enthalten den Vorwurf der falschen Lehre: In Jer 2,33 bezichtigt JHWH sein Volk, infolge des Fremdgötterdienstes zum Lehrer in Bezug auf Bosheiten geworden zu sein; in Jer 9,4 wirft er den Judäerinnen und Judäern vor, dass sie ihre Zunge Lüge gelehrt haben und dass infolge dessen zwischen den Menschen nur noch Trug und Lüge herrscht; in 9,13 hält er rückblickend fest, dass über Generationen hinweg in Juda „Baale" gelehrt wurden (auch Jer 12,16); in Jer 13,23 hält er der Einwohnerschaft Jerusalems vor, dass sie als Belehrte im bösen Tun zum guten Tun nicht mehr in der Lage seien. Damit wird das vorexilische Juda als eine Gemeinschaft gezeichnet, die zwar in Bezug auf Ethik und Kult lehrte, aber nicht in JHWHs Sinn. Die zumeist recht pauschal gehaltenen Vorwürfe bezüglich der falschen Lehre sind (neben anderen) eine „Erklärung" für das im Kontext aller genannten Stellen von JHWH angekündigte bzw. bereits vollzogene Gericht über Juda und Jerusalem.

2. In dem JHWH-Wort Jer 32,33 wird konstatiert, dass Israel und Juda zu keiner Zeit auf den sie immer wieder belehrenden Gott gehört haben (למד pi.). Gemeint ist sicherlich, dass JHWH über die Propheten seinen Willen kundtat. Der Vorwurf der permanenten Lernunwilligkeit geht im Kontext einher mit dem Vorwurf, JHWH nicht zuletzt durch die Verehrung fremder Götter erzürnt zu haben. Dies ist hier der Grund für das angekündigte Gericht über Jerusalem, d.h. für die Verwüstung der Stadt durch die Chaldäer.

---

[279] Eine Veränderung des Herzens als Vorbedingung des nachexilischen Neubeginns begegnet zusammen mit einem „Bund" nur in Jer 31,33 („neuer Bund") und Jer 32,40 („ewiger Bund"), vgl. Groß, Zukunft für Israel, S. 172. Im einzelnen unterscheiden sich die beiden Verheißungen Jer 32,37–41 und 31,31–34 freilich deutlich, vgl. dazu Weippert, Schöpfer, S. 95–102, und Schmid, Buchgestalten, S. 101–103.

3. Zu diesem düsteren Bild passt auch Jer 9,19: Demnach sollen die Klagefrauen ihre Töchter und andere Frauen ein von JHWH vorgegebenes Klage- bzw. Leichenlied über den in Juda wütenden Tod lehren (למד pi.), dem sie selbst geweiht sind. Befolgten die Frauen diese Anweisung, so würde in Juda zwar endlich in JHWHs Sinn gelehrt und gelernt, doch würde dieses Lehren und Lernen nichts austragen, da die Perspektive nunmehr nur noch der Untergang wäre.

4. An zwei Stellen spielen die Völker im Zusammenhang mit Lernen und Lehren (למד q. und pi.) eine Rolle: In dem – fiktiv vor dem Exil gesprochenen – JHWH-Wort Jer 10,2 warnt JHWH die Judäerinnen und Judäer, den Weg der Völker zu lernen, was konkret bedeutet, sie sollen sich nicht die Verehrung der fremden Götter zu eigen machen. In der Perspektive des bedingten Heils- und Unheilswortes für die Nachbarvölker Jer 12,14–17 sind die Völker diejenigen, die Israel (im Sinn des JHWH-Volkes) vor dem Exil den Schwur bei „Baal" lehrten. Den Völkern wird rückblickend also die Rolle der „falschen" religiösen Lehrer Israels zugeschrieben. Dies wird allerdings nicht weiter ausgedeutet. Der Akzent von Jer 12,16 liegt auf einem anderen Punkt: Sollten die Völker nach ihrer Exilierung durch JHWH und nach ihrer Rückkehr bereit sein, von Israel die JHWH-Verehrung zu lernen, wird es für sie eine Zukunft geben. Die Perspektive von Jer 12,14–17 ist erstaunlich: Nicht nur wird ganz selbstverständlich vorausgesetzt, dass im nachexilischen Israel (allein) JHWH verehrt werden wird, Israel soll zudem auch religiöser Lehrmeister seiner Nachbarn sein.

5. Gänzlich aus dem Rahmen der Aussagen zu Lernen und Lehren (למד q. und pi.) im Jeremiabuch fällt Jer 31,34. Aus der Formulierung, dass zur Zeit des neuen Bundes *nicht mehr* einer seinen Nächsten bzw. seine Geschwister lehren wird: „Erkennt JHWH!", geht hervor, dass ein solches Lehren zur Zeit des früheren Bundes vorauszusetzen ist. Es handelt sich dabei um ein kollektives Lehren unter den Erwachsenen, genauer: Lehren bezeichnet eine Art kollektiven Aufruf. Dieses „positive" religiöse Lehren fordert angesichts der im Rahmen von Jer 31,31–34 negativen Beurteilung Israels (hier im Sinne von Nord- und Südreich) als „schuldig" im noch andauernden früheren Bund eine Erklärung. Es gibt im Kontext des sog. Trostbüchleins (Jer 30f.) nun eine Stelle, in der dem Israel des früheren Bundes religiöse Erkenntnis zugeschrieben wird, nämlich Jer 31,19. Hier wird dem exilierten Ephraim die Aussage in den Mund gelegt, dass es, angestoßen durch die Züchtigung JHWHs, Erkenntnis erlangte. Im Licht der Aussage Jer 31,34 wäre zu ergänzen: bedingt durch eine kollektive Lehr- und Lernbewegung unter den Erwachsenen. Der Erkenntnis Ephraims wird, wie aus dem weiteren Kontext hervorgeht, freilich keine Nachhaltigkeit zugeschrieben, da sie Ephraim nicht von Schuld abhalten kann. Erst in der Zeit des neuen Bundes wird gelten, dass alle Israelitinnen und Israeliten JHWH erkennen werden und zwar bedingt durch das von JHWH veränderte Herz. In diesem utopischen Modell ist religiöses Lehren und Lernen in Israel nicht mehr notwendig.

6. Auch im Kontext des Vorwurfs an Israel und Juda, sich der Lehre JHWHs (via Propheten) permanent verweigert zu haben (Jer 32,33), wird ein utopisches Modell entwickelt: Künftig werden alle Generationen im Sinne JHWHs handeln, weil JHWH selbst die Konstitution seines Volkes verändern wird. Dies impliziert wie in Jer 31,31–34, dass religiöses Lehren und Lernen überflüssig wird. Diese Absage an „realistische" Lehr- und Lernmodelle zeugt von einer – wohl im Zusammenhang mit den Ereignissen 587/6 v. Chr. aufgekommenen – tiefen Skepsis, dass das Volk aus eigener Kraft und aus eigener Einsicht im Sinne JHWHs religiös lehren und lernen könne.

7. Angesichts der pauschalen negativen Perspektive in Bezug auf das vorexilische Juda, die in den meisten der Stellen, an denen das Lexem למד vorkommt, eingenommen wird, sowie angesichts der Skepsis bezüglich der Fähigkeit der Israelitinnen und Israeliten, im Sinne JHWHs zu lehren und zu lernen, verwundert es nicht, dass im Jeremiabuch kein Detailinteresse am religiösen Lehren und Lernen erkennbar ist. Es fehlen – obwohl so häufig von Lehren und Lernen die Rede ist – alle näheren Angaben darüber, wie im vorexilischen Juda gelehrt und gelernt wurde. Deshalb kommen wohl auch die (im Zusammenhang der generellen jeremianischen Kritik an den Führungsschichten) häufig angegriffenen Priester, die, wie aus vielen anderen Texten der Hebräischen Bibel bekannt ist, eine wichtige Lehraufgabe im alten Israel hatten, nicht als „Lehrende" in den Blick.

8. Allein in Jer 5,4 f. wird einmal angedeutet, dass die „Geringen" anders als die „Großen" im vorexilischen Jerusalem keine religiöse Bildung besaßen. Der Erwerb von religiöser Bildung könnte also durchaus etwas mit der Zugehörigkeit zu bestimmten Schichten zu tun gehabt haben.

9. Dass Jeremia bzw. Propheten im Jeremiabuch nicht als „Lehrer" bezeichnet werden, könnte seinen Grund darin haben, dass laut Jer 32,33 JHWH selbst Lehrer seines Willens ist. Der Prophet ist lediglich sein „Sprachrohr" und insofern kein „Lehrer" des Volkes.

10. JHWH erscheint im Jeremiabuch mehrmals in der Rolle des sein Volk Erziehenden und Züchtigenden: Nach Jer 6,8 fordert JHWH die Einwohnerschaft Jerusalems auf, sich erziehen zu lassen, d. h. sie soll die Belagerung der Stadt als *Erziehungsmaßnahme* begreifen und eine Verhaltensänderung im Sinne JHWHs herbeiführen. Nach Jer 10,24 bitten die Judäerinnen und Judäer am Vorabend der Eroberung Judas JHWH um eine maßvolle Züchtigung, in Jer 30,11 verheißt JHWH dem exilierten Jakob/Israel maßvolle Züchtigung, in Jer 30,14 bezeichnet JHWH rückblickend seinen vernichtenden Schlag gegen Zion als grausame Züchtigung, in Jer 31,18 klagt Ephraim, dass JHWH ihn gezüchtigt hat. An diesen zuletzt genannten vier Stellen ist das Züchtigen in erster Linie *Strafmaßnah-*

me JHWHs an dem schuldig gewordenen Volk (und zwar an Israel und Juda gleichermaßen). Doch erschöpft sich die Bedeutung darin nicht: Nach Jer 30,11 ist die Züchtigung Teil des angekündigten rettenden Handelns JHWHs, sie geschieht also im Interesse des exilierten Volkes und hat insofern eine (hier nicht näher ausgeführte) erzieherische Funktion. Noch deutlicher wird dies in Jer 31,18: Der exilierte Ephraim beschreibt die Züchtigung ausdrücklich als erzieherische Maßnahme, die eine Verhaltensänderung bewirken sollte und nach Ephraims Selbstaussage auch bewirkt hat (wenn sie auch, wie der Kontext zeigt, nicht von Dauer war). Die Rede von JHWH als (strengem) Erzieher seines schuldigen Volkes ermöglicht es, die für Israel katastrophalen geschichtlichen Ereignisse insbesondere zu Beginn des 6. Jh. v. Chr. so mit JHWH in Verbindung zu bringen, dass Möglichkeiten zu ihrer Verarbeitung eröffnet werden: Das strafende Handeln JHWHs war „verständlich", da „gerecht"; JHWH verdient auch nach der Katastrophe das Vertrauen des Volkes, weil seine Erziehung letztlich im Interesse des Volkes erfolgt und nicht etwa auf Vernichtung zielt.

11. Abschließend ist noch auf den semantischen Befund einzugehen: In Bezug auf das Verb למד ist eine recht klare Sprachregelung festzustellen: An den meisten untersuchten Stellen bezieht sich Lehren und Lernen (Israels) auf ein *Verhalten* (Jer 2,33; 9,4.13; 10,2; 12,16).[280] In Jer 9,19 bedeutet למד pi. Vermittlung eines Textes in einer spezifischen Situation, in Jer 31,34 bezieht sich למד pi. auf das Verhältnis zu JHWH. In Jer 32,33 ist JHWH Subjekt des Verbs למד pi.: Gemeint ist hier die Vermittlung seines Willens (durch die Propheten). Das Nomen למוד in Jer 13,23 bezieht sich, wie die meisten Belege des Verbs, auf ein Verhalten. Das Verb יסר nif. bedeutet in Jer 6,8 Sich-Erziehen-Lassen (durch JHWH); an den anderen Stellen (Jer 10,23; 30,11 par 46,28; 31,18) meint das Verb יסר (nif. und pi.) Züchtigen (JHWHs) im Sinn von Strafen des Volkes,[281] wobei das Verb in Jer 30,11 (par 46,28) und Jer 31,18 eine erzieherisch-pädagogische Konnotation hat. Diese Konnotation hat das auch Nomen מוסר in Jer 30,14 („Züchtigung" JHWHs).[282]

---

[280] Vgl. auch die nicht exegesierte Stelle Jer 13,21.
[281] Vgl. auch die nicht exegesierte Stelle Jer 2,19.
[282] Unter Bezugnahme auf die oben in Anm. 138 angegebene grobe Datierung der Texte seien abschließend einige diachrone Beobachtungen vorgestellt: Besonders interessant ist die vorexilische Aussage bezüglich des Zusammenhangs Bildung und sozialer Status (Jer 5,4f.). Demnach haben im vorexilischen Jerusalem die „Geringen" wenig Möglichkeiten gehabt, sich religiöse Bildung anzueignen. Die in exilischer und früh nachexilischer Zeit entstandenen Texte stehen durchwegs im Zeichen der Ereignisse von 586 v. Chr.: So wird die Katastrophe damit erklärt, dass in vorexilischer Zeit in Israel nicht in JHWHs Sinn gelehrt und gelernt wurde (Jer 9,13; 12,16; 32,33) – dies wohl in Anknüpfung an Vorwürfe des historischen Jeremia (2,33; 9,4; 13,23). Zu beachten ist desweiteren ein starker Pessimismus in Bezug auf die Fähigkeit Israels zu religiösem Lehren und Lernen. Dies führt zur Formulierung von Utopien, wonach künftig in JHWHs Sinn nur gehandelt werden kann, wenn er die Konstitution seines Volkes verändert (Jer 31,34; 32,33 ff.) – religiöses Lehren und Lernen wird damit überflüssig. Weiterhin werden die

2.3. Weisheit für das Leben: Religiöses Lehren und Lernen im Proverbienbuch

„Der Weisheit geht es um das rechte Wissen vom Leben. Ihr geht es um das Erlernen, Praktizieren und Weitergeben von Lebenkönnen, von Lebenskunst."[283] Diese Bemerkungen E. ZENGERS zu Eigenart und Bedeutung der Weisheit Israels zeigen, dass sie elementar etwas mit „Lehren und Lernen" zu tun hat. Weisheitliches Lehren und Lernen ist dabei durchaus (auch) als *religiöses* Lehren und Lernen zu verstehen, denn – so noch einmal ZENGER – „die Weisheit [ist], in Israel wie in seiner Umwelt, alles andere als eine profane, gar gott-lose Geistesbeschäftigung. Daß die Welt und ihre Ordnungen gut und auf Leben hin ausgerichtet sind, daß Gutes tun das Leben fördern kann und daß der, der das Gute will, letztlich nicht scheitern kann, ist nicht aus naivem Optimismus abzuleiten, sondern gründet in Israel letztlich in dem, was die Weisheit ‚Gottesfurcht' nennt."[284] Im Folgenden ist das Proverbienbuch, das sicherlich als *das* Weisheitsbuch der Hebräischen Bibel bezeichnet werden kann, im Hinblick auf seine Aussagen zum Thema religiöses Lehren und Lernen zu untersuchen. Unter Berücksichtigung der Überschriften sowie einer inhaltlichen Abgrenzung lässt sich das Proverbienbuch in der Fassung des MT[285] in sieben Teile unterteilen:[286]

Prov 1–9:	„Sprüche Salomos, des Sohnes Davids, des Königs von Israel"
Prov 10,1–22,16:	„Sprüche Salomos"
Prov 22,17–24,22:	[„Worte von Weisen"][287]
Prov 24,23–34:	„Auch dies sind Worte von Weisen"
Prov 25–29:	„Auch dies sind Sprüche Salomos, welche die Männer Hiskijas, des Königs von Juda, gesammelt haben"
Prov 30:	„Worte Agurs, des Sohnes des Jake, aus Massa"
Prov 31:	„Worte Lemuels, des Königs von Massa, mit denen ihn seine Mutter lehrte".

Ereignisse um 586 v. Chr. – wohl in Aufnahme einer vorexilischen Aussage in Bezug auf den Untergang des Nordreiches (Jer 31,18) – als erzieherische Maßnahmen JHWHs gedeutet (Jer 6,8; 10,24; 30,11.14), wodurch sich diesen Ereignissen ein gewisser Sinn abringen lässt.

[283] Zenger, Eigenart, S. 291.
[284] Zenger, Eigenart, S. 292.
[285] Die Proverbien-Septuaginta weicht durch Textumstellungen, Auslassungen und Zufügungen zum Teil erheblich vom MT ab. Umstritten ist, ob dies als ein kreativer Umgang mit dem – weitgehend mit dem MT identischen – hebräischen Text zu beurteilen ist, oder ob die Septuaginta eine eigene, nicht zur proto-masoretischen Tradition gehörige hebräische Textvorlage hatte. Siehe zur Diskussion insbesondere Tov, Differences; Cook, Septuagint; d'Hamonville, Les Proverbes; Scoralick, Salomos griechische Gewänder.
[286] Vgl. auch Smend, Entstehung, S. 210; Whybray, Composition, S. 157; Schwienhorst-Schönberger, Buch der Sprichwörter, S. 328. Preuß, Einführung, S. 34, bestimmt hingegen Prov 30 und 31 als eine Sammlung; Rendtorff, Theologie 1, S. 322, unterteilt Prov 31 in die Worte Lemuels (V. 1–9) und in das Lob der tüchtigen Frau (V. 10–31).
[287] Prov 22,17–24,22 hat nach dem MT keine eigene Überschrift (wohl aber nach der Fassung der LXX). Die inhaltliche Abgrenzung zu Prov 10,1–22,16 ist jedoch deutlich.

Die einzelnen Teile stammen aus unterschiedlichen Zeiten und enthalten durchaus heterogenes Material.[288] Da sich Sir 47,17 wahrscheinlich auf Prov 1,6 bezieht, wird man die Endredaktion des Buches nicht später als ca. 200 v. Chr. anzusetzen haben.[289] Die vieldiskutierte Frage nach den Trägerkreisen kann hier unberücksichtigt bleiben.[290]

Die wichtigsten Verben zum Thema religiöses Lehren und Lernen sind im Proverbienbuch eher selten vertreten. Das Verb למד findet sich zweimal (למד q.: Prov 30,3; למד pi.: Prov 5,13); das Verb ירה III hif. dreimal (Prov 4,4.11; 6,13), das Verb יסר fünfmal (יסר q.: Prov 9,7; יסר nif.: 29,19; יסר pi.: 19,18; 29,17; 31,1). Exegesiert werden im Folgenden die beiden Belege von למד, zwei Stellen, an denen ירה III hif. vorkommt (Prov 4,4.11),[291] und zwei Belege von יסר (Prov 9,7 und 31,1).[292] Von den abgeleiteten Nomina enthält das Proverbienbuch ein Beleg von מורה und neunundzwanzig Belege von מוסר.[293] Berücksichtigt wird der Beleg von מורה (Prov 5,13). Von den Belegen des Nomens מוסר ist für das Thema religiöses Lehren und Lernen nur die Stelle Prov 3,11f. relevant; hier wird (singulär im Proverbienbuch) eine Aussage über das erzieherische Handeln JHWHs getroffen.

---

[288] Mit der Mehrheit der Exegetinnen und Exegeten lässt sich grob folgende Einordnung der einzelnen Teile vertreten: In Bezug auf den zweiten (Prov 10,1–22,16), dritten (Prov 22,17–24,22) und fünften Teil (Prov 25–29) ist eine Entstehung in vorexilischer Zeit wahrscheinlich, der erste (Prov 1–9) und vierte (Prov 24,23–34) sowie der sechste (Prov 30) und siebte Teil (Prov 31) dürften erst aus nachexilischer Zeit stammen, vgl. dazu etwa Schwienhorst-Schönberger, Buch der Sprichwörter, S. 333. Umstritten ist besonders, ob die JHWH-Sprüche redaktionelle Ergänzungen sind, so dass man im Grundbestand des Buches mit einer rein profanen „älteren Weisheit" rechnen muss, so etwa die These, die McKane in seinem Kommentar vertritt. Nun ist zwar eine zunehmende Theologisierung der Weisheit in den nachexilisch entstandenen Texten zu beobachten, doch wird man kaum die sich in den JHWH-Sprüchen artikulierende Frömmigkeit auf die nachexilische Zeit beschränken können – dies mit Vanoni, Volkssprichwort, und Hausmann, Weisheit, S. 11 f.

[289] Vgl. zusammenfassend Schwienhorst-Schönberger, Buch der Sprichwörter, S. 333.

[290] Bis heute besteht Uneinigkeit in der Frage, ob die Spruchweisheit Israels aus der mündlichen Volksweisheit erwachsen ist, so etwa Gerstenberger, Wesen; Westermann, Wurzeln; Golka, Hofsprüche; Fontaine, Sage, S. 155; oder ob die Proverbien einem Kreis weiser Schullehrer bzw. Beamten am Königshof entstammen, in diesem Sinne vor allem Hermisson, Spruchweisheit, S. 113 ff.; Blenkinsopp, Wisdom, S. 11; Lemaire, Écoles, S. 42 f.; Preuß, Einführung, S. 46; Shupak, Wisdom, S. 349–351; van Leeuwen, Liminality, S. 115. Strittig ist hingegen nicht, dass die Proverbien am Hof gesammelt wurden. Vgl. auch die Überblicke über die Diskussion bei Delkurt, Grundprobleme, S. 43–48, und Maier, Frau, S. 16–18.

[291] In Prov 6,13 steht das Verb im Zusammenhang mit Zeichengebung durch Finger, Füße und Augenzwinkern, dies trägt für das Thema religiöses Lehren und Lernen nichts aus, siehe dazu auch Wagner, Art. ירה III/מורה, Sp. 922.

[292] In Prov 19,18 und 29,17 bedeutet יסר pi. (den Sohn) körperlich züchtigen; in Prov 29,19 bedeutet יסר nif. (den Knecht) zurechtweisen. Diese Stellen haben für religiöses Lehren und Lernen keine Bedeutung.

[293] Zu dem Nomen Tora siehe oben 1.3.3.

In einem weiteren Durchgang wurde nach Stellen zum Thema religiöses Lehren und Lernen ohne dieses spezielle Vokabular gesucht. Es ergab sich, dass weitere Texte für das Thema relevant sind. Um den Rahmen nicht zu sprengen, musste eine Auswahl getroffen werden und so wurden die folgenden Stellen aufgenommen: Das Proömium des Proverbienbuches samt Motto (Prov 1,1–7), da hier die intendierte Funktion des Buches als weisheitlich-religiöses Lehrbuch entfaltet wird; die erste Lehrrede Prov 1,8–19, da hier Vater und Mutter als Lehrer und Lehrerin ihres Sohnes erscheinen;[294] Prov 8,10, da sich von dieser Stelle aus wichtige Erkenntnisse in Bezug auf die Weisheit als Lehrerin ableiten lassen,[295] ferner die Rede eines Weisheitslehrers Prov 22,17–21, mit der er seinen „heutigen" Unterricht einleitet.

2.3.1. Prov 1,1–7: Das Proverbienbuch als Lehrbuch

Das Proverbienbuch wird durch ein Proömium (V. 1–6) mit anschließendem Motto (V. 7) eröffnet.[296] Obwohl diese Verse kein für Lehren und Lernen spezifisches Vokabular enthalten, sind sie für das Thema von entscheidender Bedeutung:

1 Die Sprüche Salomos, des Sohnes Davids, des Königs von Israel:
2 damit man (durch die Sprüche) erkenne, was Weisheit und Erziehung sind,
 damit man verstehe, was Worte der Verständigkeit sind,
3 damit man annehme auf Einsicht gerichtete Erziehung,
 (nämlich) Gerechtigkeit und Rechtssinn und Geradheit,
4 damit man gebe Einfältigen Klugheit,
 dem Jüngling Wissen und Umsicht.
5 Es höre der Weise (die Sprüche) und vermehre (dadurch) Überlieferung
 und der Verständige erwerbe sich (dadurch) Lenkungskunst,
6 damit sie verständlich machen Spruch und Anspielung,
 die Worte von Weisen und ihre Rätsel.
7 Die JHWH-Furcht ist der Anfang der Erkenntnis,
 Weisheit und Erziehung verachten (nur) Narren.

---

[294] So auch in Prov 6,20–35; auf Aspekte des Textes wird im Rahmen der Exegese von Prov 1,8–19 verwiesen.

[295] Die erste Rede der Weisheit Prov 1,20–33 sowie die sog. Bankett-Szene Prov 9,1–6 werden in diesem Kontext in die Überlegungen mit einbezogen.

[296] Siehe zu Prov 1,1–7 außer den Kommentaren insbesondere noch Renfroe, Effect; Schäfer, Poesie, S. 9–21; Spieckermann, Prologe. – Das Proömium V. 1–6 (7) ist nicht nur als Einleitung zur Sammlung Prov 1–9, sondern auch zum gesamten Buch aufzufassen, vgl. Whybray, Proverbs, S. 15; Plöger, Sprüche, S. 8; Meinhold, Sprüche Teil 1, S. 47; Schäfer, Poesie, S. 9; Fox, Proverbs, S. 55; Fuhs, Kommentar, S. 37; Müller, Weisheit, S. 22.

2.3. Weisheit für das Leben: Religiöses Lehren und Lernen im Proverbienbuch

Der Abschnitt ist aufgrund der schwierigen syntaktischen Struktur[297] und der „fremdartige[n] Häufung synonymer Begriffe"[298] nicht einfach zu interpretieren. V. 1 ist ein Nominalsatz und hat zweifellos den Charakter einer Überschrift. Diese Überschrift bezeichnet den Inhalt des gesamten Proverbienbuches als „Sprüche Salomos" (משלי שלמה). Da einige Passagen im Proverbienbuch explizit nicht Salomo zugeschrieben sind,[299] meint „Sprüche Salomos" im Sinne der Buchfiktion von Salomo verfasste oder zusammengestellte Sprüche.[300]

Die sich an den Nominalsatz anschließenden vier Infinitivsätze (V. 2–4) erläutern Ziele: Zum ersten (V. 2a) soll man durch die Sprüche erkennen, was „Weisheit" (חכמה) und „Erziehung" (מוסר)[301] sind. Zum zweiten (V. 2b) soll man anhand der Sprüche exemplarisch verstehen (בין hif.), was „Worte der Verständigkeit" (אמרי בינה) sind – um sie etwa von den Worten der „Torheit" und der „Sünder" unterscheiden zu können.[302] Nach diesen „kognitiven" Zielen wird ein Ziel benannt, das die Lebenspraxis betrifft: Man soll nach V. 3a Erziehung annehmen, die auf Einsicht gerichtet ist (מוסר השכל). In V. 3b wird dies konkretisiert: Es geht insbesondere um die Annahme von „Gerechtigkeit" (צדק), „Rechtssinn" (משפט) und „Geradheit" (מישרים).[303] Zum vierten wird ein Ziel in Bezug auf zwei Gruppen angegeben, nämlich Einfältige und Jünglinge (V. 4).[304] Die Infinitivkonstruktion in diesem Vers (לתת לפתאים ערמה ...) kann bezüglich des Subjekts verschieden übersetzt werden:

---

[297] Die Infinitivsätze V. 2–4 (6) können dem Nominalsatz V. 1 untergeordnet werden, so die Mehrheit der Exegetinnen und Exegeten. Buber/Rosenzweig, Schriftwerke, S. 213, ordnen V. 2f. dem Nominalsatz V. 1, hingegen V. 4 und V. 6 dem Verbalsatz V. 5 zu. Doch eine Aufteilung der Infinitivsätze V. 2–4 wird durch kein Textsignal angezeigt. Nach Fuhs, Kommentar, S. 37, steht der Nominalsatz V. 1 ohne syntaktische Verbindung zu den folgenden Versen; Hauptsatz der Periode V. 2–6 sei V. 5. Gegen diese Auffassung spricht jedoch, dass der letzte Infinitivsatz dem Hauptsatz nicht wie die anderen Infinitivsätze vor-, sondern nachgeordnet wurde.

[298] Von Rad, Weisheit, S. 47.

[299] Vgl. Prov 24,23; 30,1; 31,1.

[300] Siehe auch Plöger, Sprüche, S. 8.

[301] Die Übersetzung von מוסר ist umstritten. Mit „Zucht" übersetzen Buber/Rosenzweig, Schriftwerke, S. 213 (hier und an allen Stellen im Proverbienbuch); Meinhold, Sprüche Teil 1, S. 47; Fox, Proverbs, S. 53; die Einheitsübersetzung (in: Fuhs, Sprichwörter, S. 23); Toy, Proverbs, S. 4, übersetzt mit „training"; Schäfer, Poesie, S. 9, mit „Erziehung"; Whybray, Proverbs, S. 15, und Murphy, Proverbs, S. 3, übersetzen mit „instruction". Die Wiedergabe mit „Erziehung" wurde hier und in V. 3 gewählt, da „Erziehung" die Aspekte „Zucht" und „Lehre" umfasst, vgl. auch Schäfer, Poesie, S. 13, Anm. 47. Die LXX gibt מוסר nahezu durchweg mit παιδεία wieder (eine Ausnahme ist מוסר השכל in V. 3, die LXX hat hier στροφὰς λόγων), παιδεία kann Erziehung, Lehre, Zucht und Bildung bedeuten.

[302] Vgl. Prov 1,10f.; 9,13ff. Siehe dazu auch Schäfer, Poesie, S. 14.

[303] Vgl. auch Prov 2,9.

[304] Der פתי („Einfältige") ist der (unabhängig von einem bestimmten Lebensalter) Unerfahrene und Törichte, vgl. Mosis, Art. פתה u. a., und Schäfer, Poesie, S. 16.

damit sie (die Sprüche) geben Einfältigen Klugheit,
dem Jüngling Wissen und Umsicht.
oder:
damit man (mittels der Sprüche) gebe Einfältigen Klugheit,
dem Jüngling Wissen und Umsicht.

Da das Subjekt der ersten drei Infinitivsätze (V. 2–3) nicht „Sprüche" ist, ist dies auch im vierten Infinitivsatz nicht zu erwarten; vorzuziehen ist also die zweite Übersetzungsmöglichkeit.[305] Es stellt sich dann allerdings die Frage, wer in den Versen 2–4 mit „man" gemeint ist.

Laut V. 5 soll *der Weise* hören – gemeint sein können nur die Sprüche – und dadurch (für sich) „Überlieferung" (לקח) vermehren, *der Verständige* soll sich dadurch „Lenkungskunst" (תחבלות) erwerben. Damit wird nun explizit gesagt, was in V. 2–4 offen blieb: Die Sprüche richten sich an den Erwachsenen, und zwar an den Weisen (חכם) bzw. Verständigen (נבון). Dies erstaunt zunächst, hätte man doch vermuten können, dass gerade ein als „weise" bezeichneter Mensch es nicht mehr nötig hat, Weisheit zu erkennen oder Erziehung anzunehmen. Doch das Gegenteil ist der Fall: Gerade bei Weisen und Verständigen wird die Bereitschaft vorausgesetzt, ein Leben lang zu lernen – nur Hochmütige und Frevler sind weisheitlicher Lehre unzugänglich und nur Toren halten sich selbst für klug.[306]

Den finiten Verben in V. 5 ist ein Infinitiv untergeordnet (V. 6), der wiederum verschieden interpretiert werden kann:

damit sie (d. h. der Weise und der Verständige) verstehen Spruch und Anspielung (...)
oder:
indem sie verstehen Spruch und Anspielung (...)
oder:
damit sie verständlich machen Spruch und Anspielung (...)

Gegen die erste Möglichkeit spricht m. E. ein inhaltlicher Grund: Das Verständnis ist ja schon die Voraussetzung für das in V. 5 geforderte (richtige) Hören der Sprüche. Eine Entscheidung zwischen der zweiten und dritten Möglichkeit fällt dagegen nicht leicht, m. E. ist jedoch die dritte Möglichkeit vorzuziehen. Alle Infinitive in V. 2–4 haben finalen Sinn, dies spricht dafür, einen solchen auch für den Infinitivsatz in V. 6 anzunehmen. V. 6 besagt demnach, dass es beim Hören der Sprüche nicht *in erster Linie* um einen Erkenntniszugewinn für den Weisen und den Verständigen geht. Der Erkenntniszugewinn dient vielmehr ihrer Aufgabe, die Sprüche verständlich zu machen (בין hif.).[307]

---

[305] Vgl. Jenni, Präpositionen Bd. 3, S. 209.215. Schäfer, Poesie, S. 15 f., lässt beide Möglichkeiten zu. Renfroe, Effect, S. 292; Meinhold, Sprüche Teil 1, S. 49, und Fox, Proverbs, S. 60 f., bestimmen die „Sprüche Salomos" als Subjekt.

[306] Vgl. Prov 9,7–9 sowie Prov 26,5.12.16.

[307] Das Verb בין hif. übersetzen im Sinn von „verständlich machen" auch Ehrlich, Randglossen Bd. 6, S. 9, und Buber/Rosenzweig, Schriftwerke, S. 213.

Die Nomina „Spruch" (משל) und „Anspielung" (מליצה), „Worte von Weisen" (דברי חכמים) und „ihre Rätsel" (חידתם) sind im Kontext des Proömiums sicherlich als Umschreibung des Inhalts des Proverbienbuches zu verstehen.[308] Wem die Weisen diesen Inhalt erschließen sollen, steht von V. 4 her fest: Die Weisen und Verständigen haben den Einfältigen und den Jünglingen gegenüber einen besonderen Lehr- und Erziehungsauftrag. Zusammenfassend ist damit festzuhalten, dass sich das Proverbienbuch an die Weisen und Verständigen richtet (V. 2–3.5), und zwar insbesondere in ihrer Rolle als Lehrer der Einfältigen und Jünglinge (V. 4.6).

In V. 7 schließt sich ein „Motto" an. Wichtig ist im Zusammenhang des Themas religiöses Lehren und Lernen nur, dass die JHWH-Furcht als Ausgangspunkt weisheitlicher Erkenntnis bezeichnet wird.[309] Ausdrücklich wird damit die Beschäftigung der Weisen und der Verständigen mit dem Proverbienbuch sowie ihr Lehr- und Erziehungsauftrag unter ein religiöses Vorzeichen gestellt.

2.3.2. Prov 1,8–19: Die Eltern als Lehrer ihres Sohnes

Der erste Teil des Proverbienbuches (Prov 1–9) enthält vorwiegend Reden, in denen ein בן („Sohn/Schüler") oder mehrere בנים („Söhne/Schüler") angeredet werden. Wer ist der fiktive Sprecher? Gemäß der Einleitung des Bucherzählers (Prov 1,1–7) ist dies sicherlich „Salomo". Die Reden selbst deuten jedoch nicht auf „Salomo", der an keiner Stelle erwähnt wird. Im Folgenden wird das fiktiv sprechende Ich als „Weisheitslehrer" bezeichnet (ohne dass damit insinuiert werden soll, dass es sich um „professionelle" Lehrer handelt).[310] Prov 1,8–19 ist die erste „Lehrrede",[311] sie ist vor allem in Bezug auf die Rolle der Eltern als Lehrer ihres Sohnes aufschlussreich:

> 8 Höre, mein Sohn, die Lehre deines Vaters
> und verwirf nicht die Weisung deiner Mutter,
> 9 denn ein anmutiger Kranz sind sie für dein Haupt
> und ein Geschmeide für deinen Hals:
> 10 Mein Sohn, wenn dich Sünder locken, willige nicht ein.
> 11 Wenn sie sagen: ‚Geh mit uns, wir wollen auf Blut lauern,

---

[308] Vgl. zu den Begriffen insbesondere Schäfer, Poesie, S. 18. Zur Möglichkeit der übertragenen Deutung von „Rätsel" im Sinn von verhüllender, uneigentlicher Redeweise siehe auch noch Fox, Proverbs, S. 64–67.

[309] Zur Funktion von V. 7 siehe insbesondere Spieckermann, Prologe, S. 295 f.

[310] Der Weisheitslehrer ist zu unterscheiden von den in den Reden erwähnten Vätern bzw. den Eltern (Prov. 1,8; 4.1.3 f.; 6,20). Dezidiert anders etwa Fox, Pedagogy, S. 234, Anm. 4: „Whether or not Collection I [Prov 1–9] was composed for use of schools [...], its narrative setting is the instruction of the (actual) father to his (actual) son."

[311] Siehe zu Prov 1,8–19 außer den Kommentaren insbesondere noch Harris, Proverbs 1–9, S. 33–65; ders.; Interpretation; ders., Introduction; Schäfer, Poesie, S. 22–31; Müller, Weisheit, S. 141–150.

wollen nachstellen einem Unschuldigen ohne Grund.
12 Wir wollen sie verschlingen wie die Unterwelt Lebende
und Unversehrte wie diejenigen, welche in die Grube fahren.
13 Allerlei kostbares Gut wollen wir finden,
wir wollen füllen unsere Häuser mit Beute.
14 Dein Los wirf in unsere Mitte,
ein einziger Beutel sei für uns alle' –
15 (dann) mein Sohn, geh nicht des Wegs mit ihnen,
halte deinen Fuß zurück vor ihrem Steig,
16 denn ihre Füße laufen zum Bösen
und sie eilen, Blut zu vergießen,
17 denn vergeblich ist das Netz ausgebreitet[312]
nach Ansicht[313] jedes Geflügelten,
18 und (so sind) sie – auf ihr (eigenes) Blut lauern sie,
stellen ihrem (eigenen) Leben nach.
19 So (sind) die Pfade eines jeden, der unrechtmäßigen Gewinn einstreicht:
Das Leben nimmt er (dieser Gewinn) seinen Besitzern.

In V. 8 fordert der Weisheitslehrer den Schüler (בן) zum Gehorsam gegenüber der elterlichen Unterweisung auf. Diese elterliche Unterweisung wird nach dem מוסר des Vaters und der Weisung (תורה) der Mutter[314] differenziert. Der Sohn soll den מוסר *hören*, dies und auch der parallele Begriff „Weisung" sprechen dafür, dass das Nomen מוסר hier im Sinn von *Lehre* und nicht im Sinn von „Zucht" zu verstehen ist.[315]

V. 9 gibt an, warum es sich lohnt, der elterlichen Unterweisung zu folgen: מוסר und תורה sind Schmuck für den Sohn. Zu beachten ist, dass לוית חן in V. 9a aufgrund der doppelten Bedeutung von חן (Anmut, Gunst) mit „anmutiger Kranz"[316]

---

[312] Zumeist wird das Partizip מזרה mit „ausgebreitet" oder „ausgelegt" übersetzt, vgl. schon die LXX (ἐκτείνεται), Gemser, Sprüche, S. 20; Plöger, Sprüche, S. 16 f.; Schäfer, Poesie, S. 22; Müller, Weisheit, S. 142. Möglich ist auch die Übersetzung „(mit einem Köder) bestreut", in diesem Sinn etwa McKane, Proverbs, S. 271; Ringgren, Sprüche, S. 15. Am Gehalt der Aussage ändert sich dadurch nichts.

[313] Das masoretische בעיני könnte auch mit „vor den Augen" übersetzt werden, so die Mehrheit der Exegetinnen und Exegeten. Zur Begründung der hier vertretenen Übersetzung von בעיני siehe ausführlich Schäfer, Poesie, S. 29 f.

[314] Die Ermahnung, die Weisung der Mutter nicht zu verachten, hat eine wörtliche Parallele in Prov 6,20. Zur mütterlichen Weisung siehe auch noch Prov 31,1. Beachtenswert ist in diesem Zusammenhang noch, dass auch die Sammlung Prov 10,1–22,16 mit einem Spruch eröffnet wird, der beide Elternteile erwähnt, vgl. Murphy, Proverbs, S. 9. Vater und Mutter werden noch erwähnt in Prov 15,20 und 23,22–25.

[315] Mit „Zucht" übersetzen Ringgren, Sprüche, S. 14; Plöger, Sprüche, S. 11; Meinhold, Sprüche Teil 1, S. 51; Müller, Weisheit, S. 141. Mit „Lehre" übersetzt noch Schäfer, Poesie, S. 22; in der englischsprachigen Literatur wird מוסר hier mit „instruction" wiedergegeben, vgl. Toy, Proverbs, S. 13; Whybray, Proverbs, S. 16; Murphy, Proverbs, S. 6; Fox, Proverbs, S. 78.

[316] So etwa Meinhold, Sprüche Teil 1, S. 51; Schäfer, Poesie, S. 22; Murphy, Proverbs, S. 6 („gracious wreath"); Fox, Proverbs, S. 78 („graceful garland").

(so die oben gewählte Übersetzung) und mit „gunstverleihender Kranz"[317] übersetzt werden kann. Es ist also nicht auszuschließen, dass V. 9a auch impliziert: Die elterliche Unterweisung ist geeignet, Gunst in den Augen von Gott und Mensch zu verleihen.[318]

Kontrovers wird in der Forschung das Problem des Bezugs von Prov 1,8 f. und Prov 1,10–19 diskutiert. S. L. HARRIS bestimmt den ganzen Abschnitt Prov 1,8–19 als „parents' instruction to the son", die Sprecher seien also durchgängig die Eltern.[319] Für A. MÜLLER machen die „Formelhaftigkeit des Proömiums und seine kompositorische Isolierung von vv. 10–19 [...] wahrscheinlich, daß die [Verse] 1,8–9 vor 1,10–19 gestellt worden sind, um aus dem Text eine Lehrrede [eines Weisheitslehrers] zu machen; 1,10–19 ist ohne Einleitung in sich abgeschlossen, wie die formale Parallele in 6,1–5 zeigt."[320] Im Kommentar zum Proverbienbuch von H. F. FUHS wird – allerdings ohne nähere Begründung – Prov 1,8 f. als „Rede des Dichters", 1,10–16 als „Rede der Eltern" und 1,17–19 als „offene Redeposition: Eltern oder Dichter" bestimmt.[321] Eine Entscheidung für eine der Positionen fällt nicht leicht, m. E. ist jedoch bezüglich 1,8–9 und 1,10–19 mit einer geringen Modifikation[322] FUHS zu folgen. Zu beachten ist das besondere Gewicht der elterlichen Unterweisung in formaler und inhaltlicher Hinsicht: Der Weisheitslehrer erhebt seine Stimme, um den Zögling zum Gehorsam gegenüber der elterlichen Unterweisung zu ermahnen; die Bedeutung dieser Unterweisung wird noch kurz ausgeführt. Im Lesegefälle des Textes erwartet man nun eine Erläuterung, worin denn die so gewichtig eingeführte Lehre des Vaters bzw. die Weisung der Mutter bestehen. Dies spricht dafür, die sich an V. 8 f. anschließende Rede (V. 10–19) als vom Weisheitslehrer zitierte Rede der Eltern zu verstehen.[323] Ausdrücklich sei hier noch darauf hingewiesen, dass es eine mit Prov 1,8–19 vergleichbar strukturierte Lehrrede im ersten Teil des Proverbienbuches (Prov 1–9) gibt, nämlich Prov 6,20–35, ein Faktum, das die vorgeschlagene Gliederung bekräftigt.[324]

---

[317] So etwa Buber/Rosenzweig, Schriftwerke, S. 213.
[318] Vgl. Prov 3,4, siehe auch Schäfer, Poesie, S. 23, und Fox, Proverbs, S. 83.
[319] Harris, Introduction, S. 219. Siehe auch schon ders., Proverbs 1–9, S. 45, und ders., Interpretation.
[320] Müller, Weisheit, S. 146. Ähnlich auch Meinhold, Sprüche Teil 1, S. 52 f.
[321] Fuhs, Kommentar, S. 44.
[322] Ein Sprecherwechsel in V. 10–19 ist nicht zu erkennen, insofern ist der ganze Abschnitt als Rede der Eltern zu bestimmen.
[323] Vgl. auch Fox, Proverbs, S. 79: „In the introduction to the lectures, these terms [musar/torah] designate the lesson about to be delivered. In other words, the verse is not a general admonition to obey one's parents, but an injunction to hear the instruction and teaching in vv 10–19."
[324] Prov 6,20–24: Aufforderung des Weisheitslehrers zum Gehorsam gegenüber der elterlichen Weisung; 6,25–35 Zitat dieser Weisung.

In V. 10–19 sprechen demnach Vater und Mutter ihren Sohn unisono an („mein Sohn"). Sie warnen ihn zunächst (V. 10) allgemein vor dem Umgang mit Sündern (חטאים) und konkretisieren dies dann als Warnung vor der Beteiligung an Mord und Raub (V. 11–19). Inhaltlich werden damit zwei Dekaloggebote aufgenommen. Anzumerken ist in diesem Zusammenhang, dass in der oben schon erwähnten elterlichen Unterweisung in Prov 6,25–35 wörtlich auf einige Dekaloggebote angespielt wird. Dies veranlasste G. BRAULIK im Rahmen seiner Analyse dieser Verse zu der Bemerkung, dass Gebot und Weisung der Eltern „letztlich den Dekalog, den Jahwe selbst verkündet hat[, vermitteln]."[325] Dies gilt m. E. summa summarum auch für Prov 1,10–19.[326]

Der Weisheitslehrer bringt in der ersten Lehrrede also vor allem die Stimme der Eltern zu Gehör (V. 10–19). Damit macht er die hohe Bedeutung der elterlichen Unterweisung deutlich und zeigt, dass er mit seiner eigenen Unterweisung keinesfalls in Konkurrenz zu der elterlichen Unterweisung treten will.[327] Aufschlussreich ist, dass der Weisheitslehrer elterliche Lehre *zitiert*. Dies ist ein Hinweis darauf, dass die elterliche weisheitliche Lehre nicht als spontan formulierte Lehre „für den Augenblick" verstanden wurde. Besonders beachtenswert ist noch die der Mutter zugewiesene Rolle: Es wird vorausgesetzt, dass sie wie der Vater zur weisheitlichen Lehre befähigt ist. Diese Voraussetzung impliziert die Vorstellung, dass die Mutter selbst entsprechend unterwiesen wurde, dass ihr also auch weisheitliche Erziehung zuteil wurde – obwohl im Proverbienbuch Frauen nicht angesprochen werden, direkt angesprochen wird nur der Sohn bzw. der Mann.[328]

---

[325] Braulik, Kanonizität, S. 254. Zu den Anspielungen auf den Dekalog in Prov 6,25–35 siehe im einzelnen Maier, Frau, S. 153–166, und Braulik, Kanonizität, S. 254 f.

[326] Siehe auch den Kommentar von Toy, Proverbs, S. 18: „The argument of the section V. 10–19 is an appeal not directly to the sense of right, but to rational self-regard: robbery and murder bring destruction to the perpetrator, and must therefore be avoided. The connection, however, indicates that this law of prudence is regarded as the law of God."

[327] Die Bedeutung der familiären Unterweisung im Proverbienbuch wurde schon häufig gesehen, vgl. Crenshaw, Education, S. 614; Camp, Feminine, S. 81 f.; Fontaine, Sage, S. 157 ff.; Delkurt, Einsichten, S. 23 f.; Moss, Wisdom als Parental Teaching.

[328] Dass Töchter im Proverbienbuch nicht in den Blick genommen werden, wurde schon oft vermerkt. Delkurt, Erziehung, S. 24, Anm. 6, vermutet im Anschluss an Dürr, Erziehungswesen, S. 113, und Wolff, Anthropologie, S. 261, dass sie allein von der Mutter erzogen wurden. Gorges-Braunwarth, Frauenbilder, S. 365, geht davon aus, dass „alle inklusiv zu verstehenden Ausdrücke in den Reden der Weisheit tatsächlich Männer und Frauen ansprechen". Jedenfalls scheint ein Ausschluss der Mütter/Töchter vom weisheitlichen Lehren und Lernen nicht plausibel, siehe auch noch Crenshaw, Education, S. 614; Brenner, Voice, S. 118 ff.; Fontaine, Sage, S. 160 ff.

2.3.3. Prov 3,11f.: JHWH als väterlicher Erzieher

In Prov 3.11 f. wird – einmalig im Proverbienbuch – das Bild des Vaters als Erzieher auf JHWH übertragen. Zum Verständnis der Verse ist die Analyse des Kontextes nötig:[329]

1 Mein Sohn, meine Weisung vergiss nicht
  und meine Gebote bewahre dein Herz,
2 denn Länge an Tagen und Jahre an Leben
  und Frieden werden sie dir hinzufügen,
3 Güte und Treue sollen dich nicht verlassen.
  Binde sie (sc. Weisung und Gebote) um deinen Hals,
  schreibe sie auf die Tafel deines Herzens[330]
4 und finde (folglich) Gunst und gutes Ansehen
  in den Augen von Gott und Mensch.
5 Vertraue auf JHWH mit deinem ganzen Herzen,
  und auf deine Verständigkeit stütze dich nicht.
6 Auf allen deinen Wege kenne ihn
  und er wird ebnen deine Pfade.
7 Sei nicht weise in deinen Augen,
  fürchte JHWH und halte dich fern vom Bösen,
8 (dann) wird Gesundheit sein für deinen Nabel
  und Erfrischung für deine Gebeine.
9 Ehre JHWH (mit Gaben) von deinem Vermögen
  und von den Erstlingen all deines Ertrags,[331]
10 dann werden deine Speicher sich füllen sattsam
   und (von) Most werden deine Kelter überfließen.
11 Die Zucht JHWHs, mein Sohn, verachte nicht,
   und empfinde keinen Ekel vor seiner Zurechtweisung,
12 denn denjenigen, den JHWH liebt, weist er zurecht
   und (zwar) wie ein Vater den Sohn,[332] den er gern hat.

---

[329] Zu Prov 3,1–12 bzw. 3,11f. siehe außer den Kommentaren insbesondere noch Delkurt, Einsichten, S. 38–41; Vanoni, Vater, S. 68 f.; Schäfer, Poesie, S. 75–90; Böckler, Züchtigung; Müller, Weisheit, S. 154–169.

[330] V. 3b fehlt in der LXX. Ohne V. 3b ist V. 3aβ schwierig zu deuten: Man müsste das Suffix am Verb wohl auf Güte und Treue beziehen, doch macht die Aufforderung, sich Güte und Treue um den Hals zu binden, keinen rechten Sinn. Auch mit Blick auf die verwandten Einleitungssätze Prov 6,21 und 7,3 ist wohl eher davon auszugehen, dass dieser Satz versehentlich ausgelassen wurde, gegen Schäfer, Poesie, S. 79 f. Plöger, Sprüche, S. 33; Meinhold, Sprüche Teil 1, S. 73, und Müller, Weisheit, S. 154, halten V. 3aα für einen Einschub, da dieser Satz den Bezug der Suffixe an den Verben (V. 3aβ.b) auf die Nomina Tora und Gebote (V. 1) unterbreche.

[331] מן ist hier partitiv zu verstehen, so auch die Mehrheit der Exegetinnen und Exegeten. Komparativ verstehen מן Ernst, Kultkritik, S. 82–96; Fuhs, Kommentar, S. 74; Müller, Weisheit, S. 155.

[332] Die LXX hat μαστιγοῖ δέ, dies könnte auf ויכאב als hebräische Vorlage hindeuten, vgl. Hiob 5,17f. Der MT macht aber Sinn und muss nicht geändert werden, gegen Toy, Proverbs, S. 64; Gemser, Sprüche, S. 26; von Rad, Weisheit, S. 259, und Whybray, Proverbs, S. 24.

92 Kapitel 2: Religiöses Lehren und Lernen im Umfeld des Deuteronomiums

In Prov 3,1 beginnt eine neue Lehrrede des Weisheitslehrers. In den einleitenden Bemerkungen (V. 1–4)[333] ermahnt er seinen Schüler zunächst, seine Weisung (תורתי) und seine Gebote (מצותי) zu beherzigen (V. 1); dies sei, wie er ihm in V. 2–3aα darlegt, zu seinem Vorteil. In V. 3aβ und V. 3b folgen zwei Anweisungen zum formalen Umgang mit Weisung und Geboten: Sie sollen auf den Hals gebunden und auf die Tafel des Herzens geschrieben werden. Der hebräische Begriff גרגרות ("Gurgel") deutet auf den Hals als Sitz der Sprache, לב ("Herz") meint wohl das Gedächtnis: „Gebot und Weisung sollen somit in Denken und Reden gegenwärtig sein und es dann bestimmen können."[334] Der Schüler wird danach Gunst in den Augen von „Gott und Mensch" finden (V. 4).

Im folgenden Abschnitt (V. 5–12) werden „Weisung" (תורה) und „Gebote" (מצות) entfaltet. Der Schüler wird in V. 5–10 zum JHWH-Vertrauen, zur JHWH-Erkenntnis, zur JHWH-Furcht und zur JHWH-Ehrung aufgefordert bzw. ermahnt, wobei der Lehrer darlegt, dass sich daraus positive Folgen ergeben werden: JHWH wird die Pfade des Schülers „ebnen" (V. 6), der Schüler wird sich guter Gesundheit und materieller Fülle erfreuen (V. 8.10). Im Licht von V. 11 f. zeigt sich freilich, dass die Verheißung, JHWH werde die Pfade „eben" machen, keineswegs als Garantie für ein sorgenfreies Leben gemeint ist. Diese Verse sind nun genauer zu betrachten:

V. 11 enthält zwei Anweisungen, die in V. 12 begründet werden, wobei in der Begründung ein charakteristisches Stichwort aus jeder Anweisung aufgenommen wird und somit beide Verse in besonderer Weise miteinander verbunden werden:

V. 11 מוסר יהוה בני אל תמאס // ואל תקץ בתוכחתו
V. 12 כי את אשר יאהב יהוה יוכיח // וכאב את בן ירצה

Der Schüler („Sohn") soll also die „Zucht" (מוסר)[335] JHWHs nicht verachten und vor seiner „Zurechtweisung" (תוכחת) keinen Ekel empfinden (קוץ q.), denn JHWH weist nur zurecht, wen er liebt, und dies wie ein wohlwollender Vater seinen Sohn.[336] JHWH wird demnach in V. 11 nicht mehr als der auf das Verhalten

---

[333] V. 1–4 ist das Proömium der Unterweisung, diese folgt erst in V. 5, so auch Plöger, Sprüche, S. 32; Braulik, Kanonizität, S. 247; Whybray, Composition, S. 13; Fox, Proverbs, S. 141 ff.153; Müller, Weisheit, S. 156.

[334] Braulik, Kanonizität, S. 250. Er trifft diese Bemerkung im Hinblick auf Prov 6,21 f. Zu der Funktion des Herzens als Gedächtnis siehe insbesondere noch Dtn 6,6. Vgl auch Wolff, Anthropologie, S. 77 ff., und Fischer/Lohfink, Schlüssel, S. 187 f.

[335] Das Nomen מוסר wird hier in der Literatur mehrheitlich mit Zucht übersetzt, vgl. Meinhold, Sprüche Teil 1, S. 71; Murphy, Proverbs, S. 18 („discipline"); Fox, Proverbs, S. 142 („discipline"); die Einheitsübersetzung (in: Fuhs, Sprichwörter, S. 36); Müller, Weisheit, S. 155. Plöger, Sprüche, S. 32, übersetzt mit „Zurechtweisung"; Delkurt, Einsichten, S. 38, wählt „Unterweisung", Schäfer, Poesie, S. 75, „Erziehung". Gegen Delkurt, Erziehung, S. 231 f., ist die Wiedergabe des Nomens מוסר mit „Zucht" gelegentlich m. E. durchaus begründbar, siehe auch Hausmann, Menschenbild, S. 114, Anm. 61.

[336] Mit der Mehrheit der Exegetinnen und Exegeten ist die Kopula zu Beginn des Halbverses

2.3. Weisheit für das Leben: Religiöses Lehren und Lernen im Proverbienbuch

des „guten" Schülers freundlich reagierende, sondern als der ihn hart angehende Gott vorgestellt.[337] Der Weisheitslehrer will verhindern, dass sich in diesem Fall „Verachtung" und „Ekel" einstellen – was passieren könnte, da die harten Maßnahmen JHWHs ganz offensichtlich in keinem erkennbaren Zusammenhang mit Schuld stehen (jedenfalls werden sie im Kontext nicht mit Schuld in Verbindung gebracht).[338] Er erklärt also die harten Maßnahmen JHWHs, indem er sie in einen pädagogischen Kontext stellt (V. 12): Es sind Maßnahmen im Rahmen der wohlmeinenden väterlichen Erziehung JHWHs. Der Schüler soll sich demnach auch als „Sohn JHWHs" sehen, der ein Leben lang erzogen werden muss (insofern jeder Mensch ein Leben lang „Kind JHWHs" bleibt). Festzuhalten ist allerdings, dass expressis verbis kein Ziel dieser Erziehung angegeben wird. Dies ist erstaunlich: „Spricht man von einer Erziehung durch Leiden, so muß man auch fragen, woraufhin diese Erziehung zielt"[339]. M. E. lässt sich ein Ziel angeben, wenn man Dtn 8,1–5 heranzieht – Dtn 8,5 hat nach Maßgabe der sprachlichen Bezüge dem Verfasser von Prov 3,11 f. als „Referenztext" gedient:[340] JHWH will seinen „Sohn" erziehen, auch in schwierigen Situationen die Gebote (מצות) zu halten.[341]

V. 12b explikativ zu deuten, vgl. Ringgren, Sprüche, S. 20; Meinhold, Sprüche Teil 1, S. 72; Delkurt, Einsichten, S. 38; Vanoni, Vater, S. 68; Schäfer, Poesie, S. 75; Fox, Proverbs, S. 142; Müller, Weisheit, S. 155. Neuerdings machte A. Böckler mit Bezug auf eine Deutung Raschis einen anderen Übersetzungsvorschlag von V. 12b: „aber wie ein Vater mit seinem Sohn wird er [sc. JHWH] sich versöhnen". Gegen diesen bedenkenswerten Vorschlag ist m. E. jedoch einzuwenden, dass in den „pädagogischen" Kontexten der kanonischen Weisheitsliteratur der „Vater" der „züchtigende" oder „erziehende", nicht aber der „versöhnende" ist (vgl. Prov 13,24; 22,15 und 23,13); in der von Böckler für ihre Argumentation mit herangezogenen Stelle Hiob 5,17 kommt der Vater nicht vor.

[337] Nach Delkurt, Einsichten, S. 41, ist die Aussage von Prov 3,11 f. die folgende: „Der Sohn wird aufgefordert, die mannigfachen Belehrungen, die ihm von Jahwe zuteil werden, mit Eifer zu befolgen und sich nicht von ihnen ermüden zu lassen." Diese Deutung ist insbesondere angesichts der Ermahnung, nicht zu *verachten* und keinen *Ekel zu empfinden*, wohl zu schwach. Kritisch gegen die Deutung Delkurts äußert sich auch Müller, Weisheit, S. 165 ff.

[338] Insofern ist Leid hier wohl nicht als Strafe Gottes zu deuten, so etwa Böckler, Züchtigung, S. 12. Unbefriedigend die Deutung von Branson, Art. מוסר/יסר, Sp. 695, dass die Liebe JHWHs den Gläubigen „zu bessern versucht".

[339] G. von Rad, Weisheit, S. 259.

[340] Der Bezug zu Dtn 8,5 wird häufiger vermerkt, siehe z. B. Wilson, Intent, S. 186; Delkurt, Einsichten, S. 41; Maier, Frau, S. 121, Anm. 67; Müller, Weisheit, S. 168 f. Im Folgenden der Wortlaut der beiden Verse:

Dtn 8,5 וידעת עם לבבך כי כַּאֲשֶׁר יְיַסֵּר אִישׁ אֶת בְּנוֹ יְהוָה אֱלֹהֶיךָ מְיַסְּרֶךָּ
Prov 3,11 f. מוסר יהוה בני אל תמאס ... וְכְאָב אֶת בֵּן יִרְצֶה

Es sei hier noch verwiesen auf die Studie von Overland, Proverbs 3,1–12. Er hat den Bezug des Abschnitts zu Dtn 6,4–9 untersucht und festgestellt, dass in diesem Abschnitt Dtn 6,4–9 ausgelegt wird. Für Prov 3,11 f. allerdings kann Overland keinen Bezug zu Dtn 6 nachweisen.

[341] Im Kontext von Dtn 8 sind es die Gebote (מצות) JHWHs (Dtn 8,2), im Kontext von Prov 3 sind es die Gebote (מצות) des Weisheitslehrers (Prov 3,1).

Im Hinblick auf den Kontext ist abschließend festzuhalten: Mit V. 11 f. zeigt der Lehrer seinem Schüler, dass das in V. 5 ff. geforderte Vertrauen zu JHWH nicht erschüttert werden sollte, auch wenn die Geschicke des Lebens unter eher negativem Vorzeichen stehen: Gerade dann handelt JHWH an ihm als der ihn liebende und ihn (im positiven Sinne) väterlich erziehende Gott.[342]

2.3.4. Prov 4,4.11: Die Unterweisung des Vaters und des Weisheitslehrers

Im Proverbienbuch wird nur in Prov 4,4 und in 4,11 der Vorgang weisheitlich-religiösen Lehrens und Lernens mit dem Verb ירה III hif. bezeichnet. Diese Stellen sind inhaltlich aufeinander bezogen und sollen hier zusammen behandelt werden. Prov 4,4 steht innerhalb der Lehrrede Prov 4,1–9:[343]

1   Hört, Söhne, väterliche Lehre
    und merkt auf, damit ihr erkennt, was Verständigkeit ist,
2   denn eine gute Überlieferung gebe ich euch (hiermit).
    Meine Weisung verlasst nicht.
3   Als ich ein Kind war meinem Vater,
    zart und einzig vor meiner Mutter,
4   da unterwies er mich und sagte mir:[344]
    ‚Es ergreife meine Worte dein Herz,
    bewahre meine Gebote, dann wirst du leben:
5   Erwirb Weisheit, erwirb Verständigkeit.
    Vergiss nicht, wende dich nicht ab von den Reden meines Mundes:
6   Verlass sie (sc. die Weisheit) nicht, so wird sie dich behüten,
    liebe sie, so wird sie dich bewahren.
7   Der Anfang der Weisheit:
    Erwirb Weisheit und mit deinem ganzen Besitz erwirb Verständigkeit.
8   Halte sie hoch, so wird sie dich erhöhen,
    sie wird dich ehren, wenn du sie umarmst.

---

[342] Vgl. auch die treffenden Bemerkungen von Fox, Proverbs, S. 153: „The author of Prov 3,11–12, unlike Elihu, is not rationalizing suffering; he is inculcating the right attitude toward it. One must accept suffering as an act of divine love, not repudiate it and rebel against one's condition. This verse reformulates the principle of relying on God rather than on one's intellectual resources (3:5)."

[343] Zu 4,4 bzw. 4,1–9 vgl. außer den Kommentaren insbesondere noch Brenner, Voice, S. 117 ff.; Baumann, Weisheitsgestalt, S. 239–242; Schäfer, Poesie, S. 104–110; Müller, Weisheit, S. 107–116.

[344] Nach der LXX haben Vater und Mutter den Sohn unterwiesen (οἳ ἔλεγον καὶ ἐδίδασκόν με). Der MT bietet in V. 4 jedoch die lectio difficilior, ein Eingriff in den Text ist nicht gerechtfertigt, so auch die Mehrheit der Exegetinnen und Exegeten. – Nur hingewiesen sei hier noch darauf, dass die LXX in V. 4–9 eine vom MT deutlich abweichende Fassung hat, so fehlen V. 5a und V. 7 (die Aufforderung zum Weisheitserwerb). Siehe dazu insbesondere Schäfer, Poesie, S. 105–110, und Müller, Weisheit, S. 109 f. (mit gegensätzlichen literarkritischen Urteilen).

2.3. Weisheit für das Leben: Religiöses Lehren und Lernen im Proverbienbuch

9 Sie wird geben deinem Haupt einen anmutigen Kranz[345]
   eine prächtige Krone wird sie dir schenken.'

Der im Proverbienbuch sprechende Weisheitslehrer[346] wendet sich nunmehr an eine unbestimmte Anzahl von Schülern („Söhne": בנים).[347] Er fordert diese auf, מוסר אב zu hören (V. 1a). Der Terminus מוסר kann hier wie in Prov 1,8 nur im Sinn einer Lehre, die man *hören* kann, verstanden werden.[348] Ungewöhnlich ist im Vergleich zu den Höraufrufen anderer Lehrreden, dass das Objekt nicht determiniert ist. Dies zeigt, dass der Weisheitslehrer hier nicht eine von ihm formulierte Lehre vortragen will, sondern eine überlieferte Lehre, die er „väterliche Lehre" (מוסר אב) nennt. Wie die Fortsetzung zeigt, trägt er Worte seines eigenen (leiblichen) Vaters vor. Insofern ist auffällig, dass er im Höraufruf nicht von einer „Lehre *meines* Vaters" spricht. Offenbar sollte der Akzent nicht auf der Autorität eines „speziellen" Vaters liegen, sondern auf der Autorität der Lehre.

Das Ziel des Hörens ist nach V. 1b die Erkenntnis von Verständigkeit (בינה). V. 2a begründet, warum die Schüler diese Erkenntnis erlangen können: Der Lehrer übergibt (נתתי)[349] ihnen mit der „väterlichen Lehre" eine „*gute* Überlieferung" (לקח טוב). In V. 2b ermahnt er die Schüler, „seine Weisung" (תורתי), also die von ihm selbst empfangene und nun zu übermittelnde Weisung,[350] nicht zu verlassen.

V. 3 und V. 4aα sind eine Art persönliche Einleitung des Weisheitslehrers zu dem Vortrag der „väterlichen Lehre". Er verortet sie in seinem eigenen Lebens-

---

[345] Siehe oben zu Prov 1,9.

[346] Es gibt keine klaren Belege dafür, dass in 4,1 der Sprecher wechselt. Insofern ist dem „interessanten Vorschlag" (Baumann, Weisheitsgestalt, S. 239, Anm. 773) von Brenner, Voice, S. 118, die Mutter sei hier Sprecherin („It is possibly a ‚mother' who is encouraging the ‚sons' to listen to their ‚father'"), wohl nicht zuzustimmen.

[347] Die Bedeutung dieses textkritisch nicht anfechtbaren Plurals wird kontrovers diskutiert: Nach Plöger, Sprüche, S. 46, ist „entweder lediglich eine Variation der üblichen singularischen Anrede beabsichtigt, oder es soll der Eindruck vermieden werden, als richte sich die Ermahnung des Lehrers immer nur an das Individuum"; Meinhold, Sprüche Teil 1, S. 90, vermutet, dass „der Grund für die Pluralform darin [liegt], daß eine über mehrere Generationen überlieferte und bewährte Lehre folgt"; nach Schäfer, Poesie, S. 104, geht aus der pluralischen Anrede hervor, dass der Dichter sich an mehrere Schüler wendet: „Als Sitz im Leben kommt deshalb für das Gedicht als Ganzes eher die Schule als die häusliche Erziehung durch den Vater in Betracht"; nach Fuhs, Kommentar, S. 92, hingegen geht es „nicht um Schulunterricht, sondern um elterliche Erziehung im Traditionszusammenhang der Generationen, was der Vater seinem Sohn, dessen Sohn, dessen Sohn... als lebenswichtig weitergibt. Vielleicht ist deshalb der Plural ‚Söhne' in der Anrede gewählt." M.E. handelt es sich um eine stilistische Variante, vgl. insbesondere Prov 5,1.7 (Wechsel der Anrede in *einem* Kontext!).

[348] Im Hinblick auf das Verb hören ist weder die Übersetzung von מוסר mit „Erziehung" angemessen, so Meinhold, Sprüche Teil 1, S. 89, noch die Übersetzung mit „Zucht", so Ringgren, Sprüche, S. 25; Plöger, Sprüche, S. 44; die Übersetzung mit „Mahnung", so die Einheitsübersetzung (in: Fuhs, Sprichwörter, S. 42), ist zu blass.

[349] Das hebräische Perfekt kann hier nur koinzident aufgefasst werden, in diesem Sinn übersetzt auch die Mehrheit der Exegetinnen und Exegeten, anders Plöger, Sprüche, S. 44.

[350] Vgl. auch Meinhold, Sprüche Teil 1, S. 90f.; Fox, Proverbs, S. 172.

96 *Kapitel 2: Religiöses Lehren und Lernen im Umfeld des Deuteronomiums*

lauf: Sie wurde ihm von seinem leiblichen Vater[351] mitgeteilt, als er noch in „zartem Alter" war, wie der Formulierung in V. 3b רך ויחיד לפני אמי („zart und einzig vor meiner Mutter") zu entnehmen ist.[352] Die Mutter spielt laut MT in Bezug auf diese Mitteilung anders als in Prov 1,8 ff. und 6,20 ff. keine aktive Rolle.[353]

Der genaue Wortlaut von V. 4aα lautet: וירני ויאמר לי („da unterwies er mich und sagte mir"). Aus dieser Formulierung geht hervor, dass ירה III hif. einen mündlichen Vorgang bezeichnet. Zudem zeigt das Nebeneinander beider Verben, dass ירה III hif. mehr als nur „Worte sagen" (אמר q.) meint. Um die Bedeutung von ירה III hif. hier noch genauer fassen zu können, ist kurz auf die in V. 4aβ–9 zitierte Rede des Vaters einzugehen. Sie ist wesentlich durch Imperative und Vetitive geprägt. Der Inhalt der Lehrrede (nach dem MT)[354] lässt sich wie folgt zusammenfassen: Der Sohn soll sich die väterlichen Gebote einprägen und sie halten, d. h. hier insbesondere, er soll ein lebenslanges Liebesverhältnis mit der Weisheit eingehen, da sie ihm nützen und Ansehen verschaffen wird. Damit ist deutlich, dass ירה III hif. hier vor allem „unterweisen" im Sinn von „zu einem bestimmten Handeln anweisen" meint.[355]

Der Weisheitslehrer *zitiert* die „väterliche Lehre". Er hat sie also – entsprechend dem väterlichen Gebot (V. 4aβ.5b)[356] – auswendig gelernt und gibt sie nun in der Erwartung weiter, dass seine Schüler sie auswendig lernen. Die „väterliche Lehre" bleibt damit keine Familienangelegenheit, sondern sie wird zu einem „Lehrtext".

Die Tätigkeit des Weisheitslehrers wird allerdings erst in der sich anschließenden Lehrrede Prov 4,10–19 explizit als „Unterweisen" (ירה III hif.) bezeichnet:[357]

---

[351] Vgl. Fox, Proverbs, S. 173: „The presence of the mother in this scene undermines the assumption that ‚father' means schoolmaster. The author depicts instruction in a family setting"; vgl. auch Schäfer, Poesie, S. 104 f.

[352] Nach Meinhold, Sprüche Teil 1, S. 91, geht aus V. 3b hervor, dass „das Kind im Säuglings- und Kleinstkindalter in der Obhut der Mutter war und freundlich und liebevoll erzogen wurde. Danach nahm es der Vater in seine strengere Erziehung", vgl. auch Plöger, Sprüche, S. 47, und Murphy, Proverbs, S. 27. Doch eine solche zeitliche Abfolge ergibt sich aus V. 3 gerade nicht.

[353] Anders hier der Text der LXX, siehe oben die Anmerkung zu V. 4a.

[354] Am Ergebnis in Bezug auf die Bedeutung von ירה III hif. würde sich nichts Wesentliches ändern, wenn man die Version der LXX V. 4–9 zugrunde legen würde, siehe dazu oben die Anmerkung zu V. 4.

[355] Mit „unterweisen" („to give instruction") übersetzt ירה III hif. die Mehrheit der Exegetinnen und Exegeten. Die Übersetzung mit „lehren" („teach") ist hier zu unspezifisch, so aber Ringgren, Sprüche, S. 25; die Einheitsübersetzung (in: Fuhs, Sprichwörter, S. 42); Murphy, Proverbs, S. 25.

[356] „Herz" in V. 4aβ meint wohl wie in Prov 3,3b das Gedächtnis; die Aufforderung in V. 5b, nicht zu vergessen bzw. sich nicht von den Reden abzuwenden, impliziert die Forderung, das Gesagte zu lernen und zu behalten.

[357] Vgl. zu Prov 4,11 bzw. zu der Lehrrede 4,10–19 außer den Kommentaren insbesondere

2.3. Weisheit für das Leben: Religiöses Lehren und Lernen im Proverbienbuch 97

10 Höre, mein Sohn, und nimm meine Rede an,
dann werden dir die Lebensjahre zahlreich sein.
11 Im Weg der Weisheit unterweise ich dich (hiermit),
ich lasse dich (hiermit) treten auf die Bahnen der Geradheit.
12 Wenn du (darauf) gehst, wird dein Schritt nicht beengt sein,
und wenn du läufst, wirst du nicht zu Fall kommen.
13 Halte fest an der Lehre, lass nicht ab,
bewahre sie, denn sie ist dein Leben.
14 Auf dem Pfad der Frevler gehe nicht
und beschreite nicht den Weg der Bösen.
15 Lass ihn (links) liegen, überquere ihn nicht,
weiche von ihm ab und geh weiter.
16 Denn sie (sc. die Bösen) schlafen nicht, wenn sie nicht böse handeln,
und es wird ihnen der Schlaf geraubt, wenn sie nicht zu Fall bringen.
17 Denn sie essen Brot des Frevels
und trinken Wein der Gewalttaten.
18 Aber der Pfad der Gerechten ist wie Lichtschein,
immer mehr leuchtend bis zum vollen Tag.
19 Der Weg der Frevler ist wie das Dunkel,
sie erkennen nicht, wodurch sie zu Fall kommen.

In Prov 4,10 setzt der Weisheitslehrer, kenntlich an dem Höraufruf, erneut zu einer Rede an. Nach der Aufforderung zum Hören folgt eine Aufforderung an den Schüler, die Rede des Lehrers anzunehmen (V. 10a), d. h. sie zu beherzigen. Die Beherzigung der Rede wird laut V. 10b eine lange Lebenszeit mit sich bringen.

In V. 11 fallen zunächst die beiden Perfektformen (הריתיך + הדרכתיך) auf. Ein Rückblick käme an dieser Stelle überraschend, da die Ausführungen in Bezug auf den „Weg der Weisheit" in keiner Weise abgeschlossen sind, wie die weiteren Lehrreden im Proverbienbuch zeigen. M. E. sind die Perfektformen besser als koinzident aufzufassen.[358] Demnach charakterisiert der Weisheitslehrer sein Vortragen der Lehrrede laut V. 11a als „Unterweisen" (ירה III hif.) im „Weg der Weisheit" (בדרך החכמה),[359] laut V. 11b als „Tretenlassen" (דרך hif.) auf die „Bahnen der Geradheit" (במעגלי ישר). Aus dieser bildhaften Redeweise geht hervor, dass

---

noch Baumann, Weisheitsgestalt, S. 243 f.; Schäfer, Poesie, S. 111–118; Müller, Weisheit, S. 25–34, und Gorges-Braunwarth, Frauenbilder, S. 354–358.

[358] Vgl. auch הודעתיך in Prov 22,19 „ich vermittle dir (hiermit) Erkenntnis", siehe unten z.St. Mehrheitlich werden die Verben in Prov 4,11 in der Vergangenheit übersetzt, so etwa Buber/Rosenzweig, Schriftwerke, S. 218; Wagner, Art. ירה III/מורה, Sp. 921; Meinhold, Sprüche Teil 1, S. 93; Murphy, Proverbs, S. 25; Fuhs, Kommentar, S. 95; Gorges-Braunwarth, Frauenbilder. S. 354. Präsentisch übersetzen noch Toy, Proverbs, S. 91; Gemser, Sprüche, S. 32; Ringgren, Sprüche, S. 25; Schäfer, Poesie, S. 111; Fox, Proverbs, S. 178; Müller, Weisheit, S. 24 ff.; futurisch übersetzt Whybray, Proverbs, S. 31.

[359] Die Unterweisung im „Weg der Weisheit" bezieht sich also nicht nur auf das in V. 10(11)–13 Gesagte, gegen Schäfer, Poesie, S. 122 f., und Müller, Weisheit, S. 25 f.

der Lehrer sein Reden nicht nur als Unterweisung *zum Thema* weisheitlicher Lebenspraxis versteht, vielmehr ist in seinen Augen die Entgegennahme der Unterweisung schon Teil der Ausübung dieser Lebenspraxis durch den Schüler.

In V. 12 zeigt der Lehrer, warum die Wege der Weisheit bzw. der Geradheit für den Schüler attraktiv sind: Geht oder läuft er auf diesen Wegen, so wird er dies frei und sicher tun können. V. 13a enthält die Aufforderung, an dem מוסר unablässig festzuhalten (V. 13a). Umstritten ist die Bedeutung des Nomens מוסר. Der Kontext unterstützt hier nicht die Übersetzung mit „Zucht"[360], die Übersetzung „Erziehung" ist wohl zu allgemein.[361] מוסר ist hier m. E. wie in Prov 4,1 als „Lehre" zu verstehen:[362] Der Schüler soll demnach die (nun gleich folgende) Lehre unablässig beherzigen. Die zu V. 13a parallel gehaltene Aufforderung in V. 13b lautet, „sie" zu bewahren (נצרה), denn „sie" ist das Leben des Schülers. Die Frage ist, worauf sich das Femininsuffix und das Personalpronomen היא beziehen. Ein Rückbezug auf die in V. 11a erwähnte Weisheit (הכמה)[363] ist nicht auszuschließen, wegen der relativ großen Entfernung zwischen den Versen aber eher unwahrscheinlich. Plausibel ist hier m. E. die Deutung von M. Fox. Er bezieht Suffix und Pronomen in V. 13b auf מוסר und weist darauf hin, dass in Sir 6,22 (MS A) *musar* ebenfalls als Femininum behandelt wird: „In these cases musar is equivalent to wisdom, and the feminine gender of hokmah is maintained in speaking about musar, though that word is formally masculine."[364] Worauf die „Lehre" zielt bzw. was „zu bewahren" ist, geht aus V. 14–19 hervor:[365] Der Schüler soll nicht auf dem Pfad der Frevler gehen (V. 14–17), denn nur der Weg der Gerechten hat Bestand (V. 18 f.).

Betrachtet man nun die beiden Aussagen zur „Unterweisung" (ירה III hif.) in den Lehrreden, so ergibt sich: Nach Prov 4,4 unterweist der Vater seinen Sohn, indem er ihm gebietet, seine Gebote zu befolgen und sich *Weisheit* zu erwerben. Nach Prov 4,11 unterweist der Weisheitslehrer seinen Schüler *im Weg der Weisheit*, indem er ihm gebietet, seine Rede anzunehmen und sich vom Weg der Frevler fernzuhalten.[366] Die Unterweisung des Lehrers erscheint also als (gebotene)

---

[360] So aber Ringgren, Sprüche, S. 25; Plöger, Sprüche, S. 44; Meinhold, Sprüche Teil 1, S. 93; die Einheitsübersetzung (in: Fuhs, Sprichwörter, S. 45); Fox, Proverbs, S. 179 („discipline"); Müller, Weisheit, S. 24.

[361] So aber Baumann, Weisheitsgestalt, S. 243; Schäfer, Poesie, S. 111; Gorges-Braunwarth, Frauenbilder, S. 354.

[362] Mit „instruction" übersetzen Toy, Proverbs, S. 91; Whybray, Proverbs, S. 31, und Murphy, Proverbs, S. 25.

[363] So Meinhold, Sprüche Teil 1, S. 95; Baumann, Weisheitsgestalt, S. 243; Fuhs, Kommentar, S. 96; skeptisch auch Schäfer, Poesie, S. 114.

[364] Fox, Proverbs, S. 180. Möglich ist wohl auch der Vorschlag von Schäfer, Poesie, S. 113: Er bezieht die Pronomina „auf die als Abstraktum aufgefasste Aussage von V. 13a".

[365] V. 10–13 sind einleitende Verse, V. 14–19 enthalten die Lehre, so auch schon Kayatz, Studien, S. 49; Whybray, Composition, S. 21.

[366] Vgl. hierzu auch noch Prov 13,14a: „Weisung eines Weisen (תורת חכם) ist Quelle des Lebens."

Fortsetzung der väterlichen Unterweisung. Der enge Zusammenhang der beiden Unterweisungen wird auch durch einen weiteren semantischen Bezug unterstrichen: Die väterliche Unterweisung sowie seine eigene Unterweisung bezeichnet der Weisheitslehrer in Prov 4,1 und in 4,13 mit dem Nomen מוסר („Lehre").

2.3.5. Prov 5,13: Nicht hörte ich auf die Stimme meiner Lehrer

In Prov 5,13 erwähnt der Schüler in einer fiktiven Rede seine „Unterweiser" (מורים) bzw. „Lehrer" (מלמדים).[367] Der Vers ist Teil der Lehrrede Prov 5,1–23, die um das Thema Warnung vor der „fremden Frau" kreist. Übersetzt werden soll hier der Abschnitt V. 7–14:

> 7   Und nun Söhne,[368] hört auf mich
>   und weicht nicht von den Worten meines Mundes:
> 8   Halte fern von ihr (sc. der fremden Frau) deinen Weg
>   und nähere dich nicht dem Eingang ihres Hauses,
> 9   damit du nicht geben musst anderen deine Pracht
>   und deine Jahre einem Grausamen,
> 10 damit sich nicht sättigen Fremde an deiner Kraft
>   und an deinem schwer Erarbeiteten im Haus eines Auswärtigen,
> 11 und du (dann) stöhnst an deinem Ende,
>   wenn sich erschöpft haben dein Leib und dein Fleisch,
> 12 und sagst: ‚Ach, gehasst habe ich Zucht
>   und Zurechtweisung verschmähte mein Herz,
> 13 so dass ich nicht hörte auf die Stimme meiner Unterweiser
>   und meinen Lehrern nicht zuneigte mein Ohr.[369]
> 14 Beinahe wäre ich hineingeraten in alles Übel,
>   inmitten von Versammlung und Gemeinde.'

Der Abschnitt beginnt mit einem Höraufruf des Weisheitslehrers an die Schüler (V. 7). Es folgt die Anweisung, sich von der schon im ersten Abschnitt der Lehrrede (V. 1–6) erwähnten fremden Frau fernzuhalten (V. 8). Ab V. 9 erläutert der Lehrer den Sinn seiner Anweisung, indem er auf die potentiellen Folgen eingeht, die den Schüler treffen würden, wenn er sich von der fremden Frau verführen ließe (der Schüler kann also nicht mehr ganz jung sein). In diesem Kontext „zitiert" der Weisheitslehrer auch eine Rede des sich am „Ende" (V. 11a) befindenden verführten Schülers (V. 12–14).

---

[367] Vgl. zu Prov 5,13 bzw. zu 5,7–14 außer den Kommentaren insbesondere noch Maier, Frau, S. 120–122; Schäfer, Poesie, S. 135–143; Müller, Weisheit, S. 88–96.

[368] Die LXX und die Vg. haben hier den Singular, konsequent steht auch das Verb in V. 7b im Singular. Mit der Mehrheit der Exegetinnen und Exegeten ist der MT mit Blick auf Prov 4,1; 7,24 und 8,32 jedoch zu belassen.

[369] Die LXX hat die Partizipien im Singular (παιδεύοντος und διδάσκοντος), als „Lehrer" galt vermutlich nur der fiktiv redende Weisheitslehrer. Der Konsonantenbestand im MT ist als Plural punktiert, auch die Vg. hat den Plural. Beide Möglichkeiten machen hier Sinn.

100 *Kapitel 2: Religiöses Lehren und Lernen im Umfeld des Deuteronomiums*

Der Schüler würde in dieser Situation seine Ablehnung von „Zucht" (מוסר)[370] und „Zurechtweisung" (תוכחת) bereuen (V. 12). A. MEINHOLD nimmt an, dass מוסר und תוכחת „den Inhalt dessen [bilden], was die Unterweisenden und die Lehrer (V. 13) verlautet haben."[371] Doch die Verben „hassen" und „verschmähen" weisen vor allem auf unbequeme erzieherische Maßnahmen hin, im Kontext der mündlichen Unterweisung also wohl insbesondere auf Ermahnungen, Warnungen oder Tadel.[372]

Die Folge[373] der in V. 12 beschriebenen Haltung ergibt sich aus V. 13: Der erste Halbvers (V. 13a) lautet, dass der Schüler nicht auf die Stimme seiner „Unterweiser" (מורים) hörte. Der zweite Halbvers (V. 13b) schließt sich in chiastischer Wortstellung an und zeigt so die enge Zusammengehörigkeit des Satzpaares an: Seinen „Lehrern" (מלמדים) neigte er sein Ohr nicht zu.

Das כמעט („beinahe") zu Beginn von V. 14 signalisiert, dass der bereuende verführte Schüler sich selbst noch nicht ganz am „Ende" sieht und noch Hoffnung hat:[374] Nur „beinahe" hätte er sich vollständig in das Übel verstrickt. Noch könnte er also – mit Blick auf V. 12f. – beginnen, Zucht und Zurechtweisung anzunehmen und auf seine „Unterweiser" und „Lehrer" zu hören.

Wer sind nun die in V. 13 genannten „Unterweiser" und „Lehrer"? Betrachtet man den Kontext, dann ist auf jeden Fall der Weisheitslehrer gemeint.[375] Doch damit ist der Plural im MT[376] nicht erklärt. Naheliegend ist die Annahme, dass mehrere Weisheitslehrer gemeint sind; ein Blick in den weiteren Kontext zeigt zudem, dass sicher auch die Eltern (Vater und Mutter)[377] zu den „Unterweisern" und „Lehrern" zu zählen sind. Die gelegentlich geäußerte Vermutung, dass hier auf Lehrer an „Schulen" angespielt sein könnte,[378] hat im Kontext keinen Anhalt.

---

[370] Mit „Zucht" übersetzt die Mehrheit der Exegetinnen und Exegeten, vgl. Plöger, Sprüche, S. 28; Meinhold, Sprüche Teil 1, S. 100; Maier, Frau, S. 111; Murphy, Proverbs, S. 30 („discipline"); Fox, Proverbs, S. 189; Müller, Weisheit, S. 89; die Einheitsübersetzung (in: Fuhs, Sprichwörter, S. 50). Anders Toy, Proverbs, S. 107 („instruction"); Schäfer, Poesie, S. 126 („Erziehung").

[371] So Meinhold, Sprüche Teil 1, S. 104.

[372] Siehe auch zu hartem Erziehungsmaßnahmen im alten Ägypten Brunner, Erziehung, S. 56ff.

[373] Die meisten Exegeten übersetzen das *waw* (ו) lediglich mit „und", vgl. Meinhold, Sprüche Teil 1, S. 100; Maier, Frau, S. 111; Müller, Weisheit, S. 89, oder übersetzen es nicht, vgl. Murphy, Proverbs, S. 30. Buber/Rosenzweig, Schriftwerke, S. 220, übersetzen mit „dass".

[374] Die Spannung zwischen der Selbsteinschätzung in V. 14 und in der in V. 11 geäußerten Einschätzung des Lehrers ist nicht ausgleichbar. Möglicherweise ist V. 14 ein kommentierender Zusatz eines späteren Lesers, vgl. zur Problematik vor allem Schäfer, Poesie, S. 140–143; Müller, Weisheit, S. 95f.

[375] Der Schüler weigerte sich nach V. 13 zu *hören* und *sein Ohr zu neigen* – eben dazu forderte der Lehrer in V. 1b („neige dein Ohr!") und V. 7a („hört!") auf, vgl. auch Müller, Weisheit, S. 94.

[376] Die LXX hat hier den Singular, s. o. die Anmerkung zu V. 13.

[377] Vgl. auch Maier, Frau, S. 122.

[378] Vgl. Toy, Proverbs, S. 110: „The *teachers* are wise men, fathers of families and heads of

2.3. Weisheit für das Leben: Religiöses Lehren und Lernen im Proverbienbuch

Einzugehen ist nun kurz auf die beiden Begriffe „Unterweiser" (מורה) und „Lehrer" (מלמד). Die Verwendung des Lexems ירה erstaunt nicht, ausdrücklich wird in Prov 1–9 die Tätigkeit des Vaters (Prov 4,4) und des Weisheitslehrers (Prov 4,11) als „unterweisen" charakterisiert, die Lehre der Mutter wird als „Weisung" (תורה) bezeichnet (Prov 1,8; 6,20). Das Lexem למד spielt in Prov 1–9 hingegen keine weitere Rolle. Sein Vorkommen in Prov 5,13 erklärt sich, da im Zuge des poetisch „geforderten" Parallelismus ein Synonym zu מורה gefunden werden musste – die Wahl von מלמד (einem substantivierten Partizip von למד pi.) lag hier nahe.

Abschließend sei noch eine Bemerkung hinsichtlich des „Lernerfolgs" gemacht: Die Lehrrede thematisiert in V. 9–14 das mögliche Scheitern der weisheitlichen Unterweisung. Der Schüler scheitert, wenn er nicht nach ihr handelt. Die Unterweisung zielt also *letztlich* nicht auf Wissen, sondern auf weisheitsgemäßes Handeln.

2.3.6. Prov 8,10: Die Weisheit als Lehrerin

In Prov 1–9 finden sich auch zwei Passagen, die „öffentliche" Reden der personifizierten Weisheit enthalten (Prov 1,20–33 und 8,1–34). Die Weisheit spielt in gewisser Weise auch die Rolle einer „Lehrerin". Um diese Rolle genauer beschreiben zu können, soll eine Aussage in der zweiten, nach einer Einleitung des Weisheitslehrers in Prov 8,4 beginnenden Rede der Weisheit näher analysiert werden, nämlich V. 10:[379]

    4   Zu euch, (ihr) Männer, rufe ich
         und meine Stimme (ergeht) an die Menschenkinder.
    5   Versteht, Einfältige, was Klugheit ist,
         und (ihr) Toren, versteht, was Herz(sinn) ist.
    6   Hört, denn Vortreffliches[380] rede ich
         und beim Auftun meiner Lippen ist Geradheit,
    7   denn Wahrheit murmelt mein Gaumen
         und Greuel (ist) meinen Lippen Frevel.
    8   In Gerechtigkeit (ergehen) alle Reden meines Mundes,
         nichts (ist) an ihnen gewunden und krumm,

---

schools. Here, as elsewhere in the book, it seems to be assumed that more or less organized schemes of moral instruction for young men existed – incipient universities such as appear in the second century B.C." Nach Meinhold, Sprüche Teil 1, S. 104, ist mit V. 13 die Einrichtung von Schulen im alten Israel „weder belegt noch ausgeschlossen", vgl. auch Fox, Proverbs, S. 198.

[379] Siehe zu Prov 8,10 bzw. zu Prov 8,1–11 außer den Kommentaren insbesondere noch Kayatz, Studien, S. 76 ff.; Lang, Frau Weisheit, S. 62–66; Gilbert, Sagesse; Baumann, Weisheitsgestalt, S. 68–83; Schäfer, Poesie, S. 208–218; Müller, Weisheit, S. 214–218; Gorges-Braunwarth, Frauenbilder, S. 251–267.

[380] Der Plural נגידים ist abstrakt zu verstehen, vgl. dazu Joüon/Muraoka, Grammer § 136g; Meinhold, Sprüche, S. 138; Müller, Poesie, S. 215, Anm. 1.

> 9 alle (sind) recht für den Verständigen
> und gerade für die, die Erkenntnis finden.
> 10 Nehmt an meine Lehre[381] und nicht Silber
> und Erkenntnis lieber als erlesenes Gold,
> 11 denn besser (ist) Weisheit als Korallen
> und alle Kostbarkeiten kommen ihr nicht gleich.

Aus V. 4 f. geht hervor, an wen sich die Weisheit wendet: an alle Menschen (בני אדם, אנשים),[382] insbesondere jedoch an die Unerfahrenen (פתאים) und die Toren (כסילים). In V. 6–9 fordert die Weisheit die Angeredeten zum Hören auf und legt dar, warum sich das Hören lohnt.

Dem Aufruf, ihre Reden zu hören, folgt in V. 10 der Aufruf, ihren מוסר statt Silber anzunehmen (V. 10a). Silber steht hier für materielle Güter bzw. Reichtümer (ebenso wie im Folgenden „Gold", „Korallen" und „Kostbarkeiten"). Zu diskutieren ist nun die Bedeutung von מוסר. Dafür ist der das Nomen aufgreifende V. 33a mit heranzuziehen:[383] Hier fordert die Weisheit am Ende ihrer Rede auf, מוסר zu hören und weise zu werden. Insbesondere das Verb „hören" (V. 33a) macht in diesem Fall die in der Literatur zu findenden Übersetzungen von מוסר mit „Bildung"[384] bzw. „Erziehung"[385] oder mit „Zucht"[386] eher unwahrscheinlich, zu übersetzen ist מוסר also besser mit „Lehre".[387]

Der zweite Halbvers V. 10b schließt syntaktisch an V. 10a an; im Parallelismus wird dem Nomen מוסר das Nomen דעת („Erkenntnis") zugeordnet. Der Vers ist wohl so zu verstehen, dass man, wird die „Lehre" der Weisheit angenommen, quasi automatisch auch weisheitliche Erkenntnis gewinnt.[388]

Was ist nun der Inhalt der „Lehre"? Es ist bemerkenswert, dass diese Frage in der zitierten Rede der Weisheit nicht beantwortet wird. In den beiden Abschnitten V. 12–21 und 22–31 spricht sie über ihre segensreiche Wirksamkeit und ihr

---

[381] Die LXX, die Peschitta und das Targum haben kein Pronomen, wohl aber die Vg. sowie Aquila und Symmachus. Toy, Proverbs, S. 163 f.; Whybray, Proverbs, S. 47; Ringgren, Sprüche, S. 38, und Fox, Proverbs, S. 263, ändern den MT. Doch מוסרי ist im Hinblick auf das ohne Suffix stehende Nomen דעת lectio difficilior und zu belassen, in diesem Sinn auch die Mehrheit der Exegetinnen und Exegeten.

[382] Vgl. hierzu auch die Aussage in Koh 12,9: Je nachdem, wie man den Vers übersetzt, vermittelte (למד pi.) demnach Kohelet Bildung (דעת) an einfache Leute oder hielt öffentliche Lehrvorträge, vgl. Lohfink, Kohelet, S. 85.

[383] Auf diesen Bezug weisen auch Gilbert, Sagesse, S. 216; Schäfer, Poesie, S. 224, und Müller, Weisheit, S. 219, hin.

[384] So die Einheitsübersetzung (in: Fuhs, Sprichwörter, S. 63).

[385] So Baumann, Weisheitsgestalt, S. 73; Gorges-Braunwarth, Frauenbilder, S. 252.

[386] So Gemser, Sprüche, S. 44; Ringgren, Sprüche, S. 38; Meinhold, Sprüche Teil 1, S. 133. Vgl. auch Plöger, Sprüche, S. 85, („Zurechtweisung"), und Fox, Proverbs, S. 263 („correction"). Gegen diese Übersetzungen spricht m. E. auch, dass sie die Botschaft bzw. das Wirken der Weisheit zu einseitig charakterisieren.

[387] Mit „Lehre" übersetzen auch Lang, Frau Weisheit, S. 57 f.; Schäfer, Poesie, S. 202, und Müller, Weisheit, S. 215; Murphy, Proverbs, S. 46, übersetzt mit „instruction".

[388] Vgl. Prov 4,1.

Verhältnis zu JHWH, in V. 32–36 folgen abschließend Höraufrufe und Makarismen.[389] Die Weisheit *erscheint* also in der Rolle einer Lehrerin,[390] doch sie „lehrt" nicht in dem Sinn, dass sie *konkrete Unterweisungen* in Bezug auf die rechte Lebensweise gibt – dies gilt auch für die erste Rede Prov 1,20–33 und für die sog. Bankett-Szene in Prov 9,1–6.[391] In der Buchperspektive sind für die konkreten Unterweisungen Eltern und Weisheitslehrer zuständig. Die Aufrufe der Weisheit zur Annahme und zum Hören ihrer „Lehre" in der zitierten Rede erfüllen also eine *rhetorische* Funktion: Sie wiederholen und verstärken die angeführten Aufrufe des Weisheitslehrers, seine „Lehren" und die der Eltern[392] zu hören und zu beherzigen.[393]

2.3.7. Prov 9,7–9: Der unbelehrbare Hochmütige und der lernwillige Weise

Prov 9 ist als eine Art „Triptychon" komponiert:[394] Zwischen den beiden konkurrierenden Mahl-Einladungen von Frau Weisheit (Prov 9,1–6) und Frau Torheit (Prov 9,13–18) steht als Mittelteil Prov 9,7–12. In synchroner Hinsicht ist als Sprecherin dieser Verse Frau Weisheit zu bestimmen.[395] Für das Thema Lehren und Lernen sind hier insbesondere die Aussagen von V. 7–9 wichtig:[396]

> 7 Wer einen Hochmütigen (mit Worten) züchtigt, handelt sich Schmach ein,

---

[389] Vgl. auch Müller, Weisheit, S. 218: „Die Rede [Prov 8] zielt vielmehr auf Allgemeines. Sie belehrt keinen Schüler, sondern stellt eine philosophische Reflexion auf das Wesen dessen dar, was die traditionelle israelitische Weisheit mit חכמה bezeichnete."

[390] Vgl. auch Prov 1,23: Demnach will die Weisheit ihre Worte zur Kenntnis bringen (ידע hif.). Auf die Rolle der Weisheit als Lehrerin weisen z.B. auch Kayatz, Studien, S. 76; Lang, Frau Weisheit, S. 41–43.62–66; Gilbert, Sagesse, S. 217f., und Whybray, Composition, S. 11f.38.42, hin.

[391] Nach Maier, Frau, S. 261, tritt die Weisheitsgestalt in 1,20–33 und 8,1–36 als Redende, in 9,1–6 als Lehrerin auf. Diese Unterscheidung ist künstlich.

[392] Vgl. insbesondere Prov 1,8; 4,1.13 (מוסר).

[393] Vgl. auch die Überlegungen von Müller, Weisheit, S. 212, zu der Gestalt der Weisheit in Prov 1,20–33: „Prov 1,20–33 entwirft die personifizierte Weisheit als komplexe Person, der eine Mehrzahl von Rollen eignet. [...] Der Sinn dieser Rollenokkupation scheint mir am ehesten folgender: Durch sie wird die Bedeutung der weisheitlichen Lehre ungeheuer gesteigert. Hinter dem, was der Lehrer dem Schüler sagt, steht diese mächtige Gestalt, die Jhwh an Macht nichts nachgibt. Damit wird die rhetorische Überhöhung der ‚Weisheit' durch ihre literarische Personifizierung von dem gleichen Anliegen motiviert, das wir in der Grundschicht von Prov 2 gefunden hatten: Hinter der Unterweisung des Lehrers eine Größe aufscheinen zu lassen, die das Leben des Schülers zum Guten wenden kann: die Weisheit."

[394] So Fuhs, Kommentar, S. 162f.

[395] So Ringgren, Sprüche, S. 43; Whybray, Composition, S. 46; Fox, Who can learn?, S. 64; Schäfer, Poesie, S. 242.

[396] Zu Prov 9,7–9 bzw. 7–12 siehe außer den Kommentaren insbesondere noch Maier, Frau, S. 217–219; Fox, Who can learn?; Schäfer, Poesie, S. 239–250; Müller, Weisheit, S. 263–266. Zu der von Prov 9,7–9 MT etwas abweichenden Fassung der LXX siehe insbesondere Cook, Metaphor, S. 469ff.

und wer einen Frevler zurechtweist, eigenen Schaden.
8 Weise nicht einen Hochmütigen zurecht, damit er dich nicht hasst,
weise einen Weisen zurecht und er wird dich lieben.
9 Gib (weisheitliche Lehre) einem Weisen und er wird noch weiser,
bringe (sie) zur Kenntnis einem Gerechten und er wird Überlieferung vermehren.

V. 7 ist ein Aussagespruch.[397] Die parallele Verwendung von יסר q. („züchtigen")[398] und יכח hif. („zurechtweisen") in diesem Vers weist darauf hin, dass es in beiden Fällen um eine verbale Intervention einer Person geht. V. 7 warnt vor einer solchen Intervention am ungeeigneten Objekt – am „Hochmütigen" (לץ) und am „Frevler" (רשע). In der gewarnten Person ist wohl ein Weiser zu sehen, der züchtigen und zurechtweisen könnte.[399] Dazu passt auch V. 8 f.:

Die nun von der Frau Weisheit direkt angeredete Person wird zum einen aufgefordert, in ihrem eigenen Interesse keinen Hochmütigen, sondern nur einen Weisen zurechtzuweisen (V. 8). Sie wird zum zweiten aufgefordert, einem Weisen zu „geben" (נתן q.) und einem Gerechten zur Kenntnis zu bringen (ידע hif.) – zu ergänzen ist jeweils ein Objekt, wobei nur „weisheitliche Lehre"[400] in Frage kommt. Damit ist deutlich, dass die angeredete Person nur ein Weiser sein kann.[401] Der Weise soll also nach dem Spruch von Frau Weisheit nur *bestimmte Gruppen von Menschen* gezielt „belehren" bzw. „erziehen".

Unter Heranziehung weiterer Aussagen in Prov 1–9 lässt sich bezüglich der zu belehrenden Gruppen zusammenfassend festhalten:[402] Der Weise soll vor allem anderen Weisen und Gerechten weisheitliches Wissen zukommen lassen,[403] weisheitliche Belehrung sollen Jünglinge und Einfältige erfahren (Prov 1,4; 9,4), bezüglich der Toren sind die Aussagen uneinheitlich (Prov 1,22;

---

[397] Zur Terminologie vgl. Westermann, Wurzeln, S. 15 ff.

[398] Mit „züchtigen" übersetzen noch Müller, Weisheit, S. 252. Möglich ist auch die Übersetzung „tadeln", so Maier, Frau, S. 215; die Einheitsübersetzung (in: Fuhs, Sprichwörter, S. 72), möglich ebenfalls „zurechtweisen" („correct"), so Whybray, Proverbs, S. 53; Ringgren, Sprüche, S. 42; Plöger, Sprüche, S. 99; Murphy, Proverbs, S. 56. Die Übersetzung von יסר mit „unterweisen", so Meinhold, Sprüche Teil 1, S. 149, oder mit „erziehen", so Schäfer, Weisheit, S. 233, ist im Hinblick auf den Parallelbegriff יכח hif. nicht treffend.

[399] Vgl. Prov. 5,12 (2.3.5.): Der beinahe „gefallene" Schüler hat seinerzeit „Zucht" und „Zurechtweisung" seiner Weisheitslehrer gehasst.

[400] Möglich ist auch als Ergänzung „Belehrung", so Müller, Weisheit, S. 252, oder „Wissen", so Fuhs, Kommentar, S. 163. Meinhold, Sprüche Teil 1, S. 149, ergänzt in V. 9a „Zurechtweisung", aber dies passt nicht zu der Aussage von V. 9b.

[401] Darauf, dass der Angeredete hier kein Schüler sein kann, weist auch Maier, Frau, S. 218, hin. Sie bestimmt ihn als den Sprecher bzw. als die Sprecherin der Reden in Prov 1–9.

[402] Erwähnt werden in Prov 1–9 natürlich noch weitere Gruppen außer den im Folgenden angeführten, vgl. dazu Baumann, Weisheitsgestalt, S. 75–78; Gorges-Braunwarth, Frauenbilder, S. 363.

[403] Vgl. auch Prov 1,5.

8,5).[404] In Bezug auf die Hochmütigen und Frevler wird der Weise jedoch ausdrücklich aufgefordert, jeden Versuch weisheitlicher Bildung und Erziehung zu unterlassen, da Hochmütige und Frevler als unbelehrbar gelten. „Some people are beyond redemption."[405]

2.3.8. Prov 22,17–21: Eröffnung des „heutigen" Unterrichts durch einen Weisheitslehrer

Prov 22,17–24,22 ist ein eigenständiger Teil im Proverbienbuch, auch wenn er – im Gegensatz zu den anderen sechs Teilen – nach dem MT keine eigene Überschrift besitzt (wohl aber nach der LXX: Λόγοι σοφῶν). Der Sprecher ist wieder ein Weisheitslehrer, der zu seinem Schüler redet. Aufschlussreich für das Thema Lehren und Lernen ist der den Teil einleitende Prolog Prov 22,17–21:[406]

17 Neige dein Ohr und höre Worte von Weisen[407]
und dein Herz sollst du richten auf meine Erkenntnis,
18 denn angenehm (ist es), wenn du sie (sc. die Worte) in deinem Bauch verwahrst,
(wenn) sie Bestand haben zusammen auf deinen Lippen.
19 Dass sein soll auf JHWH dein Vertrauen,
bringe ich dir (hiermit) heute zur Kenntnis, ja dir.[408]
20 Habe ich dir nicht <dreißig> (Sprüche)[409] aufgeschrieben[410]
an Ratschlägen und Erkenntnis,

---

[404] Man wird angesichts von Prov 8,5 nicht sagen können, dass Toren als nicht lernfähig gelten, gegen Harris, Introduction, S. 221, Anm. 28; Gorges-Braunwarth, Frauenbilder, S. 362. Vgl. auch Fox, Who can learn?, S. 68.

[405] Fox, Who can learn?, S. 67.

[406] Vgl. zu Prov 22,17–21 außer den Kommentaren insbesondere noch Cody, Notes; Römheld, Weisheit, S. 18–27; Bühlmann, Rede, S. 146–154; Westermann, Wurzeln, S. 102 f.; Whybray, Composition, S. 132–141; Maire, Enseignement, und Emerton, Amenemope.

[407] Die LXX unterscheidet sich in Bezug auf die V. 17–21 an vielen Stellen vom MT (freie Übersetzung des MT? Übersetzung einer vom MT abweichenden Vorlage?). V. 17 f. lauten: Λόγοις σοφῶν παράβαλλε σὸν οὖς καὶ ἄκουε ἐμὸν λόγον, τὴν δὲ σὴν καρδίαν ἐπίστησον, ἵνα γνῷς ὅτι καλοί εἰσιν καὶ ἐὰν ἐμβάλῃς αὐτοὺς εἰς τὴν καρδίαν σου... Angesichts dieses Befundes ist die punktuelle Änderung des MT in V. 17a von „Worte von Weisen" in „meine Worte" nicht angezeigt, anders aber die Mehrzahl der Exegetinnen und Exegeten.

[408] Die LXX hat statt אף אתה: τὴν ὁδὸν αὐτοῦ/σου. Damit wird das Problem des fehlenden Akkusativobjektes im Vers gelöst. Nach der LXX übersetzen z.B. Ringgren, Sprüche, S. 87; Römheld, Weisheit, S. 18; die Einheitsübersetzung (in: Fuhs, Sprichwörter, S. 144). Doch die Lesart des MT ist gut bezeugt. Man könnte bei der Übersetzung des MT (mit Blick auf Prov 9,9) als Objekt „Worte" ergänzen (so Whybray, Proverbs, S. 126; Plöger, Sprüche, S. 258; Murphy, Proverbs, S. 168). Näherliegend ist m.E. jedoch, die Objekt-Funktion dem Infinitivsatz (V. 19a) zuzuschreiben, vgl. auch Ps 90,12; so auch die Übersetzung von Buber/Rosenzweig, Schriftwerke, S. 253.

[409] Überwiegend wird der Konsonantentext des MT שלשום als שלשים gelesen, dies mit Blick auf die Lehre des Amenemope, die dreißig Kapitel hat (vgl. Amen 27,7); zur Begründung dieser Lesart jüngst noch einmal ausführlich Emerton, Amenemope. Ketib hat „vorgestern" (שלשום), Qere „Elitekämpfer" (שלישים, in übertragenem Sinn: „Kernsprüche"), die LXX hat „dreimal"

106 *Kapitel 2: Religiöses Lehren und Lernen im Umfeld des Deuteronomiums*

21 um dir zur Kenntnis zu bringen Wahrheit, (nämlich) Reden der Zuverlässigkeit,
dass du zurückbringen kannst zuverlässige Reden[411] denen, die dich sandten?[412]

Der Prolog beginnt mit Aufforderungen des Weisheitslehrers. Der Schüler soll „Worten von Weisen" (דברי חכמים) sein Ohr leihen und er soll sein Herz auf die vom Weisheitslehrer vermittelte „Erkenntnis" (דעת) richten. Zu beachten ist die Formulierung „Worte von Weisen": Dies bedeutet, dass die dem Prolog folgenden Worte nicht nur „Worte" des Weisheitslehrers sind, sondern auch aus anderen Quellen gespeist werden.[413] Man könnte hier einen Hinweis auf die bekannten Anleihen aus der möglicherweise über eine kanaanäische Zwischenstufe vermittelte ägyptische Lehre des Amenemope sehen.

V. 18 begründet das Vorhergehende: Laut V. 18a ist es „angenehm" (נעים) für den Schüler, wenn die Worte im „Bauch" (בטן) verwahrt sind. Der „Bauch" steht in der Hebräischen Bibel sonst nicht für Gedächtnis, die Formulierung erklärt sich hier wohl durch die Anspielung auf Amen 3,13, wo von der dauerhaften Aufbewahrung der Lehre im „Kasten des Leibes" die Rede ist.[414] Laut V. 18b ist es „angenehm" für den Schüler, wenn die aufbewahrten Worte „zusammen Bestand haben auf deinen Lippen". Damit ist wohl gemeint, dass der Schüler Freude daran haben wird, die gesamte Lehre für sich und für andere zu rezitieren.

V. 19a benennt den religiösen Kern der aktuellen weisheitlichen Belehrung:[415] Es geht um Vertrauen zu JHWH. Der Schüler soll im Zuge der Belehrung lernen,

---

(τρισσῶς). Im Sinn des Ketib interpretieren m. W. nur Richter, Recht, S. 37, und Whybray, Composition, S. 133 f.; als Eigenname („Shalishôm") deutet das Wort Maire, Enseignement, S. 236 ff., doch ein solcher Name ist sonst nicht bezeugt.

[410] Nach der LXX schreibt interessanterweise der Schüler: καὶ σὺ δὲ ἀπόγραψαι αὐτὰ σεαυτῷ τρισσῶς. Im Kontext der Fassung des MT macht das Schreiben des Lehrers mehr Sinn, so auch durchweg die Exegetinnen und Exegeten.

[411] Hebräisch: אמרים אמת, wörtlich: Worte, (welche) Zuverlässigkeit (sind), vgl. Gesenius, Grammatik § 131c; König, Lehrgebäude, § 306bα. Das Nomen אמת ist nicht als Adverb („zuverlässig" oder „getreulich") zu übersetzen, so aber Ringgren, Sprüche, S. 87; Römheld, Weisheit, S. 18; Meinhold, Sprüche Teil 2, S. 375; Fuhs, Kommentar, S. 315; anders auch Whybray, Proverbs, S. 126; Murphy, Proverbs, S. 168.

[412] Die LXX hat hier: τοῖς προβαλλομένοις σοι („die dich fragen"), so übersetzt gegen die Mehrheit Westermann, Wurzeln, S. 102. Der MT שלחיך ist m. E. auf jeden Fall als Plural zu deuten, denn es wäre keine Schwierigkeit gewesen, singularisch zu formulieren (שלחך), vgl. auch Buber/Rosenzweig, Schriftwerke, S. 252; Gemser, Sprüche, S. 84; Plöger, Sprüche, S. 258; anders Gesenius, Grammatik § 124k; Bühlmann, Reden, S. 149; Meinhold, Sprüche Teil 2, S. 375; Murphy, Proverbs, S. 168; die Einheitsübersetzung (in: Fuhs, Sprichwörter, S. 144).

[413] In diesem Sinn auch Fuhs, Kommentar, S. 322. Vgl. dazu noch Prov 4,1.

[414] Vgl. auch Römheld, Weisheit, S. 18.20; Murphy, Proverbs, S. 170. Die LXX hat hier treffend καρδία, dies kann „Herz" (das in der Hebräischen Bibel häufig für „Gedächtnis" steht) und „Magen" bedeuten.

[415] Vgl. auch die Übersetzung von Buber/Rosenzweig, Schriftwerke, S. 253. Die meisten Exegetinnen und Exegeten schließen den Infinitiv final an ידע hif. an, vgl. Ringgren, Sprüche, S. 87; Meinhold, Sprüche Teil 2, S. 374; die Einheitsübersetzung (in: Fuhs, Sprichwörter,

sein Vertrauen ganz auf JHWH zu setzen.[416] In V. 19b wird die Belehrung des Lehrers mit ידע hif. bezeichnet.[417] Das Verb steht im Perfekt (הודעתיך). Die hebräische Perfektform ist hier am besten als koinzident aufzufassen:[418] Die Belehrung „heute" wird gerade eingeleitet, ihr Hauptteil steht noch aus.

V. 20f. bilden eine Art Anmerkung des Lehrers zu seiner schon begonnenen Lehrtätigkeit: Er hat für den Schüler „dreißig" Sprüche aufgeschrieben (V. 20). Die in V. 17 angekündigte mündliche Belehrung basiert also auf einer schriftlichen Grundlage. Den „praktischen" Zweck seines Schreibens für den Schüler gibt der Lehrer in V. 21 mit zwei Infinitivsätzen an: Nach V. 21a will er dem Schüler dadurch „Reden der Zuverlässigkeit" (אמרי אמת) zur Kenntnis bringen.[419] Nach V. 21b kann der Schüler aufgrund seiner Kenntnis dann „zuverlässige Reden" (אמרים אמת) denen zurückbringen (שוב hif.), die ihn sandten.

Der Formulierung V. 21b könnte man mit Blick auf Amen 1,5f. entnehmen, dass hier amtlicher Botendienst im Blick ist und die „Sendenden" (שולחים) die entsprechenden Auftraggeber sind.[420] Doch diese Interpretation überzeugt nicht wirklich.[421] M. E. legt der Kontext eine andere Deutung nahe: Mit den „Sendenden" sind diejenigen gemeint, die den Schüler *zum Weisheitslehrer* schickten.[422] Ihnen kann er dann bei seiner Rückkehr die gelernten weisheitlich-religiösen Reden überbringen – insofern wäre er (auch) „Bote" im übertragenen Sinn.

Für das Thema „Lehren und Lernen" lässt sich aus dem schwierigen Text zusammenfassend Folgendes gewinnen: Der Lehrer hat „Reputation", immerhin

---

S. 144). Dagegen spricht, dass ידע hif. dann abgesehen von dem persönlichen Objekt (dem Suffix) ohne (zweites) Objekt bleibt.

[416] Vgl. auch Prov 2,5: Das Erkennen der JHWH-Furcht ist das Ziel des weisheitlichen Lernens.

[417] Das Lexem ידע ist im Abschnitt Leitwort, vgl. V. 17b (דעתי); V. 19b (הודעתיך); V. 20b (דעת), V. 21a (להודיעך).

[418] So auch die Mehrheit der Exegetinnen und Exegeten, anders aber Meinhold, Sprüche Teil 2, S. 374.

[419] Der Infinitiv להודיעך wird hier häufig in dem Sinn übersetzt: „dass *du* kundtun kannst", vgl. Plöger, Sprüche, S. 258; Bühlmann, Reden, S. 146f.; Römheld, Weisheit, S. 18; Meinhold, Sprüche Teil 2, S. 375; Fuhs, Kommentar, S. 315. Diese Interpretation ist nicht schlüssig: ידע hif. mit persönlichem Objekt und einem Akkusativobjekt bedeutet durchgängig „jemanden etwas wissen lassen"; so im unmittelbaren Kontext noch in Prov 22,19b, vgl. auch Toy, Proverbs, S. 422; Gemser, Sprüche, S. 84; Whybray, Proverbs, S. 126; Murphy, Proverbs, S. 169; die Einheitsübersetzung (in: Fuhs, Sprichwörter, S. 144).

[420] Vgl. Bühlmann, Reden, S. 151 ff.; Whybray, Proverbs, S. 133; Ringgren, Sprüche, S. 90; Cody, Notes; Römheld, Weisheit, S. 22–24. Meinhold, Sprüche Teil 2, S. 380 („V. 21 hebt auf den im Alten Orient bedeutsamen Botendienst ab. Am Ende des Verses ist der Auftraggeber genannt").

[421] Vgl. schon Murphy, Proverbs, S. 170: „There is no apparent reason why the task of being a truthful messenger should be mentioned at this point. There has been a suitable emphasis on reliable messengers already in 10,26; 13,17, but why does it appear in this introduction? The topic is not a high priority in wisdom teaching. Perhaps because in the prologue to Amenemope (1,5–6), the same concern is expressed about a messenger replying to the one who sends him."

[422] Vgl. auch Prov 13,20 und 15,12: Weise muss man aufsuchen.

wird ein Schüler zu ihm geschickt. Der Lehrer bereitet den Lernstoff (Prov 22,22–24,22) gezielt für den Schüler vor, es handelt sich also sicher nicht ausschließlich um spontane Lehre. Er schreibt den Stoff auf, vorausgesetzt wird demnach, dass der Schüler lesen kann. Die Lernziele für den Schüler sind vielfältig: Zum einen soll er Text lernen, ihn im Gedächtnis bewahren und ihn rezitieren können (V. 18). Zum zweiten soll er im Zuge der Lehre zu einer weisheitlich-religiösen Haltung erzogen werden, nämlich zum Vertrauen auf JHWH (V. 19). Zum dritten soll er offenbar nicht nur selbst lernen, er soll den Lernstoff auch den „Sendenden" übermitteln (V. 21). Von seinem erworbenen Wissen sollen also auch noch andere profitieren.

2.3.9. Prov 30,3: Agur – ein Weiser, der keine Weisheit lernte

Der sechste Teil im Proverbienbuch besteht aus dem Kapitel 30. Nach der Überschrift handelt es sich um „Worte Agurs". In V. 3 findet sich eine Agur in den Mund gelegte Aussage zu Lehren und Lernen, die im Vergleich zu den sonstigen Aussagen im Proverbienbuch aus dem Rahmen fällt:[423]

1 Die Worte Agurs, des Sohnes des Jake, (von) Massa.
 Ausspruch des Mannes an Iti-el (Mit-mir-ist-Gott):
 ‚Lo-iti-el (Nicht-mit-mir-ist-Gott)[424], so dass ich (etwas) vermögen könnte,
2 denn ich bin zu dumm für einen Mann
 und nicht habe ich Verständigkeit eines Menschen
3 und nicht lernte ich Weisheit,[425]
 so dass ich Kenntnis des Heiligen[426] kennen könnte.
4 Wer stieg hinauf zum Himmel und (wieder) hinab?

---

[423] Siehe zu Prov 30,3 bzw. zu 30,1–(9)14 außer den Kommentaren insbesondere noch Sauer, Sprüche Agurs, S. 92 ff.; Franklyn, Agur; Gunneweg, Weisheit; Whybray, Composition, S. 148–150; Moore, Alien; van Leeuwen, Background; Richter, Agur. – In der LXX wurden die V. 1–14 vor und V. 15–33 nach Prov 24,23–34 gestellt, dabei entfiel die Überschrift von V. 1aα. Zu der griechischen Fassung von Prov 30,1–4 siehe insbesondere Georgi, Skepsis.

[424] Die Masoreten vokalisierten die Konsonanten anders, V. 1b wäre demnach wie folgt zu übersetzen: „an Itiel und Uchal". „Itiel" und „Uchal" wären demnach als Eigennamen zu verstehen, so etwa Meinhold, Sprüche Teil 2, S. 494. Das Problem hierbei ist, dass Agur im Folgenden nur *eine* Person anredet (vgl. V. 4b). Die hier vertretene Deutung von V. 1aβ.b folgt der Übersetzung von Buber/Rosenzweig, Schriftwerke, S. 269. Zu weiteren Übersetzungs- und Deutungsvorschlägen des schwierigen hebräischen Textes siehe die Übersichten von Toy, Proverbs, S. 518–520 (für die ältere Forschung) sowie Meinhold, Sprüche Teil 2, S. 494, Anm. 166. Siehe auch noch die jüngsten Deutungsvorschläge von Krantz, Man, und Richter, Agur.

[425] Hinzuweisen ist hier auf eine interessante Variante der LXX: Sie hat in V. 3a: Θεὸς δεδίδαχέν με σοφίαν („Gott lehrte mich Weisheit"). Diese Variante hat viel für sich: Die Belehrung durch Gott wäre dann die Quelle der Weisheit, die Agur ja tatsächlich besitzt. Doch da die LXX in den Versen 1–4 mehrfach erheblich von der Fassung des MT abweicht, scheint eine punktuelle Änderung des MT nicht geraten, gegen Gemser, Sprüche, S. 102; Sauer, Sprüche Agurs, S. 98 f.

[426] Das Nomen קדשׁים ist wie in Prov 9,10 Bezeichnung für Gott, es handelt sich nach Gese-

2.3. Weisheit für das Leben: Religiöses Lehren und Lernen im Proverbienbuch

> Wer sammelte Wind in den Hohlflächen seiner Hände?
> Wer wickelte Wasser ins Kleid?
> Wer richtete auf alle Enden der Erde?
> Was ist sein Name und was der Name seines Sohnes?
> Ja, du kennst (ihn)!'

Die in der ersten Überschrift (V. 1aα) genannten Namen Agur und Jake sind keine israelitischen Namen.[427] Massa (משא) bezeichnet hier wohl einen arabischen Stamm,[428] Agur ist also mit hoher Wahrscheinlichkeit von seiner Herkunft her ein Nichtisraelit. Nach der zweiten Überschrift (m. E. nur V. 1aβ) wendet sich Agur an „Iti-el" (ein sprechender Name: „Mit mir ist Gott"). Wenn, wie hier vorgeschlagen, לאיתיאל in V. 1b als „Lo-iti-el" zu lesen ist, spielt Agur in seiner Rede direkt auf den Namen seines Gesprächspartners an: „Nicht mit mir ist Gott". Infolgedessen vermag er nichts (ולא אכל).

In den folgenden beiden Versen betont Agur seine Ignoranz. Heißt das, dass er tatsächlich „dumm" ist (und es weiß)? Dann würde der im Kontext von Lehren und Lernen wichtige Vers 3 nur etwas Selbstverständliches bezeichnen: Agur konnte nicht „religiöse", d. h. auf Erkenntnis des Heiligen zielende Weisheit „lernen" (למד q.), eben weil er zu dumm war. Doch aller Wahrscheinlichkeit nach sind die Aussagen von V. 2 f. als „understatement" zu verstehen.[429] Agur mag dumm und unverständig erscheinen, er mag auch keinen formalen Unterricht bei einem Weisheitslehrer genossen haben, doch er ist nichts weniger als „dumm". Dafür sprechen die nur vordergründig einfachen – in Wahrheit aber tiefgründigen Fragen nach Gott in V. 4,[430] dafür spricht, dass er weisheitlich-religiöse Weisung erteilt (V. 5 f.) und dass er im Gespräch mit Gott (JHWH)[431] ist (V. 7–9).

---

nius, Grammatik § 124h, und Joüon/Muraoka, Grammar § 136d, um einen Hoheitsplural analog אלהים, so auch durchweg die Kommentare.

[427] Die beiden Namen kommen in der Hebräischen Bibel nur an dieser Stelle vor, sie sind als Personennamen im sabäisch-minäischen Raum, in Ugarit und auf der Elephantine belegt, vgl. Meinhold, Sprüche Teil 2, S. 496; Fuhs, Kommentar, S. 383.

[428] So die Mehrheit der Exegetinnen und Exegeten mit Bezug auf Gen 25,14; 1 Chr 1,30 und Prov 31,1. Anders übersetzen משא Gemser, Sprüche, S. 102 („Ausspruch"); Buber/Rosenzweig, Schriftwerke, S. 269 („Lastwort"). Auch Gunneweg, Weisheit, S. 259, hält fest: „Auffällig ist auf jeden Fall, daß eine Einleitung zu Sprüchen eines Weisen nicht weniger als drei prophetische Termini enthält: דברי, המשא und sogar נאם.

[429] Richter, Agur, will V. 2.3a als Irrealis deuten, weil andernfalls die Selbsteinschätzung Agurs „peinlich" sei, der Schluss von V. 4b wird dann als ironische rhetorische Frage gedeutet. M. E. passt diese Deutung nicht recht zu der Fortsetzung des Gesprächs in V. 5 ff., das nichts weniger als ironisch ist.

[430] Zum religionsgeschichtlichen Hintergrund von V. 4 siehe insbesondere van Leeuwen, Background.

[431] Der JHWH-Name steht im MT in V. 9b (die LXX hat eine andere Textfassung). Dies passt nicht recht zu der Annahme, dass Agur von seiner Herkunft her kein Israelit ist. Die Verwendung des JHWH-Namens ist jedenfalls ein Hinweis darauf, dass Agur zumindest (auch) als JHWH-fürchtig gilt oder gelten sollte. Vgl. Whybray, Composition, S. 150: „Verses 1-9 are pro-

So gesehen ist Agur im Kontext des gesamten Proverbienbuches sicherlich als Ausnahme von der Regel zu betrachten, wonach die Unterweisung durch einen Weisheitslehrer unerlässlich für die weisheitlich-religiöse Bildung ist. Agur ist als „Weiser", der nach eigener Aussage Weisheit nicht „gelernt" hat, im Proverbienbuch eine bemerkenswerte Ausnahmeerscheinung.[432]

2.3.10. Prov 31,1: Die Königinmutter als Lehrerin ihres Sohnes

Der siebte und letzte Teil im Proverbienbuch besteht aus Kapitel 31. Dieses Kapitel ist wie folgt überschrieben:[433]

> Die Worte Lemuels, des Königs von Massa,
> mit denen ihn seine Mutter belehrte.[434]

Die „Lehre" (יסר pi.)[435] der nichtisraelitischen Königinmutter umfasst nach dem MT Prov 31,2–31. Sie enthält Warnungen vor einem verfänglichen Umgang mit Frauen und vor übermäßigem Weingenuss (V. 3–5), Verhaltensanweisungen zum Tun von Barmherzigkeit und Recht (V. 6–9) sowie einen in Form eines alphabetisierenden Akrostichons gehaltenen Lobpreis auf die ideale Ehefrau (V. 10–31).

---

bably best regarded as the result of a series of attempts to integrate an originally non-Israelite and non-Yahwistic saying into the sphere of Yahwistic wisdom teaching." In synchroner Hinsicht jedenfalls lässt sich Agur kaum als Agnostiker bezeichnen, gegen McKane, Proverbs, S. 645–647; Crenshaw, Wisdom, S. 176. Anders auch Franklyn, Agur, und Moore, Alien.

[432] Vgl. Fox, Pedagogy, S. 238: „The sages of Proverbs make an essentially intellectual process – learning wisdom – proceed both from and toward piety. They do not explicitly exclude the possibility of a pious simpleton, though they assume that without wisdom one is vulnerable to temptation."

[433] Zu Prov 31,1 bzw. 31,1–9 siehe außer den Kommentaren insbesondere noch Lichtenstein, Chiasm; Crenshaw, Instruction; Brenner, Voice, S. 127–130; Whybray, Composition, S. 153; Hausmann, Menschenbild, S. 115 f.; Hurowitz, Pillar. Die LXX stellt 31,1–9 zusammen mit den Zahlensprüchen 30,15–33 hinter 24,23–34; Prov 31,10–31 bilden auch nach der LXX-Fassung den Schluss des Proverbienbuches.

[434] Die Version der LXX weicht auch hier beträchtlich von der Fassung des MT ab: Οἱ ἐμοὶ λόγοι εἴρηνται ὑπὸ θεοῦ βασιλέως χρηματισμός ὃν ἐπαίδευσεν ἡ μήτηρ αὐτοῦ. Damit werden (wie in der LXX-Fassung von Prov 30,1) die nichtisraelitischen Eigennamen vermieden. Das Nomen משא wird von den Masoreten, die den Atnach unter מלך gesetzt haben, als Bezeichnung für die Worte verstanden, die die Mutter ihrem Sohn vermittelte (vgl. LXX: χρηματισμός), in diesem Sinn auch die Übersetzung von Buber/Rosenzweig, Schriftwerke, S. 272. Mit der Mehrheit der Exegetinnen und Exegeten ist משא jedoch wie in 30,1 als Name für einen Stamm zu deuten.

[435] Das Verb יסר pi. wird in Prov 31,1 mit „lehren" übersetzt, um den Bezug zu dem Nomen מוסר, das in 1,8; 4,1.13 und 8,10 mit „Lehre" übersetzt wurde, deutlich zu machen, vgl. auch die Übersetzung von Toy, Proverbs, S. 538 („teach"), und Whybray, Proverbs, S. 179 („teach"). Man kann das Verb hier jedoch auch mit „unterweisen" übersetzen, da V. 2 ff. auch Handlungsanweisungen enthalten, so Plöger, Sprüche, S. 369; Crenshaw, Instruction, S. 11 („instruct"); Meinhold, Sprüche Teil 2, S. 515; Murphy, Proverbs, S. 239 („instruct"). Die Übersetzung „ermahnen" ist hingegen zu eng, so aber Gemser, Sprüche, S. 108; Ringgren, Sprüche, S. 116; die Einheitsübersetzung (in: Fuhs, Sprichwörter, S. 182).

2.3. Weisheit für das Leben: Religiöses Lehren und Lernen im Proverbienbuch

Zu beachten ist zum einen, dass (via Lemuel) die „Lehre" einer Nichtisraelitin als „letztes Wort" im Proverbienbuch erscheint. Dies steht freilich in einer nicht auflösbaren Spannung zu der Aussage von V. 30, dass die ideale Ehefrau JHWH-fürchtig sei (für einem nichtisraelitischen König!?).[436] Abgesehen davon musste jedenfalls nach Ansicht der Redaktoren die Grenze zu nichtisraelitischem weisheitlichem Lehren und Lernen offenbar nicht scharf gezogen werden.

Bemerkenswert ist zum zweiten die explizite Erwähnung, dass ein *König* durch seine Mutter belehrt wurde. Der Mutter wird eine sehr hohe weisheitliche Lehrautorität zugebilligt – Lemuel lernt und bewahrt ihre Worte. Die in der exegetischen Literatur angeführten bekannten ägyptischen und mesopotamischen Lehren an den König oder Kronprinzen ergehen nicht im Namen einer Frau bzw. Mutter.[437] Im Kontext des Proverbienbuches fällt aber die Aussage, dass die Mutter ihren Sohn belehrte, nicht gänzlich aus dem Rahmen:[438] Es scheint mit Blick auf Prov 1,8 und 6,20 selbstverständlich, dass eine Frau weisheitliche Bildung besaß und sich aktiv an der Erziehung ihres Sohnes beteiligte.

Insgesamt gesehen unterstreicht die Tatsache, dass der letzte Lehrtext im Proverbienbuch einer Mutter zugeschrieben wird, nach den Aussagen von Prov 1,8 und 6,20 noch einmal, dass die Verfasser bzw. Redaktoren des Proverbienbuches kein „Problem" mit der Lehrautorität von Frauen hatten.[439]

2.3.11. Ergebnisse

Im Folgenden sind die wichtigsten Aussagen zum Thema weisheitliches Lehren und Lernen im Proverbienbuch zusammenzufassen.

1. Zunächst ist festzuhalten, dass in synchroner Hinsicht das weisheitliche Lehren und Lernen ausdrücklich unter religiösem Vorzeichen steht: So wird durch das Motto in Prov 1,7 betont, dass alle weisheitliche Erkenntnis ihren Ausgang in der JHWH-Furcht hat, so bezieht sich die weisheitliche Lehre (auch) auf die

---

[436] Literarkritisch gesehen gibt es gute Gründe, V. 1–9 und V. 10–31 als separate Einheiten anzusehen: So wird in V. 10–31 der Sohn („du") nicht mehr angesprochen; V. 31 wendet sich an eine Mehrzahl, vgl. auch die Fassung der LXX. Doch es darf auch nicht übersehen werden, dass inhaltlich klare Bezüge zwischen den beiden Teilen bestehen, vgl. dazu Lichtenstein, Chiasm, und Hurowitz, Pillar. Es ist jedenfalls bemerkenswert, dass die Redaktoren, als sie Prov 30,10–31 unter die Überschrift von Prov 31,1 stellten, diese Spannungen in Kauf nahmen.

[437] Vgl. auch Ringgren, Sprüche, S. 117; Plöger, Sprüche, S. 372f.; Crenshaw, Instruction, S. 10–14; Whybray, Composition, S. 153, und Fuhs, Kommentar, S. 386. Eine gute Übersicht über die Instruktionen von Königen bietet Crenshaw, Instruction.

[438] Anders Hausmann, Menschenbild, S. 116, nach der die Aussage nur mit der engen Verbindung von Mutter und Sohn (nach V. 2) sowie der sozialen Stellung der hier eingeführten Frau zu erklären ist. Vgl. aber Brenner, Voice, S. 127f.

[439] Man wird aber von den wenigen (andeutenden) Stellen im Proverbienbuch kaum auf eine Gleichwertigkeit von Mann und Frau bei der Erziehungsaufgabe schließen können, zu Recht Hausmann, Menschenbild, S. 116, gegen Camp, Feminine, S. 82.

Dekaloggebote (Prov 1,10–19; 6,25–35); so ist die Erziehung durch JHWH Thema weisheitlicher Lehre (Prov 3,11 f.), so soll es bei der weisheitlichen Lehre zentral um das Vertrauen auf JHWH gehen (Prov 22,19), so ist die Gottesfrage Thema weisheitlichen Gesprächs (Prov 30,3 ff.).

2. Festzuhalten ist weiterhin, dass im Proverbienbuch kein *ausformuliertes* Lehr- und Lernprogramm (wie etwa im Deuteronomium) entfaltet wird, vieles wird nur angedeutet, manches bleibt auch offen. Richtungsweisend für das weisheitliche Lehren und Lernen ist das Proömium Prov 1,1–6. Demnach richtet sich das Buch vorzugsweise an den Weisen bzw. Verständigen: Er soll die Sprüche hören, und zwar nicht in erster Linie zum Zweck des privaten Erkenntniszugewinns, sondern um sie Einfältigen und Jünglingen verständlich zu machen. Daraus ergibt sich, dass das Proverbienbuch *als Ganzes* „Lehrbuch" für die lebenslang lernenden Weisen und auch „Lehrbuch" für Weisheitsschüler sein soll – wiewohl weisheitliches Lehren und Lernen nur in bestimmten Teilen des Proverbienbuches Thema ist.[440]

3. Insbesondere in Prov 1–9 ist die Belehrung von Söhnen/Schülern Thema. Im Text spricht ein Weisheitslehrer (nach der Buchfiktion „Salomo"), der explizit an die weisheitliche Lehre der Eltern anknüpft: Er zitiert im Zuge seiner Lehrreden elterliche Unterweisungen (Prov 1,10–19 und 6,25–35) sowie einmal auch eine Unterweisung seines eigenen Vaters (Prov 4,4–9). Dies und die Ermahnungen zum Gehorsam gegenüber den elterlichen Unterweisungen zeigen deren hohe Autorität. Dennoch soll sich die weisheitliche Belehrung der Jünglinge nicht auf das Elternhaus beschränken, wie ja schon aus dem im Proömium enthaltenen Lehrauftrag für die Weisen hervorgeht (Prov 1,4.5 f.).

4. Weisheitliches Lehren soll nicht nur die Kenntnis von weisheitlichem Wissen vermitteln bzw. vermehren helfen (Prov 9,9), sondern zielt wesentlich auf *weisheitsgemäßes Handeln*. So hat die weisheitliche Belehrung, wie aus Prov 5,13 hervorgeht, nur dann „Erfolg", wenn der Belehrte sein durch die Lehrer vermitteltes weisheitliches Wissen auch entsprechend umsetzt bzw. wenn er eine weisheitliche Haltung einnimmt (Prov 1,3).

5. Das weisheitliche Lehren zielt nicht darauf, religiöse nationale Identität zu stiften: Die geschichtlichen Traditionen Israels spielen keine Rolle. Auch ist der Horizont des weisheitlichen Lehrens nicht göttliche Strafe oder rechtliche Sanktion. Der Sohn/Schüler soll die weisheitlichen Lehren seiner Eltern und Weisheitslehrer lernen und beachten, weil dies in seinem *eigenen persönlichen* Interesse ist: Dies garantiert ihm gelingendes Leben, nämlich moralisch-religiöse

---

[440] Explizit werden Aussagen zu weisheitlichem Lehren und Lernen nur im ersten Teil (Prov 1–9), im dritten Teil (Prov 22,17–24,22) sowie im sechsten (Prov 30) und siebten Teil (Prov 31) gemacht.

Integrität und damit verbunden privates Wohlergehen wie gesellschaftlichen Erfolg (etwa Prov 1,8f.; 3,1–4; 4,10–13).

6. Eine besondere Rolle spielt in Prov 1–9 die personifizierte Frau Weisheit: Sie erscheint in ihren Reden (auch) in der Rolle einer Lehrerin, wobei dies, da die Weisheit ihre „Lehre" (מוסר, Prov 8,10) nicht im Detail entfaltet, wohl vor allem rhetorische Funktion hat: Sie verleiht den konkret Lehrenden, also Eltern und Weisheitslehrern, quasi höchste Autorität.

7. Durch Prov 9,7–9 wird der Lehroptimismus allerdings eingeschränkt: Nach Aussage der Frau Weisheit ist es für einen Weisen sinnlos, Hochmütige und Frevler zurechtzuweisen, sie gelten als unbelehrbar. Weisheitliches Lehren hat hier (anders z. B. als das deuteronomische Lehren) eine klare Grenze.

8. Der Modus der weisheitlichen Lehre wird nicht ausführlich beschrieben. Sie erscheint in Prov 1–9 als rein mündlicher Vorgang, die gelehrten Worte sollen von dem Sohn/Schüler auswendig gekonnt werden. Von einer schriftlichen Vorbereitung des Weisheitslehrers ist nur in Prov 22,20 die Rede. Zu bestimmten Lernorten (etwa „Schulen") und Lernzeiten werden keine Angaben gemacht. Letztlich bleibt auch offen, ob das weisheitliche Lehren und Lernen eine Angelegenheit *ganz Israels* sein soll. Dies könnte angedeutet sein mit der generalisierenden Vorgabe des Proömiums, Einfältigen und Jünglingen weisheitliches Wissen zu geben (V. 5), sowie mit der Rede der Frau Weisheit, die sich an alle Männer bzw. Menschenkinder richtet (Prov 8,4). Aus einzelnen Lehrreden in Prov 1–9 geht klar hervor, dass Söhne/Schüler einer *begüterten* Schicht in Land und Stadt im Blick sind (vgl. Prov 3,9f.; 5,7–14).

9. Nicht eindeutig ist die viel diskutierte Frage zu beantworten, ob der Weisheitslehrer ein „professioneller" Lehrer ist. Der lehrende Weise scheint in Prov 1–9 kein Vertreter eines Berufes oder Standes zu sein – ebensowenig wie der Gerechte, der Verständige oder der Einfältige. Auch Prov 22,17–21 hilft nicht wesentlich weiter. Der hier redende Lehrer ist zwar ohne Zweifel eine „ausgewiesene" Person, der Schüler wird eigens zu ihm gesendet (falls V. 21b in diesem Sinn zu verstehen ist), er bereitet seinen Unterricht gezielt schriftlich vor. Ob es sich aber um einen „professionellen" Lehrer oder eben „nur" um einen lehrenden Weisen handelt, ist nicht mit Sicherheit auszumachen.

10. Besonders hinzuweisen ist auf die Rolle der Mütter als Lehrerinnen: Ausdrücklich wird die Mutter in Prov 1,8 und 6,20 zusammen mit dem Vater erwähnt, in Prov 31,1 erscheint allein die Mutter als Lehrerin ihres königlichen Sohnes. Dies ist erstaunlich, da weisheitliches Lernen nach dem Proverbienbuch *explizit* nur für die „Söhne" bzw. für die Männer vorgesehen ist. Aber angesichts der eben genannten Stellen kann der weisheitliche Diskurs in den Elternhäusern und bei den Weisheitslehrern kaum als reine Männersache beurteilt werden.

11. Aus Prov 31 ist noch festzuhalten, dass hier die Lehre einer Nichtisraelitin als „das letzte Wort" erscheint. Dies ist insofern bemerkenswert, als in Bezug auf weisheitliches Lehren und Lernen für die Redaktoren offenbar keine scharfe Grenze zwischen Israel und der Völkerwelt gezogen werden musste.

12. JHWH wird im Proverbienbuch nicht als „Lehrer" bezeichnet (wiewohl er „Geber" der Weisheit genannt werden kann).[441] Nur an einer Stelle ist er als „Erzieher" Thema einer Lehrrede: In Prov 3,11 f. belehrt der Weisheitslehrer den Schüler dahingehend, dass ihn durchaus JHWHs „Zucht" (מוסר) treffen kann, und zwar im Rahmen der (lebenslang währenden) väterlichen Erziehung JHWHs.

13. Abschließend sei kurz noch auf den semantischen Befund eingegangen. In dem ersten Teil Prov 1–9 wird weisheitliches Lehren vorzugsweise mit dem Lexem ירה bezeichnet (Prov 4,4.13 [ירה III hif.]; Prov 5,13 [מורה]); das Verb למד pi. wird nur in Prov 5,13 als substantiviertes Partizip als Parallelbegriff zu מורה verwendet. In Prov 30,3 hat למד q. die Bedeutung von Aneignung weisheitlichen Wissens. Das Verb יסר q. bedeutet in Prov 9,7 (verbal) Züchtigen im Sinne einer Erziehungsmaßnahme; in Prov 31,1 meint יסר pi. Lehren im Sinn von Geben konkreter Handlungsanweisungen.[442] Das Nomen מוסר bezeichnet in Prov 3,11 (JHWHs) Züchtigung im Sinn von Erziehung durch harte Maßnahmen. Insgesamt lässt sich also sagen, dass die wichtigsten Begriffe für Lehren und Lernen im Proverbienbuch relativ selten vorkommen und dass keine einheitliche Sprachregelung getroffen wurde. In diesem Zusammenhang sei noch darauf hingewiesen, dass weisheitliches Lehren an den hier untersuchten Stellen auch mit ידע hif. (Prov 9,9 und 22,19.21) sowie mit נתן q. bezeichnet werden kann (1,4; 4,2 und 9,9). Es ist zu vermuten, dass diese uneinheitliche Sprachregelung wesentlich mit dem Charakter des Proverbienbuches als „Lehrbuch" zusammenhängt: Es bestand keine Notwendigkeit, systematische Aussagen in Bezug auf weisheitliches Lehren und Lernen zu machen; die Leserinnen und Leser lernen, indem sie lesen, der in Prov 1–9 und in 22,17–24,22 sprechende Weisheitslehrer lehrt, indem er (an)redet bzw. zu einem bestimmten Verhalten anweist.[443]

---

[441] Prov 2,6. Er hat hier die Rolle eines Garanten, dass das weisheitliche Lernen des Jünglings bzw. sein Streben nach Weisheit (Prov 2,1–5) dauerhaften Erfolg haben wird, vgl. dazu auch Fox, Pedagogy, S. 242.

[442] Vgl. auch Prov 1,8; 4,1.13 und 8,10: an diesen Stellen wurde das Nomen מוסר mit „Lehre" übersetzt.

[443] In diachroner Hinsicht ist festzuhalten, dass bis auf Prov 22,17–22 alle behandelten Texte mit einiger Wahrscheinlichkeit aus nachexilischer Zeit stammen (siehe oben Anm. 288). Eine genauere diachrone Differenzierung ist in diesem Rahmen nicht möglich. Es seien dazu nur einige wenige Punkte hervorgehoben: Besonders bemerkenswert ist m. E., dass Frauen (Mütter) als Lehrerinnen bei der weisheitlichen familiären Belehrung eine Rolle spielen (Prov 1,8; 6,20; 31,1), dass auch den Völkern weisheitliches Lernen und Lernen zugeschrieben wird (Prov 30; 31), dass schließlich weisheitliches Lehren und Lernen als im Interesse des Einzelnen liegend dargestellt wird, dass aber keine Tendenz erkennbar ist, diesem Lehren und Lernen eine Rolle für die Ausbildung und Bewahrung der politischen und kultischen Identität Israels zuzuschreiben.

Kapitel 3

Religiöses Lehren und Lernen im Buch Deuteronomium

„As a ‚wheel within a wheel,' to echo Ezekiel's vision (Ezek 1,16), Deuteronomy is an act of communication within an act of communication. Moses' oral ‚words' unfold as the written ‚words' of the framing book – Deuteronomy. Or, the other way around, Deuteronomy is an act of communication about an act of communication. The book's narrator starts the narration but almost immediately hands it over to its dramatis persona, whose direct speech gives the work its distinctive ring"[1] – so die treffende Beschreibung des Phänomens Deuteronomium von J.-P. SONNET. Unzählige Studien beschäftigen sich mit dem Deuteronomium.[2] Nahezu unbeachtet blieb bisher jedoch,[3] dass die „dramatis persona", also der deuteronomische Mose, der *Lehrer* ist, der religiöses Lehren und Lernen zu einem zentralen Thema seiner Reden an die in Moab versammelten Israelitinnen und Israeliten macht. Die vielfältigen Aspekte religiösen Lehrens und Lernens im Deuteronomium gilt es im Folgenden zu untersuchen.[4]

Das Deuteronomium weist einen relativ klaren Aufbau auf. Es lässt sich anhand der vier Hauptüberschriften und der Zwischenbemerkungen des Bucherzählers sowie inhaltlicher Kriterien wie folgt gliedern:[5]

---

[1] Sonnet, Book, S. 1.

[2] Verwiesen sei hier nur auf die folgenden Forschungsübersichten: Preuss, Deuteronomium; ders., Zum deuteronomistischen Geschichtswerk, S. 230–245; Lohfink, Deuteronomium und Pentateuch; Römer, Book of Deuteronomy, und Veijola, Deuteronomismusforschung (I).

[3] Bezeichnend ist, dass Rendtorff in seiner Theologie 2, S. 121 ff., je ein Kapitel über Mose als Retter, als Empfänger der Tora, als Bundesmittler, als paradigmatischer Prophet, als leidender Fürbitter, als Knecht Gottes und als paradigmatische Führungsgestalt, aber nicht über Mose als „Lehrer" hat. Vgl. zu Mose als Lehrer der Tora im Deuteronomium Finsterbusch, Lehrer.

[4] M. E. kann das Deuteronomium mit Sonnet, Book, gegen Otto, Mose, in synchroner Perspektive als eigenständige Einheit analysiert werden (ohne dass damit natürlich die Bezüge zu den anderen vier Büchern der Tora bestritten würden). Nur nebenbei sei gesagt, dass religiöses Lehren/Lernen in den ersten vier Büchern des Pentateuch keine mit dem Deuteronomium vergleichbare Rolle spielt (es gibt z. B. kein Lehr- und Lern*programm*). Schon Braulik, Gedächtniskultur, S. 120, hat überdies darauf aufmerksam gemacht, dass die Wurzel למד innerhalb des Pentateuch nur im Deuteronomium belegt ist.

[5] Dieser Aufbau des Buches ist nicht nur im MT, sondern auch in allen anderen Texttraditionen bezeugt.

Dtn 1,1–4,40:	Erste Überschrift des Bucherzählers und erste Rede des Mose: Rückblick auf die Wüstenzeit (Dtn 1,6–3,29) und Lehre des Tuns der Gebote (Dtn 4,1–40)
Dtn 4,41–43:	Bemerkungen des Bucherzählers
Dtn 4,44–26,19:	Zweite Überschrift des Bucherzählers und zweite Rede des Mose: Rückblick auf die Horebereignisse (Dtn 5) und Lehre der Gebote (Dtn 6–26)
Dtn 27,1–28,68:	Anweisungen des Mose für den Tag der Überquerung des Jordans, Vorlage von Segen und Fluch (Dtn 28)
Dtn 28,69–30,20:	Dritte Überschrift des Bucherzählers und performative Rede des Mose in Bezug auf den Bundesschluss in Moab
Dtn 31,1–32,47:	Verschiedene Reden des Mose (Dtn 31) in Bezug auf die Einsetzung Josuas, der Verschriftlichung der Tora, eines Tora-Lernrituals, der Offenbarung und Verschriftlichung und Lehre des Liedes; Promulgation des Liedes (Dtn 32,1–44); abschließende Worte des Mose an Israel (32,45–47)
Dtn 32,48–52:	Vom Bucherzähler wiedergegebene Anweisung JHWHs an Mose
Dtn 33,1–29:	Vierte Überschrift des Bucherzählers und Segnung der Stämme Israels durch Mose
Dtn 34:	Bericht des Bucherzählers über den Tod des Mose.

Die Datierung der einzelnen Texte ist extrem umstritten. Die meisten Exegetinnen und Exegeten gehen allerdings davon aus, dass wesentliche Teile des Deuteronomiums aus dem 7. und 6. Jh. v. Chr. stammen.[6]

Die wichtigsten Verben für Lehren und Lernen (למד, ירה III hif. und יסר) sind im Deuteronomium wie folgt verteilt: Siebzehnmal kommt das Verb למד vor (למד q.: 4,10; 5,1; 14,23; 17,19; 18,9; 31,12.13; למד pi.: Dtn 4,1.5.10.14; 5,31; 6,1; 11,19; 20,18; 31,19.22); viermal das Verb ירה III hif. (Dtn 17,10.11; 24,8; 33,10), fünfmal das Verb יסר pi. (Dtn 4,36; 8,5 [2x]; 21,18; 22,18). Exegesiert werden im Folgenden alle Stellen, an denen die Verben למד q. und pi. sowie ירה III hif. vorkommen. Von den fünf יסר pi.-Belegen werden drei besprochen (Dtn 4,36; 8,5[2x]).[7] Von den abgeleiteten Nomina findet sich ein Beleg von מוסר

---

[6] Nach Braulik, Das Buch Deuteronomium, S. 130, wächst trotz großer Unsicherheiten und einer Vielfalt von Theorien zum Deuteronomium „in einigem auch ein gewisser Konsens. [...] Wenn es eine erste, bei Joschija gipfelnde vorexilische Ausgabe des DtrG gegeben hat, könnten 1–3 und vieles in 29–31 (32?) zu ihr gehören. Falls das Ur-Dtn als JHWH-Rede stilisiert war, ist auch die Historisierung des dtn Gesetzes als Rede des Mose bei seinem Einbau in diese Geschichtsdarstellung anzunehmen. In den Gesetzen selbst wurden verdeckte Vorverweise auf die spätere Geschichte angelegt [...]. Ebenso sind die geschichtlichen Rückblicke in 5 und 9f kaum vor dieser ersten Ausgabe des DtrG denkbar. Eine erste exilische Ausgabe des DtrG enthielt wohl manches aus 28 und 29, aber auch das königskritische System der Ämtergesetze in ihrer jetzt in 16,18–18,22 vorliegenden Fassung. Spätexilisch dürften 4,1–40 sowie vieles in 7–9 und 30 sein. Die Redigierung des in 19–25 gesammelten Materials stammt vermutlich erst aus nachexilischer Zeit." Zur diachronen Einordnung ausgewählter Belegstellen für religiöses Lehren und Lernen siehe Braulik, Gedächtniskultur.

[7] In Dtn 21,18 und 22,18 bedeutet יסר pi. jemanden körperlich züchtigen im Sinne von strafen. Beide Stellen werden nicht behandelt.

in Dtn 11,2;[8] diese Stelle wird berücksichtigt, da hier eine Dtn 8,5 ergänzende Aussage über JHWHs Erziehung getroffen wird.

Aufgenommen wurden nach einer gesonderten Durchsicht des Buches noch folgende für das Thema relevante Stellen: Dtn 1,5, da hier der Bucherzähler die erste Rede des dtn Mose als eine Art Lehre bestimmt; Dtn 4,9, Dtn 6,7, Dtn 6,20–25 und Dtn 32,46, da hier wichtige Aussagen in Bezug auf die Belehrung der Kinder getroffen werden, und schließlich Dtn 30,14, da diese Stelle Bezug auf das mosaische Lehren des Gesetzes nimmt.

Die Untersuchung des Themas religiöses Lehren und Lernen im Deuteronomium konnte (anders als im Jesaja-, im Jeremia- und im Proverbienbuch) nicht auf die Analyse der einzelnen Belegstellen beschränkt werden. Die Bedeutung des mosaischen Lehrens erschließt sich nur durch die Inhaltsanalyse dieser Lehre. Somit sind die erste Rede des dtn Mose, die im weiteren Sinne als Lehre zu charakterisieren ist (Dtn 1,6–4,40), und die Lehrreden in Bezug auf die dtn Gebote (Dtn 6,1–26,16) genauer zu betrachten.

3.1. Moses Erklärung der Tora (Dtn 1–4)

In der das Buch Deuteronomium einleitenden Überschrift des Bucherzählers (Dtn 1,1–5) wird die erste Rede des Mose (Dtn 1,6–4,40) an das vor ihm im Lande Moab versammelte Israel als Erklärung der Tora bestimmt. Die erste Rede ist demnach im weiteren Sinn Lehre, denn eine Erklärung ist eine Art Belehrung. In Kapitel 3.1.1. ist zu entfalten, inwieweit sich Dtn 1,6–4,40 als Erklärung der Tora verstehen lässt. In Kapitel 3.1.2. sind dann die einzelnen Belegstellen für religiöses Lehren und Lernen in Dtn 1–4 zu analysieren.

3.1.1. Buchüberschrift und erste Rede des dtn Mose (Dtn 1,1–4,40)

3.1.1.1. Dtn 1,1–5: Die Überschrift des Bucherzählers

Das Deuteronomium beginnt mit den folgenden Bemerkungen des Bucherzählers:[9]

> 1 Dies sind die Worte, die Mose zu ganz Israel sprach jenseits des Jordans, in der Wüste, in der Araba, gegenüber Suf, zwischen Paran und Tofel und Laban und Chazerot und Di-Zahab.

---

[8] Zu dem Nomen Tora siehe oben unter 1.3.2.

[9] Zu Dtn 1,1–5 siehe außer den Kommentaren insbesondere noch Lohfink, Bundesschluss, S. 53, Anm. 2; Seitz, Studien, S. 27–29; Mittmann, Deuteronomium, S. 8–17; Kallai, Moses; Sonnet, Book, S. 29–31; Otto, Deuteronomium im Pentateuch, S. 130 f.164–175, und Braulik/Lohfink, Deuteronomium 1,5.

2 Elf Tage sind es vom Horeb über das Gebirge Seir bis nach Kadesch Barnea.
3 Doch es war im vierzigsten Jahr, im elften Monat, am ersten des Monats, da Mose zu den Kindern Israels sprach gemäß allem, was JHWH ihm für sie geboten hatte,
4 nachdem er Sichon, den König der Amoriter, der in Heschbon wohnte, und Og, den König von Basan, der in Aschterot wohnte, bei Edrei geschlagen hatte.
5 Jenseits des Jordans im Land Moab begann Mose, diese Tora folgendermaßen zu erklären.

In V. 1a wird angegeben, dass es im Folgenden um „die Worte" (הדברים) des dtn Mose gehen wird, die er zu ganz Israel „jenseits des Jordans" redete. In V. 1b findet sich eine Fülle weiterer Ortsangaben: Die erste lautet „in der Wüste" (במדבר). Die Bezeichnung Wüste ist für „die östliche Jordansenke auf der Höhe von Jericho, unterhalb der moabitischen Gebirge, wo die Handlung des Deuteronomiums spielt, sonst nicht belegt"[10]. L. PERLITT führt dazu wohl mit Recht aus, dass die Bezeichnung Wüste hier allenfalls besagt, „Mose habe seine Abschiedsrede vor der eigentlichen Landnahme – und in diesem Sinne noch ‚in der Wüste' gehalten"[11]. Plausibel ist auch die Deutung von R. GOMES, nach dem die weiteren Ortsangaben die ungewöhnliche Bezeichnung במדבר erläutern. GOMES paraphrasiert V. 1b folgendermaßen: „Er [Mose] sprach sie [die Worte] in der Wüste. So darf man sagen, denn es war in der Araba. Sie wird hier als Wüste bezeichnet, weil bis hierhin jene Wüste reicht, die auch gegenüber Suf, zwischen Paran und Tofel [und Laban], Hazerot und Di-Sahab liegt und in der Israel sich so lange Zeit aufhielt."[12]

Welche Reden des Mose im Buch Deuteronomium sind zu den in V. 1aα angekündigten „Worten" (דברים) zu rechnen? In Dtn 32,45 („Mose hörte auf, alle diese Worte zu ganz Israel zu reden")[13] wird explizit gemacht, dass der dtn Mose nun aufgehört hat, „diese Worte" zu reden. In synchroner Hinsicht gilt also die Überschrift in V. 1 nicht nur für die erste Rede, sondern auch für die weiteren, im Deuteronomium zusammengestellten Reden.[14]

Die Notiz in V. 2, die die Dauer des Weges zwischen dem Horeb[15] und Kadesch Barnea mit elf Tagen angibt, steht syntaktisch ohne Anschluss und scheint

---
[10] Gomes, Wüste, S. 24.
[11] Perlitt, Deuteronomium, S. 11.
[12] Gomes, Wüste, S. 26. Die Lage mehrerer Orte bleibt unklar, vgl. dazu noch Noth, Studien, S. 28; von Rad, Deuteronomium, S. 26; Mittmann, Deuteronomium, S. 17; Rose, 5. Mose Teilband 1, S. 4f.; Nielsen, Deuteronomium, S. 19f.; Kallai, Moses.
[13] Siehe dazu unten zu Dtn 32,46.
[14] So explizit auch Mittmann, Deuteronomium, S. 15; Perlitt, Deuteronomium, S. 8; Nielsen, Deuteronomium, S. 21. Anders Braulik/Lohfink, Deuteronomium 1,5, S. 36 (die „Worte" bezögen sich nur auf die erste Moserede).
[15] Zur dtn Bezeichnung des Sinai als Horeb vgl. insbesondere die Studie von Perlitt, Sinai.

auch inhaltlich keinen Bezug zu V. 1 zu haben. Nun hätte von Kadesch Barnea aus die Eroberung des Landes beginnen sollen (Dtn 1,19ff.). Demnach hätte der dtn Mose seine Worte eigentlich schon nach den besagten elf Tagen in Kadesch Barnea sprechen können. Doch nach V. 3a redete er erst[16] im vierzigsten Jahr am ersten Tag des elften Monats, gerechnet vom Auszug aus Ägypten.[17] Dies hängt mit den Ereignissen von Kadesch Barnea zusammen, die in Dtn 1,19ff. beschrieben werden: Die Israelitinnen und Israeliten verweigerten die von JHWH gebotene Eroberung des Landes und mussten zur Strafe zurück in die Wüste.

In V. 3bβ heißt es nun, dass der dtn Mose zu den Israelitinnen und Israeliten sprach „gemäß allem, was JHWH ihm für sie geboten hatte" (ככל אשר צוה יהוה אתו אלהם)[18]. Was bedeutet dieser Satz? Er besagt in erster Linie, dass der dtn Mose von JHWH ausdrücklich autorisiert wurde[19] – wobei die Autorisierung, wie in Dtn 4 deutlich werden wird, am Horeb stattfand.[20] Er besagt weiter, dass Mose sich bei seinem Reden genau an die Vorgaben JHWHs am Horeb halten muss und dass er im Auftrag und im Geiste JHWHs sprechen wird. Dies bedeutet jedoch nicht, dass alles von dem dtn Mose im Folgenden Gesagte *wortwörtliche* Wiedergabe von JHWH-Rede ist. So hält der dtn Mose in seiner ersten Rede einen Rückblick auf die Ereignisse in Kadesch Barnea (Dtn 1,19ff.), also auf Ereignisse, die am Horeb noch gar nicht Gegenstand einer Vorgabe JHWHs sein konnten.

V. 4 enthält eine weitere „Datierung": Das mosaische Reden fand statt nach den Siegen über die im Ostjordanland lebenden Könige Sichon und Og. Mit diesen Siegen nahm die In-Besitz-Nahme des den Vätern zugeschworenen Landes ihren Anfang. Darüber wird Mose in Dtn 2,24ff. berichten. In Dtn 1,2–4 werden also mit Kadesch Barnea und den Siegen über Sichon und Og wichtige Stichworte für die Erzählung von Dtn 1,6–3,29 geliefert.

V. 5 beginnt mit einer Ortsangabe bezüglich des mosaischen Redens: „jenseits des Jordans im Lande Moab". Das Thema der im Folgenden (in 1,6) beginnen-

---

[16] Der Anschluss von V. 3 ist m. E. adversativ aufzufassen, in diesem Sinn Buber/Rosenzweig, Weisung, S. 475, und jüngst auch Braulik/Lohfink, Deuteronomium 1,5, S. 35.

[17] In dtn Perspektive beginnen die „40 Jahre in der Wüste" stets mit dem Exodus, vgl. dazu ausführlich Gomes, Wüste, S. 30–40.

[18] Zu ככל אשר als „Steigerungsform" von כאשר vgl. Jenni, Präposition Kaph, S. 133. Die Kombination דבר pi. + ככל אשר + צוה pi. ist in der Hebräischen Bibel singulär; Varianten finden sich im Deuteronomium noch in Dtn 5,25 (דבר pi. + אשר כל את + דבר pi.) und in Dtn 18,18 (דבר pi. + את כל אשר + צוה pi.).

[19] Vgl. Perlitt, Deuteronomium, S. 17, zu Dtn 1,3: „Dabei bringt die besondere Wendung צוה אתו ... אלהם (vgl. Ex 25,22; I Reg 11,10.11) für den Jahweauftrag deutlich die mittlerische Funktion Moses zum Ausdruck: אלה הדברים von 1a, also das Dtn als Moserede, wird durch 3b als Jahwebefehl legitimiert [...]." Zu bemerken ist überdies noch Folgendes: Der dtn Mose gibt an, dass JHWH ihm am Horeb gebot, Israel die Satzungen und Rechtsvorschriften zu lehren (Dtn 4,14; 6,1). Durch die Wahl des Verbs צוה pi. in Dtn 1,3 deutet der Bucherzähler schon zu Beginn an, dass der Inhalt der Rede(n) des dtn Mose sich wesentlich auf das dtn Gesetz bezieht.

[20] Vgl. auch Childs, Introduction, S. 213.

den Rede wird in V. 5b mit einer nicht einfach zu verstehenden Formulierung angegeben. Dies zeigt schon ein Blick auf die folgenden Übersetzungen:

BUBER/ROSENZWEIG:	„Jenseit [sic] des Jordans, im Land Moab unterwand sich Mosche diese Weisung zu erklären, sprechend:"[21]
VON RAD:	„Jenseits des Jordans, im Lande Moab, begann Mose, diese Weisung zu verdeutlichen:"[22]
PERLITT:	„Jenseits des Jordans, im Lande Moab, begann Mose, dieses Gesetz zu bezeugen."[23]
WEINFELD:	„On the other side of the Jordan, in the land of Moab, Moses undertook to expound this teaching."[24]
ROSE:	„Jenseits des Jordan, im Lande Moab, machte sich Mose (also) an die Aufgabe, diese Weisung öffentlich zur Kenntnis zu bringen."[25]
NIELSEN:	„Jenseits des Jordan im Lande Moab fing Mose an, dieses Gesetz niederzuschreiben."[26]
BRAULIK/LOHFINK:	„(...) fing im Jordangau, im Moabiterland, Mose damit an, dieser Weisung Rechtskraft zu verleihen, indem er sagte:"[27]

Die Übersetzungen differieren vor allem in Bezug auf das Verb באר pi.[28] Auszuschließen ist hier zunächst die Bedeutung „niederschreiben".[29] Dies vor allem deshalb, da es im Kontext von Dtn 1,1–5 eindeutig und explizit um das Reden des Mose geht. Auszuschließen ist unter Berücksichtigung des Kontextes auch die Bedeutung „bezeugen": Mose soll „gemäß allem, was JHWH ihm für sie geboten hatte", reden, nicht (einen Text) „bezeugen".[30] Die Übersetzung von באר mit „öffentlich zur Kenntnis bringen" erscheint als Verlegenheitslösung, denn das Sprechen des dtn Mose vor Israel ist per se ein „öffentlicher Akt". Die spezifische Bedeutung des Verbs באר an dieser Stelle wird damit nicht getroffen. Eher unwahrscheinlich ist auch die Bedeutung „Rechtskraft verleihen". Dtn 1,5 enthält die Themenangabe für die erste mosaische Rede, m. E. passt die von BRAULIK/LOHFINK gewählte Übersetzung nicht zum Inhalt dieser Rede. Hinge-

---

[21] Buber/Rosenzweig, Weisung, S. 475.
[22] Von Rad, Deuteronomium, S. 22.
[23] Perlitt, Deuteronomium, S. 2.
[24] Weinfeld, Deuteronomy, S. 125. Mit „to expound" übersetzen das Verb באר pi. in Dtn 1,5 auch noch die neue JPS-Übersetzung (in: Tigay, Deuteronomy, S. 5); Sonnet, Book, S. 29, und Christensen, Deuteronomy 1,1–21,9, S. 7.
[25] Rose, 5. Mose Teilband 1, S. 3.
[26] Nielsen, Deuteronomium, S. 19; vgl. schon Hoffmann, Deuteronomium, S. 12; siehe auch noch Mittmann, Deuteronomium, S. 8; Mayes, Deuteronomy, S. 116; Veijola, Principal Observations, S. 254; die Einheitsübersetzung z. St. (in: Braulik, Deuteronomium, S. 22); Dohmen/Oeming, Mose, S. 64 f.
[27] Braulik/Lohfink, Deuteronomium 1,5, S. 35.48.
[28] Das Verb kommt in der Hebräischen Bibel nur noch in Dtn 27,8 und Hab 2,2 vor.
[29] Gegen diese Bedeutung von באר argumentieren auch noch Perlitt, Deuteronomium, S. 22 f., und Sonnet, Book, S. 29–32.
[30] Siehe hierzu auch noch Braulik/Lohfink, Deuteronomium 1,5, S. 40.

gen lassen sich die Übersetzungen von BUBER/ROSENZWEIG, von G. VON RAD und von WEINFELD vertreten,[31] wobei die genaue Betrachtung der Fügung באר את התורה הזאת eine Entscheidung für „erklären" nahelegt. Dies kann jedoch erst begründet werden, wenn geklärt ist, was „diese Tora" hier bedeutet.

In der Forschung wird die Frage nach der Bedeutung von „diese Tora" in Dtn 1,5 mehrheitlich so beantwortet, dass ein Bezug zwischen V. 1aα (אלה הדברים אשר דבר משה) und V. 5bβ ([משה] באר את התורה הזאת) besteht, der dahingehend zu bestimmen ist, dass die „Worte" von V. 1aα in V. 5bβ mit „Tora" bezeichnet bzw. als „Tora" spezifiziert werden.[32] Nach dieser Deutung beginnen mit Dtn 1,6 also die „Worte" bzw. beginnt „diese Tora".[33] Diese Deutung erscheint jedoch nicht plausibel, denn im Deuteronomium wird klar angegeben, an welcher Stelle die Tora ihren Anfang nimmt. In Dtn 4,44, dem ersten Vers der Überschrift des Bucherzählers zur zweiten Rede des Mose, heißt es:

> Und dies ist die Tora, die Mose den Kindern Israels vorlegte.

Diese Aussage kann nur so gedeutet werden, dass die Tora *mit Einsatz der zweiten Rede* des Mose beginnt, also mit Dtn 5,1.[34] Was mit 1,6 beginnt, ist also nicht

---

[31] Dafür sprechen auch die alten Versionen: LXX (διασαφέω), Vg. (explanare), Tg. Onqelos (פרש); Tg. Neofiti I (למפרשה); Tg. Pseudo-Jonathan (למלפא), siehe dazu auch Perlitt, Deuteronomium, S. 3.22 f.; Sonnet, Book, S. 30, und Otto, Deuteronomium im Pentateuch, S. 130, Anm. 89. Hingewiesen werden soll in diesem Zusammenhang auch noch auf die Hs. 1Q22 Kol II (DJD 1, S. 93). 1Q22 ist ein Teil des sog. Moses Apokryphon, bei dem es sich um eine „Bearbeitung von Stoffen und Formulierungen, wie sie vor allem auch im Deuteronomium vorkommen", handelt, Maier, Texte Bd. 1, S. 229. In Z. 8 und 9 steht:

.[הבו לכם חכמים אשר י]עשו לבאר [לכם ולבני]כם [את] כול דברי הת[ורה] האלה

Aufgrund der Wortwahl ist anzunehmen, dass hier Dtn 1,5 aufgenommen und bearbeitet wurde. Diese Stelle zeigt, dass die dtn Formulierung באר את התורה הזאת im Sinn von „erklären dieser Tora" interpretiert wurde, entsprechend übersetzt Maier, Texte Bd. 1, S. 231, באר mit „darlegen", Barthélemy/Milik, DJD 1, S. 94, übersetzen mit „expliquer"; nach Braulik/Lohfink, Deuteronomium 1,5, S. 37, könnte das Verb in 1Q22 die Bedeutung „erklären, erläutern" haben.

[32] Vgl. Lohfink, Bundesschluss, S. 53, Anm. 2; Braulik, Ausdrücke, S. 37; Perlitt, Deuteronomium, S. 7; Kallai, Moses, S. 196. Dabei wird angenommen, dass in Dtn 1,5 ein „weiter" Begriff von Tora vorliegt, vgl. Braulik, Deuteronomium 1–16,17, S. 22: „Der Begriff [Tora] bezog sich ursprünglich auf 5–28*, meint aber hier bereits alle Mosereden des Dtn"; Perlitt, Deuteronomium, S. 7: Tora meint „eine Gestalt der Moserede, in der Gesetz und Geschichte bereits innig verbunden sind". Braulik und Lohfink revidierten allerdings ihre These, vgl. Braulik/Lohfink, Deuteronomium 1,5, S. 35, Anm. 1: „Wir stehen, wie die folgenden Ausführungen zeigen werden, nicht mehr zum abschließenden Satz dieser Anmerkung [von Lohfink, Bundesschluss, S. 53, Anm. 2], der die Identität der ,Worte' von 1,1, mit ,dieser Tora' von 1,5 folgert. Denn nach 1,5 wird in Deuteronomoium 1–4 nur ,angefangen', etwas in Bezug auf ,diese Tora' zu tun."

[33] Diese Position vertreten auch noch – ohne ausführliche Diskussion von Dtn 1,1–5 – Crüsemann, Tora, S. 385, und Hardmeier, Rahmen, S. 63 f.

[34] Vgl. auch Sonnet, Book, S. 18 f., und Braulik/Lohfink, Deuteronomium 1,5, S. 38.43–46. Fragwürdig ist m. E. die Auffassung von Otto, Deuteronomium im Pentateuch, S. 167: „Dementsprechend wird in Dtn 1,5 die Interpretation des Deuteronomiums *als Auslegung der Sinaigesetzgebung* [kursiv: K. F.] in das Überschriftensystem des Deuteronomiums eingeführt."

die *Tora*, sondern es ist eine Verdeutlichung bzw. Erklärung „dieser Tora".[35] Es ist nun für die Übersetzung von באר pi. eine Entscheidung zwischen „verdeutlichen" und „erklären" zu treffen. Verdeutlichen scheint deshalb weniger geeignet, da es kaum darum gehen kann, die noch nicht verkündete Tora *deutlicher* zu machen. Erklären ist also vorzuziehen, und zwar in dem Sinn, dass in der ersten Rede eine Art „Voraberklärung" in Bezug auf die Tora gegeben wird. Worin diese Voraberklärung tatsächlich besteht, kann erst im Zuge der Analyse der ersten Rede gezeigt werden.

Auf der Grundlage dieser Interpretation von Dtn 1,5 lässt sich das Verhältnis zwischen den in V. 1aα und V. 5bβ genannten Tätigkeiten des Mose folgendermaßen bestimmen: V. 5bβ erläutert, wie die in V. 1aα angekündigten zu redenden Worte des Mose hinsichtlich der ersten Rede *im Besonderen* zu verstehen sind: eben als Erklärung der Tora.

Einzugehen ist schließlich noch auf die Frage, warum in V. 5b formuliert wird, dass Mose mit der Erklärung der Tora *beginnt* (הואיל משה באר[36]). Denkbar wäre immerhin auch gewesen, dass der Bucherzähler kurz und bündig geschrieben hätte: „Jenseits des Jordans, im Lande Moab, erklärte Mose diese Tora folgendermaßen." In diesem Fall wäre der Satz in Bezug auf Subjekt, Verb und Objekt auf das Genaueste auf V. 1a beziehbar gewesen (mosaisches Reden//Erklären; dies sind die Worte//diese Tora). Der „naiven" Leserschaft (die das Deuteronomium noch nicht kennt) hätte sich bei dem so formulierten V. 5 der Gedanke geradezu aufdrängen müssen, dass *alle* folgenden Worte des Mose als „Erklärung dieser Tora" zu verstehen sind. Die Formulierung הואיל משה באר sollte möglicherweise genau dies verhindern bzw. erschweren.[37] Auf jeden Fall signalisiert sie, dass in Dtn 1,6 ein *Prozess* beginnt, auf den sich die Leserinnen und Leser *einlassen* sollen.

---

[35] So auch noch Neumann, Wort, S. 76. Von Rad und Weinfeld übersetzen zwar Dtn 1,5 zutreffend (s. o.), doch hat dies keine Konsequenzen für ihre Analyse der ersten Rede. Weinfeld, Deuteronomy, S. 129, bemerkt zu seiner Übersetzung von באר lediglich: „This meaning suits this verse because, in contrast to the previous books of the Pentateuch, the Torah in Deuteronomy is accompanied by all sorts of introductory remarks and elucidating comments." Von Rad, Deuteronomium, S. 26f., kommentiert V. 5 folgendermaßen: „Der V. 5 verstand die folgende Rede als Hinführung auf die Gesetzesmitteilung, sieht also alles Folgende schon unter dem Gesichtspunkt des ‚Gesetzes', ist also späterer Zusatz, denn mit dem ‚Gesetz' hat die jetzt beginnende Rede [...] gar nichts zu tun."

[36] Zu der Asyndese der Perfecta הואיל באר vgl. Gesenius, Grammatik § 120g.

[37] Anders Mittmann, Deuteronomium, S. 15: „Mose fertigte *als erster* [Hervorhebung K. F.] eine Aufzeichnung seiner Weisung an und schuf somit das Vorbild und die Vorlage für die nach dem Jordanübergang und auf dem Ebal zu errichtenden Gesetzesstelen [Dtn 27,8]." Doch הואיל bezieht sich auf באר: Mose begann zu erklären, er tat nicht „als erster" etwas. Nach Rose, 5. Mose Teilband 1, S. 6, deutet der Verfasser durch das Verb „sich an die Aufgabe machen" an, „daß wir nach dieser Überschrift nicht sofort mit der Verkündigung des mosaischen Gesetzes rechnen dürfen (erst ab Kap 12!), sondern daß zuvor noch manches andere Material geboten wird". Dies ist zwar richtig, doch wird auch bei diesem Deutungsversuch zu wenig berücksichtigt, das sich הואיל insbesondere auf Erklären der Tora bezieht.

3.1. Moses Erklärung der Tora (Dtn 1–4)

Abschließend lässt sich festhalten, dass Dtn 1,1 eine Überschrift für alle (im Buch Deuteronomium zusammengestellten) Reden des Mose ist; Dtn 1,2–4 enthalten wichtige Stichworte, die im Laufe der ersten Rede aufgegriffen und entfaltet werden; Dtn 1,5 ist spezifische Überschrift für die erste mosaische Rede (Dtn 1,6–4,40). Mit dieser Überschrift gibt der Bucherzähler an, wie seiner Meinung nach die (Leser- oder) Hörerschaft des Buches Deuteronomium die erste Rede verstehen soll und wie das im Land Moab auf den dtn Mose hörende Israel die erste Rede verstanden hat: als Erklärung der Tora. Diese Vorabbelehrung in Bezug auf die Tora muss also offensichtlich erst nachvollzogen werden, ehe die dtn Tora selbst von Mose vorgelegt werden kann (Dtn 4,44 ff.).

Diese Bestimmung der ersten Rede ist im Vergleich zu den Bestimmungen der weiteren Reden im Deuteronomium auffällig: Keine andere Rede hat nach dem Bucherzähler den Charakter einer Erklärung bzw. Belehrung. Jedenfalls ist Dtn 1,5 eine Art hermeneutischer Schlüssel für die erste Rede des Mose. Im Folgenden ist nun zu entfalten, was Erklärung der Tora bedeutet.[38] Dtn 1,6–4,40 besteht aus zwei Teilen (Dtn 1,6–3,29 und Dtn 4,1–40), beide Teile sind zunächst separat zu betrachten.

3.1.1.2. Dtn 1,6–3,29: Moses Rückblick auf die Ereignisse seit dem Horeb

Zunächst soll eine grobe Inhaltsübersicht über Dtn 1,6–3,29 gegeben werden:[39]

a) 1,6–8:   Wiedergabe des Befehls JHWHs zum Aufbruch vom Horeb und zur Eroberung des den Erzvätern zugeschworenen Landes

b) 1,9–18:   Bericht über die Organisation des Rechtswesens und über Instruktionen für die Richter sowie über Handlungsanweisungen an das Volk

---

[38] Es ist alles andere als selbstverständlich, die erste Rede unter dieser Vorgabe zu lesen. Zitiert seien hier die berühmten Sätze von Martin Noth zu Dtn 1–4: „Denn wenn man mit dem Gedanken an das große selbständige Geschichtswerk von Dtr die sogenannten Einleitungsreden des deuteronomischen Gesetzes genauer in das Auge faßt, so zeigt sich schnell und überzeugend, daß die erste dieser Einleitungsreden, das Stück Dtn. 1,1–4,43, gar keine spezielle Beziehung zum deuteronomischen Gesetze, wohl aber ein ganz unmittelbares Verhältnis zum deuteronomistischen Geschichtswerk hat. Daraus ergibt sich der Schluß, daß wir es in Dtn. 1–3(4) nicht mit einer Einleitungsrede zum deuteronomischen Gesetz, sondern mit dem Eingang des deuteronomistischen Geschichtswerkes zu tun haben, daß dieses letztere also mit Dtn. 1,1 beginnt", Noth, Studien, S. 14. In diachroner Hinsicht sind diese Überlegungen ohne Zweifel bedenkenswert, vgl. Preuss, Deuteronomium, S. 77: „Wer heute etwas zu Dtn 1–3 sagt, muß zu dieser These [Noths] Stellung nehmen bzw. (schlicht ausgedrückt) einleuchtend machen, was Dtn 1–3 sonst noch sein könnten, wenn sie nicht Einleitungsrede zum DtrG sind." Die erste Rede ist kaum einmal als ganze in den Blick genommen worden, siehe aber Childs, Introduction, S. 213–215; Polzin, Moses, S. 36–43; Braulik, Sprechakt, S. 249.

[39] Literatur zu Dtn 1,6–3,29 kann hier außer den Kommentaren nur in Auswahl angegeben werden: McKenzie, Prologue; Mittmann, Deuteronomium, S. 18–115; Perlitt, Deuteronomium 1–3; Veijola, Observations; Gomes, Wüste, S. 45–113; Millar, Place, S. 16–32; Lohfink, Analyse; Slater, Arrival; Otto, Deuteronomium im Pentateuch, S. 12–111.129–138.

124 *Kapitel 3: Religiöses Lehren und Lernen im Buch Deuteronomium*

c) 1,19–2,1: Erzählung der Ereignisse von Kadesch Barnea (Kundschaftergeschichte und fehlgeschlagene Eroberung des Landes aufgrund von Ungehorsam des Volkes)
d) 2,2–15:[40] Wiedergabe der Befehle JHWHs zum friedlichen Durchzug durch Edom und Moab[41] und Bericht über die Ausführung dieser Befehle, abschließendes Resümee (Israel war 38 Jahre in der Wüste, in dieser Zeit sind alle „Kriegsmänner" gestorben)
e) 2,16–23: Wiedergabe des Befehls JHWHs zur Umgehung von Ammon (nach dem Tod der „Kriegsmänner")
f) 2,24[42]–3,7: Wiedergabe des Befehls JHWHs zur Eroberung des Landes; Bericht über zwei Kriege (Botengeschichte und Siege über Sichon und Og)
g) 3,8–17: Zusammenfassende Bemerkungen hinsichtlich der Eroberung des Ostjordanlandes, Bericht über die Verteilung dieses Landes an die Stämme Ruben, Gad und Manasse
h) 3,18–22: Wiedergabe der Befehle des Mose zur Vorbereitung der Eroberung des Westjordanlandes
i) 3,23–29: Wiedergabe der Bitte des Mose an JHWH, in das Land ziehen zu können, und der nachfolgenden Ablehnung; Angabe des Ortes des mosaischen Redens vor Israel (Bet Peor).

Diese grobe Übersicht ergibt: Viel „Geschichte" und keine „Tora". Zumindest wird die dtn Tora nicht explizit erwähnt. Der Leser- bzw. Hörerschaft des Buches Deuteronomium, die durch den Bucherzähler auf eine Erklärung der Tora eingestellt ist, drängt sich die Spannung erzeugende Frage geradezu auf, was denn die erzählte „Geschichte" mit der dtn Tora zu tun hat. Diese Frage lässt sich erst von dem zweiten Teil der ersten Rede Dtn 4,1–40 her beantworten und ist von daher aufzuschieben.

Eine eingehende Analyse der einzelnen Abschnitte von Dtn 1,6–3,29 ist hier nicht erforderlich. Nur auf einen Abschnitt soll genauer eingegangen werden,

---

[40] Nach Dtn 2,14 f. ist m. E. eine Makrozäsur zu setzen: Ab Dtn 2,16 wird erzählt, dass JHWH die Geschichte quasi „zurückspult" und damit der neuen Generation unter der Leitung des Mose einen neuen Anfang ermöglicht; als Möglichkeit wird dies auch von Gomes, Wüste S. 58, erwogen. Das „Zurückspulen" der Geschichte ist in Form einer konzentrischen Struktur gestaltet:
   a Kundschaftergeschichte und fehlgeschlagene Eroberung des Landes (Dtn 1,20–2,1)
   b JHWH-Befehle zum friedlichen Durchzug durch Edom und Moab (Dtn 2,2–13)
   c Abschluss: Nach 38 Jahren Tod der „Kriegsmänner" (Dtn 2,14 f.)
   c' Neubeginn: Nach dem Tod der „Kriegsmänner" (Dtn 2,16)
   b' JHWH-Befehl zur friedlichen Umgehung von Ammon (Dtn 2,17–23)
   a' Botengeschichte und erfolgreicher Beginn der Eroberung des Ostjordanlandes (Dtn 2,24–3,7).

[41] Diese Gebiete wurden nicht umgangen, wie der MT in V. 8 suggeriert, sondern durchzogen, wie die LXX und Vg. bezeugen, dies ist wohl lectio difficilior, vgl. auch Mittmann, Deuteronomium, S. 65 f.; Lohfink, Analyse, S. 144, Anm. 33; anders Weinfeld, Deuteronomy, S. 156.

[42] Die JHWH-Rede in V. 24 wird nicht eingeleitet, deshalb verstehen Gomes, Wüste, S. 63, und Lohfink, Analyse, S. 151, Anm. 45, Dtn 2,14–25 als Einheit. Doch in V. 24 beginnt thematisch etwas Neues. Eine Grenze zwischen V. 23 und 24 ziehen auch Perlitt, Deuteronomium, S. 145; Weinfeld, Deuteronomy, S. 167 ff., und Rose, 5. Mose Teilband 2, S. 389 f.

3.1. Moses Erklärung der Tora (Dtn 1–4)

nämlich auf Dtn 1,9–18. In V. 18 werden „Dinge" (דברים) erwähnt, die der dtn Mose Israel gebietet. Dies lässt aufmerken, insofern ja auch die Gebote der Tora von dem dtn Mose geboten werden. Zu vermuten ist, dass die Erwähnung dieser דברים für die „Erklärung der Tora" besonders relevant ist.

9 Und ich sagte euch zu jener Zeit: ‚Ich kann euch nicht alleine tragen.
10 JHWH, euer Gott, hat euch gemehrt, und siehe, ihr seid heute zahlreich wie die Sterne des Himmels.
11 JHWH, der Gott eurer Väter, füge zu euch tausendmal so viel hinzu, wie ihr schon seid, und er segne euch, wie er euch zugesagt hat.
12 Wie soll ich allein tragen eure Bürde, eure Last und eure Streitigkeiten?
13 Bringt weise, einsichtige und verständige Männer herbei nach euren Stämmen, damit ich sie als eure Häupter einsetze.'
14 Und ihr antwortetet mir und spracht: ‚Gut ist, was du vorgeschlagen hast zu tun.'
15 Und ich nahm die Häupter eurer Stämme, weise und verständige Männer, und ich setzte sie als Häupter über euch, (nämlich) als Beamte über je tausend und als Beamte über je hundert und als Beamte über je zehn sowie (auch) als Listenführer in Bezug auf eure Stämme.
16 Und ich gebot euren Richtern zu jener Zeit: ‚Hört an, was zwischen euren Brüdern steht, und richtet gerecht zwischen einem Mann und seinem Bruder und seinem Fremdling.
17 Ihr sollt beim Richten nicht die Person ansehen, den Kleinen wie den Großen sollt ihr anhören. Fürchtet nicht das Ansehen eines Mannes, denn das Gericht gehört Gott. Und eine Angelegenheit, die euch zu schwierig ist, bringt vor mich und ich will sie hören.'
18 Und ich gebot euch zu jener Zeit alle die Dinge, die ihr tun solltet.

„Zu jener Zeit" (בעת ההוא), also als Israel sich kurz vor dem Aufbruch vom Horeb befand, sah sich Mose außerstande, das Volk alleine zu tragen (V. 9b). Der Grund dafür lag in der mittlerweile gewaltigen Vermehrung des Volkes (V. 10 f.). Im Zusammenhang mit dieser Vermehrung war es Mose unmöglich, טרחכם ומשאכם וריבכם alleine zu tragen (V. 12). Das suffigierte Nomen טרחכם meint „in Moses Mund ‚die Bürde, die ihr (für mich) seid'"[43]; das suffigierte Nomen משאכם meint parallel zu טרחכם „die Last, die ihr (für mich) darstellt."[44] Das dritte suffigierte Nomen ריבכם kann nicht „gleichsinnig mit den beiden vorausgehenden übersetzt werden: Die Rechtshändel der Israeliten *untereinander* sind et-

---
[43] Perlitt, Deuteronomium, S. 65.
[44] Perlitt, Deuteronomium, S. 65.

was anderes als die Bürde oder Last, die die Israeliten *für Mose* darstellen."[45] ריבכם meint demnach die Streitigkeiten der Israelitinnen und Israeliten. Um sich zu entlasten, bestimmte Mose, dass das Volk stammesbezogen weise, einsichtige und verständige Männer aussuchen solle, um sie dann als „Häupter" (ראשים) einzusetzen (V. 13), wobei diese Bestimmung ausdrücklich die Zustimmung des Volkes fand (V. 14). Es wird nicht eigens berichtet, dass das Volk tatsächlich entsprechende Männer aussuchte; dass es geschah, lässt sich aus der Fortsetzung erschließen.

V. 15a besagt dann, dass Mose die „Stammeshäupter" (ראשי שבטים) nahm, nämlich weise und verständige Männer, um sie als „Häupter" über das Volk (ראשים עליכם) einzusetzen. Der Sinn dieses Satzes ist nicht einfach zu verstehen, vor allem, weil die Rede von den „Stammeshäuptern" im Kontext unvorbereitet kommt. Es gibt, wenn man in den Text nicht eingreifen will, zwei Möglichkeiten der Deutung: Man kann zum einen annehmen, dass solche „Stammeshäupter" bereits existierten, die dann vom Volk ausdrücklich auch zur von Mose erbetenen Entlastung bestimmt, von Mose angenommen und als „Häupter" über Israel eingesetzt wurden.[46] Denkbar wäre zum zweiten auch, dass die vom Volk stammesbezogen ausgewählten Männer (V. 13) als „Stammeshäupter" bezeichnet wurden, die Mose dann als „Häupter" über Israel einsetzte. Wie auch immer, eingesetzt wurden die „Häupter" als[47] „Beamte" (שרים) über tausend, hundert, fünfzig und zehn Israeliten und als „Listenführer" (שטרים) (1,15).[48]

Laut V. 16f. gebot Mose „zu jener Zeit" (בעת ההוא) den Richtern Israels (שפטים) in Bezug auf ihr Richten einige Grundsätze (V. 16b–17). V. 16f. werden fast durchweg so gedeutet, dass sich Mose nicht an die eben eingesetzten „Häupter", sondern an *bereits eingesetzte Richter* wandte.[49] Diese Interpretation steht jedoch in synchroner Perspektive in unauflösbarer Spannung zu den Aussagen von V. 9 und V. 12: Dort betonte Mose ausdrücklich, dass er *alleine* sei bzw. dass er die Streitigkeiten des Volkes nicht mehr *alleine* tragen könne. Dies schließt definitiv aus, dass vor „jener Zeit" Richter neben Mose fungierten. V. 16a muss also in dem Sinn gedeutet werden, dass die Richter aus dem Kreis der von Mose

---

[45] Perlitt, Deuteronomium, S. 66 [kursiv K. F.]; vgl. auch Braulik, Weisheit im Buch Deuteronomium, S. 231 f.

[46] So etwa Crüsemann, Tora, S. 110; vgl. auch Braulik, Weisheit im Buch Deuteronomium, S. 233, nach dem die Bezeichnung „Stammeshäupter" in V. 15 die Bezeichnung „Männer" in V. 13 präzisiert.

[47] Die in V. 15b genannten Titel (שרים ושטרים) sind als Apposition zu ראשים zu verstehen, denn der Ton liegt im Kontext auf den „Häuptern" (V. 13b), vgl. auch die Übersetzungen von G. von Rad, Deuteronomium, S. 22, und von Weinfeld, Deuteronomy, S. 135.

[48] Vgl. zu den Titeln vor allem Weinfeld, Deuteronomy, S. 138; Perlitt, Deuteronomium, S. 70 f.; Rüterswörden, Beamte, S. 20–91.

[49] So etwa von Rad, Deuteronomium, S. 29; Mittmann, Deuteronomium, S. 26; Buchholz, Die Ältesten Israels, S. 23; Perlitt, Deuteronomium, S. 72 f.; Rose, 5. Mose Teilband 2, S. 474; Braulik, Weisheit im Buch Deuteronomium, S. 232 f.

über Israel eingesetzten „Häupter" stammen.[50] Gegenstand ihres Richtens sind nach dem Kontext die „Streitigkeiten" der Israelitinnen und Israeliten; das Richten muss in Gerechtigkeit (V. 16bα) und in Verantwortung vor JHWH geschehen (V. 17a). Mose wollte nur noch bei schwierigen Fällen eingreifen (V. 17b).

Nach Dtn 1,18 gebot Mose ebenfalls noch zu „jener Zeit" (בעת ההוא) dem Volk „alle die Dinge" (כל הדברים), die es tun sollte. Mit den דברים können im Kontext eigentlich nur Regelungen mit Bezug auf die in V. 12b erwähnten Streitigkeiten gemeint sein. Gefragt werden soll nun nach dem Charakter dieser Regelungen. Zu beachten ist hier zunächst ein auffälliger Unterschied zu Ex 18,13–27, ein Text, mit dem Dtn 1,9–18 bekanntlich thematisch in enger Beziehung steht:[51] In Ex 18,16.20 werden die Regelungen, die Mose dem streitsüchtigen Volk mitteilt, als *Satzungen und Weisungen Gottes* (חקי האלהים ואת תורתיו) bezeichnet. Demgegenüber klingt דברים in Dtn 1,18 ausgesprochen blass. Es ist m. E. ganz unwahrscheinlich, dass damit – wie in der Literatur gelegentlich vertreten – „Gottesgesetze" (Gebote aus dem Bundesbuch, Dekaloggebote oder gar dtn Gebote) gemeint sind.[52] Warum sollte Mose den Israelitinnen und Israeliten schon bekannt gegebene Gebote JHWHs wie die Dekalogggebote oder die Gebote aus dem Bundesbuch zu diesem Zeitpunkt wiederholen? Die dtn Gebote sind sicher nicht gemeint, da sie von Mose erst später promulgiert werden. Die דברים sind also wohl eher pragmatisch-profane Regelungen.[53] Sie sollten vermutlich einen Beitrag dazu leisten, Streitereien im Volk auf dem Weg ins gelobte Land zu verhindern.

---

[50] Die „Listenführer" haben nach Dtn 16,18 ihren Wirkungsbereich in der Ortsgerichtsbarkeit, die „Beamten" werden im Deuteronomium nur noch im Kriegsgesetz 20,9 (שרי צבאות) erwähnt. Doch es ist nicht zwingend, dass die „Beamten" auch in Dtn 1,15 (ausschließlich) als „militärische Führer" verstanden werden müssen, so etwa Braulik, Weisheit im Buch Deuteronomium, S. 236. Nach Ex 18,25 f. haben die als שרים eingesetzten „Häupter" ausdrücklich die Aufgabe zu richten (von שטרים ist in diesem Kontext nicht die Rede). Niehr, Art. שר, Sp. 874, deutet Dtn 1,15 f. dahingehend, dass die als שרים eingesetzten Häupter nunmehr als Richter fungieren sollen, vgl. auch Weinfeld, Deuteronomy, S. 138 f.

[51] Nach Braulik, Weisheit im Buch Deuteronomium, S. 236, „gilt es als sicher, daß Dtn 1 von Ex 18 abhängt, nur die militärischen Ränge in Ex 18,21b und 25b sind von Dtn 1,15 beeinflusste Nachträge".

[52] Seitz, Studien, S. 29, sieht in Dtn 1,9–15.16 f.18 ohne nähere Begründung einen allgemeinen Hinweis auf das dtn Gesetz. Nach Braulik, Ausdrücke, S. 20 (anders in „Weisheit im Buch Deuteronomium", siehe die folgende Anm.), und Mittmann, Deuteronomium, S. 28, beziehen sich die דברים auf die Verkündigung der im Bundesbuch niedergelegten Worte JHWHs (Ex 24,3.7). Rose, 5. Mose Teilband 2, S. 475 f., deutet die דברים als die zehn Gebote. Nach Brettler, Creation, S. 68, geht es in V. 18 nur um „commanding the entire nation concerning proper behavior".

[53] Hinzuweisen ist noch auf zwei andere Deutungen der דברים: Noth, Studien, S. 31, versteht sie als „Anordnungen für die nun bevorstehende Wüstenwanderung"; im Kontext der Richtereinsetzung macht dies aber wenig Sinn. Nach Braulik, Weisheit im Buch Deuteronomium, S. 232, Anm. 23, beziehen die דברים „sich – zumindest primär – auf den Vorschlag militärischer Führer in V. 13". Doch wieso sollte der dtn Mose hier noch einmal wiederholen, was aus V. 13 schon mit hinreichender Deutlichkeit hervorgeht?

128 Kapitel 3: Religiöses Lehren und Lernen im Buch Deuteronomium

Die דברים sind also mit den Geboten der dtn Tora nicht identisch. Es bleibt die an dieser Stelle noch nicht zu beantwortende Frage, was die Erwähnung dieser pragmatisch-profanen Regelungen für die intendierte Erklärung der Tora beiträgt.

3.1.1.3. Dtn 4,1–40: Moses Lehre des Tuns der Satzungen und Rechtsvorschriften

Der zweite Teil der ersten Rede Dtn 4,1–40[54] lässt sich grob wie folgt gliedern:[55]

a) 4,1: Bekundung der Absicht Moses, das Tun der Satzungen und Rechtsvorschriften[56] zu lehren
b) 4,2–4: Aufforderung zum genauen Tun der dtn Gebote
c) 4,5–8: Aufforderung zum Tun der dtn Gebote im Land
d) 4,9–14: Rückblick auf die Horebereignisse
e) 4,15–24: Warnung vor Missachtung des „Bilderverbots"
f) 4,25–31: Die Folgen der Missachtung des „Bilderverbots" im Land
g) 4,32–40: Einzigkeit und Einzigartigkeit JHWHs und die daraus folgende Gebotsparänese.

Zunächst muss ausführlich auf Dtn 4,1 eingegangen werden, denn an der Deutung dieses Verses hängt das Verständnis des gesamten Abschnitts Dtn 4,1–40.[57] Der hebräische Text von V. 1 lautet wie folgt:

---

[54] Zu Dtn 4,1–40 siehe außer den Kommentaren vor allem Lohfink, Verkündigung; Braulik, Mittel; ders., Sprechakt; Mittmann, Deuteronomium, S. 115–128; Knapp, Deuteronomium 4; Mayes, Criticism; Millar, Place, S. 32–49; Otto, Deuteronomium 4; Otto, Deuteronomium im Pentateuch, S. 156–175; Hartenstein, Gestalt.

[55] Umstritten ist vor allem die Binnengliederung von Dtn 4,15–31. Für eine Gliederung in Dtn 4,15–24 und 4,25–31 sprechen folgende Argumente: Die Eröffnungsverse sind inhaltlich deutlich aufeinander bezogen, insofern V. 15 f. vor der „Verderbnis" (... פן תשחתון ועשיתם V. 16a) warnt, in V. 25 diese „Verderbnis" vorausgesetzt wird (... השחתם ועשיתם). V. 23 f. sind Schlussverse des in V. 15 beginnenden Abschnitts, wie die deutlich aufeinander bezogenen Warnungen נשמרתם (V. 15a) und השמרו (V. 23) erkennen lassen. V. 23 f. und V. 31 entsprechen sich als Schlussverse durch die Rede von den Bünden, die Aussagen im Hinblick auf das Gottesverständnis verhalten sich wie Bild und Gegenbild (siehe dazu unten zu Dtn 4,25–31). Anders Braulik, Mittel, S. 35–60; Mayes, Criticism, S. 197; Weinfeld, Deuteronomy, S. 205, und Hartenstein, Gestalt, S. 74 ff., sie bestimmen Dtn 4,15–22 und 4,23–31 als Abschnitte; für Knapp, Deuteronomium 4, S. 91–104, ist Dtn 4,29–35 eine Einheit.

[56] Der Doppelausdruck חקים ומשפטים wird in den Kommentaren verschieden übersetzt: G. von Rad: „Satzungen und Rechte"; Einheitsübersetzung: „Gesetze und Rechtsvorschriften"; Rose: „Satzungen und Rechtssätze"; Nielsen: „Vorschriften und Satzungen". Eine Entscheidung fällt schwer, da eine genaue Abgrenzung der verschiedenen Begriffe für „Gesetz" im Deutschen wie im Hebräischen Schwierigkeiten bereitet. M. E. ist jedoch „Gesetze" für חקים (so die Einheitsübersetzung) zu blass. „Rechte" (so von Rad) bzw. „Rechtssätze" (so Rose) für משפטים ist ebenfalls nicht glücklich gewählt. Ein Grund, die Übersetzung Nielsens aufzugreifen, die von den anderen Vorschlägen völlig abweicht, erscheint nicht gegeben. Der Doppelausdruck soll also im Folgenden mit Satzungen und Rechtsvorschriften wiedergegeben werden.

[57] Es gibt verschiedene Versuche, Funktion und Inhalt der Einheit Dtn 4,1–40 zu bestimmen, keiner jedoch berücksichtigt die in 4,1 enthaltene Themenangabe: Nach Lohfink, Verkündi-

3.1. Moses Erklärung der Tora (Dtn 1–4) 129

ועתה ישראל שמע אל החקים ואל המשפטים	1aα
אשר אנכי מלמד אתכם לעשות	1aβ
למען תחיו ובאתם וירשתם את הארץ	1bα
אשר יהוה אלהי אבתיכם נתן לכם:	1bβ

Die unterschiedlichen Übersetzungen der Kommentare deuten darauf hin, dass der Vers nicht einfach zu verstehen ist. Hier eine Auswahl:

G. VON RAD: „Und nun, Israel, höre auf die Satzungen und Rechtsvorschriften, die ich euch heute lehre, sie zu befolgen, daß ihr am Leben bleibt und hineinkommt und das Land in Besitz nehmt, das euch Jahwe, der Gott eurer Väter, geben wird."[58]

WEINFFELD: „And now, oh Israel, listen to the laws and rules that I am teaching you to observe, so that you may live to enter and occupy the land that YHWH, the God of your fathers, is giving you."[59]

ROSE: „Und nun, Israel (– um zum Entscheidenden zu kommen): Höre die Satzungen und Rechtssätze, in denen ich euch unterweise, daß ihr (sie) prak-

---

gung, S. 170 f., nimmt 4,1–40 die Struktur der Bundesurkunde auf: 4,1–24 enthält historische Rückblicke und Verkündigungen des Hauptgebots, in 4,25–31 folgen Segen und Fluch, am Ende des Textes steht in 4,32–40 eine Peroratio, wobei in diesem Abschnitt „offensichtlich die Hauptmotive des ganzen Textes noch einmal zusammengefaßt [werden]". Die eigentliche Botschaft des Textes tritt nach Lohfink „zweifellos in 4,29–31 zutage. Dem Israel der Exilszeit wird gesagt, daß seine Geschichte mit Jahwe nicht, wie es nach der Logik des Sinaibundes sein müßte, zu Ende ist, sondern daß auch jetzt noch die Umkehr möglich ist, weil Jahwe nicht nur eifernder, sondern auch barmherziger Gott ist, der sich an seine Liebe zu den Patriarchen erinnert, an einen Schwur, der keiner Bedingung unterworfen ist", a. a. O., S. 190. Braulik, Mittel, S. 80, sieht in den ermahnenden Elementen „die Hauptaussage unseres paränetischen Textes". Diese Elemente fungieren nach Braulik als Knotenpunkte der historischen Rück- und Ausblicke in die Volksgeschichte Israels. Geht es „in den V. 1–8 um die Gesamtheit der Gebote, so sind die Verse 9–31 dem Thema ausschließlicher Jahweverehrung gewidmet. Beide aber wurzeln in der Horeboffenbarung. [...] Alle Mahnungen unseres Textes zu ausschließlicher Jahwetreue erhalten ihr tiefstes Fundament im Nachweis des ausschließlichen Gottseins Jahwes in den V. 35 und 39, woraus V. 40 die praktische Folgerung zieht und zur Gesetzesbeobachtung ermahnt. Diese Gedankenführung zeigt einen klaren logischen Aufbau und integriert die verschiedenen Aussagen in ein komplexes Ganzes", a. a. O., S. 80 f. Nach Mayes, Criticism, S. 198, gilt: „For this is a speech, characterized by rhetorical style with its exhortation, repetition and expansiveness, which is aimed at inculcating what is understood as the chief commandment: the prohibition of images. This chief concern appears not only in the central section, vv. 15–22, but also in vv. 9–14 (cf. V. 12) and vv. 23–31 (cf. vv. 23, 25). The whole is then bound together by a prologue and epilogue in vv. 1–8, 32–40, which themselves are held together by many points of contact." Nach Weinfeld, Deuteronomy, S. 221, eröffnet 4,1–40 zwar „with an exhortation to observe the laws of God (vv 1–8) and concludes with an identical exhortation (v 40), but the central concern of the chapter is the preservation of Israel's uniqueness by its absentation from idolatry." Für Rose, 5. Mose Teilband 2, S. 491, ist 4,1–40 eine „neue theologische Auslegung", die die Verfasser dem Horeb-Ereignis (c. 5) gegeben haben. „Diese Einleitung zum Gesetz soll vor allem das herausheben, was den Verfassern der Schicht IV als das theologisch Wichtigste an einer treuen Gesetzesbefolgung erscheint: die Beachtung der radikalen Ausschließlichkeit des Gottes Israels (bes. in V. 35 u. 39) und der strikte Verzicht auf jede bildliche Darstellung dieses Gottes (bes. in V. 15–19, 23–24 u. ö.)."

[58] Von Rad, Deuteronomium, S. 33.
[59] Weinfeld, Deuteronomy, S. 193; so auch Christensen, Deuteronomy 1,1–21,9, S. 77.

NIELSEN: tiziert, damit ihr am Leben bleibt, hineinkommt und das Land in Besitz nehmt, das Jahwe, der Gott eurer Väter, euch gibt."[60]
„Und nun, Israel, höre auf die Vorschriften und Satzungen, die ich euch lehren will, daß Ihr sie tut, damit Ihr lebt und einziehet und das Land erobert, das Jahwe, der Gott eurer Väter, geben wird."[61]

Zwei Fragen drängen sich auf: Hat das Verb שמע q. in V. 1aα die Bedeutung „hören von" oder die Bedeutung „hören auf" im Sinn von „gehorchen"? Ist in V. 1aβ das Tun der Satzungen und Rechtsvorschriften der Zweck der mosaischen Belehrung („... die ich euch lehre, damit ihr sie tut") oder ihr Gegenstand („... die ich euch lehre zu tun")?

Zunächst zur zweiten Frage. Im Deuteronomium werden noch an vier anderen Stellen die Begriffe „Satzungen und Rechtsvorschriften" (חקים ומשפטים), „lehren" (למד pi.) und „tun" (עשה q.) kombiniert (Dtn 4,5.14; 5,31 und 6,1). Alle vier Stellen sind dahingehend zu interpretieren, dass der dtn Mose die Satzungen und Rechtsvorschriften lehren muss. Im Vergleich zu diesen Stellen weist Dtn 4,1 zwei Besonderheiten auf: Zum einen wird nur hier kein ausdrücklicher Auftrag JHWHs zum Lehren erwähnt, zum zweiten steht nur hier לעשות ohne Objekt bzw. ohne jede weitere adverbiale Bestimmung. Der erste Punkt ist m. E. ein klares Indiz dafür, dass sich das mosaische Lehren in Dtn 4,1 von der an den anderen vier Stellen erwähnten Lehre der Satzungen und Rechtsvorschriften, die ausdrücklich im Auftrag JHWHs ergeht, unterscheidet. Wäre das Lehren hier im Sinne der anderen vier Stellen gemeint, so würde es doch sehr erstaunen, wenn diese Lehre ausgerechnet an der *ersten* Stelle im Deuteronomium nicht als im Auftrag JHWHs ergehend ausgewiesen worden wäre. In Bezug auf den zweiten Punkt ist zu sagen, dass die absolute Stellung des Infinitivs לעשות ein Indiz dafür ist, ihn nicht als Satz aufzulösen („... die ich euch lehre, damit ihr die Satzungen und Rechtsvorschriften tut"), sondern ihn im Sinn eines Objekts direkt an das Verb מלמד anzuschließen („... die ich euch lehre zu tun"). In synchroner Hinsicht wird die Deutung, dass der dtn Mose nun lehren wird,[62] die Satzungen und Rechtsvorschriften zu befolgen, dass er also (noch) nicht die Satzungen und Rechtsvorschriften selbst lehren wird, durch die folgende Beobachtung gestützt:[63] Es wird im Deuteronomium klar ausgewiesen, wann Mose beginnt, die Satzungen und Rechtsvorschriften zu lehren, nämlich in Dtn 6,1. Für die Deutung „lehren zu tun" in 4,1aβ spricht weiterhin, dass sich der Abschnitt

---

[60] Rose, 5. Mose Teilband 2, S. 489.

[61] Nielsen, Deuteronomium, S. 54.

[62] Das Partizip מלמד kündigt m. E. hier einen unmittelbar folgenden Vorgang an. Vgl. zu den partizipialen Formulierungen im Deuteronomium insbesondere Lohfink, Neubegrenzung, S. 245.

[63] Vertreter der Auffassung, dass Mose im Folgenden die dtn Gesetze lehren wird, sind noch Braulik, Mittel, S. 14; Lohfink, Verkündigung, S. 167, und Sonnet, Book, S. 36f. Anders aber auch schon König, Deuteronomium, S. 78; Buber/Rosenzweig, Weisung, S. 486.

Dtn 4,1–40, wie freilich noch im einzelnen zu zeigen ist, gut als Lehre hinsichtlich des Tuns der Satzungen und Rechtsvorschriften charakterisieren lässt. V. 1 erfüllt dabei die Funktion einer Themenangabe bzw. hat den Charakter einer Überschrift. Unter Berücksichtigung aller genannten Aspekte ist also im Sinne von Rads und Weinfelds festzuhalten, dass 4,1aβ besagen will, dass Mose nun anhebt zu lehren, die Satzungen und Rechtsvorschriften zu tun.[64]

Nun zu der ersten der beiden im Anschluss an die oben angeführten Übersetzungen zu Dtn 4,1 gestellten Fragen: Welche Bedeutung hat das Verb שמע q. in V. 1aα? Wollte man שמע ישראל אל החקים ואל המשפטים hier mit „höre Israel die Satzungen und Rechtsvorschriften" übersetzen, hätte man, da in Dtn 4,2 ff. die Satzungen und Rechtsvorschriften ja nicht promulgiert werden, ein Problem. Man müßte den Höraufruf in einem vorausweisenden Sinn deuten: Höre Israel die Satzungen und Rechtsvorschriften – die euch später bekannt gegeben werden. Das wäre zwar möglich, aber es ist doch umständlich. Die Deutung des Imperativs im Sinn von gehorchen ist dem gegenüber die wesentlich einfachere Lösung.[65] Und sie ist plausibel: Israel wird aufgefordert, *auf* die Satzungen und Rechtsvorschriften zu hören (4,1aα), d. h. sich nach ihnen auszurichten und sie zu tun. In Bezug auf das Tun der Satzungen und Rechtsvorschriften will Mose belehren (4,1aβ). Das Hören auf die Satzungen und Rechtsvorschriften ist demnach die Konsequenz, die Israel aus der mosaischen „Tunslehre" ziehen soll: Israel soll sich nach den Satzungen und Rechtsvorschriften ausrichten und damit die Belehrung des Mose umsetzen.

In Bezug auf die Interpretation von Dtn 4,1 ist noch ein weiterer Punkt zu klären: Der Finalsatz in V. 1b gibt als Zweck „am Leben bleiben", (ins Land) „kommen" und „das Land in Besitz nehmen" an. Unklar ist jedoch, an welches Verb der Finalsatz anschließt, an „hören auf"[66] oder an „lehren (zu tun)".[67] M. E. muss hier keine Entscheidung getroffen werden. Denn beides, die Belehrung bezüglich des Tuns der Satzungen und Rechtsvorschriften (V. 1aβ) und die (sich hoffentlich einstellende) Folge, dass die Israelitinnen und Israeliten daraufhin auf die Satzungen und Rechtsvorschriften hören (V. 1aα), sind die Bedingungen für die in V. 1b angesprochene Zukunft: Kein Leben, kein Kommen ins Land, keine In-Besitz-Nahme des Landes ohne die – die mosaische Belehrung voraussetzende – Ausrichtung an den dtn Geboten.

---

[64] G. von Rad geht in seinem Kommentar allerdings nicht weiter auf V. 1 ein; Weinfeld äußert sich bei seiner Kommentierung von Dtn 4,1 nur zu „lehren" (למד pi.), nicht zu „lehren zu tun" (למד לעשות); Christensen, Deuteronomy 1,1–21,9, S. 79 f., geht von der Lehre der dtn Tora aus.

[65] So auch noch Neumann, Wort, S. 98; Rüterswörden, Art. שמע u. a., Sp. 275.

[66] So etwa Braulik, Mittel, S. 15; Knapp, Deuteronomium 4, S. 44.

[67] Ein Anschluss an לעשות scheidet aus, gegen Weinfeld, Deuteronomy, S. 200, und Rose, 5. Mose Teilband 2, S. 491 f.; der Ton liegt in V. 1aβ nach der oben vertretenen Deutung ja nicht auf dem Tun, sondern auf der mosaischen Belehrung bezüglich des Tuns.

In diesem Zusammenhang ist noch ein letztes Problem zu diskutieren: In Dtn 4,1 wird in synchroner Hinsicht zum ersten Mal im Deuteronomium Israel zur Bedingung gemacht, die Satzungen und Rechtsvorschriften zu tun – zu ergänzen ist: in den verbleibenden Tagen bis zum Einzug in das (Westjordan-)Land – um in das Land hineinzukommen und es in Besitz zu nehmen (vgl. noch Dtn 6,18 f.; 8,1; 11,8; 16,20).[68] Diese Bedingung steht scheinbar mit einer ganzen Reihe anderer dtn Aussagen in Widerspruch:[69]

a) Aus der Erzählung der Ereignisse von Kadesch Barnea (Dtn 1,19 ff.) geht eindeutig hervor, dass die In-Besitz-Nahme des Landes ursprünglich *nicht* an die Bedingung des Gehorsams gegenüber JHWHs *Geboten* gebunden war (sondern nur gegenüber seiner Weisung, das Land ohne Furcht vor den Bewohnern zu erobern). Und die Erzählung von der schon erfolgten Eroberung des Ostjordanlandes (Dtn 2,16 ff.) zeigt, dass Israel nur mit JHWHs Hilfe[70] das Land in Besitz nehmen kann, von irgendeiner Bedingung, die Israel erfüllen muss, verlautet nichts.

b) Im unmittelbaren Kontext von Dtn 4,1 finden sich Aussagen, die als den Geltungsbereich der Satzungen und Rechtsvorschriften ausdrücklich das Land angeben (Dtn 4,5.14; vgl. auch 5,31; 6,1; 12,1).

c) In Dtn 4 und auch sonst im Deuteronomium spielen die wenigen Tage bis zum Einzug in das Land keine besondere Rolle, in Dtn 9,1 kann sogar gesagt werden, dass Israel „heute" über den Jordan zieht. Lediglich in Dtn 34,8 wird kurz erwähnt, dass Israel um Mose dreißig Tage trauert.

Wie ist der Befund zu deuten? Zunächst ist festzuhalten, dass im Zuge der ersten Rede die Bedingung von Dtn 4,1 tatsächlich als verursacht durch die veränderten geschichtlichen Umstände erscheint. In der Perspektive dieser Rede lässt sich die Bedingung als eine Art Prüfung verstehen, ob Israel dieses Mal (anders als in Kadesch Barnea) wirklich bereit ist, auf JHWH zu hören,[71] indem es näm-

---

[68] Nach Veijola, Bundestheologie, S. 212, sind Dtn 4,1b; 6,17a.18 und 8,1 DtrB zuzuweisen, Lohfink, Kerygmata, S. 139–141, weist Dtn 6,17–19 und 11,8.22–25 DtrN, jedoch Dtn 8,1 DtrÜ zu, zustimmend Gomes, Wüste, S. 171 f. Dtn 4,1 wird weder von Lohfink noch von Gomes in diesem Zusammenhang erwähnt.

[69] Mittmann, Deuteronomium, S. 115, bemerkt mit Bezug auf Steuernagel, dass die unmittelbar bevorstehende Besitzergreifung des Landes nicht „der Lohn der künftigen Gesetzesbefolgung noch das Ziel der gegenwärtigen Gesetzesbelehrung sein kann". Er schließt deshalb den Finalsatz an den Imperativ in Dtn 4,1aα an, den er im Sinn von „höre Israel die Satzungen und Rechtsvorschriften" deutet. Doch spätestens Dtn 6,17, 8,1 u. a. zeigen, dass die Besitzergreifung des Landes mit der Gesetzesbefolgung noch außerhalb des Landes zusammenhängt.

[70] Vgl. auch Millar, Place, S. 31, und zuletzt Lohfink, Analyse, S. 162, den den Skopus von Dtn 1–3 folgendermaßen bestimmt: „Gott hat die durch Israels Schuld dunkel gewordene Geschichte erhellt. Er hat alles zurückgespult und Israel wieder an eine Stelle gebracht, wo die verheißene Geschichte weitergehen kann." Lohfink grenzt sich bei seiner Bestimmung m. E. zu Recht gegen die verbreitete Auffassung ab, Dtn 1–3 zeige vor allem, dass Gott als Geschichtslenker Ungehorsam bestrafe und Gehorsam belohne, wobei hier schon die dtr Predigt-Alternative Ungehorsam/Gehorsam exemplifiziert werde.

[71] Der Höraufruf in Dtn 4,1 weist zurück auf Dtn 1,43 (Israel hörte nicht auf Mose, der im Auftrag JHWHs redete).

lich sofort auf die von Mose direkt vor dem Einzug ins Land verkündeten Satzungen und Rechtsvorschriften hört bzw. bereit ist, diese sofort zu tun. Diese Bedingung müsste man nicht als Widerspruch zu der Aussage verstehen, dass Israel nur durch JHWHs Hilfe (oder: *sola gratia*, so nach Dtn 9,1–6) in das Land kommen kann. Sie ließe sich in synchroner Hinsicht auch als *ergänzende* Perspektive deuten: Israel muss sich dieser Hilfe ab sofort als würdig erweisen.[72]

Das dtn Gesetz ist seiner Intention nach gemäß der dtn Fiktion „Landesgesetz" insofern es das Gesetz ist, das in dem nun in Besitz zu nehmenden Land befolgt werden muss – viele Gebote in Dtn 12–26 setzen auch ein Leben im Land *Israel* (bzw. den Tempelkult in Jerusalem) voraus. Dies schließt aber erstens nicht aus, dass Israel das Gesetz nach der Promulgation außerhalb des Landes durch den dtn Mose *sofort als verbindlich akzeptiert* und sich nach ihm ausrichtet – soweit dies eben möglich ist.[73] In dieser Hinsicht ist unwichtig, ob Israel noch „heute" oder erst in einigen Tagen den Jordan überquert und ins Land kommt. Dies schließt zweitens den „Sonderfall" nicht aus, dass – falls die geschichtlichen Umstände sich ändern und Israel ins Exil muss – das Gesetz auch außerhalb des Landes Israel seine Verbindlichkeit behält und es zu befolgen ist (soweit man es eben befolgen kann).[74]

Bezüglich der In-Besitz-Nahme des Westjordanlandes ist noch darauf hinzuweisen, dass diese, wie aus einzelnen dtn Passagen hervorgeht, als mehr oder weniger schnell ablaufender *Prozess* gedacht wird.[75] Die in Dtn 4,1 genannte Bedingung signalisiert damit auch, dass dieser Prozess nicht ungestört ablaufen wird, wenn Israel das dtn Gesetz nicht hält. Dass Gesetzesungehorsam die In-Besitz-Nahme des Landes verzögert, wird allerdings nicht im Deuteronomium, sondern im Buch Josua explizit, beispielsweise in der Geschichte von Achans Diebstahl in Jos 7.

Abschließend sei die Themenangabe Dtn 4,1 in eigener Übersetzung angeführt:

Und nun, Israel, höre auf die Satzungen und Rechtsvorschriften, die ich euch zu tun lehre, damit ihr am Leben bleibt und ihr kommt und das Land in Besitz nehmt, das JHWH, der Gott eurer Väter, euch gibt.

***

Im Folgenden sind die Abschnitte in Dtn 4,2–40 zu analysieren. Da die Lehre des dtn Mose wesentlich die Satzungen und Rechtsvorschriften betrifft, die (wie im Zuge der Ausführungen in Dtn 4 deutlich werden wird) den Kern der dtn Tora

---

[72] Zu einer m. E. plausiblen diachronen Hypothese vgl. insbesondere Lohfink, Kerygmata, S. 139–141; ders., Deuteronomium 9,1–10,11, S. 75; Gomes, Wüste, S. 169–176.

[73] Insofern machen auch die Aussagen, dass Israel das dtn Gesetz in der Diaspora halten soll, Sinn, vgl. Dtn 4,30; 30,1 ff.

[74] Vgl. Dtn 4,29 f. und Dtn 30,1 ff.

[75] Vgl. Dtn 7,22; 9,3; 18,9 ff. (siehe dazu auch die Exegese zu Dtn 18,9).

bilden, ist diese Analyse für die Beantwortung der Frage, inwieweit die erste Rede eine Erklärung der Tora ist, von zentraler Bedeutung.

Der Abschnitt *Dtn 4,2–4*[76] schließt asyndetisch an V. 1 an und beginnt mit einem Verbot, der „Sache" (דבר), die Mose Israel zu gebieten im Begriff ist, etwas hinzuzufügen bzw. etwas wegzunehmen (V. 2a). V. 2b unterstreicht dies durch einen explikativ-adversativ aufzulösenden Infinitivsatz. V. 2 ist dann mit E. JENNI folgendermaßen zu übersetzen: „Ihr sollt nichts hinzutun zu dem, was ich euch gebiete, und sollt auch nichts davontun, indem ihr doch die Gebote des Herrn, eures Gottes, haltet, die ich euch gebe."[77]

Die Ausdrücke für Gesetz in V. 2, nämlich „Sache" (דבר) und „Gebote JHWHs" (מצות יהוה), können von der Textlogik her nur als Synonyma zu den in V. 1 erwähnten Satzungen und Rechtsvorschriften (חקים ומשפטים) verstanden werden. Ein Indiz dafür ist auch – zieht man eine andere Aussage im Deuteronomium noch hinzu – der Promulgationssatz in V. 2a und V. 2b: Der dtn Mose will die „Sache" bzw. die „Gebote JHWHs" gebieten. Nach Dtn 7,11 will er die Satzungen und Rechtsvorschriften gebieten.

In V. 3 und V. 4 ruft Mose die Episode von Baal Peor,[78] die die jetzige Generation von Israelitinnen und Israeliten erlebt hat, in Erinnerung: Hier hat sich erwiesen, dass nur die diejenigen am Leben geblieben sind, die konsequent JHWH anhingen; im Fall von Götzendienst erfolgte Vernichtung durch JHWH. V. 3 f. lassen sich als Verdeutlichung des in V. 2 erlassenen Verbots, mit den Geboten JHWHs eigenmächtig umzugehen, verstehen:[79] In Baal Peor galten zwar noch nicht die Satzungen und Rechtsvorschriften, aber die Dekaloggebote. Baal Peor

---

[76] Fast durchweg wird in der Literatur Dtn 4,1–4 als Abschnitt bestimmt, vgl. etwa Lohfink, Verkündigung, S. 175; von Rad, Deuteronomium, S. 35; Braulik, Mittel, S. 13–20; Knapp, Deuteronomium 4, S. 43–47; Mayes, Criticism, S. 197; Weinfeld, Deuteronomy, S. 199. Nielsen, Deuteronomium, S. 54–57, bestimmt Dtn 4,1–8 als Einheit.

[77] Jenni, Präposition Lamed, S. 167. Rein explikativ deuten von Rad, Deuteronomium, S. 33, und Mittmann, Deuteronomium, S. 117, Anm. 5. Braulik lässt die Möglichkeit einer explikativen und einer finalen Deutung offen, Mittel, S. 15; Weinfeld löst final auf, Deuteronomy, S. 200. Als Imperativ übersetzt לשמור Nielsen, Deuteronomium, S. 54.56. In Dtn 13,1, der einzigen Stelle im Deuteronomium, an der die sog. Kanonformel noch einmal vorkommt, ist die Formel eine Explikation der allgemein formulierten Weisung, die Gesetze zu halten.

[78] Baal Peor zeigt m. E., dass auch die *neue* Generation (vgl. Dtn 2,16) nicht frei von Ungehorsam ist, auch wenn dieser Ungehorsam nicht wie bei der alten Generation die Eroberung des Landes verzögert hat. Als „narrativer Anstoß", die Episode von Baal Peor in c. 4 einzubauen, gilt die Erwähnung von Bet Peor in Dtn 3,29, vgl. Knapp, Deuteronomium 4, S. 46; Braulik, Mittel, S. 14, Anm. 33; nach Mittmann, Deuteronomium, S. 116, sollte die Episode V. 1b (למען תחיו) „durch ein aktuelles und exemplarisches [!] Beispiel illustrieren und unterstreichen"; nach Rose, 5. Mose Teilband 2, S. 492, veranschaulicht die Episode als aktuelles Exempel die Folgen von Gehorsam und Ungehorsam.

[79] Anders Mittmann, Deuteronomium, S. 116, und Braulik, Mittel, S. 14, nach denen in V. 3 f. der Gedanke des Lebens von V. 1b (למען תחיו) entfaltet wird. Unzweifelhaft unterstreicht V. 4b auch die Aussage von V. 1b. Doch V. 3 f. schließen direkt an V. 2 und nicht an V. 1b an; die Asyndese zwischen V. 2 und V. 3 f. ist quasi als Doppelpunkt zu interpretieren.

zeigt, dass dem ersten Dekaloggebot, nämlich dem Verbot des Götzendienstes bzw. dem Gebot der alleinigen JHWH-Verehrung, nichts „hinzuzufügen" bzw. nichts von ihm „wegzunehmen" ist. Es ist als Gebot unbedingt zu befolgen – um des Lebens willen. Dies gilt *auch* für anderen Gebote JHWHs: Nur *die* Israelitinnen und Israeliten werden künftig am Leben bleiben, die die von Mose promulgierten Satzungen und Rechtsvorschriften halten werden.

Der zweite Abschnitt umfasst *Dtn 4,5–8*. Laut V. 5a wird Mose in Kürze Israel Satzungen und Rechtsvorschriften gelehrt haben,[80] dementsprechend wie JHWH ihm gebot. Nach V. 5b ist diese Belehrung die Bedingung dafür, dass Israel die Satzungen und Rechtsvorschriften befolgt. Angegeben wird in V. 5b auch ihr Geltungsbereich: Die Gebote sind im noch in Besitz zu nehmenden Land zu tun. V. 6aα schließt mit einer Aufforderung an: Die Israelitinnen und Israeliten sollen halten und tun (ושמרתם ועשיתם). Die beiden gleichgeordneten, ohne Objekt stehenden Verben sind für die sich anschließenden Ausführungen eine starke Vorgabe. Zunächst folgt in V. 6aβ eine Begründung: „denn dies (das Tun) ist eure Weisheit und eure Einsicht in den Augen der Völker".[81] Israel wird damit von den Völkern abgehoben. Dies wird in V. 6b noch näher ausgeführt: Wenn die Völker alle die – in Israel praktizierten – Satzungen (חקים) hören werden, werden sie, so der dtn Mose, des Lobes voll sein über die Weisheit und Einsicht dieser großen Nation. Dies impliziert, dass die Völker die dtn Gebote im Vergleich zu ihren eigenen als etwas Besonderes erkennen.

V. 7 und V. 8 schließen sich mit zwei rhetorischen Fragen an V. 6 an. Sie sollen m. E. in zweifacher Hinsicht begründen (כי), warum die Völker aufgrund ihrer Kenntnisnahme der in Israel getanen Gebote diese Gebote tatsächlich als etwas Besonderes wahrnehmen:[82] Aus der ersten rhetorischen Frage geht hervor, dass kein Gott seinem Volk, wenn es ihn anruft, so nahe ist wie JHWH dem seinen

---

[80] Zur Begründung dieser Deutung des Perfekts למדתי siehe unten zu Dtn 4,5.
[81] הוא hat hier m. E. anaphorische Bedeutung: Das *Tun*, auf dem m. E. in V. 5 (לעשות) und V. 6 (ושמרתם ועשיתם) der Akzent liegt, macht Israels Weisheit und Einsicht aus, vgl. auch Braulik, Mittel, S. 23 (anders aber ders., Weisheit im Buch Deuteronomium, s. u.); Weinfeld, Deuteronomy, S. 202; Rose, 5. Mose Teilband 2, S. 493. Anders Lohfink, Verkündigung, S. 178; von Rad, Deuteronomium, S. 36; Nielsen, Deuteronomium, S. 57; Braulik, Weisheit im Buch Deuteronomium, S. 250f. Nach diesen Autoren hat הוא kataphorische Funktion. Dies impliziert, dass Weisheit und Einsicht auf „Bundesordnung" bzw. „Gesetz" (Lohfink/Nielsen/Braulik) oder auf „Sinaioffenbarung" (von Rad) bezogen werden.
[82] Anders Weinfeld, Deuteronomium, S. 202: „By way of association the author adds two more arguments [V. 7.8.] for the uniqueness of Israel: the proximity to its God, and the righteousness of the laws", in diesem Sinn auch Knapp, Deuteronomium 4, S. 65; Nielsen, Deuteronomium, S. 57, und Rose, 5. Mose Teilband 2, S. 493f. Damit würden V. 7f. lediglich zu einem „Anhang" von V. 5f. Plausibel ist hingegen die Interpretation von Braulik, Mittel, S. 23: „Motivierte in V. 6 ein kî-Satz Israel mit der Anerkennung seiner Weisheit durch ein internationales Völkerforum zum Gebotsgehorsam, so setzen in den V. 7–8 zwei, wiederum durch ein kî eingeleitete Aussagen über Israels Unvergleichlichkeit diese Motivation fort." Bei Braulik wird nur nicht ganz deutlich, wieso die in V. 7 ausgesagte Einzigartigkeit Israels zum Gesetzesgehorsam „motivieren" kann.

(V. 7). Erkennbar ist allerdings zunächst nicht recht, inwieweit diese Aussage etwas mit den dtn Geboten zu tun hat. Zu erinnern ist aber daran, dass Israel durch die Befolgung der Gebote vielfach Möglichkeiten hat, mit seinem Gott in Verbindung zu treten (etwa bei Festen und Feiern, man vergleiche Dtn 14,22–27, 26,5–10; Dtn 31,9–13), dass JHWH also durch seine Gebote – einzigartige – Bedingungen schafft, seinem Volk nahe, d. h. anrufbar zu sein. Aus der zweiten rhetorischen Frage (V. 8) geht hervor, dass kein Volk Satzungen und Rechtsvorschriften hat, die in Bezug auf die Gerechtigkeit „dieser ganzen Tora" (כל התורה הזאת), die Mose heute Israel geben wird, vergleichbar wären. Durch den Vergleich wird deutlich, dass die dtn Tora zentral etwas mit „Satzungen und Rechtsvorschriften" zu tun hat. Der Gedanke drängt sich vom Kontext her geradezu auf, dass „Satzungen und Rechtsvorschriften" die Bezeichnung für die in der Tora enthaltenen Gebote sind. Demnach müssen die Völker, wenn sie die Tora bzw. die Gebote der Tora (die von Mose gelehrten „Satzungen und Rechtsvorschriften") hören, in der Tat diese Gebote als etwas Besonderes anerkennen und das diese Gebote befolgende Israel als besonders weises und einsichtiges Volk preisen (V. 6). In V. 6–8 hat der dtn Mose damit schlüssig gezeigt, dass Israel, will es sich nicht seiner Einzigkeit und Besonderheit im Vergleich mit allen anderen Völkern begeben, die in der Tora enthaltenen Satzungen und Rechtsvorschriften künftig im Land unbedingt tun muss.

Der dritte Abschnitt *Dtn 4,9–14* beginnt mit einer Warnung: Die Israelitinnen und Israeliten sollen sich hüten, die von ihnen selbst gesehenen „Dinge" (דברים) jemals zu vergessen (V. 9a). Zugleich werden sie angehalten, diese an ihre Kinder und Kindeskinder weiterzugeben (V. 9b). V. 10–14 enthalten dann einen Rückblick des dtn Mose auf diese „Dinge", nämlich die Ereignisse am Tag, als die Israelitinnen und Israeliten vor JHWH am Horeb standen. In V. 10 zeigt er das Ziel auf, das JHWH im Hinblick auf das Hören-Lassen seiner „Worte" verfolgte: Das am Horeb versammelte Volk sollte lernen, JHWH alle Tage zu fürchten, und es sollte seinerseits die Kinder lehren. In V. 11 beschreibt Mose die näheren Umstände, bevor es zur JHWH-Rede kam: Das Volk näherte sich dem Berg, der in „Dunkelheit, Gewölk und Nebel" bis in den Himmel hinein brannte. In V. 12a berichtet Mose, dass JHWH zu Israel mitten aus dem Feuer redete und Israel einen „Donner von Worten" (קול דברים)[83] hörte. In V. 12b fügt er hinzu, dass Israel kein Bild sah, sondern nur eine „Donnerstimme" (קול) hörte. Was JHWH zu Israel

---

[83] Die Übersetzungen für קול דברים in V. 12ba variieren: Buber/Rosenzweig, Weisung, z. St.: „Erschallen von Rede"; von Rad, Deuteronomium, S. 34, und Nielsen, Deuteronomium, S. 57: „Schall von Worten"; Kedar-Kopfstein, Art. קול, Sp. 1245: „Klang der Worte"; die Einheitsübersetzung: „Donner von Worten" (in: Braulik, Deuteronomium 1–16,17, S. 42); Weinfeld, Deuteronomy, S. 193: „sound of words"; Rose, 5. Mose Teilband 2, S. 489: „Klang von Worten". Es geht am Horeb um eine gewaltige, machtvolle Offenbarung JHWHs, wie der Kontext zeigt (V. 11). Insofern ist m. E. die Übersetzung von קול דברים mit „Donner von Worten" und von קול in V. 12bβ (und in 4,36a, siehe unten z. St.) mit „Donnerstimme" angemessen.

sagte, wird in V. 13aα1 spezifiziert: JHWH verkündete den Israelitinnen und Israeliten seinen Bund[84], den er ihnen gebot zu tun (אשר צוה אתכם לעשׂות). Die Formulierung „den er ihnen gebot *zu tun*" ist auffällig,[85] das *Tun* des Bundes wird hier hervorgehoben. Der Bund wird in V. 13aβ bestimmt durch die Apposition „zehn Worte", die zehn Worte sind sozusagen das „Bundesgesetz". Dieses „Bundesgesetz" wird nach V. 13b von JHWH selbst schriftlich fixiert – kein Bund ohne „Bundesurkunde". V. 14 beginnt mit einem emphatischen „und mir gebot JHWH" (ואתי צוה יהוה). In der speziellen Weisung JHWHs an Mose „zu jener Zeit" wird das *Tun* ebenfalls erwähnt: Mose soll die Israelitinnen und Israeliten Satzungen und Rechtsvorschriften lehren mit dem Ziel, dass sie sie im noch in Besitz zu nehmenden Land *tun* werden. Nicht bestimmt wird der Zeitpunkt des Lehrens, aus V. 14b ist nur zu schließen, dass die Lehre vor dem Einzug ins Land stattfinden muss; offen bleibt (wie auch in 4,5) ferner, woher Mose die zu lehrenden Satzungen und Rechtsvorschriften denn kennt.

Betrachtet man V. 13 und V. 14 zusammen, so fallen zwei Dinge auf:

1. Der von JHWH verkündete Dekalog ist offensichtlich sofort und überall als „Bundesgesetz" zu tun; Satzungen und Rechtsvorschriften sind erst nach der Lehre durch Mose zu tun und zwar im Land.[86]

2. Ungeachtet dieses Unterschieds wird in beiden Versen ausdrücklich festgehalten, dass „Bundesgebote" und „Landesgebote" *nach JHWHs Weisung zu tun sind*. Damit geht aus V. 13 f. unmissverständlich hervor, dass bezüglich der Verbindlichkeit kein Unterschied zwischen „Bundesgesetz" und „Landesgesetz" besteht.

Zweifellos liegt auf V. 14, der nicht nur den „Ursprung" des „Landesgesetzes" aufzeigt, sondern der auch (in Zusammenschau mit V. 13) dessen absolute Verbindlichkeit deutlich macht, besonderes Gewicht – geht es in Dtn 4,1–40 doch eben um dieses Thema: das Tun der Satzungen und Rechtsvorschriften.

Der vierte Abschnitt besteht aus *Dtn 4,15–24*. V. 15a eröffnet ihn mit einer formelhaften Warnung: „Und ihr sollt sehr eure Seelen hüten" (ונשמרתם מאד לנפשׁתכם). Diese Warnung wird in V. 15b begründet durch einen Verweis auf die Art und Weise, wie JHWH sich nach V. 12b am Horeb offenbart hat: Denn ihr habt kein Bild (תמונה) gesehen am Tag, als JHWH zu euch sprach am Horeb aus dem Feuer. Worauf sich die so begründete Warnung an die Israeliten und Israe-

---

[84] Die Wahl der Formulierung in Dtn 4,13 ויגד את בריתו („er *verkündete* seinen Bund") hängt sicher mit der Bestimmung des Bundes als den „zehn *Worten*" zusammen, vgl. auch Mittmann, Deuteronomium, S. 162; Weinfeld, Deuteronomy, S. 196. Die Erklärung von Rose, 5. Mose Teilband 2, S. 495, dass die übliche Wendung ברית + כרת im Deuteronomium nur für den Gottes-Bund mit den Patriarchen reserviert werden soll, scheitert schon an Dtn 4,23.

[85] Gewöhnlich *gebietet* JHWH nur den Bund (nicht das Tun des Bundes), vgl. Jos 7,11; 23,16; Jud 2,20; I Reg 11,11 und Ps 111,9.

[86] Genau genommen gelten die Satzungen und Rechtsvorschriften nach der Lehre durch Mose auch schon für die kurze Zeit, die Israel noch außerhalb des Landes verbringen muss, siehe dazu oben zu Dtn 4,1.

138 Kapitel 3: Religiöses Lehren und Lernen im Buch Deuteronomium

litinnen von V. 15a genau bezieht, wird nun in zwei Punkten ausgeführt: In V. 16–18 durch das Verbot, eine Figur bzw. ein Abbild eines Lebewesens zu fertigen (פן תשחתון ועשיתם לכם פסל תמנת כל סמל),[87] und in V. 19a durch das Verbot, Gestirne zu verehren (ופן תשא עיניך השמימה). Aus der bildlosen Offenbarung JHWHs am Horeb wird also zweierlei abgeleitet: Zum einen (V. 16–18), dass ein Kult in Bezug auf selbst verfertigte Figuren und Abbilder Israel grundsätzlich verboten ist. Man wird im Übrigen, da der Text dies in der Schwebe lässt, weder einen Bezug dieser Figuren und Abbilder auf JHWH noch einen auf andere Gottheiten definitiv ausschließen können.[88] Zum zweiten (V. 19a), dass auch die Verehrung einer Himmelsfigur als Gottheit Israel untersagt ist. Der tiefere Sinn des „Bilderverbots" und des damit auf das engste zusammenhängenden Verbots, Gestirne zu verehren, liegt also darin, dass beide direkt mit JHWHs Israel offenbartem Wesen zusammenhängen. Würde Israel diese Verbote missachten, so würde es die direkte Konfrontation mit JHWH suchen.

Für die Völker gilt bezüglich der Verehrung von Gestirnen anderes: V. 19b fügt in einem Relativsatz an, dass JHWH die Gestirne den Völkern zur Verehrung zugeteilt hat. Der Astralkult ist demnach durchaus eine legitime Form religiöser Gottesverehrung – nur eben nicht für Israel.[89] In V. 20 führt der dtn Mose (nach dem Maßstab, den die bildlose Offenbarung JHWHs am Horeb für Israel setzte) noch einen weiteren „theologischen" Grund an, warum Israel im Unterschied zu den Völkern Gestirne nicht verehren darf. Für Israel hat JHWH einen *Sonderweg* vorgesehen: JHWH hat Israel aus dem Eisenschmelzofen Ägypten geführt, damit es ihm Erbbesitz werde (להיות לו לעם נחלה). Anders also als die Völker, die nach

---

[87] Siehe zur Götterbildterminologie Berlejung, Bilder, S. 305 ff.
[88] Vgl. auch Zipor, Account, S. 30. Steuernagel, Deuteronomium, S. 66; von Rad, Deuteronomium, S. 36; Nielsen, Deuteronomium, S. 60f., leiten aus der Begründung von V. 15b, dass Israel JHWH am Horeb nicht gesehen hat, ab, dass es sich bei dem anschließenden Verbot, Figuren zu fertigen, (ausschließlich) um JHWH-Figuren und Abbilder handeln muss. Dies ist insofern kein schlagendes Argument, da die Begründung V. 15b auch in Beziehung zu dem Verbot V. 19a steht, Gestirne („Götzen") zu verehren. Auch van Oorschot, Bilder, S. 312f.316f., deutet V. 16–18* als Verbot der bildlichen Darstellung JHWHs; nach Hartenstein, Gestalt, S. 68, ist „primär an JHWH-Bilder zu denken". Lohfink, Verkündigung, S. 182; Braulik, Mittel, S. 49; ders.; Sprechakt, S. 255; Weinfeld, Deuteronomy, S. 205, beziehen das Verbot V. 16f. ausschließlich auf die Fertigung von Götzenfiguren. Lohfink begründet dies damit, dass kein Hinweis vorliege, dass die Israeliten seien irgendwann in ihrer Geschichte einmal in Versuchung gewesen, JHWH als Bild zu verehren. Zu erinnern ist jedoch an Stellen wie Ri 17,4; 18,17f., I Reg 12,28f., vgl. auch Crüsemann, Dekalog, S. 47. M. E. deutet der Bezug zu der Offenbarung JHWHs am Horeb darauf hin, dass die Fertigung von JHWH-Figuren zumindest *mit* gemeint ist – Israel fertigte ja gerade am Horeb ein Kalb (Dtn 9), das vermutlich als JHWH-Bild zu verstehen ist. Auch Mayes, Criticism, S. 199, deutet den Bezug auf den Horeb dahingehend, dass das Verbot, Bilder zu fertigen, sich *auch* auf JHWH-Bilder bezieht. Nach Mayes bezog sich das Bilderverbot des Dekalogs ursprünglich auf die Fertigung von JHWH-Bildern, das mit der Zeit jedoch als Verbot gedeutet worden sei, Bilder fremder Götter zu fertigen.
[89] Astralverehrung war in der assyrischen und babylonischen Kultur üblich und wohl auch in Juda im 8. und 7. Jh. v. Chr. verbreitet, vgl. etwa II Reg 21,3; 23,4; dazu auch Lohfink, Verkündigung, S. 182; Weinfeld, Deuteronomy, S. 206.

JHWHs Willen durchaus die verschiedenen Gestirne verehren können, will er Israel als Eigentum, also ungeteilt, haben: Israel soll ausschließlich ihm gehören, es soll ausschließlich ihn verehren.

Was würde nun aber passieren, wenn Israel die in V. 15a ausgesprochene Warnung missachten würde? Dies wird in 4,21–24 gezeigt, dazu setzt der dtn Mose quasi noch einmal neu an: In 4,21 legt er nochmals[90] dar, dass ihm JHWH infolge des Ungehorsams Israels in Kadesch Barnea zürnte und er als Strafe nicht über den Jordan ziehen darf, so dass also nur die Israelitinnen und Israeliten in das ihnen als „Erbbesitz" (נחלה, V. 21bδ) von JHWH gegebene Land kommen können. Der Sinn dieser im Kontext unvermittelt wirkenden Bemerkung erschließt sich durch die Fortsetzung: V. 22–24 ist m. E. als Temporal-Bedingungssatzgefüge[91] aufzufassen:[92] V. 22 ist der Vordersatz, V. 23 der Nachsatz, an den sich ein Begründungssatz (V. 24) anschließt: Wenn Mose, wie in V. 21 schon angedeutet, jenseits des Jordans sterben wird und nur die Israelitinnen und Israeliten über den Jordan ziehen und das gute Land in Besitz nehmen werden (V. 22), dann sollen sie sich hüten, den Bund, den JHWH mit ihnen am Horeb geschlossen hat, zu vergessen (V. 23a). Als Ausdruck dieses Vergessens wird die Fertigung von Figuren bzw. Abbildern angegeben (V. 23b). Das Bilderverbot wird hier also nicht nur ausdrücklich als Dekaloggebot ausgewiesen; es repräsentiert auch den Bund, also die zehn Gebote. V. 24 begründet die in V. 23a ergangene Warnung: JHWH ist ein „fressendes Feuer" (אש אכלה), er ist ein „eifernder Gott" (אל קנא). Das Verhältnis zwischen diesen Wesensbestimmungen ist wohl dahingehend zu deuten, dass die erste konkret zeigt, wie sich der Eifer JHWHs gegebenenfalls auswirken wird: JHWH wird zum fressenden Feuer für denjenigen, der seinen Bund vergisst bzw. nicht hält. Israel muss den Bund halten, d. h. die zehn Gebote tun – gerade auch nach Moses Tod – wenn es nicht mit JHWH als „fressendem Feuer" konfrontiert werden will. Mit V. 24 ist also der Horizont beschrieben, in dem die Warnungen vor Missachtung des Bilderverbots bzw. vor Vergessen der Dekaloggebote (V. 15a.23) zu verstehen sind.

In dem mit dem vierten Abschnitt thematisch eng verbundenen fünften Abschnitt *Dtn 4,25–31* zeigt der dtn Mose auf, welche Konsequenzen es haben wird, wenn Israel künftig im Land nicht im Sinne JHWHs handelt. In V. 25 beschreibt er die Situation als eingetreten, vor der er in V. 15 f. warnte: Wenn Israel

---

[90] Vgl. schon Dtn 1,27 f.; 3,26 f.

[91] Gomes, Wüste, S. 124, Anm. 273, bezeichnet „wegen der Schwierigkeit, im Hebräischen zwischen einem Temporalsatz und einem Konditionalsatz zu unterscheiden", einen solchen כי-Satz als „Temporal-Bedingungssatz"; Vorder- und Nachsatz bezeichnet er als „Temporal-Bedingungssatz-Gefüge". M. E. sind diese Bezeichnungen hilfreich, sie werden im Folgenden übernommen.

[92] Eine solche Möglichkeit der Interpretation von Dtn 4,22–24 wird nur noch von Gomes, Wüste, S. 133, erwogen. Der Vorteil dieser Deutung ist, dass sich die Bemerkungen des dtn Mose über sein Schicksal in V. 21 f. problemlos in den Kontext integrieren lassen. Die Mehrheit der Exegetinnen und Exegeten versteht V. 22 (כי) als Begründung für V. 21.

im Land alt eingesessen sein wird, dann wird es verderben und sich Figuren bzw. Abbilder machen. Die Missachtung des Bilderverbots steht hier wieder als Beispiel für den Gebotsungehorsam Israels. Es schließt sich die formelhafte Wendung an, dass Israel das Böse in JHWHs Augen tun wird[93]. Durch das Tun des Bösen wird JHWH erzürnt werden (להכעיסו).[94] Im Folgenden wird beschrieben, wie sich der Zorn JHWHs auswirken wird: Die Israelitinnen und Israeliten werden, so bezeugt Mose, schnell aus dem Land weggerafft (אבד תאבדון) und vernichtet (השמד תשמדון) werden (V. 26). Laut V. 27 wird JHWH allerdings einen kleinen Rest Israels nach dem Gebotsungehorsam übrig lassen und unter die Völker verstreuen. Dort wird Israel nach V. 28 von Hand gefertigten Göttern der Völker dienen. Es wird also kein Unterschied mehr zwischen Israel und den Völkern bestehen, damit wäre – so hat es den Anschein – das Ende Israels als „Eigentumsvolk JHWHs" (V. 20b) besiegelt.

Doch mit V. 29 zeigt der dtn Mose dem verstreuten Israel überraschend eine Perspektive auf: Israel kann sich in der Diaspora wieder JHWH als seinem Gott zuwenden. Wodurch ist diese Wende auf Israels Seite möglich? Zwischen V. 28 und V. 29 klafft eine Lücke. M. E. ist sie folgendermaßen zu füllen: Die Erkenntnis, dass die Verehrung der Völker handgefertigten „toten" Götzen gilt, wird Israel wieder nach JHWH, seinem „lebendigen", anrufbaren, hörenden Gott (4,7) fragen lassen.[95] Die Israelitinnen und Israeliten werden JHWH dann nach der Prophezeiung des dtn Mose auch finden, da sie ihn „mit ganzem Herzen und mit ganzer Seele" suchen werden (V. 29). V. 30 formuliert einen anderen Aspekt im Hinblick auf Israels Situation in der Diaspora und seiner Hinwendung zu JHWH: In der Not, wenn alle die von Mose prophezeiten schlimmen Dinge Israel „gefunden" haben,[96] wird Israel zu JHWH umkehren und auf seine Stimme hören (שמע q. + קול), also seine Gebote tun.[97] V. 31 begründet, warum diese Umkehr zu

---

[93] Im Deuteronomium kommt die Wendung noch in 9,18; 17,2; 31,29, außerhalb des Deuteronomiums in II Reg 17,17; 21,6.15; II Chr. 33,6; Jer 32,30 vor. An allen Stellen steht sie im Zusammenhang mit dem Bruch der ersten beiden Dekaloggebote (Verbot von Verehrung fremder Götter und Bilderverbot).

[94] So auch noch in Dtn 9,18; und 31,29. Das schlechte Tun *zielt* nicht auf die Verärgerung JHWHs, vgl. Wevers, Notes, S. 81; Jenni, Präposition Lamed, S. 162, anders Knapp, Deuteronomium 4, S. 83; Rose, 5. Mose Teilband 2, S. 499.

[95] Vgl. auch Rose, 5. Mose Teilband 2, S. 500.

[96] Die Wendung האלה הדברים כל ומצאוך ist direkt mit לך בצר verbunden, m. E. ist kein Themenwechsel intendiert. הדברים האלה beziehen sich also nicht auf JHWHs Worte, so aber Lohfink, Verkündigung, S. 186; Braulik, Mittel, S. 56; sondern auf die prophezeiten Worte in Dtn 4,26–28, vgl. auch Rose, 5. Mose Teilband 2, S. 500; Knapp, Deuteronomium 4, S. 93 f.; Groß, Zukunft, S. 32–36.

[97] Die Formulierung auf die Stimme JHWHs hören (שמעת בקלו) bezieht sich wohl in erster Linie auf das Tun der zehn Worte, denn bei ihrer Verkündigung hat Israel nach Dtn 4,12 f. JHWHs Stimme gehört; da aber auch bei der Lehre des dtn Gesetzes zumindest indirekt JHWHs Stimme hörbar wird – es sind immerhin seine Gebote, vgl. Dtn 4,2.40 –, ist das Tun der dtn Gebote, soweit sie in der Diaspora eben getan werden können, mitgemeint (vgl. auch Dtn 30,1 f.), siehe auch Groß, Zukunft, S. 38. Auf das Tun von Dekalog und dtn Geboten beziehen die For-

JHWH und das (erneute) Hören überhaupt möglich ist und JHWH Israel nicht gänzlich in den Völkern untergehen lässt:[98] JHWH ist ein erbarmender Gott, er wird Israel nicht verlassen bzw. der Vernichtung preisgeben (V. 31a). Auch ist er – anders als Israel (V. 9.23) – nicht „vergesslich": Er wird den Israels Vätern geschworenen Bund nicht vergessen. Wie von Dtn 1,8 her noch in Erinnerung ist, schwor JHWH den drei Erzvätern, ihren Nachkommen das Land zu geben.[99] Der dtn Mose scheint mit der Erinnerung an diesen von JHWH geschworenen Bund der Hoffnung Ausdruck zu verleihen, dass die exilierten Israelitinnen und Israeliten wieder ins Land kommen können. Entscheidend ist jedoch sicherlich die prophetisch formulierte Zusage des Abschnitts, dass Israel auch im Exil seinen Gott nicht endgültig verloren haben wird und dass es auch dort ein Leben mit JHWH und nach JHWHs Weisung führen kann.

Die in V. 31 enthaltenen Aussagen über JHWH stehen in klarem Kontrast zu denen in V. 24:

V. 24: Denn JHWH, dein Gott, ist ein fressendes Feuer, er ist ein eifernder Gott.
(כי יהוה אלהיך אש אכלה הוא אל קנא)
V. 31: Denn ein barmherziger Gott ist JHWH, dein Gott.
(כי אל רחום יהוה אלהיך)

Das „Gottesbild" in V. 31 korrigiert aber das von V. 24 nicht, es ergänzt es. Dabei enthält diese Ergänzung eine wichtige pädagogische Einsicht: Dtn 4,23 f. drohen im Grunde mit dem eifernden Gott für den Fall, dass Israel das Bilderverbot bzw. die zehn Gebote nicht tun wird. In Dtn 4,25–31 werden zunächst, wenn man so will, die Auswirkungen dieses Eifers aufgrund von erfolgtem Gebotsungehorsam aufgezeigt (V. 25–28), doch der Abschnitt endet nicht damit: Das bestrafte, unter die Völker verstreute restliche Israel wird letztlich einsehen, dass es ohne JHWH und ohne das Hören auf seine Stimme nicht leben kann. Der dtn Mose will mit diesen Ausführungen dem Israel jenseits des Jordans m. E. Folgendes vermitteln: Israel soll die (Dekalog-)Gebote nicht (nur) tun aus Angst vor dem eifernden Bundesgott, also aus Angst vor Strafe. Es soll sie tun aus der Erkenntnis heraus, dass es ohne diese Gebote nicht leben kann. Mit dieser Einsicht untrennbar verbunden ist das Wissen um den (Israel gegenüber schon seit der Väterzeit her eigentlich) gütigen und erbarmenden Gott.

---

mulierung hier noch Nielsen, Deuteronomium, S. 65; Knapp, Deuteronomium 4, S. 95; Rüterswörden, Art. שמע u. a., Sp. 275; allgemein formuliert Rose, 5. Mose Teilband 2, S. 500: Israel wird „endlich den geforderten Gehorsam verwirklichen".

[98] Dem Urteil Mittmanns, Deuteronomium, S. 122, dass V. 30 dem begründenden Hinweis auf JHWHs Barmherzigkeit (V. 31) „keinen logischen Anhaltspunkt" bietet und ein „störendes Element" sei, ist also nicht zuzustimmen.

[99] Gegen Römer, Väter, S. 136–141 (der in den Vätern nicht die Patriarchen sieht und den Bund als Sinaibund deutet); zur Bedeutung des Bundes mit den Patriarchen siehe hier insbesondere Groß, Zukunft, S. 27–44.

Das in den beiden Abschnitten Dtn 4,15–24 und Dtn 4,25–31 im Zentrum stehende Bilderverbot steht pars pro toto für den Bund bzw. für die Dekaloggebote (4,23), die Satzungen und Rechtsvorschriften werden hingegen nicht erwähnt. Zu fragen ist, was die beiden Abschnitte für die Lehre des Tuns der Satzungen und Rechtsvorschriften austragen.[100] Zu bedenken ist hier zunächst, was aus dem Abschnitt Dtn 4,9–14 hervorgeht: In Bezug auf das Tun sind Dekaloggebote und Satzungen und Rechtsvorschriften gleich verbindlich. *Insofern kann und soll das, was Mose hier am Beispiel eines Dekaloggebots dargelegt hat, für alle Gebote JHWHs, also auch für die Satzungen und Rechtsvorschriften gelten.*[101] Zu fragen ist dann weiter, warum ein Dekaloggebot und nicht ein Gebot der Satzungen und Rechtsvorschriften und warum ausgerechnet das Bilderverbot gewählt wurde, um zu veranschaulichen, dass eine Missachtung der Gebote in Bezug auf JHWHs Reaktion für Israel weitreichende Folgen hätte. Folgende Gründe lassen sich denken: Hinzuweisen ist in synchroner Hinsicht darauf, dass Israel die Dekaloggebote vom Horeb her bekannt waren, die Satzungen und Rechtsvorschriften jedoch noch nicht bekannt sind. Zum Zweck der Veranschaulichung in Dtn 4,15–31 lag also die Wahl eines Dekaloggebots nahe. Die Wahl des Bilderverbots nun eignete sich im Kontext als Beispiel in zweifacher Hinsicht: Zum einen ließ es sich durch die Betonung der bildlosen Offenbarung JHWHs gut mit dem Horebgeschehen verbinden (vgl. V. 12b.15b); zum anderen stand mit der Erinnerung an die Horebereignisse das Thema Bild besonders im Raum, da Israel am Horeb ja eine Figur, ein Kalb, fertigte (Dtn 9). Zu bedenken ist auch, dass der Text an dieser Stelle quasi vorausweisenden Bezug nimmt auf das, was in den Geschichtsbüchern als Faktum dargestellt wird: die Fertigung und Verehrung von (Stier)Bildern JHWHs und Götzenbildern (auch die Verehrung von Gestirnen) mit der Folge von Vernichtung und Exil. Der dtn Mose spricht hier quasi im Bewusstsein des (erfolgten) Gebotsungehorsams mit seinen dramatischen Folgen.

Im sechsten und letzten Abschnitt *Dtn 4,32–40*[102] fordert Mose das in Moab versammelte Israel auf, in Bezug auf Zeit („in früheren Zeiten") und Raum („vom einen Ende des Himmels bis zum anderen Ende") zu „fragen" (שאל q.), ob es etwas wie „diese große Sache" (הדבר הגדול הזה) jemals gegeben bzw. ob man Vergleich-

---

[100] Wenn man Dtn 4,15 ff. nicht mit dem in V. 1 angegebenen Thema in Verbindung bringt, muss man wohl zu dem Urteil kommen, dass hier ein neues Thema beginnt, nämlich die Warnung vor Missachtung des ersten und zweiten Dekaloggebots, vgl. von Rad, Deuteronomium, S. 36; Knapp, Deuteronomium 4, S. 34–38; Holter, Studies, S. 100.

[101] Auch zu Beginn des Kapitels erläuterte der dtn Mose mit der Episode von Baal Peor, bei der es um den Bruch des ersten Dekaloggebots ging (V. 3 f.), sein in V. 2 erlassenes Verbot, an den dtn Geboten JHWHs etwas zu verändern.

[102] Braulik, Mittel, S. 63 f., bietet im Anschluss an Lohfink, Hauptgebot, S. 128, eine m. E. zutreffende Gliederung des Abschnitts: V. 32–34: Rückblick auf die Geschichte Israels; V. 35: Schlussfolgerung; V. 36–38: Rückblick auf die Geschichte Israels; V. 39: Schlussfolgerung; V. 40: Paränese.

bares jemals gehört habe (V. 32).[103] Dies bezieht sich, wie V. 33 f. zeigen, auf zwei Ereignisse, die Israel mit JHWH erlebte, nämlich auf die Horebtheophanie und den Exodus. Die Anführung dieser Ereignisse geschieht im Rahmen rhetorischer Fragen, die, da Israel sozusagen „neutral" prüfen soll, weitgehend allgemein formuliert sind: Ob ein Volk je eine göttliche Stimme aus dem Feuer sprechen hörte wie Israel und überlebte (V. 33), und ob ein Gott je versuchte, sich ein Volk aus einem anderen zu nehmen[104], wie es JHWH vor Israels Augen in Ägypten tat (V. 34). Dass es sich um *rhetorische* Fragen handelt, wird durch V. 35 deutlich:[105] Israel (und nur das Volk Israel) wurde von JHWH „sehend gemacht" (אתה הראת), um zu erkennen, dass JHWH „der Gott" (האלהים) ist, d. h. dass es keinen Gott außer ihm gibt. Dies bedeutet, dass kein von den Weltvölkern verehrter Gott im Vergleich mit JHWH bestehen kann, dass kein anderer so wie JHWH hätte handeln können. Das Ergebnis der „Befragung" Israels, so ist an dieser Stelle zu ergänzen, kann also nur sein, dass es Vergleichbares nicht gegeben hat.[106]

In V. 36–39 geht der dtn Mose nochmals auf die in V. 33 f. in den Blick genommenen Ereignisse ein. Die in V. 33 f. weitgehend allgemein gehaltene Rede von Gott und Volk wird jetzt aber verlassen und Mose schildert beide Ereignisse noch einmal speziell aus der Perspektive des Handelns JHWHs gegenüber seinem Volk: Bei der erneuten Schilderung der Horebepisode (V. 36) liegt der Ton auf der Art und Weise von JHWHs Offenbarung: „Vom Himmel her hat er dich seine Donnerstimme (קול)[107] hören lassen, um dich zu erziehen, und auf der Erde hat er dir sein großes Feuer gezeigt" (V. 36a.bα), und weiter: „seine Worte hat er dich mitten aus dem Feuer hören lassen" (V. 36bβ).[108] Bei dem Thema Heraus-

---

[103] V. 5–8 sind mit V. 32–40 „durch motivliche und formulierungsmäßige Entsprechungen [...] verklammert: So handeln z. B. die V. 7–8 vor weltweitem Horizont von der Einzigartigkeit Israels, die V. 32–39 im Rahmen der gesamten Menschheitsgeschichte von der Einzig(artig)keit Jahwes. Die Unvergleichlichkeitsaussagen beider Abschnitte werden in rhetorischen Fragen präsentiert", Braulik, Weisheit, S. 56.

[104] Die wunderbare Art und Weise der „Herausnahme" Israels durch JHWH wird mit sieben Ausdrücken bezeichnet („mit Proben, mit Zeichen und Wundern..."), die alle auf Ereignisse anspielen, die in Ex 1–15 erzählt werden, vgl. dazu insbesondere Lohfink, Verkündigung, S. 188.

[105] V. 35 gehört zu V. 32–34, vgl. auch Braulik, Mittel, S. 63 f.; Mittmann, Deuteronomium, S. 123 f.; Knapp, Deuteronomium 4, S. 105. Anders Rose, 5. Mose Teilband 2, S. 501 f., und Weinfeld, Deuteronomy, S. 212 f., die V. 35 und V. 36 aufeinander bezogen lesen.

[106] Mit Hinblick auf Dtn 32,7 (siehe dazu unten die Exegese z. St.) ist wohl gemeint: Israel soll das Wissen der Väter bzw. Alten abrufen.

[107] Die Formulierung „sein großes Feuer" in V. 36bα zeigt, dass es um eine gewaltige Offenbarung geht; insofern kann auch JHWHs *kol* keine „normale" Stimme sein, sondern ist als „Donnerstimme" zu verstehen. Vgl. weitere Übersetzungsmöglichkeiten von *kol*: Buber/Rosenzweig, Weisung z. St.: „Schall"; von Rad, Deuteronomium, S. 35, Kedar-Kopfstein, Art. קול, Sp. 1250; Nielsen, Deuteronomium, S. 62, und Rose, 5. Mose Teilband 2, S. 490: „Stimme"; die Einheitsübersetzung (in: Braulik, Deuteronomium 1–16,17, S. 46): „Donner"; Weinfeld, Deuteronomy, S. 194: „voice".

[108] Nach Braulik ist V. 36bβ „inhaltliche Summierung und Harmonisierung" der vorausgehenden beiden Offenbarungsmodi, Mittel, S. 73. Nach Mittmann, Deuteronomium, S. 123, wi-

144 Kapitel 3: Religiöses Lehren und Lernen im Buch Deuteronomium

führung aus Ägypten (V. 37 f.) holt der dtn Mose dieses Mal weiter aus: Er zeigt auf, dass JHWH aufgrund seiner Liebe zu den Vätern Israels ihre jeweilige Nachkommenschaft erwählte und schließlich Israel aus Ägypten führte (V. 37).[109] Das Ziel dieser Herausführung ist – wenn JHWH die mächtigen, dort siedelnden Völker beseitigt haben wird (V. 38a) – Israel das Land als Erbbesitz zu geben (V. 38bα), „wie es an diesem Tag der Fall ist" (V. 38bβ).[110] Aus diesen von Israel erlebten und von dem dtn Mose gedeuteten Ereignissen soll eine bestimmte Konsequenz in der Gegenwart gezogen werden (V. 39): Israel soll heute erkennen (ידע q.)[111] und sich zu Herzen nehmen, dass JHWH der Gott des Himmels und der Erde ist und dass kein Gott sonst ist.

V. 39 ist nahezu parallel zu V. 35 formuliert, stellt man die Aussagen nebeneinander, so erkennt man ihr jeweiliges Profil:

V. 35 Du hast es zu sehen bekommen, um zu wissen, dass JHWH Gott ist, keiner ist noch außer ihm. (אתה הראת לדעת כי יהוה הוא האלהים אין עוד מלבדו)

V. 39 Folglich sollst du heute wissen und sollst in dein Herz einkehren lassen, dass JHWH der Gott ist im Himmel droben und auf der Erde unten – keiner sonst. (וידעת היום והשבת אל לבבך כי יהוה הוא האלהים בשמים ממעל ועל הארץ מתחת אין עוד)

In V. 33 f. ging es implizit um einen Vergleich der Gottheit JHWHs mit der anderer Götter, die Formulierung von V. 35, dass es keinen (Gott) *außer* JHWH gibt, trägt dem Rechnung. In V. 36–38 wird vor allem die Universalität und die ein-

---

derstreitet die Anschauung von V. 36bβ, „daß die göttlichen Worte aus dem Feuer heraus ergingen, derjenigen des vorangehenden Versteils, welcher zwischen dem auf Erden sichtbaren Erscheinungsmedium des Feuers und der vom Himmel her erschallenden Stimme Gottes unterscheidet". Mittmann zieht aus dieser Spannung den Schluss, dass V. 36bβ „Zusatz" sei, vgl. auch Knapp, Deuteronomium 4, S. 107.

[109] Die Syntax von V. 37 (ויוצאך ... ויבחר ... תחת כי אהב) ist m. E. dahingehend zu verstehen, dass V. 37α Vordersatz ist und V. 37aβ. b.38 den Nachsatz bilden; die Liebe zu den Erzvätern ist also der Grund für Erwählung und Herausführung, so auch Braulik, Mittel, S. 74; Weinfeld, Deuteronomy, S. 213; Nielsen, Deuteronomium, S. 66; Rose, 5. Mose Teilband 2, S. 502. Anders Knapp, Deuteronomium 4, S. 107, der unter Bezugnahme auf die Exegesen von Dillmann und Driver V. 37 f. als Vordersatz und V. 39 f. als Nachsatz interpretiert.

[110] Die Einnahme des Landes i. S. des Westjordanlandes liegt zwar noch in der Zukunft (vgl. 4,1), doch ist daran zu erinnern, dass nach Dtn 1–3 die Einnahme des Ostjordanlandes schon stattgefunden hat. Insofern hat das „heute" seine Berechtigung, vgl. auch Lohfink, Verkündigung, S. 189.

[111] Auch von Rad, Deuteronomium, S. 35; Knapp, Deuteronomium 4, S. 105; die Einheitsübersetzung (in: Braulik, Deuteronomium 1–16,17, S. 46), und Nielsen, Deuteronomium, S. 62, übersetzen ידע q. in V. 35 und V. 39 mit „erkennen"; Rose, 5. Mose Teilband 2, S. 502, schreibt zu V. 39: „Die Antwort Israels (V. 39) auf solches Handeln Gottes in Vergangenheit, Gegenwart und Zukunft soll im gegenwärtigen Bekennen (,*heute* sich bewußt machen, kennen, wissen'; vgl. 9,3) bestehen." M. E. trifft Weinfelds Kommentar zu Dtn 4,39 den Sinn dieser „Erkenntnis" am besten: „,Know' and ,keep in mind/heart' [...] are characteristic expressions in the Deuteronomic orations; they are directed toward deepening the religious conscience of the listeners", Deuteronomy, S. 214.

zigartige Wirkmächtigkeit JHWHs herausgestellt, entsprechend wird in V. 39 der Akzent etwas anders gesetzt: JHWH wird als der einzige und unbestrittene Herrscher *des gesamten Kosmos* bezeichnet. Als solcher ist er natürlich auch der unangefochtene Herr der Geschichte dieser Welt. Beide Verse haben aber gemeinsam, dass sie unmissverständlich monotheistisch formulieren: Außer JHWH gibt es keinen Gott, nur er ist der einzig wirkmächtige und deshalb wirkliche Gott, eben *der* Gott (האלהים).[112]

Das Ziel der Ausführungen 4,32 ff. ist jedoch nicht der theoretische Beweis der Einzigkeit und Einzigartigkeit JHWHs. Es reicht nicht, dass Israel „Glaubenswissen" hat. Es muss dieses vielmehr umsetzen. So nennt V. 40aα, was für Israel aus den bisherigen Ausführungen und seinem „Glaubenswissen" im Hinblick auf JHWH folgen soll: Israel soll die Gebote JHWHs[113] halten, die Mose ihm „heute" noch mitteilen wird. Nur so ist dauerhaftes Wohlergehen und langes Leben in dem Israel für alle Zeit gegebenen Land garantiert (V. 40aβ.γ.b). Das Halten der Gebote JHWHs ist also die Konsequenz der Anerkennung seiner Einzigkeit und Einzigartigkeit. V. 40 schließt im Übrigen nicht nur den Abschnitt 4,32–39 ab, sondern er hat eine zweite Funktion, insofern er auch den Bogen zu V. 1 zurückschlägt: Mit der so begründeten Aufforderung, die Gebote zu halten, ist die Lehre hinsichtlich des Tuns dieser Gebote zu einem Abschluss gelangt.

Zusammenfassend lässt sich festhalten, dass der dtn Mose in Dtn 4,1–40 Israel konzentriert darlegt, wie und warum die Satzungen und Rechtsvorschriften zu tun sind. Dabei wird erkennbar, dass einzelne Abschnitte aufeinander bezogen sind und gleichsam eine konzentrische Struktur bilden:[114]

4,1: Eröffnende Aufforderung: Hören auf die Satzungen und Rechtsvorschriften; Themenangabe: Lehre des Tuns derselben

    4,2–4: Aufforderung zum Halten der dtn Gebote als *Gebote JHWHs*, des Ungehorsam strafenden Gottes

        4,5–8: Aufforderung zum Halten der dtn Gebote im Land – infolgedessen Rühmen der Weisheit und Einsicht Israels durch die *Völker*

            4,9–14: Erweis der gleichen Verbindlichkeit von „Bundesgesetz" und „Landesgesetz" im Zuge des Rückblicks auf die Horebereignisse

        4,15–31: Warnung vor Übertretung der Gebote im Land – ansonsten Vernichtung Israels bzw. Zerstreuung unter die *Völker*

    4,32–40: Aufforderung zum Halten der Gebote als *Gebote JHWHs*, des einzigen und einzigartigen Gottes

4,40: Abschließende Aufforderung: Halten der Gebote JHWHs.

---

[112] Mit V. 35 und V. 39 wird im Deuteronomium wohl der Monotheismus „geboren", vgl. dazu insbesondere Braulik, Monotheismus, S. 287 f.

[113] Es ist zu beachten, dass in Dtn 4,1–40 in V. 2 und V. 40 die dtn Gebote explizit als Gebote *JHWHs* ausgewiesen werden. Dies ist im Deuteronomium eher selten, vgl. etwa noch Dtn 5,10.29; 6,17; 7,9 und 29,5; siehe auch Braulik, Mittel, S. 64.

[114] Zudem bestehen noch vielfältige, hier nicht weiter besprochene Motiv- und Wortbezüge zwischen den einzelnen Abschnitten, dazu sei auf die Analysen von Braulik, Mittel; Lohfink, Verkündigung, und Hartenstein, Gestalt, verwiesen.

146 Kapitel 3: Religiöses Lehren und Lernen im Buch Deuteronomium

Die Mitte des Abschnitts ist der Rückblick auf die Horebereignisse (Dtn 4,9–14). Dies ist sicher kein Zufall, denn am Horeb wurde Mose beauftragt, Israel die Satzungen und Rechtsvorschriften zu lehren. Mit Dtn 4,1–40 stimmt der dtn Mose die Israelitinnen und Israeliten auf die bald folgende Lehre der Satzungen und Rechtsvorschriften (Dtn 6–26) ein. Dtn 4,1–40 ist im Rahmen der ersten Rede eine Art „Vorabbelehrung" bezüglich der Satzungen und Rechtsvorschriften, aus der für die Israelitinnen und Israeliten zwingend hervorgehen sollte, dass die dtn Gebote nach ihrer Promulgation sofort getan werden müssen. Zu zeigen ist nun aber vor allem, inwieweit Dtn 4,1–40 einen spezifischen Beitrag zur Erklärung der dtn Tora leistet.

Was wird in Dtn 1,6–3,29 und Dtn 4,1–40 bezüglich der dtn Tora inhaltlich „erklärt"? M. E. sind hier vor allem vier Punkte anzuführen:

a) Erklärt wird, *warum es überhaupt eine dtn Tora gibt und warum (ausgerechnet) Mose sie promulgieren muss*: Es gibt eine dtn Tora, weil Israel in dem in Besitz zu nehmenden Land nach JHWHs Willen ein besonderes Gesetz halten muss (Dtn 4,5.14aγ.b), nämlich die Satzungen und Rechtsvorschriften, die den Kern der dtn Tora ausmachen (Dtn 4,8). Mose muss dieses Gesetz promulgieren, weil JHWH ihm dies am Horeb so geboten hat (Dtn 4,14aα.β).

b) Erklärt wird die *Wahl des Ortes und des Zeitpunktes der Übermittlung der dtn Tora*:[115] Von Dtn 4,14 her steht fest, dass der dtn Mose am Horeb von JHWH beauftragt worden ist, die Satzungen und Rechtsvorschriften zu promulgieren. Ein Zeitpunkt für die Promulgation wurde ihm offenbar von JHWH nicht vorgegeben. Von dieser „Leerstelle" her erschließt sich weitgehend der Sinn der Erzählungen des ersten Teils der ersten Rede: Die Erzählung von Kadesch Barnea (Dtn 1,19 ff.) zeigt, dass die In-Besitz-Nahme des Landes die Promulgation der dtn Gebote nicht voraussetzte. Daraus ist zu schließen, dass Mose beabsichtigte, die dtn Tora zu einem Zeitpunkt seiner Wahl im Zuge der In-Besitz-Nahme des Landes Israel zur Kenntnis zu bringen. Bedingt durch die Ereignisse von Kadesch Barnea änderten sich die Verhältnisse jedoch grundlegend: Das ungehorsame Israel musste zurück in die Wüste, bis die alte Generation ausgestorben war. Auf JHWHs Befehl hin sollte schließlich die nächste Generation das Ostjordanland erobern. Da Mose wegen Israel (Dtn 1,37) das Westjordanland nicht betreten darf (vgl. auch Dtn 3,23–28; 4,21), muss er die dtn Tora noch vor dem Einzug Israels in dieses Land mitteilen. Damit geht aus der ersten Rede hervor, dass die Wahl des Zeitpunktes und des Ortes der Mitteilung der dtn Tora durch besondere „geschichtliche Umstände" bestimmt sind.

c) Erklärt wird die *Bedeutung* der dtn Tora: Die dtn Tora ist nicht nur einzigartiges Gesetz (Dtn 4,8) eines einzigartigen Gottes (Dtn 4,32–40), sie ist vor al-

---

[115] Vgl. auch Perlitt, der im Zuge der Diskussion, ob „die Grundschicht von Dtn 1,6–3,29 nicht nur (theologisch) vom Dt her, sondern auch (literarisch) auf das Dt hin geschrieben worden [ist]", Dtn 1–3 als „Ursprungsgeschichte des Gesetzes" bezeichnet, Deuteronomium, S. 33 f.

lem ein für Israel *absolut verbindliches* Gesetz. Als der dtn Mose im Zuge seiner ersten Rede endlich auf die Tora (insbesondere auf ihre Gebote, die Satzungen und Rechtsvorschriften) zu sprechen kommt, beginnt er seine Ausführungen mit einem Imperativ: „Höre (Israel) auf die Satzungen und Rechtsvorschriften" (Dtn 4,1aα). Ausführlich belehrt er die Israelitinnen und Israeliten dann in Dtn 4,2–40 in Bezug auf das Tun dieser Gebote JHWHs, d. h. er legt ihnen dar, warum die Satzungen und Rechtsvorschriften zu tun sind. So sind etwa die Satzungen und Rechtsvorschriften den Dekaloggeboten im Hinblick auf die Verbindlichkeit des Tuns gleichgestellt: *Alle* Gebote sind nach JHWHs am Horeb offenbartem Willen unbedingt zu tun (Dtn 4,13.14). Werden die Gebote nicht getan, so wird Israel – wie der dtn Mose am Beispiel der Missachtung des Bilderverbots darlegt – von JHWH selbst vernichtet bzw. wieder aus dem Land vertrieben werden (Dtn 4,25–28). Die dtn Tora ist also (zusammen mit dem Israel schon bekannten Dekalog) der Maßstab, mit dem die Beziehung Israels zu JHWH künftig gemessen wird, oder anders formuliert: Ohne Befolgung der Satzungen und Rechtsvorschriften hat Israel keine Zukunft.

d) Erklärt wird der *Charakter* der dtn Tora: Dies geschieht vor allem dadurch, dass im Zuge der ersten Rede neben der dtn Tora noch auf zweierlei „Gesetz" eingegangen wird und somit der Charakter der dtn Tora im Vergleich ex negativo erkennbar wird. Nach Dtn 1,9–15 kann der dtn Mose die Streitigkeiten der Israelitinnen und Israeliten nicht mehr alleine tragen und folglich ergreift er noch während des Aufenthaltes am Horeb Maßnahmen zu seiner Entlastung: Er setzt Richter ein (Dtn 1,16 f.) und er „gebietet" (צוה pi.) den Israelitinnen und Israeliten einige „Regelungen" (דברים) in Bezug auf ihre Streitigkeiten (Dtn 1,18). Diese Regelungen sind keine Gebote JHWHs und ihr Gebieten ist pragmatisch bedingt: Sie sollen offensichtlich dazu beitragen, Streitigkeiten vorzubeugen. Ganz anderes lässt der dtn Mose hinsichtlich der dtn Tora im Zuge seiner Belehrung in Dtn 4,1–40 erkennen. Die Satzungen und Rechtsvorschriften sind, wie aus Dtn 4,2 sofort unmissverständlich hervorgeht, Gebote JHWH*s* (vgl. auch Dtn 4,40). Diese werden zwar auch von dem dtn Mose „geboten" (צוה pi., Dtn 4,2) – doch seine Tätigkeit erfolgt ausdrücklich im Auftrag JHWHs (Dtn 4,5.14). Zudem haben sie ein spezifisches Profil: Als besonderer Gültigkeitsbereich dieser Gebote wird das Land angegeben (Dtn 4,5b.14b). Die dtn Tora ist also eine Art göttliches „Landesgesetz"[116]. Als solches wird es unterschieden von dem dritten in der ersten Rede erwähnten Gesetz, dem „Bundesgesetz" (Dtn 4,13). Dieses teilte JHWH Israel am Horeb selbst mit und es ist – wie aus der fehlenden Angabe eines Geltungsbereiches zu schließen ist – universal bzw. uneingeschränkt gültig. Die dtn Tora erscheint somit als göttliches „Landesgesetz" abgehoben zum einen von dem göttlichen „Bundesgesetz" und zum anderen von den mosaischen Regelungen in Bezug auf innerisraelitische Streitfälle auf dem Weg ins Land.

---

[116] Zur Bedeutung von „Landesgesetz" siehe oben zu Dtn 4,1.

Abschließend ist festzuhalten, dass die Bestimmung der ersten Rede durch den Bucherzähler als Erklärung der dtn Tora (Dtn 1,5) plausibel ist.[117] Allerdings erfolgt die Erklärung in Bezug auf ihren Sinn, in Bezug auf die näheren Umstände der Promulgation ihrer Gebote sowie in Bezug auf ihre Bedeutung und ihren Charakter überwiegend *indirekt*. Dies liegt vor allem an der Präsentation des „Stoffes": Erklärt wird nicht etwa in Form einer sachbezogenen konzentrierten Abhandlung. Die Leser- bzw. Hörerschaft muss die Informationen über die dtn Tora vielmehr der ersten Rede des dtn Mose *entnehmen*. Dabei ist durchaus zuzugeben, dass mehr (geschichtlicher) Stoff aufgenommen wurde und mehr Themen anklingen, als zur Entfaltung des vom Bucherzähler angegebenen Themas eigentlich nötig gewesen wäre. Es ist also mit N. LOHFINK „keineswegs ausgeschlossen" bzw. sehr wahrscheinlich, dass der Text „unter verschiedener Perspektive gelesen mehrere Absichten nebeneinander verfolgt"[118], beispielsweise diejenige, die sog. Landeroberungsgeschichte, deren Fortgang im Buch Josua erzählt wird, einzuleiten (Dtn 1,6–3,29) oder diejenige, den Israelitinnen und Israeliten eine Art „Vorabbelehrung" bezüglich der Satzungen und Rechtsvorschriften zu geben (Dtn 4,1–40). Doch der Eindruck nach der Lektüre der ersten Rede, dass insbesondere in Dtn 1,6–3,29 Geschichte erzählt wird, die in keiner Beziehung zu der dtn Tora steht, ist in synchroner Perspektive ausdrücklich zu korrigieren.

3.1.2. Belegstellen für religiöses Lehren und Lernen in Dtn 1–4

Im Folgenden sind acht Stellen zu exegesieren. Fünfmal kommt das Verb למד vor (למד q.: Dtn 4,10; למד pi.: Dtn 4,1.5.10.14); an einer Stelle das Verb יסר pi. (Dtn 4,36); an zwei Stellen (Dtn 1,5 und Dtn 4,9) werden wichtige Aussagen zum Thema religiöses Lehren und Lernen getroffen, ohne dass das typische Vokabular verwendet wird. Die im Zuge der bisherigen Darstellung schon ausführlich besprochenen Verse Dtn 1,5 und Dtn 4,1 seien im Folgenden nur noch knapp behandelt.

---

[117] Anders Braulik/Lohfink, Deuteronomium 1,5, S. 37, nach denen die Bedeutung „erklären" vom Kontext her schlecht passt: „So lässt sich zu Dtn 1,5 schlicht sagen, daß die dort eingeleitete Moserede von Deuteronomium 1–4 ‚diese Tora' (= Dtn 5–28) nicht ‚erklärt', sondern ihre Mitteilung anbahnt, allenfalls den Sprechakt, den ihr Vortrag darstellt, autoexplikativ konstituiert."

[118] Lohfink, Analyse, S. 173. Lohfink selbst bestimmt den Skopus der ersten drei Kapitel folgendermaßen: Mose ist es durch seine narrative Rhetorik gelungen, „in seinen Zuhörern und ebenso in den späteren Lesern jene Einstellung zu schaffen, die es ermöglicht, auch das anzunehmen und innerlich mitzuvollziehen, was er, der sich schweigend unter Gottes Urteil beugt, nun tun wird: die feierliche Amtseinsetzung Josuas, die den Rest des Buches Deuteronomium füllen wird. Das war der wirkliche Skopus der ganzen Erzählung der drei Kapitel", a. a. O., S. 168.

3.1.2.1. Dtn 1,5: Mose begann, diese Tora zu erklären

Dtn 1,5 ist der einzige Vers in den Überschriften des Bucherzählers im Deuteronomium, der das Thema Lehren enthält:

> Jenseits des Jordans im Land Moab begann Mose, diese Tora folgendermaßen zu erklären.

Der Bucherzähler gibt mit diesem Vers an, wie die Leserschaft des Buches Deuteronomium die erste Rede des dtn Mose (Dtn 1,6–4,40) verstehen soll bzw. wie die vor dem dtn Mose im Land Moab versammelten Israelitinnen und Israeliten die erste Rede verstanden haben: als Erklärung der dtn Tora. Diese Erklärung ist im weiteren Sinn als Lehre zu verstehen: Der dtn Mose legt im Zuge seiner Ausführungen dar, warum es eine dtn Tora gibt, warum gerade er sie Israel mitteilen muss, warum er ihre Gebote „heute" in Moab promulgiert und welche Bedeutung bzw. welchen Charakter die dtn Tora hat.

3.1.2.2. Dtn 4,1: Ich lehre euch zu tun die Satzungen und Rechtsvorschriften

Dtn 4,1 ist eine Art Themenangabe des dtn Mose in Bezug auf seine Ausführungen in Dtn 4,2–40:

> Und nun, Israel, höre auf die Satzungen und Rechtsvorschriften, die ich euch zu tun lehre, damit ihr am Leben bleibt und ihr kommt und das Land in Besitz nehmt, das JHWH, der Gott eurer Väter, euch gibt[119].

Der dtn Mose will den Israelitinnen und Israeliten in Moab also das *Tun* der Satzungen und Rechtsvorschriften „lehren" (למד pi.). Dies bedeutet, wie aus Dtn 4,2–40 hervorgeht, dass er ihnen in verschiedener Hinsicht entfaltet, warum sie die dtn Gebote unbedingt befolgen müssen.

3.1.2.3. Dtn 4,5: Ich werde euch gelehrt haben Satzungen und Rechtsvorschriften

In Dtn 4,5 wird zum ersten Mal im Buch Deuteronomium das „Lehren" (למד pi.) der Satzungen und Rechtsvorschriften durch den dtn Mose erwähnt:[120]

> Siehe, ich werde euch (bald) gelehrt haben Satzungen und Rechtsvorschriften, dementsprechend wie mir JHWH, mein

---

[119] Lohfink, Samen, S. 261, Anm. 11, beurteilt die Version der Vet. Lat.: quam Dominum Deus Patrum vestrorum *dedit* vobis, als lectio difficilior; im Anschluss an Lohfink auch Christensen, Deuteronomy 1,1–21,9, S. 77 f. Doch zumindest die Gabe des Westjordanlandes steht noch aus, der MT macht also guten Sinn, so auch die Mehrheit der Exegetinnen und Exegeten.

[120] Vgl. zu Dtn 4,5 außer den Kommentaren insbesondere noch Braulik, Weisheit; ders., Gedächtniskultur, S. 139–142; ders., Weisheit im Buch Deuteronomium.

Gott, geboten hat, damit (ihr) so tut inmitten des Landes, in das ihr hinüberziehen werdet, um es in Besitz zu nehmen.

Das Perfekt למדתי kann, wie in der älteren Exegese häufiger vertreten wurde,[121] im präteritalen Sinn übersetzt werden: „Ich habe euch Satzungen und Rechtsvorschriften gelehrt". In der neueren Exegese wird למדתי meist als Perfectum declarativum aufgefasst: „Ich bin dabei, euch Satzungen und Rechtsvorschriften zu lehren."[122] In synchroner Hinsicht sind beide Deutungen aus inhaltlichen Gründen auszuschließen. Denn im Deuteronomium wird genau markiert, wann Mose damit beginnt, Satzungen und Rechtsvorschriften zu lehren, nämlich in Dtn 6,1. Es bleibt die Möglichkeit, das Perfekt למדתי im Sinn eines Futurum exactum zu übersetzen: „Ich werde euch (bald) Satzungen und Rechtsvorschriften gelehrt haben."[123] Diese Lehre muss stattfinden, bevor Israel in das Land einzieht (V. 5b).

Der כאשר-Satz (V. 5aβ) zeigt, dass die Lehre des dtn Mose auf das Gebot JHWHs hin ergeht;[124] er zeigt wohl auch, dass die Lehre inhaltlich dem Willen JHWHs entspricht. Mose lehrt demnach, weil und wie JHWH es ihm geboten hat. „Lehren" (למד pi.) hat hier ohne Zweifel den Sinn von „vermitteln". Offen bleiben jedoch wichtige Fragen: Gab JHWH die Satzungen und Rechtsvorschriften *wortwörtlich* Mose zur Lehre vor?[125] Wäre demnach „Lehren" ein Begriff für wortgetreue Vermittlung? Wann erfolge die Vorgabe bzw. wann erging das Gebot JHWHs zum Lehren?

---

[121] Vgl. etwa Driver, Deuteronomy, S. 64; Steuernagel, Deuteronomium, S. 65; König, Deuteronomium, S. 79; von Rad, Deuteronomium, S. 36. Jüngst vertritt dies wieder Krüger, Interpretation, S. 85 f.

[122] Braulik, Weisheit, S. 54; ders., Sprechakt, S. 251 f.; Lohfink, Verkündigung, S. 176; Mittmann, Deuteronomium, S. 117 f., Anm. 9; Knapp, Deuteronomium 4, S. 63 f.; Weinfeld, Deuteronomy, S. 201; Millar, Place, S. 39; Nielsen, Deuteronomium, S. 56; Tigay, Deuteronomy, S. 44; Christensen, Deuteronomy 1,1–21,9, S. 77.

[123] Vgl. auch noch Bemerkungen von Braulik, Sprechakt, S. 253 (obwohl er das Perfekt als Perfectum declarativum auffasst): „Die erste Moserede ist für die große Versammlung des Buches Deuteronomium nur die Eröffnungsrede, in der die in V. 5 genannte Lehrsituation konstituiert wird. Den Text, den Mose ‚lehrt', enthält erst die in Deuteronomium 5 beginnende zweite Moserede."

[124] So Braulik, Mittel, S. 22; ders., Weisheit, S. 59. כאשר–Formeln im sog. Promulgationssatz finden sich im Dtn noch in 5,12.16.32; 6,25; 20,17; 24,8; siehe dazu de Vries, Formula, S. 311–313, und Jenni, Präposition Kaph, S. 130–134.

[125] In diese Richtung Rose, 5. Mose Teilband 2, S. 493: Nach ihm zeigt der כאשר-Satz, dass „Mose die Rechtssätze dem Volk genau so vermittelt (‚lehrt'), wie er sie von Gott erhalten [hat]."

3.1.2.4. Dtn 4,9: Bringe die Horebereignisse deinen Kindern zur Kenntnis

Der in Dtn 4 zentrale Abschnitt 4,9–14, in dem der dtn Mose einen Rückblick auf die Horebereignisse hält, wird durch V. 9 wie folgt eröffnet.[126]

> Nur hüte dich und hüte dein Leben sehr, dass du nicht vergisst die Dinge, die deine Augen gesehen haben, und dass sie nicht aus deinem Herzen weichen alle Tage deines Lebens, und du sollst sie (auch) deinen Kindern und Kindeskindern zur Kenntnis bringen.

In V. 9a werden die Israelitinnen und Israeliten ermahnt, die Horebereignisse („Dinge"), wie sie der dtn Mose exemplarisch in V. 10–14 darlegt, nicht zu vergessen und sie nicht aus dem Herzen weichen zu lassen. In V. 9b werden sie aufgefordert, ihren Kindern und Kindeskindern die Horebereignisse „zur Kenntnis zu bringen" (ידע hif.).[127] Geht es bei diesem Zur-Kenntnis-Bringen nur um die Weitergabe von geschichtlichen Daten, also von reinem „Faktenwissen", oder um mehr? Die Antwort ist wohl in V. 9a – und zwar an zwei Stellen – verborgen: Zunächst ist festzuhalten, dass die Formulierung, die Israelitinnen und Israeliten hätten die Horebereignisse mit *ihren eigenen Augen gesehen* (אשר ראו עיניך), auffällig ist. Die Erwachsenen (Männer und Frauen) der Horebgeneration mussten laut Dtn 1,34–36 und Dtn 2,14f. noch in der Wüste sterben. Selbst wenn man in synchroner Perspektive unterstellt, dass die ältesten der von dem dtn Mose angeredeten Israelitinnen und Israeliten als Kinder, die einzig ins Land dürfen (Dtn 1,39), am Horeb dabei waren, so konnten doch die später (in der Wüste) Geborenen die Horebereignisse nicht mit eigenen Augen gesehen haben. Insofern ist die Formulierung in „realem" und in „übertragenem" Sinn zu verste-

---

[126] Vgl. zu Dtn 4,9 außer den Kommentaren noch Seeligmann, Erkenntnis, S. 426; Finsterbusch, Identität, S. 100–103. In dieser Studie wurden einige Ergebnisse der Habilitationsschrift in Bezug auf die Erziehung der Kinder vorab veröffentlicht.

[127] ידע hif. findet sich im Deuteronomium sonst nur noch in 8,3. Vgl. noch folgende andere mögliche Übersetzungen von ידע hif. in Dtn 4,9: Von Rad, Deuteronomium, S. 34: „kund tun"; Seeligmann, Erkenntnis, S. 426, und Rose, 5. Mose Teilband 2, S. 489: „erzählen"; Weinfeld, Deuteronomy, S. 193, und Tigay, Deuteronomy, S. 46: „make known"; Nielsen, Deuteronomium, S. 57: „kundmachen"; Braulik, Gedächtniskultur, S. 142: „kennenlernen lassen". In der Hebräischen Bibel wird ידע hif. im Zusammenhang mit der Belehrung von Kindern noch in Jos 4,22; Ps 78,5 und Jes 38,19 verwendet. In Jos 4,22 steht das Zur-Kenntnis-Bringen im Zusammenhang mit der Kinderfrage nach dem Sinn der Gedenksteine (V. 21). Zur Kenntnis gebracht werden soll in Form einer kurzen (von Josua vorgegebenen) Erzählung des Durchzugs Israels durch den Jordan mit Hilfe von JHWH und die Deutung der erzählten Ereignisse (V. 22b–24). Aus Ps 78,5 geht hervor, dass nicht nur das Gesetz JHWHs, sondern auch die Umstände seiner Gabe durch JHWH den Kindern zur Kenntnis zu bringen sind. Dies mit dem Ziel (V.6), dass die Kinder Kenntnis haben (למען ידעו) und sie ihren Kindern erzählen können (ויספרו לבניהם). Die Folge sollte sein, dass die künftigen Generationen auf JHWH ihr Vertrauen setzen, seine Taten nicht vergessen und seine Gesetze halten (V. 7). Nach Jes 38,19 im sog. Danklied Hiskias erzählt ein Vater seinen Kindern von der Treue (אמת) JHWHs. Vgl. zu ידע hif. im Sinne der Belehrung der Kinder auch noch Schottroff, Art. ידע, Sp. 697.

hen:[128] Die Horebereignisse müssen den angeredeten Israelitinnen und Israeliten mehrheitlich so nahe gebracht worden sein, dass sie sie quasi selbst gesehen haben.[129] Die zweite auffällige Formulierung in V. 9a ist die Warnung vor dem Entweichen-Lassen der Horebereignisse „aus deinem Herzen" (מלבבך). Die Horebereignisse sind also (bisher) im Herzen der Israelitinnen und Israeliten bewahrt. Was bedeutet dies? Als Organ der Erkenntnis und als Sitz des Erinnerungsvermögens befähigt das Herz „den Menschen, partikuläre Erkenntnisinhalte in einen übergeordneten Erfahrungsbereich einzuordnen [...], ermöglicht [es] dem Menschen Urteil und Verantwortung gegenüber den wahrgenommenen Dingen"[130]. Aus beiden Formulierungen in V. 9a geht also hervor, dass der ursprüngliche Lehrvorgang nicht nur die Weitergabe von Faktenwissen betraf bzw. auf mehr zielte, als auf die Vermittlung bloßer Fakten. Daraus ist zu schließen, dass auch das Zur-Kenntnis-Bringen der Horebereignisse durch die jetzige Generation ein Lehrvorgang sein muss, der diese Ereignisse für die Kinder und Kindeskinder „sichtbar" und zur eigenen „Urgeschichte" werden lässt – die als solche dann wiederum weiterzugeben ist. Als Medium des Zur-Kenntnis-Bringens ist hier vor allem an das intensive Erzählen zu denken: Durch intensives Erzählen können Erlebnisse so „sichtbar" gemacht werden, dass sie für die Zuhörerinnen und Zuhörer zu „eigenen" Erlebnissen werden, die sie dann auch „mit eigenen Augen" gesehen haben.[131]

Die Forderung von V. 9b, den Kindern und Kindeskindern die Horebereignisse zur Kenntnis zu bringen, enthält noch ein ganz spezifisches Lernziel, wie dem nun gleich zu besprechenden V. 10 zu entnehmen ist.

---

[128] Treffend Weinfeld, Deuteronomy, S. 203: „The nation and all of its generations are conceived here as one personality." Siehe auch Groß, Zukunft, S. 114: „Das hochrhetorische Kapitel [Dtn 4] arbeitet [...] mit einem undifferenzierten ‚Langzeit-Subjekt' Israel. Dieses wird lediglich abgehoben von den Vätern = den Patriarchen [...]. Von ein und demselben, teils mit ‚ihr', teils mit ‚du' angesprochenen Adressaten wird ausgesagt: YHWH hat sie aus Ägypten herausgeführt und sie sich zum Volk genommen (4,20); sie waren (Augen- und) Ohrenzeugen der Ereignisse und des *Berit*-Schlusses auf Grund des Dekalogs am Horeb (4,9 ff.); ihnen trägt Mose in den Steppen Moabs die Gesetze vor (4,1 ff.); sie werden das Land in Besitz nehmen und sollen dort die Gesetze beachten (4,5); sie werden als im Land Seßhafte die Horeb-*Berit* vergessen und sich durch Verstoß gegen das Bilderverbot zugrunderichten (4,23 ff.) [...]. Es ist die Geschichte der komplizierten und wechselvollen Beziehung zwischen YHWH und dem einen selben menschlichen Gegenüber." Die Augenzeugenschaft der Israelitinnen und Israeliten wird im Dtn häufig erwähnt, vgl. noch Dtn 3,21; 4,3.9; 6,22; 7,19; 10,21; 11,7; 29,2 und dazu Assmann, Gedächtnis, S. 217 f.

[129] Vgl. auch Tigay, Deuteronomy, S. 46: „Apparently he [Moses] feels that his entire audience has an eyewitness's sense of the events since those now over thirty-nine *were* present and the younger ones undoubtedly heard about the events from their parents or others who were present."

[130] Botterweck, Art. ידע u. a., Sp. 493; zustimmend auch Fabry, Art. לבב/לב, Sp. 434.

[131] Zur „Sichtbarkeit" von Hörbildern siehe auch noch Wenzel, Sehen, S. 414 ff., und Vincent, Auge.

3.1.2.5. Dtn 4,10: Ich will sie hören lassen meine Worte, damit sie mich fürchten lernen, und sie sollen ihre Kinder lehren

In Dtn 4,10 gibt der dtn Mose im Zuge seines Rückblicks auf die Horebereignisse eine kurze, an ihn gerichtete Rede JHWHs am Horeb wieder. Dabei ist „Lernen" (למד q.) und „Lehren" (למד pi.) Thema:[132]

> (Gemeint ist) der Tag, an dem du am Horeb vor JHWH, deinem Gott, standst, als JHWH zu mir sagte: ‚Versammle mir das Volk und ich will sie hören lassen meine Worte, damit sie lernen, mich zu fürchten alle Tage, die sie auf der Erde leben, und sie sollen ihre Kinder lehren.'

Laut V. 10aα rief JHWH Mose dazu auf, „das Volk" (העם) zu versammeln – sicherlich sind mit Volk hier Männer, Frauen und Kinder gemeint.[133] JHWH gebietet diese Versammlung, um das Volk seine Worte hören zu lassen, „damit sie lernen, mich zu fürchten alle Tage, die sie auf der Erde leben".[134] *Gelernt* werden soll die JHWH-Furcht also durch das Hören der Worte. Wie ist dies zu verstehen? Sicherlich spielt die Art und Weise der Offenbarung JHWHs am Horeb für die Erzeugung der JHWH-Furcht eine wichtige Rolle („hören lassen"). Dem Erleben der Audition wird offensichtlich eine solch einzigartige Wirkung zugeschrieben, dass im Hinblick auf die Israelitinnen und Israeliten nur *eine* mögliche Reaktion denkbar ist: In ihnen wird JHWH-Furcht erzeugt.[135] Der Ton von V. 10aβ.bα liegt jedoch darauf, dass die Israelitinnen und Israeliten JHWH als „*Wortgeber*" fürchten lernen sollen, denn der Finalsatz V. 10bα schließt an „ich will sie hören lassen *meine Worte*" (אשמעם את דברי) an. JHWHs „Worte" beziehen sich ohne Zweifel auf die Dekaloggebote, die in V. 13 explizit als die „zehn Worte" bezeichnet werden.[136] Die JHWH-Furcht lässt sich damit genauer als *Haltung* bestimmen, die Israel aufgrund des Hörens der Dekaloggebote lernen soll, sprich als Haltung, die

---

[132] Vgl. zu Dtn 4,10 außer den Kommentaren insbesondere noch Braulik, Gedächtniskultur, S. 139–142.

[133] Vgl. auch Dtn 31,12: Hier wird definiert, was Volk heißt, nämlich Männer, Frauen, Kinder, Fremdlinge.

[134] Das אשר ist hier final aufzulösen, vgl. auch Braulik, Gedächtniskultur, S. 141 (anders noch ders., Weisheit, S. 60, Anm. 36); Weinfeld, Deuteronomy, S. 196; Otto, Deuteronomium 4, S. 205. Anders Mittmann, Deuteronomium, S. 162, und Rose, 5. Mose Teilband 2, S. 495, die אשר als Relativpronomen lesen. Diese Deutung ist vom Text her möglich. Zu beachten ist jedoch, dass sich im Deuteronomium למד sonst nie auf den Dekalog bezieht.

[135] Nach Weinfeld klingt V. 10bα wie ein Echo von Ex 20,20 („Und Mose sprach zu dem Volk: Fürchtet euch nicht, denn um euch zu prüfen [נסות] ist Gott gekommen, und dass die Furcht vor ihm auf eurem Angesicht sei, damit ihr nicht sündigt."). Für Weinfeld, Deuteronomy, S. 203, sind die Verben beider Verse נסה pi. „to test/to experience" und למד pi. „to learn/to experience" (mit Berufung auf Ri 3,1f.) austauschbar. M. E. verkennt diese These das Spezifikum von Dtn 4,10: Israel soll JHWH *als Gesetzgeber* fürchten lernen.

[136] Vgl. auch Braulik, Ausdrücke, S. 18; Knapp, Deuteronomium 4, S. 51; Rose, 5. Mose Teilband 2, S. 494.

es gegenüber JHWH als Gesetzgeber einnehmen soll. Diese Furcht soll nicht kurzzeitig, sondern von Dauer sein: Sie soll alle Erdentage währen. Konkret muss sie sich darin äußern, dass Israel den Bund, also die Dekaloggebote, hält.[137]

Laut V. 10bβ verfügte JHWH noch: „und sie sollen ihre Kinder lehren". Sofort stellt sich die Frage, *was* die Israelitinnen und Israeliten ihre Kinder lehren sollen. Es gibt hier nur zwei Möglichkeiten: die Worte oder die JHWH-Furcht. Die Möglichkeit, dass die Dekaloggebote gemeint sind, ist hier zwar nicht ganz auszuschließen, aber von der Textgestaltung her – wie aus der Exegese von V. 10bα hervorgeht, liegt der Ton auf dem Lernen der JHWH-Furcht – ist doch mit an Sicherheit grenzender Wahrscheinlichkeit die Lehre der JHWH-*Furcht* gemeint.[138] Der Horeb ist der „Urlernort" der JHWH-Furcht. Doch die JHWH-Furcht soll sich nicht nur auf das Volk beschränken, das am Horeb JHWH gegenüber stand: Die JHWH-Furcht soll für alle Zukunft zu einer Grundhaltung in Israel werden – dies ist der Sinn der Verfügung JHWHs, dass die Anwesenden ihre (nach den Horebereignissen, in Zukunft geborenen) Kinder lehren sollen. Kinder (בנים), das sei hier noch angefügt, bezieht sich auf Jungen und Mädchen, denn da Männer und Frauen am Horeb standen und *alle* JHWH-Furcht lernen sollen, müssen natürlich auch die Mädchen bei der künftigen Belehrung einbezogen werden.[139]

Wie sollen die Israelitinnen und Israeliten ihre Kinder lehren, JHWH – als Gesetzgeber – zu fürchten? Dies wird in der Verfügung JHWHs nicht explizit gemacht. Da JHWH-Furcht am Horeb im Zusammenhang mit einem besonderen *Erleben* gelernt wurde, ist jedoch nur eine Möglichkeit vorstellbar: Die Erwachsenen müssen ihnen dieses Erleben erzählend so weitergeben bzw. nahebringen, dass auch in den Kindern JHWH-Furcht als Reaktion erzeugt wird.

Damit lässt sich dieses Lehren als Teil des in Dtn 4,9b vorgeschriebenen Lehrens verstehen: Im Rahmen des Zur-Kenntnis-Bringens der Horebereignisse soll der Horeb für die Kinder auch zum „Urlernort" der JHWH-Furcht werden. Die nächste Generation muss durch entsprechende Erzählung gleichsam in die Situation versetzt werden, am Horeb vor dem sich offenbarenden und gesetzgebenden JHWH zu stehen, um ihn fürchten zu lernen und um dann als Ausdruck dieser JHWH-Furcht die Gebote JHWHs zu tun.[140] Offen bleibt allerdings, wann und wie dieses Erzählen stattfinden soll.[141]

---

[137] Nach Kenntnis der Satzungen und Rechtsvorschriften muss sich die JHWH-Furcht auch im Halten dieser Gebote äußern. Dies zeigen Stellen im Deuteronomium, die das Halten der dtn Gebote ausdrücklich in Beziehung zu der JHWH-Furcht setzen, vgl. etwa Dtn 6,2; 6,24; 10,12 f.; 31,12.

[138] So auch Braulik, Gedächtniskultur, S. 141; anders Knapp, Deuteronomium 4, S. 49, der (ohne nähere Begründung) den Dekalog als Gegenstand der Kinderbelehrung bestimmt.

[139] Anders etwa Perlitt, Ermutigung, S. 148, der nur von der Belehrung der Söhne ausgeht.

[140] Im Rahmen seiner Untersuchung zu לבב/לב kommt Fabry, Art. לבב/לב, Sp. 435, in Bezug auf Dtn 4,9 zu einem ähnlichen Ergebnis: „Die Erinnerung an die Großtaten Gottes und seiner Thora soll als Motiv zum Thoragehorsam wirken."

[141] Die Frage wird auch an anderer Stelle im Deuteronomium nicht beantwortet.

3.1.2.6. Dtn 4,14: Mir gebot JHWH, euch Satzungen und Rechtsvorschriften zu lehren

In Dtn 4,14 berichtet der dtn Mose im Zuge seines Rückblicks auf die Horebereignisse schließlich noch über seine Beauftragung zum „Lehren" (למד pi.) der Satzungen und Rechtsvorschriften:[142]

> Und mir gebot JHWH zu jener Zeit, euch Satzungen und
> Rechtsvorschriften zu lehren, damit ihr sie tut im Land, in das
> ihr hinüber ziehen werdet, um es in Besitz zu nehmen.

Mit Dtn 4,14 wird die von Dtn 4,5 her offene Frage beantwortet, wann JHWH Mose das „Lehren" (למד pi.) der Satzungen und Rechtsvorschriften gebot, nämlich „zu jener Zeit" (בעת ההוא), also am Horeb. Während allerdings in Dtn 4,5 durch den כאשר-Satz auch angedeutet wurde, dass JHWH hinsichtlich der Lehre der Satzungen und Rechtsvorschriften Vorgaben machte, schweigt Dtn 4,14 diesbezüglich vollständig. Es bleibt also eine „Leerstelle".[143] In synchroner Perspektive ist zu erwarten, dass der dtn Mose seinen Zuhörerinnen und Zuhörern genauere Informationen im Zuge seiner weiteren Ausführungen noch geben wird (dies geschieht tatsächlich auch, wie hier im Vorgriff zu bemerken ist, und zwar in Dtn 5,31).[144]

In Bezug auf die Deutung der Lehre der Satzungen und Rechtsvorschriften in Dtn 4,14 ist an dieser Stelle eine markante Position zu diskutieren, die E. OTTO vertritt: Lehre der Satzungen und Rechtsvorschriften bedeutet demnach hier (an-

---

[142] Vgl. zu Dtn 4,14 neben den Kommentaren die folgende Literatur: Lohfink, Neubegrenzung, S. 240; Braulik, Gedächtniskultur, S. 139–142; Otto, Deuteronomium 4, S. 209 ff.; ders. Deuteronomium in Pentateuch, S. 164 ff.

[143] Der Ausdruck stammt aus der Literaturwissenschaft. Die „Leerstellen" zeigen „nicht eine Bestimmtheitslücke im Text, sondern eine ‚Kombinationsnotwendigkeit' an [...], durch die der Leser ins Spiel kommt", Janowski, Angesicht, S. 52, Anm. 92. Weitere „Leerstellen" im Deuteronomium finden sich noch in Dtn 8,2 f., siehe die Analyse z. St.

[144] In synchroner Perspektive ist damit die These, dass Dtn 4,14 eine grundlegend andere Aussage als Dtn 5,31 macht, m. E. nicht zu bestätigen, so aber Lohfink, Neubegrenzung, S. 241: „In 5,31 erhält Mose auf dem Horeb die Gesetze von Jahwe mitgeteilt, in 4,14 erhält er nur einen Befehl, das Volk später *ḥuqqîm ûmišpāṭîm* (kein Artikel!) zu lehren. [...] Um die Akzentverschiebung in 4,14 gegenüber der sachlichen Vorlage in 5,31 genauer zu sehen, ist Folgendes zu beachten: Die Aussage von 4,14 stimmt fast wörtlich mit der von 6,1 überein, nicht mit der von 5,31. Auch in 6,1 wird die Mitteilung der Gesetze durch Jahwe nicht erwähnt und nur von dessen Befehl gesprochen, sie die Israeliten zu lehren. Doch das ist in 6,1 der Punkt, auf den es ankommt: Mose schickt sich jetzt zur lehrenden Gesetzesvermittlung an, empfangen hat er die Gesetze schon vor vierzig Jahren. Daß er nicht noch einmal alle Elemente von 5,31 wiederholt, ist an dieser Stelle narrative Selbstverständlichkeit. [...] Für 4,14 ist es nun aber relevant, daß die abgekürzte Formulierung von 6,1, und zwar so wörtlich wie innerhalb der Satzkonstruktion überhaupt möglich, an jener Erzählstelle eingesetzt wird, wo man die explizitere Formulierung von 5,31 erwarten müßte. Das ist – zumindest für Hörer und Leser, die den deuteronomischen Haupttext schon im Ohr haben, und die dürfte Dtn 4 voraussetzen – als Nullaussage eine profilierte Neuaussage."

ders als in Dtn 5,31) nicht die Weitergabe von JHWHs Mose zuvor offenbarten Geboten, sondern die Auslegung von Dekaloggeboten in Satzungen und Rechtsvorschriften.[145] Gegen diese Auffassung lassen sich zwei Dinge anführen: Zum einen stimmt dieses Verständnis von Lehre nicht mit dem Wortlaut von Dtn 4,14 überein. Denn in V. 14 steht nicht: „Und mir gebot JHWH, *die Dekaloggebote zu lehren*, indem ich daraus Satzungen und Rechtsvorschriften ableite und euch mitteile." Der „Lehrauftrag" lautet vielmehr, Mose solle Israel *Satzungen und Rechtsvorschriften* lehren. Festzuhalten ist zum zweiten, dass in V. 14 nicht geklärt wird, was Satzungen und Rechtsvorschriften genau bedeuten.[146] Sie stehen *neben* den in V. 13 erwähnten, von JHWH mitgeteilten Dekaloggeboten. Es wird mit keinem Wort gesagt, dass ein besonderer Bezug zwischen den Satzungen und Rechtsvorschriften und den Dekaloggeboten besteht. Aus V. 13 f. geht nur hervor, dass die Satzungen und Rechtsvorschriften nach JHWHs Willen getan werden müssen *wie die Dekaloggebote*, dass sie also in Bezug auf das Tun gleich verbindlich sind.[147]

Lässt sich im Hinblick auf die Bedeutung von Lehren noch etwas aus Dtn 4,14 entnehmen? Wenn man V. 5 und V. 14 zusammen betrachtet, ist folgendes Phänomen auffällig: Wie in V. 5 schließt sich auch in V. 14 an למד pi. eine finale Bestimmung an (4,5: „damit ihr so tut inmitten des Landes..." 4,14: „damit ihr sie

---

[145] Vgl. Otto, Deuteronomium 4, S. 211: „Mose hat in diesem Theoriekonstrukt nicht die Funktion eines Offenbarungsmittlers für das Volk, der die ihm am Horeb mitgeteilte Gebotsoffenbarung in Moab dem Volk vermittelt. Vielmehr rückt Mose in das Amt eines Gesetzeslehrers ein, der im dtn Gesetz dem Volk den am Horeb offenbarten Dekalog auslegt." Otto präzisiert seine Position in einer aktuellen Studie, vgl. ders., Deuteronomium im Pentateuch. S. 165: „Mose hat in dieser Theorie nicht die Funktion eines Offenbarungsmittlers, der die ihm schon von JHWH mitgeteilte Gebotsoffenbarung dem Volk vermittelt. Vielmehr rückt Mose in das Amt eines Gesetzeslehrers ein, der im Gesetz des Deuteronomiums die *Sinaigesetzgebung* [kursiv: K. F.] für das Volk auslegt."

[146] Anders etwa Braulik, Weisheit, S. 61 f.: Demnach „klärt [die Rückblende auf die Ereignisse am Horeb] auch das Verhältnis von Dekalog und mosaischem Gesetz. [...] Im Gegensatz zu 5,31, wo zwischen Dekalog und übrigem Gesetz als zwischen unvermitteltem und vermitteltem Jahwewort unterschieden wird, liegt hier [in 4,14] aller Nachdruck auf dem Daß mosaischer Gesetzeslehre. Sie aber ‚erscheint nicht als Vermitteln des am Horeb ergangenen Jahwewortes, sondern als Auslegung des Jahwegebotes durch Satzungen und Rechtsvorschriften (hier anders als in 5,31, ohne Artikel!). Demnach ist also das dtn Gesetz bevollmächtigte Interpretation des am Horeb mitgeteilten Dekalogs, nicht aber Wiederholung eines neben dem Dekalog am Horeb von Jahwe zunächst dem Mose allein mitgeteilten Gesetzes' [Zitat aus Machholz, Israel, S. 100]. Diese Differenzierung zwischen den Jahweworten selbst und ihrer aktualisierenden Interpretation durch Mose bzw. einen Propheten als seinem von Gott selbst autorisierten Nachfolger (18,15–18) bedingt jedoch keine abgestufte Verbindlichkeit." Vgl. auch ders., Dekalog, S. 11, und ders., Gedächtniskultur, S. 141. Die fehlende Determination des Doppelausdrucks „Satzungen und Rechtsvorschriften" ist m. E. jedoch nicht als Beweis dafür anzusehen, dass diese „Interpretation" der Dekaloggebote sind. Die fehlende Determination könnte hier (und in Dtn 4,5, nicht in Dtn 4,1!) z. B. auch Ausdruck der Vielheit der dtn Gebote im Vergleich mit den „zehn Worten" sein.

[147] Siehe dazu auch oben die Analyse von Dtn 4,9–14.

tut im Land ..."). Auf dem Tun (עשׂה q.) liegt hier ohne Zweifel ein besonderer Akzent. Es stellt sich die Frage, ob JHWH den dtn Mose beauftragte, die Gebote zu *lehren*, um das *Tun* zu gewährleisten. Hat also JHWH die Mitteilung von Satzungen und Rechtsvorschriften als *Lehre* geboten im Hinblick auf das Tun?

3.1.2.7. Dtn 4,36: Er hat dich hören lassen seine Donnerstimme, um dich zu erziehen

Zu besprechen ist schließlich noch Dtn 4,36:[148]

> Vom Himmel her hat er dich seine Donnerstimme hören lassen, um dich zu erziehen, und auf der Erde hat er dir sein großes Feuer gezeigt und seine Worte hat er dich mitten aus dem Feuer hören lassen.

Die Übersetzungen von יסר pi. schwanken hier zwischen „unterweisen"[149], „züchtigen"[150] und „erziehen".[151] Unterwiesen wird man in einer Sache oder Angelegenheit, doch in V. 36a wird von einer solchen nichts gesagt, insofern ist diese Übersetzungsmöglichkeit wenig wahrscheinlich. Auch die Übersetzung mit „züchtigen" macht im Kontext wenig Sinn, warum sollte JHWH die Israelitinnen und Israeliten in dieser Situation züchtigen wollen? Es bleibt also die Übersetzung von יסר pi. mit „erziehen". Der Bedeutung dieser Erziehung ist nun nachzugehen. V. 36 beschreibt JHWHs Offenbarung am Horeb. Drei Modi der Offenbarung werden gesondert erwähnt. Auffällig ist, dass sich der Infinitivsatz ליסרך nur an den ersten Modus anschließt. Zu fragen ist, weshalb der erste Modus durch den Infinitivsatz dergestalt herausgehoben wird bzw. inwieweit dieser Modus erzieherische Funktion hat.

Der erste Modus wird offensichtlich nicht deshalb betont, weil er die Macht der Offenbarung JHWHs beschreibt. Dies zeigt ein Vergleich mit den anderen Modi. Sowohl die Donnerstimme vom Himmel als auch das große Feuer auf der Erde als auch die Worte aus dem Feuer sind machtvolle Demonstrationen JHWHs. Der erste Modus wird offensichtlich auch nicht deshalb betont, weil JHWHs Donnerstimme am Horeb die zehn Gebote verkündete. Donnerstimme (קול) bedeutet hier nicht göttliche Rede. Denn dies wird ja im dritten Modus ex-

---

[148] Vgl. zu Dtn 4,36 außer den Kommentaren noch Branson, Art. מוסר/יסר II–IV, Sp. 691; Krüger, Interpretation, S. 89 f.

[149] So etwa G. von Rad, Deuteronomium, S. 35; Branson, Art. מוסר/יסר II–IV, Sp. 691; Weinfeld, Deuteronomy, S. 194: („to instruct you"); Rose, 5. Mose Teilband 2, S. 490; Krüger, Interpretation, S. 89.

[150] So Driver, Deuteronomy, S. 76 („discipline"); Buber/Rosenzweig, Weisung, z. St. („in Zucht nehmen"); die RSV-Übersetzung (in: Mayes, Deuteronomy, S. 158, „discipline"); die neue JPS-Übersetzung (in: Tigay, Deuteronomy, S. 56, „discipline"); Christensen, Deuteronomy 1,1–21,9, S. 93 („discipline").

[151] So etwa die Einheitsübersetzung (in: Braulik, Deuteronomium 1–16,17, S. 46), und Nielsen, Deuteronomium, S. 62.

plizit gemacht: JHWH lässt seine Worte, also die Gebote,[152] aus dem Feuer hören.

Was ist also das Besondere am ersten Modus der Offenbarung, das ihn qualifiziert, Israel zu erziehen? Es ist wohl die spezifische Kombination von Himmel und Donnerstimme. Der Himmel, dem im Übrigen bei der Schilderung der Horebereignisse in Dtn 4,10–14 kaum Bedeutung zukam (er wird nur einmal kurz in V. 11bα erwähnt), gilt als Wohnort JHWHs, als Sphäre, die nur der Gottheit zugänglich ist.[153] Das Erschallen der Donnerstimme vom Himmel herab ist also eine machtvolle Demonstration der *Gottheit* JHWHs.[154]

Angesichts dieses Befundes lässt sich zur Bedeutung von יסר pi. in Dtn 4,36 Folgendes erschließen: Es ging JHWH bei der Horeboffenbarung um eine machtvolle Demonstration seiner Gottheit, die Israel erziehen soll. Aus dem Kontext geht hervor, *wozu* nach dem dtn Mose diese Demonstration Israel erziehen soll: zum Befolgen der Gebote dieses einzigartigen Gottes JHWH (V. 40).[155]

3.2. Der Lehrauftrag für Mose am Horeb (Dtn 5)

3.2.1. Aufbau und Inhalt von Dtn 5

Mit Dtn 5[156] setzt die sog. zweite Rede des dtn Mose ein (Dtn 5–26). Dtn 5 kann als eine eigene Einheit betrachtet werden, wobei die Abgrenzung nach unten durch die Überschrift in Dtn 6,1 deutlich ist.[157] Grob lässt sich Dtn 5 wie folgt gliedern:[158]

a) 5,1: Aufforderung des Mose zum Hören, Lernen und Tun der von ihm noch zu promulgierenden Satzungen und Rechtsvorschriften
b) 5,2–5: Erwähnung des Bundesschlusses JHWHs mit Israel („uns") am Horeb
c) 5,6–21: Zitierung der Dekaloggebote JHWHs
d) 5,22: Erwähnung von JHWHs Niederschrift der Dekaloggebote auf zwei steinerne Tafeln

---

[152] Vgl. auch Braulik, Ausdrücke, S. 18.21.
[153] Vgl. Bartelmus, Art. שמים, Sp. 211–220.
[154] Der *kol* JHWHs kann auch an anderen Stellen seinen Willen und seine Macht symbolisieren, vgl. dazu noch Kedar-Kopfstein, Art. קול, Sp. 1249.
[155] Vgl. noch den Kommentar von Wevers, Deuteronomy, S. 88, zu παιδεῦσαί σε, der Übersetzung der LXX von ליסרך: „Instruction is not then first of all an intellectual exercise but is education in a way of life, a correction of faults, and the Greek must be understood in this way."
[156] Zu Dtn 5 vgl. außer den Kommentaren noch die folgende Literatur: Seitz, Studien, S. 45–50; García López, Analyse (1978), S. 5–18; Mittmann, Deuteronomium, S. 128–163; Hossfeld, Dekalog; Brekelmans, Function; Achenbach, Israel, S. 28–64; Sonnet, Book, S. 42–51; Graupner, Sinai; Otto, Das Deuteronomium im Pentateuch, S. 111–129; Lohfink, Deuteronomy 5.
[157] Vgl. unten die Analyse der ersten Lehrrede.
[158] Die Gliederung von Dtn 5 ist nicht strittig.

e) 5,23–31: Zitierung der Bitte des Volkes um vermittelte Mitteilung weiterer JHWH-Rede, Zitierung von JHWHs Gewährung dieser Bitte und von der Beauftragung des Mose mit dem Lehren weiterer Gebote
f) 5,32–33: Aufforderung des dtn Mose zum Tun nach dem Gebot JHWHs.

In Kapitel 5 geht Mose zum zweiten Mal (nach Dtn 4,9–14) auf die Horebereignisse ein. In Dtn 4,9–14 sollte im Rahmen der Lehre des *Tuns* der Satzungen und Rechtsvorschriften (Dtn 4,1–40) gezeigt werden, dass die Satzungen und Rechtsvorschriften für Israel *die gleiche Verbindlichkeit* besitzen wie die Worte des Bundes, d. h. wie die Dekaloggebote.[159] Der Akzent in Dtn 5 liegt offenbar auf einem anderen Punkt. Man kann das Kapitel mit N. LOHFINK als eine *Ätiologie der Satzungen und Rechtsvorschriften* bezeichnen.[160] Die Frage ist dann natürlich, warum im Rahmen dieser Ätiologie der Dekalog *zitiert* wird – die Ätiologie wäre auch ohne zitierten Dekalog denkbar gewesen. Möglicherweise liegt der Grund darin, dass der Dekalog als „Bundesgesetz" anerkanntermaßen den höheren Status besaß und von daher im Deuteronomium die Satzungen und Rechtsvorschriften nicht promulgiert werden konnten, ohne dass auch die Dekaloggebote zitiert wurden.[161]

In Dtn 5 spielt auch das Thema religiöses Lehren (למד pi.) und Lernen (למד q.) eine wichtige Rolle. Einzugehen ist im Folgenden ausführlich auf Dtn 5,1 und Dtn 5,31.

3.2.2. Belegstellen für religiöses Lehren und Lernen in Dtn 5

3.2.2.1. Dtn 5,1: Hört, lernt und tut sorgfältig die Satzungen und Rechtsvorschriften

Das Stichwort „lernen" (למד q.) fällt gleich im ersten Vers des fünften Kapitels:[162]

---

[159] Siehe oben die Besprechung zu Dtn 4,1–40 und insbesondere von Dtn 4,9–14.
[160] Lohfink, Neubegrenzung, S. 246.
[161] Vgl. auch die Überlegung von Graupner, Sinai, S. 99: „Indem die Redaktion auch dem Deuteronomium den Dekalog als Zusammenfassung des Gotteswillens vor- und überordnet, stellt sie Bundesbuch und Deueronomium auf dieselbe Ebene. Beide sind gleichrangige Konkretisierungen des einen Gotteswillens, darum – wo dies möglich ist – als wechselseitige Bestätigung oder Ergänzung zu lesen." Nach einer anderen Auffassung wurden die Dekaloggebote hier zitiert, da die dtn Gebote die Dekaloggebote kommentieren sollen, vgl. etwa Lohfink, Neubegrenzung, S. 235 f.; Braulik, Gesetze, S. 12. Doch wie im Zuge der Exegese von Dtn 5,31 gleich zu zeigen ist, stehen die beiden Gesetzgebungen (wie auch in Dtn 4,13 f.) *unverbunden* nebeneinander, vgl. auch noch Hossfeld, Dekalog, S. 233.237; Nielsen, Deuteronomium, S. 70; Rüterswörden, Anfang, S. 207–209.
[162] Zu Dtn 5,1 siehe außer den Kommentaren noch Neumann, Wort, S. 67–98, und Braulik, Gedächtniskultur, S. 129–131.

160 Kapitel 3: Religiöses Lehren und Lernen im Buch Deuteronomium

> Und Mose berief ganz Israel und sagte zu ihnen: ‚Höre Israel die Satzungen und die Rechtsvorschriften, die ich heute in eure Ohren rede, und lernt sie und tut sie sorgfältig.'[163]

Der dtn Mose setzt ein mit einem Höraufruf: Israel soll die Satzungen und Rechtsvorschriften hören.[164] In Bezug auf diese Gebote heißt es noch, dass Mose im Begriff ist, sie heute Israel mitzuteilen.[165] An den Imperativ שמע („höre") schließen sich zwei Perfecta consecutiva an: Israel soll die Satzungen und Rechtsvorschriften lernen (ולמדתם אתם)[166] und sie sorgfältig tun (ושמרתם לעשתם).[167]

Israel wird zum Hören *und* zum Lernen der Satzungen und Rechtsvorschriften aufgefordert. Hören und Lernen sind ganz offensichtlich keine Synonyme. Was soll mit dieser Kombination also zum Ausdruck gebracht werden? Beim Hören werden die Satzungen und Rechtsvorschriften mit den *Ohren* aufgenommen („die ich heute in eure Ohren rede") und dabei bleibt unwillkürlich auch ein

---

[163] Der im Deuteronomium häufig verwendete Doppelausdruck שמר לעשות wird unterschiedlich übersetzt: zum einen mit „(darauf) achten, (die Gesetze) zu tun"; in diesem Sinn etwa G. von Rad, Deuteronomium, S. 38, der die Wendung in Dtn 5,1 wie folgt übersetzt: „achtet darauf, sie (die Gesetze) zu befolgen"; vgl. auch die Einheitsübersetzung zu Dtn 5,1: „auf die Gesetze achten und sie halten" (in: Braulik, Deuteronomium 1–16,17, S. 48 f.). Zum anderen wird שמר לעשות im Sinne von „sorgfältig tun" bzw. „genau ausführen" wiedergegeben, so etwa die Übersetzung Weinfelds, Deuteronomy, S. 236, von לעשות שמר in Dtn 5,1: „observe them carefully"; vgl. auch Nielsen, Deuteronomium, S. 69, zu Dtn 5,1: „haltet sie genau". Siehe auch Sauer, Art. שמר, Sp. 983, und Jenni, Präposition Lamed, S. 239. Für diese Übersetzung sprechen Stellen wie Dtn 5,32 (שמר לעשות wird hier erläutert mit: „nicht nach rechts und links abweichen") und Dtn 17,10 f. (wie insbesondere durch V. 11b deutlich wird, liegt auch hier der Akzent eindeutig auf dem sorgfältigen, genauen Tun des Spruches). In der vorliegenden Arbeit wird der Doppelausdruck mit „sorgfältig tun" wiedergegeben.

[164] Das im Relativsatz verwendete Promulgationsverb („reden") legt nahe, שמע hier im Sinn von „hören" zu verstehen: Israel soll die Satzungen und Rechtsvorschriften *hören*, die Mose *reden* wird. Zudem spricht die Verbfolge des Hauptsatzes für die Bedeutung hören: Die Sequenz hören – lernen – tun ist „logisch" angeordnet, die Sequenz gehorchen – lernen – tun macht hingegen keinen Sinn. Im Sinne von hören deuten שמע in Dtn 5,1 die Mehrheit der Exegetinnen und Exegeten, vgl. nur Seitz, Studien, S. 48; Mittmann, Deuteronomium, S. 129 f.; Braulik, Deuteronomium 1–16,17, S. 48 f.; Mayes, Deuteronomy, S. 165; Weinfeld, Deuteronomy, S. 237; Rose, 5. Mose Teilband 2, S. 419. Anders aber Neumann, Wort, S. 98; Rüterswörden, Art. שמע u. a., Sp. 275; Christensen, Deuteronomy 1,1–21,9, S. 113.

[165] Zu dieser Bezeichnung mosaischer Tätigkeit („in die Ohren rufen/reden") siehe noch Dtn 31,11; 31,28.30; 32,44); allerdings steht nur in Dtn 5,1 das Promulgationsverb דבר q. Die eigenwillige Formulierung des Promulgationssatzes in V. 1 vermerkte schon Lohfink, Hauptgebot, S. 150.

[166] Nur hier im Deuteronomium hat למד q. als Objekt einen Begriff für Gesetz. Lernen steht sonst entweder ohne Objekt (vgl. etwa Dtn 31,12) oder es hat andere Objekte (wie etwa die Gottesfurcht, vgl. Dtn 4,10; 14,23; 17,19; 31,13).

[167] Die Kombination *hören – lernen – sorgfältig tun* kommt im Deuteronomium noch in Dtn 31,12 vor. Inhaltlich unterscheiden sich Dtn 5,1 und Dtn 31,12 allerdings erheblich: Nach Dtn 5,1bα sind die Satzungen und Rechtsvorschriften zu hören, zu lernen und sorgfältig zu tun, in Dtn 31,12bα beziehen sich hören, lernen und sorgfältig tun auf die dtn Tora. Vgl. dazu unten die Exegese von Dtn 31,12.

Teil des Gehörten im Gedächtnis haften. Hören bedeutet aber nicht unbedingt die gezielte, dauerhafte Aufnahme des Gehörten. Lernen (eines Textes) bedeutet – mit Blick auf andere dtn Aussagen wie Dtn 6,7; 30,14 und 31,19 – zunächst wohl einfach: mit dem Mund den gehörten Text nachsprechen.[168] Doch bedeutet Lernen hier sicher noch mehr:

Das Lernen der „heute" von dem dtn Mose zu Gehör gebrachten Satzungen und Rechtsvorschriften ist die Voraussetzung dafür, dass diese getan werden können. Lernen ist hier also im Sinn von (die Gebote) *auswendig* lernen zu verstehen.[169] Denn nur wenn die Satzungen und Rechtsvorschriften Wort für Wort präsent sind, können sie im Sinn des Gesetzgebers getan, d. h. befolgt werden.

Israel soll also zum einem den Vortrag der Satzungen und Rechtsvorschriften hören, zum anderen soll es sich zugleich das Gehörte, also die Satzungen und Rechtsvorschriften, aktiv und nachhaltig einprägen (lernen). Lernen ist mehr als Hören, Hören aber ist in Dtn 5,1 die Bedingung des Lernens der Satzungen und Rechtsvorschriften und dieses Lernen wiederum ist die Bedingung der Möglichkeit des Tuns derselben.

Diese Überlegungen schließen aus, was M. Rose zum Verhältnis der Verben hören und lernen in Dtn 5,1 äußert: „Das, was einmal (,heute') verkündet wird, muß ständig studiert (,gelernt') werden."[170] Damit ist die Aussage des Verses nicht getroffen, denn Israel soll die Satzungen und Rechtsvorschriften *heute* hören und also auch *heute* lernen, um sie sofort bzw., wie aus dem unmittelbaren Kontext hervorgeht, künftig im Land zu tun.[171]

„Realistisch" betrachtet ist die Forderung, „heute" die Satzungen und Rechtsvorschriften zu hören und zu lernen, natürlich eine Utopie bzw. eine Über-Forderung. Die historische Fiktion, dass die erste Generation im Land die dtn Gebote von Mose an einem Tag gehört und gelernt hat, hat jedoch als Ideal programmatische bzw. als Mythos fundierende Bedeutung.

3.2.2.2. Dtn 5,31: Du sollst Israel die Satzungen und Rechtsvorschriften lehren

In Dtn 5,31 ergeht an den dtn Mose der Auftrag JHWHs, die Satzungen und Rechtsvorschriften Israel zu „lehren" (למד pi.).[172] Um die Besonderheit dieses Auftrags als Lehrauftrag herauszuarbeiten, ist der engere Kontext von V. 31, nämlich V. 22–33, mit zu analysieren.

---

[168] Vgl. auch noch Fischer/Lohfink, Worte, S. 187; Achenbach, Israel, S. 111 f., Anm. 181; Braulik, Gedächtniskultur, S. 125. Siehe auch noch oben zu Jes 50,4.

[169] Vgl. auch Braulik, Deuteronomium 1–16,17, S. 49.

[170] Rose, 5. Mose Teilband 2, S. 419. In der Literatur wird ansonsten dem Verhältnis der Verben hören und lernen bzw. der Bedeutung des Lernens in Dtn 5,1 so gut wie keine Beachtung geschenkt.

[171] Dtn 5,31; 6,1.

[172] Zu Dtn 5,31 bzw. zu Dtn 5,22–33 vgl. außer den Kommentaren insbesondere Lohfink, Neubegrenzung, S. 234 ff., und Braulik, Gedächtniskultur, S. 128 f.

162 Kapitel 3: Religiöses Lehren und Lernen im Buch Deuteronomium

22 Diese Worte hat JHWH zu eurer ganzen Versammlung am Berg geredet mitten aus dem Feuer, der Wolke und dem Dunkel mit lauter Stimme. Und er fügte nichts hinzu. Und er schrieb sie auf zwei Steintafeln und gab sie mir.
23 Und als ihr die Stimme mitten aus der Dunkelheit gehört habt, während der Berg im Feuer brannte, da habt ihr euch mir genähert, alle Häupter eurer Stämme und eure Ältesten.
24 Und ihr sagtet: ‚Siehe, JHWH, unser Gott, hat uns seine Herrlichkeit und seine Größe sehen lassen und seine Stimme haben wir mitten aus dem Feuer gehört. Heute haben wir gesehen: Gott redet zu dem Menschen und er bleibt (dennoch) am Leben.
25 Doch jetzt, warum sollen wir sterben? Denn dieses große Feuer wird uns verzehren. Wenn wir weiterhin noch die Stimme JHWHs, unseres Gottes, hören, werden wir sterben.
26 Denn wo gibt es irgendeinen Sterblichen, der die Stimme des lebendigen Gottes mitten aus dem Feuer reden hörte wie wir und am Leben blieb?
27 Nähere du dich und höre alles, was JHWH, unser Gott, sagen wird, und sage du uns dann alles, was JHWH, unser Gott, zu dir reden wird, und wir wollen (es) hören und tun.'
28 Und JHWH hörte die Stimme eurer Worte[173], als ihr zu mir geredet habt, und JHWH sagte zu mir: ‚Ich habe gehört die Stimme der Worte dieses Volkes, die sie zu dir geredet haben; gut sagten sie alles, was sie geredet haben.
29 Oh hätten sie doch ein solches Herz, mich zu fürchten und alle meine Gebote zu halten alle Tage, damit es ihnen und ihren Kindern gut gehe auf ewig.
30 Geh, sage ihnen: Kehrt zurück zu euren Zelten.
31 Du aber bleibe hier bei mir stehen, und ich will zu dir reden das ganze Gebotene, [und][174] die Satzungen und Rechtsvor-

---

[173] Wörtliche Übersetzung von קול דברים. Auf andere Möglichkeiten der Übersetzung soll noch kurz hingewiesen werden: von Rad, Deuteronomium, S. 39: „lautes Reden"; Nielsen, Deuteronomium, S. 80: „Worte"; Rose, 5. Mose Teilband 2, S. 418: „Jahwe hatte alles gehört, was ihr zu mir gesprochen hattet."

[174] Der MT hat המצוה והחקים והמשפטים. Einige wenige Mss und der Sam haben: המצוה החקים והמשפחים ; vgl. auch die Hs. 4QDeutʲ Kol IV, Z. 5 (in: DJD 14, S. 84): המ[צוה ה]חקים. Die Satzungen und Rechtsvorschriften sind demnach wohl Apposition zu המצוה. In Dtn 6,1 haben der MT und der Sam המצוה החקים והמשפטים (gegen die LXX und die Peschitta), hier ist der Doppelausdruck eindeutig Apposition. In Dtn 7,11 hat der MT המצוה והחקים והמשפטים, der Sam hingegen hat (wie in Dtn 5,31 gegen den MT) המצוה החקים והמשפטים. In Bezug auf Dtn 5,31 (und Dtn 7,11) ist m. E. dem Sam zu folgen, so auch noch Braulik, Ausdrücke, S. 26; Mittmann, Deuteronomium, S. 139, Anm. 24; Lohfink, Neubegrenzung, S. 229 f.; Nielsen, Deuteronomium, S. 80; Rose, 5. Mose Teilband 2, S. 331.418. Dem MT folgen Weinfeld, Deuteronomy, S. 326; Hossfeld, Dekalog, S. 233 f. Darauf hinzuweisen ist noch, dass der Doppelausdruck in Dtn 5,31 in jedem Fall als Apposition bestimmbar ist: Selbst wenn die Lesart des MT in Dtn 5,31 der „ältere erreichbare Text" wäre, könnte man mit König, Deuteronomium, S. 97, das ו vor den Satzungen und Rechtsvorschriften im Sinn von „sowohl – als auch" interpretieren. König geht

3.2. Der Lehrauftrag für Mose am Horeb (Dtn 5)

schriften, die du sie lehren sollst, damit sie (sie) tun im Land, das ich ihnen gebe, um es in Besitz zu nehmen.'

32 Und ihr sollt (sie) sorgfältig tun, wie JHWH, euer Gott, euch geboten hat, nicht sollt ihr zur Rechten und zur Linken abweichen.

33 Auf dem ganzen Weg, den euch JHWH, euer Gott, geboten hat, sollt ihr gehen, damit ihr am Leben bleibt und es euch gut geht und ihr verlängert die Tage im Land, das ihr in Besitz nehmen werdet.

Nach dem Bericht des dtn Mose wandte sich am Horeb das Volk in Gestalt der „Stammeshäupter" und der „Ältesten" (V. 23b) an ihn, nachdem die Kundgabe der Dekaloggebote im Rahmen des am Horeb geschlossenen Bundes beendet war, JHWH diesen Geboten nichts mehr hinzuzufügen hatte (V. 22aβ: ולא יסף)[175] und sie eigenhändig auf Steintafeln schrieb (V. 22b). Mose gibt die an ihn gerichtete Rede des Volkes in V. 24–27 wörtlich wieder. Demnach rekapitulierte das Volk zunächst die Dekalogverkündigung JHWHs (V. 24a), wobei aus der Formulierung, dass JHWH dem Volk seine Herrlichkeit und seine Größe zeigte, Ehrfurcht des Volkes vor JHWH spricht. Dann brachte das Volk das Erlebte in einer Art Sentenz auf einen Nenner (V. 24b): „Gott redet zu dem Menschen und er bleibt (dennoch) am Leben" (V. 24bβ).[176] Das Volk fürchtete jedoch, bei der (von ihm erwarteten) Fortsetzung von JHWHs Reden das Leben zu verlieren (V. 25). In V. 26 folgt die Begründung (כי), warum das Volk – trotz seiner Erfahrung des Überlebens von JHWHs Reden (V. 24b) – diesen Verlust von Leben fürchtete: „Denn wo gibt es irgendeinen Sterblichen, der die Stimme des lebendigen Gottes mitten aus dem Feuer reden hörte wie wir und am Leben blieb?" Diese Begründung erscheint zunächst unverständlich. Wer einmal eine solche Audition überlebte, könnte doch auch eine zweite überleben? Offenbar fürchtete jedoch das Volk, dass sich dieses Unvergleichliche[177], nämlich das Überleben

---

ausdrücklich davon aus, dass der erste Gesetzesbegriff „das Gebotene" (המצוה) der Oberbegriff ist. Vgl. auch noch Dtn 4,45; 6,20; 11,1. Skeptisch gegenüber der Appositionstheorie äußert sich vor allem Rüterswörden, Anfang, S. 207–209.

[175] Die Bemerkung „und er fügte nichts mehr hinzu" (ולא יסף) ist in Bezug auf den Gedankenfortschritt im Text eigentlich überflüssig. Denn durch die in V. 22b erwähnte schriftliche Fixierung der Dekaloggebote wird schon hinreichend deutlich, dass das „Bundesgesetz" eine in sich geschlossene Einheit ist. Die Bemerkung ולא יסף hat also wohl vor allem rhetorische Funktion, insofern die Leser- bzw. Hörerschaft des dtn Mose schon auf den zweiten Teil des Kapitels (V. 23–33) eingestimmt wird: JHWH wird zu dem Volk – gegen seine eigentliche Absicht – tatsächlich kein Wort mehr reden, vgl. insbesondere auch Brekelmans, Function, S. 166; Achenbach, Israel, S. 47.

[176] כי in V. 24bβ ist nicht kausal zu übersetzen („der Mensch lebt, *weil* Gott redet"), so aber Hossfeld, Dekalog, S. 229; Achenbach, Israel, S. 49. Anders auch Driver, Deuteronomy, S. 87; Braulik, Deuteronomium 1–16,17, S. 53; Weinfeld, Deuteronomy, S. 323; Rose, 5. Mose Teilband 2, S. 437; Nielsen, Deuteronomium, S. 79; Christensen, Deuteronomy 1,1–21,9, S. 130.

[177] Dtn 5,26 erinnert an die sog. „Unvergleichlichkeitsaussagen" in Dtn 4,7f. und 4,33f., vgl. auch Braulik, Weisheit, S. 56.74; Hossfeld, Dekalog, S. 230.

der Audition, nicht wiederholen wird, dass es also bei erneutem Reden JHWHs umkommen wird.[178] Das Volk bat also Mose um Vermittlung (V. 27).[179] Diese Bitte um Vermittlung (V. 27) und die Reaktion JHWHs auf diese Bitte, die der dtn Mose in V. 28b–31 wiedergibt, sollen nun genauer untersucht werden.

Das Volk bat Mose konkret darum, dass er sich JHWH nähern und alles, was JHWH noch sagen wird, hören solle (V. 27a). Anschließend solle Mose alles, was JHWH zu ihm geredet hat, dem Volk weitergeben (V. 27b1). Im Zuge dieser Bitte an Mose um Vermittlung verpflichtete sich das Volk ausdrücklich zu hören und zu tun (V. 27b2). Bei der Formulierung der Bitte des Volkes um Vermittlung fällt auf, dass die Tätigkeit JHWHs und die des Mose mit demselben Verb bezeichnet werden, mit „reden" (דבר pi.).[180] Dies ist kaum Zufall, Mose soll als Mittler JHWH vertreten, das Reden des Mose muss also im Zuge seiner Mittlertätigkeit *genaue Weitergabe* des von JHWH Gesagten sein.[181] Überdies wird dabei formelhaft betont, was eigentlich selbstverständlich ist, nämlich dass Mose seine Mittlerrolle *umfassend* erfüllen solle: Er solle *alles* (כל), was JHWH redet, hören (V. 27a), und *alles* (כל) von JHWH Geredete weitergeben (V. 27b).

Gemäß dem Bericht des Mose hat JHWH die Worte des Volkes gehört (V. 28bα). Ausdrücklich qualifizierte JHWH dann Mose gegenüber (V. 28bβ) alles Reden des Volkes, also das, was der dtn Mose in V. 24–27 zitierte, als „gut". In V. 29 folgt ein „rhetorischer" Wunsch JHWHs: Hätten die Israelitinnen und Israeliten doch ein solches Herz, ihn zu fürchten und alle seine Gebote (מצות) zu halten – und zwar dauerhaft (כל הימים, V. 29a), damit es ihnen für immer gut gehe (V. 29b).

V. 29 ist syntaktisch nicht mit V. 28 verbunden. Es ist umstritten, wie der Wunsch sich in den Kontext fügt: Nach F. HOSSFELD „überrascht V. 29 mit einem Wunsch", der sich durch seinen Sprachgebrauch als „sekundär" verrate; der Vers

---

[178] Warum Israel dies fürchtet, bleibt offen. Vielfach wird zwischen den Aussagen von V. 24b.26, dass der Mensch die Stimme Gottes hören kann bzw. gehört hat und leben bleibt, und der in V. 25 zum Ausdruck gebrachten Todesfurcht Israels angesichts erneuter göttlicher Audition ein Widerspruch gesehen, und es werden entsprechende literarkritische Schlüsse gezogen, vgl. zur Diskussion Brekelmans, Function, S. 168 f.

[179] Braulik hält bezüglich V. 23–27 fest, dass das Volk sich der Einmaligkeit des Wunders, also der Schau der Herrlichkeit und des Hörens der göttlichen Stimme bewusst gewesen sei, und deshalb sei es, anders als in der ältesten Beschreibung Ex 20,18–21, „letztlich nicht Angst [gewesen], sondern die Ehrfurcht vor Jahwe, die das Volk in seinen offiziellen Vertretern als Rechtsperson in ‚Mose' ein eigenes Mittleramt für das jeweils aktuelle Gotteswort initiieren ließ", Deuteronomium 1–16,17, S. 53. Ehrfurcht vor JHWH kommt gewiss in V. 24a zum Ausdruck (siehe oben), doch dominiert in V. 25 f. eindeutig das Element der Furcht bzw. der Todesangst, insofern ist die Furcht doch wohl das Hauptmotiv für die Bitte an Mose um Vermittlung, vgl. auch Achenbach, Israel, S. 49.

[180] Auch das Promulgationsverb צוה pi. kann im Deuteronomium auf JHWH *und* auf Mose bezogen sein, nicht jedoch למד pi.: JHWH ist im Deuteronomium nie Lehrender.

[181] Die Bezeichnung der mosaischen Gesetzespromulgation als „Reden" findet sich im Dtn nur noch an drei Stellen: Dtn 1,3 (דבר pi.); 4,44 (דבר pi.); 5,1 (דבר q.).

3.2. Der Lehrauftrag für Mose am Horeb (Dtn 5)

biete „eine ‚gemischte Reihe', deren Parallelen relativ späten Sprachgebrauch repräsentieren".[182] HOSSFELD macht keinen Versuch, den Vers mit seinem näheren Kontext in Beziehung zu setzen.[183] Anders G. VON RAD und S. MITTMANN. Von RAD schreibt in seinem Kommentar im Hinblick auf den Beginn der JHWH-Rede: „Die Feierlichkeit, mit der Jahwe diesen Ruf nach einem Mittler gutheißt und die Einstellung Israels als einen Erweis wahrer Gottesfurcht lobt, läßt vermuten, daß dies alles mit einer besonderen Absicht erzählt ist."[184] Hieraus geht eindeutig hervor, dass VON RAD die im göttlichen Wunsch erwähnte Haltung der JHWH-Furcht (V. 29a2: ליראה אתי) in Verbindung mit der Bitte des Volkes um die Vermittlung Moses (V. 27) bringt. Nach MITTMANN gilt das Lob JHWHs in Bezug auf die Rede des Volkes (V. 28bβ) „wohl weniger der Scheu als der Gehorsamsbereitschaft des Volkes [...]. Der Zusatz V. 29 dürfte das richtig erfaßt und zum Ausdruck gebracht haben."[185] MITTMANN sieht also vor allem eine Verbindung zwischen der Selbstverpflichtung des Volkes zu hören und zu tun (V. 27b) und der im Wunsch erwähnten Haltung des Gebotsgehorsams (V. 29a3: לשמר את מצותי).

Es spricht in der Tat viel dafür, VON RAD und MITTMANN in dem Versuch zu folgen, den Wunsch JHWHs (V. 29) mit den Worten des Volkes in Verbindung zu bringen. Denn JHWH bezog sich nach V. 28 ausdrücklich auf alle Worte des Volkes, die in V. 30 f. berichteten Anweisungen JHWHs beziehen sich ebenfalls auf den Wunsch des Volkes nach Vermittlung. Es wäre merkwürdig, wenn allein der in V. 29 zitierte Wunsch ohne Bezug zu dem Vorausgehenden, also den Worten des Volkes, stehen würde.

Im Folgenden soll dieser Bezug unter Berücksichtigung der Beobachtungen VON RADS und MITTMANNS genauer bestimmt werden. Zunächst ist noch einmal festzuhalten, dass das Lob JHWHs in V. 28b *allen* Worten des Volkes galt. In diesen Worten war zweierlei enthalten: Zum einen die Furcht Israels vor JHWH, die in die Bitte nach einem Mittler mündete, zum anderen die Selbstverpflichtung zum Hören und Tun der noch ausstehenden JHWH-Worte. Nun ist auch der göttliche Wunsch nach V. 29a zweifach unterteilt: Israels Herz möge so beschaffen sein, dass die Israelitinnen und Israeliten erstens JHWH-Furcht haben und zweitens Gebotsgehorsam zeigen. Ein thematischer Bezug der Unterteilungen der Worte des Volkes und des Wunsches JHWHs ist unschwer zu erkennen: Das, was das Volk mit seinen Worten zum Ausdruck brachte, nämlich Furcht vor JHWH

---

[182] Hossfeld, Dekalog, S. 231.
[183] Von einer Beziehung zum weiteren Kontext geht Weinfeld, Deuteronomy, S. 160, aus: Demnach äußert Gott den Wunsch, „that the fear of the people, caused by the theophany, should be transformed into fear of God in their heart, which will produce observance of God's commandments." M. E. ist jedoch der Bezug zum näheren Kontext schlüssiger, wie im Folgenden zu zeigen ist.
[184] G. von Rad, Deuteronomium, S. 44. So auch Braulik, Deuteronomium 1–16,17, S. 53.
[185] Mittmann, Deuteronomium, S. 160.

und den Willen zum Tun der noch zu hörenden JHWH-Worte, sollte nach JHWHs Wunsch „Herzensangelegenheit", d. h. hier dauerhafte Gesinnung, sein.[186]

Dieser Rückbezug des Wunsches auf die Worte des Volkes hat im Übrigen Konsequenzen für die Bestimmung des mehrdeutigen Begriffes für Gebote מצות (V. 29a2): Die מצות bezeichnen hier nicht die Dekaloggebote,[187] sondern ganz konkret die noch ausstehenden Gebote JHWHs, die Israel nach eigenem Bekunden tun will.[188]

In der Fortsetzung seiner Rede gebot JHWH, dass Mose das Volk zurück in die Zelte schicken sollte (V. 30). Mose hingegen sollte an seinem Platz bleiben (V. 31a1), dort wollte ihm JHWH die weiteren, noch ausstehenden Gebote mitteilen (V. 31a2), nämlich המצוה („das Gebotene") bzw. החקים והמשפטים („die Satzungen und Rechtsvorschriften"). Der Begriff מצוה ist mit der Mehrheit der Exegetinnen und Exegeten als qualifizierender Oberbegriff, der Doppelausdruck חקים ומשפטים ist als spezifizierende Apposition zu bestimmen.[189] Der Doppelausdruck ist durch den vorausgehenden Kontext schon eingeführt (vgl. Dtn 4,45; 5,1). Der Oberbegriff מצוה[190] erinnert an dieser Stelle an מצותי („meine Gebote") in V. 29. Der Begriff מצוה ist an sich autoritativ.[191] Eine מצוה soll befolgt werden, weil sie von jemandem, der Autorität hat, gegeben wurde. Dies bedeutet für מצוה als Oberbegriff: Die als המצוה qualifizierten Satzungen und Rechtsvorschriften müssen befolgt werden; sie sind המצוה, denn hinter ihnen steht die höchste gesetzgebende Autorität: JHWH.[192]

Das Gebotene, also die Satzungen und Rechtsvorschriften, sollte Mose nach JHWHs Willen die Israelitinnen und Israeliten „lehren" (למד pi.), auf dass sie diese Gebote im Land tun. Die JHWH-Rede nimmt hier deutlich Bezug auf die Rede des Volkes in V. 27. Beide Verse seien zunächst noch einmal wiedergegeben:

V. 27 Nähere du dich und höre alles, was JHWH, unser Gott, sagen wird, und *sage* (wörtlich: rede) du uns dann alles (ואת תדבר אלינו את כל), was JHWH, unser Gott, zu dir *reden* wird (אשר ידבר יהוה אלהינו אליך), und wir wollen (es) hören und tun.

---

[186] Rose, 5. Mose Teilband 2, S. 438, merkt zu Recht an, dass V. 29 eine teilweise Rücknahme des göttlichen Lobs (V. 28bβ) für den Vorschlag des Volkes sei: „Die ‚Worte' sind zwar gut, aber wird das ‚Herz' (die wirkliche Gesinnung) immer entsprechend sein?"

[187] Gegen Braulik, Ausdrücke, S. 28; Lohfink, Neubegrenzung, S. 250 f.; ders., 'd(w)t, S. 169, Anm. 13. Die These, dass hier die Dekaloggebote gemeint sind, hat weitreichende Konsequenzen für die Bestimmung der Satzungen und Rechtsvorschriften, siehe dazu auch unten den Exkurs „Zur Bedeutung der Satzungen und Rechtsvorschriften".

[188] So auch Mittmann, Deuteronomium, S. 139.

[189] Siehe dazu oben die Anmerkung zur Übersetzung.

[190] Im Dtn steht המצוה als Oberbegriff nur noch in Dtn 6,1 und 7,11, beide Stellen greifen auf Dtn 5,31 zurück.

[191] Levine, Art. מצוה, Sp. 1087.

[192] Vgl. auch Rose, 5. Mose Teilband 2, S. 439.

3.2. Der Lehrauftrag für Mose am Horeb (Dtn 5)

V. 31 Du aber bleibe hier bei mir stehen, und ich will zu dir *reden* das ganze Gebotene (ואדברה אליך את כל המצוה), [und] die Satzungen und Rechtsvorschriften, die du sie *lehren* sollst (אשר תלמדם), damit sie (sie) tun im Land, das ich ihnen gebe, um es in Besitz zu nehmen.

Die Mitteilung von JHWHs noch ausstehenden Worten an Mose wird in beiden Versen mit dem Verb דבר pi. bezeichnet; für die mosaische Vermittlung dieser JHWH-Worte an das Volk steht in V. 27 das Verb דבר pi., in V. 31 jedoch das Verb למד pi. Ist dies nur sprachliche Variation oder ist dieser Unterschied inhaltlich bedeutsam?

Was wären die Konsequenzen für die Bedeutung von למד pi., wenn „lehren" in V. 31a nur aus stilistischen Gründen anstelle von „reden" stünde? Lehren würde diesfalls als die wortgetreue Weitergabe der Satzungen und Rechtsvorschriften an Israel zu bestimmen sein. V. 31b (… ועשו בארץ) wäre dann wie folgt zu interpretieren: Die genaue Kenntnis der Satzungen und Rechtsvorschriften wäre die Voraussetzung dafür, dass die Israelitinnen und Israeliten sie im Land[193] – gemäß dem von ihnen bekundeten Willen (V. 27b) – tun.[194] Hinzuweisen ist noch auf folgende Implikation der Deutung von Lehren der Satzungen und Rechtsvorschriften im Sinn von wortgetreuer Weitergabe: Da der dtn Mose in Dtn 6,1 den ihm von JHWH gebotenen Lehrauftrag ergreift, müsste man in synchroner Hinsicht die gesamte mosaische Lehre Dtn 6–26 als getreue Weitergabe der von JHWH am Horeb mitgeteilten Satzungen und Rechtsvorschriften verstehen. Diese Position wird in der Tat in der Exegese vertreten. So schrieb etwa G. VON RAD in seinem Kommentar zum Deuteronomium: „Die Absicht des ganzen Abschnitts 4,45–5,30(6,3) ist also die, die ganze dt. Moserede als eine Mitteilung jenes Berggespräches mit JHWH […] an Israel zu verstehen."[195]

---

[193] Wie auch in Dtn 4,14bβ wird als Gültigkeitsbereich der Satzungen und Rechtsvorschriften ausdrücklich das in Besitz zu nehmende Land angegeben. *Faktisch* sind viele dtn Gebote an das Leben im Land gebunden, nach der deuteronomischen Fiktion ist das dtn Gesetz als „Landesgesetz" gegeben. Ob Dtn 5,31 (mit Dtn 4,14 und 12,1) besagen soll, dass die Satzungen und Rechtsvorschriften *nur* im Land gelten, so Braulik, Deuteronomium 1–16,17, S. 54, ist m. E. in synchroner Hinsicht vor allem durch Dtn 4,30 und 30,1 ff. fraglich: Im (nach der dtn Fiktion) „Sonderfall", dass Israel aus dem Land vertrieben wird, muss es auch in der Diaspora die dtn Gebote so weit wie eben möglich halten. Vgl. auch Lohfink, Neubegrenzung, S. 251: Dtn 5,31 spricht von der Befolgung der Satzungen und Rechtsvorschriften in dem „den Israeliten von Jahwe geschenkten Land. Dies ist positiv gesagt. Ob es auch exklusiv verstanden sein will, kann man wahrscheinlich in Frage stellen. Das Land ist einfach der Ort, wo die von Jahwe für sein Volk entworfene Sozialordnung verwirklicht werden soll", hier zustimmend auch Rüterswörden, Anfang, S. 211.

[194] In diesem Sinne Hossfeld, Dekalog, S. 233: „V. 31 verteilt die verschiedenen Aufgaben: Jahwe spricht zu Mose (beim Horebereignis) – Mose soll in Zukunft das Gesetz lehren – das Volk soll dieses Gesetz im Lande erfüllen." König, Deuteronomium, S. 97, und Rose, 5. Mose Teilband 2, S. 418.439, übersetzen die Verben למד und עשה in V. 31 gleichgeordnet (im Sinn von: „die du sie lehren sollst und die sie tun sollen").

[195] Von Rad, Deuteronomium, S. 44. Vgl. auch Braulik, Deuteronomium 1–16,17, S. 54, zu

168 Kapitel 3: Religiöses Lehren und Lernen im Buch Deuteronomium

Was spricht für die Annahme, dass „lehren" למד pi. in V. 31a aus inhaltlichen Gründen dem Promulgationsverb „reden" דבר pi. vorgezogen wurde und die beiden Promulgationsverben also nicht als Synonyma zu verstehen sind? Für eine solche Annahme spricht, dass auch in Dtn 4,5.14 und Dtn 6,1 konsequent von einem *Lehrauftrag*, den Mose von JHWH am Horeb bekam, die Rede ist.[196] Die Frage ist dann, warum JHWH – in Abwandlung der Bitte des Volkes – Mose ausdrücklich zum *Lehren* der Satzungen und Rechtsvorschriften autorisiert hat. Möglicherweise lässt sich V. 31bα ein Hinweis zur Beantwortung dieser Frage entnehmen: Das ועשו könnte im Sinne der Folge des mosaischen Promulgierens als *Lehren* gedeutet werden. Das Lehren würde dann eine Vermittlung der Satzungen und Rechtsvorschriften bezeichnen, die so beschaffen ist, dass das Tun der Israelitinnen und Israeliten im Land die „zwingende" Folge bildet.[197] JHWH, der ja größtes Interesse an der Umsetzung seiner Gebote hat, hätte durch den Lehrauftrag an Mose diesem ausdrücklich eine Kompetenz verliehen, die über die getreue Weitergabe der gehörten Satzungen und Rechtsvorschriften hinausgehen würde – im Interesse der Umsetzung dieser Gebote durch die Israelitinnen und Israeliten. Die Lehre der Satzungen und Rechtsvorschriften müsste also zum einen aus der getreuen Weitergabe des Wortlauts der Gebote bestehen, da eine genaue Kenntnis der Satzungen und Rechtsvorschriften selbstredend die Voraussetzung für deren Umsetzung ist. Sie müsste zum anderen Ausführungen in Bezug auf die Satzungen und Rechtsvorschriften beinhalten, die insbesondere das Tun derselben thematisieren und zum Tun motivieren könnten.[198]

Trotz der erwähnten Indizien, die eher für ein weiteres Verständnis von Lehren als für Lehren im Sinn von wortgetreuer Promulgation der Satzungen und Rechtsvorschriften sprechen, gilt aber: Die Entscheidung zwischen den beiden Alternativen muss an dieser Stelle offen gelassen werden. Eine Entscheidung kann erst nach einer gründlichen Analyse der Lehre von Dtn 6–26 getroffen werden.

Kurz soll noch V. 32 f. Beachtung geschenkt werden: Hier kehrt der dtn Mose unvermittelt in das „Heute" zurück. Er schließt seinen Rückblick auf die Horebereignisse, den er in V. 1bβ durch eine Aufforderung bezüglich des Tuns der

---

V. 30 f.: „Mose gibt später nur weiter, was er im Gipfelgespräch am Gottesberg als Zusatzoffenbarung erhalten hat."

[196] Vgl. auch Sonnet, Book, S. 47.

[197] In Dtn 4,5.14 und 6,1 schließt sich an למד pi. jeweils eine finale oder konsekutive Bestimmung an (4,5: „damit ihr so tut inmitten des Landes..."; 4,14: „damit ihr sie tut im Land..."; 6,1: „so dass [ihr sie] im Land tut..."). Dies ist bei anderen Promulgationsverben im Deuteronomium nicht der Fall. Auf dem Tun liegt jeweils also ein besonderer Ton, das Tun ist nach JHWHs Bestimmung Sinn und Zweck der Lehre des dtn Mose.

[198] למד pi. wäre also der weitergehende Begriff der beiden Promulgationsverben „lehren" und „reden", insofern Lehren der Satzungen und Rechtsvorschriften das Reden derselben beinhaltet.

Satzungen und Rechtsvorschriften eröffnete,[199] nun durch eine auf das Tun bezogene Aufforderung ab.[200] Dtn 5,32 f. sind noch nicht Teil der Lehre der Satzungen und Rechtsvorschriften, der dtn Mose nimmt – wie im Folgenden zu zeigen ist – seinen Lehrauftrag explizit erst in Dtn 6,1 auf.

3.3. Moses Lehre der Satzungen und Rechtsvorschriften (Dtn 6–26)

In Dtn 6,1 hebt der dtn Mose an, seinen am Horeb von JHWH erhaltenen Auftrag auszuführen und die in Moab versammelten Israelitinnen und Israeliten die Satzungen und Rechtsvorschriften zu lehren. Um die Bedeutung dieser Lehre zu erfassen, ist in Kapitel 3.3.1. Aufbau und Inhalt von Dtn 6,1–26,16 genauer zu analysieren.[201] Diese Einheit lässt sich in fünf Teile gliedern: Dtn 6,1–7,11 („Liebe und Gehorsam"); Dtn 7,12–8,20 („Segen und Gehorsam"); Dtn 9,1–10,11 („Gabe des Landes trotz Ungehorsam"); Dtn 10,12–11,32 („Leben im Land nur in Gehorsam"); Dtn 12,1–26,16 („Dies sind die Satzungen und Rechtsvorschriften").[202] Diese fünf Teile können auch als „Lehrreden" bezeichnet werden, denn

---

[199] Dtn 5,1 und 5,32 f. bilden eine Inklusion: In Dtn 5 wird die Wendung לעשׂות שׁמר nur in diesen Rahmenversen verwendet (Dtn 5,1bβ; 5,32aα), vgl. auch Lohfink, Hauptgebot, S. 149 f.; García López, Analyse II, S. 15; Hossfeld, Dekalog, S. 234 f.; Brekelmans, Function, S. 164 f.; Achenbach, Israel, S. 31.51; Weinfeld, Deuteronomy, S. 326.

[200] Nach V. 32a sollen die Israelitinnen und Israeliten sorgfältig tun (ושׁמרתם לעשׂות), wie JHWH ihnen geboten hat (כאשׁר צוה יהוה אלהיכם אתכם). Von einem solchen Gebieten JHWHs an Israel war in Dtn 5 allerdings nicht explizit die Rede. Das Gebieten JHWHs innerhalb der Zitation der Dekaloggebote in Dtn 5,12.15.16 ist hier nicht zu berücksichtigen, zu diesem Gebieten siehe etwa Lohfink, Dekalogfassung, S. 206–208. Anzunehmen ist, dass die Wendung שׁמר לעשׂות sowohl לשׁמר את מצוותי (V. 29a) als auch ועשׂו (V. 31b) aufgreift. Das an Israel gerichtete Gebieten JHWHs bezüglich der dtn Gebote erfolgte in der Tat am Horeb (vgl. auch Dtn 6,17) – selbst wenn Israel dieses Gebieten in synchroner Perspektive erst sehr viel später (nämlich „heute" in Moab) vermittelt durch die mosaische Lehre vernimmt. Zu diachronen Überlegungen vgl. Lohfink, Neubegrenzung, S. 241; Otto, Deuteronomium im Pentateuch, S. 111 ff.; 164 ff. – In aller Kürze noch zu Dtn 5,32b und 33a. Hier finden sich formelhafte Erläuterungen zu dem gebotenen Tun: Israel soll weder zur Rechten noch zur Linken abweichen (V. 32b), Israel soll auf dem ganzen von JHWH gebotenen (und Israel durch den dtn Mose noch mitzuteilenden) „Weg" gehen, d. h. sich nach allem Gebotenen ausrichten (V. 33a). Braulik bezieht in seinem Aufsatz Ausdrücke, S. 22 f., „Weg" in Dtn 5,33 auf den Dekalog (so auch Lohfink, Deuteronomy 5, S. 272); in seinem Kommentar Deuteronomium 1–16,17, S. 55, bestimmt Braulik „auf dem Weg JHWHs gehen" mit „den Dekalog halten" und „das dtn Gesetz befolgen". Nun geht es in der zitierten JHWH-Rede (V. 28b–31) aber ausschließlich um die Satzungen und Rechtsvorschriften, V. 32 ist eine Mahnung des dtn Mose zum Tun – also doch wohl der Satzungen und Rechtsvorschriften, vgl. auch Skweres, Rückverweise, S. 54 f.57 f.

[201] Vgl. neben den Kommentaren an Spezialliteratur zu Dtn (5)6–11 vor allem Lohfink, Hauptgebot; García López, Analyse I und II; ders., Un Dios; Peckham, Composition of Deuteronomy 5–11; Achenbach, Israel. Spezialliteratur zu Dtn 12–26 siehe unten Anm. 401. Arbeiten, die Dtn (5)6–26 in den Blick nehmen, sind selten, vgl. etwa Seitz, Studien, und Sonnet, Book, S. 41–84.

[202] Zur Begründung dieser Gliederung siehe die folgende Analyse der einzelnen Lehrreden.

durch sie erläutert der dtn Mose zum einen Wesentliches im Hinblick auf die Befolgung der Satzungen und Rechtsvorschriften, zum anderen vermittelt er die Satzungen und Rechtsvorschriften selbst. In Kapitel 3.3.2. sind dann die zahlreichen einzelnen Belegstellen für religiöses Lehren und Lernen in Dtn 6–26 eingehend zu untersuchen.

3.3.1. Fünf Lehrreden des dtn Mose (Dtn 6,1–26,16)

3.3.1.1. Dtn 6,1–7,11: Die erste Lehrrede (Liebe und Gehorsam)

Dtn 6,1–7,11[203] bilden in synchroner Perspektive eine Einheit. Erkennbar ist dies schon an einem „Struktursignal" und zwar an der (im Deuteronomium nur noch in 5,28 vorkommenden) Wendung המצוה // החקים + המשפטים im ersten (Dtn 6,1) und letzten Vers (Dtn 7,11) der Einheit.[204] Sie lässt sich grob in fünf Abschnitte gliedern:

a) 6,1–3:   Einleitung mit Themenangabe
b) 6,4–9:   Israels Verhältnis zu JHWH; Anweisungen in Bezug auf die Gebote
c) 6,10–25:   Anweisungen zum Verhältnis Israels zu JHWH und zu den Geboten unter der Bedingung, dass Israel im Land ist
d) 7,1–6:   Anweisungen zum Umgang Israels mit den Völkern unter der Bedingung, dass Israel im Land ist
e) 7,7–11:   Erläuterungen zu JHWHs Verhältnis zu Israel; abschließende Paränese.

Der erste Abschnitt *Dtn 6,1–3*[205] ist ausführlicher zu besprechen, da er nicht nur für die erste Lehrrede, sondern für die gesamte Lehre des dtn Mose von Bedeutung ist:

> 1 Und dies ist das Gebotene, (dies sind) die Satzungen und Rechtsvorschriften, die JHWH, euer Gott, geboten hat, euch

---

[203] Zu Dtn 6 und Dtn 7 siehe außer den Kommentaren und der in Anm. 201 genannten Literatur insbesondere noch O'Connell, Deuteronomy VII; Schäfer-Lichtenberger, Israel; Barbiero, „Höre Israel".

[204] So noch Weinfeld, Deuteronomy, S. 372: „Thus chaps. 6–8 were divided into two: 6,1–7,11; which opens with ‚the command, the laws and judgements' and end with the same; and 7,12–8,20, which opens with the reward for obeying the law [...] and concludes with the punishment for not obeying the law [...]." Auch Hardmeier, Rahmen, S. 82, beobachtet, dass der Rahmenvers Dtn 7,11 die Überschrift von Dtn 6,1 aufnimmt.

[205] Dtn 6,1–3 beziehen sich u. a. auf Aussagen von Dtn 5 zurück und werden in der Forschung deshalb meist mit Dtn 5 zusammen analysiert, obwohl ihre Funktion als „Überschrift" über das Folgende durchweg zugestanden wird. Nur darauf hingewiesen werden soll hier, dass sich in Dtn 5,27–6,3 eine bestimmte Struktur nachweisen lässt: Die Verben in 5,27–31 werden rückläufig in 6,1–3 wiederholt, wie Lohfink, Hauptgebot, S. 66f., gezeigt hat, vgl. im Anschluss an Lohfink auch Christensen, Deuteronomy 1,1–21,9, S. 134. Diese konzentrische Struktur in Dtn 5,27–6,3 ist allerdings, so Lohfink zu Recht, nur eine „Nebenstruktur des Textes", Hauptgebot, S. 67.

3.3. Moses Lehre der Satzungen und Rechtsvorschriften (Dtn 6–26)

zu lehren, damit (ihr sie) im Land tut, in das ihr hinüberziehen werdet, um es in Besitz zu nehmen,

2 damit du fürchtest JHWH, deinen Gott, indem du alle Tage deines Lebens alle seine Satzungen und seine Gebote hältst, die ich dir befehle, du und dein Kind und dein Kindeskind, und damit deine Tage verlängert werden.

3 Und du sollst hören, Israel, und sorgfältig tun, damit es dir gut ergehen wird und damit ihr euch vermehren werdet, wie JHWH, der Gott deiner Väter, dir gesagt hat – ein Land, in dem Milch und Honig fließen.

Der Dtn 6,1 eröffnende Nominalsatz „Und dies ist das Gebotene, (dies sind) die Satzungen und Rechtsvorschriften" (וזאת המצוה החקים והמשפטים)[206] weckt die Erwartung, dass Mose nun das Gebotene bekannt geben wird bzw. dass er die Satzungen und Rechtsvorschriften zu Gehör bringt. Blickt man jedoch voraus auf Dtn 12,1, dann ergibt sich ein Problem: Auch mit dem Dtn 12,1 eröffnenden Nominalsatz „Dies sind die Satzungen und Rechtsvorschriften" (אלה החקים והמשפטים) zeigt Mose an, dass er im Folgenden die Satzungen und Rechtsvorschriften verkünden wird. Die Frage stellt sich, wo denn nun eigentlich die dtn Gebote beginnen, ob schon in Dtn 6 oder erst in Dtn 12. Im Vorgriff sei hier bemerkt, dass sie ab Dtn 12 beginnen, genau begründet werden kann dies jedoch erst nach der Analyse von Dtn 6–26.[207] Aus Dtn 6,1a ist allerdings zu ersehen, wie der dtn Mose seine jetzt beginnenden Ausführungen bezüglich der Satzungen und Rechtsvorschriften verstanden wissen will. Dies ist nun zu erläutern.

An die Prädikatsnomina das Gebotene bzw. die Satzungen und Rechtsvorschriften schließt ein Relativsatz an, in dem Mose den in Dtn 5,31 zitierten Auftrag JHWHs am Horeb wiederholt:[208] In Bezug auf die dtn Gebote gab JHWH ihm die Anweisung, Israel zu „lehren" (למד pi.), damit[209] die Israelitinnen und Israeliten im Land entsprechend tun. Damit zeigt Mose, wie die in Dtn 6,1aα angekündigten Ausführungen bezüglich der Satzungen und Rechtsvorschriften zu verstehen sind: *als von* JHWH *gebotene Lehre*. Das nun Folgende ist also als *Lehre der Satzungen und Rechtsvorschriften* zu verstehen.

Was bedeutet genau „das Folgende"? M. E. gibt der dtn Mose in V. 1 das Thema für seine Rede in Dtn 6–26 an. Mit Dtn 26 ist das Ende dieser Rede erreicht,

---

[206] Der Begriff המצוה ist mit der Mehrheit der Exegetinnen und Exegeten als qualifizierender Oberbegriff, der Doppelausdruck חקים ומשפטים ist als spezifizierende Apposition zu verstehen, vgl. auch die Ausführungen zu Dtn 5,31.

[207] Von der Klärung dieser Frage hängt entscheidend ab, was unter den Satzungen und Rechtsvorschriften genau zu verstehen ist. Siehe dazu unten den Exkurs „Zur Bedeutung der Satzungen und Rechtsvorschriften".

[208] Vgl. auch Lohfink, Neubegrenzung, S. 236.

[209] Der sich an das Verb lehren anschließende Infinitiv לעשות בארץ ist hier im Sinne von JHWHs in Dtn 5,31 zitiertem Lehrauftrag, auf den der dtn Mose in Dtn 6,1 Bezug nimmt, zu interpretieren, so auch die Mehrheit der Exegetinnen und Exegeten.

denn in Dtn 27 schaltet sich wieder der Bucherzähler ein. Es gibt kein Indiz dafür, dass der dtn Mose innerhalb des Blocks Dtn 6–26 seine Lehre verlässt (auch die „Überschrift" in Dtn 12,1 unterbricht – wie noch zu zeigen ist – das Lehren nicht).[210] Ein Argument ist diesbezüglich noch zu prüfen: Es könnte theoretisch sein, dass Mose in Dtn 6,1 zwar das Thema angibt, es aber nicht gleich entfaltet.[211] Doch dies ist unwahrscheinlich: Die recht ausführliche Darlegung des Mose, wie es zu der Erteilung des Lehrauftrags am Horeb kam (Dtn 5,23–31), sowie die ausdrückliche Bezugnahme in Dtn 6,1 auf diesen Lehrauftrag weisen darauf hin, dass er diesem nun auch nachkommt.[212]

V. 2f. bieten nach Hossfeld eine „enervierende Vielfalt von Formeln"[213]. Diese Einschätzung ist nicht von der Hand zu weisen. Dennoch lässt sich Folgendes festhalten: V. 2 besteht aus zwei finalen Bestimmungen (V. 2a und V. 2b), beide eingeleitet mit der Konjunktion למען. Beide führen V. 1 fort. M. E. sind sie an den Infinitiv לעשות anzuschließen.[214] Der dtn Mose erläutert und präzisiert aus *seiner* Perspektive (kenntlich an dem Ich in V. 2a) nun in zweifacher Hinsicht, worin der Sinn und Zweck des aufgrund der Lehre möglichen Tuns für den einzelnen besteht:

Das Tun führt erstens zu JHWH-Furcht (V. 2a). Dieser Zusammenhang wird durch einen Infinitivsatz erläutert: Man fürchtet JHWH, indem man die Gebote JHWHs (חקותיו ומצותיו) hält, die der dtn Mose (im Zuge seiner Lehre) gebietet. Fürchten sollen JHWH nicht nur die von dem dtn Mose in Moab angesprochenen Israelitinnen und Israeliten, fürchten sollen ihn alle Generationen („du und dein Kind und dein Kindeskind"). Zudem sollen sich JHWH-Furcht bzw. Gebotsgehorsam auf alle Tage des Lebens der Israelitinnen und Israeliten erstrecken (כל ימי חייך). Das Tun führt zweitens zu Segen (V. 2b): Durch das Tun verlängern die Israelitinnen und Israeliten ihre Tage.[215]

---

[210] Siehe dazu unten z. St.

[211] „Überschriften" und Themenangaben haben ja eine erhebliche „Bandbreite von Referenzmöglichkeiten", so zu Recht Lohfink, Neubegrenzung, S. 246.

[212] Vgl. auch Braulik, Deuteronomium 1–16,17, S. 54: „Diese paränetische Passage [Dtn 5,32–6,3] leitet von der vergangenen Gesetzgebung Gottes am Horeb über zur gegenwärtigen Gesetzesbelehrung durch Mose."

[213] Hossfeld, Dekalog, S. 236. Vgl. auch Rose zu 6,1–3: „Der Abschnitt macht einen heillos überladenen und konfusen Eindruck [...]", 5. Mose Teilband 2, S. 441.

[214] Man könnte sie theoretisch auch an ללמד bzw. an צוה ללמד anschließen, so etwa Mittmann, Deuteronomium, S. 140f.; Driver, Deuteronomy, S. 89, in Bezug auf den ersten Finalsatz (zu dem zweiten äußert er sich nicht). Rose bezieht den ersten Finalsatz auf lehren, zu dem zweiten Finalsatz bemerkt er lediglich, dass man sich diesen „als Abschluss der Überschrift der Schicht III vorstellen [kann]", 5. Mose Teilband 2, S. 441 f. García López, Analyse II, S. 17, bemerkt nur, dass sich V. 2f. an V. 1 anschließen. M. E. ist der Anschluss beider Finalsätze an לעשות nicht zuletzt im Hinblick auf den zweiten Finalsatz, der sich nur mühsam an „lehren" und gut an „tun" anschließen lässt, plausibel.

[215] Der Zusammenhang von Gesetzesgehorsam und Segen im Sinn von langem Leben wird im Dtn häufig beschrieben, vgl. Dtn 4,26.40; 5,16.33; 11,9; 17,20; 22,7; 25,14; 30,18; 32,47.

3.3. Moses Lehre der Satzungen und Rechtsvorschriften (Dtn 6–26)

Die Lehre des Mose hat demnach große Bedeutung: Sie ist die Grundlage für das Tun der Gebote, wobei dieses Tun zur religiösen Grundhaltung der JHWH-Furcht führt und die Voraussetzung für ein langes Leben ist.

Der dtn Mose rundet die seine Lehre einleitenden Sätze mit einer programmatischen Aufforderung in V. 3aα ab: Israel soll hören[216] und es soll sorgfältig tun. Es wird kein Objekt angegeben, man muss ein solches also ergänzen. Was soll gehört und was getan werden? Eine Möglichkeit wäre, als Objekt die in V. 1aα erwähnten Gebote zu ergänzen: Israel soll sie hören und sie tun. Gegen diese Möglichkeit spricht jedoch ein inhaltlicher Grund. Der Akzent in V. 1f. liegt auf der *Lehre* der Gebote. Insofern ist m. E. zu ergänzen: Israel soll nun auf die *Lehre* der Satzungen und Rechtsvorschriften hören. Da diese Lehre auf das Tun zielt, schließt sich konsequent als zweite Aufforderung nach dem Hören לעשות שמרת an: Israel soll die Lehre hören und ihr entsprechen, indem es darauf achtet, die Gebote sorgfältig zu tun.

So sehr die Lehre, wie V. 1f. aus unterschiedlichen Perspektiven deutlich machten, ihren Beitrag dazu leistet, dass die Israelitinnen und Israeliten die Gebote halten und sie folglich JHWH fürchten und gesegnet leben können, so gewiss liegt es an ihnen selbst, tatsächlich die Gebote zu tun und dadurch Segen zu erfahren. Dies wird in V. 3aβ.γ unterstrichen, indem an die Verbverbindung שמר + לעשות zwei Finalsätze, eingeleitet mit der Konjunktion אשר[217], angeschlossen werden: Israel soll darauf achten, die Gebote zu tun, damit es ihm gut geht (אשר ייטב לך) und damit sich das Volk mehrt (ואשר תרבון). Beide Segenshinweise sind, wie der Anakoluth V. 3b zeigt, untrennbar mit dem den Vätern verheißenen Land verbunden.[218]

Offen bleibt in Dtn 6,1–3 (wie auch in Dtn 5,31), was Lehren genau bedeutet bzw. wie das Verhältnis von Lehren und Tun zu bestimmen ist: Meint Lehren der Satzungen und Rechtsvorschriften ihre wortgetreue Vermittlung, so dass die Israelitinnen und Israeliten sie im Land tun können? Oder geht das Lehren über die bloße (wortgetreue) Vermittlung der Gebote hinaus und ist insofern die entscheidende Voraussetzung dafür, dass die Israelitinnen und Israeliten die Gebote im

---

[216] Das Verb שמע meint hier „hören", nicht „gehorchen", so auch noch Nielsen, Deuteronomium, S. 82f.; Rose, 5. Mose Teilband 2, S. 442. Dies aus folgenden Gründen: Im unmittelbaren Kontext bedeutet שמע ausschließlich „hören". So nimmt Dtn 6,4 („Höre Israel") Dtn 6,3aα auf, dies spricht dafür, dass שמע auch in Dtn 6,3 „hören" bedeutet. Auch in Dtn 5,1 und Dtn 5,27 steht שמע im Sinn von „hören", dort wie in Dtn 6,3 in Kombination mit שמר + לעשות (5,1) bzw. עשה (5,27); vgl. dazu auch Lohfink, Hauptgebot, S. 67f.149f. Ohne nähere Begründung deuten Hossfeld, Dekalog, S. 236, und Weinfeld, Deuteronomy, S. 327, שמע in Dtn 6,3 im Sinn von „gehorchen".

[217] Zur finalen Bedeutung von אשר siehe auch Hossfeld, Dekalog, S. 236; Rose, 5. Mose Teilband 2, S. 442.

[218] Ob V. 3bβ als Anakoluth konzipiert wurde oder ob ein Satzteil ausgefallen ist, lässt sich nicht sicher entscheiden, vgl. dazu die Kommentare.

Land auch tatsächlich *tun*? Diese Fragen sind zu beachten, wenn im Folgenden die mosaische Lehre analysiert wird.

***

Dtn 6,4–9 bildet gewissermaßen die „Ouvertüre" der Lehre des dtn Mose. Zu Beginn steht in V. 4a ein Höraufruf: „Höre Israel" (שמע ישראל). V. 4b–9 lassen sich in zwei Teile unterteilen: Der erste enthält ein entschiedenes Bekenntnis zu JHWH (V. 4b):[219] „JHWH ist unser Gott, JHWH ist (für uns) einzig."[220] Dieses Bekenntnis wird mit der Aufforderung verbunden, JHWH nun auch zu lieben (V. 5).[221] Der zweite Teil (V. 6–9) besteht aus einzelnen Anweisungen zum Umgang mit „diesen Worten, die ich (Mose) euch heute gebiete" (V. 6). Da Mose nur die dtn Gebote „gebietet", können sich „diese Worte" (in synchroner Perspektive) weder auf die Worte des Bekenntnisses (V. 4b) noch auf die Dekaloggebote beziehen, sondern nur auf die dtn Gebote.[222]

Die Zweiteilung des Textes ist inhaltlich bedeutsam. Mose spricht, bevor er zu den Anweisungen in Bezug auf den Umgang mit den dtn Geboten kommt, zunächst die Beziehung Israels zu JHWH an: „So beginnt das Dtn nicht mit Gesetzen, sondern mit dem, was allen Gesetzen dem Grunde nach vorausgeht: mit der feierlichen Proklamation des Beziehungsraumes, in dem die Gesetze gelten und in dem sie das Leben fördern."[223] Anders formuliert: Israel kann angemessen nur

---

[219] Übersetzung und Interpretation des Satzes יהוה אלהינו יהוה אחד sind umstritten. Zu den verschiedenen Deutungsmöglichkeiten vgl. Achenbach, Israel, S. 76–82; Veijola, Sinn, S. 529–531; Loretz, Einzigkeit, S. 246–252; Sedlmeier, Israel, S. 30f.; Hardmeier, Rahmen, S. 84–87; Orel, Words. Mir scheint die Position am plausibelsten zu sein, nach der V. 4b in zwei Nominalsätze aufzulösen ist. Lohfinks Einwand gegen diese Auffassung lautet dahingehend, dass nach der dtn/dtr Sprachregelung אלהינו in Kombination mit יהוה nur Apposition, nicht aber Prädikat sein könne, ders., Art. אחד, Sp. 213f. Doch gilt dieses Argument hier nicht, da die Formulierung von Dtn 6,4b (wie auch immer man sie auffasst) in der Hebräischen Bibel singulär ist, vgl. auch Veijola, Sinn, S. 531, Anm. 17; Sedlmeier, Israel, S. 30; Hardmeier, Rahmen, S. 85f.

[220] „Einzig" ist hier in dem Sinn gemeint, dass JHWH *für Israel* einziger Gott ist bzw. sein soll, so m. E. überzeugend Braulik, Monotheismus, 261–264; Veijola, Sinn, S.533f. Dies impliziert, dass Israel sich auf keinen Fall anderen Göttern zuwenden darf, wie dem auf V.4bβ bezogenen V. 14 zu entnehmen ist, vgl. dazu Finsterbusch, Bezüge.

[221] Liebe meint hier nicht nur emotionales Empfinden, sondern auch unbedingte Loyalität JHWH gegenüber. Zur politischen Konnotation der Liebe als Vasallen-Loyalität vgl. insbesondere Weinfeld, Deuteronomy, S. 351f.; Assmann, Theologie, S. 77ff.; Otto, Deuteronomium, S. 61f.362f.; Hardmeier, Rahmen, S. 89f.

[222] Durch den Promulgationssatz ist m. E. eindeutig angezeigt, dass sich die דברים („Worte") ausschließlich auf die dtn Gebote, nicht auch noch auf die Dekaloggebote beziehen, von denen niemals gesagt wird, dass Mose sie verkündigt (dies wird nur von JHWH gesagt); anders Braulik, Deuteronomium 1–16,17, S. 57; Sonnet, Book, S. 51–58. Nur darauf hingewiesen werden soll hier auf die Diskussion, ob der Promulgationssatz eine spätere Einfügung sein könnte (verneint etwa von Levin, Color Hieremianus, S. 117f.); dann hätten sich die דברים ursprünglich nur auf V. 4b(5) bezogen, siehe dazu die Überlegungen bei García López, Tradition-Rédaction I, S. 166f.; Veijola, Bekenntnis, S. 371ff.; Braulik, Gedächtniskultur, S. 124.

[223] Perlitt, Gesetz, S. 175.

mit JHWHs Geboten umgehen auf der Grundlage des Bekenntnisses zu ihm als seinem einzigen und einzigartigen Gott bzw. im Geist der Liebe zu ihm.

Die Anweisungen zum Umgang mit den dtn Geboten sind in vielfacher Hinsicht bemerkenswert. Auch wenn sich nicht alle Anweisungen im Hinblick auf ihre genaue Bedeutung sicher bestimmen lassen,[224] so ist doch deutlich, dass diese in der Summe ein umfassendes Programm bilden: Befolgen die erwachsenen, im Land lebenden Israelitinnen und Israeliten[225] diese Anweisungen, so werden sie die dtn Gebote in ihrem Alltag zu keiner Zeit vergessen. Der einzelne wird sich dabei, um mit J. ASSMANN zu sprechen, ständig daran erinnern, „wer er ist und wohin er gehört"[226].

Nach Dtn 6,4–9 folgt mit *Dtn 6,10–25* ein Abschnitt, der auf den ersten Blick recht heterogen erscheint. Eröffnet wird der Abschnitt durch einen Temporal-Bedingungssatz (V. 10 f.: כי). Dieser Vordersatz stellt die Situation vor Augen, dass JHWH Israel in das verheißene Land geführt haben wird und es sich dort niedergelassen haben wird. V. 12–25 bestehen aus dem Nachsatz (V. 12–19) und einem weiteren Temporal-Bedingungssatz-Gefüge (V. 20–25). V. 12–25 geben vor, was Israel im Land tun soll. Fünf Sinnabschnitte sind in diesen Versen identifizierbar:

a) V. 12 f.: Israel soll sich hüten, JHWH zu vergessen, es soll ihn vielmehr fürchten, ihm dienen und bei seinem Namen schwören

b) V. 14 f.: Israel soll nicht anderen Göttern der Völker in seiner Umgebung nachlaufen

c) V. 16: Israel soll JHWH nicht versuchen, wie es ihn in Massa versucht hat[227]

d) V. 17–19: Israel soll die Gebote JHWHs halten[228]

---

[224] So ist etwa V. 8b nicht einfach zu deuten, vgl. dazu Keel, Zeichen; Achenbach, Israel, S. 112 f.; Veijola, Sinn, S. 536 ff.

[225] Zu beachten ist, dass hier ganz bestimmte soziokulturelle Verhältnisse vorausgesetzt werden: Der angesprochene Israelit/die angesprochene Israelitin hat ein Haus, hat Kinder, ist lese- und schreibkundig, das Leben spielt sich im Haus und unterwegs ab. Dies entspricht in etwa auch den im Dekalog vorausgesetzten Verhältnissen, vgl. dazu Crüsemann, Freiheit.

[226] Assmann, Gedächtnis, S. 206.

[227] Ob Dtn 6,16 „die Wüstenzeit als eine Zeit des vernichtenden Zorns Gottes erscheinen" lässt, so Gomes, Wüste, S. 182, ist m. E. fraglich. Es geht in V. 16 nicht um eine Aussage über JHWH, sondern konkret um die Versuchung JHWHs durch *Israel* in Massa.

[228] Ein Problem enthalten die Verse 18 f.: Hier ist der Gesetzesgehorsam die Voraussetzung dafür, dass es Israel gut geht (V. 18bα) und dass es das Land unter Vertreibung der Feinde in Besitz nimmt (V. 18bβ–19). Nach dem Kontext ist Israel aber schon im Land (V. 10 f.), und nur dort muss es die Gebote befolgen (V. 6–9). Die Spannung könnte sich in synchroner Hinsicht lösen lassen, wenn man voraussetzt, dass die In-Besitz-Nahme des Landes als ein langsamer Prozess gedacht wurde (für dessen Fortgang die Goterfüllung die Bedingung war, vgl. Dtn 7,22). In diachroner Hinsicht ist zu überlegen, ob V. 18 f. eine spätere Ergänzung ist oder ob eine redaktionelle Glättung versäumt wurde, vgl. García López, Tradition-Rédaction I, S. 172 f.; Nielsen, Deuteronomium, S. 89; Finsterbusch, Bezüge.

e) V. 20–25: Wenn das Kind seine Eltern „morgen" – also wenn Israel im Land sein wird – nach dem Sinn der Gebote fragen wird (V. 20), sollen die Eltern ihm eine bestimmte Antwort geben (V. 21–25).

Aufschlussreich ist, dass die ersten Anweisungen die Beziehung der Israelitinnen und Israeliten zu JHWH betreffen (V. 12–16). Die Anweisung des vierten Abschnitts betrifft in allgemeiner Weise die Einstellung der Israelitinnen und Israeliten zum dtn Gesetz (V 17–19), im fünften Abschnitt geht es im Kontext der Kinderfrage ebenfalls um das dtn Gesetz (V. 20–25). Dies bedeutet, dass wie in Dtn 6,4–9 eine inhaltliche Zweiteilung vorliegt: Zuerst wird die Beziehung Israels zu JHWH thematisiert, dann die Einstellung Israels zum Gesetz.

Im Unterschied zu den durchweg positiv formulierten Aussagen bzw. Anweisungen in Dtn 6,4–9 werden die Anweisungen in Bezug auf JHWH in Dtn 6,12–16 vorzugsweise[229] als Warnung vor der Vernachlässigung JHWHs bzw. vor unangemessenen religiösen Verhaltensweisen formuliert. Dies hängt damit zusammen, dass in Dtn 6,10f. konkret von dem Fall ausgegangen wird, dass Israel *gut* im Land lebt und dadurch im Hinblick auf seine JHWH-Beziehung *gefährdet* ist.[230] Diese Gefährdung gilt es zu benennen und durch entsprechende Anweisungen zu bannen. Ist in Bezug auf den Schutz des „Beziehungsraumes" (L. PERLITT) genügend gesagt, dann können auch in Bezug auf die dtn Gebote JHWHs Aufforderungen bzw. Anweisungen ergehen (Dtn 6,17–19.20–25).

Nun lässt sich der Skopus sowohl für den Textabschnitt Dtn 6,4–9 als auch für Dtn 6,10–25 erheben: Beide Abschnitte machen aus verschiedener Perspektive deutlich, dass die Befolgung der dtn Gebote im Land nur auf der Grundlage einer intakten Beziehung Israels zu JHWH möglich ist. Eine solche Beziehung ist die conditio sine qua non für die Befolgung der dtn Gebote. Anzumerken ist noch, dass der dtn Mose hier lehrt in dem Sinn, dass er Anweisungen bezüglich einer intakten Beziehung zu JHWH bzw. bezüglich des *Umgangs* mit den dtn Geboten gibt. Er lehrt also nicht die dtn Gebote selbst.[231]

Exkurs 1: Die Thesen von N. Lohfink zum Aufbau von Dtn 6,10–25

An dieser Stelle sei ein kleiner Exkurs zu den Ausführungen von N. LOHFINK zu Dtn 6,10–25 eingefügt. LOHFINK ist einer der wenigen, der Dtn 6,10–25 in synchroner Hinsicht als Einheit in den Blick nimmt.[232] Nach seiner eingehenden

---

[229] Ausnahme: V. 13.

[230] Noch zweimal schließen sich in den Lehrreden an אכל + שׂבע („essen" und „satt werden") Warnungen an, vgl. Dtn 8,10 und 8,11 sowie Dtn 11,15 und 11,16. Siehe auch Driver, Deuteronomy, S. 94; von Rad, Deuteronomium, S. 46; Braulik, Deuteronomium 1–16,17, S. 58; Weinfeld, Deuteronomy, S. 354; Nielsen, Deuteronomium, S. 90.

[231] Vgl. auch Westermann, Mahnung, S. 54: „Unter keinen Umständen kann man das Bekenntnis 6,4–9 als ‚Satzungen und Rechte' bezeichnen."

[232] Vgl. den Forschungsüberblick zu Dtn 6 bei Barbiero, „Höre Israel", S. 95ff.

3.3. Moses Lehre der Satzungen und Rechtsvorschriften (Dtn 6–26)

Analyse liegt in Dtn 6,10–25 die „Gattung" der sog. „großen Gebotsumrahmung"[233] vor. Dabei hat nach den von LOHFINK erhobenen „inneren Gesetzen der großen Gebotsumrahmung [...] das zweite Bedingungsgefüge eine historische Begründung für *das im ersten Bedingungsgefüge verkündete Gebot zu liefern* [Hervorhebung K. F.]."[234] In der Tat stimmt dies für (die weiteren von LOHFINK angegebenen Belege) Ex 12,24–27a; 13(1f.+)11–16 und 13,3–10. Für diese Texte gilt, dass das im „ersten Bedingungsgefüge" angeführte (kultische) Gebot Gegenstand der Kinderfrage bzw. Kinderbelehrung ist. Doch stimmt dies auch für Dtn 6,10–25? LOHFINK definiert hier als „erstes Bedingungsgefüge" V. 10–16, als „zweites Bedingungsgefüge" V. 20–25; V. 17–19 seien „paränetisches Rahmenwerk".[235] Überprüft man auf dieser Grundlage seine These, so erweist sie sich m. E. als nicht stimmig: In der Kinderfrage (V. 20) geht es eindeutig um die *deuteronomischen Gebote*. Diese sind im „ersten Bedingungsgefüge" (V. 10–16) aber kein Thema.[236]

Nicht zutreffend ist m. E. auch seine Bestimmung des Skopus von Dtn 6,10–25: Laut LOHFINK dient der Text dazu, das Hauptgebot des Dekalogs in kommentierter Form zu verkünden.[237] Dies ist wohl nicht das Hauptziel des

---

[233] Die sog. „große Gebotsumrahmung" besteht nach den Ausführungen Lohfinks, Hauptgebot, S. 113–120, aus der Verbindung der sog. „kleinen Gebotsumrahmung" und der Belehrung über die Weitergabe des Bundeswissens, a. a. O., S. 116. Die sog. „kleine Gebotsumrahmung" besteht in syntaktischer Hinsicht aus einem Bedingungsvordersatz mit Hinweis auf die Landnahme, der Nachsatz stellt Gebote zusammen, a. a. O., S. 113 f.; auch die Belehrung besteht aus einem Bedingungsgefüge mit Vorder- und Nachsatz, a. a. O., S. 115. Tragende Teile der sog. „großen Gebotsumrahmung" sind nach Lohfink die Vorder- und Nachsätze der beiden Bedingungsgefüge; fakultative Elemente können hinzutreten, so etwa einleitende Sätze oder verbindende Sätze zwischen den beiden Bedingungsgefügen, a. a. O., S. 117 f. Folgende Belege für die sog. „große Gebotsumrahmung" gibt Lohfink an: Ex 12,24–27a; 13,(1 f.+)11–16; Dtn 6,10–25. Dazu trete ein Beleg mit Auslassung der Kinderfrage: Ex 13,3–10. Schließlich seien „wohl noch zwei ähnliche Texte zuzuordnen": Lv 25,2–7.18–22; Dtn 7,1–5.17–24, Hauptgebot, S. 116 f.

[234] Hauptgebot, S. 158.

[235] Hauptgebot, S. 113 ff.; 153 f.

[236] Lohfink erkennt dieses Problem und versucht es zu lösen, indem er von einer (m. E. nicht erkennbaren) Dialektik zwischen „Hauptgebot" und Gesamtheit aller Gebote ausgeht, Hauptgebot, S. 158.

[237] Lohfink beobachtet, dass in Dtn 6,12–15 ein Satz bzw. Satzstücke des Dekalogs steht bzw. stehen und zwar so, dass die „Entleihungen [...] dem Faden des Dekalogtextes entlang [gehen]", Hauptgebot, S. 155. Dies erklärt sich nach Lohfink dergestalt, dass „der Anfang des Dekalogs bzw. einer Vorform von ihm einen Grundtext bildet, der in der großen Gebotsumrahmung von Dtn 6 als ‚Hauptgebot' zitiert und dabei umschreibend und ergänzend interpretiert wurde", a. a. O., S. 156. Zustimmend noch Braulik, Monotheismus, S. 264, und Gomes, Wüste, S. 180. G. Seitz sieht Dtn 6,10–18(19) als eine geschlossene Einheit, die in den ursprünglichen Zusammenhang von V. 4–9 und V. 20–25 eingelagert wurde. Wie Lohfink bestimmt er den Abschnitt als Kommentar zum Anfang des Dekalogs und sieht hierin den Grund für die Einlagerung des Stücks: „Um dieser Beziehung willen sind die Verse eingeschoben worden", Studien, S. 73. Doch warum sollte ein Kommentar zum ersten Gebot des Dekalogs in einen thematisch völlig verschiedenen Zusammenhang „eingeschoben" worden sein?

Abschnitts.[238] Denn der Schwerpunkt der Paränese in Dtn 6,10–25, wie überhaupt in Dtn 6, liegt eindeutig auf den *deuteronomischen* Geboten: Laut Dtn 6,1–3 ist ihre Lehre das Thema der folgenden Ausführungen des Mose; in Dtn 6,6–9 werden Anweisungen zum Umgang mit diesen Geboten gegeben; die Anweisung in Dtn 6,17 bezieht sich ohne Zweifel auf die dtn Gebote[239] und in Dtn 6,20 ist der Sinn dieser Gebote Gegenstand der Kinderfrage.[240] Diese Verse weisen also alle in Richtung dtn Gebote und nicht in Richtung „Verkündigung des Hauptgebots". LOHFINK ist aber darin Recht zu geben, dass in V. 12–15 (nicht in V. 16!) Anklänge an das erste Dekaloggebot enthalten sind.[241] Dies lässt sich dadurch erklären, dass es in Dtn 6,12–16 (wie im Übrigen auch in Dtn 6,4b–5) grundlegend um die Beziehung der Israelitinnen und Israeliten zu JHWH geht. Bei diesem Thema ist es naheliegend, einzelne Formulierungen aus dem ersten Dekaloggebot aufzunehmen.

***

Der auf Dtn 6,12–25 folgende Abschnitt *Dtn 7,1–6* beginnt mit einem Temporal-Bedingungssatz (V. 1–2a): Die Bedingungen für das Folgende sind demnach,

---

[238] Skeptisch etwa auch Preuss, Achenbach und Nielsen, aber aus anderen Gründen: Preuss, Deuteronomium, S. 100, geht davon aus, dass Dtn 5 erst spät eingefügt und also sekundär mit Dtn 6 verbunden wurde, insofern könne Dtn 6 nicht als paränetische Kommentierung zu Dtn 5 angesehen werden. Da Achenbach ein sukzessives Wachstum der Verse 14 ff. annimmt, können sie seiner Ansicht nach kein „einheitlicher Kommentar zu Dtn 5,6 ff." sein, ders., Israel, S. 125. Nach Nielsen, Deuteronomium, S. 89, mag es dahinstehen, ob in V. 14 ein Einfluss des ersten Dekaloggebotes vorliegt, oder ob ein „dt/dtr Lieblingsthema" vorgebracht wird.

[239] Die Kombination der Begriffe für Gesetz מצות + עדת + חקים in V. 17 ist im Deuteronomium singulär. Parallelen finden sich nur noch in II Reg 23,3; I Chr 29,19 und II Chr 34,31. Zweifellos sind die Begriffe für Gesetz in Dtn 6,17 als *Synonyma* zu verstehen (dies gilt auch dann, wenn man aufgrund der Lesart der LXX עדת ohne Konjunktion als ursprünglicheren Text ansieht und חקים + עדת als Apposition zu מצות auffasst, so Lohfink, II Reg 23,3, S. 151). Nun ist חקות/חקים im Deuteronomium keine Bezeichnung für die Dekaloggebote, die עדות werden nach 4,45 von Mose promulgiert und Mose promulgiert nicht den Dekalog; aufgrund der Synonymität der Begriffe kann also auch מצות nicht die Dekaloggebote meinen, vgl. auch Skweres, Rückverweise, S. 59 f. Dies gegen Braulik, Ausdrücke, S. 28, und Barbiero, „Höre Israel", S. 146 f., nach denen der Begriff מצות in Dtn 6,17 den Dekalog bezeichnet (skeptisch hierzu auch Lohfink, ʻd(w)t, S. 169, Anm. 13), und gegen Seitz, Studien, S. 72; Achenbach, Israel, S. 67 f., und Rose, 5. Mose Teilband 2, S. 446, die עדת in Dtn 6,17 und Dtn 6,20 als Begriff für den Dekalog deuten.

[240] In Dtn 6,20 (wie Dtn 4,45) ist wohl der Lesart des Sam zu folgen und der Doppelausdruck Satzungen und Rechtsvorschriften (חקים והמשפטים) als Apposition zu העדת aufzufassen, vgl. dazu ausführlich Lohfink, Neubegrenzung, S. 230.

[241] Mehr als „Anklänge" sind es aber nicht, denn es gibt auch Unterschiede in der Verwendung der Begrifflichkeit: Dtn 6,14 verbietet, hinter „anderen Göttern" (אלהים אחרים) „herzulaufen" (הלך q.); das Dekaloggebot wird anders formuliert; mit der Wendung קנא אל wird im Dekalog das Verbot begründet, Bilder zu verehren, in 6,14 jedoch das Verbot, hinter anderen Göttern herzulaufen. Wäre eine „Kommentierung" des Dekalogs intendiert gewesen, so wäre es für den Redaktor/die Redaktoren ein Leichtes gewesen, hier genauer zu „zitieren" bzw. eindeutiger „anzuspielen". Wie dies geht, zeigt Dtn 7,9 f.

3.3. Moses Lehre der Satzungen und Rechtsvorschriften (Dtn 6–26) 179

dass JHWH Israel in das Land geführt, dass er die sieben Völker aus dem Weg geräumt und sie Israel ausgeliefert und dass Israel sie daraufhin geschlagen haben wird. V. 2bα nennt, was Israel dann tun soll: Es soll die Völker „bannen" im Sinne von vernichten (חרם hif.).[242] Die folgenden, asyndetisch angeschlossenen Prohibitive (V. 2bβ–3) sind aus inhaltlichen Gründen kaum als Erläuterung der Anweisung zum Bannen, sondern als Ergänzung zu verstehen, denn sie gehen im Grunde alle hinter die Anweisung zum Bannen, also zum Vernichten, zurück:[243] Wenn man jemand vernichten soll, wird man natürlich keinen Bund mit ihm schließen, ihm keine Gnade erweisen, geschweige denn sich mit ihm verschwägern. Diese Prohibitive wollen offenkundig ausschließen, dass das Bannen in irgendeiner Weise umgangen oder unterlaufen wird. Das Verbot der Verschwägerung wird noch eigens begründet (V. 4). Dabei geht die mosaische Rede in V. 4aα kurz in JHWH-Rede über: Der Kanaanäer wird „deinen Sohn verleiten, mir nachzufolgen".[244] Israel wird nun nicht nur der Dienst an den kanaanäischen Göttern infolge von Verschwägerung mit den Kanaanäern verboten, es wird ihm auch geboten, wie es sich den Göttern bzw. dem Kult der Völker gegenüber ver-

---

[242] In synchroner Hinsicht verweist das חרם-Gebot auf Dtn 20,16–18, dort bedeutet es sicher „Vernichtung". Auch im Kontext von Dtn 7,2b geht es um Vernichtung, so ist in Dtn 7,16 ff. ausdrücklich die Vernichtung der Völker intendiert, siehe noch Dtn 9,1–6 und Dtn 10,22 f. Vgl. auch Lohfink, Art. חֵרֶם/חָרַם, Sp. 209–210; Crüsemann, Tora, S. 154; Braulik, Völkervernichtung, S. 16 ff.; Hoffman, Concept; anders Schäfer-Lichtenberger, Perspektive, S. 202 f., mit dem Argument, dass die dem חרם-Gebot folgenden Prohibitive explikativ gemeint sind. Zu der Bedeutung der Prohibitive in V. 2bβ–3 siehe die Exegese oben. – Augenfällig ist die radikale Sprache in Dtn 7. In älteren Texten (Ex 34 und 23) ist, wie Crüsemann m. E. überzeugend gezeigt hat, „nur" die Rede von Trennung und Vertreibung, nicht aber von Vernichtung der kanaanäischen Völker. Es scheint also einen Prozess der Radikalisierung gegeben zu haben. Bedenkenswert m. E. immer noch Crüsemanns Überlegung dazu: „In einem Zeitalter der Gewalt, in dem die Assyrer Volk um Volk unterwarfen und viele total vernichteten und in dem Israel selbst ein gleiches Schicksal drohte, entwarf es ein analoges Gegenbild, in welchem sich das kleine und bedrohte Volk […] als völkerverschlingende Großmacht darstellte", ders., Tora, S. 156. Siehe auch noch Braulik, Völkervernichtung, S. 37 f.

[243] So auch Rose, 5. Mose Teilband 2, S. 336; nach anderen Exegetinnen und Exegeten besteht nur eine Spannung zwischen V. 2b und V. 3, siehe zu der einschlägigen literarkritischen Diskussion Nielsen, Deuteronomium, S. 94 f.

[244] Der MT ist nicht zu korrigieren, vgl. auch Driver, Deuteronomy, S. 99; die Einheitsübersetzung (in: Braulik Deuteronomium 1–16,17), S. 62; Weinfeld, Deuteronomy, S. 357; Nielsen, Deuteronomium, S. 94. Auf das Phänomen des abrupten Wechsels zwischen Mose- und Gottesrede in Dtn 7,4aα, das sich im Übrigen auch noch in Dtn 11,13–15; 17,3; 24,8; 28,20 und 29,4 f. zeigt, ist noch näher einzugehen. Ist Dtn 7,4aα – im Sinne der bei der Exegese von Dtn 5,31 zitierten Position G. von Rads – ein Indiz dafür, dass der dtn Mose in Dtn 6–26 nur weitergibt, was er von JHWH am Horeb gehört hat? Dagegen spricht in synchroner Hinsicht vor allem die dritte Lehrrede (siehe unten), die JHWH in dieser Form nicht am Horeb zu Mose geredet haben kann. Wie ist der Wechsel zwischen Mose- und Gottesrede dann zu deuten? In synchroner Perspektive zeigt der dtn Mose mit dem Wechsel m. E. an, dass es nicht eigentlich um seine Worte geht, sondern dass er sich in seinem Reden ganz JHWH und dessen Auftrag verbunden weiß. Siehe dazu auch unten die Ausführungen zu der fünften Lehrrede (Dtn 12,1–26,16).

halten soll: Es soll die Kultstätten zerstören und die Götzenbilder vernichten (V. 5). Auch diese Anweisung lässt sich als eine Ergänzung der Bann-Anweisung verstehen: Weder von den sieben Völkern noch von ihrem Kult soll irgend etwas übrig bleiben.

V. 6 begründet, warum Israel so, wie in V. 2b–5 vorgeschrieben wurde, handeln kann und handeln soll: Israel ist heiliges Volk für JHWH, es ist von JHWH erwählt (בחר), damit es ihm unter allen Völkern Eigentumsvolk sei. Als für JHWH heiliges Volk darf es keine Beziehung zu anderen Göttern haben, als aus allen Völkern erwähltes Eigentumsvolk JHWHs hat es in der Völkerwelt einen exklusiven Status. Dies impliziert das Verbot jeglichen Kontaktes zumindest zu den sieben namentlich erwähnten Völkern. Die Anweisungen V. 2b–5 sind also Anweisungen für ein auserwähltes Volk.

In dem Abschnitt *Dtn 7,7–11* wird zunächst die Erwählung Israels durch JHWH thematisiert (V. 7 f.). Dies dient dem Ziel, Israel von der Notwendigkeit des Tuns der im Land gelten sollenden Gebote JHWHs zu überzeugen (9–11). Vers 7, der das Stichwort der Erwählung aus V. 6 aufgreift (ויבחר בכם) und das Motiv der „Anhänglichkeit" JHWHs an Israel hinzufügt (חשק בכם), macht klar: Nicht um der Größe Israels willen hängt JHWH ausgerechnet dem Volk Israel an und hat es erwählt. V. 8 nennt die eigentlichen Gründe für die Erwählung: Die Herausführung aus Ägypten (V. 8aβ.b), eindeutiger Erweis der Erwählung und der „Anhänglichkeit" JHWHs, geschah aus Liebe zu Israel und aus Treue zu dem Väterschwur (V. 8aα).[245] Dies bedeutet: Die „Anhänglichkeit" JHWHs und die Erwählung gründen in seiner – unbegründeten und unbegründbaren – Liebe zu Israel[246] und in seiner Treue zu dem den Erzvätern zugeschworenen Eid, mit dem er sich aus freien Stücken an diese gebunden und sich diesen bleibend verpflichtet hat.

Auf der Grundlage des von Israel erlebten und von Mose gedeuteten Exodus soll Israel zu folgendem „Glaubenswissen" gelangen:[247] JHWH ist „*der* Gott" (האלהים, V. 9a), und zwar genauer, er ist „der treue Gott" (האל הנאמן, V. 9bα).[248] Was האל הנאמן bedeutet, erläutern V. 9bβ und V. 10 näher:[249] Nach V. 9bβ wahrt

---

[245] Gemeint sind mit der Mehrheit der Exegetinnen und Exegeten die Erzväter, anders aber Römer, Väter, S. 150 f. (die Väter seien eine nach Ägypten gezogene oder dort ansässige Generation). Siehe dazu unten zu Dtn 7,12.

[246] Zum Motiv der Liebe hier vgl. insbesondere Spieckermann, Liebe, S. 195 f.

[247] Dtn 7,8–11 sind nach Lohfink nach dem „Schema der Beweisführung" aufgebaut, Hauptgebot, S. 127; dem ist zuzustimmen, vgl. auch Seitz, Studien, S. 76, und Braulik, Deuteronomium 1–16,17, S. 64 f., skeptisch aufgrund diachroner Überlegungen Achenbach, Israel, S. 228 f.

[248] Der „treue Gott" (האל הנאמן) ist Apposition zu „der Gott" (האלוהים), vgl. auch Driver, Deuteronomy, S. 101; Rose, 5. Mose Teilband 2, S. 335.

[249] Dtn 7,9b.10 reinterpretieren bzw. korrigieren das Gottesbild, das das erste Dekaloggebot motiviert (Dtn 5,9b.10). Zu den genauen Unterschieden zwischen Dtn 5,9f. und 7,9f. siehe Braulik, Monotheismus, S. 275 f.; Achenbach, Israel, S. 225–228; Rose, 5. Mose Teilband 2, S. 339 f.

3.3. Moses Lehre der Satzungen und Rechtsvorschriften (Dtn 6–26) 181

JHWH als האל הנאמן den Bund und die Gnade über tausend Generationen hinweg denjenigen, „die ihn lieben und die seine Gebote halten" (לאהביו ולשמרי מצותו). Es ist vom Kontext her naheliegend, dass damit zunächst die Väter gemeint sind:[250] Diese lassen sich sicher als solche charakterisieren, die JHWH liebten und seine Gebote (soweit sie ihnen eben bekannt waren) hielten. Der Bund und die Gnade (determiniert!) wurde ihnen von JHWH zuteil in Form des Väterschwurs (vgl. 7,12b).[251] Der Ausdruck לאלף דור bezieht jedoch das gegenwärtige Israel insofern mit ein, als es mit dem Exodus die segensreichen Auswirkungen des Väterschwures zu spüren bekam. Nach V. 10 übt JHWH als der אל הנאמן bei denjenigen, die ihn „hassen", Vergeltung ad personas. Die „Hasser" JHWHs sind nach dem Kontext vor allem die Ägypter bzw. der Pharao (vgl. V. 8b) – in zweiter Linie wohl auch die in V. 1b genannten sieben Völker.[252] Von V. 10 her ist jedenfalls ein Rückschluss darauf möglich, warum JHWH den Pharao bzw. die Ägypter schlug und die sieben Völker der Vernichtung durch Israel ausliefern wird: Dies ist seine direkte Vergeltung und zwar aufgrund ihres „Hasses" auf JHWH. Die genaue Betrachtung der Exodus-Geschichte kann und soll Israel also zu dem – zeitlos gültigen – „Glaubenswissen" führen, wer JHWH ist und nach welchen Grundsätzen er an Menschen handelt.

An dieser Stelle soll kurz innegehalten werden, um den für das Deuteronomium insgesamt so wichtigen Gedanken der *Erwählung Israels durch JHWH* noch einmal in den Blick zu nehmen. Welche Implikationen hat die Erwählung im Kontext von Dtn 7,1 ff.? Betrachtet man die Aussagen von V. 8, so kann aus ihnen nur der Schluss gezogen werden, dass die Erwählung Israels durch JHWH auf einem unverrückbaren zeitlos gültigen Fundament steht: auf dem der Liebe JHWHs zu Israel und auf dem der Bindung an einen Schwur (V. 8). Dem entgegen steht jedoch die folgende Beobachtung: Zu bemerken ist, dass in V. 6f. und V. 9f. zwei Aussagen über JHWH getroffen werden, die in einer gewissen Spannung zueinander stehen. JHWH ist einerseits „der erwählende und anhängliche Gott" (האל הבוחר והחושק), der Israel aus allen Völkern erwählte (V. 6f.). Andererseits wird JHWH in V. 9f. als „der treue Gott" (האל הנאמן) charakterisiert – „treu" im Horizont dieser Verse doch wohl allen Menschen und Völkern einschließlich Israel: Je nachdem, wie sie sich zu JHWH und seinen Geboten verhalten (wobei im Kontext offen bleibt, wie die Völker JHWH und seine Gebote kennen können), bekommen sie seine Zuwendung oder seine Abneigung zu spüren. Daraus geht zum einen hervor, dass die Völker, auch wenn sie nicht wie Israel erwählt sind, keineswegs automatisch von JHWH verworfen sind.[253] Zum

---
[250] Vgl. auch Braulik, Deuteronomium 1–16,17, S. 65; Weinfeld, Deuteronomy, S. 370f.
[251] Braulik, Monotheismus, S. 276.
[252] Damit wird die Aussage des Dekalogs Dtn 5,9b, die sich ausschließlich auf die israelitische Großfamilie bezieht (vgl. dazu insbesondere Crüsemann, Freiheit, S. 33), ausgeweitet.
[253] Erwählen im Sinn von Auswählen aus mehreren Möglichkeiten *kann* die ausdrückliche Verwerfung anderer Möglichkeiten bedeuten, so etwa in Ps 78,67, vgl. dazu Lohfink, Zentra-

anderen scheinen die beiden Aussagen über JHWH in Bezug auf Israel nahezulegen, dass die Erwählung Israels keine ein-für-allemal festgeschriebene „Statusgarantie" ist. Denn es stellt sich unwillkürlich die Frage, ob der אל הבוחר והחושק mit dem אל הנאמן unter Umständen in Konflikt kommen könnte, das heißt, ob JHWH seine Erwählung rückgängig machen könnte, ob seine Liebe zu Israel aufhören könnte, wenn Israel seinerseits keine Liebe zu JHWH und keinen Gebotsgehorsam zeigt. Die Frage steht auch von V. 4b her im Raum, wird hier aber nicht beantwortet (erst später, z. B. in Dtn 8,19f., findet sich eine Antwort darauf).

Die Ambivalenz, die den Aussagen über die Erwählung in Dtn 7,1ff. innewohnt, ist m. E. nicht auflösbar, sie ist aber im Kontext einzuordnen und zu bewerten. Der dtn Mose, der seiner Aufgabe nachkommt, Israel im Hinblick auf die Satzungen und Rechtsvorschriften zu belehren, stellt in Dtn 7,1–11 vor allem heraus, was Erwählung für Israel bedeuten sollte: Verpflichtung – also nicht Passivität, nicht Beliebigkeit in der Lebensführung. Dies macht vor allem V. 11 abschließend explizit deutlich: Israel soll sein „Glaubenswissen" umsetzen, indem es der Treue JHWHs Rechnung tragen und wie schon die Erzväter JHWH lieben und seine Gebote halten soll. Es soll also das Gebotene, nämlich die Satzungen und Rechtsvorschriften,[254] die der dtn Mose „heute" im Auftrag JHWHs gebietet, sorgfältig tun.

Mit V. 11 ist der Argumentationsgang erst einmal an ein Ende gelangt.[255] Aber welchen Abschnitt genau schließt V. 11 ab? Nur Dtn 7,7–11 oder Dtn 7,1–11? Um diese Frage zu beantworten, ist zunächst noch einmal ein Blick auf Dtn 7,1–6 zu

---

lisationsformel, S. 172f. Das Erwählen kann aber auch das besondere Begehren bezeichnen, das sich auf ein bestimmtes Ding oder auf eine Person richtet, ohne andere Dinge oder Personen damit abzuqualifizieren, siehe Willi-Plein, Untersuchung, S. 143f. Beispielsweise erwählte JHWH nach Ps 132,13f. den Zion, weil er ihn „begehrte" und nicht weil andere Orte als „ungeeignet" befunden worden wären, vgl. Lohfink, a. a. O. In diesem Sinn ist m. E. auch die Erwählung in Dtn 7,6 zu verstehen: Betont wird der besondere Bezug zu Israel, der nicht die Ablehnung aller anderen Völker impliziert. Zu diesem *locus classicus* der Erwählung vgl. auch Hardmeier, Zeitverständnis, S. 310.312: „Allerdings ist dem historisch folgenschweren, antijudaistischen Mißverständnis zu wehren, dieses Auserwähltsein sei eine Sonder- oder Extremform von religiösmetaphysisch überhöhter Selbstidealisierung. Denn entscheidend am Erwählungsglauben Israels ist zunächst, daß das Volk der Hebräischen Bibel sich selbst und seine Geschichte fundamental mitbestimmt, ja primär gewirkt sieht von ‚seinem' Gott. Es handelt sich somit um eine theozentrische Selbstsicht. [...] Das heißt, Israel sieht seine Erwählung im Gegensatz zu jedweder Selbstidealisierung erstens als ein geschichtlich-kontingentes Urereignis, das zweitens in der souveränen, primär gütigen Selbstzuwendung der göttliche unverfügbaren Kontingenz begründet liegt, die sich drittens allerdings nur dann segensreich entfalten kann, wenn die Erwählten ihre Liebe zu Gott respektvoll erwidern, indem sie im Respekt gegenüber dem ersten und zweiten Gebot ein praktisches Bewußtsein der Kontingenzbehaftung aller Lebensvollzüge wachhalten und indem sie der Tora als guter Lebensgabe sowie den prophetischen Weisungen in ihrer Lebenspraxis entsprechen."

[254] Der Begriff המצוה ist auch hier der qualifizierende Oberbegriff, der Doppelausdruck für Gesetz חקים ומשפטים spezifizierende Apposition, siehe oben zu Dtn 5,31 und 6,1.

[255] So auch die Mehrheit der Exegetinnen und Exegeten. Anders aber Achenbach, Israel, S. 229f., im Anschluss an Perlitt, Bundestheologie, S. 59.

werfen. Interessanterweise findet sich das Thema des Abschnitts, die Anweisung zum Bannen der kanaanäischen Völker, im eigentlichen dtn Gesetzesteil (Dtn 12–26) wieder (Dtn 20,16–18).[256] Nur die Prohibitive (V. 2bβ–3 mit der Begründung V. 4), die hinter die radikale Bann-Anweisung zurückgehen, sind diesem nicht entnommen. Jedoch finden sich die an V. 3f. anschließende und die Bann-Anweisung quasi ergänzende Anweisung von V. 5 ebenso wie die Begründung V. 6 in verschiedenen Kontexten des Gesetzes.[257] Der Abschnitt Dtn 7,1–6 lässt sich also, in synchroner Hinsicht, als *mosaische Ausdeutung* des dtn Gebots „Bann der kanaanäischen Völker im Land" (Dtn 20,16–18) verstehen (und nicht als die Promulgation eines dtn Gebots).[258]

Im Hinblick auf diese mosaische Ausdeutung ist zu bemerken, dass hierbei zu unterscheiden ist in weitere inhaltliche Ergänzungen der Bann-Anweisung (V. 2bβ–5) und in die „theologische" Einordnung des Banns (V. 6). Die inhaltlichen Ergänzungen der Bann-Anweisung sollen, wie schon gesagt, vor allem einem Unterlaufen dieser Anweisung vorbeugen. Bezeichnenderweise spielt dabei das Thema Fremdgötterdienst eine wichtige Rolle (V. 3–5). Die mögliche Gefahr einer Verführung zum Fremdgötterdienst durch die kanaanäischen Völker wurde im Rahmen des dtn Bann-Gebots explizit als Grund dafür angegeben, warum die Völker nicht am Leben zu lassen sind (Dtn 20,18). Die mosaischen Ergänzungen des dtn Bann-Gebots sind insofern also als nachvollziehbar und schlüssig zu beurteilen. Die in Dtn 7,6 gegebene Begründung ordnet das dtn Gesetz in einen grundsätzlichen „theologischen" Zusammenhang ein: Sie zeigt in aller Deutlichkeit, dass die Schroffheit der Anweisung zum Bannen und der Anweisungen zu absoluter Separierung von den sieben Völkern insbesondere der Erwählung Israels als Eigentumsvolk JHWHs Rechnung tragen. Die in V. 6 gegebene Begründung wirft aber zugleich Licht auf das dtn Gesetz als Ganzes:[259] Das Gesetz JHWHs für sein erwähltes Eigentumsvolk kann immer nur ein exklusives Gesetz sein. Das Handeln Israels nach diesem Gesetz im Land ist demnach *immer* ein Handeln im Geist der Exklusivität – wie an der Anweisung zum Bannen exemplarisch und unmissverständlich gezeigt wird.

Die Argumentation in dem sich anschließenden Teil (Dtn 7,7–11) dient vor allem, wie ausgeführt, dem Ziel, Israel zu überzeugen, die von dem dtn Mose „heute" verkündeten im Land gelten sollenden Satzungen und Rechtsvorschrif-

---

[256] Die Anweisung zum Bann der sieben Völker (V. 2a) entspricht Dtn 20,17.

[257] Die Anweisung zur Verwüstung ihrer Kultstätten und Götzenbilder (V. 5) entspricht (mit geringfügigen Variationen) Dtn 12,3. Zu V. 6 siehe Dtn 14,2. Einziger Unterschied: In Dtn 14,2 sind die beiden Satzhälften durch die Konjunktion ו („und") verbunden.

[258] Die mosaische Ausdeutung des dtn Bann-Gebots greift auch auf traditionelles Material, wie es besonders in Ex 34,12–16 überliefert ist, zurück, vgl. die Übersicht bei Weinfeld, S. 378f. Gegen Hoffman, Concept, S. 198, nach dem Dtn 7,1–5 als Gesetz formuliert ist „rather than as a merely homiletic idea".

[259] Vgl. auch Dtn 26,18: „JHWHs Eigentumsvolk sein" und *alle* (dtn) „Gebote JHWHs halten" bedingen sich.

184 Kapitel 3: Religiöses Lehren und Lernen im Buch Deuteronomium

ten zu halten.[260] Da das Bann-Gebot zweifellos zu den Satzungen und Rechtsvorschriften gehört, ist von V. 11 her noch einmal zusätzlich deutlich, dass auch ein so radikales Gebot wie dieses unbedingt zu befolgen ist. V. 11 ist deshalb auch als Abschlussvers für Dtn 7,1–11 zu sehen, nicht nur als Abschluss des Abschnitts V. 7–11.[261]

V. 11 hat noch eine dritte Funktion.[262] Die Formulierung „das Gebotene, [und][263] die Satzungen und Rechtsvorschriften" in V. 11 ist, wie zu Beginn der Analyse der Lehrrede Dtn 6,1–7,11 schon erwähnt, ein Struktursignal. Diese Formulierung wird in dem Redeabschnitt Dtn 6,1–26,16 nur in Dtn 6,1 und in Dtn 7,11 eingesetzt und markiert damit Dtn 6,1–7,11 als eine Einheit. So wie Dtn 6,1 (mit den dazugehörigen Versen 2 f.) den Abschnitt Dtn 6,1–7,11 eröffnet, so beschließt ihn Dtn 7,11.

Betrachtet man nun die erste Lehrrede Dtn 6,1–7,11 insgesamt, so lässt sich die folgende konzentrische Struktur ausmachen:

a) 6,1–3: Ankündigung der Lehre des Gebotenen, der Satzungen und Rechtsvorschriften (המצוה החקים והמשפטים)
  Paränese: Tue sorgfältig (שמרת לעשות)
b) 6,4–9: Israels Verhältnis zu JHWH („Liebe")
  Anweisungen in Bezug auf die dtn Gebote
c) 6,10–25: Wenn JHWH Israel ins Land geführt haben wird:
  (והיה כי יביאך יהוה אלהיך אל הארץ)
  Anweisungen in Bezug auf das Verhältnis Israels zu JHWH und zu den dtn Geboten
c') 7,1–6: Wenn JHWH Israel ins Land geführt haben wird:
  (כי יביאך יהוה אלהיך אל הארץ)
  Das dtn Gebot, die sieben Völker zu bannen, seine Ausdeutung und Begründung
b') 7,7–11: JHWHs Verhältnis zu Israel („Liebe")
  Paränese in Bezug auf die dtn Gebote
a') 7,11: Paränese: Tue sorgfältig (לעשותם) das Gebotene, [und] die Satzungen und Rechtsvorschriften (המצוה ו[ה]חקים והמשפטים).

---

[260] Nielsen, Deuteronomium, S. 98, verkennt m. E. das Gewicht der V. 9–11: „Der ganze Abschnitt V. 7–11 ist ein Zeugnis dessen, daß man sich bemüht hat, eine Antwort auf die Frage: Warum hat Jahwe uns erwählt? zu geben." Auch nach Achenbach, Israel, S. 224, hat die Argumentation von 7,8b.9–11 mit dem Bann-Gebot und dem Verhältnis Israels zu den Völkern nur in sehr entferntem Sinn zu tun.

[261] Dem Urteil von Seitz, Studien, S. 74, dass jede Bezugnahme auf das Gesetz am Anfang des Kapitels fehlen würde, ist also nicht zuzustimmen. Seitz notiert, dass gerade bei den Anweisungen zu Beginn des Kapitels 7 Unterschiede zu dem Gesetzeskorpus bestünden (auf die Gemeinsamkeiten geht er nicht ein) und verweist auf das Verbot des Konnubiums, das im Gegensatz zum Gesetz über die Heirat einer Kriegsgefangenen stehe (Dtn 21,10–14). Doch gilt das Gesetz über diese Heirat, wie aus dem Kontext von Dtn 20f. eindeutig hervorgeht, nicht in Bezug auf die kanaanäischen Völker im Land, die ausnahmslos zu bannen sind (Dtn 20,16–18).

[262] Auch Dtn 4,40 hat mehrere Funktionen im Abschnitt Dtn 4,1–40, siehe die Exegese z. St.

[263] Siehe oben die Anmerkung zur Übersetzung von Dtn 5,31.

Diese konzentrische Struktur macht wahrscheinlich, dass Dtn 6,1–7,11 bewusst als ein Abschnitt komponiert wurde.

Was lässt sich nun hinsichtlich der Lehre der Satzungen und Rechtsvorschriften aus diesem Abschnitt gewinnen? Festzuhalten ist zunächst, dass der dtn Mose hier keine Gebote lehrt, er lehrt vielmehr *in Bezug auf die dtn Gebote*: Insbesondere die Teile b) und b') zeigen, dass über das Verhältnis Israels zu den dtn Geboten nicht zu reden ist ohne die Beziehung Israels zu JHWH und die JHWHs zu Israel zu thematisieren, wobei das tragende und die Teile b) und b') verbindende Stichwort das der Liebe (אהבה bzw. אהב q.) ist. Der Abschnitt Dtn 6,4–25 zielt dabei darauf ab, dass Israel das Bekenntnis zu JHWH und damit verbunden die Liebe zu ihm als Voraussetzung für den Umgang mit den dtn Geboten erkennt. Der Abschnitt Dtn 7,1–11 zielt darauf ab, Israel zu zeigen, warum es die dtn Gebote im Land halten muss: Weil Israel exklusiv von JHWH erwähltes und geliebtes Volk ist, muss es dementsprechend auch nach dem exklusiven Gesetz JHWHs, wie exemplarisch dargelegt wird, im Land handeln.

3.3.1.2. Dtn 7,12–8,20: Die zweite Lehrrede (Segen und Gehorsam)

Auch die Einheit von Dtn 7,12–8,20[264] wird wie die von Dtn 6,1–7,11 durch ein „Struktursignal" angezeigt. Diesfalls sind Anfang (Dtn 7,12) und Schluss (Dtn 8,20) durch eine im Buch Deuteronomium sonst nicht mehr vorkommende Wendung markiert עקב + שמע q.[265] Dieser zweite Teil der mosaischen Lehre lässt sich grob in die folgenden Abschnitte gliedern:

a) 7,12–16: Segensverheißungen im Fall von Gebotsgehorsam im Land
b) 7,17–26: Einwand in Bezug auf die (in V. 16 zugesagte) Vernichtung der Völker durch Israel und Antwort auf diesen Einwand
c) 8,1–5: Gesetzesparänese, erläutert durch die Rekapitulation des Handelns JHWHs in der Wüste
d) 8,6–10: Gesetzesparänese, begründet damit, dass JHWH Israel in das gute Land bringt
e) 8,11–18: Warnung vor dem Vergessen JHWHs und seiner Gebote im Land
f) 8,19f.: Strafandrohung im Fall von Ungehorsam im Land.

Der Abschnitt *Dtn 7,12–16* beginnt mit einem Bedingungssatz:[266] Die angeführ-

---

[264] Zu Dtn 7 siehe oben zu Dtn 6,1–7,11; zu Dtn 8 siehe außer den Kommentaren und den in Anm. 201 erwähnten Arbeiten García López, Yahvé; Perlitt, Mensch; Veijola, Mensch; O'Connell, Deuteronomy VIII; Gomes, Wüste, S. 115–271.

[265] Auf diese Entsprechung weisen auch noch Lohfink, Hauptgebot, S. 197; Braulik, Deuteronomium 1–16,17, S. 73; Weinfeld, Deuteronomy, S. 372.396; Veijola, Mensch, S. 154; Hardmeier, Rahmen, S. 82, Anm. 58, und Christensen, Deuteronomy 1,1–21,9, S. 158, hin.

[266] Lohfink, Hauptgebot, S. 181–183, geht für Dtn 7,6–13 von einer chiastischen Stichwortkomposition aus. Auch wenn sich gegen manche der angeführten Entsprechungen Bedenken erheben lassen (vgl. dazu die Kritik von Achenbach, Israel, S. 230–232), so ist in Dtn 7,12–14 die Aufnahme wichtiger Stichworte aus Dtn 7,6–11 nicht zu übersehen, vgl. auch Braulik, Deuteronomium 1–16,17, S. 62.

te Bedingung lautet, dass Israel die schon mehrfach erwähnten dtn Gebote (hier bezeichnet als: המשפטים האלה) hört, wahrt und tut (V. 12a).[267] Eine Implikation dieses Bedingungssatzes ist, dass Israel als sich im Land aufhaltend gedacht wird, denn das Land ist der Raum, in dem die Israelitinnen und Israeliten die dtn Gebote tun sollen (so wurde es zuletzt ausdrücklich in Dtn 6,1 gesagt). In V. 12b–16 werden die segensreichen Folgen dieses Gebotsgehorsams im Land aufgezeigt. Die Verheißungen betreffen zunächst JHWHs Handeln an Israel (V. 12b–15). JHWH wird Israel den Bund (הברית) und die Gnade (החסד) „wahren", beides hat er den Erzvätern „geschworen" (V. 12b).[268] Was dies bedeutet, wird noch genauer entfaltet. JHWH wird Israel lieben, es segnen und es mehren (V. 13a). Das „Segnen JHWHs" wird spezifiziert: Nach V. 13b wird er Mensch und Acker und Tiere segnen, nach V. 14a wird Israel mehr als alle Völker gesegnet sein, es wird in Israel bei Mensch und Tier keine Unfruchtbarkeit geben (V. 14b). Ferner wird JHWH von Israel alle Krankheiten wegnehmen, außerdem wird er die „ägyptischen" Krankheiten nicht Israel, sondern Israels Feinden geben (V. 15). Mit V. 15 enden die Verheißungen in Bezug auf JHWHs Handeln an Israel. In V. 16aα wird Israel dann noch Folgendes verheißen:[269] Es wird – wenn es die dtn Gebote hält – alle ihm von JHWH ausgelieferten Völker vertilgen können (אכל q.). Diese Völker sind im Licht von Dtn 7,1 wohl die sieben kanaanäischen Völker.

An V. 16aα schließen asyndetisch zwei Prohibitive an: Israel soll sich der Völker nicht erbarmen (V. 16aβ) und es soll nicht ihren Göttern dienen (V. 16bα). Dieser Fremdgötterdienst wäre eine Falle für Israel (V. 16bβ). Aus dieser Falle gäbe es für Israel kein Entrinnen mehr: Israel würde zugrunde gehen, da der Fremdgötterdienst JHWHs vernichtenden Zorn heraufbeschwören würde (vgl.

---

[267] Die Bedeutung von שמע q. ist hier uneindeutig: Möglich ist, שמע im Sinn von hören der von Mose verkündeten Gebote zu deuten (vgl. auch Dtn 5,1; 5,27 und 6,3), so die Einheitsübersetzung (in: Braulik, Deuteronomium 1–16,17, S. 65); Nielsen, Deuteronomium, S. 99. Möglich ist aber auch, שמע hier im Sinn von gehorchen zu interpretieren und das Verb synonym mit den anderen gleichgeordneten Verben bewahren (שמר q.) und tun (עשה q.) zu verstehen, so etwa Weinfeld, Deuteronomy, S. 358.372; Rose, 5. Mose Teilband 2, S. 450. Für diese Auffassung spricht, dass שמע in der Wendung עקב לא תשמעון in 8,20, das Pendant von עקב תשמעון in 7,12aα bildet, sicher im Sinn von gehorchen zu verstehen ist.

[268] Die Rede vom Bund, den JHWH den Erzvätern schwor, findet sich im Deuteronomium noch in 4,31 und 8,18; in Dtn 7,9 wird wohl auch diesen Väterbund angespielt, siehe die Exegese zur Stelle. Üblich ist im Deuteronomium die Rede vom Schwur JHWHs an die Erzväter, siehe dazu auch Gomes, Wüste, S. 228. Römer, Väter, S. 146, deutet mit m. E. wenig überzeugenden Gründen gegen die Mehrheitsmeinung ברית in Dtn 7,12 als Horebberit. Zur Kritik siehe insbesondere Lohfink, Väter, S. 58–62.73 f.

[269] Man könnte V. 16aα (ואכלת) auch im Sinn einer Aufforderung deuten („du sollst vertilgen"). Doch da in V. 12b–15 Verheißungen bezüglich JHWHs Handeln an Israel im Falle von Gebotsgehorsam (V. 12a) stehen, ist auch ואכלת in V. 16aα im Sinn einer Verheißung zu verstehen, vgl. auch Achenbach, Israel, S. 236; Rose, 5. Mose Teilband 2, S. 452; anders Driver, Deuteronomy, S. 103 f. („renewed inculcation"), und Weinfeld, Deuteronomy, S. 374: „Verse 16a sounds indeed like a promise, though factually it has the meaning of an injunction."

3.3. Moses Lehre der Satzungen und Rechtsvorschriften (Dtn 6–26) 187

V. 4b). Das Verhältnis der beiden Prohibitive zu dem *Perfectum consecutivum* ואכלת (V. 16aα) ist nun dahingehend zu bestimmen, dass die Prohibitive V. 16aα ergänzen: Das Erbarmen würde die Vernichtung verunmöglichen (vgl. V. 2bβ), damit würde Israel die Verheißung, dass es die Völker aufgrund seines Gebotsgehorsams vernichten können wird, vereiteln. Die Verehrung der Fremdgötter, auf die Israel bei der Völkervernichtung treffen wird, würde bedeuten, dass Israel JHWHs Geboten ungehorsam wäre. Damit würde es JHWHs Segen verspielen und seine weitere Existenz gefährden.

Der nächste Abschnitt der zweiten Lehrrede besteht aus *Dtn 7,17–26*. Grob lässt er sich in zwei Teile gliedern,[270] und zwar in V. 17–24 und in V. 25 f. Zunächst zu V. 17–24:[271] In V. 17 formuliert der dtn Mose in Form einer rhetorischen Frage einen möglichen Einwand Israels. Angesichts der Völker, die viel größer sind als Israel, bekommt es Zweifel an der Verheißung JHWHs und stellt die Frage:[272] Wie sollte es diese Völker beseitigen können (ירש hif.[273])?[274] Israel soll sich, so Mose, nicht fürchten (V. 18a). Denn es muss sich nur an das erinnern, was JHWH in Ägypten getan hat, entsprechend wird JHWH auch an allen Völkern handeln, vor denen sich Israel jetzt fürchtet (V. 18b.19). Außerdem wird JHWH dafür sorgen, dass auch die Völker, die der Vernichtung durch Israel entgehen, schließlich vernichtet werden (V. 20). Zugesagt wird also die vollständige Vernichtung der Völker. Israel soll, so Mose weiter, vor den Völkern nicht zurückweichen (V. 21a). Denn JHWH sei ein „großer und furchterregender Gott" (אל גדול ונורא) in Israels Mitte (V. 21b). Allerdings wird er, obwohl[275] in der Mitte Is-

---

[270] Die hier vertretene Gliederung entspricht der von Braulik, Deuteronomium 1–16,17, S. 66 f.

[271] V. 17 ist Vordersatz. Die Nachsätze bestehen aus zwei Unterabschnitten, nämlich V. 18–20 (V. 18a: לא תירא מהם) und V. 21–24 (V. 21a: לא תערץ מפניהם).

[272] V. 17 knüpft eindeutig an V. 16aα an: הגוים האלה (V. 17aβ) sind die in V. 16aα erwähnten Völker. Anders Achenbach, Israel, S. 236: In 16aα sei wie in V. 6 und V. 14 der Blick auf die weitere Völkerwelt (עמים) gerichtet, in V. 17ff. wie in V. 1 f. auf die Völker (גוים) im Verheißungsland. Achenbach beachtet aber nicht, dass in V. 19 עמים eindeutig die von Israel zu beseitigenden kanaanäischen Völker meint.

[273] ירש hif. bedeutet hier wie in Dtn 4,36; 9,3–5; 11,23 und 18,12 nicht „vertreiben", sondern vernichten. Dies hat Lohfink überzeugend dargelegt, vgl. ders., Art. ירש u. a., und ders., Bedeutungen, S. 26 ff.

[274] Vgl. auch den treffenden Kommentar zu V. 17 von Rose, 5. Mose Teilband 2, S. 453: „Das ‚Wie' fragt nicht (,technisch') nach der Art und Weise der Landnahme, sondern es ist ein verzweifeltes und ratloses: ‚Wie sollte ich können..., wie sollte ich es schaffen...?'" In Bezug auf die Formulierung להוריש + יכל ist noch auf Jos 15,63 und 17,12 hinzuweisen; hier wird festgehalten, dass Israel die Kanaanäer nicht vernichten konnte.

[275] Adversativ verstandener Anschluss, so auch die Einheitsübersetzung (in: Braulik, Deuteronomium 1–16,17, z. St.). Die in V. 22 gemachte Einschränkung (JHWH wird die Völker langsam vertreiben bzw. Israel wird sie nicht schnell vernichten können) kommt von V. 17–21 her, die einen unmittelbar wirkmächtigen JHWH beschreiben, unerwartet. Auf V. 22 wird in den weiteren Beistandsverheißungen in V. 23.24aα auch nicht Bezug genommen, ein direkter Widerspruch liegt zu Dtn 9,3 vor. Nach Weinfeld, Deuteronomy, S. 375.381 f., ist Dtn 7,22 von ei-

raels als אל גדול ונורא weilend, nicht sofort (wie eigentlich von JHWHs Wirkmächtigkeit als אל גדול ונורא her zu erwarten wäre), sondern nach und nach (מעט מעט) die Völker aus dem Weg räumen (V. 22a). Dementsprechend kann Israel sie auch nicht schnell vernichten (V. 22bα), und dies hat seinen guten Grund: Im Falle einer schnellen Vernichtung könnten die Tiere des Feldes Israel gefährlich werden (V. 22bβ). Nach V. 23 wird JHWH Israel die Völker – eben in einem langsamen Prozess – ausliefern; er wird sie verwirren, bis sie vernichtet sind (V. 23). Nach V. 24 wird er ihre Könige ausliefern (V. 24aα), so dass Israel diese schließlich vernichten kann (V. 24aβ.b).

V. 25 f. enthalten einige konkrete Anweisungen des dtn Mose, die während des Prozesses der Völkervernichtung[276] besonders zu beachten sind: In V. 25a schreibt er Israel vor, die Götzenstatuen (פסילי אלהיהם) der in V. 17–24 erwähnten Völker zu verbrennen. Zudem soll Israel auf keinen Fall Silber und Gold, mit denen die Götzen überzogen waren,[277] begehren und an sich nehmen (V. 25bα). Dieser Vorgang könnte Israel zur Falle werden (V. 25bβ). Denn das Götzenmetall ist JHWH ein „Greuel" (תועבה, V. 25bγ). Israel soll „Greuel" auf keinen Fall mit nach Hause nehmen (V. 26aα), sonst würde nämlich der Israelit wie dieses Metall zu „Gebanntem" (חרם, V. 26aβ). V. 26b gibt an, wie mit dem Metall umgehen ist: Es soll mit Abscheu behandelt werden, denn, so wird nochmals betont, es ist „Gebanntes" (חרם).

Exkurs 2: Der Abschnitt Dtn 7,17–26

In Bezug auf den Abschnitt Dtn 7,17–26 lässt sich sagen, dass er als eine Art Anhang zu V. 16 zu beurteilen ist:[278] In V. 17–24 wird ausgeführt, dass Israel trotz seiner Bedenken die ihm von JHWH übergebenen Völker vertilgen kann und wird – und dass also die Verheißung von V. 16aα (für das gesetzestreue Israel) unbedingte Gültigkeit hat. V. 25 f. knüpfen an das Verbot von V. 16b an: Hier wie dort wird deutlich, dass Fremdgötterdienst oder eine Berührung von Götzenmaterialien im Zuge der Völkervernichtung eine „Falle" wäre.[279]

In synchroner Perspektive macht Dtn 7,17–24.25 f. als Anhang zu V. 16 Sinn. Dennoch ist nicht zu übersehen, dass dieser Anhang den Fluss der Argumentation in der zweiten Lehrrede aufhält. Würde man sich den Anhang wegdenken,

---

ner älteren Quelle abhängig, er verweist in diesem Zusammenhang auf Ex 23,29f. Nach anderen Exegetinnen und Exegeten ist V. 22 eine „späte Glosse", so Achenbach, Israel, S. 238; oder eine Korrektur der Aussage von V. 1, so Rose, 5. Mose Teilband 2, S. 454.

[276] Vgl. auch Driver, Deuteronomy, S. 105, zu V. 25 f.: „But *in the hour of victory* [Hervorhebung K. F.], let not Israel be tempted to make truce with the idolatry of Canaan."

[277] Vgl. Driver, Deuteronomy, S. 105; Rose, 5. Mose Teilband 2, S. 455.

[278] Vgl. auch Braulik, Deuteronomium 1–16,17, S. 66: V. 16 „ist Dispositionsangabe zum zweiten Rahmenteil: Beseitigung der Völker 16a und 17–24, Vernichtung ihrer Götterstatuen als der ‚nächsten Gelegenheit' zum Abfall 16b und 25 f."

[279] Vgl. V. 16bβ: כי מוקש הוא לך. V. 25bβ: פן תוקש בו.

so würde in Bezug auf die Argumentation jedenfalls nichts fehlen. Zudem trägt er auch im Hinblick auf das in Dtn 6,1 genannte Thema des dtn Mose, die Lehre der Satzungen und Rechtsvorschriften, nichts aus.[280] Die Frage ist also, warum er in dieser Form hier zu stehen kam. In diesem Zusammenhang ist vor allem auf eine von N. LOHFINK und M. WEINFELD vertretene diachrone Hypothese hinzuweisen, die für die Beantwortung dieser Frage relevant ist: Sie besagt, vereinfacht ausgedrückt, dass Dtn 7* im Wesentlichen die gleiche Struktur wie Ex 23,23–33* aufweist, wobei als die gemeinsame diesen (und anderen) Texten zugrundeliegende Tradition die sog. Gilgaltradition angenommen wird.[281] Dies würde bedeuten, dass Dtn 7,17–24.25 f.* zusammen mit dem Abschnitt über die Völkervernichtung Dtn 7,1–5* und den Segensverheißungen Dtn 7,13–16* ursprünglich einen Zusammenhang bildete. Der Vorteil dieser (m. E. durchaus plausiblen) Hypothese ist, dass sie die Abfolge der Themen in Dtn 7 (Völkervernichtung, Segensverheißungen, Völkervernichtung) erklären kann.[282] Als die anzunehmenden späteren Redaktoren schließlich Dtn 6,1–7,11 und Dtn 7,12–8,20 als eigene Lehrreden mit spezifischer Argumentationsstruktur „schufen", fügte sich allein Dtn 7,17–14.25 f.* nicht recht in diese Struktur und blieb als Anhang stehen.[283] Ist eine Erklärung denkbar, warum die Redaktoren ihn nicht entfernt

---

[280] Vgl. von Rad zu Dtn 7,17–26: „von den Geboten, dem ‚Gesetz, das ich dir heute gebiete', vom Gehorsam usw. ist hier überhaupt nicht die Rede. Jede Bezugnahme auf den von Jahwe geoffenbarten Rechtswillen fehlt völlig", Deuteronomium-Studien, S. 37. Es ist allerdings darauf hinzuweisen, dass in Dtn 7,17–24 Elemente aus dem Kriegsgesetz Dtn 20 aufgenommen werden:

7,17aβ:	רבים הגוים האלה ממני	20,1aα:	רב העם ממך
7,18a:	לא תירא מהם	20,1aβ:	לא תירא מהם
7,18b:	זכר תזכור את אשר עשה יהוה אלהיך לפרעה ולכל מצרים	20,1b:	יהוה אלהיך עמך המעלך מארץ מצרים
7,21a:	לא תערץ מפניהם	20,3b:	לא תערץ מפניהם

Die Unterschiede sind jedoch auch deutlich: In Dtn 20 geht es konkret darum, dass Israel zum Krieg gegen ein feindliches Volk auszieht, in Dtn 7,17 ff. steht im Vordergrund die ängstliche Frage des Israeliten angesichts der Verheißung, die kanaanäischen Völker vertilgen zu können. In Dtn 7,17 ff. liegt alles Gewicht auf den Beistandsverheißungen, diese werden in Dtn 20,1.3 knapp gehalten. Dies spricht dagegen, dass Dtn 7,17 ff. als Lehre eines Teils des Kriegsgesetzes oder als dessen Kommentierung anzusehen ist.

[281] Vgl. Lohfink, Hauptgebot, S. 174–180.185 f., Weinfeld, Deuteronomy, S. 377–382. Das Thema der ältesten Schicht von Ex 23,20–33* war wohl der Schutz Israels auf dem Weg ins Heiligtum und zurück, so mit guten Argumenten Crüsemann, Tora, S. 209 ff.

[282] Die Forschungslage zu Dtn 7 ist unübersichtlich. Zutreffend hat sie Achenbach, Israel, S. 212 f., beschrieben: „Unklar ist so ziemlich alles: das literarische Verhältnis zwischen den auf Jahwekrieg und Landnahme blickenden Außenstücken (7,1–5.17–26) und dem auf Erwählung und Verheißung ausgerichteten Mittelteil (v. 6–16), die innere Wachstumsgeschichte des Textes (d. h. einerseits die Frage nach dem Verhältnis zwischen singularischen und pluralischen Schichten, andererseits nach dem zwischen der mit v. Rad zu sprechen ersten und zweiten Predigt [...]), schließlich das Verhältnis zwischen vor-literarischer, literarischer und redaktioneller (dtr.) Überlieferung."

[283] Vgl. auch Weinfeld, Deuteronomy, S. 372: „It seems that such conclusions [wie 7,11] were inserted by late editors who divided the Deuteronomic material for the liturgical recital, ir-

haben? G. VON RAD bezeichnete Dtn 7,17–24 wie auch andere dtn Texte als „Kriegsansprache".[284] Nun fallen im Vergleich zu anderen sog. „Kriegsansprachen" vor allem zwei Dinge auf: Erstens ist eine konkrete Kriegssituation im Kontext nicht beschrieben, Anlass der sog. „Kriegsansprache" ist vielmehr die Verheißung von V. 16 und der *berechtigte Zweifel* Israels an seinem Vermögen, die Völker zu vernichten (V. 17). Zweitens nehmen in Dtn 7,17 ff. die sog. Beistandsverheißungen im Vergleich zu den anderen Texten ungewöhnlich viel Raum ein. Damit könnte Dtn 7,17–24 eine wichtige Funktion für die Hörer- bzw. Leserschaft erfüllen. Es ist m. E. nicht allzuschwer vorstellbar, dass die Verheißung, (das gesetzestreue) Israel wird die Völker vernichten können, den Israelitinnen und Israeliten im kleinen, zerrissenen, von fremden Völkern bedrängten Juda in vor- und/oder nachexilischer Zeit zum Problem wurde und Fragen provozierte, die einer Antwort bedurften. Dies könnte Grund genug gewesen sein, in der überlieferten Textgestalt den Abschnitt nach Dtn 7,16 stehen zu lassen.

***

Nach diesem kurzen diachronen Exkurs zurück zur synchronen Betrachtung der zweiten Lehrrede. Der Abschnitt *Dtn 8,1–5* wird eröffnet durch eine Aufforderung zum Gesetzesgehorsam (V. 1a), nämlich das „heute" von dem dtn Mose Gebotene sorgfältig zu tun. Es schließt sich ein Finalsatz an, der die Ziele des Gebotsgehorsams angibt (V. 1b): Am-Leben-Bleiben, Mehrung des Volkes, In-Besitz-Nahme des Landes.[285] V. 2–5 erläutern, warum Israel die Gebote tun soll. Zunächst ergeht eine Aufforderung, dass es sich an den ganzen Weg erinnern soll, den JHWH es in der Wüste gehen ließ (V. 2a). JHWH ließ Israel, wie nun näher ausgeführt wird, mit folgender Absicht (V. 2b) den Wüstenweg gehen: Es sollte dadurch gedemütigt werden. Diese Demütigung hatte einen bestimmten Sinn: JHWH wollte das Volk prüfen. JHWH wollte wissen, wie es mit Israels Herzen stehe, ob Israel seine Gebote (מצותו) – womit in dtn Perspektive hier die vom

---

respective of the inner structure of the material. Thus chaps. 6–8 were divided into two: 6,1–7,11 [...] and 7,12–8,20 [...]. This division ignores the literary integrity of chp. 7 [...]."

[284] Deuteronomium-Studien, S. 35 ff., zustimmend Seitz, Studien, S. 77. Vorsichtiger Braulik, Deuteronomium 1–16,17, S. 66: V. 18–24 antworten demnach auf den Einwand von V. 17 „nach Art einer Kriegsansprache". Skeptisch Achenbach, Israel, S. 292, nach dem Dtn 7,17–24 keine Ansprache an bewaffnete Männer ist, sondern eher „ein Text, der für solche Menschen verfaßt ist, denen alle Waffen aus der Hand genommen sind und denen nichts geblieben ist als das Credo als ein Urbild für eine neue bessere Zukunft, in der Israel von der Bedrängnis durch die fremden Völker im Land frei sein wird." Achenbach übersieht jedoch, dass der Gedanke an eine kriegerische Auseinandersetzung im Text nicht aufgegeben wurde (V. 17.23 f.).

[285] Gomes, Wüste, S. 134, weist darauf hin, dass „die Ermahnung von 8,1a sich auf die Zeit noch vor dem Einzug ins Land richtet, also auf die wenigen noch bevorstehenden Tage bis zum Jordanübergang." Ohne Zweifel ist nach Dtn 8,1 der Gesetzesgehorsam die Bedingung für die Zukunft Israels („Leben", „Vermehren") sowie für das Kommen ins Land und dessen In-Besitz-Nahme. Siehe dazu oben die Anmerkungen im Zuge der Exegese von Dtn 4,1.

3.3. Moses Lehre der Satzungen und Rechtsvorschriften (Dtn 6–26)

Horeb her bekannten Dekaloggebote gemeint sein müssen –[286] halten würde. Es sollte sich auf dem Wüstenweg also erweisen, ob das Volk Gebotsgehorsam zeigen würde. Offen bleibt, wie das Volk die Prüfung bestanden hat. Die Beantwortung dieser Frage scheint für die Gedankenführung an dieser Stelle nicht wesentlich. Die „Leerstelle"[287] wird erst in Dtn 9,1 ff. gefüllt werden.

Doch JHWH wollte durch die Demütigung Israels nicht nur erkennen, wie es mit dem Gebotsgehorsam Israels steht. Er vermittelte auch – soviel sei im Vorgriff schon bemerkt – durch die Demütigung Israel das Wissen, dass es sich um des Lebens willen lohnt, die Gebote zu halten. Dies geht aus V. 3 hervor, der hinsichtlich seiner Bedeutung äußerst umstrittenen ist und nun näher betrachtet werden soll.

Zu Beginn von V. 3 wird zunächst aus V. 2b das erste Verb des Finalsatzes aufgenommen, nämlich ויענך. Dieses Verb macht als Auftakt des Verses eine starke Vorgabe: JHWH demütigte Israel. Es schließen sich gleichgeordnet zwei Verbalsätze an: JHWH ließ Israel hungern und er speiste es mit Manna. Die Speisung mit Manna ist sicher Ausdruck der Fürsorge JHWHs (JHWH ließ Israel nicht verhungern); doch im Kontext der Demütigung muss diese Speisung relativiert werden: Manna ist eine Israel unbekannte Speise,[288] also keine vertraute Nahrung, und wohl auch keine „Götterspeise".[289] Mit dieser Speisung verband sich ein bestimmter Zweck: Durch sie wollte JHWH Israel eine „für das Leben entscheidende Belehrung"[290] geben. Diese Belehrung bringt die folgende Sentenz in V. 3b auf den Nenner:

---

[286] Braulik, Ausdrücke, S. 28 f.; Gomes, Wüste, S. 144. In der Perspektive des Pentateuchs können natürlich auch noch andere in der Wüste gegebene Gesetze gemeint sein, vgl. etwa Ex 15,25 f.

[287] Vgl. noch oben zu Dtn 4,14.

[288] Anders deutet etwa Driver, Deuteronomy, S. 107, den Relativsatz (der bei der Interpretation von V. 3 sonst kaum beachtet wird): „It was a food unknown before (Ex 16,15); and consequently a signal evidence of God's sustaining providence." Nicht plausibel ist die Deutung von Giles, Knowledge, S. 169: „[...] the description of manna as something, which the fathers did not know, is a pointed reminder that something new had happened between the community and God." Die Väter bezeichnen hier wohl am ehesten die erste Wüstengeneration, vgl. Römer, Väter, S. 80 f.

[289] Gomes, Israel, S. 145, hebt die Speisung mit Manna von Demütigung und Hungernlassen ab: Nach ihm besteht zwischen dem zweiten und dritten Verb eine „wahrnehmbare Lücke in der Darstellung". M. E. legt sich von der Gleichordnung der drei Verben her diese Deutung nicht nahe. Auch bezeichnet Gomes das Manna recht unkritisch als „wunderbare Speise", a. a. O. Zu vergleichen ist aber Dtn 29,5: Hier wird vermerkt, dass es für Israel *Brot und Wein in der Wüste nicht gab*. In der Wüste gab es – nur – Wasser und Manna (so nach 8,16). Hinzuweisen wäre auch auf Num 11,6 und Num 21,5: Israel war durchaus nicht begeistert von dem Manna, vgl. auch Nielsen, Deuteronomium, S. 105. Nach Veijola, Mensch, S. 149, ist die Speisung durch Manna insofern als Demütigung zu verstehen, als JHWH Israel durch diese Speisung seine völlige Abhängigkeit von ihm spüren ließ. Dies würde allerdings in Bezug auf die Speisung mit jeglicher Nahrung in der Wüste gelten.

[290] Perlitt, Mensch, S. 82.

לא על לחם לבדו יחיה האדם כי על כל מוצא פי יהוה יחיה האדם:

Die Sentenz ist naturgemäß allgemein formuliert. Eben dies macht die Deutung schwierig. So kann לחם (V. 3bα) Verschiedenes bezeichnen: Brot, Manna oder generell Speise.[291] So kann V. 3bβ (על כל מוצא פי יהוה) „materiell" oder „spirituell" gedeutet werden:[292] Mit dem, was aus dem Mund JHWHs hervorgeht, könnte Manna, könnten die Gebote oder ganz allgemein alle Worte JHWHs gemeint sein. Um einer Lösung näher zu kommen, soll im Folgenden zunächst eine „materielle" und dann eine „spirituelle" Lesart von V. 3bβ, die unterschiedliche Implikationen für das Verständnis von לחם haben, vorgestellt werden, um dann zu einer Entscheidung zu kommen.

Eine gewichtige „materielle" Deutung hat M. ROSE vorgelegt.[293] Ihre Kernsätze lauten: „Die Formulierung [V. 3bβ] erinnert stark an die äygptische Theologie im Umfeld des Schöpfergottes Ptah (‚Der Mensch lebt von dem, was aus dem Munde des Ptah hervorgeht'); im biblischen Textbereich ist noch besonders an Jes 55,10–11 zu erinnern, wo auch in markanter Weise vom *schöpferischen* Gotteswort die Rede ist. Unser Vers will also ausdrücken, daß das Manna Gottes-Schöpfung ist – dies im Gegensatz zu jedem Brot, das der Mensch ‚im Schweiße seines Angesichtes' [...] selbst bereiten könnte."[294]

Eine ausgesprochen „spirituelle" Deutung vertritt T. VEIJOLA:[295] Auch hier seien die Kernaussagen im Folgenden wiedergeben: „[...] vor allem geht es darum, *wovon* der Mensch denn letztlich lebt. Das wird durch die Gegenüberstellung von Brot – das jede Nahrung vertritt – und כל מוצא פי יהוה (‚alles, was aus dem Munde Jahwes hervorgeht') ausgedrückt. Es handelt sich dabei nicht um den Gegensatz zwischen natürlichem Brot und dem Manna, denn das Manna ist hier Brot genauso wie in der Vorlage Ex 16,4.15.22.29.32. Vielmehr vertritt ‚das, was aus dem Munde Jahwes hervorgeht', Gottes ‚Äußerung', wie schon die nächsten Sprachparallelen für מוצא (Dtn 23,24; Num 30,13; Jer 17,16; Ps 89,35)

---

[291] Zu der Bezeichnung von Manna mit לחם siehe etwa Ex 16,4 und dazu Perlitt, Mensch, S. 78 f.

[292] Perlitt, Mensch, S. 76; Perlitt gibt eine gute Übersicht zu den beiden Alternativen, wie sie von der älteren Exegese vertreten wurden, Mensch, S. 74–76.

[293] Rose, 5. Mose Teilband 2, S. 459 f. In diesem Sinn auch Braulik, Deuteronomium 1–16,17, S. 69; ältere Vertreter dieser Deutung nennt Perlitt, Mensch, S. 75. Eine mit Dtn 8,3 vergleichbare Aussage in Bezug auf den ägyptischen Schöpfergott Ptah verzeichnet Brunner, Munde, S. 428 f.

[294] Rose, 5. Mose Teilband 2, S. 459 f.

[295] Veijola, Mensch. In diesem Sinn auch noch García López, Yahvé, S. 51–53. Etwas anders Perlitt, Mensch, und Weinfeld, Deuteronomy, S. 395, die das, was aus JHWHs Mund hervorgeht, auf *jegliches* Wort JHWHs beziehen: „Was da [...] aus Jahwes Mund hervorgeht, bezeichnet ganz offenkundig das *Ganze* seines Redens – früher wie jetzt, im Guten und im Bösen. Darum heißt כל מוצא im Zusammenhang von Dtn 8,3b: Vom Gotteswort als solchem, wie es in seiner Vielfalt und Fülle hörbar wird, lebt der Mensch", Perlitt, Mensch, S. 91. Gegen diese weite Deutung spricht der Kontext von V. 1 f., skeptisch hier auch Veijola, Mensch, S. 157.

3.3. Moses Lehre der Satzungen und Rechtsvorschriften (Dtn 6–26)

nahelegen. Sie meint aber nicht allgemein jedes Wort Gottes, wie sie in der LXX übersetzt [...] wurde, sondern im engeren Sinne das befehlende Gesetzeswort Gottes."[296] VEIJOLA begründet dies wie folgt: „Dafür sprechen mehrere, sowohl formale wie auch inhaltliche Gesichtspunkte. In formaler Hinsicht muß einerseits berücksichtigt werden, daß der zweite Teil des betreffenden Ausdrucks פי יהוה ‚der Mund Jahwes', in der Regel eine Anspielung auf das befehlende Wort Gottes ist, und andererseits die Tatsache, daß der erste Teil des Ausdrucks מוצא ‚was hervorgeht' durch eine Alliteration auf das Wort מצות ‚Gebote' hinweist, das eine zentrale Stellung in V. 2b und V. 6 hat. Auf der inhaltlichen Seite muß man im Auge behalten, daß V. 3b insgesamt eine dem V. 2b parallele Zielangabe darstellt, die offenbar das Bewahren der Gebote Jahwes als Leben von diesen erläutert. Nur so wird es verständlich, daß die ganze Abhandlung in die Mahnung einmündet, die Gebote Jahwes zu bewahren (V. 6)."[297]

Gegen beide Lesarten lassen sich Einwände erheben: Zunächst ist die von ROSE vorgelegte Deutung in einem Punkt zu korrigieren. ROSE übersieht, dass die Aussage von V. 3bβ, der Mensch lebt von *allem*, was aus Gottes Mund hervorgeht, Brot (לחם) eindeutig mit einbezieht. Es kann in V. 3b also nicht um den Gegensatz von Menschen selbst gemachtes Brot – von Gott geschaffenes Manna gehen, da beides JHWHs schöpferischem Handeln zu verdanken ist.[298] Doch auch, wenn man dies berücksichtigt und eine „korrigierte" materielle Lesart der Sentenz vertritt, ist nicht recht einsichtig, warum der so gedeutete Vers auf V. 1 und V. 2 folgt. In V. 1 f. lag alles Gewicht auf dem Gebotsgehorsam Israels, mit diesem Thema hätte V. 3 dann nichts zu tun.[299] Auch wäre die Lehraussage der materiell gelesenen Sentenz wenig tiefgründig: Der Mensch lebt nicht nur von Brot allein, sondern er kann von jeder von JHWH geschaffenen Nahrung (z. B. Manna) leben. Bei der spirituellen Deutung der Sentenz (V. 3b) hingegen ist der Anschluss an die Aussage von V. 3a nicht nachvollziehbar: Demnach hätte JHWH Israel mit Manna gespeist, um es wissen zu lassen, dass der Mensch nicht allein von Nahrung lebt, sondern von den Geboten!? Aufgrund der Speisung mit Manna weiß doch Israel zunächst nichts weiter, als dass es von Manna leben kann!

Wie kann nun eine Lösung aussehen? M.E. kann aufgrund des Kontextes von V. 3 kein Zweifel daran sein, dass die von Israel zu lernende Lehre in irgendeiner Weise auf die Gebote abgestellt ist. Die entscheidende Frage ist also, inwieweit die Speisung mit Manna etwas mit den Geboten zu tun hat. Dtn 8,3a gibt diesbezüglich keine Auskunft, wohl aber Ex 16,4 f.: JHWH sagte Israel zu, Manna vom Himmel regnen zu lassen (er „schuf" also, wenn man so will, für Israel Manna) und gab dann die Anweisung, dieses jeden Tag mit Ausnahme des Shab-

---

[296] Veijola, Mensch, S. 156 f.
[297] Veijola, Mensch, S. 157.
[298] So auch die Kritik von Perlitt, Mensch, S. 93, Anm. 58.
[299] Darauf weist auch Gomes, Wüste, S. 145, hin.

bats aufzusammeln. Israel befolgte bekanntlich diese Anweisung und konnte in der Wüste (über)leben. Diese Erfahrung (Überleben ist möglich aufgrund der Befolgung von JHWHs Anweisung in Bezug auf das Manna) lässt sich verallgemeinern: Leben ist möglich durch die Befolgung der Anweisungen bzw. Gebote JHWHs.[300] Da dies alles (in kanonischer Perspektive) dem dtn Mose und seiner Zuhörerschaft vertraut ist,[301] ergibt sich Folgendes: Mit der Speisung durch Manna sind für Israel zwei Erfahrungen verbunden. Beide sind durch die Sentenz erfasst, die quasi doppelt zu hören ist, um ihre Tiefgründigkeit zu verstehen: Durch die Speisung mit Manna wusste Israel ganz elementar *zunächst*, dass der Mensch nicht nur von Brot im Sinn von bekannter Nahrung lebt (לא על לחם לבדו יחיה האדם), sondern, nach dem Ratschluss JHWHs, auch von anderer Nahrung, nämlich z. B. von dem von ihm „geschaffenen" Manna leben kann (על כל מוצא פי יהוה יחיה האדם). Da im Zuge der Speisung mit Manna aber „aus dem Mund JHWHs" bekanntlich auch eine Anweisung erging, die Israel befolgen musste, wobei es im Hinblick auf andere Anweisungen, also auf die Gebote JHWHs, seine Schlüsse ziehen sollte, konnte die Speisung mit Manna Israel noch eine weitere, tiefere Einsicht auf einer anderen Ebene vermitteln: Der Mensch lebt nicht nur durch die von JHWH ihm zugedachte bzw. durch die für ihn „geschaffene" Nahrung (לא על לחם לבדו יחיה האדם), sondern auch und vor allem durch JHWHs Gebote (על כל מוצא פי יהוה יחיה האדם). Oder noch einmal anders formuliert: Zu den Lebensnotwendigkeiten des Menschen gehört nicht *allein* „weltliche", sondern *vor allem auch* „geistliche" Nahrung. Beides (כל) garantiert JHWH, der Interesse am *Leben* des Menschen hat, beides muss der Mensch „in sich aufnehmen", wenn er leben will (so, wie er nach JHWHs Willen leben soll).

Auch hier wird (wie in V. 2) im Übrigen eine „Leerstelle" gelassen: Es bleibt (bis Dtn 9,1 ff.) offen, ob Israel die von JHWH mit der Mannaspeisung intendierte Lehre tatsächlich gelernt hat.

V. 4 schließt asyndetisch an: Demnach blieb die Kleidung der Israelitinnen und Israeliten unversehrt, die Füße schwollen nicht an. Dies meint wohl: JHWH sorgte dafür, dass Israel in der unwirtlichen Umgebung überleben konnte. Der Aspekt der „wunderhaften" Fürsorge, der – auch – mit der Speisung durch Manna verbunden ist, wird damit unterstrichen.

V. 5 schließt den Abschnitt ab. Auf der Grundlage der von Israel erlebten und von dem dtn Mose rekapitulierten und gedeuteten Wüstenzeit (V. 2–4) soll Israel zu folgendem „Glaubenswissen" (V. 5a: וידעת עם לבבך) gelangen: JHWH „erzieht" Israel (יסר pi.),[302] und zwar wie ein Mann seinen Sohn (V. 5b). Mittel und

---

[300] Zu beachten ist, dass auch nach Ex 16,4.28 Israel durch das Manna auf JHWHs Gesetze verwiesen werden soll.

[301] Auf der Ebene des Pentateuchs kann man die Kenntnis von Ex 16,4f. bei der impliziten Leserschaft des Deuteronomiums natürlich voraussetzen.

[302] Zur Begründung dieser Übersetzung von יסר pi. siehe unten die ausführliche Exegese von Dtn 8,5.

3.3. Moses Lehre der Satzungen und Rechtsvorschriften (Dtn 6–26)

Ziel dieser Erziehung JHWHs sind von V. 2–4 her deutlich: JHWH wollte Israel durch (begrenzte, V. 4!) Demütigung prüfen und zu der Einsicht bringen, dass es lebensnotwendig ist, sich nach seinen Geboten zu richten. Es geht auch in Dtn 8,5 (wie in Dtn 4,39 und Dtn 7,10) nicht um theoretisches Wissen von JHWH, sondern, wie von Dtn 8,1 her klar ist, um dessen Umsetzung: Israel soll sich – in Erinnerung an die Wüstenzeit – der (andauernden) Erziehung JHWHs unterwerfen, sprich, es soll als „gehorsamer Sohn" die Gebote JHWHs tun.

Der folgende Abschnitt *Dtn 8,6–10*[303] beginnt mit einer erneuten Aufforderung zum Gebotsgehorsam (V. 6). Israel soll die Gebote (מצות) JHWHs halten, indem es auf JHWHs Wegen geht und ihn fürchtet. Der dtn Mose gibt nun eine Begründung (כי),[304] warum die Gebote JHWHs zu halten sind: JHWH führt Israel in

---

[303] Eine andere Gliederung als die hier angeführte wird von Lohfink, Hauptgebot, S. 189–199; Seitz, Studien, S. 79–81; Mayes, Deuteronomy, S. 190 ff.; Aurelius, Fürbitter, S. 21 ff.; Achenbach, Israel, S. 307–328; Braulik, Deuteronomium 1–16,17, S. 67 f., und Gomes, Wüste, S. 124–137, vertreten: 8,1–6 (aufgebaut nach dem sog. „Schema der Beweisführung"), 8,7–18 (כי in V. 7 eröffnet einen Temporal-Bedingungssatz, der Nachsatz besteht aus V. 11–18) und 8,19 f. Eine Variante dieser Gliederung besteht darin, V. 10b (...וברכת את יהוה) als Apodosis zu verstehen, so etwa Weinfeld, Deuteronomy, S. 385, der sich ansonsten auf Lohfink bezieht, Deuteronomy, S. 396 f., und Nielsen, Deuteronomium, S. 107 f. Diese Variante hat im Vergleich zu der von Lohfink u. a. vertretenen Gliederung den Vorteil, dass der Lobpreis JHWHs in V. 10b (וברכת את יהוה) nicht zur Voraussetzung für die Warnung wird, JHWH zu vergessen (V. 11a), was logisch kaum möglich wäre, so mit Recht O'Connell, Concentricity, S. 443, Anm. 15; Nielsen, Deuteronomium, S. 107. – Die beiden wichtigsten Argumente, in V. 7 den Beginn eines Temporal-Bedingungssatz-Gefüges zu sehen, sind die Folgenden: Erstens entspreche das Gefüge von Dtn 8,7 ff. dem von Dtn 6,10 ff. (Lohfink: Dtn 8,7–18 sei eine Nachahmung von Dtn 6,10–15, Hauptgebot, S. 192; Braulik: Dtn 8,7–18 paraphrasiere inhaltlich wie formal Dtn 6,10–12, Deuteronomium 1–16,17, S. 70). Zweitens könne Dtn 8,7 ff. als Begründung von V. 6 verstanden werden, denn diese Begründung, die 8,7–10 für 8,6 liefern soll, sei überflüssig, „da ja vor 8,6 von der Wüstenzeit her begründend auf diese Ermahnung hingearbeitet wurde", so Gomes, Wüste, S. 136. Gegen diese Argumentation spricht Folgendes: Zum einen arbeiten Dtn 8,2–5 nicht begründend auf die Aufforderung in V. 6 hin, sondern erläutern die Aufforderung von 8,1, an die sie sich direkt anschließen. Zum zweiten besteht ein entscheidender Unterschied zwischen Dtn 6,10 ff. und 8,7 ff., insofern nämlich die sog. historisierende Gebotseinleitung in Dtn 8,7 im Vergleich zu allen anderen dieser Sätze im Pentateuch (siehe dazu die Übersicht von Achenbach, Israel, S. 128 f.) eine (bisher nicht beachtete) Besonderheit aufweist: Zuerst steht das Subjekt (יהוה אלהיך), dann das Prädikat (מביאך). Zur Verdeutlichung seien die Anfänge der Verse Dtn 6,10 und Dtn 8,7 zusammengestellt:

6,10 והיה כי יביאך יהוה אלהיך אל ארץ ...
8,7 כי יהוה אלהיך מביאך אל ארץ טובה ...

Wäre das כי in Dtn 8,7 in konditionalem bzw. temporalem Sinn gemeint, dann wäre die gewöhnliche Satzfolge, also zuerst Prädikat und dann Subjekt, zu erwarten gewesen. Fokussiert wird in Dtn 8,7 aber unzweifelhaft „JHWH, dein Gott", und diese Fokussierung ist m. E. nur plausibel, wenn man V. 7 als Begründung von V. 6 liest: „Du sollst die Gebote JHWHs, deines Gottes halten ..., denn JHWH, dein Gott, führt dich in ein gutes Land." Vgl. auch noch Groß, Syntagmen-Folge, S. 89.

[304] So etwa noch König, Deuteronomium, S. 105; Buber/Rosenzweig, Weisung, S. 499; O'Connell, Concentricity, S. 443; Rose, 5. Mose Teilband 2, S. 457. Christensen, Deuteronomy 1,1–21,9, S. 168.170, vertritt eine eigenwillige Interpretation von Dtn 8: Demnach steht Dtn 8,7–10 als „Lied über das gute Land" im Zentrum dieses Kapitels.

ein gutes Land (V. 7a) mit vielen natürlichen Reichtümern (V. 7b–9).[305] Israel wird sich im Land satt essen und JHWH ob dieses guten Landes preisen (V. 10). Der Sinn des Abschnitts ist also folgender: Weil JHWH Israel mit dem Hineinführen in das gute Land Gutes tut, wie Israel im Land dann selbst auch lobend anerkennen wird, soll Israel die Gebote dieses so offensichtlich im Interesse Israels handelnden Gottes tun.

Der nächste Abschnitt *Dtn 8,11–18* setzt mit einer Warnung ein (V. 11aα): Israel soll sich hüten (השמר לך). Aus V. 11aβ wird deutlich, wovor es sich hüten soll: JHWH zu vergessen (V. 11aβ). Was JHWH vergessen bedeutet, erläutert V. 11b, nämlich JHWHs Gebote (חקות + משפטים + מצות), die der dtn Mose Israel „heute" gebietet, nicht zu halten. Diese Warnung bildet damit quasi ein Gegenstück zu der Aufforderung von V. 6, JHWHs Gebote zu halten, indem man ihn fürchtet. V. 12–17 knüpfen an V. 11aα an und vertiefen die Warnung von V. 11aβ: Israel soll sich hüten, infolge von Sattheit und wachsendem Wohlstand im Land überheblich zu werden und folglich JHWH, seinen Gott, zu vergessen (V. 12–14a.bα). An „JHWH" schließen vier partizipiale Bestimmungen an, die konzentriert das Handeln JHWHs an Israel vom Exodus bis hin zur Landgabe (teilweise unter Bezugnahme auf das in Dtn 8 schon Gesagte) nachzeichnen: JHWH hat Israel aus Ägypten geführt (V. 14bβ) und in der lebensfeindlichen Wüste umhergeführt (V. 15a), wobei er für Wasser und Manna sorgte (V. 15b.16a). Explizit wird in V. 16b angegeben, wozu die Wüstenführung diente: Sie hatte das Ziel, Israel zu demütigen und zu versuchen, um letztlich Israel Gutes zu tun, d. h. hier wohl, um es in ein gutes Land (V. 6) zu führen.[306] V. 17a ואמרת בלבבך („und du in deinem Herzen sagst") schließt sich an die beiden finiten Verben in V. 14a.bα an: Überheblichkeit und Vergessen JHWHs werden in der Einschätzung gipfeln, Israel hätte seinen Wohlstand aufgrund seiner eigenen Kraft und von eigener Hand erlangt (V. 17b). Diese Einschätzung wirkt angesichts der vollständigen Abhängigkeit Israels von der Führung JHWHs in der bisherigen Geschichte, wie in V. 14b–16 dargestellt, besonders verfehlt.

Betrachtet man den langen Satz V. 12–17 insgesamt, so ist zu sagen, dass er in gewisser Weise das negative Pendant von V. 10 ist: Dort wurde angeführt, dass

---

[305] Die Beschreibung ist durchaus angemessen, wenn man die Grenzen des Landes wie in Dtn 1,7 und in 11,24 sowie Jos 1,4 angegeben bestimmt, sie wirkt hingegen utopisch, wenn man nur das Westjordanland vor Augen hat, so schon Gomes, Wüste, S. 176.

[306] Die Finalsätze in V. 16b sind m. E. nicht an V. 16a (bzw. an V. 15b und 16a), sondern (mit Blick auf V. 2) an das Partizip המוליכך anzuschließen, anders Weinfeld, Deuteronomy, S. 395. Ausgeschlossen ist m. E. auch, למען ענתך ולמען נסתך als Demütigung durch Durst und Hunger (der im Text nicht ausgewiesen wird) und להיטבך באחריתך als nachfolgende Wohltat durch Wasser und Manna zu deuten, so Gomes, Wüste, S. 148. Die למען-Sätze müssen an ein Verb anschließen, hier bietet sich, wie schon bemerkt, nur המוליכך במדבר an. Da die Gabe von Wasser und Manna von der Textlogik her während der Wüstenwanderung stattfindet, muss sich באחריתך auf die Zeit *nach* dem Aufenthalt in der Wüste beziehen. Für eine Deutung von להיטבך באחריתך im Sinn der Hinführung in das gute Land spricht die Assoziation ארץ טובה – להיטבך (V. 7a.10bβ).

"Sattwerden" (אכלת ושבעת) ganz natürlich in den Lobpreis JHWHs mündet, hier wird warnend darauf hingewiesen, dass eben dieses "Sattwerden" Israel aber auch zu Überheblichkeit, JHWH-Vergessenheit und Selbstgenügsamkeit führen kann.

Der Warnung vor JHWH-Vergessenheit als Gebotsungehorsam (V. 11) bzw. vor Überheblichkeit, JHWH-Vergessenheit und Selbstgenügsamkeit (V. 12–17) steht in V. 18aα die Aufforderung gegenüber, sich im Land an JHWH zu erinnern. Denn (כי) mit der Erinnerung kommt das Wissen, dass JHWH es ist, der Israel Kraft gibt, Wohlstand zu erwerben (V. 18aβ). V. 18b fügt an, warum JHWH ihm diese Kraft gibt: Um der Aufrechterhaltung des Bundes willen, den er Israels Erzvätern geschworen hat. Abschließend wird in Bezug auf diese Aufrechterhaltung (die sich in der Gabe von Kraft äußert) noch eine "aktuelle" Bemerkung gemacht: "wie es heute der Fall ist" (כיום הזה).[307] Erarbeitet Israel künftig im Land Wohlstand, so ist dies also keinesfalls als eigenes Verdienst anzusehen, sondern der Urheber des Wohlstandes ist allein JHWH, der sich in Bezug auf diesen Punkt (wie auf andere Punkte, so etwa Landbesitz und weitere Segensgaben, Dtn 7,12b–15; 8,1) den Erzvätern gegenüber bleibend verpflichtet hat. Allerdings kann, wie der Kontext zeigt, nur ein Israel, das sich an JHWH erinnert und das seine Gebote hält, mit der dauerhaften Einlösung dieser Verpflichtungen rechnen (Dtn 7,12a; 8,11.19f.).

Dtn 8,19f. ist ein "Fluchtext". In V. 19aα führt der dtn Mose den Fall vor Augen, vor dem er in V. 11 ff. warnte, nämlich dass Israel JHWH vergessen hat. Als Konsequenz solchen Vergessens wird die Hinwendung zu Fremdgöttern angeführt (V. 19aβ.γ).[308] Beides, Vergessen JHWHs und Hinwendung zu anderen Göttern, steht, wie der Kontext deutlich macht, für Gebotsungehorsam schlechthin: In Bezug auf das Vergessen JHWHs geht dies aus Dtn 8,11 hervor (Vergessenheit bedeutet Gebotsungehorsam); in Bezug auf die Hinwendung zu anderen Göttern

---

[307] Die Wendung כיום הזה bezieht sich m. E. nicht auf die "heutige Gültigkeit der göttlichen Zusage", so Veijola, Mensch, S. 153, Anm. 64. Dass eine Zusage JHWHs bleibende Gültigkeit hat, dürfte selbstredend sein. In synchroner Hinsicht muss כיום הזה als "heute im Ostjordanland" gedeutet werden, vgl. Nielsen, Deuteronomium, S. 110. Die Bemerkung ist m. E. ein klarer Hinweis darauf, dass der implizite Autor ein Israel vor Augen hatte, dem gegenüber JHWH seine Bundesverpflichtung in der Tat einlöste und das also in Wohlstand im Land lebte, so auch Seitz, Studien, S. 81; García López, Yahvé, S. 40, Anm. 67.

[308] Lohfink, Hauptgebot, S. 196, sieht in Dtn 8,14 und in 8,19 eine "Fülle von Anspielungen an den Dekalog", zustimmend Veijola, Mensch, S. 153 f.; Braulik schreibt zu Dtn 8,19, dass hier die "klassische Form des ,ersten Gebots'" in 5,9 aufgegriffen wird, Deuteronomium 1–16,17, S. 73. Nun ist zu 8,14bβ zu bemerken, dass die Formulierung möglicherweise aus dem Dekalog stammt. Doch eine besondere Bedeutung dieser "Anspielung" ist nicht erkennbar (anders als in 7,9 f., wo der Dekalog in einem Punkt korrigiert werden sollte), da sich der Partizipialsatz aus seinem Kontext nicht weiter hervorhebt. In 8,19 ist eine "Anspielung" m. E. zu verneinen: Im Dekalog steht *nicht* anderen Göttern nach*gehen* (הלך q.); die Verben שחה hit. und עבד q. erscheinen in Dtn 5,9 nicht nur in anderer Reihenfolge als in Dtn 8,19, sie sind dort auch auf die Bilder und nicht auf die anderen Götter bezogen. Die in Dtn 8,19 belegte Reihenfolge der Verben mit Objekt אלהים אחרים lässt sich häufig nachweisen, siehe dazu Achenbach, Israel, S. 311, Anm. 10.

ist festzuhalten: „auf dem Weg JHWHs gehen" (ללכת בדרך יהוה, Dtn 8,6b) und „anderen Göttern nachgehen" (ללכת אחרי אלהים אחרים, Dtn 8,19aβ) bilden im Kontext der zweiten Lehrrede unversöhnliche Gegensätze. Auch steht im Hinblick auf den Fremdgötterdienst von Dtn 7,12–16 her fest, dass sich dieser nicht mit der Haltung des gesetzestreuen Israels verträgt. Falls Israel also JHWH vergisst und zu anderen Göttern abfällt, bezeuge er „heute", so der dtn Mose[309], dass Israel vernichtet werden wird (V. 19b). Dann verstärkt er diese Aussage noch (V. 20a): Israel wird wie die Völker, die JHWH vor Israel vernichten wird, vernichtet werden. An dieser Formulierung ist aufschlussreich, dass vermieden wird, explizit von einer Vernichtung Israels durch JHWH zu reden. Jedoch wird aus dem Vergleich deutlich, dass (der eigentlich Israel liebende) JHWH hinter der angedrohten Vernichtung Israels steht – wobei damit die offene Frage von Dtn 7,7–11 beantwortet ist: Könnte JHWH aufhören, Israel zu lieben, wenn Israel seinerseits keine Liebe zu JHWH und keinen Gesetzesgehorsam zeigt? V. 20b schließt die kleine Einheit mit einem Bedingungssatz ab (sie wurde in V. 19aα auch durch einen solchen eröffnet): Israel wird (gegebenenfalls) vernichtet, falls es nicht auf JHWHs Stimme, d.h. hier im Kontext auf seine Gebote, hört (V. 20b).

Betrachtet man die zweite Lehrrede Dtn 7,12–8,20 insgesamt, so zeigt sich, dass sie sorgfältig aufgebaut ist: Es fällt auf, dass in der Lehrrede fünf Belege des gesetzesparänetischen Schemas vorkommen (Dtn 7,12; 8,1; 8,6: 8,11; 8,20), und zwar beginnen die ersten vier Abschnitte (ohne den „Anhang" Dtn 7,17–26) mit einem solchen, der letzte endet damit. Die fünf Belege des gesetzesparänetischen Schemas sind ohne Zweifel das dominierende Gliederungselement in der zweiten Lehrrede. Auf die Entsprechung des ersten und letzten Abschnitts (durch die Wendungen עקב תשמעון in Dtn 7,12 und עקב לא תשמעון in Dtn 8,20) wurde schon hingewiesen. Unter Berücksichtigung dieser Beobachtungen ist die Lehrrede wie folgt zu strukturieren:

a) 7,12–16:   Falls Israel die Gebote hört (עקב תשמעון):
                 Segensverheißungen
<<7,17–26:   „Anhang" im Anschluss an V. 16>>[310]
bα) 8,1–5:   Aufforderung zum Gebotsgehorsam (8,1):
                 Anschließende Erläuterung der Paränese; Fokus: JHWHs Führung in der Wüste
bβ) 8,6–10:   Aufforderung zum Gebotsgehorsam (8,6):
                 Anschließende Begründung der Paränese; Fokus: JHWHs Führung ins Land
bγ) 8,11–18:   Warnung vor Gebotsungehorsam (8,11):
                 Anschließende Erläuterung der Warnung; Fokus: Israels Verhältnis zu JHWH im Land
a') 8,19f.:   Falls Israel nicht auf die Gebote hört (עקב לא תשמעון):
                 Vernichtungsandrohung.

---

[309] Vgl. auch Dtn 4,26.
[310] Siehe dazu Exkurs 2.

Die Hauptaussage der Lehrrede ist wie folgt zu beschreiben: In den Rahmenteilen, also den Teilen a) und a'), werden die Folgen von Gehorsam und Ungehorsam gegenüber JHWH bzw. seinen Geboten im Land aufgezeigt (Segen und Vernichtung). Eingebettet in den Rahmen dieser klar benannten Alternativen liegen die drei als bα), bβ) und bγ) bezeichneten Teilabschnitte.[311] Diese drei Teile sind „chronologisch" angeordnet: In Teil bα) blickt der dtn Mose zurück auf die Zeit in der Wüste; in Teil bβ) blickt er auf die „Gegenwart" (JHWH führt [Partizip!] Israel ins Land); in Teil bγ) blickt er voraus auf die Zeit im Land. Ungewiss ist allein die Zukunft, genauer: unkalkulierbar ist Israels zukünftiges Verhalten im Land. Insofern ändern sich in Teil bγ) Perspektive und Ton: Während der dtn Mose in den Teilen bα) und bβ) *JHWHs* Handeln an Israel beschreibt[312] und von hieraus Israel ermahnt, JHWHs Gebote zu tun, geht es in Teil bγ) um *Israels* Beziehung zu JHWH, wobei der dtn Mose Israel davor warnt, die Gebote im Land nicht zu tun. Mose zeigt Israel damit, dass es zwischen Wüste und Land, also an einem Scheideweg steht. Es muss sich entscheiden, ob es JHWH künftig im Land treu sein und seine Gebote tun wird oder nicht, und dies wird eine Entscheidung zwischen Segen und Vernichtung sein. Für die erste Entscheidung spricht alles, wie Mose durch seine Argumentation in ermahnendem und warnendem Ton darlegt: Die Erfahrungen in Vergangenheit und Gegenwart mit JHWH als Israel väterlich erziehenden und planvoll leitenden Gott sollten Israel bewegen, in Gehorsam die Gebote zu halten und sich zugleich seine bleibende Angewiesenheit auf seinen Gott bewusst zu machen.

Dtn 7,12–8,20 ist nun zwar Teil der Lehre der Satzungen und Rechtsvorschriften. Doch auch in diesem Teil gibt der dtn Mose keine Gebote bekannt. Er legt vielmehr eindrücklich dar, dass Israel um des Segens willen die Gebote künftig im Land unbedingt befolgen muss.

3.3.1.3. Dtn 9,1–10,11: Die dritte Lehrrede (Gabe des Landes trotz Ungehorsam)

Die dritte Lehrrede[313] beginnt mit einem Höraufruf (Dtn 9,1: שמע ישראל). Ein Höraufruf markiert im Deuteronomium stets den Beginn eines neuen Ab-

---

[311] Diese drei Teilabschnitte sind vielfältig aufeinander bezogen; darauf kann hier nicht näher eingegangen werden. Anzuknüpfen wäre diesbezüglich an die Beobachtungen von Lohfink, Hauptgebot, S. 195; O'Connell, Concentricity, und Gomes, Wüste, S. 155 ff. (mit recht unterschiedlichen Ergebnissen).

[312] Vgl. V. 2a: (הליכך יהוה אלהיך) und V. 7a: (יהוה אלהיך מביאך).

[313] Zu Dtn 9,1–10,11 siehe außer den Kommentaren und der in Anm. 201 erwähnten Literatur noch Peckham, Composition of Deuteronomy 9,1–10,11; Aurelius, Fürbitter, S. 8–56; O'Connell, Deuteronomy IX; Talstra, Observations; Gomes, Wüste, S. 184–207; Lohfink, Deuteronomium 9,1–10,11.

schnitts.[314] Da die nächste größere Einheit unstrittig mit Dtn 10,12 einsetzt, ist Dtn 9,1–10,11 als Einheit zu bestimmen. Grob lässt sie sich in folgende Abschnitte gliedern:

a) 9,1–6:   JHWHs Hilfe bei der In-Besitz-Nahme des Landes trotz der Halsstarrigkeit Israels
b) 9,7–24:   Israels Ungehorsam in der Wüste und insbesondere am Horeb
c) 9,25–29:   Moses Fürbitte am Horeb
d) 10,1–5:   Fertigung der neuen Bundestafeln
e) 10,6 f.:   Stationenverzeichnis von Beerot Bne Ja'akan bis Jotbata
f) 10,8–9:   Aussonderung des Stammes Levi
g) 10,10:   Moses Fürbitte und ihre Erhörung
h) 10,11:   Befehl zum Aufbruch vom Horeb, um das Land in Besitz zu nehmen.

Der Abschnitt *Dtn 9,1–6*[315] besteht aus zwei Unterabschnitten: Dtn 9,1–3 und Dtn 9,4–6. Beide beginnen mit einem Imperativ bzw. einer äquivalenten Verbform und enden mit der Aufforderung, einen Sachverhalt zu erkennen (ידע q.). Zunächst zu Dtn 9,1–3. Israel soll sich vergegenwärtigen, dass es „heute" den Jordan überqueren wird, um in das Land von größeren und mächtigeren Völkern zu kommen, um ihren Besitz zu übernehmen (V. 1). Mose nennt dabei namentlich die Enakiter (V. 2), ein Volk, um dessen sprichwörtliche Unbesiegbarkeit Israel vom Hörensagen weiß.[316] Doch Israel soll „heute" insbesondere Folgendes wissen bzw. erkennen (ידע q.): JHWH wird vor Israel als „fressendes Feuer" (אש אכלה) herziehen, er wird die Völker vernichten und niederwerfen, so dass

---

[314] Vgl. Lohfink; Hauptgebot, S. 66; Nielsen, Deuteronomium, S. 111. Nach von Rad, Deuteronomium, S. 50–53, und Rose, 5. Mose Teilband 2, S. 457–469, sind Dtn 9,1–6 noch zu Dtn 8 zu ziehen, vgl. Rose, a. a. O., S. 466: „[...] es erfolgt nichts wirklich Neues mit der Eröffnung von Kap. 9, sondern das Thema der ‚fremden Völker' vom Ende von Kap 8 (V. 19–20) wird in V. 1–5 bruchlos fortgeführt." Doch ganz so „bruchlos" ist die Fortführung nicht: Nach 8,11–20 wird vorausgesetzt, dass Israel im Land weilt, in 9,1 ff. wird ein Israel angeredet, das im Begriff steht, das Land in Besitz zu nehmen.

[315] Nach Dtn 9,1–6 zieht die Mehrheit der Exegetinnen und Exegeten einen (mehr oder weniger tiefen) Schnitt: Driver, Deuteronomy, S. 111 f.; von Rad, Deuteronomium, S. 52–57; Preuss, Deuteronomium, S. 102; Rose, 5. Mose Teilband 2, S. 504 ff.; Zipor, Account, S. 21; Talstra, Observations, S. 195–198; Nielsen, Deuteronomium, S. 110–116. Braulik weist Dtn 9,1–8 als Einheit aus, Deuteronomium 1–16,17, S. 73.75. Aurelius, Fürbitter, S. 20; Weinfeld, Deuteronomy, S. 406; Gomes, Wüste, S. 184–190, und Lohfink, Deuteronomium 9,1–10,11, S. 45–47, definieren Dtn 9,1–7 als Einheit. 9,1–7 seien, so Gomes, Wüste, S. 188, „in Form einer wohlgeordneten imperativisch-injunktiven Serie der kommunikative Hauptvorgang, den die breite geschichtliche Darlegung von 9,8–10,11 dann legitimiert." Nach Lohfink, Deuteronomium 9,1–10,11, S. 46, schließt sich der Imperativ V. 7 funktional gleichwertig an die „Aufforderungskette" in V. 1–6 an. Syntaktisch kann man ohne Zweifel die Aufforderungen in Dtn 9,1 (שמע ישראל), Dtn 9,3 (אל תאמר בלבבך) und Dtn 9,7 (זכר אל תשכח) auf der gleichen „Ebene" ansiedeln. Doch m. E. sind V. 7–24 insofern V. 6 untergeordnet, als in V. 7–24 das Urteil von V. 6 erläutert bzw. begründet wird (s. u.). Als „Begründung" bilden V. 7–24 einen eigenen Abschnitt.

[316] Vgl. dazu auch Seeligmann, Erkenntnis, S. 426; Braulik, Deuteronomium 1–16,17, S. 74.

3.3. Moses Lehre der Satzungen und Rechtsvorschriften (Dtn 6–26)

Israel sie – wie ihm von JHWH zugesagt wurde[317] – schnell[318] beseitigen[319] und ausrotten kann (V. 3).[320]

Mit Dtn 9,4–6 will der dtn Mose einem angesichts der angekündigten Vernichtung der Völker möglichen Missverständnis vorbeugen. Israel könnte nämlich aus dem von JHWH bewirkten Kriegserfolg schließen: „Aufgrund meiner Gerechtigkeit" (בצדקתי) hat mich JHWH herkommen lassen, dieses Land in Besitz zu nehmen (V. 4a[321]). In V. 5 belehrt der dtn Mose Israel über den wahren Grund: Nicht wegen Israels Gerechtigkeit oder der Geradheit seines Herzens (לא בצדקתך ובישר לבבך) kam es her, um das Land der Völker in Besitz zu nehmen, sondern JHWH vertreibt die Völker wegen ihrer Schlechtigkeit und weil er das Wort einlösen will, das er den Erzvätern (in Bezug auf die Gabe des Landes an ihre Nachkommen) geschworen hat. Gerechtigkeit und Geradheit des Herzens weisen auf Dtn 6,25 bzw. 6,18 zurück: Gerechtigkeit eignet Israel, wenn es JHWHs Gesetz hält (6,25); und auch das Tun des Geraden und Guten in JHWHs Augen steht für Gesetzesgehorsam (6,17f.). V. 5 macht also klar: Auch wenn Israel bisher das Gesetz JHWHs, also in dtn Perspektive die ihm bisher bekannten Dekaloggebote,[322] gehalten hätte, hätte es sich die Gabe des Landes nicht „verdient". Ja, es konnte sich diese Gabe gar nicht „verdienen".

In den Versen 4f. bleibt ein Punkt offen: Ist Israel denn tatsächlich gerecht (wie es annimmt)? V. 6 bringt diesbezüglich Klärung: Der dtn Mose fordert Is-

---

[317] Dtn 9,3 verweist wohl auf Dtn 7,17–24 zurück, vgl. Skweres, Rückverweise, S. 32.

[318] Nach Dtn 7,22 wird JHWH die Bevölkerung langsam vertreiben. Geriet מהר in 9,3 nur „fehlerhaft und formelhaft" hinein, ohne dass der Widerspruch zu 7,22 wahrgenommen wurde, wie Rose, 5. Mose Teilband 2, S. 467, meint? Der Widerspruch könnte aufgelöst werden, wenn man annimmt, dass in 9,3 an die Eroberung des Landes gedacht wird, dass es in 7,22 hingegen um die Unterwerfung der nach dieser Eroberung noch übrig gebliebenen Völker geht, so etwa Lohfink, Hauptgebot, S. 205; Braulik, Deuteronomium 1–16,17, S. 74. Problematisch bleibt bei dieser Auffassung allerdings, dass in Dtn 9,1.4.5 allgemein von der Vertreibung bzw. der In-Besitz-Nahme des Landes „der Völker" geredet wird.

[319] Zu der Bedeutung von ירש hif. siehe insbesondere Lohfink, Bedeutungen (vgl. schon oben zu Dtn 7,17).

[320] Nach den Regeln der Logik schließen sich die Aussagen von V. 3a und V. 3b aus: Wenn JHWH die Völker vernichtet hat, kann Israel sie nicht auch noch vernichten. Vielleicht ist diese Spannung ein Indiz dafür, dass verschiedene Redaktoren am Werk waren, so Rose, 5. Mose Teilband 2, S. 466f. Vielleicht sollte durch die „doppelte" Vernichtung aber nur betont werden (unter Absehung von den Regeln der Logik, vgl. auch Dtn 7,23f.), dass die In-Besitz-Nahme des Landes erfolgreich sein wird und die Völker gegen Israel keine Chance haben werden.

[321] V. 4b wechselt unvermittelt in die 2. Pers. sg., kann also keine wörtliche Rede mehr sein. Der Halbvers fehlt in LXX B, vermutlich ist sie eine Dublette von V. 5bα, so etwa Driver, Deuteronomy, S. 111; Achenbach, Israel, S. 341; Nielsen, Deuteronomium, S. 110. Anders Lohfink, Hauptgebot, S. 201, der davon ausgeht, dass V. 4b „allmählich schon wieder in die Rede des Redenden zurückgleitet", und Weinfeld, Deuteronomy, S. 406, der vermutet, dass das Suffix von מפניך ein deplaziertes כי ist, das ursprünglich am Anfang des nächsten Verses stand.

[322] Siehe auch oben zu Dtn 8,2.

rael auf zu erkennen (ידע q.)[323], dass JHWH ihm dieses gute Land wegen seiner (Israels) Gerechtigkeit gar nicht geben *könnte*, denn Israel ist „ein halsstarriges Volk" (עם קשה ערף). Dieses absolut klingende Urteil lässt aufhorchen. Es schließt auf jeden Fall aus, dass Israel vor der In-Besitz-Nahme des Landes gerecht war, also dass es sich an die Gebote JHWHs gehalten hat. Im Kontext von Dtn 6–11 kann dieses Urteil jedoch kein absolutes Urteil sein, kann also nicht besagen, dass Israel auch künftig immer nur halsstarrig und folglich nie gerecht sein wird, denn sonst würde die Lehre des dtn Mose in Bezug auf die Satzungen und Rechtsvorschriften keinen Sinn machen. Jedenfalls stellt V. 6 unmissverständlich heraus, dass die Gabe des Landes an Israel durch JHWH ein gänzlich unverdienter Akt ist.[324]

Im nächsten Abschnitt *Dtn 9,7–24* liefert der dtn Mose die Begründung für die aufgestellte Behauptung, dass Israel (bis dato) keine Gerechtigkeit hat, weil es halsstarrig ist. Israel wird dazu aufgefordert, sich zu erinnern und nicht zu vergessen, dass es die Ungnade JHWHs in der Wüste provoziert hat[325] (V. 7a). Dies bedeutet, dass Israel sich nur sein Verhalten in der Wüste ins Gedächtnis rufen muss, um zu erkennen, dass es tatsächlich ein halsstarriges Volk ist und dass es bis dato tatsächlich keine Gerechtigkeit hat. Dieser Erinnerung hilft der dtn Mose in V. 7b–24 etwas nach[326], wobei er sich – da seine Hörerinnen und Hörer in Moab sich ja nur an schon Erlebtes bzw. Bekanntes erinnern müssen – in vielen Punkten entsprechend knapp fasst.[327]

V. 7b ist eine Art Kommentar des dtn Mose zu dem, was Israel erkennen soll (V. 7aβ):[328] Israel hat sich, so der dtn Mose, seit dem Tag des Auszugs aus Ägyp-

---

[323] Die Aufforderungen zu erkennen (וידעת) in V. 3 und V. 6 unterscheiden sich hinsichtlich ihres Inhalts von denen in Dtn 4,35.39; 7,9; 8,5: Dort ging es um eine quasi zeitlos gültige Erkenntnis in Bezug auf JHWH („Glaubenswissen"); in 9,3 und 9,6 geht es um die Erkenntnis, wie und warum JHWH in einer konkreten Situation handelt.

[324] Nach Dtn 9,1–6 ist also die In-Besitz-Nahme des Landes an keine Bedingung geknüpft. Somit besteht ein Unterschied zu Aussagen wie Dtn 4,1; 6,18f.; 8,1 und 11,8.22–25, nach denen der Gebotsgehorsam Bedingung für die In-Besitz-Nahme des Landes ist, vgl. dazu Braulik, Gesetz als Evangelium, S. 141ff.; ders., Rechtfertigungslehre, S. 15ff., und Lohfink, Deuteronomium 9,1–10,11, S. 74f.

[325] Das Verb קצף hif. kommt im Deuteronomium nur in 9,7.8.22, sonst in der Hebräischen Bibel nur noch in Sach 8,14 und Ps 106,32 vor. Die Übersetzung „Ungnade provozieren" schlägt mit überzeugenden Gründen Gomes, Wüste, S. 192f., vor.

[326] Die Aufforderung zu erinnern (V. 7aα) reicht m. E. nur bis Dtn 9,24, denn Israel soll sich ja an seine Widerspenstigkeit in der Wüste erinnern. Diese Widerspenstigkeit ist insbesondere Thema in Dtn 9,7–24, ab V. 25 nimmt die Erzählung des dtn Mose m. E. eine andere Richtung (s. u.). Anders insbesondere Talstra, Observations, S. 195ff., und Lohfink, Deuteronomium 9,1–10,11, S. 44.

[327] Vgl. dazu vor allem Lohfink, Deuteronomium 9,1–10,11, S. 54ff.

[328] Zu den Möglichkeiten, V. 7b zu deuten, vgl. Lohfink, Deuteronomium 9,1–10,11, S. 43f.: „Entweder ist er [der Satz] eine Art Attribut zum vorangehenden Relativsatz, also einfach seine Verlängerung. Oder hier macht sich die narrative Redehaltung des Relativsatzes in einem Hauptsatz selbständig, der dann jedoch den Relativsatz fortsetzt."

ten bis zur Ankunft an „diesem Ort" – also dem Ort der Versammlung im Land Moab jenseits des Jordans – widerspenstig gegenüber JHWH gezeigt. Insbesondere[329] am Horeb provozierte Israel, so der dtn Mose weiter, die Ungnade JHWHs (V. 8a), entsprechend grollte JHWH und wollte Israel vernichten (V. 8b). Dies entfaltet der dtn Mose in einer Ich-Erzählung (V. 9–21). Die Ich-Erzählung lässt sich in drei Abschnitte gliedern:

Abschnitt 1 (Dtn 9,9 f.): Der dtn Mose erzählt, dass er, nachdem er auf den Berg gestiegen war, um die Bundestafeln in Empfang zu nehmen, dort vierzig Tage ohne Essen und Trinken gesessen hat (V. 9). JHWH gab ihm dann die von ihm selbst beschriebenen Bundestafeln (V. 10). Die Übergabe der Tafeln zeigt an, dass der Bund besiegelt und rechtsgültig ist.[330]

Abschnitt 2 (Dtn 9,11–14): Der dtn Mose erzählt, dass JHWH, nachdem er ihm am Ende der vierzig Tage und Nächte die Bundestafeln gegeben hatte (V. 11), zweimal das Wort an ihn gerichtet hat, wobei die Worte JHWHs wörtlich wiedergegeben werden. Die *erste* Rede (V. 12) wird mit einer Aufforderung eröffnet: Mose solle sich erheben und schnell von diesem Ort herabsteigen (12aα). JHWH begründet dies wie folgt: *Moses* Volk (עַמְּךָ) habe verderblich gehandelt (12aβ), es sei schnell von dem ihm gebotenen Weg abgewichen (12bα). Erläuternd wird angefügt, das Volk hätte sich ein Bildnis gemacht (V. 12bβ). Der „Weg" bezieht sich hier auf die Dekaloggebote[331], die Israelitinnen und Israeliten haben, wie aus der Erläuterung V. 12bβ hervorgeht, das erste und/oder das zweite Dekaloggebot gebrochen, je nachdem, ob man das Bildnis als JHWH-Bildnis, als Götzenbildnis oder als beides (JHWH-Bild, das als Götzenbild gilt) interpretiert.[332] Auch die *zweite* Rede (V. 13 f.) besteht im Kern aus einer Aufforderung: Zu-

---

[329] V. 8 ist als Spezifizierung des in V. 7 Gesagten zu verstehen, denn der Horeb ist Teil der Wüstengeschichte Israels (V. 7a) und Station auf dem Weg von Ägypten ins Land (V. 7b), vgl. auch Weinfeld, Deuteronomy, S. 407; Talstra, Observations, S. 200; Lohfink, Deuteronomium 9,1–10,11, S. 44 f.; gegen Achenbach, Israel, S. 365, der die Erzähllogik nicht beachtet und die Konjunktion „und" zu Beginn von V. 8 als „Weiterführung, die nun an den Horeb verweist", deutet.

[330] So auch Lohfink, Hauptgebot, S. 215 f.; Braulik, Deuteronomium 1–16,17, S. 76.

[331] Vgl. auch Braulik, Abfolge, S. 22 f.

[332] In der Literatur zu Dtn 9 wird diese Frage kaum diskutiert. Von einem Götzenbild gehen Weinfeld, Deuteronomy, S. 409.411, und Braulik, Ausdrücke, S. 22, aus. Nicht mehr ganz so eindeutig äußert sich Braulik in seinem Kommentar, Deuteronomium 1–16,17, S. 78: „Die dtn-dtr Theologie schließlich beurteilte die Verehrung des Stierbildes [Jerobeams] als Abfall von Jahwe und als Kult anderer Götter. 9f dient somit innerhalb des Dtr – literargeschichtlich zu spät, aber theologisch prophylaktisch – als schon am Offenbarungsberg autorisierte Wahrnehmung vor dieser Ursünde Israels." Rose, 5. Mose Teilband 2, S. 509, scheint anzunehmen, dass es sich in Dtn 9 um ein JHWH-Bildnis gehandelt hat: „Es kann also kein Zweifel daran bestehen, daß im Jahwe-Gottesdienst Israels Stier-Plastiken ihren Platz hatten; bezeugt ist dies besonders für Samaria (Hos 8,5) und Bethel (Hos 10,5). Das heißt nun allerdings nicht gleich, daß dort Jahwe, der Gott Israels, als Stier-Gottheit verehrt worden wäre, vielmehr werden die Stier-Statuen nach ihrem ursprünglichen Verständnis lediglich als Postamente für den unsichtbaren, bildlosen Gott gedacht gewesen sein." Vgl. noch Hartenstein, Gestalt, S. 70.

nächst urteilt JHWH, dass sich das Volk als „halsstarriges Volk" (עם קשה ערף) erwiesen hat (V. 13b); dann fordert er Mose auf, von ihm (JHWH) „abzulassen" (רפה hif.), so dass er das Volk vernichten, seinen Namen auslöschen (V. 14a) und schließlich Mose zu einem mächtigeren und zahlreicheren Volk als das alte Volk machen kann (V. 14b).

Abschnitt 3 (Dtn 9,15–21): Der dtn Mose erzählt nun, was er nach diesen Aufforderungen tat: Er machte sich auf und stieg mit den Bundestafeln in seinen Händen von dem brennenden Berg herab (V. 15). Er sah Folgendes: Die Israelitinnen und Israeliten haben gegen JHWH gesündigt, sie haben sich ein gegossenes (Kalbs-)Bild[333] gemacht, sie sind schnell von dem ihnen gebotenen Weg abgewichen (V. 16). Mose reagierte: Er nahm die Tafeln und zerschmetterte sie vor den Augen des Volkes (V. 17). Das Volk brach den Bund – Mose zerstörte die Bundestafeln. Diese Zerstörung kann m. E. nur so interpretiert werden, dass Mose dem Volk zeigte, dass das Bundesverhältnis nun tatsächlich beendet ist.[334] Man könnte nun erwarten, dass Mose entsprechend der Aufforderung der zweiten JHWH-Rede von JHWH „abließ" und die Vernichtung Israels möglich machte. Doch Mose tat genau das Gegenteil: Er erzählt, dass er vor JHWH wie bei seinem ersten Aufenthalt auf dem Berg (vgl. 9,9) vierzig Tag und vierzig Nächte „niederfiel" ohne zu essen und zu trinken (V. 18a). Dieses Handeln begründet er: Er tat dies wegen Israels Sünde (V. 18b) und weil er den Zorn JHWHs gegen Israel, also sein vernichtendes Strafgericht, fürchtete (V. 19a). In V. 19b berichtet der dtn Mose von JHWHs Reaktion: JHWH hörte auch diesmal[335] auf ihn. Offen bleibt, was „hören" genau bedeutet: Wird Israel nur am Leben gelassen oder schließt JHWH erneut den Bund mit ihm? Der dtn Mose fügt noch an, dass er „zu

---

[333] Ein Äquivalent für עגל fehlt in LXX, die Nennung des Kalbs in MT und Sam dürfte mit Lohfink als „Harmonisierung auf der Ebene der Textgeschichte" zu beurteilen sein, Deuteronomium 9,1–10,11, S. 78, Anm. 109.

[334] Vgl. auch Lohfink, Hauptgebot, S. 212; Rose, 5. Mose Teilband 2, S. 509f.; nach Braulik, Deuteronomium 1–16,17, S. 78, gilt im Alten Orient ein Vertrag erst mit der Zerstörung seiner Urkunde juristisch als annulliert, Mose hätte demnach mit der Zerstörung der Tafeln den Bund annulliert.

[335] Es ist umstritten, worauf mit גם בפעם ההוא Bezug genommen wird. Nach Rose, 5. Mose Teilband 2, S. 510, „geht es theologisch darum, daß die *ganze* Geschichte Israels (V. 7: vom Auszug aus Ägypten an) nicht nur von der Revolte des Volkes geprägt ist, sondern glücklicherweise ebenso vom begleitenden Amt des Fürbitters, der *immer wieder* bei Gott Vergebung erwirkt – und so ,auch dieses Mal'." Festzuhalten ist jedenfalls, dass im Zusammenhang mit den in 9,22f. erwähnten Wüstenstationen Tabera und Kadesch Barnea (nicht Massa und Kiwrot Hatta'awa: hier bittet Mose in eigener Sache um Hilfe, anders Braulik, Deuteronomium 1–16,17, S. 80) ein Fürbittgebet Moses zu JHWH erwähnt wird, das erhört wird; vgl. auch Driver, Deuteronomy, S. 115. Plausibel ist m. E. die These von Weinfeld, Deuteronomy, S. 411, und Lohfink, Deuteronomium 9,1–10,11, S. 59, nach denen auf das erste Bittgebet des Mose vom ersten Bergaufenthalt angespielt wird (das in Ex 32,11–14, nicht in Dtn 9 überliefert ist): „Er [der dtn Mose] hat auch anderes nicht erwähnt, etwa die Vorgänge bei der Sünde selbst und Aarons Rolle, dennoch setzt er sie als bekannt voraus. Der Leser des Deuteronomiums begegnet in גם בפעם ההוא einem expliziten intertextuellen Rückverweis auf Exodus 32", Lohfink, a.a.O.

jener Zeit" (בעת ההוא) auch für Aaron bat, dem JHWH besonders grollte (V. 20). Abschließend beschreibt er noch, wie er mit der „Sünde Israels", dem Kalb, verfuhr: Er nahm das Kalb, verbrannte es, zerschlug es, zermahlte es gut, bis es zu feinem Staub wurde, und zerstreute seine Asche (V. 21).[336] Durch die Vernichtung des Kalbs schafft er die „Sünde Israels" quasi aus der Welt. Doch nach dem Erhören JHWHs und der Zerstörung des *Corpus delicti* durch Mose ist der Fall weiterhin im entscheidenden Punkt nicht erledigt:[337] Wird JHWH den Bundesschluss noch einmal erneuern und besiegeln?

Die Erzählung in Bezug auf den Horeb bricht erst einmal ab. In auktorialer Perspektive wurde durch die konzentrierte „Sündenterminologie", mit der die Fertigung des Kalbsbildes durch das Volk beschrieben wurde,[338] und durch die mehrfache Androhung der Vernichtung Israels durch JHWH[339] verdeutlicht, was in V. 8 so formuliert worden war: „Insbesondere am Horeb habt ihr die Ungnade JHWHs provoziert, so dass JHWH euch grollte und euch vernichten wollte".

Mit Dtn 9,22–24 wendet sich der dtn Mose unvermittelt dem Verhalten Israels an anderen „Wüstenstationen" zu: In V. 22 erwähnt er, dass Israel auch in Tabera, Massa und Kiwrot Hatta'awa,[340] also vor und nach dem Horeb, die göttliche Ungnade provozierte (V. 22b: מקצפים את יהוה הייתם). Damit erfolgt anknüpfend an V. 8a (ובחרב הקצפתם את יהוה) eine weitere Spezifizierung der Aussage von V. 7a (הקצפת את יהוה אלהיך במדבר). Worin die Provokation der Ungnade in den in V. 22 aufgelisteten Orten bestand, wird allerdings nicht eigens erzählt (die Israelitinnen und Israeliten, die sich nach V. 7a nur „erinnern" müssen, „wissen" dies ja). Dies ändert sich in Bezug auf Kadesch Barnea, das Mose in V. 23 noch gesondert anführt. Dabei klingt seine Schilderung an von Dtn 1 her bekannte Aussagen an: Nach dem Befehl JHWHs, in das Land zu ziehen und es in Besitz zu nehmen (vgl. Dtn 1,21), widersetzten sich die Israelitinnen und Israeliten diesem Befehl (vgl. Dtn 1,26), glaubten JHWH nicht (vgl. Dtn 1,32) und hörten nicht auf seine Stimme (vgl. Dtn 1,43). In V. 24 fasst Mose das Verhalten Israels in der bisherigen Geschichte noch einmal zusammen: Die Israelitinnen und Israeliten haben sich gegenüber JHWH widerspenstig gezeigt (V. 24a: ממרים הייתם עם יהוה), und zwar seit er (Mose) sie kennt (V. 24b: מיום דעתי אתכם). Damit bekräftigt er das in V. 7b Gesagte: „Von dem Tag an (למן היום), als du aus dem Land Ägypten auszogst, bis zur Ankunft an diesen Ort habt ihr euch JHWH gegenüber widerspenstig gezeigt (ממרים הייתם עם יהוה)."

---

[336] Siehe dazu insbesondere Begg, Destruction, und ders., Destruction Revisited.
[337] Gegen Rose, 5. Mose Teilband 2, S. 511.
[338] Zu der Sündenterminologie in Dtn 9,1–24 siehe insbesondere Gomes, Wüste, S. 190–200.
[339] Vgl. שמד hif. in V. 14a.19a.20a.
[340] Merkwürdig ist, dass Massa, eine Station vor dem Horeb, an zweiter Stelle genannt wird.

V. 22–24 bilden mit V. 7 also eine Art Rahmen um Dtn 9,8–21.[341] Mit dem gesamten Abschnitt Dtn 9,7–24 hat Mose eindrücklich entfaltet, was er unter Aufnahme des Urteils JHWHs am Horeb (V. 13b) Israel in V. 6b kundtat – und was das Volk über sich selbst nur allzu gut weiß, es muss ja nur sein kollektives Gedächtnis bemühen (V. 7aα): Es ist ein halsstarriges Volk. Und durch das Erinnern an den schnellen Bruch des ersten und/oder zweiten Dekaloggebots am Horeb hat der dtn Mose zudem die Aussage von V. 6a verdeutlicht: Israel hat keine Gerechtigkeit.

Der nächste Abschnitt *Dtn 9,25–29* kehrt wieder zu den Ereignissen am Horeb zurück: Mose wiederholt, dass er die erwähnten vierzig Tage und Nächte vor JHWH niederfiel (V. 25a, vgl. V. 18a). Auch hier begründet er, ähnlich wie in V. 18f., sein Tun: Weil JHWH mit der Vernichtung Israels drohte (V. 25b, vgl. V. 19aβ). In V. 26–29 gibt Mose sein damals an JHWH gerichtetes Fürbittgebet wieder:[342]

Die erste Bitte (אל תשחת) lautet, JHWH möge sein Volk und seinen Erbbesitz (עמך ונחלתך), das bzw. den er erlöste und aus Ägypten führte, nicht verderben (V. 26). Im Grunde wird hier durch עמך und נחלתך schon angedeutet, dass JHWH Israel eigentlich nicht verderben kann: Wie könnte JHWH sein Volk bzw. seinen Erbbesitz preisgeben? JHWH solle sich vielmehr, so die sich an diese erste Bitte (asyndetisch) anschließende Aufforderung (V. 27a), an seine Knechte, die Erzväter, erinnern. In dieser Aufforderung steckt ein weiterer Hinweis darauf, dass JHWH Israel eigentlich nicht verderben kann. JHWH hat sich, wie aus anderen dtn Stellen bekannt ist, den Erzvätern bleibend verpflichtet: Diesen hat er geschworen, wie in Dtn 9,5 zuletzt festgehalten wurde, ihren Nachkommen das Land zu geben; zudem ist der Schwur an die Erzväter nach Dtn 7,8a der Grund für die Herausführung Israels aus Ägypten. Diese Versprechen an die Erzväter – die Stammväter des Volkes – sind genau genommen also so eine Art Garantieerklärung für die Zukunft Israels.[343] JHWH kann Israel nicht vernichten, ohne in Widerspruch zu sich selbst zu geraten.

---

[341] Auf die Rahmenfunktion von V. 7f. und 22–24 verweisen auch noch Lohfink, Hauptgebot, S. 211; Braulik, a.a.O., S. 75, und Weinfeld, Deuteronomy, S. 407.414. Talstra bestimmt auch Dtn 9,8 und Dtn 9,20 als „Rahmen", Observations, S. 197f. Dtn 9,20 ist jedoch kein Abschluss eines Abschnitts.

[342] Lohfink weist zum einen darauf hin, dass im Fürbittgebet Dtn 9,26–29 die in Ex 32–34 berichteten drei Mosefürbitten auf dem Berg kombiniert werden, Deuteronomium 9,1–10,11, S. 57. Zum anderen hält er fest: „Bei intertextueller Lektüre ergibt sich, daß das Gebet Moses in Deuteronomium 9–10 in Moses Intention offenbar alle Gebete, die vorher bei verschiedenen Gelegenheiten gesprochen wurden, vereinen will. Es ist *das* Fürbittgebet Moses, und als solches ist es hier in den Kontext der Horebsünde gestellt", a.a.O., S. 63.

[343] Anders Weinfeld, Deuteronomy, S. 415f.: Mit V. 27a rufe Mose die *Verdienste* der Väter (hebr.: זכות אבות) an, um deretwillen JHWH sein Volk, das aufgrund seiner Schlechtigkeit seine Vernichtung verdient hätte, nicht vernichten soll (V. 27b). Doch der Gedanke von den „Verdiensten der Väter" wird erst von den Rabbinen entfaltet. Vgl. dazu besonders Urbach, Sages, S. 496ff.

Die zweite Bitte (אל תפן) lautet, JHWH möge die Sturheit, die Schuld und die Sünde des Volkes nicht beachten (V. 27b). Dies begründet der dtn Mose in zweifacher Hinsicht: Zum einen sollte man in dem Land, aus dem JHWH Mose und das Volk („uns") führte, nicht sagen können, JHWH sei nicht fähig, sein Volk in das zugesagte Land zu bringen (V. 28a). Zum zweiten sollte man in dem Land nicht sagen können, JHWH habe die Israelitinnen und Israeliten aus Hass herausgeführt, um sie in der Wüste zu töten (V. 28b). Bei der letzten Aussage wird man unwillkürlich an das ganz ähnlich lautende Fehlurteil des Volkes in Dtn 1,27 erinnert und an die „Korrektur" in Dtn 7,8a: Weil JHWH Israel *liebte*, hat er Israel aus Ägypten geführt. Jedenfalls sollte JHWH, so die geradezu listige Argumentation des dtn Mose, nicht riskieren, ein falsches Bild von sich bei den Unterdrückern entstehen zu lassen und deshalb von der Vernichtung Israels ablassen. Abschließend stellt Mose noch einmal (wie schon in V. 26) heraus, was Israel für JHWH tatsächlich bedeutet (V. 29): Israel ist JHWHs Volk und sein Erbbesitz (עמך ונחלתך), JHWH selbst hat entsprechend an ihm gehandelt und es aus Ägypten geführt. Diese Aussage (עמך ונחלתך) steht an erster und an letzter Stelle im Gebet des Mose;[344] in auktorialer Perspektive dürfte sie damit schwerer wiegen als das Urteil, dass die Israelitinnen und Israeliten ein stures, schlechtes und sündiges Volk sind.

Eine direkte Anwort JHWHs auf das Fürbittgebet wird nicht berichtet, *Dtn 10,1–5* ist aber als eine erste indirekte Reaktion JHWHs zu deuten. Der dtn Mose zitiert JHWHs Rede an ihn „zu jener Zeit" (בעת ההוא), also nach den besagten vierzig Tagen und Nächten: JHWH gebietet ihm, zwei neue Tafeln „wie die ersten" (כראשנים) zu hauen, zu ihm auf den Berg zu kommen und eine Lade zu fertigen (V. 1). Er wolle diese Tafeln mit den selben Worten wie die ersten beschriften und Mose solle sie in die Lade legen (V. 2). Mose berichtet dann von der Ausführung dieses Befehls (V. 3a). Er berichtet weiter, dass JHWH gemäß seiner Ankündigung die Tafeln wie die ersten beschriftete und dass er sie ihm übergab (V. 4). Es ist kein Zufall, dass Dtn 10,4 nahezu dasselbe Vokabular wie Dtn 9,10 verwendet: Die Geschichte am Horeb ist jetzt genau dort wieder angekommen, wo sie schon einmal gewesen ist. Und wie beim ersten Mal steigt Mose nach Erhalt der Tafeln vom Berg hinunter, allerdings handelt er nun ganz anders als das erste Mal: Er legt die Tafeln nach JHWHs Befehl in die Lade (V. 5aβ.b). Das Fürbittgebet für Israel hatte also Erfolg: Israel wurde nicht nur nicht vernichtet, sondern auch der annullierte Bund wurde erneuert und durch die endgültige Übergabe und Deponierung der Tafeln, der Bundesurkunde, besiegelt.[345]

---

[344] V. 26 und V. 29 bilden eine Inclusio, siehe auch Braulik, Deuteronomium 1–16,17, S. 81; Weinfeld, Deuteronomy, S. 415. 417; Gomes, Wüste, S. 206.

[345] Der Bund wurde von Israel durch die Fertigung des Bildnisses gebrochen und durch die Zerstörung der Urkunde erst einmal *annulliert* (s. o. zu Dtn 9,17), er musste also *erneuert* und durch eine neue Ausfertigung der Urkunde neu besiegelt werden. Von einer „Erneuerung" des Bundes bzw. einem „erneuerten" Bund sprechen in diesem Zusammenhang noch Lohfink,

Dtn 10,6f. ist ein Stationenverzeichnis von Beerot Bne Ja'akan bis Jotbata.[346] Bei der Erwähnung der Station Mosera wird angemerkt, dass Aaron dort starb und an seiner Stelle sein Sohn Priester wurde (V. 6b). Das dem Bucherzähler[347] zuzuschreibende Textstück unterbricht die Rede des dtn Mose (von Israel wird in der 3. Pers. geredet) und stört auch den logischen Ablauf der Erzählung: In Dtn 10,1–5 und Dtn 10,8–11 geht es um Ereignisse am Horeb, in Dtn 10,6f. sind die Israelitinnen und Israeliten in der Wüste unterwegs. Ohne Zweifel stehen V. 6f. hier wegen der Überlieferung von Aarons Tod und der Regelung seiner Nachfolge. Diese Überlieferung ist im Hinblick auf Dtn 9,20 folgendermaßen zu deuten: Das dort erwähnte spezielle Fürbittgebet für Aaron wurde, wie Dtn 10,6f. ausweist, von JHWH erhört. Aaron wurde nicht nur nicht vernichtet, sondern ihm (und seinen Nachkommen) wurde auch das ihm von JHWH zugedachte Priesteramt nicht entzogen.[348]

In *Dtn 10,8f.* berichtet der dtn Mose,[349] was JHWH „zu jener Zeit" (בעת ההוא) noch tat:[350] Er sonderte den Stamm Levi aus (Dtn 10,8aα), damit er eine dreifa-

---

Hauptgebot, S. 216; Braulik, Deuteronomium 1–16,17, S. 76ff.; Weinfeld, Deuteronomy, S. 426 („renewal of the covenant"), und Rose, 5. Mose Teilband 2, S. 513. Lohfink revidiert allerdings seine Meinung in seinem Aufsatz Deuteronomium 9,1–10,11, S. 52: „Das Hintergrundmodell ist der Ablauf von Vertragsschließungen im politischen Bereich. In der Endphase, wenn an sich die Hauptakte schon erfolgt sind und es nur noch um die Formalitäten der Dokumentation zu gehen scheint, kann es noch einmal zu Irritationen kommen, die unter Umständen das Ganze hinfällig machen. Von dieser Analogie her ist der Text [die Horebperikope in Dtn 9 und 10] zu lesen, nicht aus der Analogie eines längst geschlossenen Bundes, der gebrochen und dann neu geschlossen würde. Insofern ist es wichtig, daß am Anfang der Erzählung die genaue Situation definiert wird: Die Tafeln werden dem Partner übergeben, aber dieser hat sie noch nicht deponiert", vgl. auch ders., Der Neue Bund im Buch Deuteronomium, S. 105–108. M. E. sprechen drei Überlegungen für die These einer Bundeserneuerung: a) Das Kalbsbild ist nicht nur eine „Irritation"; b) die Zerstörung der Tafeln ist kaum anders als die Beendigung des Vertragsverhältnisses zu deuten (so auch Baltzer, Bundesformular, S. 50); c) in Pentateuch-Perspektive weiß zumindest die von Ex 34 herkommende Leserschaft, dass es sich um eine Bundeserneuerung handelt – dies musste in Dtn 10 also nicht noch einmal betont werden.

[346] Eine andere Tradition bezüglich der Wüstenstationen (ab Mosera) und bezüglich des Ortes von Aarons Tod ist in Num 33,31–39 überliefert.

[347] So auch noch Polzin, Moses, S. 33; Blum, Studien, S. 181, Anm. 359; Dahmen, Leviten, S. 22; Sonnet, Book, S. 66.238–243.

[348] Gegen diese (schon von Hengstenberg und Keil vertretene) Deutung wendet Driver ein, dass V. 6f. die Vergebung Aarons nur indirekt bezeugen, Deuteronomy, S. 120. Driver vermutet, dass V. 6–7 nicht Teil des ursprünglichen Textes sind, kann aber einen Grund für ihre Einfügung nicht angeben. Eine diachrone Deutung von V. 6f. unternimmt auch Braulik, Deuteronomium 1–16,17, S. 83, mit folgender Begründung: „Der vermutlich nachexilische Einschub sollte wohl trotz der Sünde Aarons (9,20) die rechtmäßige Amtsnachfolge des aaronitischen Priestertums (vgl. Num 20,22–29) auch gegenüber dem levitischen Zusatz 8f. zur Geltung bringen." Vgl. auch Rose, 5. Mose Teilband 2, S. 514: „Der Einschub will sicherstellen, daß *vor* der priesterlich-kultischen Funktion der Leviten (V. 8f.) auf jeden Fall von *Aaron* gesprochen wird."

[349] Für den dtn Mose als Erzähler spricht das Suffix der 2. Person am Ende von V. 9 (MT); es gibt allerdings auch gute Gründe, den Bucherzähler als Erzähler anzusehen, vgl. Polzin, Moses, S. 33f.; Sonnet, Book, S. 66.238–243; Lohfink, Deuteronomium 9,1–10,11, S. 47f. Anm. 23.

[350] Die asyndetisch nach V. 6f. stehende adverbiale Bestimmung בעת ההוא knüpft an

3.3. Moses Lehre der Satzungen und Rechtsvorschriften (Dtn 6–26)

che Aufgabe erfülle, nämlich die Bundeslade JHWHs zu tragen (Dtn 10,8aβ), vor JHWH zu stehen, um ihm zu dienen, und in seinem Namen zu segnen (Dtn 10,8bα). Durch die erste Angabe wird geklärt, wer für die in Dtn 10,1–5 erwähnte, am Horeb von Mose gefertigte Lade zuständig ist. Mit den anderen beiden Angaben wird der künftige Kult geregelt. Dies ist im vorliegenden Kontext besonders bedeutsam: Eine Kultsünde wie sie Israel am Horeb JHWH gegenüber begangen hat, sollte damit in Zukunft ausgeschlossen sein.[351] In V. 9 wird noch erklärt, dass aufgrund dieser Aufgaben JHWH für den Stamm Levi Erbbesitz ist und Levi keinen Erbbesitz mit seinen Brüdern hat.

Mit *Dtn 10,10* wiederholt Mose noch einmal, dass er vierzig Tage und Nächte auf dem Berg stand „wie die ersten Tage" (כימים הראשנים). Hinzugefügt wird in V. 10bα ein Satz aus Dtn 9,19b: JHWH hörte Mose auch dieses Mal. In der Tat haben dies vor allem die erzählten Reaktionen JHWHs am Horeb (Dtn 10,1–5; 10,8 f.) bewiesen. Die wichtigste, grundlegende Implikation dieses Erhörens wird hier noch einmal gesondert angeführt: JHWH nahm von seiner Absicht, das Volk zu verderben, Abstand (V. 10bβ). Die im Kontext unvermittelt wirkende nochmalige Erwähnung des zweiten Verweilens Moses auf dem Berg lässt sich durch eine Beobachtung von E. TALSTRA bei seiner synchronen Analyse von Dtn 9 und 10 plausibel erklären: „Section II. b., 9,25–10,11, picks up the intercession theme. The text is framed by two statements that are in fact repetitions of two lines from the preceding part II. a. [9,7–24]. Verse 9:25a repeats 9,18a. Verse 10,10b repeats 9,19b."[352] Zu ergänzen ist nur noch, dass Dtn 10,10a die Formulierung von Dtn 9,9bα aufnimmt[353] und damit das zweite vierzigtägige Verweilen des Mose auf dem Berg noch einmal in deutliche Beziehung zu dem ersten setzt und die Erzählung in Bezug auf den Horeb quasi abschließt.

In *Dtn 10,11* erzählt Mose dann noch von einer an ihn gerichteten Aufforde-

---

Dtn 10,1 an und ist als Signal zu deuten, dass es nun wieder um Ereignisse aus der Zeit des Aufenthalts am Horeb geht, vgl. auch Aurelius, Fürbitter, S. 16; Dahmen, Leviten, S. 27 f. Die in V. 8 f. berichtete Aussonderung der Leviten macht nur am Horeb Sinn (vgl. auch Ex 32,25–29): Wer sonst hätte auf der Wanderung zwischen Horeb und Beerot Bne Ja'akan die Lade tragen können? Anders Talstra, Observations, S. 199, und Rose, 5. Mose Teilband 2, S. 514; Rose sieht die ursprünglich am Horeb lokalisierte Aussonderung der Leviten durch die Einfügung des Stationenverzeichnisses (V. 6 f.) in die Wüste verlegt.

[351] Vgl. auch Weinfeld: „On the whole, the section of 9,8–10,11 constitutes a juxtaposition of the illegitimate cult of the golden calf (9,8–24) with the establishment of the legitimate cult (10,1–9)", Deuteronomy, S. 427. Es geht allerdings nur in Dtn 10,8 f. um Maßnahmen zur Errichtung des legitimen Kultes.

[352] Talstra, Observations, S. 198, so auch Lohfink, Deuteronomium 9,1–10,11, S. 48 f. Gegen Weinfeld, der vermutet, dass in Dtn 10,10 nicht dieselben vierzig Tage und Nächte gemeint sind wie Dtn 9,18.25, Deuteronomy, S. 423.

[353] Einziger Unterschied: In Dtn 9,9bα steht: ואשב בהר, in Dtn 10,10a: ואנכי עמדתי בהר. Möglicherweise ist das „Stehen" ein Hinweis auf die Gebetshaltung des Mose während des zweiten Aufenthalts auf dem Berg, so Weinfeld, Deuteronomy, S. 423. Vgl. allerdings noch Dtn 9,18 und 9,25: ואתנפל.

rung JHWHs am Horeb: Mose soll mit dem Volk weiter ziehen, um schließlich das den Erzvätern versprochene Land in Besitz zu nehmen. Nach dem den Abschnitt Dtn 9,25–10,10 abschließenden V. 10 wirkt die Aufforderung wie ein Anhang. Zu beachten ist jedoch, dass die Begrifflichkeit von Dtn 10,11 (In-Besitz-Nahme des Landes; JHWHs Schwur an die Väter; JHWHs Gabe des Landes an die Israeliten) deutlich an die von Dtn 9,1–6 anknüpft.[354] Insofern entsprechen sich quasi Dtn 9,1–6 und Dtn 10,11.[355]

Die Rahmung durch die Verse Dtn 9,25 und Dtn 10,10 zeigt an, dass Dtn 9,25–10,10 als ein Abschnitt zu verstehen ist.[356] Nun zerfällt dieser Abschnitt, wie gezeigt, in recht heterogene Unterabschnitte. Zu fragen ist also, was diese Unterabschnitte zusammenhält. M. E. sind sie als eine Art „Gegengeschichte" zu der ersten Geschichte am Horeb zu verstehen: Der dtn Mose entfaltet hier, dass die erste Geschichte am Horeb aufgrund seiner Fürbitte definitiv „ersetzt" wurde – wobei die Integrierung von Dtn 10,6f. (eine Bemerkung des Bucherzählers) in die Ich-Erzählung des dtn Mose in synchroner Perspektive ganz offensichtlich etwas missglückt ist:[357]

| Mose zerbricht die Tafeln (Dtn 9,15–17) | Auf JHWHs Befehl werden neue Tafeln gefertigt (Dtn 10,1–5) |

---

[354] Auch Weinfeld, Deuteronomy, S. 426, vermerkt: „This section [9,1–10,11] opens with an announcement about the crossing of the Jordan in order to inherit the land (9,1–2) and ends with the command to Moses to march at the head of the people in order to inherit the land (10,11)." Es geht allerdings nicht nur in Dtn 9,1 f. um die In-Besitz-Nahme des Landes bzw. um die Gabe des Landes durch JHWH, sondern auch in Dtn 9,3–6. Lohfink, Deuteronomium 9,1–10,11, S. 54, sieht Lexementsprechungen zwischen Dtn 9,1–7 und Dtn 10,11, wobei die Dtn 9,7 und Dtn 10,11 gemeinsamen Lexeme nach Lohfink zwei sind: הארץ und בוא. Doch „Land" bezieht sich in Dtn 9,7 auf Ägypten, in Dtn 10,11 auf das Land Israel; „kommen" bezieht sich in Dtn 9,7 auf den Versammlungsort in Moab, in Dtn 10,11 auf das Land Israel.

[355] Hardmeier, Rahmen, S. 67, weist zu Recht darauf hin, dass Dtn 10,11 auch die Worte des Landnahme-Befehls in Dtn 1,8b aufnimmt: „Damit wird im Prozeß der Lehr-Rede des Mose u. a. sukzessive herausgearbeitet, daß dieser Befehl, der so beherrschend am Anfang in Erinnerung gerufen wird und den Auftakt für das Ganze bildet, erst ganz am Ende aller Horeb-Ereignisse überhaupt zustande kam. Vor allem klärt sich erst in dieser vierten Horeb-Erinnerung auf, daß der Landnahme-Befehl am Horeb das gnädige Resultat eines uranfänglichen Beziehungskonfliktes zwischen JHWH und seinem Volk war, der beinahe die völlige Vernichtung des Volkes nach sich gezogen hätte."

[356] Unverständlich bleibt die Strukturanalyse O'Connells und sein Urteil: „Thus, the addition of the B'-section [9,25–10,7.10f.] is both frustration because of its structural redundancy [...] and fulfilling because it brings resolution to a situation of covenant abrogation [...]", Structure, S. 502.

[357] Der Bucherzähler schließt hier, wenn man so will, diskret eine inhaltliche Lücke in der Rede des dtn Mose. In Bezug auf die „frame-breaks" (so Polzin, Moses, S. 30, im Anschluss an Goffman) im Deuteronomium (Dtn 2,10–12.20–23; 3,9.11.13b–14, m. E. nicht Dtn 10,8f.) ist summa summarum dem Urteil Sonnets, Book, S. 240, zuzustimmen: „The primacy of reported speech stands out in that the point commented upon in the interpolation is always provided by the character's speech." Dtn 10,6f. ist freilich etwas mehr als nur ein „Kommentar".

Mose bittet für Aaron (Dtn 9,20)	Aaron bleibt am Leben und sein Sohn kann ihm im Amt nachfolgen (Dtn 10,6 f.)
Mose vernichtet das sündhafte Kultobjekt (Dtn 9,21)	Der Kult wird von JHWH neu geregelt (Dtn 10,8 f.)

Die Implikationen dieser zweiten Geschichte JHWHs mit Israel am Horeb sind weitreichend: Israel kann zwar weiter sündigen und JHWH erzürnen (was es laut Dtn 9,22 f. auch tut), aber es bleibt Bundespartner, den JHWH, jedenfalls bei der Wüstenwanderung und bei der Landnahme, nicht vernichten wird. Dennoch ist der erneuerte Bund kein Freibrief für Israel: Im Land könnte JHWH, sollte Israel weiterhin sündigen, den Bund durchaus aufheben und Israel vernichten, wie von Dtn 8,20 her noch warnend im Ohr klingt.

Was ist nun die Gesamtaussage von Dtn 9,1–10,11? Vor der Beantwortung dieser Frage ist festzuhalten, dass sich aus der Exegese in Bezug auf die Gliederung der einzelnen Unterabschnitte folgende *gegenläufige* Struktur der dritten Lehrrede ergibt:

a) 9,1–6: Zusage von JHWHs Hilfe bei der In-Besitz-Nahme des (den Vätern zugeschworenen) Landes, obwohl es, so das Urteil über Israel, keine Gerechtigkeit hat, weil es ein halsstarriges Volk ist

b) 9,7–24: Begründung dieses Urteils durch einen Rückblick in die Vergangenheit, insbesondere durch die Erzählung des dtn Mose über die Annullierung des Bundes infolge des Bundesbruchs Israels am Horeb (Zerbrechen der Bundestafeln)

b') 9,25–10,10: Erzählung von der Erneuerung des Bundes mit Israel durch JHWH aufgrund der Fürbitte Moses am Horeb (Wiederherstellung der Bundestafeln)

a') 10,11: Wiedergabe von JHWHs Befehl an Mose, das Volk weiterzuführen, damit es in das (den Vätern zugeschworene) Land kommt und dieses in Besitz nimmt.

Der erste Teil hat eine recht „destruktive" Tendenz. Der dtn Mose macht Israel unmissverständlich klar, dass es die In-Besitz-Nahme des Landes, gemessen an seinem Verhältnis zu JHWH bzw. an seinem Verhalten, in keiner Weise verdient hat und nur der Schlechtigkeit der Völker und dem Schwur JHWHs an die Erzväter zu verdanken hat: Es ist, wie Mose anhand der Erzählung seiner bisherigen Geschichte zeigt, ein halsstarriges Volk, das keinerlei Gerechtigkeit hat, wie insbesondere die Gebotsübertretung am Horeb ausweist. Israel kommt also mit einer belasteten Geschichte „im Reisegepäck" ins Land. Im zweiten Teil hingegen erzählt der dtn Mose eine andere Geschichte, nämlich dass JHWH Israel als sein Volk und seinen Erbbesitz aufgrund seiner (Moses) Fürbitte am Horeb bestätigte und es als seinen Bundespartner erneut akzeptierte. Auch diese zweite Geschichte begleitet Israel bei seinem Einzug in das Land. Allein diese zweite Geschichte eröffnet Israel aber eine Zukunftsperspektive: Es könnte im Land beginnen, sich nicht wie ein halsstarriges Volk, sondern sich wie JHWHs Volk bzw.

wie der Bundespartner JHWHs zu verhalten. Bisher tat es dies nicht, noch ist es aber nicht zu spät, wie die sich anschließende vierte Lehrrede (Dtn 10,12–11,32) zeigen wird.[358] Die dritte Lehrrede ist also eine Art Bestandsaufnahme, die nun in Bezug auf das künftige Verhalten Israels (seine Gerechtigkeit bzw. sein Verhältnis zu den Geboten) auf Fortsetzung wartet.

Abschließend sind im Hinblick darauf, dass der Abschnitt Dtn 9,1–10,11 Teil der Lehre der Satzungen und Rechtsvorschriften ist, noch drei Dinge festzuhalten: Erstens ist Dtn 9,1–10,11 kein Gesetzestext, sondern im Wesentlichen Ich-Erzählung des dtn Mose; die Aussagen von Dtn 9,1–10,11 sind also sicher nicht als Satzungen und Rechtsvorschriften zu definieren. Zweitens ist aus Dtn 9,1–10,11 hinsichtlich des Lehrens zu schließen, dass dieser Teil sich nicht als Wiedergabe einer Instruktion JHWHs an Mose verstehen lässt. Die Ich-Erzählung bezüglich der Horebereignisse, in der JHWH-Rede zitiert wird, kann JHWH Mose kaum in den Mund gelegt haben. Dies bedeutet drittens: Lehren der Satzungen und Rechtsvorschriften kann in auktorialer Perspektive heißen, dass Ausführungen gemacht werden, die im Hinblick auf die *Motivation zur Befolgung* der Satzungen und Rechtsvorschriften durch Israel eine wichtige Funktion erfüllen (wie die vierte Lehrrede noch zeigen wird), die mit den Satzungen und Rechtsvorschriften jedoch nichts zu tun haben.

---

[358] Gelegentlich wird die Bedeutung dieser „zweiten Geschichte" übersehen und die Aussage von Dtn 9,1–10,11 zu negativ bestimmt, vgl. etwa Driver, Deuteronomy, S. 111: „IX.1–X.11. A warning against self-righteousness. Israel's successes against the Canaanites are to be attributed not to any exceptional virtue or merits of its own, but to the wickedness of those nations (9,1–6). Proof, from the history, of Israel's rebellious disposition (9,7–10,11)." Vgl. auch Weinfeld, Deuteronomy, S. 423: „The sermon serves to uproot feelings of pride and self-righteousness: the Israelites should not think that they were given the land because of their righteousness and perfection; it was given to them because of the promise of God to the Patriarchs (vv 5–6). In contrast, their behavior in the past does not entitle them to the gift of the land, for they were contrastly provoking God and defying him." Anders aber Talstra, Observations, S. 200: „The synchronic reading of Mose's speech means that one should not read the text in terms of any narrative plot, but rather in terms of the line of argumentation. Thus, also section II [9,7–10,11], in my view, is clearly structured. It also clarifies the argumentative structure of section I–III as a whole. After section I [9,1–6], where שמע and זכר are addressed to Israel, and section II, where שמע and זכר have been practiced by the Lord, section III [10,12–22] can now conclude with a request addressed to Israel: fear, love and obey." Anders auch Lohfink, Deuteronomium 9,1–10,11, S. 54: „Daran [dass Israel innerlich akzeptiert, sein Land als stets rebellisches Volk von seinem Gott nach Moses Fürsprache im Blick auf die Erzväter aus reiner Gnade geschenkt zu bekommen], nicht an die Aussage vom sündigen Israel, schließt in 10,12 die neue Paränese mit ועתה ישראל an. Sie ruft das gerechtfertigte Israel auf, nun Frucht zu bringen."

3.3.1.4. Dtn 10,12–11,32: Die vierte Lehrrede (Leben im Land nur in Gehorsam)

Die vierte Lehrrede Dtn 10,12–11,32[359] setzt ein mit ועתה ישראל („und nun Israel"); die nächste größere Einheit beginnt in Dtn 12,1, kenntlich an der „Überschrift" אלה החקים והמשפטים („Dies sind die Satzungen und Rechtsvorschriften"). Die Binnengliederung von Dtn 10,12–11,32 ist äußerst umstritten, was nicht zuletzt den unterschiedlichen methodischen Ansätzen in der exegetischen Forschung geschuldet ist.[360] M. E. lässt sich die Einheit in synchroner Hinsicht grob in die folgenden Abschnitte gliedern:

a) 10,12–22: JHWHs Forderungen an Israel bezüglich seiner religiösen Haltung
b) 11,1–7: Gesetzesparänese, verbunden mit der Aufforderung, JHWHs Erziehung zu erkennen
c) 11,8–12: Gesetzesparänese, begründet durch die Aussicht, dadurch in das Land zu kommen und im guten Land auf Dauer bleiben zu können
d) 11,13–21: Gesetzesparänese, verbunden mit der Warnung vor dem Vergessen JHWHs im Land und der Mahnung zum steten Umgang mit den Geboten
e) 11,22–25: Gesetzesparänese, verbunden mit der Aussicht, den Besitz der Völker im Land mit JHWHs Hilfe zu übernehmen
f) 11,26–32: Segen und Fluch, abschließende Gesetzesparänese.

Der erste Abschnitt *Dtn 10,12–22*[361] weist, wie vorab festzuhalten ist, eine klare Struktur auf: Drei paränetische Aufforderungen (V. 12 f.16.20) werden jeweils begründet durch Aussagen über JHWH (V. 14 f.17 f.21 f.).[362] Zunächst zu Dtn

---

[359] Zu Dtn 10,12–11,32 siehe außer den Kommentaren und der in Anm. 201 erwähnten Literatur insbesondere noch Veijola, Bundestheologie.

[360] Im Folgenden seien nur einige wichtige Gliederungsversuche vorgestellt. Sie haben gemeinsam, dass sie „auf dieses Kunstgebilde [das sog. Bundesformular] der neueren Exegese in Ermangelung eines besseren Hilfsmittels zur Erklärung der dunklen Rede von Dtn 10,12ff." zurückgreifen und prüfen, „inwieweit Elemente des Bundesformulars in ihr tatsächlich erkennbar sind", so Veijola, Bundestheologie, S. 207. Dies führt allerdings zu recht unterschiedlichen Ergebnissen: Seitz, Studien, S. 89: 11,2–7: Vorgeschichte; 11,8–9: Grundsatzerklärung; 10–12: Landbeschreibung; 13–15: bedingter Segen; 15–17: bedingter Fluch; 22–25: bedingter Segen; in 18–21 und in 26–28.29 f. kann Seitz keine Anklänge an das Bundesformular erkennen. – Braulik, Deuteronomium 1–16,17, S. 84: 9,9–10,11: Vorgeschichte; 10,12–11,12: Bereich der Grundsatzerklärung; 11,13–17 Segen und Fluch. – Veijola, Bundestheologie, S. 220: 10,12 f.: Grundsatzerklärung; 11,2–9: Vorgeschichte; 11,10–12 Landbeschreibung; 11,13–15 Segensverheißung I; 11,16–17: Fluchandrohung; 11,18–19a.21: Vorschrift zur Weitergabe des Bundesinhalts an die Kinder; 11,22–25: Segensverheißung II; 11,26–28: Formales Vorlegen von Segen und Fluch. Angesichts dieser Divergenzen ist die Frage zu stellen, ob man das Profil von Dtn 10,12–11,32 tatsächlich durch Rekurs auf das sog. Bundesformular in den Blick bekommt.

[361] Als Abschnitt bestimmen 10,12–22 auch noch Rose, 5. Mose Teilband 2, S. 341–348; Talstra, Observations, S. 197. Gelegentlich wird 10,12–11,1 als Abschnitt bestimmt, so etwa von Rad, Deuteronomium, S. 59; Achenbach, Israel, S. 379–384; Weinfeld, Deuteronomy, S. 441; Nielsen, Deuteronomium, S. 119–121. Dagegen spricht aber, dass 11,2–7 als Erläuterung der Aufforderung von 11,1 aufzufassen sind.

[362] Braulik, Deuteronomium 1–16,17, S. 84, beobachtet, dass sich in Dtn 10,12–11,12 sechsmal Paränese (10,12 f.16.19a.20; 11,1.8 f.) und Motivation des Gehorsams abwechseln, und de-

214   *Kapitel 3: Religiöses Lehren und Lernen im Buch Deuteronomium*

10,12–15: Der Auftakt in V. 12a ועתה ישראל erinnert nicht nur an den Beginn der dritten Lehrrede Dtn 9,1 (שמע ישראל)[363], die Wendung signalisiert (wie in Dtn 4,1) auch, dass Mose nun zum eigentlich wichtigen Punkt kommen will:[364] In Dtn 9,1–10,11 hat er Israel dargelegt, dass es sich aus seiner bzw. JHWHs Sicht in der bisherigen Geschichte halsstarrig und ungerecht verhalten hat und dass es – völlig unverdient – nur aufgrund der Gnade JHWHs überhaupt in das Land kommen kann. „Jetzt" (עתה) wird Israel Gelegenheit gegeben, eine Konsequenz aus seiner Geschichte zu ziehen und sich zu ändern, „jetzt" (עתה) gilt es zu vernehmen und aufzunehmen, was JHWH von ihm fordert. Die – wie die Formulierung כי אם („außer dem") zu Beginn von V. 12b anzeigt – eigentlich sehr moderaten Forderungen werden in V. 12b.13 angeführt. Es sind fünf Forderungen, die sich ergänzen und gegenseitig interpretieren. Besonderes Gewicht haben die erste und die letzte: An erster Stelle wird die „alles umfassende Haltung der JHWH-Furcht"[365] gefordert, an letzter Stelle der alles bestimmende Gehorsam gegenüber JHWHs Geboten. Diese Forderungen „umrahmen" drei weitere: Israel soll in allen Wegen JHWHs gehen, ihn lieben und ihm dienen mit ganzem Herzen und ganzer Seele. Durch diese im Deuteronomium ungewöhnliche Häufung von paränetischen Wendungen wird nachdrücklich herausgestellt: Israel soll sich ausschließlich und unbedingt an JHWH binden und es soll sich ausschließlich für ihn entscheiden, wobei dies konkret bedeutet, JHWHs von dem dtn Mose „heute" (V. 13aβ) übermittelten Gebote zu halten. V. 14f. zeigen, warum die Forderungen JHWHs an Israel recht und billig sind und warum es sich für Israel lohnt, sich ganz auf JHWH und seine Gebote zu konzentrieren: JHWH gehören Himmel und Erde (V. 14), allein Israels Vätern hing er liebend an und erwählte ihre Nachkommen, also das gegenwärtige Israel (בכם) aus allen Völkern (V. 15).

Dtn 10,16–19 wird durch folgende Aufforderung in V. 16 eröffnet: Israel soll die Vorhaut seines Herzens beschneiden[366] und seine Halsstarrigkeit aufgeben.

---

finiert folglich 10,12–11,12 als eine Einheit. Diese Beobachtung ist ohne Zweifel zutreffend. Es ist aber festzuhalten, dass die Paränesen und ihre Begründungen in 10,12–22 (wobei V. 19 als „Anhang" zu V. 18 hier vernachlässigt werden soll) eng zusammengehören und eine eigene Einheit bilden. Die Begründungen sind jeweils kurz und haben Gemeinsamkeiten im Aufbau: Sie beginnen mit nominalen Aussagen über JHWH, anschließend folgen Verbalsätze, die kurz sein Handeln in Geschichte oder Gegenwart beleuchten. Die Begründungen der Paränesen von 11,1 und 11,8a sind wesentlich länger und inhaltlich von denen in 10,12–22 deutlich unterschieden, siehe dazu die Exegese.

[363] Vgl. dazu insbesondere auch Talstra, Observations, S. 196.

[364] Weinfeld, Deuteronomy, S. 435, hält fest, ועתה „marks a transition from history (9,7–10,11) to the moral religious lesson that is to be drawn from this"; vgl. auch Veijola, Bundestheologie, S. 208: „Der Übergang von der Kalbsgeschichte zu der neuen Predigt wird durch die Partikel ועתה hergestellt, die die Konsequenzen aus dem soeben Erzählten einleitet [...]"; beide Exegeten führen ihre Beobachtungen aber nicht weiter aus.

[365] Braulik, Deuteronomium 1–16,17, S. 84.

[366] Das in der dtn Paränese ungewöhnliche Motiv der Beschneidung der Vorhaut des Herzens ist möglicherweise assoziativ durch die Erwähnung der Erzväter in V. 15 ausgelöst, vgl.

V. 17 f. begründen dies folgendermaßen (כי): Der Gott Israels ist der Gott der Götter und der Herr der Herren, gewaltiger Kriegsheld und Richter, der kein Ansehen gelten lässt und unbestechlich ist (V. 17). Dabei ist er insbesondere der Helfer der Schwachen in der Gesellschaft: Er verschafft dem Waisenkind und der Witwe Recht und liebt und sorgt für den Fremdling (V. 18). Insbesondere im dtn Gesetz (Dtn 12–26) hat JHWH seine gerechten Weisungen (wie z. B. den Schutz der Schwachen[367]) niedergelegt. Israel soll also angesichts der überwältigenden Hoheit und Gerechtigkeit JHWHs zur Aufgabe der Halsstarrigkeit geradezu gezwungen werden, was auch bedeutet, dass es künftig das Gesetz JHWHs halten soll. V. 19 enthält eine Aufforderung, die sich assoziativ an V. 18b anschließt, ihr kommt also in Bezug auf die Strukturierung des Abschnitts kein Gewicht zu: Die Israelitinnen und Israeliten sollen das Verhalten ihres Gottes nachahmen und ihrerseits den Fremdling lieben, da sie selbst Fremdlinge in Ägypten waren.

Dtn 10,20–22 setzt mit einer weiteren Aufforderung ein, die noch einmal die in V. 12b geforderte Gottesfurcht besonders thematisiert: Israel soll JHWH fürchten, also ihm dienen, an ihm haften und in seinem Namen schwören (V. 20). Durch die sich anschließende Darstellung der Bedeutung JHWHs für Israel (V. 21 f.) zeigt der dtn Mose, warum die Aufforderung zu solch intensiver und exklusiver Bindung an JHWH gerechtfertigt ist: JHWH ist Israels „Lobgesang" (תהלה) und sein Gott, da er die im Folgenden beschriebenen von Israel selbst gesehenen großen und furchtbaren Taten tat (V. 21). In V. 22 werden diese Taten auf die Vermehrung Israels bezogen:[368] In geringer Zahl sind die Vorfahren nach Ägypten gezogen, jetzt (ועתה) hat JHWH Israel „zahlreich wie die Sterne am Himmel" gemacht (V. 22).

Der nächste Abschnitt *Dtn 11,1–7* wird mit folgender Aufforderung eröffnet (V. 1): Die Israel soll JHWH lieben und alle Tage „sein zu Haltendes halten" (ושמרת משמרתו), wobei[369] unter משמרתו JHWHs „Befehle, seine Rechtsvorschriften und Gebote" (חקתיו ומשפטיו ומצותיו) verstanden werden. V. 2–7 bestehen aus einem einzigen Satz. Die Hauptaussage dieser in syntaktischer Hinsicht außerordentlich merkwürdigen Verse steht in V. 2a:[370] Die Israelitinnen und Israeliten

---

auch Braulik, Deuteronomium 1–16,17, S. 85; Weinfeld, Deuteronomy, S. 437 f.; Christensen, Deuteronomy 1,1–21,9, S. 204.

[367] Vgl. etwa Dtn 14,29; 16,11.14; 24,17–22.

[368] So auch Braulik, Deuteronomium 1–16,17, S. 86; Rose, 5. Mose Teilband 2, S. 347.

[369] Nach Braulik, Ausdrücke, S. 33, ist die Lesart des Sam hier dem MT vorzuziehen. Man kann den MT aber auch belassen und dennoch die sich an das Nomen משמרתו anschließende Reihe als explizierende Apposition deuten, vgl. die Übersetzung von Nielsen, Deuteronomium, S. 119: „Darum liebe Jahwe, deinen Gott, und beachte für immer, was ihm gegenüber beachtet werden muß, *sowohl* seine Vorschriften und seine Satzungen *als* seine Befehle", in diesem Sinne auch schon König, Deuteronomium, S. 111. Gegen Christensen, Deuteronomy 1,1–21,9, S. 199 f., der die Reihe mit „und" anschließt.

[370] Es gibt im Wesentlichen drei Positionen in Bezug auf die Interpretation von V. 2a:

sollen „heute" die „Erziehung" (מוסר)[371] JHWHs erkennen. Gemeint sind die Erwachsenen, wie aus dem zwischen Subjekt/Prädikat und Objekt eingefügten Kausalsatz in V. 2a hervorgeht, der die Kinder ausdrücklich ausschließt: „denn wahrlich[372] nicht eure Kinder (können es), die nicht kennengelernt und nicht gesehen haben".[373] Die Frage ist, was die Kinder nicht kennengelernt und gesehen haben. Zumeist wird als Objekt „die Erziehung JHWHs, eures Gottes" (את מוסר יהוה אלהיכם) vorgeschlagen.[374] M. E. ist jedoch als Objekt im Hinblick auf V. 7, der die exklusive Aussage von V. 2a aufnimmt, „das ganze Handeln JHWHs" (את כל מעשה יהוה) zu ergänzen.

Der מוסר JHWHs wird in V. 2b.3aα näher bestimmt. Es werden angeführt „seine Größe" (את גדלו), „seine starke Hand und sein ausgereckter Arm" (את ידו החזקה וזרעו הנטויה), „seine Zeichen" (את אתותיו) sowie „seine Taten" (את מעשיו). Diese vier Bestimmungen beziehen sich auf das Geschichtshandeln JHWHs. Die letzte Bestimmung „seine Taten" (את מעשיו) wird dann noch durch vier Relativsätze (אשר עשה) entfaltet (V. 3aβ–6). Die ersten beiden Relativsätze zeigen JHWH als den Israel rettenden Gott in Ägypten und am Schilfmeer, der dritte Relativsatz verweist auf JHWHs Handeln in der Wüste, der vierte Relativsatz zeigt JHWH als die Israeliten Datan und Abiram in der Wüste strafenden Gott. V. 7 begründet abschließend, warum die (erwachsenen) Israelitinnen und Israeliten – und nicht ihre Kinder – die Erziehung JHWHs erkennen können: Weil sie (anders

---

a) Der mit כי eröffnende Satz (bis V. 7) ist das Objekt des Erkennens der Israelitinnen und Israeliten, so etwa schon Steuernagel, Deuteronomium, S. 90; von Rad, Deuteronomium, S. 58; Weinfeld, Deuteronomy, S. 441 f., und Nielsen, Deuteronomium, S. 123. Demnach sollten die Israelitinnen und Israeliten einsehen, dass es nicht die Kinder sind, sondern sie, die Taten JHWHs erlebt haben. Doch ist dies nicht selbstredend? Von Rad sieht dies auch: „Der Sinn des einleitenden Hinweises, daß nicht etwa die Kinder der anwesenden Hörer, sondern daß sie selbst Zeugen der großen Gottestaten waren, ist nicht ganz klar", a. a. O., S. 60. – b) Das Objekt des Erkennens Israels ist aufgrund von Textverderbnis verloren gegangen und muss ergänzt werden, so etwa Seitz, Studien, S. 85 f., der nach der explikativ verstandenen Konjunktion כי zu Beginn von V. 2a die Worte כרת יהוה את הברית הזאת einfügt. Der Bund spielt im Kontext allerdings keine Rolle, skeptisch auch Nielsen, Deuteronomium, S. 122 f.; Gomes, Wüste, S. 209, Anm. 397. Gomes, Wüste, S. 209, rechnet mit einem frühen Textausfall durch Homoioteleuton und schlägt seinerseits folgende Ergänzung vor: ... כי מסריכם יהוה אלהיכם כי היום וידעתם. Dann würde in dem sich an den Hauptsatz anschließenden begründenden Textgefüge (V. 2aβ–7) jedoch alles Gewicht auf dem Gegensatz „eure Kinder – ihr selbst" liegen. Doch in Dtn 11,1–7 soll es wesentlich darum gehen, den (erwachsenen) Israelitinnen und Israeliten zu verdeutlichen, warum die dtn Gebote zu tun sind. – c) Der mit כי eröffnende Satz (bis ראו) ist eine verständliche Parenthese, so Driver, Deuteronomy, S. 127; Rose, 5. Mose Teilband 2, S. 517, und die hier vertretene Position.

[371] Vgl. zur Begründung dieser Übersetzung unten die Exegese von Dtn 11,2.

[372] Das masoretische את ist hier nicht im Sinn einer nota accusativi, sondern im Sinn eines emphatischen את zu deuten, vgl. auch Gomes, Wüste, S. 209 f.

[373] Vgl. in Bezug auf das Nichtwissen der Kinder noch Dtn 1,39 und 31,13.

[374] In diesem Sinne schon Steuernagel, Deuteronomium, S. 90; König, Deuteronomium, S. 111; Seeligmann, Erkenntnis, S. 439; Weinfeld, Deuteronomy, S. 441; Nielsen, Deuteronomium, S. 122; Gomes, Wüste, S. 210; Christensen, Deuteronomy 1,1–21,9, S. 199.

als ihre Kinder) das „ganze Handeln JHWHs" (את כל מעשה יהוה) mit eigenen Augen gesehen haben.

Israel soll also nach dem dtn Mose erkennen, dass JHWHs Handeln im Kontext von Exodus und Wüstenzeit Erziehung war. Es soll im Vollzug dieser Erkenntnis JHWH als den rettenden und strafenden Gott erkennen, dem es bedingungslos vertrauen kann, der aber auch Loyalität erwartet und Rebellion nicht duldet. Israel kann und soll auf dieser Grundlage JHWH lieben und seine Gebote halten (Dtn 11,1).

Auch der dritte Abschnitt *Dtn 11,8–12*[375] wird mit einer Aufforderung zum Gebotsgehorsam eröffnet: Israel soll das dtn Gesetz (את כל המצוה), das der dtn Mose „heute" Israel gebietet, halten (V. 8a). An diese Aufforderung schließen sich zwei Finalsätze an. Zum ersten soll Israel das Gesetz halten, damit es stark wird und das Land in Besitz nimmt, in das es hinüberzieht, eben um es in Besitz zu nehmen (V. 8b).[376] Zum zweiten soll Israel das Gesetz halten, damit seine Tage lang werden in dem Land (V. 9aα), in Bezug auf das JHWH den Vätern geschworen hat, es ihnen und ihrer Nachkommenschaft zu geben (9bα). V. 9bβ zeigt, dass sich der Gebotsgehorsam lohnt und dass das Leben in diesem Land für Israel erstrebenswert ist: Es ist ein Land, in dem Milch und Honig fließen. V. 10–12 erläutern diese Aussage: Im Gegensatz zu dem Land Ägypten, das zu bewässern ist (V. 10), wird das in Besitz zu nehmende Land allein durch Regenwasser vom Himmel her getränkt (V. 11). „Theologisch" wird dies in V. 12 so formuliert: Es ist ein Land, um das sich JHWH kümmert (V. 12a), auf dem die Augen JHWHs das ganze Jahr über ruhen (V. 12b).

Der vierte Abschnitt *Dtn 11,13–21*[377] beginnt mit einem Temporal-Bedingungssatzgefüge, als dessen Vordersatz V. 13–15 aufzufassen ist und dessen Nachsatz aus V. 16 f. besteht:[378]

---

[375] Auch Achenbach bestimmt 11,8–12 als Abschnitt, Israel, S. 387 f. Driver, Deuteronomy, S. 128, bestimmt 11,10–17 und 18–25, von Rad, Deuteronomium, S. 60, bestimmt 10,10–15, und Nielsen, Deuteronomium, S. 125 f., bestimmt 11,10–21 als Abschnitt. Gegen die Annahme, 11,10 eröffne einen Abschnitt, spricht jedoch, dass V. 10 an V. 9b anknüpft, genauer: die Aussage von V. 9b begründet (כי), vgl. auch Weinfeld, Deuteronomy, S. 445.

[376] Vgl. Gomes, Wüste, S. 171 f.204, und Veijola, Bundestheologie, S. 212, die davon ausgehen, dass für den Verfasser von 11,8 (den Gomes im Anschluss an Lohfink und Braulik als DtrN, Veijola als DtrB identifiziert) der Gesetzesgehorsam *außerhalb* des Landes die Bedingung für dessen In-Besitz-Nahme ist. Siehe dazu auch oben die Anmerkungen im Zuge der Exegese von Dtn 4,1.

[377] Meist werden Dtn 11,13–17 und 18–21 separat und ohne nach einer Verbindung der Teile zu fragen analysiert, vgl. Seitz, Studien, S. 87 f.; Braulik, Deuteronomium 1–16,17, S. 89 f.; Achenbach, Israel, S. 389 f.; Weinfeld, Deuteronomy, S. 446–449. Die Aufforderung in V. 18a ist jedoch auf die Warnung von V. 16 bezogen, so auch Rose, 5. Mose Teilband 2, S. 520; außerdem verweist der Ausdruck דברי אלה in V. 18aα auf vorher Gesagtes zurück.

[378] Der Vorteil dieser Deutung ist, dass sich die einzelnen Unterabschnitte in 11,13–21 gut aufeinander beziehen lassen. Definiert man, wie die Mehrheit der Exegetinnen und Exegeten es tut, V. 13 als Vordersatz und V. 14 f. als Nachsatz, so klappen die Warnung in V. 16 f. und die Aufforderungen in V. 18 ff. unmotiviert nach; kaum zufällig werden V. 18–21 dann häufig als

218 *Kapitel 3: Religiöses Lehren und Lernen im Buch Deuteronomium*

> 13 Und wenn ihr gewiss auf meine Gebote hören werdet, die ich euch heute gebiete, indem ihr JHWH, euren Gott, liebt und ihm dient mit eurem ganzem Herzen und eurer ganzen Seele,
> 14 und (wenn) ich Regen eurem Land zu seiner Zeit geben werde, Frühregen und Spätregen, und du dein Getreide, Most und Öl einsammeln wirst,
> 15 und (wenn) ich deinem Vieh Gras auf deinem Feld geben werde und du essen und satt werden wirst,
> 16 dann hütet euch, dass nicht euer Herz verführt werde (...).

V. 13a gibt als Bedingung an, dass Israel auf die von Mose „heute" gebotenen Gebote hören wird. Diese Aussage wird mit Elementen der umfangreichen, die vierte Lehrrede eröffnenden Paränese aus Dtn 10,12 f. noch vertieft: Gebotsgehorsam bedeutet Dienst an JHWH und Liebe zu ihm von ganzem Herzen und ganzer Seele (V. 13b). Die Fortsetzung des Vordersatzes in V. 14 f., formuliert als Ich-Rede JHWHs,[379] führt in zwei parallel gebauten Sätzen vor Augen, dass JHWH aufgrund des Gebotsgehorsams für reiche Erträge sorgen wird. V. 16 nennt, wovor sich Israel dann hüten soll (השמרו לכם), nämlich sich verführen zu lassen, vom rechten Weg abzuweichen und anderen Göttern zu dienen.[380] Die Folge solchen Verhaltens wird in V. 17 gezeigt: Der Zorn JHWHs würde entbrennen, er würde den Himmel schließen, worauf das Land keinen Ertrag mehr geben würde (V. 17a) und Israel schnell untergehen würde (V. 17b). V. 18–20 zeigen demgegenüber auf, wie sich Israel in der Situation der Fülle – bzw., da diese ja der „Normalfall" sein sollte, auf Dauer – im Land verhalten soll: Die Israelitinnen und Israeliten sollen „diese meine Worte" (את דברי אלה), also die in V. 13a erwähnten Gebote, auf Herz und Seele legen (V. 18a) und sie sichtbar am Körper tragen (V. 18b). Sie sollen sie weiterhin ihre Kinder lehren, indem sie über die Gebote überall und von morgens bis abends reden (V. 19).[381] Die Israelitinnen und Israeliten sollen schließlich ihre Türpfosten und die Stadttore mit den Geboten beschriften (V. 20). Sind die dtn Gebote im persönlichen, familiären und öffentlichen Bereich so massiv präsent, bilden sie ein „Bollwerk" gegen die Verführung. Wo JHWH so fühlbar, hörbar und sichtbar gegenwärtig ist, dürfte es schwer sein, von ihm abzufallen bzw. dürfte garantiert sein, stets auf ihn und auf seine Gebote zu hören. Diese stete Ausrichtung auf JHWH und auf seine Gebote bei den Erwachsenen und bei der heranwachsenden Generation ist die Voraussetzung dafür, dass Israel auf Dauer im Land bleiben kann (V. 21).

„Zusatz" deklariert. M. W. erwägt nur noch Gomes, Wüste, S. 133, dass V. 13–15 Vordersatz sein könnte.

[379] Der MT ist in V. 13–15 nicht zu korrigieren, so auch die Mehrheit der Exegetinnen und Exegeten. Zu dem Phänomen des abrupten Wechsels von Mose- und JHWH-Rede im Deuteronomium siehe oben zu Dtn 7,4.

[380] Dies ist das dritte Mal in den Lehrreden, dass angesichts der Situation der Fülle im Land Israel davor gewarnt wird, JHWH zu vergessen und anderen Göttern zu dienen (6,10ff.; 8,11ff.).

[381] Zur Begründung dieser Interpretation von V. 19 siehe unten die Exegese von Dtn 11,19.

3.3. Moses Lehre der Satzungen und Rechtsvorschriften (Dtn 6–26)

Es ist kein Zufall, dass V. 21 fast wörtlich V. 9 wiederholt.[382] Dtn 11,13–21 sind als Erläuterung von Dtn 11,9–12, der zweiten finalen Bestimmung der Aufforderung von Dtn 11,8a, zu verstehen: In Dtn 11,9–12 gab Mose an, dass Israel, wenn es die Gebote hält, lange in dem Land leben wird, dem die ganze Fürsorge JHWHs gilt. In Dtn 11,13–17 wird warnend darauf hingewiesen, dass JHWH seine Fürsorge für das Land durchaus aufgeben kann, nämlich dann, wenn Israel die Gebote vernachlässigt. In Dtn 11,18–21 wird dagegen betont, dass bei andauerndem, intensiven Umgang mit JHWHs Geboten eine dauerhafte Existenz im Land möglich sein wird.

Auch der Abschnitt *Dtn 11,22–25* wird durch ein Temporal-Bedingungssatz-Gefüge eröffnet, wobei der Vordersatz aus V. 22, der Nachsatz aus V. 23 besteht: Als Bedingung wird angegeben, dass Israel das ganze dtn Gesetz hält (V. 22a). Auch hier wird – ähnlich wie schon in V. 13 – diese Bedingung näher ausgeführt, und zwar unter Rekurs auf Dtn 10,12 und Dtn 10,20: Gebotsgehorsam bedeutet, JHWH zu lieben, in seinen Wegen zu gehen und ihm anzuhängen (V. 22b). Wenn Israel das dtn Gesetz einhält, dann, so sagt der dtn Mose Israel zu, wird JHWH „alle diese Völker", also die bekannten, in Dtn 7 und Dtn 9 schon erwähnten Völker,[383] beseitigen[384] und Israel demzufolge den Besitz von größeren und mächtigeren Völkern übernehmen (V. 23). V. 24 und 25 enthalten weitere Zusagen: Alles Gebiet, das Israel betreten wird, wird von der Wüste an nach Westen ihm gehören; dazu soll noch der Libanon, vom Euphrat bis zum Meer im Westen, Gebiet Israels sein (V. 24).[385] Niemand wird vor Israel bestehen, denn JHWH wird gemäß seiner Zusage[386] Angst vor Israel über das von Israel betretene Land legen (V. 25).

Dtn 11,22–25 sind als Erläuterung der Aussage von Dtn 11,8b,[387] der ersten finalen Bestimmung der paränetischen Aufforderung von 11,8a, anzusehen: Israel wird nach V. 8b das Land in Besitz nehmen, wenn es das Gesetz hält. In V. 22–25

---

[382] Auf diese Entsprechung machen auch Rose, 5. Mose Teilband 2, S. 520, und Veijola, Bundestheologie, S. 217, aufmerksam.

[383] Driver, Deuteronomy, S. 131, und Rose, 5. Mose Teilband 2, S. 521, verweisen auf Dtn 9,1; Veijola, Bundestheologie, S. 218, verweist auf Dtn 7,1 und Dtn 7,16–24.

[384] Das Verb ירשׁ hif. ist hier wie sonst im Deuteronomium (vgl. schon die Anm. zu 7,17 und 9,3) im Sinn der Vernichtung zu verstehen, siehe dazu insbesondere den Nachweis von Lohfink, Bedeutungen, S. 30; zustimmend auch noch Weinfeld, Deuteronomy, S. 449; Veijola, Bundestheologie, S. 218.

[385] Zu der nicht einfach zu verstehenden Landbeschreibung in 11,24 vgl. besonders Lohfink, Samen Abrahams, S. 279.

[386] Es ist unklar, worauf sich diese Zusage JHWHs bezieht. Nielsen, Deuteronomium, S. 127, und Veijola, Bundestheologie, S. 219, erwägen einen Bezug zu Dtn 7 bzw. zu Dtn 7,17–24, allerdings redet in 7,17–24 Mose. Gelegentlich wird ein Rückverweis auf Ex 23,27 erwogen, so Driver, Deuteronomy, S. 131, und Weinfeld, Deuteronomy, S. 450. Skweres, Rückverweise, S. 30 f., nimmt als Bezugstext Dtn 2,25 an.

[387] Ein Indiz dafür ist, dass das Lexem ירשׁ in Dtn 11,8b und Dtn 11,23 eine Schlüsselrolle spielt. Siehe auch Rose, 5. Mose Teilband 2, S. 520.

220 Kapitel 3: Religiöses Lehren und Lernen im Buch Deuteronomium

wird ergänzend angeführt, dass zu der In-Besitz-Nahme des Landes wesentlich die Beseitigung und „Beerbung" der dort lebenden Völker gehört, wobei dies Israel mit JHWHs Hilfe – die garantiert ist, wenn Israel das Gesetz hält – gelingen wird.[388]

Der letzte Abschnitt der vierten Lehrrede umfasst *Dtn 11,26–32*. Er wird durch die in den Lehrreden nur hier vorkommende Formulierung „ich lege euch heute vor" (אנכי נתן לפניכם היום)[389] gerahmt (V. 26a.32b), ein klares Indiz dafür, dass der Abschnitt in synchroner Hinsicht als Einheit aufzufassen ist.[390] Der Aufbau dieses Abschnitts ist aufgrund der uneindeutigen Syntax in Bezug auf V. 31f. (s. u.) nicht leicht zu bestimmen. M.E. besteht er aus drei kleinen Unterabschnitten (V. 26–28; V. 29f.; V. 31f.).

Der Abschnitt wird eröffnet mit der Ankündigung des dtn Mose, Israel „heute" grundsätzlich vor die Alternative Segen oder Fluch zu stellen (V. 26). Anschließend wird erläutert, wodurch Segen und Fluch erwirkt werden können: Segen wird erwirkt, wenn Israel auf das heute von Mose gebotene Gesetz JHWHs hört (V 27); Fluch stellt sich ein, wenn Israel nicht auf die Gebote hört, sondern von dem „heute" von Mose gebotenen Weg abweicht,[391] indem es anderen Göttern hinterherläuft (V. 28). Fremdgötterdienst ist wie auch in Dtn 11,16 (und an anderen Stellen in den vorausgehenden Lehrreden) *Exemplum* für den Bruch des dtn Gesetzes.[392] Wie sich Segen und Fluch genau auswirken, wird nicht ausgeführt. Allerdings wurden die Auswirkungen von Gebotsgehorsam und -ungehorsam in der vierten Lehrrede (wie auch in der zweiten) von dem dtn Mose deutlich aufgezeigt, so dass die Israelitinnen und Israeliten wissen, worum es geht: Segen

---

[388] Nach Rose, 5. Mose Teilband 2, S. 520, geht der Abschnitt Dtn 11,22–25 sachlich einen Schritt hinter den vorherigen zurück: „von [dem] Landbesitz zur Landnahme, d.h. von der fernen Perspektive zur unmittelbaren Blickrichtung der Hörer des Mose." Die Reihenfolge In-Besitz-Nahme des Landes und dauerhaftes Wohnen im Land (so auch 11,8f.31b) ist sicher unmittelbar einleuchtend. Doch ist die umgekehrte Reihenfolge sachlich angemessen, wenn man die In-Besitz-Nahme des Landes als *Prozess* begreift: Wohnt Israel sicher in einem in Besitz genommenen Ort des Landes, so geht die In-Besitz-Nahme an anderen Orten dennoch weiter. Insofern ist dem Urteil von Rose nicht zuzustimmen.

[389] So noch in Dtn 4,8; die Wendung נתתי לפניך findet sich auch in Dtn 30,1.15.19.

[390] Vgl. auch Lohfink, Hauptgebot, S. 233; Mayes, Deuteronomy, S. 217; Braulik, Deuteronomium 1–16,17, S. 91; Weinfeld, Deuteronomy, S. 451. Dies spricht gegen die These Veijolas, dass Dtn 11,31f. mit Dtn 12,1 die Überschrift für die Gesetzgebung bilden, Bundestheologie, S. 106, Anm. 1.

[391] Das Nomen דרך kann also den von JHWH promulgierten Dekalog (Dtn 9,12.16, wohl auch Dtn 13,6) *und* das von Mose promulgierte dtn Gesetz bezeichnen (Dtn 11,28; 31,29); in Dtn 5,33 kann sachgemäß auch gesagt werden, dass JHWH den „Weg" im Sinn des dtn Gesetzes Israel geboten hat (siehe oben die Exegese z. St. und vgl. auch Dtn 6,17). Man kann also nicht konstatieren, dass דרך nur ausnahmsweise das dtn Gesetz bezeichnet, gegen Braulik, Ausdrücke, S. 22 f.; immerhin ist auch der Plural דרכים im Deuteronomium im Kontext der Gesetzesparänese durchgängig Bezeichnung für das dtn Gesetz.

[392] Das Thema Fremdgötterdienst spielt in den Lehrreden eine wichtige Rolle, vgl. noch Dtn 6,14; 7,3 f.16.25 f. und 8,19 f.

3.3. Moses Lehre der Satzungen und Rechtsvorschriften (Dtn 6–26)

bedeutet erstens, dass Israel auf Dauer im Land bleiben kann, da JHWH ihm die Lebensgrundlagen sichern wird (Dtn 11,13–15.21, vgl. 7,12–15), und zweitens, dass es mit JHWHs Hilfe das große Land in Besitz nehmen kann (Dtn 11,22–25, vgl. 7,16). Fluch bedeutet, dass JHWH Israel die Bedingungen zum Leben im Land entziehen wird und dass es umkommen wird (Dtn 11,16 f., vgl. 8,19 f.).

V. 29 besteht aus einem Temporal-Bedingungssatz-Gefüge: Wenn JHWH Israel in das in Besitz zu nehmende Land kommen lässt, dann soll es durch ein Ritual den Segen und Fluch im Land proklamieren: Es soll den Segen auf den Berg Garizim und den Fluch auf den Berg Ebal „geben" (נתן q. + על).[393] Offen bleibt hier, welcher Segen und welcher Fluch genau gemeint ist – dies wird erst in Dtn 27,11 ff. erläutert.[394]

Der dritte, asyndetisch einsetzende Unterabschnitt (כי[395]) ist m. E. syntaktisch dahingehend aufzulösen, dass V. 31 aus einem Temporal-Bedingungssatz-Gefüge besteht,[396] an das sich eine Aufforderung zum Gesetzesgehorsam (V. 32) anschließt:

> 31 Wenn ihr den Jordan überquert, um in das Land, das JHWH, euer Gott, euch gibt, zu kommen, um es in Besitz zu nehmen, dann werdet ihr es (auch) in Besitz nehmen und darin wohnen.
> 32 Und (dazu) sollt ihr (nun) sorgfältig all die Satzungen und Rechtsvorschriften tun, die ich euch heute vorlege.

---

[393] Die Bedeutung von V. 29b (wörtlich zu übersetzen mit: „und du sollst Segen auf den Berg Garizim und Fluch auf den Berg Ebal geben") ist unklar, vgl. auch Lohfink, Moab, S. 209, Anm. 16. Vielleicht ist zu erwägen, ob nicht gemeint ist: „du sollst Segen geben, wenn du auf dem Berg Garizim stehst, und Fluch, wenn du auf dem Berg Ebal stehst", vgl. Dtn 27,12.

[394] Zu V. 30, der wohl weder dem dtn Mose noch dem Bucherzähler zuzurechnen ist, siehe Braulik, Deuteronomium 1–16,17, S. 92.

[395] Die Konjunktion כי könnte auch kausal gedeutet werden, so etwa Driver, Deuteronomy, S. 134 f.; König, Deuteronomium, S. 114; Weinfeld, Deuteronomy, S. 453; Rose, 5. Mose Teilband 2, S. 517. Nach Driver (König, Weinfeld und Rose äußern sich nicht näher) liefert V. 31 den Grund „why this injunction has now been given to them; the Israelites are about to enter upon the permanent occupation of Canaan." Doch schon in V. 29a wird gesagt, dass Israel in das Land zieht bzw. von JHWH in das Land geführt wird. Nielsen, Deuteronomium, S. 128, notiert nur, dass V. 31–32 „ganz blasse Übergangsverse [sind], an das vorhergehende lose angeknüpft".

[396] Es gibt syntaktisch noch zwei andere Möglichkeiten, dieses Temporal-Bedingungssatzgefüge aufzulösen: a) V. 31 könnte als Vordersatz, V. 32 als Nachsatz angesehen werden, so Lohfink, Hauptgebot, S. 233. Dagegen spricht ein inhaltlicher Grund: Das dtn Gesetz soll nicht erst gehalten werden, wenn das Land in Besitz genommen und bewohnt ist, sondern sofort bzw. mit Einzug in das Land. – b) V. 31a könnte Vordersatz, V. 31b und V. 32 könnten Nachsätze sein, dies scheint Gomes, Wüste, S. 132, anzunehmen. Dagegen spricht in synchroner Hinsicht ebenfalls ein inhaltlicher Grund: Wie in der vierten Lehrrede in Dtn 11,8 und Dtn 11,22 ff. betont wird, ist der Gebotsgehorsam die *Bedingung* für die In-Besitz-Nahme des Landes und das Wohnen im Land, die Aussage von V. 32 liegt also mit der von V. 31b inhaltlich nicht auf einer Ebene.

V. 31 hat den Charakter einer (bedingten) Zusage: Wenn Israel den Jordan überquert, um in das Land zu kommen und es in Besitz zu nehmen, dann wird es dieses Ziel erreichen: Es wird das Land in Besitz nehmen und auf Dauer darin wohnen. Verbunden mit dieser Zusage ist allerdings eine Aufforderung (V. 32): Israel soll – damit das Zugesagte in Zukunft geschehen kann – darauf achten, alle „heute" von Mose vorgelegten Satzungen und Rechtsvorschriften zu tun. V. 31 f. greifen damit noch einmal einen Zusammenhang auf, der in Dtn 11,8 f. kurz aufgezeigt und in den Teilen Dtn 11,13–21 und 11,22–25 näher erläutert wurde: den Zusammenhang zwischen Gebotsgehorsam und Segen (im Sinn von Eroberung des Landes bzw. dauerhaftem Wohnen im Land).

Der Abschnitt Dtn 11,26–32 lässt sich also als Abschluss der vierten Lehrrede verstehen. Doch er hat noch zwei weitere Funktionen: Die eine besteht darin, die vorausgegangenen *vier* Lehrreden abzuschließen. Denn es ist offensichtlich, dass die von dem dtn Mose in Dtn 11,26–28 Israel vorgelegten Alternativen Segen und Fluch aufgrund von Gebotsgehorsam bzw. Gebotsungehorsam die *gesamte* bisherige Lehre in Bezug auf das dtn Gesetz bündeln. Segen und Fluch sind der Horizont, in dem die vorherigen Ausführungen zu verstehen sind. In diesem Zusammenhang ist besonders darauf hinzuweisen, dass in Dtn 11,32 der prägnante Ausdruck Satzungen und Rechtsvorschriften verwendet wird, der in der vierten Lehrrede sonst keine Rolle spielt. G. BRAULIK hat darauf hingewiesen, dass Dtn 11,32 und Dtn 5,1 durch den hier wie dort verwendeten Ausdruck Satzungen und Rechtsvorschriften einen Rahmen bilden.[397] Diese Beobachtung ist zutreffend, aber m. E. ist zu ergänzen: Dtn 11,32 bildet nicht nur mit Dtn 5,1, sondern auch mit Dtn 6,1–3, der Eröffnung der Lehre der Satzungen und Rechtsvorschriften des Mose, einen Rahmen:[398] Die ersten vier Lehrreden beginnen mit einer Aufforderung in Bezug auf das Tun der Satzungen und Rechtsvorschriften und sie enden mit einer solchen. Dies bedeutet in synchroner Hinsicht, dass die ersten vier Lehrreden eine Einheit bilden.

Eine weitere Funktion von Dtn 11,26–32 lässt sich erheben, wenn man einen Blick auf die Fortsetzung der Moserede(n) wirft. Dabei wird deutlich, dass die drei Unterabschnitte in Dtn 11,26–32 über sich hinausweisen: Die Vorlage von Segen und Fluch (V. 26–28) erfolgt in aller Ausführlichkeit in Dtn 28; in Bezug auf die Zeremonie auf den Bergen Garizim und Ebal (V. 29 f.) gibt der dtn Mose genauere Anweisungen in Dtn 27; die erwähnten Satzungen und Rechtsvorschriften (V. 32) werden in Dtn 12–26 promulgiert.[399] Dtn 11,26–32 ist also gewissermaßen auch Vorwort zu Dtn 12–28.

Betrachtet man Dtn 10,12–11,32 insgesamt, so fällt rein formal zunächst ins

---

[397] Braulik, Ausdrücke, S. 34.
[398] Vgl. auch Lohfink, Neubegrenzung, S. 244.
[399] Auf diese vorausweisende Struktur macht auch Braulik, Deuteronomium 1–16,17, S. 91, aufmerksam.

Auge, dass alle sechs Abschnitte mit Belegen des sog. gesetzesparänetischen Schemas beginnen (Dtn 10,12 f.; 11,1; 11,8a; 11,13; 11,22; 11,26–28), der letzte Abschnitt schließt zudem noch mit einem solchen (11,32). Wie in der zweiten Lehrrede (Dtn 7,12–8,20) sind auch hier die Belege des gesetzesparänetischen Schemas dominierendes Gliederungselement. Es fällt weiterhin auf, dass die Belege, die den vierten und fünften Abschnitt eröffnen, als Temporal-Bedingungssätze formuliert sind. In diesen Abschnitten werden, wie gezeigt, die beiden zentralen Aussagen des dritten Abschnitts erläutert. Unter Berücksichtigung der genannten Beobachtungen ist die Struktur der vierten Lehrrede wie folgt darzustellen:

aα) 10,12–22: Aufforderung zum Gebotsgehorsam – JHWHs Allmacht (10,12–14)
Aufforderung zur Herzensbeschneidung – JHWHs Hoheit und Gerechtigkeit (10,16–19)
Aufforderung zur JHWH-Furcht – JHWH als Gott Israels (10,20–22)

aβ) 11,1–7: Aufforderung zum Gebotsgehorsam – Erkenntnis von JHWHs Erziehung in der Geschichte

bα) 11,8–12: Aufforderung zum Gebotsgehorsam (11,8a):
Anschließende Erläuterung durch Angabe des Zwecks, nämlich In-Besitz-Nahme des Landes (V. 8b) und langes Leben im Land (V. 9–12)

bβ) 11,13–21 Wenn Israel die Gebote hält und JHWH das Land segnet (11,13–15):
Warnung vor Überheblichkeit, Aufforderung zum dauerhaften Gebotsgehorsam als Bedingung für ein langes Leben im Land

bγ) 11,22–25 Wenn Israel die Gebote hält (11,22):
Zusage der Hilfe JHWHs bei der Vernichtung der Völker im Zuge der In-Besitz-Nahme des Landes

c) 11,26–32: Vorlage von Segen und Fluch (V. 26–28)
Vorschrift zur Proklamation von Segen und Fluch (V. 29 f.)
Aufforderung zum Tun der Satzungen und Rechtsvorschriften (V. 31 f.).

Einmal abgesehen von dem in mehrerer Hinsicht eine Sonderstellung einnehmenden letzten Abschnitt c) (Dtn 11,26–32) lassen sich in der vierten Lehrrede zwei thematische Schwerpunkte erkennen: Zum einen stehen in den ersten beiden Abschnitten aα) und aβ) Aussagen über JHWH im Zentrum. Der dtn Mose will hier durch die Hervorhebung von JHWHs Sein und Handeln Israel dazu bewegen, sich JHWH ganz zuzuwenden und seine Gebote zu tun. Zum zweiten stehen in den Abschnitten bα), bβ) und bγ) Aussagen in Bezug auf das Land im Zentrum: Der dtn Mose zeigt hier, dass Israel ohne Gebotsgehorsam weder das Land in Besitz nehmen noch auf Dauer in ihm leben kann. Nun sind größtenteils weder die Argumentationsstruktur noch die gewählten Themen in den einzelnen Teilen neu und originell, man könnte in der Tat mit T. VEIJOLA urteilen, dass Dtn 10,12–11,32 „wie eine regellose Wiederholung von früher behandelten Themen aussieht"[400]. Dieses Urteil lässt sich m. E. korrigieren, wenn man beachtet, dass in synchroner Hinsicht die vierte Lehrrede betont an die dritte anknüpft

---

[400] Veijola, Bundestheologie, S. 207.

(ועתה ישראל). Diese Anknüpfung ist ein Indikator dafür, dass die Aussagen der vierten Lehrrede vor dem Hintergrund derjenigen der dritten gelesen oder gehört werden müssen. Mit diesem Vorzeichen wird die Wahl der beiden thematischen Schwerpunkte in der vierten Lehrrede verständlich und die Aussagen gewinnen an Plastizität:

In der dritten Lehrrede stand im Mittelpunkt die Erzählung des dtn Mose von Bundesbruch und Bundeserneuerung am Sinai. Dabei wurde ein gnädiger JHWH sichtbar, der entgegen seiner ursprünglichen Absicht Israel nicht vernichtete, sondern der aufgrund der Fürbitte des Mose den Bundesbruch verzieh und Israel erneut als Bundespartner akzeptierte. Israel verdankte diesem Gnadenakt JHWHs also seine weitere Existenz. Der dtn Mose hätte allein mit diesem Gnadenakt JHWHs am Sinai die Verpflichtung des „heutigen" Israels begründen können, nun den Forderungen JHWHs zu entsprechen. In den ersten beiden Abschnitten der vierten Lehrrede führt er jedoch weitere „Gottesbilder" an: JHWH als der allmächtige, hoheitsvolle, gerechte, erwählende und erziehende Gott. Damit verbunden wird jeweils die Aufforderung, sich JHWH ganz und ausschließlich zuzuwenden, was beinhaltet, seine Gebote zu tun. Durch die vielfältigen „Gottesbilder" gewinnt die Argumentation besondere Eindringlichkeit und Überzeugungskraft: Das „heutige" Israel kann eigentlich gar nicht anders, als sich diesem seinem Gott zuzuwenden und seine Gebote zu befolgen.

Zu Beginn der dritten Lehrrede (Dtn 9,1–6) legte der dtn Mose Israel dar, dass JHWH es, obwohl es sich in der bisherigen Geschichte nur halsstarrig und ungerecht zeigte, ins Land bringen und ihm Hilfe bei der In-Besitz-Nahme des Landes gewähren wird. Diese Perspektive wird durch die Aussagen in den Abschnitten bα), bβ) und bγ) der vierten Lehrrede durch eine andere Perspektive ergänzt: Mose macht hier unmissverständlich klar, dass Israel sich *jetzt sofort ändern muss*. Sollte es ab sofort nicht die dtn Gebote halten, sollte es sich also weiterhin halsstarrig und ungerecht zeigen, so wird die In-Besitz-Nahme nicht glücken bzw. JHWH wird dafür sorgen, dass Israel keine Zukunft im Land (und auch sonst nicht) hat.

In Bezug auf Dtn 10,12–11,32 als Teil der Lehre der Satzungen und Rechtsvorschriften ist also festzuhalten: Mose lehrt auch hier nicht die dtn Gebote. Er legt Israel vielmehr eindringlich dar, warum es ab sofort die dtn Gebote unbedingt halten muss.

3.3.1.5. Dtn 12,1–26,16: Die fünfte Lehrrede (Die Satzungen und Rechtsvorschriften)

Dtn 12,1–26,16 ist als eigener Abschnitt leicht erkennbar:[401] Der Beginn wird durch eine Überschrift des dtn Mose in Dtn 12,1 markiert, durch die er seine folgenden Ausführungen charakterisiert:

> Dies sind die Satzungen und Rechtsvorschriften, die ihr sorgfältig tun sollt im Land, das JHWH, der Gott deiner Väter, dir gegeben hat, um es in Besitz zu nehmen, alle Tage, die ihr auf Erden lebt.

Diese Überschrift signalisiert, dass nun die Satzungen und Rechtsvorschriften folgen. Sie signalisiert jedoch nicht, dass an dieser Stelle die in Dtn 6,1 begonnene Lehre endet. Zu beachten ist, dass in Dtn 12,1 im Unterschied zu den anderen sechs mit Dtn 12,1 vergleichbaren Überschriften im Deuteronomium[402] ein Promulgationsverb fehlt.[403] Der dtn Mose unterbricht sein Lehren also nicht. Das Ende der Lehrrede wird markiert durch die auf Dtn 12,1 Bezug nehmende Paränese in Dtn 26,16.[404] Nicht zu den Satzungen und Rechtsvorschriften gehören die Verse Dtn 26,17–19, sie sind auch keine Lehre des Mose mehr, sondern sie enthalten – die zweite Rede des Mose abschließend – „Erklärungen, die ein Vertragsverhältnis bewirken"[405].

Die fünfte Lehrrede lässt sich grob wie folgt gliedern:[406]

a) Dtn 12,1: Überschrift
b) Dtn 12,2–14,2: Hauptgesetze: Kulteinheit und Kultreinheit
c) Dtn 14,3–22: Speisegesetze
d) Dtn 14,22–15,23: Soziales Privilegrecht
e) Dtn 16,1–17: Festordnung
f) Dtn 16,18–18,22: Gerichtsordnung
g) Dtn 19–25: Rechtsordnung
h) Dtn 26,1–15: Soziales Privilegrecht
i) Dtn 26,16: Abschließende Paränese.

---

[401] Zu Dtn 12–26 kann hier Spezialliteratur nur in Auswahl angegeben werden: Carmichael, Laws; Nebeling, Schichten; Merendino, Gesetz; Seitz, Studien, S. 92–253; Lohfink, Sicherung; Kaufman, Structure; Rofé, Arrangement; Preuss, Deuteronomium, S. 103–148; Braulik, Dekalog; Crüsemann, Tora, S. 235–322; Otto, Ethik, S. 175–219; ders., Theologie.

[402] Dtn 1,1; 4,44.45; 6,1; 28,69; 33,1. Siehe dazu insbesondere Seitz, Studien, S. 23–44.

[403] Auch Braulik, Abfolge, S. 233, vermerkt dies.

[404] Zur rahmenden Funktion von Dtn 12,1 und Dtn 26,16 vgl. Braulik, Ausdrücke, S. 34; Lohfink, Neubegrenzung, S. 244; Finsterbusch, Schema, S. 61. Anders Christensen, Deuteronomy 21,10–34,12, S. 646, der Dtn 12,1 und Dtn 26,16 f. als Rahmen bestimmt.

[405] Lohfink, Bund, S. 294. Siehe auch ders., Die Ältesten Israels, S. 270 ff.

[406] Die Gliederung folgt im Wesentlichen Otto, Ethik, S. 179. Vgl. zu den im Deuteronomium verwendeten Rechtsgattungen vor allem Seitz, Studien, S. 110–253; Preuss, Deuteronomium, S. 123–132; Nielsen, Deuteronomium, S. 194–196. Umstritten ist in Bezug auf Dtn 12–26 vor allem, wie die Abfolge der Gebote zu erklären ist, vgl. dazu die Forschungsübersicht bei Preuss, Deuteronomium, S. 108–112; zu neueren Erklärungsversuchen siehe Braulik, Dekalog, und Crüsemann, Tora, S. 241 f.

Anhand dieser groben Übersicht ist unschwer zu erkennen, dass Dtn 12,1–26,16 sich als „Gesetz" charakterisieren lässt. Dtn 12,1–26,16 ist also in dem Sinn zu verstehen, dass der dtn Mose hier die Satzungen und Rechtsvorschriften lehrt im Sinn von *promulgiert*, dass er also nicht – wie in den ersten vier Lehrreden – *in Bezug auf die dtn Gebote* lehrt.[407]

Was heißt hier nun Lehre der Satzungen und Rechtsvorschriften? Zur Beantwortung dieser Frage sei zunächst noch einmal Dtn 5,31 in Erinnerung gerufen:

> Du aber bleibe hier bei mir stehen, damit ich zu dir rede das ganze Gebotene, [und][408] die Satzungen und die Rechtsvorschriften, die du sie lehren sollst, auf dass sie (sie) tun im Land, das ich ihnen gebe, um es in Besitz zu nehmen.

Daraus geht hervor, dass der dtn Mose „das ganze Gebotene" getreu der Vorgabe JHWHs weitergeben muss – dies ist die Voraussetzung dafür, dass die Israelitinnen und Israeliten die Gebote in JHWHs Sinn befolgen können. Wie mehrere Stellen im dtn Gesetz zeigen, ist die *getreue* Wiedergabe jedoch nicht mit *wortwörtlicher* Wiedergabe der JHWH-Rede gleichzusetzen, leichte „Abweichungen" sind möglich.

Zunächst ist diesbezüglich auffällig, dass Dtn 12,1–26,12 nicht in der Form der direkten JHWH-Rede gehalten sind. Da von JHWH (bis auf zwei noch zu besprechende Ausnahmen) in der 3. Pers. sg. geredet wird, kann es sich also nicht um *wortwörtliche* Wiedergabe seiner Vorgabe handeln.

Zum zweiten ist bei einigen Formulierungen aus inhaltlichen Gründen auszuschließen, dass sie in dieser Form von JHWH am Horeb vorgegeben wurden. Zu erinnern ist noch einmal daran, dass in dtn Perspektive Israel nach JHWHs Willen von Kadesch Barnea aus das Land erobern sollte und dass eine Gesetzespromulgation, wie aus Dtn 1,19ff. hervorgeht, *vor* dieser Eroberung des Landes nicht geplant war. Insofern sind die zahlreichen Stellen im dtn Gesetz, in denen Mose auf die *bevorstehende* In-Besitz-Nahme des Landes hinweist, in synchroner Perspektive eindeutig seine eigenen Formulierungen.[409] Dies ist wohl so zu

---

[407] Dabei redet der dtn Mose weiterhin die erwachsenen Israelitinnen und Israeliten direkt an. Nach der dtn Fiktion ist nicht anzunehmen, dass in Dtn 12,1–26,16 an den Stellen, an denen nicht spezifiziert wird, grundsätzlich nur die männlichen Israeliten angeredet sind. Vgl. zum Problem der inklusiven Sprache auch Lohfink, Glaube, S. 262, Anm. 24; Crüsemann, Tora, S. 291–294; Reuter, Kultzentralisation, S. 147–151.

[408] Siehe dazu die Anm. zur Übersetzung von Dtn 5,31 in 3.2.2.2.

[409] Vgl. etwa Dtn 12,9.29; 15,4.7; 16,20; 17,14; 18,9; 19,1.2.10.14; 21,1.23; 23,21; 24,4; 25,15.19; 26,1.2. Das Perfekt in Dtn 12,1 (JHWH *hat* das Land gegeben) ist schwierig zu verstehen. In synchroner Hinsicht kann man darauf verweisen, dass das Land als quasi schon gegeben angesehen wurde, so Craigie, Deuteronomy, S. 215f.; denkbar ist aber auch, dass hier auf Gen 15,18 angespielt wird, so Lohfink, Samen Abrahams, S. 271 ff.; zustimmend Reuter, Kultzentralisation, S. 47. Es könnte sich aber auch um ein Futur II handeln, so mit guten Gründen Rüterswörden, Anfang, S. 211f.

erklären, dass der dtn Mose damit „aktuellen" Umständen bei seiner Lehre der Satzungen und Rechtsvorschriften Rechnung trägt.

Zum dritten ist in diesem Zusammenhang auf das sog. Prophetengesetz (Dtn 18,9–22)[410] zu verweisen. Zitiert werden soll hier nur ein Auszug:

> 15 Einen Propheten aus deiner Mitte, von deinen Geschwistern wie mich wird JHWH, dein Gott, (immer wieder) erstehen lassen, auf den sollt ihr hören –
> 16 gemäß allem, das du von JHWH, deinem Gott, am Horeb, am Tag der Versammlung, erbeten hast: ‚Ich kann nicht länger die Donnerstimme JHWHs, meines Gottes, hören, und dieses große Feuer kann ich nicht mehr sehen, ohne dass ich sterbe.'
> 17 Und JHWH sagte zu mir: ‚Es ist gut, was sie sagten.
> 18 Einen Propheten werde ich ihnen erstehen lassen aus der Mitte ihrer Geschwister wie dich, und ich werde meine Worte in seinen Mund legen und er wird zu ihnen alles reden, was ich ihm gebiete.'

Im Prophetengesetz geht der dtn Mose u. a. noch einmal auf die Ereignisse am Horeb ein. Dieser „Rückblick in die Geschichte – literarisch eine Art Schriftbeweis – begründet und legitimiert die Propheten als Nachfolger des Mose."[411] Dabei zitiert Mose auch Volk (Dtn 18,16b) und JHWH (Dtn 18,17b–20). Nun hat sich JHWH bei seiner Vorgabe dieses Gesetzes wohl kaum ausführlich selbst zitiert – Mose formuliert hier also gewissermaßen frei, natürlich um die Bedeutung des Prophetenamtes zu unterstreichen.

Zum vierten findet sich eingestreut in die Satzungen und Rechtsvorschriften an einigen Stellen *mosaische* Paränese. Als Beispiel sei Dtn 13,1 zitiert:[412]

> Die ganze Sache, die ich euch gebiete, sie sollt ihr sorgfältig tun; du sollst nichts zu ihr hinzufügen und nichts von ihr weglassen.

Mit der recht allgemein gehaltenen Aufforderung, das Gesetz in toto („die ganze Sache") zu tun, wird die Ebene der Lehre der einzelnen Satzungen und Rechtsvorschriften für einen Moment verlassen. Es handelt sich also nicht um Paränese, die genuines Element der Gebote in Dtn 13 ist. Durch diese mosaische Parä-

---

[410] Zu Dtn 18,15.18. siehe auch unten Exkurs 4.
[411] Braulik, Deuteronomium II, S. 135.
[412] Vgl. noch Dtn 12,28; 13,5.19; 15,5; 19,9. Dtn 16,12 bezieht sich wohl auf die vorausgehenden Einzelbestimmungen (einzig bei diesem Beleg des gesetzesparänetischen Schemas in Dtn 12–26 wird der Terminus für Gesetz [חקים] nicht durch einen Promulgationssatz erweitert). Auch Dtn 12,28 („alle diese Worte") könnte man auf die vorausgehenden Einzelbestimmungen in Dtn 12 beziehen, so etwa von Rad, Deuteronomium, S. 63; Braulik, Ausdrücke, S. 21; Rose, 5. Mose Teilband 1, S. 11. M. E. ist Dtn 12,28 jedoch (wie die meisten Belege des gesetzesparänetischen Schemas) als allgemeine Gesetzesparänese zu verstehen („Worte" steht als Synonym für „Satzungen und Rechtsvorschriften").

228 Kapitel 3: Religiöses Lehren und Lernen im Buch Deuteronomium

nese wird in synchroner Perspektive der paränetischen Zug, der einzelnen Satzungen und Rechtsvorschriften eignet, verstärkt.[413]

Fünftens und letztens ist noch Folgendes zu erwähnen: Mose betont in seinen Reden häufig in allgemeiner Form, dass er die Satzungen und Rechtsvorschriften Israel „gebietet" (צוה pi.). Im Zuge seiner Lehre stellt er sich gelegentlich auch als der „Gebieter" *einzelner* Gebote dar, so zuerst in Dtn 12,11:[414]

> ... dorthin (zu dem erwählten Ort) sollt ihr alles bringen, was ich euch gebiete: eure Brandopfertiere und Schlachtopfertiere, eure Zehnten und eure Handerhebungsopfer und alle eure ausgewählten Gaben, die ihr JHWH gelobt habt.

Diese Ich-Rede wirkt im Mund des dtn Mose, der doch nur lehrender Mittler der Gebote JHWHs sein soll, zunächst etwas befremdlich. Wie ist sie zu erklären? In diesem Zusammenhang kann Dtn 17,3 weiterhelfen. Der Vers ist wie folgt zu übersetzen:

> Und er (diese Person) ging (dazu über) und diente anderen Göttern und warf sich nieder vor ihnen und[415] der Sonne oder dem Mond oder allem Heer des Himmels, was ich nicht geboten habe.

Das Ich bezieht sich m. E. auf JHWH, der in der „Vergangenheit" in Bezug auf den Astralkult ein Gesetz erlassen hat.[416] Es liegt hier also ein kurzer Wechsel in die direkte JHWH-Rede vor.[417] Das Gesetz gebietende Ich im Munde des dtn Mose kann also er selbst und JHWH sein.[418] Durch dieses Ich, das zwischen Mose und JHWH „schillert"[419], wird gezeigt: Der dtn Mose ist zwar „nur" der

---

[413] Vgl. etwa Dtn 12,25; 19,13; 22,7. Diese paränetischen Elemente könnten – synchron betrachtet – als Vorgabe JHWHs angesehen werden (siehe Dtn 5,29).

[414] Vgl. noch Dtn 12,14.21; 15,11.15; 19,7 und 24,17.22.

[415] Einige Textzeugen, u. a. die LXX und die Vg., haben hier keine verbindende Konjunktion („und"); der Sam folgt dem MT; in 11Q19 Kol. LV Z. 18 (in: García Martínez/Tigchelaar, Scrolls Vol. 2, S. 1276) steht die Konjunktion „oder" (או). M. E. bezeugen der MT und der Sam hier die lectio difficilior (es stellt sich nach dieser Lesart natürlich die Frage, wer genau mit den „anderen Göttern" gemeint ist). Ohne Konjunktion lesen bzw. übersetzten Driver, Deuteronomy, S. 206; die Einheitsübersetzung (in: Braulik, Deuteronomium II, S. 125); Rose, 5. Mose Teilband 1, S. 61. König, Deuteronomium, S. 135, hat „und"; Nielsen „oder", Deuteronomium, S. 173; nach Christensen, Deuteronomy 1,1–21,9, S. 367, hat die Konjunktion emphatische Bedeutung.

[416] Siehe Dtn 4,19; vgl. auch Driver, Deuteronomy, S. 206; Nielsen, Deuteronomium, S. 184; Albani, Heerscharen, S. 215f. Anders Skweres, Rückverweise, S. 72f., nach dem sich der Rückverweis auf das Moseverbot in Dtn 4,19 zurückbezieht. Doch lässt sich Dtn 4,19 kaum als „Moseverbot" charakterisieren.

[417] Im Gesetz ist solch ein Wechsel noch einmal in Dtn 24,8 zu beobachten, siehe dazu auch unten 3.3.2.12.

[418] Zu JHWH als „Gebieter" des dtn Gesetzes vgl. noch Dtn 5,33; 6,17; 26,13.16; 28,45.

[419] So die Formulierung Brauliks in Bezug auf das „Ich" in Dtn 24,8, Deuteronomium II, S. 180.

3.3. Moses Lehre der Satzungen und Rechtsvorschriften (Dtn 6–26)

lehrende Mittler, aber hinter seinem Promulgieren steht – hier wie bei den anderen Gesetzen – die Autorität JHWHs, aus seinen Worten spricht JHWH selbst.

Exkurs 3: Zur Bedeutung der Satzungen und Rechtsvorschriften

Was unter den von Mose zu lehrenden Satzungen und Rechtsvorschriften (חקים ומשפטים) zu verstehen ist, ist in der Literatur umstritten. Im Zuge der bisherigen Analyse konnte dies nur angedeutet werden. Wegen der Bedeutung der Satzungen und Rechtsvorschriften für das mosaische Lehren – die dtn Gebote stehen ja im Zentrum der Lehre des Mose – sollen im Folgenden einige markante Positionen, die vorzugsweise die synchrone Perspektive berücksichtigen, vorgestellt werden.[420] Dann ist die eigene Position noch einmal zusammenfassend darzulegen.

G. BRAULIK äußert sich erstmals in dem 1970 erschienenen Aufsatz „Die Ausdrücke für ‚Gesetz' im Buch Deuteronomium" zum Thema. Er fragt nach der Bedeutung der verschiedenen Ausdrücke für Gesetz, „die ihnen aus der Sicht der Endredaktion zukommt"[421]. Ausgangspunkt der Bestimmung des Doppelausdrucks חקים ומשפטים ist für BRAULIK die Beobachtung, dass der Doppelausdruck eine „Inklusion" des paränetischen Teils (Dtn 5–11) und des Gesetzeskorpus (Dtn 12–26) bildet. *Daher* bezeichnet nach BRAULIK der Doppelausdruck das ganze „Gesetz", Paränese und Gesetzeskorpus, also Dtn 5–26.[422] Aufbauend auf diese These bemerkt er zu dem Vorkommen des Doppelausdrucks in 4,1–40, dass er hier „höchstwahrscheinlich" als ein Verweis auf Dtn 5–26 zu deuten ist. „Diese These wird durch das Faktum erhärtet, daß nur in 4,8 die חקים ומשפטים mit der תורה zusammengestellt werden, die aber gewiss nicht nur die Einzelgesetze, sondern auch den vorausgehenden paränetischen Teil umfaßt."[423] Weiterhin hält BRAULIK fest, dass in Dtn 4,8; 12,1 und 26,16 ein Verb für das Promulgieren der חקים ומשפטים fehlt. An den entscheidenden Stellen, also wenn der Doppelausdruck in einer Überschrift (Dtn 4,45) oder in einer Redeeinleitung (Dtn 6,1) steht bzw. als „Struktursignal" verwendet wird (Dtn 5,1; 11,32), wird nicht gesagt, dass Mose die חקים ומשפטים *befehle*, obwohl das Dtn diese Vorstellung kennt, wie 7,11 zeigt. Auch in Dtn 4,1.5.14 wird ein anderes Promulgationsverb verwendet. BRAULIK zieht dann den Schluss, dass an diesen entscheidenden Stellen also nicht nur autoritative Gebotsverkündigung, sondern zugleich auch Paränese angekündigt wird. Die Verben für das Promulgieren der חקים ומשפטים dürften – so BRAULIK – jedenfalls mit Bedacht gewählt worden

---
[420] Bei Zitaten aus den folgenden Studien werden die in Umschrift gedruckten hebräischen Wörter mit hebräischen Zeichen wiedergegeben.
[421] Braulik, Ausdrücke, S. 12.
[422] Braulik, Ausdrücke, S. 19. So auch noch Lohfink, Hauptgebot, S. 57, anders aber ders. in seinem Aufsatz Neubegrenzung (s. u.).
[423] Braulik, Ausdrücke, S. 29.

sein, denn sie „beweisen, daß der Doppelausdruck den paränetischen Teil und das Gesetzeskorpus als das ganze von Moses promulgierte ‚Gesetz' bezeichnet."[424]

N. LOHFINK widmet den חקים ומשפטים einen 1989 veröffentlichten Aufsatz: „Die *ḥuqqîm ûmišpāṭîm* im Buch Deuteronomium und ihre Neubegrenzung durch Dtn 12,1". Im ersten Teil äußert er sich zu der Bedeutung des Doppelausdrucks חקים ומשפטים und wendet sich gegen Versuche, in den beiden Begriffen „zwei verschiedene Typen oder Gruppen von Rechtsformulierungen zu sehen"[425]. Es ist, so LOHFINK, noch niemandem gelungen, eine entsprechende These mit auch nur einigermaßen überzeugenden Argumenten zu begründen. Eine Klärung scheint LOHFINK jedoch von der singularischen Gestalt des Doppelausdrucks her möglich zu sein (חק ומשפט). In dem nach LOHFINK vordeuteronomischen Beleg 1. Sam 30,25 bezeichnet der Doppelausdruck eindeutig eine einzige rechtliche Bestimmung. LOHFINK schließt daraus: „Wenn der Doppelausdruck also nur eine einzige Bestimmung bezeichnet, muß das zweite Wort (falls es nicht schlicht als synonym-pleonastisch zu betrachten ist) eine Näherbestimmung des ersten enthalten. Es kann nicht additiv, es muß qualifizierend sein. Man könnte etwa sagen: Eine Rechtsbestimmung (חוק), und zwar (ו) eine, die auf eine in einer noch offenen oder unklaren Situation getroffene Entscheidung einer Autorität zurückgeht (משפט)."[426]

Im zweiten Teil äußert sich LOHFINK zur Geschichte des Wortpaares חקים ומשפטים im Rahmen der Entstehungsgeschichte des Deuteronomium-Textes. Er geht davon aus, dass die Belege in Dtn 5,31 und Dtn 6,1 am Anfang standen.[427] Nach LOHFINK entwickelt Dtn 5 „eine Globaltheorie über das Wesen der deuteronomischen Gesetzgebung"[428]. In Dtn 5,28 f. drücke JHWH den Wunsch aus, das Volk möge doch immerdar in Furcht vor ihm verharren und den ganzen „Dekalog" beobachten (LOHFINK bezieht מצות in V. 29 auf die Dekaloggebote). Nach V. 31 wolle JHWH dann Mose „das ganze Gebotene" (את כל המצוה) mitteilen. „Ergänzend neben die מצות tritt also – im Kollektiv-Singular – die מצוה. Daß diese eine Ergänzungs- und Klärungsfunktion bezüglich vieler von den מצות her noch offenen Fragen haben soll, wird nun gerade dadurch ausgedrückt, daß in der Apposition zu מצוה unser Ausdruck החקים והמשפטים hinzugefügt

---

[424] Braulik, Ausdrücke, S. 34.
[425] Lohfink, Neubegrenzung, S. 231. Die Versuche, חקים ומשפטים auf verschiedene Gruppen von Gesetzen zu beziehen, etwa auf privilegrechtliche und zivilrechtliche (vgl. Horst, Privilegrecht), auf kultrechtliche und zivilrechtliche (vgl. Hentschke, Satzung) oder auf apodiktische und kasuistische (vgl. Liedke, Rechtssätze), oder auf kultische (Neu-)Ordnungen und für die Rechtssprechung geltende Normen (so Levin, Color Hieremianus, S. 118), können wohl als gescheitert gelten. Vgl. dazu auch die überzeugenden Einwände von Braulik, Ausdrücke, S. 24, und ders., Abfolge, S. 233 f. Skeptisch auch Johnson, Art. משפט u. a., Sp. 104.
[426] Lohfink, Neubegrenzung, S. 233.
[427] Lohfink, Neubegrenzung, S. 234.
[428] Lohfink, Neubegrenzung, S. 235.

wird. Dieser Ausdruck determiniert die מצוה im Sinn einer autoritativ gesetzten Sammlung von Rechtsbestimmungen (חקים), die das vom Dekalog her offen Bleibende klärt (משפטים). Die rechtssetzende Autorität ist natürlich Jahwe selbst, wenn auch durch Mose vermittelt."[429] Das letzte Vorkommen der Kombination von המצוה sowie החקים והמשפטים ist Dtn 7,11: „Vielleicht galt von da an [...] die durch Apposition beabsichtigte Aussage über die Beziehung von Dekalog und deuteronomischen Gesetz als hinreichend eingehämmert. Jedenfalls treten von jetzt an im deuteronomischen Text המצוה ebenso wie andere Bezeichnungen für ‚Gesetz' nicht mehr mit einer Erweiterung durch diese Apposition auf."[430]

Im dritten Teil äußert sich LOHFINK u. a. zu dem „Realitätsbezug" des Ausdrucks חקים ומשפטים im Deuteronomium. „Die bezeichnete Realität muß ein Text sein, und zwar ein Textbereich innerhalb des Deuteronomiums. Zunächst scheint alles klar zu sein, da das Wortpaar חקים ומשפטים ja ein Rahmungssystem charakterisiert. Muß es nicht der von diesem System umrahmte Text sein? Also Dtn 5,1–26,16, dem in 4,45 ja auch eine entsprechende Überschrift voransteht? Doch wird die Sache dadurch kompliziert, daß gewissermaßen zwei Texte gerahmt sind, 5,1–11,32 und 12,1–26,16. 12,1 hat zudem noch Überschriftencharakter. Und überdies findet sich eine weitere Überschrift, welche die חקים ומשפטים ankündigt, in 6,1, also mitten in 5,1–11,32. Welche Überschrift löst denn nun das Referat der חקים ומשפטים real aus: die von 4,45, die von 6,1 oder die von 12,1? [...] Beim Versuch einer Klärung ist zunächst festzustellen, daß das Rahmungssytem bei genauem Zusehen nicht dazu zwingt, חקים ומשפטים als die Bezeichnung des gesamten umrahmten Textes zu betrachten. Es weist sogar eher auf den begrenzten Bereich von Dtn 12–26. Denn es enthält eine die חקים ומשפטים ankündigende Überschrift, und die steht nun einmal erst in 12,1. Zwar sprechen auch 5,1 und 11,32 schon von der Promulgation der חקים ומשפטים, und sie tun das in partizipialen Aussagen mit der Zeitangabe היום. Eine Untersuchung des Gebrauchs dieser syntaktischen Fügung zeigt aber, daß im deuteronomischen Spachstil aus ihr nicht folgt, die Proklamation der חקים ומשפטים müsse sich hinter 5,1 unmittelbar anschließen oder sei bei 11,32 schon längst in Gang."[431] LOHFINK kommt zu dem Ergebnis, dass erst die Überschrift von Dtn 12,1 das Referat der חקים ומשפטים auslöst. Man müsse deshalb eine Spannung zu den Überschriften in 4,45 und 6,1 konstatieren: „Natürlich lassen sie [die Überschriften] sich im definitiven Text interpretatorisch miteinander versöhnen, und so ist es auf dieser Ebene sicher auch gemeint. Man muß nur an die

---

[429] Lohfink, Neubegrenzung, S. 236.
[430] Lohfink, Neubegrenzung, S. 239.
[431] Lohfink, Neubegrenzung, S. 244 f. Damit vertritt Lohfink m. E. zu Recht eine andere Position als Braulik, der die Hypothese aufstellte, dass „das Partizip [...] in präsentischem Sinn und oft verbunden mit היום, stets die eben geschehende Gesetzesverkündigung [meint]", Braulik, Ausdrücke, S. 13.

232 Kapitel 3: Religiöses Lehren und Lernen im Buch Deuteronomium

Bandbreite von Referenzmöglichkeiten denken, die einer Überschrift oder Ankündigung als solcher zukommt."[432] Daher kann nach LOHFINK, „wenn חקים ומשפטים im Endeffekt nur Dtn 12–26 meint, doch schon die Überschrift in 4,45 dies ankündigen, obwohl zunächst einmal einleitend in Dtn 5 die Ätiologie der חקים ומשפטים erzählt wird. Nach erzählter Ätiologie kann Dtn 6,1 die Überschrift von 4,45 wiederaufgreifen, und dann folgt doch zunächst noch sehr viel grundsätzliche Rede, die man trotzdem schon in einem echten und sicher stärkerem Sinn als Dtn 5 unter dem Begriff חקים ומשפטים fassen kann. Doch wirklich bei den חקים ומשפטים im genauen Sinn angekommen ist man erst, wenn endlich in 12,1 durch ein drittes Auftreten einer Überschrift die eigentliche Rezitation derselben eingeleitet wird. Läßt sich der jetzige Text auf diese Weise also sinnvoll lesen, so sollte dies aber nicht darüber hinwegtäuschen, daß dabei eine Spannung ausgeglichen wird."[433] Eine solche Spannung muss nach LOHFINK entstehungsgeschichtlich erklärt werden. Im vierten Teil entwickelt LOHFINK wegen der festgestellten Spannung eine diachrone Hypothese, auf die hier nicht näher eingegangen werden soll.[434]

G. BRAULIK geht in seinem 1991 erschienenen Buch „Die deuteronomischen Gesetze und der Dekalog. Studien zum Aufbau von Deuteronomium 12–26" nunmehr mit N. LOHFINK davon aus, dass „חקים ומשפטים im eigentlichen Sinn

---

[432] Lohfink, Neubegrenzung, S. 246.
[433] Lohfink, Neubegrenzung, S. 246 f.
[434] Lohfink geht davon aus, dass „damals, als Dtn 5 dem deuteronomischen Gesetz vorgeschaltet und auch die Übergangspassage zwischen 5,31 und 6,4 zumindest in ihrem Grundbestand formuliert wurden, die חקים ומשפטים auch als mit 6,4 beginnend angesehen wurden. 12,1 (und damit auch 11,32) kann es in diesem Augenblick noch nicht gegeben haben. Alles, was damals schon vom jetzigen Textbestand zwischen 6,4 und 26,16 existierte, konnte in gleicher Weise als חקים ומשפטים gelten", Neubegrenzung, S. 247. Die grundlegenden juristischen Festlegungen in Bezug auf Geltungsbereich und Geltungsdauer in Dtn 11,31–12,1 sind nach Lohfink „gliedernde ‚Kerbe' mitten in der zweiten Moserede", Neubegrenzung, S. 250. Diese Kerbe „legt also nicht einfach fest, daß von hier ab jene Texte beginnen, die man allein als die חקים ומשפטים bezeichnen kann, sondern gibt gewissermaßen eine Definition derselben", Neubegrenzung, S. 250. Ein Durchgang durch die zweite Moserede zeigt nach Lohfink, dass diese genaue Festlegung von Geltungsbereich und Geltungsdauer etwas völlig Neues ist. Den Sinn der Kerbe fasst Lohfink wie folgt auf: „Alle Gesetze, die von da ab [von Dtn 12,1 ab] folgen, sollen als Gesetze aufgefaßt werden, die nur für ein Israel gelten, das in seinem Land lebt, während diese Einschränkung bei den Gesetzen, die vorausgehen und die im wesentlichen Kommentare zum ersten Dekaloggebot sind, nicht gilt, noch weniger natürlich beim Dekalog selbst. Insofern erweist sich nun auch der oben gemachte Versuch, für den Endtext des Deuteronomiums aus der Spannung zwischen den Überschriften in 4,45; 6.1 und 12,1 eine Synthese herzustellen, zwar nicht als schlechthin falsch, wohl aber als zu einseitig und nur vom literarischen Gesichtspunkt her entworfen. Juristisch betrachtet beginnen mit 6,1 durchaus schon חקים ומשפטים. Nur beginnen dann innerhalb dieser in 12,1 חקים ומשפטים, denen diese Bezeichnung in einem engeren Sinn zukommt", Neubegrenzung, S. 253. Skeptisch gegenüber dieser Auffassung macht, dass dann Dtn 6–11 als die חקים ומשפטים gesehen werden müssen, die nicht nur im Land gelten. Selbst wenn man der These Lohfinks folgt, dass die in Dtn 6–11 enthaltenen „Gebote" Kommentierungen des Hauptgebots sind, so fällt doch auf, dass diese „Gebote" durchweg das Leben *im Land Israel* voraussetzen.

die Einzelgesetze von 12–26 bezeichnet"[435]. Zur Bedeutung der חקים ומשפטים äußert er sich hier wie folgt: „Wenn die Berichte vom Horebgeschehen die göttliche Zusatzoffenbarung an Mose beziehungsweise seinen Lehrauftrag örtlich (5,31) wie zeitlich (4,14) direkt mit der Gesetzespromulgation Jahwes verbinden, legen sie damit nahe, in den ‚Gesetzen und Rechtsvorschriften' eine informative (5,31) beziehungsweise autoritative (4,14) Interpretation des Dekalogs, etwas wie Durchführungsbestimmungen für eine konkrete Situation zu sehen."[436] BRAULIK versucht dann im einzelnen, Bezüge zwischen dtn Gesetz (12,1–26,16) und den einzelnen Dekaloggeboten nachzuweisen (wobei er hier Thesen eines 1985 veröffentlichten Aufsatzes aufnimmt und vertieft[437]) und kommt schließlich zu dem Ergebnis, dass man nach der Intention der dtn Endredaktion die Systematik des Gesetzeskorpus von der Anordnung der Dekaloggebote her interpretieren soll.[438]

Eine andere Position vertritt M. WEINFELD in seinem 1991 erschienenen Kommentar zu Deuteronomium 1–11. WEINFELD interpretiert המצוה und החקים והמשפטים in Dtn 5,31 und 7,11 in additivem Sinn (das Gebotene *und* die Satzungen und Rechtsvorschriften).[439] המצוה bezieht sich nach WEINFELD auf Dtn 6–11, die חקים ומשפטים hingegen beziehen sich auf Dtn 12–26: „This section [6,4–25], which follows the Decalogue, centers on exclusive allegiance to YHWH, which means scrupulous observance of his commandments. The section is part of the מצוה ‚command' [...] which precedes ‚the laws and the judgments' [...] included in chaps. 12–26. The מצוה ‚command' opens with the basic demand for loyalty to the one God (Shema') [...]. The sermons that come after 6,4–25 follow the same line and elaborate the demand for loyalty to God. Chapters 5–11

---

[435] Braulik hat in diesem Punkt seine Meinung geändert, vgl. ders., Dekalog, S. 13, Anm. 7.
[436] Braulik, Dekalog, S. 11.
[437] Braulik, Abfolge.
[438] Braulik, Dekalog, S. 115–118, siehe auch noch ders., Abfolge, S. 254. Zu der These, die dtn Gebote seien dekalogisch strukturiert, vgl. noch Schultz, Deuteronomium; Guilding, Notes; Schulz, Todesrecht; Kaufman, Structure; Kaiser, Einleitung, S. 127 f.; Preuss, Deuteronomium, S. 110–112; Olson, Death, S. 62 ff. Doch wie Crüsemann, Tora, S. 241, m. E. überzeugend einwendet, fügen sich die dtn Gesetze „diesem literarischen Strukturprinzip [...] nicht wirklich". Hingewiesen sei hier auch auf die Bemerkungen von Otto, Deuteronomium im Pentateuch, S. 112 f.: „Alle genannten Forscher gehen aber davon aus, daß sich die dekalogische Struktur von Dtn 12–25 an einer Zehnzahl der Gebote des Dekalogs orientiere. Sie lassen unberücksichtigt, daß dem ‚Dekalog' des Deuteronomiums (Dtn 5,6–21) die Zehnzahl der Gebote noch fremd ist, die vielmehr in der Abfolge von Lang- und Kurzgeboten in einer palindromischen Fünferstruktur mit dem Ruhetagsgebot als Zentrum angedeutet sind. Diese Struktur, nicht aber die des Dekalogs in Ex 20, ist für die Redaktionsgeschichte des dtr Deuteronomiums (DtrD) von Bedeutung." Nach Ottos Thesen bestehen zwischen Dekalog und dem Gesetz des Deuteronomiums in der Bearbeitung durch die dtr Hauptredaktion fünf Entsprechungen, vgl. ders., a. a. O., S. 115.
[439] Weinfeld, Deuteronomy, S. 326. Auch Dtn 6,1 versteht er in diesem Sinn und bemerkt dazu: „The conjunction ‚and' before ‚the laws' is dropped because of ‚this' (wz't), which refers grammatically to המצוה", a. a. O., S. 327.

were correctly defined by N. Lohfink (1963) as *Hauptgebot*, in other words, the principal command on which all of the other specific commandments in chaps 12–26 depend."[440]

J.G. MILLAR stellt in seiner 1994 erschienenen Studie „Living at the Place of Decision: Time and Place in the Framework of Deuteronomy" die folgende These auf: „Law in Deuteronomy is a developing concept, evolving in order to address new circumstances as they arise, in keeping with ancient principles."[441] Zunächst bezeichnen nach MILLAR die חקים ומשפטים den Dekalog: „It is not hard to see that the primary reference in 5,1 is the Decalogue revealed to Moses by Yahweh on Horeb."[442] Der Hinzufügung von כל המצוה zu dem Doppelausdruck in 5,31 wird für die Theorie der Gesetzesentwicklung dann besondere Bedeutung beigemessen: „This designates something additional and yet closely related to the Decalogue. It seems, that חקים ומשפטים now encompasses the Decalogue, yet is not exhausted by a simple recitation. חקים ומשפטים is expanded to subsume the whole Deuteronomic parenesis, which stretches far beyond the end of ch. 5."[443] Zu 6,1 bemerkt MILLAR dann: „The repetition of the phrase in 6,1 increases the momentum of the ‚snowball' considerably. Now there can be no doubt that the law in Deuteronomy is widening its scope to include elements not normally classified as such."[444] Doch nicht nur Dekalog und Paränese sind nach MILLAR חקים ומשפטים: „This new phase [12,1 ff.] of חקים ומשפטים cannot be separated from what has gone before. This device forges a link between the lawcode and the parenesis of chs. 6–11. But it does more than that – it ties the legal stipulations

---

[440] Weinfeld, Deuteronomy, S. 328. Vgl. auch noch Achenbach, Israel, S. 57: „Daß sich die Ausdrücke חקים ומשפטים zunächst auf Dtn 12–26 beziehen, läßt sich im Vergleich zwischen Dtn. 12,1 und 6,1 erschließen: zwischenein [sic] ist nicht Gesetzesmaterie im strikten Sinn, sondern ‚Jahwe-Gebot', מצוה, getreten (6,1)"; Rose, 5. Mose Teilband 2, S. 441 (zu 6,1): „Der singularische Ausdruck ‚das Gebotene' erlaubt es vielmehr den Theologen der Schicht III, auch die Einleitung der Schicht II [nach Rose 6,4–9; 7,1–11; 10,12–22, vgl. a.a.O., S. 442] als einen integralen Teil der Gesetzes-Verkündigung des Mose zu verstehen, während mit dem pluralischen Doppelausdruck ‚Satzungen und Rechtssätze' insbesondere die Einzelbestimmungen des Gesetzeskorpus Kap 12–26 ins Auge gefaßt sind [...]"; sowie Hardmeier, Rahmen, S. 81: „Die insgesamt vierzehn eindeutigen Singular-Vorkommen von מצוה im Buch Deuteronomium, die stets determiniert und außer in 6,1; 7,11; 17,20 und 30,11 durchweg mit der Ganzheitsbezeichnung כל verbunden sind, legen es nahe, daß diese Singularform die Gebotslehre der Bundesansprache von Dtn 6–26 als Ganze bezeichnet. Nur diese Singularform ist auch sechsmal mit dem rededeiktischen Demonstrativum (זאת) verbunden, das innerhalb der Rede auf dieses Gebots-Ganze ab 6,1 ff. verweist. Das heißt dann aber einerseits, daß die Lehre des Verfassungsstatus (חקים und משפטים) ab 12,1 bis 26,15 ein untergeordneter Teil innerhalb der umfassenderen מצוה von 6,1–26,19 darstellt, der mit 26,16 abgeschlossen wird. Anderseits wird dieses umfassendere Spezifikum der מצוה deshalb vor allem in Dtn 6,1–11,32 sowie in den Deklarationen von 26,17–19 zu finden sein [...]."
[441] Millar, Place, S. 54.
[442] Millar, Place, S. 54.
[443] Millar, Place, S. 54.
[444] Millar, Place, S. 55.

of chs. 12–26 inextricably to the long meditation on the need for obedience to be rooted in love, and beyond that to the Decalogue itself. The lawcode is to be understood as ‚the laws and statutes' in the same way as both the Decalogue and the preaching of chs. 6–11."[445]

Die differenten Forschungspositionen seien hier noch einmal in einer Tabelle zusammengefasst:

Autor	Umfang der Satzungen und Rechtsvorschriften	Verhältnis der Satzungen und Rechtsvorschriften zum Dekalog
BRAULIK (1970)	Dtn 5–26	[keine diesbezügliche Äußerung]
LOHFINK	Dtn 12–26 im eigentlichen Sinn (S.+R. auch Oberbegriff für Dtn 5.6–11)	„Ergänzungs- und Klärungsfunktion" bezüglich vieler von den Dekaloggeboten her noch offenen Fragen
BRAULIK (1991	Dtn 12–26	„Informative bzw. autoritative Interpretation des Dekalogs"
WEINFELD	Dtn 12–26	[keine diesbezügliche Äußerung]
MILLAR	Dtn 5–26	Dekalog als Teil der Satzungen und Rechtsvorschriften.

Es ist nun die eigene Position darzulegen. M.E. ist bei der Bestimmung des Umfangs der Satzungen und Rechtsvorschriften von der Überschrift Dtn 12,1 auszugehen:

> Dies sind die Satzungen und Rechtsvorschriften, die ihr sorgfältig tun sollt im Land, das JHWH, der Gott deiner Väter, dir gegeben hat, um es in Besitz zu nehmen, alle Tage, die ihr auf Erden lebt.

Die Überschrift passt zum Inhalt der folgenden Einheit, die sich als „Gesetz" charakterisieren lässt. Die Satzungen und Rechtsvorschriften umfassen also Dtn 12,2–26,16, hier ist LOHFINK, BRAULIK (1991) und WEINFELD zuzustimmen. Ein Problem für diese Bestimmung stellt die (auf Dtn 5,31 Bezug nehmende) Redeeinleitung des Mose Dtn 6,1–3 dar. Sie suggeriert, dass die Satzungen und Rechtsvorschriften schon in Dtn 6,4 beginnen:[446]

---

[445] Millar, Place, S. 56.
[446] Die von M. Weinfeld vertretene Position, dass in Dtn 6–11 nur das Gebotene und noch nicht die Satzungen und Rechtsvorschriften gelehrt werden, kann nicht überzeugen: Er hat die in der Literatur mehrfach geäußerten Argumente nicht berücksichtigt, nach denen der Doppelausdruck חקים ומשפטים als Apposition zu המצוה anzusehen ist (Dtn 5,31; 6,1; 7,11). Zudem zeigen viele Stellen im Dtn, dass המצוה Synonym für die anderen dtn Ausdrücke für „Gesetz" ist (also auch für die Satzungen und Rechtsvorschriften), vgl. nur Dtn 6,25; 8,1; 11,8.22; 27,1; 30,11. Es ist also kaum möglich, dass המצוה in Dtn 5,31 bzw. 6,1 speziell den Makroabschnitt Dtn 6–11 bezeichnet.

> Und dies ist das Gebotene, (dies sind) die Satzungen und Rechtsvorschriften, die JHWH, euer Gott, geboten hat, euch zu lehren, auf dass (ihr sie) im Land tut, in das ihr hinüberziehen werdet, um es in Besitz zu nehmen (...).

Zu beachten ist jedoch, dass laut dieser Aussage Mose anheben will, nach dem Gebot JHWHs die Satzungen und Rechtsvorschriften zu *lehren*. In Dtn 6–11 lehrt er die חקים ומשפטים allerdings eindeutig *nicht* in dem Sinn, dass er Israel die dtn Gebote *mitteilt* – in diesem Sinne lehrt er sie erst ab Dtn 12,2. Vielmehr lehrt er die חקים ומשפטים, wie die Analyse der vier Lehrreden in Dtn 6–11 ergab, indem er den Israelitinnen und Israeliten eindrücklich darlegt, wie und warum die Satzungen und Rechtsvorschriften zu befolgen sind.

Zu prüfen ist nun noch, ob der Gebrauch des Doppelausdrucks חקים ומשפטים in Dtn 4,1.5.8.14.45 sowie in Dtn 5,1 nicht nahelegt, den Umfang der Satzungen und Rechtsvorschriften anders zu bestimmen als Dtn 12–26. Der dtn Mose erwähnt die Satzungen und Rechtsvorschriften zuerst in seiner ersten Rede und zwar im Zuge seiner Lehre des Tuns der Satzungen und Rechtsvorschriften in Dtn 4,1–40. An den entsprechenden Stellen (Dtn 4,1.5.8.14) zeigt er Wesentliches bezüglich der Satzungen und Rechtsvorschriften, etwa dass sie Gebote JHWHs sind, dass sie den Kern der dtn Tora ausmachen, dass JHWH am Horeb sie zu lehren gebot und vor allem, dass sie für Israel absolut verbindlich sind. Es geht also eindeutig um Aussagen *über* die Satzungen und Rechtsvorschriften; die Lehre des Mose in Dtn 4,1–40 ist nicht schon Teil der Promulgation der Satzungen und Rechtsvorschriften selbst.

In Dtn 4,44–49 meldet sich der Bucherzähler mit einer „Überschrift" über die zweite Rede des dtn Mose zu Wort. Er zeigt damit der Leserschaft des Buches Deuteronomium, wie die zweite Rede des dtn Mose (Dtn 5–26) zu verstehen ist. Zitiert werden sollen im Folgenden nur V. 44 f.:

> 44 Und dies ist die Tora, die Mose den Kindern Israels vorlegte.
> 45 Dies sind die Vorschriften, [und][447] die Satzungen und die Rechtsvorschriften, die Mose zu den Kindern Israels beim Auszug von Ägypten sprach.

Es fällt sofort auf, dass die beiden Verse parallel gebaut sind. Die Frage ist, ob sich aus der Zusammenschau von V. 44 und V. 45 etwas für die Bestimmung des Umfangs der Satzungen und Rechtsvorschriften ergibt. Zwei alternative Deu-

---

[447] Der Gesetzesbegriff עדת findet sich im Deuteronomium nur in 4,45; 6,17 und 6,20. In 6,17 steht der Ausdruck in einer Reihe mit מצות und חקים. In Dtn 4,45 und Dtn 6,20 hat der MT eine Reihe, anders der Sam. Dem Sam geben hier auch den Vorzug Braulik, Ausdrücke, S. 36, Anm. 111; Lohfink, Neubegrenzung, S. 230; Schäfer-Lichtenberger, Josua, S. 55. Anders Seitz, Studien, S. 36; Nielsen, Deuteronomium, S. 67 f.; Rose, 5. Mose Teilband 2, S. 503. Auch nach dem MT könnte עדת als Oberbegriff gedeutet werden, wenn man wie folgt übersetzt: „Dies sind die Vorschriften, *sowohl* die Satzungen *als auch* die Rechtsvorschriften"; siehe auch oben die Anm. zur Übersetzung von Dtn 5,31.

3.3. Moses Lehre der Satzungen und Rechtsvorschriften (Dtn 6–26)

tungen sind möglich: Nach der einen Deutung sind die Satzungen und Rechtsvorschriften (hier als Apposition zu den „Vorschriften" [העדת] zu verstehen)[448] identisch mit der Tora. Demnach wäre die gesamte zweite Rede des Mose (Dtn 5–26) als Tora bzw. als Satzungen und Rechtsvorschriften zu definieren.[449] Nach der anderen Deutung sind die beiden Promulgationsvorgänge, also die „Vorlage" (שים q. + לפני).[450] der Tora (V. 44) und das „Reden" (דבר pi.) der Satzungen und Rechtsvorschriften (V. 45) nicht identisch. Demnach würde Mose in Dtn 5,1 zwar beginnen, Israel die Tora vorzulegen, er würde jedoch noch nicht anheben, die Satzungen und Rechtsvorschriften zu verkünden.

Die erste Deutungsmöglichkeit scheidet aus inhaltlichen Gründen aus. Denn tatsächlich beginnt Mose in Dtn 5 noch nicht mit der Promulgation der Satzungen und Rechtsvorschriften. Dies gilt trotz der Formulierung von Dtn 5,1:

> Und Mose berief ganz Israel und sagte zu ihnen: ‚Höre Israel die Satzungen und die Rechtsvorschriften, die ich heute in eure Ohren rede, und lernt sie und tut sie sorgfältig.'

Man kann V. 1 zwar theoretisch als performative Rede dahingehend verstehen, dass der dtn Mose jetzt anhebt, die Satzungen und Rechtsvorschriften Israel „in die Ohren zu reden" (דבר q.). Doch V. 2 ff. lassen sich *nicht* als Satzungen und Rechtsvorschriften charakterisieren. Es geht in Dtn 5,2 ff. um Bund und Dekalog, und Bund und Dekalog werden nach Dtn 5,23 ff. eindeutig von den Satzungen und Rechtsvorschriften unterschieden.[451] Dtn 5,1 ist also nicht als performa-

---

[448] Da nicht ganz klar ist, welche Bedeutung עדת hier genau hat, lässt sich von diesem Begriff inhaltlich nicht viel für die Satzungen und Rechtsvorschriften gewinnen. עדת wird von G. von Rad mit „Zeugnissen" übersetzt, Deuteronomium, S. 38; in der Einheitsübersetzung (in: Braulik, Deuteronomium 1–16,17, S. 47) wird der Begriff mit „Satzungen" wiedergegeben, ähnlich Weinfeld, Deuteronomy, S. 234: „precepts"; Rose übersetzt mit „Bundesbestimmungen", 5. Mose Teilband 2, S. 530; Christensen, Deuteronomy 1,1–21,9, S. 101, mit „testimonies". Im Sinn von „Vertrag/Treueeid" interpretieren mit Hinweis auf das aramäische Lehnwort adê den Begriff etwa Braulik, Deuteronomium 1–16,17, S. 48; Otto, Deuteronomium im Pentateuch, S. 117, Anm. 40. Möglich wäre auch, עדת im Sinn von „Lehre/Lehren" zu deuten, vgl. dazu insbesondere Lohfink, ʻd(w)t, S. 174.176 f. Einige Exegeten beziehen עדת auf den Dekalog, so etwa Seitz, Studien, S. 37; Nielsen, Deuteronomium, S. 68; Achenbach, Israel, S. 28 f., Anm. 4, und Rose, 5. Mose Teilband 2, S. 503. Gegen diese Deutung spricht allerdings der Promulgationssatz in 4,45b: Nicht Mose hat den Dekalog promulgiert, sondern allein JHWH, vgl. auch die Argumentation von Braulik, Ausdrücke, S. 35, und Lohfink, ʻd(w)t, S. 168–170.

[449] So etwa Braulik, Ausdrücke, S. 36 f. Braulik rechnet zu der Tora (nicht zu den Satzungen und Rechtsvorschriften) allerdings noch Dtn 28, Ausdrücke, S. 37.

[450] Synonym ist die Wendung נתן q. + לפני. Nach Dtn 4,8 wird (wie in Dtn 4,44) die „Tora", nach Dtn 11,32 werden die Satzungen und Rechtsvorschriften Israel vorgelegt. Die Wahl dieses Promulgationsverbs in 11,32, dem letzten Vers vor dem Gesetzeskorpus 12,1–26,16, ist vielleicht dadurch beeinflusst, dass der dtn Mose nun die Satzungen und Rechtsvorschriften – den Kern der dtn Tora – Israel promulgiert.

[451] Gegen Merendino, Gesetz, S. 13, Anm. 9, und Millar, Place, S. 53 f., nach denen sich die Satzungen und Rechtsvorschriften in Dtn 5,1 auf die Dekaloggebote beziehen. Mose *promul-*

tive Rede, sondern im Sinn einer *Ankündigung* zu verstehen: Der dtn Mose wird in Kürze die Satzungen und Rechtsvorschriften promulgieren (nämlich in Dtn 12,1–26,16) – im Zug der Promulgation wird Israel die Gebote dann auch auswendig lernen.

Demnach bleibt die zweite Deutungsmöglichkeit von Dtn 4,44 f.: Die Vorlage der Tora und die Promulgation der Satzungen und Rechtsvorschriften sind kein identischer Vorgang. Es lässt sich aber sagen, dass die Satzungen und Rechtsvorschriften sicherlich das Herzstück der dtn Tora ausmachen, insofern sie die Gebote der dtn Tora sind. Von daher erklärt sich auch, dass Tora und Satzungen und Rechtsvorschriften in einem Atemzug genannt werden können (wie auch in Dtn 4,8).

Einzugehen ist schließlich noch auf den Bezug zwischen חקים ומשפטים und Dekaloggeboten. Insbesondere BRAULIK (1991) vertritt u. a. mit Hinweis auf Dtn 4,13 f. und Dtn 5,22 ff. die These, dass durch die Satzungen und Rechtsvorschriften (Dtn 12–26) die Dekaloggebote interpretiert werden sollen.[452] Die Analysen von Dtn 4,13 f. und von 5,22 ff. bestätigten m. E. diese Auffassung nicht.[453] Ein expliziter Bezug zwischen Dekaloggeboten und Satzungen und Rechtsvorschriften wird weder in Dtn 4,13 f. noch in Dtn 5 hergestellt (was leicht möglich gewesen wäre). Die beiden Gesetze stehen vielmehr unverbunden nebeneinander. Dabei ist erkennbar, dass dem Dekalog größere Dignität eignet (nur er steht in Verbindung mit dem Horebbund). Die Satzungen und Rechtsvorschriften sind ihm in Bezug auf die Verbindlichkeit jedoch gleichgestellt: Nach Dtn 4,13 f. sind die „Satzungen und Rechte" nach JHWHs Willen wie die Dekaloggebote zu befolgen.

Abschließend ist noch zu fragen, warum das dtn Gesetz an „Schlüsselstellen" im Deuteronomium mit dem Doppelausdruck חקים ומשפטים bezeichnet wird. Die oben schon angeführten Bemerkungen LOHFINKs gehen wohl in die richtige Richtung: „Wenn der Doppelausdruck also nur eine einzige Bestimmung bezeichnet, muß das zweite Wort (falls es nicht schlicht als synonym-pleonastisch zu betrachten ist) eine Näherbestimmung des ersten enthalten. Es kann nicht additiv, es muß qualifizierend sein. Man könnte etwa sagen: Eine Rechtsbestimmung (חוק), und zwar (ו) eine, die auf eine in einer noch offenen oder unklaren Situation getroffene Entscheidung einer Autorität zurückgeht (משפט)."[454] Offen und unklar ist jedenfalls nach der dtn Fiktion jenseits des Jordans noch alles: Erst durch die Satzungen und Rechtsvorschriften konnte Israel ein Leben im Land nach JHWHs Willen führen.

---

giert „heute" nicht den Dekalog (auch wenn er ihn im Rahmen eines Rückblicks auf die Horebereignisse zitiert), vgl. auch schon die Kritik von Braulik, Ausdrücke, S. 34 f., Anm. 107.

[452] Jüngst wird diese These auch von Otto, Deuteronomium im Pentateuch, S. 165, vertreten.
[453] Vgl. oben die Exegesen zu Dtn 4,14 und 5,31.
[454] Lohfink, Neubegrenzung, S. 233. Vgl. auch ders., Noch einmal חק ומשפט, und Braulik, Dekalog, S. 12.

3.3.2. Belegstellen für religiöses Lehren und Lernen in Dtn 6–26

Im Folgenden sind dreizehn Stellen zu besprechen. An sechs Stellen kommt das Verb למד vor (Dtn 6,1; 11,19; 24,23; 17,19; 18,9; 20,18), an drei Stellen das Verb ירה III hif. (Dtn 17,10.11; 24,8), ferner finden sich zwei Belege von יסר pi. (Dtn 8,5 [2x]). Des Weiteren sind zu besprechen Dtn 6,7 und Dtn 6,20–25, da hier die Belehrung der Kinder Thema ist, sowie Dtn 11,2, da hier eine wichtige Aussage über JHWHs Erziehung getroffen wird. Im Rahmen eines Exkurses ist auf das sog. Prophetengesetz unter der Fragestellung einzugehen, ob der verheißene Prophet aus der Mitte Israels als „Lehrer" von JHWHs Worten bezeichnet werden kann.

3.3.2.1. Dtn 6,1: JHWH gebot, euch die Satzungen und Rechtsvorschriften zu lehren

Da Dtn 6,1 schon ausführlich analysiert wurde,[455] soll hier nur noch ganz kurz auf den Vers eingegangen werden:

> Und dies ist das Gebotene, (dies sind) die Satzungen und Rechtsvorschriften, die JHWH, euer Gott, geboten hat, euch zu lehren, damit (ihr sie) im Land tut, in das ihr hinüberziehen werdet, um es in Besitz zu nehmen.

Demnach hebt der dtn Mose hier an, die Satzungen und Rechtsvorschriften zu lehren (למד pi.). Die Lehre umfasst Dtn 6,1–26,16. Lehren meint hier einerseits die Darlegung, wie und warum die Israeliten und Israelitinnen die dtn Gebote halten sollen (Dtn 6,1–11,32), andererseits die Vermittlung der Gebote selbst (Dtn 12,1–26,16).[456]

3.3.2.2. Dtn 6,7: Du sollst diese Worte deinen Kindern wiederholt vorsprechen

Die im Folgenden zu analysierende Stelle Dtn 6,7 gehört zu der kleinen Einheit Dtn 6,6–9, die Anweisungen in Bezug auf die dtn Gebote enthält:[457]

> 6 Und es sollen diese Worte, die ich dir heute gebiete, auf deinem Herzen sein.
> 7 Und du sollst sie deinen Kindern wiederholt vorsprechen und du sollst (mit deinen Kindern) über sie reden – bei deinem Sitzen in deinem Haus und bei deinem Gehen auf dem Weg und bei deinem Niederlegen und bei deinem Aufstehen.

---

[455] Siehe oben 3.3.1.1.
[456] Zur Begründung dieser Deutung von Lehren siehe die Analyse der fünf Lehrreden in Dtn 6–26 sowie Exkurs 3.
[457] Zu Dtn 6,7 bzw. 6,6–9 siehe außer den Kommentaren insbesondere André, „Walk"; Keel, Zeichen; Fischer/Lohfink, Schlüssel; Braulik, Gedächtniskultur, S. 122–128; Talstra, Texts; Barbiero, „Höre Israel", S. 123–128.

8 Und du sollst sie binden als Zeichen auf deine Hand und sie sollen sein Merkzeichen zwischen deinen Augen.
9 Und du sollst sie schreiben auf die Pfosten deines Hauses und auf deine Stadttore.

Die in Dtn 6,6 von dem dtn Mose „heute" den in Moab versammelten Israelitinnen und Israeliten gebotenen Worte (הדברים האלה) sind in synchroner Perspektive die in 6,1 erwähnten Satzungen und Rechtsvorschriften, die in Dtn 12–26 zusammengestellt sind.[458] Diese Worte sollen „auf dem Herzen" sein. Das Herz ist der Aufbewahrungsort für Gottes Worte[459] und steht wohl für Gedächtnis. Sind die Worte – wie hier zu ergänzen ist: dauerhaft – „auf dem Herzen", bedeutet dies sicher auch, dass die Israelitinnen und Israeliten sie auswendig wissen bzw. präsent haben.[460] Über den Weg zum Auswendigwissen wird nichts gesagt. In der dtn Fiktion wird davon ausgegangen, dass die angeredeten Erwachsenen die Gebote durch die Promulgation des Mose direkt aufnehmen und speichern (vgl. Dtn 5,1). Nach V. 7 haben die Erwachsenen dafür zu sorgen, dass auch die nächste Generation die Gebote auswendig lernt. Nachdem durch diese Anweisungen die Kenntnis der Gebote generationenübergreifend (Eltern/Kinder) gesichert ist, folgen in V. 8 f. noch weitere Anweisungen, die die Präsenz der Gebote in Israel gleichsam materiell sichtbar machen: Der einzelne soll die Gebote „zu Schmuck und Bekenntnis"[461] auf Hand und Stirn binden (V. 8) und er soll sie (dauerhaft) auf die Türpfosten des Hauses und der Stadttore schreiben (V. 9).

Die genaue Bedeutung von V. 7 ist allerdings umstritten. Folgende Problemfelder sind zu unterscheiden: 1. Was bedeutet שנן pi. in Dtn 6,7aα? 2. Was bedeutet ודברת בם in Dtn 6,7aβ („sie rezitieren" oder „über sie reden") 3. Wem gilt dieses „Reden"? Diese Fragen sind im Folgenden ausführlich zu diskutieren.

Ad 1: Das Piel von שנן ist in der Hebräischen Bibel nur in Dtn 6,7aα belegt. Nach H. RINGGREN gibt es im Wesentlichen zwei Interpretationsmöglichkeiten:[462] Zum einen wird שנן pi. als Stammesmodifikation von šānan I erklärt und mit „einschärfen" oder „einprägen" übersetzt.[463] Zum anderen wird es als Ne-

---

[458] Nach Rose, 5. Mose Teilband 2, S. 27, wird mit den Worten „vor allem das Gesetzeskorpus Dtn 12–25 ins Auge gefaßt"; Fischer/Lohfink beziehen die Worte auf Dtn 5–26, Schlüssel, S. 182; Christensen, Deuteronomy 1,1–21,9, S. 142, deutet sie als „the book of Deuteronomy".
[459] Vgl. auch Dtn 30,14; Ps 37,31; 119,11; Hiob 22,22; Prov 3,3; 6,21.
[460] Vgl. auch Braulik, Deuteronomium 1–16,17, S. 57; Fischer/Lohfink, Schlüssel, S. 187 f. Es geht nicht darum, dass Gottes Worte „Herzenssache" sein sollen (so Spieckermann, Liebe, S. 193) oder dass das Gesetz dem Erwachsenen „am Herzen liegen" soll (so Nielsen, Deuteronomium, S. 87), es geht in V. 6 und Kontext auch nicht um „Verinnerlichung" (von Rad, Deuteronomium, S. 46) oder um „Personalisierung" (so Rose, 5. Mose Teilband 2, S. 29).
[461] Braulik, Gedächtniskultur, S. 123.
[462] Ringgren, Art. שנן, שנינה/שנן, Sp. 343 f.
[463] Das Verb שנן pi. in Dtn 6,7 übersetzen im Sinn von „einschärfen" bzw. „einprägen" Driver, Deuteronomy, S. 92 („you shall impress them upon thy children", Driver entschied sich in einer späteren Untersuchung allerdings für eine andere Deutung, s. u.); Steuernagel, Deuteronomium, S. 76; König, Deuteronomium, S. 99; Buber/Rosenzweig, Weisung, S. 494; Keel,

3.3. Moses Lehre der Satzungen und Rechtsvorschriften (Dtn 6–26)

benform zu *šānāh* „ein zweites Mal tun, wiederholen" aufgefasst und mit „wiederholen" oder „vorsprechen" übersetzt.[464] Diese zweite Möglichkeit geht auf einen Vorschlag von G. R. DRIVER zurück, der auf Aquila δευτερώσεις, auf die Peschitta *tn(n)â* sowie auf ugar. *tnnth* KTU 1,16,V,8 hinweist.[465] Sein Vorschlag wurde von E. JENNI aufgegriffen und modifiziert: שנן pi. bedeute „das ständige Wiederholen, das die sukzessiven Handlungen, die nur noch im übertragenen Sinn zum zweiten Male geschehen, nicht mehr im Aktualis aussagen kann, sondern im Resultativ zusammenfaßt."[466] Dies erscheint einleuchtend. Der Lernstoff ist den Kindern so lange vorzusprechen, also zu „wiederholen", bis diese ihn gelernt haben. In der Einheitsübersetzung wird שנן pi. Dtn 6,7aα auch mit „wiederholen" übersetzt.[467] G. BRAULIK merkt dazu in seinem Kommentar Folgendes an: „Gelernt wird auf die in der orientalischen Antike typische Weise: der Lehrende spricht den Text vor, die Lernenden wiederholen ihn, und das solange, bis er sitzt."[468] Es darf zwar nicht übersehen werden, dass die Weisung in 6,7aα explizit nur das wiederholte Vorsprechen des Lernstoffes durch die Lehrenden vorschreibt. Doch es ist plausibel, dass die Lernenden den Text auch nachsprechen, so dass man der Deutung von Braulik zustimmen kann.

Ad 2: Wie ist der Ausdruck ודברת בם in V. 7aβ zu verstehen? Bis vor kurzem bestand ein „allgemeiner Konsensus aller Lexika, Kommentare und Wörterbücher"[469], ודברת בם im Sinn von „du sollst über sie reden" oder „du sollst von ihnen reden" zu übersetzen, stellvertretend sei die Übersetzung G. VON RADS von Dtn 6,7 angeführt:[470]

Zeichen, S. 161; Weinfeld, Deuteronomy, S. 332f. („you shall inculcate them to your children"); Rose, 5. Mose Teilband 1, S. 26.29.

[464] Von Rad, Deuteronomium, S. 44; die Einheitsübersetzung (in: Braulik, Deuteronomium 1–16,17, S. 56); Nielsen, Deuteronomium, S. 84; Tigay, Deuteronomy, S. 78.

[465] Driver, Problems, S. 48.

[466] Jenni, Piel, S. 274. Vgl. auch noch Dahood, Philology, S. 74f.; ders., Lexicography, S. 391.

[467] Siehe die Einheitsübersetzung in: Braulik, Deuteronomium 1–16,17, S. 56. Vgl. auch Barbiero, „Höre Israel", S. 127.

[468] Braulik, Deuteronomium 1–16,17, S. 57. Vgl. auch Fischer/Lohfink, Schlüssel, S. 187: „Es [שנן pi.] meint offenbar die damals in den Schulen übliche Methode, Textkenntnis zu vermitteln. Der Lehrer sprach vor, die Schüler sprachen nach: man ‚doppelte'. Das geschah so lange, bis der Text saß." Fischer/Lohfink verweisen in Bezug auf die schulische Lernmethode auf Lemaire, Les écoles, und auf Strack/Stemberger, Einleitung. Es ist allerdings festzuhalten, dass in Bezug auf die Existenz von Schulen in vorexilischer Zeit nichts Genaues bekannt ist, vgl. dazu Anm. 31 in der Einleitung. Zu der von Fischer/Lohfink erwähnten Lehrmethode siehe auch noch oben 2.1.13 (zu Jes 50,4).

[469] Fischer/Lohfink, Schlüssel, S. 182.

[470] Von Rad, Deuteronomium, S. 44; vgl. auch Steuernagel, Deuteronomium, S. 76; Driver, Deuteronomy, S. 92 („and shalt talk of them"); König, Deuteronomium, S. 99; Keel, Zeichen, S. 161; in neueren Kommentaren findet sich diese Übersetzung bei Nielsen, Deuteronomium, S. 84.87; Tigay, Deuteronomy, S. 78, und Christensen, Deuteronomy 1,1–21,9, S. 141.

242   Kapitel 3: Religiöses Lehren und Lernen im Buch Deuteronomium

Und du sollst sie deinen Söhnen vorsprechen und du sollst von ihnen reden, wenn du in deinem Hause weilst, wenn du unterwegs bist, wenn du dich niederlegst und wenn du aufstehst.

Der Konsens diesbezüglich war so einmütig, dass die Übersetzung nicht begründet wurde. Nachdem in einzelnen Bibelübersetzungen dann ohne Angabe von Gründen ודברת בם im Sinn von „du sollst sie rezitieren" wiedergegeben wurde,[471] versuchten G. FISCHER und N. LOHFINK diese Interpretation zu begründen.[472] Ihre These, der sich mittlerweile mehrere Exegeten angeschlossen haben,[473] ist bedenkenswert, sie soll deshalb ausführlicher dargestellt und erörtert werden. Zur besseren Übersicht sei vorab die Übersetzung von Dtn 6,7 durch FISCHER/LOHFINK wiedergegeben:[474]

Du sollst sie deine Kinder lehren.
Und selber sollst du sie vor dich hin summen,
wenn du zu Hause sitzt und wenn du auf der Straße gehst,
bis du dich schlafen legst, sobald du aufstehst.

In ihrer Studie betrachten die Autoren zunächst die Übersetzungen der LXX (6,7: lalēseis en autois; 11,19: lalein auta) und der Vg. (meditari ea/illa) und konstatieren, dass die Übersetzung von ודברת בם im Sinne von „rezitieren" eine gewisse Basis in diesen antiken Übersetzungen habe.[475] Bei den Targumim sei die Lage nicht eindeutig.[476] Im babylonischen Talmud finden sich nach den Autoren „beide Verständnisse"[477]. Ein Blick auf das „lexikalische Umfeld" ergibt nach FISCHER/LOHFINK,[478] dass das Objekt des Redens nach דבר pi. normalerweise durch die Präposition על eingeführt wird. Neben den etwa 50 Belegen der Konstruktion mit על gebe es noch 17 Stellen, wo nach der üblichen Auffassung „reden über" nicht mit על, sondern mit der Präposition ב konstruiert werde. FISCHER/LOHFINK bemerken, dass die Fälle, in denen über ein *sprachliches Gebilde* geredet wird, mit ב eingeführt werden. Es folgt eine Analyse der einzelnen Belege für *dbr* + *b^e* + Lexem für sprachliches Gebilde (Dtn 6,7; 11,18–21;

---

[471] In der „Torah" der „Jewish Publication Society", der „Good News Bible" und der „Guten Nachricht", vgl. die Aufzählung bei Fischer/Lohfink, Schlüssel, S. 182.
[472] Fischer/Lohfink, Schlüssel.
[473] Weinfeld, Deuteronomy, S. 341; Braulik, Gedächtniskultur, S. 122; Rose, 5. Mose Teilband 2, S. 26.29; Barbiero, „Höre Israel", S. 127 f. Unabhängig von Fischer/Lohfink wird die These auch von Talstra, Texts, vertreten (er zitiert Fischer/Lohfink nicht).
[474] Fischer/Lohfink, Schlüssel, S. 195.
[475] Fischer/Lohfink, Schlüssel, S. 183.
[476] Fischer/Lohfink, Schlüssel, S. 184.
[477] Nach Fischer/Lohfink, Schlüssel, S. 184, wird in bBer 2a; bBer 4b; bSukk 25a und mAbot 2,13 die Aussage von Dtn 6,7aβ.b als das Aufsagen des Sch^ema (!) interpretiert (weitere Belege bei Tigay, Deuteronomy, S. 440 f.), in bJom 19b als das Reden über diese Dinge.
[478] Fischer/Lohfink, Schlüssel, S. 184–187.

Dtn 3,26; Ps 119,46; Dan 9,21).[479] In Dtn 6,7aα geht es nach FISCHER/LOHFINK um das Aufsagen von Texten zwecks Vermittlung von Textkenntnis an die folgende Generation. Die Anordnung in Dtn 6,7aβ.b regelt nach den Autoren, was der Israelit tut, wenn „er sie [diese Worte] nicht gerade seine Kinder lehrt"[480]. Die Anordnung „stellt uns einen Israeliten vor Augen, der ständig und überall redend die Lippen bewegt"[481]. Damit würde die Deutung von ודברת בם als „über das Gesetz reden" realistisch betrachtet unwahrscheinlicher als die Bedeutung „das Gesetz aufsagen": „Nun ist der Mensch auch manchmal allein. Selbst wenn er mit anderen im Schatten unter dem Feigenbaum sitzt, unterhält man sich nicht dauernd. *Über* das Gesetz zu reden würde ständiges Sichunterhalten und Diskutieren bedeuten. Das Gesetz *aufzusagen*, es vor sich hin zu sprechen, wäre dagegen ein Tun dessen, der allein ist oder im Kreis der anderen doch nicht gerade selbst das Wort ergriffen hat."[482] Ein weiterer Grund für die Deutung von ודברת בם im Sinne von „das Gesetz aufsagen" wird noch angeführt: Alles in dem Passus 6,6–9 soll nach FISCHER/LOHFINK „den Israeliten auch immer wieder auf den Text des Gesetzes zurückverweisen. Darum geht es dann in 6,8 f."[483] Zumindest das Aufschreiben an den Wänden verlange nach festliegendem Text, selbst wenn nur Partien aus dem Text geschrieben würden. Bis zum Ende des Passus geht es nach FISCHER/LOHFINK also um Text. „Auch das spricht dafür, daß es auch in der Mitte um festliegenden Text, nicht um Reden über ihn ging."[484] Die Übersetzung ‚du sollst sie (= diese Worte) rezitieren' ist nach FISCHER/LOHFINK also „zweifellos möglich, ja sie scheint näherliegend zu sein als das übliche ‚du sollst von ihnen reden'."[485] In Dtn 11,18–21, „als Text eine Variante zu Dtn 6,6–9"[486], wurde nach FISCHER/LOHFINK die Reihenfolge der Aussagen verändert und eine palindromische Struktur geschaffen. Deshalb musste „die Parataxe von 6,7 zu einer einzigen Aussage zusammengezogen werden. Die Wendung *dbr b*ᵉ steht deshalb in einer von *lmd* abhängigen Infinitivgruppe. Diese hat, wie im Deuteronomium häufig, Gerundivbedeutung. Die Vermittlung der Kenntnis des Gesetzestextes an die nächste Generation und die ständige Präsenz des Textes im Munde des Israeliten werden zu einem einzigen Vorgang. Das mag der Sache nach auch schon in 6,6–9 gemeint gewesen sein, doch hier wird es gesagt. Wir haben es mit einer Kultur zu tun, in der zumindest die häusliche Sozialisation dadurch geschieht, daß die Söhne den ganzen Tag über neben ihrem Vater

---

[479] Talstra, Texts, führt im Zuge seiner Untersuchung noch eine weitere Stelle an, nämlich Ez 3,4.
[480] Fischer/Lohfink, Schlüssel, S. 188.
[481] Fischer/Lohfink, Schlüssel, S. 189.
[482] Fischer/Lohfink, Schlüssel, S. 189.
[483] Fischer/Lohfink, Schlüssel, S. 189.
[484] Fischer/Lohfink, Schlüssel, S. 189.
[485] Fischer/Lohfink, Schlüssel, S. 189.
[486] Fischer/Lohfink, Schlüssel, S. 190.

und die Töchter den ganzen Tag über neben ihrer Mutter herlaufen und auf diese Weise alles mittun, was diese tun. Bei diesem Typ von Erziehung ist es aber äußerst unwahrscheinlich, daß die Eltern zu den Kindern vom Gesetz reden. Es liegt näher, daß sie das Gesetz in der Gegenwart der Kinder ständig rezitieren, sodaß diese, mitrezitierend, es ebenfalls bald auswendig können. Man übersetzt in Dtn 11,19 also am besten: ‚Ihr sollt sie euere Söhne lehren, indem ihr sie rezitiert, wenn du in deinem Haus sitzt und wenn du auf der Straße gehst, wenn du dich schlafen legst und wenn du aufstehst'."[487] Nach einer kurzen Untersuchung von Dtn 3,26, Ps 119,46 und Dan 9,21a ziehen FISCHER/LOHFINK dann folgende Bilanz: „An keiner untersuchten Stelle ist die Übersetzung von *dbr* + *b^e* + Lexem für sprachliche Gebilde durch ‚einen Text aufsagen, vortragen; Worte aussprechen' als die einzig mögliche nachweisbar. Wohl aber ist sie in Dtn 6,7; 11,19; Ps 119,46; Dan 9,21 in höherem oder minderem Grad wahrscheinlicher. In Dtn 3,26 ist sie genau so möglich wie die dort konkurrierende ‚über eine Sache sprechen'. Zu beachten ist, daß der Ausdruck nicht notwendig das Sprechen eines festen Textes besagt. In Dtn 3,26 kann freie Rede, in Dan 9,21 freies Gebet gemeint sein. Ferner besagt er nicht notwendig wiederholendes Rezitieren der gleichen Worte. Das ist zwar in Dtn 6,7; 11,19 gemeint, doch wird diese Nuance durch den Zusammenhang eingebracht (‚wenn du zu Hause sitzt und wenn du auf der Straße gehst, wenn du dich schlafen legst und wenn du aufstehst'), nicht durch die Wendung selbst. In Dtn 3,26; Ps 119,46; Dan 9,26 fehlt durch den Kontext ein solches Element."[488] Nach FISCHER/LOHFINK ist nun „noch eine Kontrollfrage fällig: Paßt ein solcher ständig vor sich hin summender Israelit denn in das Buch Deuteronomium hinein?"[489] Durch eine Analyse weiterer dtn Texte (Dtn 17,14–20; 30,11–14; 31,10–13)[490] sehen sie das durch 6,6–9 und 11,18–21 gezeichnete Bild bestätigt und ergänzt, weiterhin verweisen sie noch zwei von Dtn abhängige Belege für einen Gesetz und Tora rezitierenden Israeliten, auf Jos 1,8 und Ps 1,2.[491]

FISCHER/LOHFINK ist darin zuzustimmen, dass es im Deuteronomium bzw. im Umfeld des Deuteronomiums einige sichere Belege für das Bild des in der Tora täglich lesenden bzw. die Tora „Tag und Nacht" rezitierenden Israeliten gibt (Dtn 17,19; Jos 1,8; Ps 1,2).[492] Doch ist der ständig rezitierende Israelit auch in Dtn 6,7 (und Dtn 11,19) gemeint? Betrachtet man noch einmal die Gründe für diese Entscheidung, dann ist Folgendes festzuhalten: Die semantische Untersuchung ergibt, darin ist FISCHER/LOHFINK zuzustimmen, dass bezüglich der

---

[487] Fischer/Lohfink, Schlüssel, S. 191.
[488] Fischer/Lohfink, Schlüssel, S. 194.
[489] Fischer/Lohfink, Schlüssel, S. 195.
[490] Fischer/Lohfink, Schlüssel, S. 195–202.
[491] Fischer/Lohfink, Schlüssel, S. 199–202.
[492] In Dtn 30,14 geht es gegen Fischer/Lohfink m. E. nicht um Rezitieren der Tora, siehe dazu die Exegese unten zur Stelle.

Übersetzung von ודברת בם eine sichere Entscheidung nicht möglich ist.[493] Zu prüfen sind also die inhaltlichen Gründe, die nach FISCHER/LOHFINK die Übersetzung „du sollst sie rezitieren" in Dtn 6,7aβ *wahrscheinlicher* machen. In ihrer Darstellung finden sich zwei Gründe hierfür: Erstens wird ein „realitätsbezogenes" *argumentum ex negativo* angeführt: „Über das Gesetz zu reden [von morgens bis abends] würde *ständiges* [kursiv K. F.] Sichunterhalten und Diskutieren bedeuten." Dies erscheint den Autoren nicht realistisch, denn „der Mensch [ist] auch manchmal allein", und „selbst wenn er [...] mit anderen zusammen ist, unterhält man sich nicht dauernd." Dieses Argument überzeugt jedoch nicht: Ist es nicht genauso „unrealistisch", das Gesetz *ständig* vor sich hin zu summen? Denn ein Mensch isst regelmäßig, er unterhält sich etc. „Realitätsbezogenes" Argumentieren führt *hier* nicht weiter. Zweitens spricht nach FISCHER/LOHFINK die Beobachtung, dass Dtn 6,8 f. den Israeliten auf den Text des Gesetzes verweisen, dafür, „daß es auch in der Mitte [des Passus 6,6–9] um festliegenden Text, nicht um ein Reden über ihn ging." Es ist durchaus zuzugestehen, dass es in dem Passus Dtn 6,6–9 im weiteren Sinn um festliegenden Text geht, doch ist damit keineswegs ausgeschlossen, dass in Dtn 6,7 ein Reden über ihn gemeint sein könnte.

Ad 3: Wem gilt das „Reden"? FISCHER/LOHFINK setzen bei ihrer Interpretation eine deutliche Zäsur zwischen den beiden Anweisungen in Dtn 6,7a. Aus ihrer Übersetzung von ודברת בם mit „und selber sollst du sie *vor dich hin* summen [kursiv K. F.]" geht eindeutig hervor, dass für die Rezitation kein Adressatenkreis nötig ist. E. TALSTRA deutet דבר pi. + ב in Dtn 6,7aβ ebenfalls im Sinne von „rezitieren", doch kommt er zu einem anderen Ergebnis als FISCHER/LOHFINK: „The linguistic analysis of the valency pattern of דבר + ב shows part of the special idiom of the Old Testament: to instruct the Torah to next generations is to be done by recitation, making the text of the Torah heard by means of performance."[494] Talstra versteht also ganz offensichtlich Dtn 6,7aβ in dem Sinn, dass die Gebote *den Kindern gegenüber* rezitiert werden müssen. Übersetzt man ודברת בם nun nicht mit „du sollst sie rezitieren", sondern mit „du sollst *über* die Gebote reden", dann gibt es auch hier zwei Möglichkeiten, ein Objekt zu ergänzen: Die erste Möglichkeit ist diejenige, die FISCHER/LOHFINK zurückweisen, nämlich dass mit anderen *Erwachsenen* ständig über die Gebote geredet werden soll.[495] Die zweite Möglichkeit wird schon von STEUERNAGEL in seinem Kom-

---

[493] Vgl. die vorsichtigen Formulierungen der Autoren: Die Untersuchung der Stellen mit *dbr* + *bᵉ* + *Lexem* für sprachliche Gebilde habe ergeben, dass an „*keiner untersuchten Stelle*" die Übersetzung „einen Text aufsagen, vortragen; Worte aussprechen" „*als die einzig mögliche nachweisbar*" sei (dies., Schlüssel, S. 194). Ihre Übersetzung von ודברת בם in Dtn 6,7aβ mit „du sollst sie rezitieren" halten sie für „*zweifellos möglich*", sie „*scheint*" ihnen „*näherliegend*" zu sein als das übliche „du sollst von ihnen reden" (dies., Schlüssel, S. 191).
[494] Talstra, Texts, S. 75.
[495] So etwa noch Tigay, Deuteronomy, S. 78.

mentar vertreten. Er schreibt zu Dtn 6,7, dass die Worte *den Kindern* durch unablässiges Vorsprechen und Erklären einzuschärfen seien.[496] STEUERNAGEL verbindet also Dtn 6,7aα und Dtn 6,7aβ: Die Erwachsenen müssen die Kinder die Worte lehren und müssen ihnen gegenüber die Worte erklären.[497] Eine Entscheidung für eine der angeführten Möglichkeiten ist allein aufgrund der Formulierung von Dtn 6,7 m. E. nicht zu treffen.

So viel zu diesen drei Problemfeldern. Den entscheidenden Schritt kommt man bei der Interpretation von Dtn 6,7 m. E. nur weiter, wenn man die Parallelstelle Dtn 11,19 mit heranzieht. Festzuhalten ist, dass in Dtn 11,18–20 die Anweisungen aus Dtn 6,6–9 aufgenommen werden, dabei wird teilweise etwas anders formuliert und die Reihenfolge der Anweisungen umgestellt. Im Zuge dieser „Aufnahme" wurde nur ein Vers in seinem Wortlaut stärker verändert: Dtn 6,7. M. E. kann diese Veränderung nur als eine *Verdeutlichung* der nicht eindeutig formulierten Anweisung von Dtn 6,7 verstanden werden, die Dtn 11,19 an einem entscheidenden Punkt leistet. Der hebräische Text des Verses lautet:

ולמדתם אתם את בניכם לדבר בם בשבתך בביתך ובלכתך בדרך ובשכבך ובקומך:

Hier wird der Infinitiv לדבר + בם der *Anweisung, die Kinder die Gebote zu lehren, zugeordnet* (wobei der Infinitiv gerundivisch aufzulösen ist[498]). Im Sinn einer Verdeutlichung zeigt die Formulierung in Dtn 11,19 an, dass דבר pi. + בם in Dtn 6,7aβ als Reden der Erwachsenen *mit ihren Kindern im Zuge der Belehrung* zu verstehen ist.

Offen bleibt von Dtn 11,19 her jedoch, ob דבר pi. + בם in Dtn 6,7aβ meint, dass die Erwachsenen mit den Kindern *über die Gebote reden* sollen, oder ob die Wendung in dem Sinn zu verstehen ist, dass sie ihnen die Gebote *vorsprechen (rezitieren)* sollen. Diese Frage lässt sich auf inhaltlicher Ebene klären: Die Anweisung in Dtn 6,7aα (ושננת לבניך) zielt auf die Lehre der Gebote, die Erwachsenen müssen sie ihren Kindern wiederholt vorsprechen. Will man nicht eine unnötige Doppelung annehmen, so kann die Anweisung in Dtn 6,7aβ (ודברת בם) also kaum in dem Sinne verstanden werden, dass die Erwachsenen ihren Kindern gegenüber die Gebote rezitieren sollen. Es bleibt also nur die Möglichkeit, ודברת בם in dem Sinn zu verstehen, dass die Erwachsenen mit ihren Kindern auch *über* die Gebote reden sollen.

---

[496] Steuernagel, Deuteronomium, S. 76.
[497] Vgl. auch noch Keel, Zeichen, S. 162, und Wevers, Deuteronomy, S. 116, in seiner Deutung der Fassung der LXX von V. 7. Diese Deutung vertritt wohl auch Nielsen Deuteronomium, S. 87. Er schreibt zu Dtn 6,7: Diese Worte „sollen dem Israeliten am Herzen liegen [...], so dass er sie für seine Söhne zu jeder Zeit wiederholen [...] und darüber sprechen kann". Da sich Subjekt und Dativobjekt innerhalb des finalen Nebensatzes nicht ändern, ist zu schließen, dass Nielsen „wiederholen" und „darüber sprechen" den „Söhnen" gegenüber meint. Driver, von Rad und Christensen äußern sich in ihren Kommentaren z. St. in Bezug auf das Dativobjekt nicht.
[498] Siehe dazu die Begründung unten bei Dtn 11,19.

Dtn 6,7b (... בְּשִׁבְתְּךָ בְּבֵיתֶךָ) lässt sich dann auf die beiden in Dtn 6,7a gegebenen Anweisungen beziehen: Die Kinderbelehrung, also die Weitergabe der Gebote und das Reden über die Gebote, hat überall zu geschehen (bei deinem Sitzen in deinem Haus und bei deinem Gehen auf dem Weg) und jederzeit (bei deinem Niederlegen und bei deinem Aufstehen). Es soll also sozusagen ein Raum und Zeit füllendes Geschehen sein.

Die Voraussetzung für dieses intensive Lehren und Lernen ist das enge Miteinander der Generationen im Alltag. Es ist allein in Bezug auf den Arbeits-Alltag nicht anzunehmen, dass die Anweisungen von Dtn 6,7 besagen sollten, die Erwachsenen müssten überall von morgens bis abends *ausschließlich* die Kinder belehren. Es ist vielmehr anzunehmen, dass sie beim alltäglichen Leben, in das die Kinder wohl überwiegend einbezogen waren, sich *auch* Zeit für die Lehre der Kinder nehmen bzw. diese Lehre *bewusst* in den Alltag integrieren sollten.[499]

Leider wird in Dtn 6,7 und auch sonst im Deuteronomium nicht explizit ausgeführt, was genau unter „mit den Kindern über die Gebote reden" gemeint ist. Lässt sich diesbezüglich etwas erschließen? Zunächst ist festzuhalten, dass ein Abschnitt im unmittelbaren Kontext von Dtn 6,6–9, nämlich die im Folgenden ausführlicher zu behandelnde „Kinderkatechese" Dtn 6,20–25 ein Indiz dafür liefert, dass sich die Belehrung der Kinder in Sachen Gesetz nicht „nur" auf das Vorsprechen von Geboten beschränken sollte: In Dtn 6,20 wird die Frage eines Kindes nach dem Sinn des Gesetzes zitiert. Die zitierten Fragen in den wohl im Umfeld des Deuteronomiums entstandenen „Kinderkatechesen" im Buch Exodus weisen ebenfalls darauf hin, dass Gebote Kindern Anlass zu Fragen bieten können.[500] Die Erwachsenen werden aufgefordert, sich dem zu stellen. Eine Durchsicht des dtn Gesetzes (Dtn 12–26) lässt zudem ahnen, welche Punkte ein „Reden über die Gebote" beinhalten könnte. So könnte dieses Reden den Kindern den nötigen (geschichtlichen) Hintergrund zum Verständnis mancher Gebote vermitteln, beispielsweise unter welchen Umständen der in Dtn 16,3 nur kurz erwähnte Auszug aus Ägypten geschah, was es mit der in Dtn 24,9 erwähnten Bestrafung Miriams während des Auszugs auf sich hatte, wer mit dem „aramäischen Vater" in Dtn 26,5 gemeint ist, wie und unter welchen Umständen das in Dtn 17,14 ff. erwähnte Königtum in Israel entstand oder wie und wann der Tempel an dem im dtn Gesetz mehrfach erwähnten von JHWH „erwählten Ort" gebaut wurde. Dieses Reden könnte den Kindern auch wichtige Zusammenhänge erschließen, beispielsweise wann man die jährlichen Ernteerträge verzehnten und sie vor JHWH im Heiligtum verzehren muss (Dtn 14,22 ff.) oder wann man

---

[499] Kinder waren ein ökonomischer Faktor und wurden in die alltägliche Arbeit der Eltern mit einbezogen, vgl. Blenkinsopp, Family, S. 56 f.; Meyers, Family, S. 27 f.

[500] Ex 12,26–28; 13,14–16, vgl. auch Ex 13,8 f. Die Katechesen in Jos 4,6 f. und 4,21–24 beziehen sich nicht auf ein Gesetz, sondern auf den Sinn der Gedenksteine. Diese „Kinderkatechesen" sind wohl jünger als der grundlegende Text Dtn 6,20–25, vgl. Fabry, Gespräch, S. 757; Perlitt, Ermutigung, S. 146; Veijola, Heilshandeln, S. 27. Siehe auch unten zu Dtn 6,20–25.

die Erstlinge der Feldfrüchte ins Heiligtum bringen muss (Dtn 26,1 ff.). Die Liste ließe sich beliebig verlängern, die genannten Beispiele genügen aber schon, um zu zeigen, dass ein „Reden über die Gebote" mit den Kindern in diesem Sinn keine überflüssige Übung ist, sondern dass dieses Reden eine notwendige pädagogische Funktion hat.

Im Übrigen ist festzuhalten, dass in Dtn 6,7 und auch sonst im Deuteronomium nicht explizit ausgeführt wird, wie alt die Kinder beim Beginn solch intensiver (systematischer) Belehrung sein sollen.[501] Man kann wohl aus den Anweisungen in Dtn 31,12 f. diesbezüglich einen Schluss ziehen (siehe unten die Exegese zur Stelle), doch explizit äußerten sich hierzu erst die Rabbinen.[502]

Abschließend sind noch einige Bemerkungen im Hinblick auf Lehrende und Lernende zu machen. In Dtn 6,4 redet der dtn Mose – wie schon mehrfach betont – das (nach der dtn Fiktion) in Moab versammelte Israel an, also „alle Generationen und Geschlechter"[503], de facto *Erwachsene* (dies wird klar durch die Formulierung: „deine Kinder") und natürlich Männer *und* Frauen. Ab Dtn 6,5 verwendet der dtn Mose nur „maskuline" Formen. Doch ist nicht anzunehmen, dass Mose jetzt nur die männlichen Israeliten anreden will: Es wäre kaum plausibel, dass nur die Männer JHWH lieben (Dtn 6,5) oder die Gebote auswendig wissen sollen (Dtn 6,6).[504] Insofern sind dann auch *Männer und Frauen als Lehrpersonen* in Dtn 6,7 angesprochen.[505] Weiter ist zu schließen, dass mit „Kindern" (בנים) in 6,7aα *Jungen und Mädchen* gemeint sind. Denn sollen Männer wie Frauen die Gebote auswendig wissen (Dtn 6,6), so müssen diese Gebote selbstverständlich auch den Mädchen[506] zur Kenntnis gebracht werden.[507]

---

[501] Fischer/Lohfink merken zu Dtn 11,19 an, dass die Kinder lernen, indem sie im Alltag nachmachen, was die Eltern tun (in diesem Fall nach Fischer/Lohfink „rezitieren"). Damit erübrigt sich natürlich die Frage nach einem „Beginn" dieses Lernens. Zur Kritik an ihrer Exegese von Dtn 11,19 siehe unten zur Stelle.

[502] Vgl. etwa den bekannten im Namen von R. Jehuda b. Tema überlieferten Spruch in mAbot 5,21: „Mit fünf Jahren zur Bibel, mit zehn zur Mischna, mit dreizehn zur Gebotsbeobachtung, mit fünfzehn zum Talmud." Zum rabbinischen Schulwesen siehe insbesondere Strack/Stemberger, Einleitung, S. 18 f., und Heszer, Palestine, S. 39 ff.

[503] Braulik, Gedächtniskultur, S. 122.

[504] So auch schon Lohfink, Glaube, S. 154.

[505] Anders Nielsen, Deuteronomium, S. 86: „Der [in Dtn 6,4–9 ausgesprochene] Befehl richtet sich zugleich an das Volk und an jeden einzelnen (männlichen) Israeliten"; Fox, Art. Erziehung, Sp. 1510: „Jeder männliche Israelit soll die Worte des Bundes seinen Kindern einschärfen."

[506] Vgl. auch Barbiero, „Höre Israel", S. 127, Anm. 135. Von einer Belehrung nur der Söhne gehen aus Keel, Zeichen, S. 161 f.; Nielsen, Deuteronomium, S. 86.87; Rose, 5. Mose Teilband 1, S. 26. In rabbinischer Zeit wurde der religiöse Unterricht – u. a. mit Berufung auf Dtn 11,19 – für Mädchen mehrheitlich abgelehnt (nach Siphre Dev 46 zu Dtn 11,19, Ed. Finkelstein, S. 104, sind die בנים, d. h. die Söhne, und nicht die Töchter [בנות] zu belehren); zum Thema Mädchen/Frauen und Torastudium siehe besonders Ilan, Women, S. 190–204.

[507] Hinzuweisen ist hier noch auf eine Aussage in den im Deuteronomium mehrfach rezipierten VTE (vgl. zur Rezeption insbesondere Steymans, Deuteronomium 28, passim; Otto,

3.3.2.3. Dtn 6,20–25: Wenn dich dein Kind morgen fragt

Der nächste zu behandelnde Text ist Dtn 6,20–25:[508] In dieser „Kinderkatechese"[509] wird zwar kein Lehr- und Lernvokabular verwendet, sie „gehört aber der Sache nach in den Bereich der Erziehung"[510] bzw. zum Themenbereich Lehren und Lernen. Zunächst die Übersetzung:

> 20 Wenn dich dein Kind morgen fragt: ‚Was (hat es auf sich mit) den Vorschriften, [und][511] den Satzungen und Rechtsvorschriften, die JHWH, unser Gott, euch gebot?',
>
> 21 dann sollst du deinem Kind antworten: ‚Wir waren Sklaven des Pharaos in Ägypten, und JHWH führte uns aus Ägypten heraus mit starker Hand.
>
> 22 Und JHWH wirkte große und schlimme Zeichen und Wunder wider Ägypten, wider den Pharao und wider sein ganzes Haus vor unseren Augen.
>
> 23 Und uns führte er vor dort heraus, damit er uns herkommen lasse, uns das Land zu geben, das er unseren Vätern zugeschworen hatte.
>
> 24 Und JHWH gebot uns, alle diese Satzungen zu tun, JHWH, un-

---

Theologie, S. 3ff.): „283 Dieser Vertrag, den Asarhaddon, König von Assyrien, 284 zugunsten Assurbanipals, des Kronprinzen vom ‚Nachfolgehaus', 285 und seiner Brüder, der Söhne der Mutter Assurbanipals, des Kronprinzen 286 vom ‚Nachfolgehaus', festgesetzt und mit euch 287 geschlossen hat, wobei er euch einen Eid hat schwören lassen, 288 (wenn) ihr euren Söhnen und Enkeln, euren Nachkommen 289 und späteren Generationen, die nach dem Vertragsschluß in der Zukunft 290 da sein werden, nicht sagt und ihnen nicht den Befehl 291 erteilt: ‚Schützt diesen Vertrag, 292 versündigt euch nicht an eurem Vertrag, 293 richtet nicht eure Seelen zugrunde, 294 setzt nicht euer Land der Zerstörung und eure Leute 295 der Deportation aus. 296 Dieses Wort, das Göttern und Menschen genehm ist, 297 möge auch euch genehm sein und euch gefallen (...)'", VTE § 25 (in: TUAT Bd. I, S. 167). Auf den Zusammenhang der Texte wurde schon gelegentlich hingewiesen, vgl. Frankena, Vassal-Treaties, S. 141 f.; Loza, Les catéchèses, S. 491; Weinfeld, School, S. 302; Barbiero, „Höre Israel", S. 154. Bekam das dtn Lehr- und Lernprogramm, dessen „älteste Paränese" (Braulik, Gedächtniskultur, S. 122) wohl Dtn 6,6*–9 ist, seinen entscheidenden Impuls aus den VTE?

[508] Zu Dtn 6,20–25 siehe außer den Kommentaren insbesondere noch Soggin, Sagen; Loza, Les catéchèses; Braulik, Gesetz als Evangelium, S. 134 ff.; Fabry, Gespräch; Perlitt, Ermutigung; Veijola, Heilshandeln; Barbiero, „Höre Israel", S. 151–164. Im Unterschied zu Dtn 6,20 beziehen sich die Kinderfragen in Ex 12,26–28; 13,8 f.; 13,14–16; Jos 4,6 f. und 4,21–24 auf *einzelne* Gebote bzw. Gebräuche. Ob die Kinderfragen einen bestimmten Sitz im Leben bzw. Sitz im Gottesdienst hatten (so etwa Soggin, Sagen, S. 345 f.; Fabry, Gespräch, S. 757), ist fraglich, skeptisch auch Nielsen, Deuteronomium, S. 92 f., und Veijola, Heilshandeln, S. 27. Zu außerisraelitischen Parallelen siehe Loza, Les catéchèses, S. 419 ff.

[509] Es ist mehrfach m. E. zu Unrecht bestritten worden, dass es in 6,20–25 primär um familiäre Kinderbelehrung gehen soll, vgl. Fabry, Gespräch, S. 757; Veijola, Heilshandeln, S. 28.

[510] Braulik, Gedächtniskultur, S. 127.

[511] Wie in Dtn 4,45 ist עדת hier wohl als Oberbegriff zu verstehen, Satzungen und Rechtsvorschriften als Apposition; der Version des Sam folgen hier auch noch Braulik, Ausdrücke, S. 36, Anm. 111; Lohfink, Neubegrenzung, S. 230; Barbiero, „Höre Israel", S. 155 f. Siehe auch die Anm. zur Übersetzung von Dtn 5,31.

seren Gott, zu fürchten, damit es uns gut ergehe alle Tage, damit er für unseren Unterhalt aufkomme, wie es heute der Fall ist.
25 Und es wird uns Gerechtigkeit eignen, wenn wir darauf achten, dieses ganze Gebotene zu tun vor JHWH, unserem Gott, wie er uns gebot.'

In V. 20a wird ein fragendes Kind vorgestellt. Wenn die Analyse von Dtn 6,7 richtig ist und also Jungen und Mädchen in Sachen Gesetz von Vätern und Müttern zu belehren sind, dann wird man auch in Dtn 6,20ff. fragendes Kind und Lehrperson nicht auf Sohn und Vater beschränkt sehen dürfen.[512] Das fragende Kind kann also Junge oder Mädchen sein, die antwortende Person Vater oder Mutter.[513] Das Kind fragt „morgen", also dann, wenn Israel sich im Land befindet und das Gesetz hält, und wenn Israel die in Dtn 6,6–9 gegebenen Weisungen zum Umgang mit dem Gesetz befolgt.

Über das vorgestellte Kind lässt sich durch Analyse der in Dtn 6,20b zitierten Frage einiges erschließen: Es ist ein Kind, das einen recht genauen Begriff von dem dtn Gesetz (Dtn 12–26) hat: Es nennt Vorschriften sowie Satzungen und Rechtsvorschriften.[514] Doch es versteht noch nicht die Bedeutung dieses von JHWH gebotenen Gesetzes: „Was hat es auf sich mit den Vorschriften?"[515] Es weiß, dass JHWH „unser Gott" ist. Es hat also eine Vorstellung von JHWH und eine Vorstellung von einer Gemeinschaft. Es kann Gesetz und JHWH in Beziehung setzen: Es weiß, dass JHWH das Gesetz geboten hat. Auffällig ist die Formulierung in V. 20bβ, dass JHWH, „unser" Gott dieses Gesetz „*euch*" gebot. Wie ist dies zu erklären?[516] Eine Möglichkeit ist, „euch" ausschließlich in „realem" Sinn zu deuten und auf die Elterngeneration (die Moabgeneration) des fragenden Kindes von „morgen" zu beziehen. Demnach würde das Kind wissen, dass dieser (und keiner anderen) Generation von JHWH das Gesetz durch Mose ver-

---

[512] Mit „Sohn" übersetzen בן hier Driver, Deuteronomy, S. 96; von Rad, Deuteronomium, S. 45; Fabry, Gespräch, S. 754; die Einheitsübersetzung (in: Braulik, Deuteronomium 1–16,17, S. 60); Perlitt, Ermutigung, S. 145; Weinfeld, Deuteronomy, S. 331; Rose, 5. Mose Teilband 2, S. 443; Nielsen, Deuteronomium, S. 91; Veijola, Heilshandeln, S. 26; auch Spieckermann, Liebe, S. 195, und Barbiero, „Höre Israel", S.. 154, charakterisieren die Frage in Dtn 6,20 als „Sohnesfrage". Anders Christensen, Deuteronomy 1,1–21,9, S. 149 („child").

[513] So auch noch Braulik, Gesetz als Evangelium, S. 134: „Durch dieses Glaubensbekenntnis beantworten nämlich die Eltern die Frage der Kinder."

[514] Die (synonym zu verstehenden) Gesetzesbegriffe schließen m. E. nicht Dtn 5–11 ein, anders Rose, 5. Mose Teilband 2, S. 447; Veijola, Heilshandeln, S. 29. Vgl. zur Diskussion Exkurs 3 (Zur Bedeutung der Satzungen und Rechtsvorschriften).

[515] Gefragt wird nach Sinn, Bedeutung oder Bewandtnis des Gesetzes, vgl. auch von Rad, Deuteronomium, S. 45; Perlitt, Ermutigung, S. 148; Weinfeld, Deuteronomy, S. 331; Rose, 5. Mose Teilband 2, S. 443; Nielsen, Deuteronomium, S. 91; Braulik, Gedächtniskultur, S. 127; Veijola, Heilshandeln, S. 28.

[516] In der LXX und der Vg. steht „euch" statt „uns", vgl. dazu besonders Weinfeld, Deuteronomy, S. 336.

mittelt geboten wurde. Die Konsequenz wäre, dass das Kind auch als Erwachsener immer noch sagen müsste: das Gesetz, das JHWH „euch" gebot bzw. das JHWH „meinen Eltern" gebot. Dies kann jedoch so nicht gemeint sein, denn die nach der dtn Fiktion von Mose in Moab angeredeten Eltern sollen hier ohne Zweifel alle zukünftigen Eltern-Generationen repräsentieren. M. E. ist das „euch" vielmehr Ausdruck dafür, dass das Kind sich in Bezug auf das Gesetz noch nicht der *Gemeinschaft zugehörig fühlt*. Das Gesetz ist noch nicht seine Sache.[517] Die Frage ist, ob sich in der Antwort des Vaters bzw. der Mutter auch ein Hinweis darauf findet, dass das Kind „*unser*" Gesetz sagen lernen soll.

Die relativ ausführliche Antwort wird dem Vater bzw. der Mutter vorgegeben (V. 21–25). Sie ist zweigeteilt:[518] In einem ersten Teil (V. 21–23) soll der Exodus im Zentrum stehen, und zwar der Exodus als „unsere" Errettung durch JHWH aus der pharaonischen Versklavung (V. 21 f.) und der Exodus als Bedingung von JHWHs Einlösung seines Väterschwurs, „uns" das Land zu geben (V. 23). Anhand der Exoduserzählung wird deutlich: JHWH ist der „uns" rettende und der „uns" treue Gott. Erst nachdem dies von Vater bzw. Mutter quasi als Bekenntnis ausgesprochen wurde, kann es im zweiten Teil der Antwort (V. 24 f.) nun auch um den Gehorsam fordernden JHWH gehen.[519] JHWH gebot „uns" Gesetzesgehorsam und damit auch JHWH-Furcht,[520] doch nicht, um „uns" pharaonenhaft zu versklaven, sondern „uns" zum Besten dienend: So wird es „uns" immer gut gehen, so wird JHWH für unseren Lebensunterhalt aufkommen[521] – wie es „heute" tatsächlich erlebbar ist (V. 24b). Abschließend wird ein weiterer Grund angeführt, das Gesetz zu tun: Nur wenn „wir" vor JHWH das Gesetz dauerhaft halten, können „wir als „gerecht" gelten (V. 25).[522]

Der Vater bzw. die Mutter haben also im Zuge ihrer Antwort erklärt, welche Bedeutung das von JHWH gebotene *Gesetz* hat bzw. warum das *von JHWH ge-*

---

[517] Nach Perlitt, Ermutigung, S. 148, und Veijola, Heilshandeln, S. 28, kann die Kenntnis des Gesetzes bei den fragenden Kindern vorausgesetzt werden. M. E. ist dies eher unwahrscheinlich.

[518] Siehe auch Perlitt, Ermutigung, S. 150; Braulik, Deuteronomium 1–16,17, S. 61; Veijola, Heilshandeln, S. 29.

[519] Vgl. auch Perlitt, Ermutigung, S. 150: „So ergibt sich eine Zweiteiligkeit der Antwort von höchster Sachgemäßheit: Er gab (V. 21–23), er gebot (V. 24 [...]). Diese Abfolge ist unumkehrbar, und es ist diese Unumkehrbarkeit, aus der ein gesamtbiblisches Theologumenon herauswuchs: Der den Gehorsam fordert, ist nicht unbekannt, fremd, verborgen."

[520] Der Gebotsgehorsam ist Ausdruck der JHWH-Furcht, vgl. auch Braulik, Gesetz als Evangelium, S. 136 f.

[521] Zu dieser Bedeutung von חיה pi. hier siehe insbesondere Lohfink, Deuteronomium 6,24. Nicht Israel ist das Subjekt von חיה pi., so etwa Jacobs, Life, S. 194 f.

[522] Die צדקה eignet nur, wenn (כי) das Gesetz getan wird, sie ist also die Folge des Gebotsgehorsams. Anders Braulik, Gesetz als Evangelium, S. 137, nach dem es „beim ‚Im-Recht-Sein (vor Gott)' um einen bereits vorgegebenen Zustand" geht. Braulik merkt noch an: „Eigenartigerweise wird dieser Text gerade von protestantischen Exegeten im Sinn einer Leistungsgerechtigkeit interpretiert, die erst auf das menschliche Verhalten folgt", a. a. O., S. 138, Anm. 43.

botene Gesetz gehalten werden muss. Die Frage ist nun noch, ob das Kind durch die „Katechese" angeregt werden soll, „unser" Gesetz zu sagen. Die positive Antwort auf diese Frage liegt wohl in dem „transhistorischen" Gebrauch der 1. Person pl. durch den Vater bzw. durch die Mutter verborgen. In V. 21–23 bezeichnet das „Wir" offenkundig nicht die befragte Generation selbst, sondern diese schließt sich mit der Ägypten- und der Exodusgeneration zusammen:[523] Die Moabgeneration war ja nicht in Ägypten versklavt, allenfalls die Ältesten der von dem dtn Mose angeredeten Erwachsenen in Moab können nach der dtn Fiktion beim Exodus als Kinder dabeigewesen sein. In V. 24–25 bezieht sich das „Wir" auf jeden Fall auf die Moabgeneration. Doch hier weist das „Wir" zugleich über sie hinaus: Denn das Gesetz soll sicher auch *allen kommenden* Generationen zum Besten dienen und *jede kommende* Generation wird als gerecht gelten, die es hält. Dadurch wird das Kind (als Vertreter der nächsten Generation) implizit in die Gemeinschaft einbezogen – im Übrigen wohl auch durch das in allen Versen fast stakkatohaft verwendete und so die Gemeinschaft beschwörende „Wir". Dies kann als Indiz dafür gewertet werden, dass die Antwort der Eltern das Kind ermutigen soll, sich als Teil des „Wir" zu begreifen, genauer, als des „Wir" vor JHWH. Die *volle* Bedeutung des von JHWH gebotenen Gesetzes kann das Kind jedenfalls erst erfassen, wenn es lernt, mit den Erwachsenen zu sagen: Es wird uns Gerechtigkeit eignen, wenn wir darauf achten, dieses ganze Gebotene zu tun *vor JHWH, unserem Gott, wie er uns gebot* (V. 25).

Im Hinblick auf die Rolle des Vaters bzw. der Mutter als Lehrpersonen, auf die im Deuteronomium nur an dieser Stelle ausführlicher eingegangen wird, sind noch zwei Dinge festzuhalten: Die Eltern (d. h. auch alle zukünftigen Eltern) werden erstens „zeitübergreifend" zu *Zeugen*[524] gemacht, d. h. sie müssen die wunderbaren Taten JHWHs als *selbst gesehen*,[525] seine heilvolle Zuwendung als *an sich selbst erfahren* und sein Gebot, das Gesetz zu tun, als *an sie selbst ergangen* bezeugen. Diese „zeitübergreifende" Zeugenschaft ist eine wesentliche Voraussetzung dafür, dass religiöse Tradition – und hier insbesondere das Gesetz – von der nächsten Generation als glaubwürdig, als bleibend aktuell und als unmittelbar angehend wahrgenommen werden kann. Der Vater bzw. die Mutter sind als Lehrpersonen zweitens nicht nur gewissermaßen „privat" als Eltern ihrer Kinder angesprochen, sondern sie werden als *Repräsentanten des JHWH-*

---

[523] Vgl. auch Perlitt, Ermutigung, S. 150: „Die Antwort erfolgt mit einem verblüffenden Stilmittel, dem der Gleichzeitigkeit der Zeugen mit der Exodus- und Sinaigeneration: היינו = ‚wir waren ...'. [...] Die Generationen werden also im Bekenntnis zusammengebunden. Wer dieses ‚wir' verweigert, zählt nicht zu den aus Ägypten Herausgeführten, fällt aus Israel heraus, das sich demnach nicht primär in biologischer Kontinuität, sondern in diesem ‚wir' begriff."

[524] So auch Perlitt, Ermutigung, S. 150; Assmann, Gedächtnis, S. 218; Rose, 5. Mose Teilband 2, S. 447.

[525] Vgl. V. 22: „vor unseren Augen" (לעינינו). Die Augenzeugenschaft spielt auch in Dtn 4,9 und Dtn 11,2 eine Rolle, siehe die Exegesen zur Stelle.

Volkes Israel gesehen, was sich insbesondere an der kollektiven Redeweise („wir") zeigt. Dies ist die Voraussetzung dafür, dass die Kinder religiöse Tradition als die Gemeinschaft des JHWH-Volkes konstituierendes Wissen ansehen und sich selbst als Teil dieser religiösen Gemeinschaft begreifen lernen. Damit kann kollektive Identität generationenübergreifend gesichert werden.

Schon mehrfach ist auf die thematische Verwandtschaft zwischen Dtn 6,7 und Dtn 6,20–25 hingewiesen worden.[526] Beidesmal geht es um Erziehung der Kinder durch die Eltern in Sachen Gesetz. G. BRAULIK ist in seinem Urteil zuzustimmen, dass sich „die beiden pädagogischen Anordnungen ergänzen"[527]. Doch wie ist diese Ergänzung genau zu bestimmen?[528] Dtn 6,7 weist, wie oben dargelegt, die Eltern an, die Gebote zu lehren und mit ihren Kindern über die Gebote zu reden. Dtn 6,21–25 weist die Eltern an, dem fragenden Kind über die Bedeutung des Gesetzes Auskunft zu geben. Damit könnte man Dtn 6,20–25 als eine Art „Deutehorizont" für die in Dtn 6,7 geforderte Kinderlehre verstehen. Denn das Lernen der einzelnen Gebote und die Rede über diese Gebote ist unter pädagogischem Gesichtspunkt nur sinnvoll, wenn verstanden wird, was der Sinn „dieses ganzen Gebotenen" (כל המצוה הזאת, V. 25b) ist.

3.3.2.4. Dtn 8,5: Du sollt erkennen, dass dich JHWH erzieht wie ein Mann seinen Sohn

Im Rahmen der zweite Lehrrede wird im zweiten Abschnitt (Dtn 8,1–5) eine Aussage über JHWHs Erziehung Israels getroffen:[529]

> 1   All das zu Gebietende, das ich dir heute gebiete, achtet zu tun, damit ihr am Leben bleibt, euch vermehrt, kommt und das Land in Besitz nehmt, das JHWH euren Vätern zuschwor.
> 2   Und (dazu) sollst du dich erinnern an den ganzen Weg, den JHWH, dein Gott, dich gehen ließ in der Wüste diese vierzig Jahre, damit er dich demütige, dich zu prüfen um zu erkennen, was in deinem Herzen ist, ob du seine Gebote[530] hältst oder nicht.

---

[526] Seitz, Studien, S. 70 f.; Weinfeld, Deuteronomy, S. 356; Rose, 5. Mose Teilband 2, S. 447; Tigay, Deuteronomy, S. 82; Finsterbusch, Bezüge; Barbiero, „Höre Israel", S. 155.

[527] Braulik, Gedächtniskultur, S. 127.

[528] Braulik, Gedächtniskultur, S. 127, bestimmt die Ergänzung folgendermaßen: „Wird der Text nach 6,6–9 ständig rezitiert, also gedächtnisbezogen gelernt, so wird nach 6,20–25 situationsbezogen über ihn geredet, also verstandesmäßig gelernt." Da Dtn 6,7 m. E. gegen Braulik keine Weisung zur ständigen Rezitation des Gebotestextes enthält, muss das Verhältnis der beiden Stellen entsprechend anders bestimmt werden.

[529] Siehe zu Dtn 8,1–5(6) außer den Kommentaren noch Perlitt, Mensch; Achenbach, Israel, S. 312–320; Veijola, Mensch; Gomes, Wüste, S. 142–149.

[530] Nach dem Qere (מצותיו) mit der Mehrheit der Exegeten, vgl. Weinfeld, Deuteronomy, S. 385 f.; Rose, 5. Mose Teilband 2, S. 457; Nielsen, Deuteronomium, S. 104; Gomes, Wüste, S. 122; Christensen, Deuteronomy 1,1–21,9, S. 168.

254 *Kapitel 3: Religiöses Lehren und Lernen im Buch Deuteronomium*

> 3 Er demütigte dich, er ließ dich hungern, er ließ dich Manna essen, das weder dir noch deinen Vätern bekannt war, damit er dir zu erkennen gebe: Der Mensch lebt nicht vom Brot allein, sondern der Mensch lebt von allem, was aus dem Munde Gottes hervorgeht.
> 4 Deine Kleidung an dir nutzte sich nicht ab und dein Fuß schwoll nicht an diese vierzig Jahre.
> 5 Also sollst du erkennen mit deinem Herzen[531]: Wie ein Mann seinen Sohn erzieht, so erzieht dich JHWH, dein Gott.

Gelegentlich wird יסר pi. in V. 5 mit „züchtigen" übersetzt.[532] Um diese Übersetzung auszuschließen und um die Übersetzung mit „erziehen" zu begründen, ist vor allem der vorausgehende Kontext zu analysieren, denn in V. 5 soll Israel die Schussfolgerung aus dem zuvor Dargelegten ziehen. Da der Abschnitt im Rahmen der Analyse der zweiten Lehrrede schon einmal besprochen wurde, kann dies hier kurz geschehen.

Nach einer Aufforderung des dtn Mose zum Halten der Gebote (V. 1) folgt eine Aufforderung zur Erinnerung an die vierzig Jahre, die JHWH Israel in der Wüste gehen ließ (V. 2a). Dabei ließ JHWH Israel hungern und speiste es mit Manna (V. 3a). JHWHs Handeln geschah, wie aus V. 2 und V. 3 weiter hervorgeht, in bestimmter pädagogischer Absicht: Durch die Erfahrung des langen Wüstenaufenthaltes wollte JHWH Israel prüfen, um zu erkennen, ob es in dieser schwierigen Situation die Gebote halten würde (V. 2b). Durch die Speisung mit dem unbekannten Manna wollte er Israel unter anderem zeigen, dass der Mensch nicht nur durch die ihm von JHWH zugedachte Nahrung, sondern auch durch JHWHs Weisungen und Gebote lebt (V. 3). In V. 4 wird zwar JHWH nicht erwähnt. Da es in den beiden vorausgehenden Versen um JHWHs Handeln an Israel in der Wüste geht, ist zu schließen, dass dies auch hier Thema ist: JHWH bewahrte während der 40jährigen Wüstenzeit die Kleidung der Israelitinnen und Israeliten und ließ die Füße „ungeschwollen". Aus dem komplexen Befund in 8,2–4 (JHWH bescherte seinem Volk in der Wüste keineswegs *nur* Leiden und Mühsal)[533] ist also zu schließen, dass die Wiedergabe von יסר pi. mit „züchtigen" in Dtn 8,5 zu einseitig ist. Die Wiedergabe mit „erziehen" ist dem Befund angemessener.[534] Von

---

[531] Man könnte das Nomen לב hier auch mit „Verstand" wiedergeben (vgl. Dtn 29,3), zu der noetischen Funktion des „Herzens" siehe Janowski, Konfliktgespräche, S. 168 ff.

[532] Driver, Deuteronomy, S. 108 („discipline"); Buber/Rosenzweig, Weisung z. St.; McKay, Love, S. 432 („discipline"); Achenbach, Israel, S. 318; Weinfeld, Deuteronomy, S. 385.390 („discipline"); die neue JPS-Übersetzung (in: Tigay, Deuteronomy, S. 93, „discipline"); Christensen, Deuteronomy 1,1–21,9, S. 168 („discipline").

[533] Zu einseitig etwa Achenbach, Israel, S. 318: „Die Leiden des Wüstenzugs werden verglichen mit denen der Züchtigung des Sohnes durch den Vater", und Branson, Art. מוסר/יסר, Sp. 691, der im Hinblick auf Dtn 8,5 bemerkt: „Die Belehrung יסר kann dabei durch die Mühsal der Wüstenwanderung [...] gegeben werden."

[534] So auch von Rad, Deuteronomium, S. 50; Perlitt, Mensch, S. 81; die Einheitsübersetzung

3.3. Moses Lehre der Satzungen und Rechtsvorschriften (Dtn 6–26)

Dtn 8,2–4 her ergibt sich also, dass „väterliche Erziehung" folgende „Elemente" beinhaltet: die Anwendung harter Erziehungsmaßnahmen in pädagogischer Absicht; zugleich aber auch fürsorgliche Hinwendung zu dem Sohn.

Israel soll laut V. 5 erkennen (ידע q.), dass JHWH Israel väterlich[535] erzieht. Was soll diese Erkenntnis austragen?

Zum ersten kann diese Erkenntnis sicher eine Art „Deutehilfe" für die gemachten Erfahrungen in der Wüste sein, indem sie hilft, das Handeln JHWHs im Rückblick einzuordnen: Sie „rechtfertigt" die gewählten Mittel, denn im Rahmen der (Israel ja bekannten) väterlichen *Erziehung* werden auch harte Erziehungsmaßnahmen ergriffen.[536] Sie „erklärt" aber auch die fürsorglichen Züge, denn *väterliche* Erziehung heißt eben nicht nur harte Erziehung.[537]

Zum zweiten soll Israel nach Mose nicht erkennen, dass JHWH Israel *erzogen hat*, sondern dass er Israel *erzieht*.[538] Die Erziehung Israels ist mit der Wüstenzeit nicht abgeschlossen. Formuliert wird mit Dtn 8,5 ein Leitspruch für das aktuelle und zukünftige Erziehungshandeln JHWHs. Sicher wird JHWH auch in Zukunft Israel prüfen, wie es denn mit seinem Gebotsgehorsam steht und ihm diesbezüglich erziehend einige Einsichten vermitteln. Israel kann nun nicht gut JHWH als seinen Erzieher erkennen, ohne ihn als solchen auch *anzuerkennen*. Damit beinhaltet V. 5 die Aufforderung, dass sich Israel „heute" und weiterhin wie ein Sohn *erziehen lassen soll*. Sich-Erziehen-Lassen meint im Kontext insbesondere, dass Israel sich „heute" (am Ende der Wüstenzeit) und in Zukunft bemühen soll, die *Gebote JHWHs unter allen Umständen zu halten*. Israel sollte also motiviert sein, der den Abschnitt eröffnenden Aufforderung des dtn Mose (V. 1) nachzukommen.

Zu beachten ist in diesem Zusammenhang noch die Formulierung, dass Israel „mit dem Herzen" (עם לבבך) erkennen soll (8,5a). Dies bedeutet doch wohl vor allem, dass die Erkenntnis bleibend im Herzen bewahrt werden soll. Das im Herzen, dem Organ der Erkenntnis und dem Sitz des Erinnerungsvermögens bewahrte „Glaubenswissen" kann und soll Israel ermöglichen, auch künftige Erfahrungen zu reflektieren und einzuordnen.

(in: Braulik, Deuteronomium 1–16,17, S. 69); Rose, 5. Mose Teilband 2, S. 457; Nielsen, Deuteronomium, S. 104; Veijola, Mensch, S. 158, und Gomes, Wüste, S. 79.

[535] Auffallend ist die Vermeidung des Titels אב („Vater") für JHWH. Bedenkenswert dazu die Überlegung von Römer, Väter, S. 81: „Es ist m. E. nicht völlig abwegig anzunehmen, daß die Metapher [Mann] in Dtn 8 sich durch die Erwähnung der אבות in V. 3 nahegelegt hat – vielleicht daher auch hier die Zurückhaltung in der Anwendung von אב auf Yhwh."

[536] So wird körperliche Züchtigung häufig empfohlen, vgl. Prov 10,13; 13,24; 19,18; 23,13f.; 29,15.17; vgl. dazu Sæbø, Art. יסר, Sp. 739; Fox, Art. Erziehung, Sp. 1510; zur den vielen Aussagen bezüglich der Erziehungsmethoden im alten Ägypten siehe insbesondere Brunner, Erziehung, S. 56 ff.

[537] Vgl. auch Dtn 1,31: JHWHs Handeln in der Wüste wird verglichen mit einem Vater, der seinen Sohn trägt. Zu Bezügen zwischen Dtn 1,13 und Dtn 8,5 vgl. Gomes, Wüste, S. 78–80.

[538] Vgl. auch Rose, 5. Mose Teilband 2, S. 460.

256 *Kapitel 3: Religiöses Lehren und Lernen im Buch Deuteronomium*

3.3.2.5. Dtn 11,2: Ihr sollt heute die Erziehung JHWHs erkennen

Noch einmal ist im Deuteronomium die Rede von der Erziehung JHWHs, nämlich in Dtn 11,1–7, im zweiten Abschnitt der vierten Lehrrede:[539]

1 Und du sollst JHWH, deinen Gott, lieben und du sollst sein zu Haltendes halten, [und][540] seine Befehle, Rechtsvorschriften und Gebote alle Tage.

2 Und (dazu) sollt ihr heute erkennen – denn wahrlich[541] nicht eure Kinder (können es), die (das ganze Handeln JHWHs) nicht kennengelernt und nicht gesehen haben – die Erziehung JHWHs, eures Gottes, (nämlich) seine Größe, seine starke Hand und seinen ausgereckten Arm,

3 seine Zeichen, seine Taten: die er in Ägypten tat, an dem Pharao, dem König Ägyptens, und an seinem ganzen Land,

4 und die er an dem Heer Ägyptens tat, an seinen Pferden, an seinen Streitwagen, über die er das Wasser des Schilfmeeres zusammenschlagen ließ, als sie euch nachsetzten, und die JHWH vernichtete bis auf diesen Tag,

5 und die er an euch in der Wüste tat, bis ihr an diesen Ort kamt,

6 und die er an Datan und Abiram tat, den Söhnen Eliabs, des Sohnes Rubens, dass (nämlich) die Erde ihren Mund auftat und sie verschluckte und ihre Familien und ihre Zelte und ihren ganzen Bestand, der zu ihnen gehörte, inmitten von ganz Israel,

7 denn eure Augen (sind es), die das ganze große Handeln JHWHs, das er getan hat, gesehen haben.

Der Begriff מוסר in V. 2[542] wird in der Literatur verschieden übersetzt: „Züchtigung(en)"[543], „Zucht"[544], „Erziehung"[545] sowie „Lektion"[546]. Zur Bedeutungser-

---

[539] Zu Dtn 11,1(2)–7 siehe außer den Kommentaren insbesondere noch Achenbach, Israel, S. 384–387, und Gomes, Wüste, S. 208–220; siehe auch die Analyse des Abschnitts im Rahmen der vierten Lehrrede.

[540] Die Gesetzesbegriffe חקתיו ומשפטיו ומצותיו sind als Appositionen von משמרתו aufzufassen, dem Sam folgt hier auch noch Braulik, Ausdrücke, S. 33. Selbst wenn der MT im Vergleich mit dem Sam hier der ältere Text wäre, könnte man wie König, Deuteronomium, S. 111, übersetzen: „seine Anordnungen, sowohl seine Grundgesetze als auch seine Gerichtsnormen und Gebote". Auch diesfalls wären die drei letzten Gesetzesbegriffe Appositionen von משמרתו.

[541] Das את ist hier im Sinn eines emphatischen את zu deuten, vgl. auch Gomes, Wüste, S. 209 f. Zu der komplizierten Syntax von V. 2 siehe oben die Analyse z. St. im Rahmen der vierten Lehrrede.

[542] Die Verwendung von מוסר in Dtn 11,2 weist zwei Besonderheiten auf. Erstens ist nur hier in der Hebräischen Bibel die Rede davon, dass der מוסר JHWHs „erkannt" werden soll. Zweitens wird מוסר zwar noch an vier Stellen mit anderen Nomina direkt verbunden, Ez 5,15 (חרפה ונדופה ומוסר ומשמה); Prov 1,2.7 (חכמה ומוסר); 23,23 (חכמה ומוסר ובינה), doch nur in Dtn 11,2 steht מוסר als erstes Nomen. מוסר kommt in einer Konstruktusverbindung mit „Gott" im AT noch in Prov 3,11 (מוסר יהוה) und in Hiob 5,17 (מוסר שדי) vor.

[543] Steuernagel, Deuteronomium, S. 90; Nielsen, Deuteronomium, S. 121.

schließung ist es notwendig, zunächst folgende Frage zu klären: Sind die vier sich an מוסר anschließenden durch nota accusativi ausgewiesenen Objekte in V. 2b.3aα (seine Größe [את גדלו], seine starke Hand und sein ausgereckter Arm [את ידו החזקה וזרעו הנטויה], seine Zeichen [את אתותיו], seine Taten [את מעשיו]) als *explikative Appositionen* von מוסר anzusehen oder steht מוסר mit diesen Objekten *gleichgeordnet* in einer Reihe? M. E. ist diese Frage mit der Mehrheit der Exegeten dahingehend zu entscheiden, dass es sich um Appositionen handelt.[547] Die vier Objekte erläutern also den מוסר JHWHs.

Untersucht man diese vier Objekte genauer, dann wird deutlich, dass sie sich auf das Geschichtshandeln JHWHs beziehen. Dies ist bei den beiden ersten Objekten, „seine Größe" (את גדלו) und „seine starke Hand und sein ausgereckter Arm" (את ידו החזקה וזרעו הנטויה), nicht auf den ersten Blick erkennbar; sie sind primär Attribute JHWHs, die seine göttliche Majestät unterstreichen. Der Bezug zum Geschichtshandeln wird jedoch plausibel, wenn man Dtn 9,26 heranzieht. In synchroner Hinsicht ist Dtn 11,2b als Echo von Dtn 9,26 zu sehen:[548] In Dtn 9,26 erinnerte Mose im Rahmen seiner Fürbitte am Horeb (Dtn 9,26–29) JHWH daran, dass er durch seine „Größe" (גודל) Israel erlöste und durch seinen „starken Arm" (יד חזקה) sein Volk aus Ägypten führte. Durch diese Zusammenstellung werden diese Begriffe quasi „aufgeladen" und sind auch in Dtn 11,2b als auf Geschichtshandeln bezogen anzusehen. Diese Interpretation wird dadurch gestützt, dass sich die nächsten beiden Objekte, „seine Zeichen" (את אתותיו)[549] und „seine Taten" (את מעשיו), eindeutig auf JHWHs Geschichtshandeln beziehen. Das letzte Objekt „seine Taten" (את מעשיו) wird noch durch vier Relativsätze

---

[544] G. von Rad, Deuteronomium, S. 58; Buber/Rosenzweig, Weisung, S. 506; Christensen, Deuteronomy 1,1–21,9, S. 199 („discipline").

[545] Einheitsübersetzung (in: Braulik, Deuteronomium 1–16,17, S. 87), und Rose, 5. Mose Teilband 2, S. 515; vgl. auch Driver, Deuteronomy, S. 128: „moral education or discipline".

[546] Weinfeld, Deuteronomy, S. 429, und die neue JPS-Übersetzung (in: Tigay, Deuteronomy, S. 110).

[547] Vgl. Driver, Deuteronomy, S. 127; von Rad, Deuteronomium, S. 58.60; Sæbø, Art. יסר, Sp. 741; Branson, Art. מוסר/יסר, Sp. 695; Braulik, Deuteronomium 1–16,17, S. 87; Nielsen, Deuteronomium, S. 121.123; Christensen, Deuteronomy 1,1–21,9, S. 205; nach Rose, 5. Mose Teilband 2, S. 517, wird die Aufzählung der Geschichtstaten Gottes „überschriftmäßig" mit dem Stichwort der Erziehung eingeleitet. Anders Gomes, Wüste, S. 211, der ohne weitere Diskussion davon ausgeht, dass das Nomen מוסר gleichgeordnet mit den anderen Nomina zu sehen ist.

[548] Die Kombination „Größe" JHWHs und „starke Hand" kommt in der Hebräischen Bibel sonst nur noch in Dtn 3,24 vor. Auch an dieser Stelle beziehen sich die Begriffe eindeutig auf JHWHs Geschichtshandeln.

[549] „Zeichen" JHWHs im Deuteronomium noch in 4,34; 6,22; 7,19; 26,8; 29,2 und 34,11, an diesen Stellen immer in Kombination mit מופתים und damit eindeutig auf die ägyptischen Plagen bezogen. Das Fehlen des Begriffs מופתים in Dtn 11,3 ist vermutlich ein Indiz dafür, dass sich אתות hier nicht auf die Plagen bezieht, sondern auf wunderhafte Taten JHWHs in der Wüste. Wie solche Taten aussahen, geht aus Dtn 8 hervor. Erwähnt werden „Zeichen" JHWHs bezogen auf Taten in der Wüste auch noch in Num 14,11.22.

258 Kapitel 3: Religiöses Lehren und Lernen im Buch Deuteronomium

(אשר + עשה q.) genauer bestimmt (V. 3aβ–6).[550] Diese Relativsätze zeigen JHWH als den Israel rettenden Gott in Ägypten und am Schilfmeer, als den handelnden (m. E. im Sinn von: trotz Demütigung und Prüfung *fürsorglich* handelnden) Gott in der Wüste[551] sowie als den die Israeliten Datan und Abiram in der Wüste strafenden Gott.

Was folgt aus dieser Anhäufung von Objekten für die Bestimmung von מוסר? Zunächst ist auszuschließen, dass מוסר als so erläuterter Begriff „Züchtigung(en)" oder „Zucht" bedeuten kann. Denn zumindest das mit „Größe" und „starker Hand und ausgerecktem Arm" verbundene Geschichtshandeln JHWHs kann nur im Sinn eines (Israel) *rettenden* Handelns verstanden werden. Die Frage ist nun, ob מוסר eher mit „Erziehung" oder mit „Lektion" zu übersetzen ist. M. E. ist die Bedeutung „Lektion" auszuschließen, denn von einer besonderen Lektion, die Israel aus den Geschichtshandlungen lernen bzw. von einer bestimmten Lehre, die es ziehen sollte, wird nichts gesagt. Es bleibt also nur die Möglichkeit, מוסר mit „Erziehung" wiederzugeben und die Geschichtshandlungen JHWHs zur Zeit von Israels Aufenthalt in Ägypten sowie später in der Wüste (in der Perspektive des dtn Mose) als Erziehungsmaßnahmen anzusehen.

Die Israelitinnen und Israeliten sollen laut Dtn 11,2a den מוסר JHWHs *heute* erkennen. Sie haben zwar, wie aus der Parenthese in V. 2a implizit und aus V. 7 explizit hervorgeht, das ganze bisherige Geschichtshandeln JHWHs mit eigenen Augen (עיניכם הראות) gesehen – was hier zweifellos in „realem" und in „übertragenem" Sinn gemeint ist, selbst erlebt hat die von dem dtn Mose angeredete Moabgeneration die Zeit in Ägypten nicht. Aber die Israelitinnen und Israeliten

---

[550] Die vier Relativsätze lassen sich auf die mit nota accusativi ausgewiesenen Objekte (V. 2b) beziehen, wobei die Sonderstellung von מוסר zu berücksichtigen ist (vgl. auch Gomes, Wüste, S. 212, der aber die Sonderstellung von מוסר nicht erkennt). Dann ergibt sich folgende Entsprechung:

a) גדלו (großartiges) Handeln JHWHs in Ägypten am Pharao und seinem Land
b) ידו החזקה וזרעו הנטויה (rettendes) Handeln JHWHs durch Vernichtung des ägyptischen Heeres am Schilfmeer
c) אתותיו (wunderhaftes) Handeln JHWHs in der Wüste
d) מעשיו (strafendes) Handeln JHWHs durch Vernichtung Datans und Abirams.

[551] V. 5 ist offen formuliert („die Taten, die er an euch in der Wüste tat, bis ihr an diesen Ort kamt"). Das Handeln JHWHs an Israel in der Wüste wurde zuletzt ausführlicher in Dtn 8 beschrieben. In synchroner Hinsicht ist Dtn 11,5 also mit Hilfe von Dtn 8 zu interpretieren – eine solche Interpretation legt sich insbesondere auch durch das gemeinsame Stichwort „erziehen" (מוסר/יסר) in beiden Kontexten nahe, vgl. auch Weinfeld, Deuteronomy, S. 443. Zu beachten ist, dass in Dtn 8 nicht von einem strafenden, sondern von einem prüfenden und versuchenden Handeln JHWHs die Rede ist. Gelegentlich wird mit „Wüste" in Dtn 11,5 das strafende Handeln JHWHs assoziiert, vgl. Achenbach, Israel, S. 386, auch Tigay, Deuteronomy, S. 111: „Moses must be referring to the punishments that God inflicted for Israel's insubordination upon hearing the scout's report (1:22–45), for the golden calf (Exod. 32), and for sundry other acts of faithlessness (Deut. 2:15; 9:22)."

konnten offensichtlich dieses Geschichtshandeln bisher nicht als *Erziehung* JHWHs erkennen. Sie müssen es *heute* quasi mit „neuen Augen" sehen.[552]

Worauf zielt diese Erziehung? Blickt man noch einmal auf die in V. 2b–6 erwähnten Geschichtshandlungen, so zeigen diese JHWH als einen Gott, der immer wieder zuverlässig für das Überleben Israels sorgte, der allerdings bei Ungehorsam bzw. Rebellion gegen ihn auch strafte. Der Blick zurück zeigt also Israel heute, dass es JHWH als seinem Gott bedingungslos vertrauen kann, dass JHWH als Israels Gott zugleich aber auch Loyalität und Treue von Israel erwartet. Diese Erkenntnis soll Israel motivieren, nun auch der „heute" von dem dtn Mose gestellten Forderung nachzukommen: Auf der Grundlage dieser Erkenntnis soll Israel JHWH lieben und die Gebote halten (Dtn 11,1).

Abschließend sei noch auf die Verwandtschaft von Dtn 8,5 und Dtn 11,2 hingewiesen: Beide Stellen verbindet die Vorstellung, dass JHWH Israel erzieht, indem er in pädagogischer Absicht in die Geschichte eingreift.[553] Beide Stellen verbindet auch die Absicht, mit der die Aufforderung des dtn Mose zur Erkenntnis JHWHs als Israels väterlicher Erzieher (Dtn 8,5b) bzw. zur Erkenntnis der Erziehung JHWHs (Dtn 11,2a) ergeht: Nach Dtn 8,5 soll die aus der Wüstenerfahrung gewonnene Erkenntnis, dass JHWH väterlich erzieht (und erziehen wird), Israel dazu bewegen, das „heute" von Mose gebotene Gesetz zu halten (Dtn 8,1). Nach Dtn 11,2 soll die „heutige" Erkenntnis der Erziehung JHWHs in der mittelbar und unmittelbar vergangenen Geschichte Israel dazu motivieren, alle Tage seinen Gott zu lieben und dessen Gebote zu halten (Dtn 11,1).

3.3.2.6. Dtn 11,19: Ihr sollt meine Worte eure Kinder lehren

Die nächste zu besprechende Stelle Dtn 11,19 steht in dem kleinen Unterabschnitt Dtn 11,18–21, in dem in etwas anderer Reihenfolge und in teilweise leicht abweichender Formulierung die Anweisungen von Dtn 6,6–9 noch einmal aufgenommen werden.[554] Bevor der für das Thema religiöses Lehren und Lernen wichtige V. 19 zu analysieren ist, soll kurz auf Dtn 11,18–21 insgesamt eingegangen werden. Der Abschnitt ist wie folgt zu übersetzen:

> 18 Und ihr sollt diese meine Worte auf euer Herz und auf eure Seele legen, und ihr sollt sie binden als Zeichen auf eure Hand und sie sollen sein Merkzeichen zwischen euren Augen.
> 19 Und ihr sollt sie (diese meine Worte) eure Kinder lehren, indem ihr sie (ihnen) vorsprecht und über sie redet – bei deinem

---

[552] Vgl. auch Dtn 29,3: Demnach gibt JHWH Israel erst „heute" (obwohl es die Taten JHWHs in der Vergangenheit „sah") „ein Herz zu wissen und Augen zu sehen und Ohren zu hören".

[553] Diese Vorstellung ist keine dtn Erfindung, vgl. Sæbø, Art. יסר, Sp. 741 f.; Branson, Art. מוסר/יסר, Sp. 691 f.

[554] Zu Dtn 11,18–21 siehe außer den Kommentaren insbesondere noch Braulik, Gedächtniskultur, S. 131–133; Spieckermann, Liebe, S. 199 f.

Sitzen in deinem Haus und bei deinem Gehen auf dem Weg und bei deinem Niederlegen und bei deinem Aufstehen.
20 Und du sollst sie schreiben auf die Pfosten deines Hauses und auf deine Stadttore.
21 (Dies alles sollt ihr tun,) damit eure Tage und die Tage eurer Kinder auf der Erde, die JHWH euren Vätern geschworen hat, (sie) ihnen zu geben, so zahlreich werden wie die Tage des Himmels über der Erde.

V. 18 enthält zwei Anweisungen, die den persönlichen Umgang Israels mit „diesen meinen Worten" (את דברי אלה), also den von Mose Israel mitgeteilten Geboten (V. 13), betreffen: Die Israelitinnen und Israeliten sollen sie – nachdem sie „heute" gehört und gelernt wurden[555] – auf ihr Herz (על לבבכם) und, wie es wohl als Intensivierung hier noch heißt, auf ihre Seele (על נפשכם) legen (V. 18a). Sie sollen die Gebote also auswendig können und sich von ihnen ganz durchdringen und bestimmen lassen.[556] Zudem sollen sie sich die Gebote auf Hand und Stirn binden (V. 18b). Sie sollen die Gebote also ständig an ihrem Körper tragen. Die Anweisung V. 19 betrifft sie als Eltern: Sie sollen ihre Kinder[557] die Gebote lehren. Die Anweisung V. 20 betrifft die Israelitinnen und Israeliten als „Bürger": Sie sollen private und öffentliche Orte mit den Geboten markieren, sie sollen sie an die Türpfosten und an die Stadttore schreiben (V. 20). Nur wenn sie alle diese Anweisungen in Bezug auf die Gebote erfüllen, dann ist ihre Existenz und die der nächsten Generation(en) im Land gesichert (V. 21).

---

[555] Vgl. Dtn 5,1. Es geht m. E. weder in Dtn 6,6 noch in Dtn 11,18 um auswendig *lernen*, denn *gelernt* werden die Gebote von den angeredeten Erwachsenen nach Dtn 5,1 im Zuge der Promulgation des dtn Mose; anders Fischer/Lohfink, Schlüssel, S. 190, Anm. 26; Braulik, Gedächtniskultur, S. 131 f.

[556] Fischer/Lohfink, Schlüssel, S. 190f., Anm. 26, merken in Bezug auf על נפשכם („auf eure Seele") in Dtn 11,18a Folgendes an: „Vielleicht bringt 11,18 damit eine Assoziation an 6,5 [...] ein [...]. Inhaltlich bedeutet die Beifügung von *næpæš* zu *lebāb* sicher nicht so etwas wie eine Verinnerlichung im modernen Sinn. Eher kommt die Grundbedeutung von *næpæš* zum Vorschein: ‚Kehle', also auch Ort der sprachlichen Äußerung. Der Israelit soll ‚diese meine Worte' nicht nur auswendiglernen (auf sein Herz = Gedächtnis legen), sondern auch aussprechen (auf seine Kehle = Sprachorgan legen). [...] Der Hinweis auf das Tora-Aufsagen schon an dieser Stelle mag bei der Umformung des Textes von 6,6–9 auch deshalb nötig geworden sein, weil in 11,19 der alte Hinweis auf das Rezitieren der Tora wegen der palindromischen Struktur eng in den Zusammenhang der Kinderbelehrung gezogen werden mußte [...]"; vgl. auch Braulik, Gedächtniskultur, S. 131 f. Doch hätte in Dtn 11,18a ein Hinweis auf die Rezitation der Tora gegeben werden sollen, wäre der Ausdruck בפיך (wie in Dtn 30,14; vgl. auch Ex 13,9) näherliegend gewesen. Es ist m. E. also eher davon auszugehen, dass in Dtn 11,18a die bekannte Wendung „mit ganzem Herzen und mit ganzer Seele" (vgl. Dtn 4,29; 6,5; 10,12; 11;13; 13,4; 26,16; 30,2.6.10) leicht abgewandelt wurde und also formelhafte Sprache vorliegt, vgl. auch Seebass (in Anlehnung an Westermann), Art. נפש, Sp. 546.

[557] Bezieht sich Dtn 6,7 auf die Belehrung von Söhnen und Töchtern (s. o. zur Stelle), so ist Dtn 11,19 kaum in dem Sinn zu deuten, dass nur die Söhne zu belehren sind, anders Keel, Zeichen, S. 162; Rose, 5. Mose Teilband 2, S. 516; Spieckermann, Liebe, S. 199.

3.3. Moses Lehre der Satzungen und Rechtsvorschriften (Dtn 6–26)

Nun zur Analyse von Dtn 11,19. Die Anweisung an die Israelitinnen und Israeliten lautet in ihrem Kern (V. 19a1), diese Worte ihre Kinder zu „lehren" (למד pi.). Es schließt sich ein Infinitiv an: לדבר בם. Auszuschließen ist eine konsekutive oder finale Deutung, denn dann ergäbe sich eine unsinnige Aussage (so dass/ damit *die Kinder* die Gebote sprechen, wenn *die Eltern* [!] zu Hause sitzen, unterwegs sind, sich schlafen legen oder aufstehen).[558] Es bleibt also, den Infinitiv gerundivisch („indem ...") aufzulösen.[559] Die Frage ist dann, wie man דבר pi. hier genau übersetzen soll.[560]

FISCHER/LOHFINK vertreten die (im Rahmen der Analyse von Dtn 6,7 schon erwähnte) Übersetzung von לדבר בם mit „rezitieren". Die Gründe der Autoren seien hier noch einmal angeführt: „Die Vermittlung der Kenntnis des Gesetzestextes an die nächste Generation und die ständige Präsenz des Textes im Munde des Israeliten werden zu einem einzigen Vorgang. Das mag der Sache nach auch schon in 6,6–9 gemeint gewesen sein, doch hier wird es gesagt. Wir haben es mit einer Kultur zu tun, in der zumindest die häusliche Sozialisation dadurch geschieht, daß die Söhne den ganzen Tag über neben ihrem Vater und die Töchter den ganzen Tag über neben ihrer Mutter herlaufen und auf diese Weise alles mittun, was diese tun. Bei diesem Typ von Erziehung ist es aber äußerst unwahrscheinlich, daß die Eltern zu den Kindern vom Gesetz reden. Es liegt näher, daß sie das Gesetz in der Gegenwart der Kinder ständig rezitieren, sodaß diese, mitrezitierend, es ebenfalls bald auswendig können. Man übersetzt in Dtn 11,19 also am besten: ‚Ihr sollt sie eure Söhne lehren, indem ihr sie rezitiert, wenn du in deinem Haus sitzt und wenn du auf der Straße gehst, wenn du dich schlafen legst und wenn du aufstehst'."[561] Problematisch ist der sich aus diesen Ausführungen ergebende Lehrbegriff m. E. in zweierlei Hinsicht. Zum einen würden die Kinder nur mimetisch lernen, was die Eltern (nach FISCHER/LOHFINK) den ganzen Tag tun, nämlich die Gebote vor sich hin sprechen. Ein besonderes Eingehen der Eltern auf die Kinder wäre nicht erforderlich. Dies passt nicht zu dem im Deuteronomium sonst anzutreffenden Gebrauch von למד pi. plus Lexem für einen Text. Wird ein Text gelehrt, so ist dies im Deuteronomium stets mit der (bewussten)

---

[558] Vgl. auch Fischer/Lohfink, Schlüssel, S. 191, Anm. 28. Man könnte freilich V. 19b auch auf das Lehren beziehen: „Und ihr sollt sie eure Kinder lehren, von ihnen zu reden, bei deinem Sitzen in deinem Haus...", in diesem Sinn G. von Rad, Deuteronomium, S. 58. Doch dies wirkt sehr konstruiert.

[559] So schon König, Deuteronomium, S. 113; vgl. auch Fischer/Lohfink, Schlüssel, S. 181; Braulik, Gedächtniskultur, S. 131.

[560] Die LXX hat in Dtn 11,19a: καὶ διδάξετε τὰ τέκνα ὑμῶν λαλεῖν αὐτά („ihr sollt eure Kinder lehren, sie [die Worte] zu rezitieren"). Diese Lesart, die nicht dem MT entspricht („lehren" steht nicht mit doppeltem Akkusativobjekt, dadurch werden die Kinder Subjekt des Infinitivsatzes in V. 19a), ist im Hinblick auf die Wirkungsgeschichte von Dtn 11,19 interessant; vgl. zu der LXX-Übersetzung dieser Stelle auch Wevers, Deuteronomy, S. 197 f.

[561] Fischer/Lohfink, Schlüssel, S. 191.

Hinwendung des Lehrenden zum Lernenden verbunden.[562] Zum zweiten ergibt sich nach den Ausführungen von FISCHER/LOHFINK ein „enger" Lehrbegriff, das Lehren wäre hier nur auf den „Buchstaben" der Gebote bezogen. Doch ist es wahrscheinlich, dass ein rein textbezogenes Lehren der Gebote ohne jede Rückfrage der Kinder bleibt, z. B. wenn Begriffe unklar sind? Ist es vermeidbar, dass sich im Alltag ein Gespräch über den gelernten (Fragen provozierenden) Text zwischen Kindern und Eltern entfaltet? M. E. ist es plausibler, hier einen „weiteren" Lehrbegriff zu veranschlagen. Diese Lehre der Gebote muss zweifellos zunächst das Sprechen des Gebotstextes beinhalten (die Kinder sollen ja die Gebote auswendig lernen), sie kann und muss aber über dieses Sprechen noch hinausgehen. דבר pi. + ב + Lexem für ein „sprachliches Gebilde" kann „einen Text sprechen" und „über einen Text sprechen" bedeuten. In Dtn 11,19 schließen sich aus den genannten inhaltlichen Gründen diese beiden Aspekte m. E. nicht aus, zu übersetzen ist also in gebotener Ausführlichkeit: „Ihr sollt sie (die Gebote) eure Kinder lehren, indem ihr sie (ihnen) vorsprecht und über sie redet."

V. 19b legt noch fest, dass das Sprechen der Gebote und über die Gebote überall und von morgens bis abends stattfinden soll.[563] Die Lehre der Kinder ist also ein im Alltag viel Zeit und Aufmerksamkeit erfordernder Vorgang, der sich von dem persönlichen Umgang der erwachsenen Israelitinnen und Israeliten mit den Geboten (Dtn 11,18) abhebt.[564]

---

[562] Im Zuge seines „Lehrens" (למד pi.) der Gebote bzw. des Liedes redet der dtn Mose das vor ihm versammelte Israel stets direkt an (vgl. Dtn 4,1.5.14; 5,28; 6,1; 31,19.22). Auch nach Dtn 6,7 (שׁנן pi.) müssen die Eltern im Zuge der Lehre der Gebote sich den Kindern zuwenden und ihnen den Text vorsprechen.

[563] Auffallend ist in V. 19b und V. 20 die singularische Anrede. V. 19b.20 stimmen mit den entsprechenden Passagen aus Dtn 6,7b.9 wortwörtlich überein, während Dtn 6,6.7a.8 in Dtn 11, 18.19a frei variiert werden. Vermutlich sollten durch Dtn 11,19b.20 „signalisiert werden, daß auf einen schon bekannten Text angespielt wird, eben auf 6,6–9. Der zweite Text setzt also selbst einen Bezug auf den ersten", Fischer/Lohfink, Schlüssel, S. 190, Anm. 24.

[564] Es soll hier noch auf eine These von Jenni, Piel, S. 119–122, hinsichtlich des Unterschieds von למד pi. und ירה III hif. eingegangen werden. Nach Jenni gilt: „Die in bezug auf das Objekt, den Belehrten, substantielle Handlung bedeutet ein Lehren, das einem natürlichen, wesensgemäßen Lehrer-Schüler-Verhältnis entspricht, während die akzidentielle Handlung eine besondere, nicht ohne weiteres zu erwartende Situation, eine mehr einmalige oder kontingente Beziehung zwischen Lehrendem und Belehrtem voraussetzt. [...] Recht gut treten die beiden Verben auch im Deuteronomium auseinander: Als einmaliges oder außergewöhnliches Lehren ist die Handlung mit למד pi. aufzufassen, wenn Mose dem Volk die Satzungen und Rechte mitteilt [...], ferner, wenn Israel auch seine Kinder zu lehren hat: 4,10;11,19; [...]. Als substantielle Handlung erscheint dagegen im Dtn. die Tätigkeit der Leviten mit ירה hi. in den Relativsätzen 17,10.11; 24,8 und in der Wesensbeschreibung in 33,10", a. a. O., S. 120. M. E. lässt sich die These (die auch von Vetter übernommen wurde, siehe 1.2.) nicht halten: Das in Dtn 11,19 den Eltern vorgeschriebene Lehren (למד pi.) der Kinder im Alltag, und zwar „bei deinem Sitzen in deinem Haus und bei deinem Gehen auf dem Weg und bei deinem Niederlegen und bei deinem Aufstehen", kann man m. E. kaum als „akzidentiell" bezeichnen, da es sich hier sicher nicht um eine „einmalige oder kontingente Beziehung zwischen Lehrendem und Belehrtem" handelt.

Dtn 11,19 weist in der Formulierung Unterschiede im Vergleich zu Dtn 6,7 auf. Beide Verse seien hier noch einmal in hebräischer Fassung wiedergegeben:

6,7 ושננתם לבניך ודברת בם בשבתך בביתך ובלכתך בדרך ובשכבך ובקומך:

11,19 ולמדתם אתם את בניכם לדבר בם בשבתך בביתך ובלכתך בדרך ובשכבך ובקומך:

Der gravierendste Unterschied ist der, dass in Dtn 6,7a hinsichtlich der Belehrung der Kinder *zwei* Anweisungen ergehen, nämlich im Alltag die Gebote den Kindern wiederholt vorzusprechen (ושננתם לבניך) und mit ihnen über sie zu reden (ודברת בם), dass in Dtn 11,19a jedoch nur *eine* Anweisung ergeht, nämlich die Kinder die Gebote zu lehren, indem (mit den Kindern) geredet wird (לדבר בם). Die Anweisung ושננתם לבניך in Dtn 6,7aα fehlt in Dtn 11,19. Der Befund ist erklärungsbedürftig, vor allem auch im Hinblick darauf, dass sonst alle Anweisungen aus Dtn 6,6–9 in der Parallelstelle Dtn 11,18–20 wiederholt werden.

Man wird nun wohl kaum sagen können, dass in Dtn 11,19 „למד pi. an die Stelle von שנן pi. tritt"[565]. Denn למד pi. meint hier nicht „wiederholtes Vorsprechen", sondern למד pi. bezeichnet den *Vorgang* der Vermittlung, der *inhaltlich*, wie oben ausgeführt, durch den sich anschließenden Infinitiv (לדבר בם) expliziert wird. Das Fehlen der ersten Anweisung Dtn 6,7aα in Dtn 11,19 lässt sich m. E. folgendermaßen erklären: Das in Dtn 11,19 vorgeschriebene ständige Reden beinhaltet, wie oben ausgeführt, das Sprechen der Gebote *und* das Sprechen über die Gebote. In dem Infinitivsatz לדבר בם in Dtn 11,19 konnten also – in synchroner Perspektive – die *beiden* Weisungen von Dtn 6,7 integriert werden.[566]

3.3.2.7. Dtn 14,23: Du sollst den Zehnten vor JHWH essen, damit du lernst, JHWH zu fürchten

Die erste zu analysierende Stelle im dtn Gesetz (Dtn 12,1–26,16) zum Thema religiöses Lehren und Lernen ist Dtn 14,23.[567] Sie steht in dem Abschnitt, der Anweisungen bezüglich der jährlichen Abgabe des Zehnten enthält (Dtn 14,22–27):

> 22 Genau verzehnten sollst du jedes Jahr allen Ertrag deiner Saat, (nämlich) was hervorkommt aus dem Feld.

---

[565] Braulik, Gedächtniskultur, S. 125; vgl. auch Rose, 5. Mose Teilband 2, S. 520; Tigay, Deuteronomy, S. 78; Spieckermann, Liebe, S. 199.

[566] Fischer/Lohfink, Schlüssel, S. 191, bieten eine andere Erklärung: „Um die palindromische Struktur schaffen zu können, mußte die Parataxe von 6,7 zu einer einzigen Aussage zusammengezogen werden. Die Wendung *dbr b^e* steht deshalb in einer von *lmd* abhängigen Infinitivgruppe." Demnach würde allerdings die Aussage von Dtn 6,7 in Dtn 11,19 erheblich umgedeutet werden: Das „Rezitieren" in Dtn 11,19 würde anders als in Dtn 6,7 als „Lehren" definiert und das in Dtn 6,7aα vorgeschriebene Vorsprechen der Gebote würde in Dtn 11,19 inhaltlich nicht mehr berücksichtigt.

[567] Zu Dtn 14,23 bzw. zu 14,22–27 siehe außer den Kommentaren insbesondere noch Crüsemann, Tora, S. 251–256, und Braulik, Gedächtniskultur, S. 137 f.

264 *Kapitel 3: Religiöses Lehren und Lernen im Buch Deuteronomium*

23 Und du sollst vor JHWH, deinem Gott, am Ort, den er erwählen wird, um seinen Namen dort wohnen zu lassen,[568] den Zehnten deines Korns, deines Mosts und deines Öls sowie die Erstlinge deiner Rinder und deines Kleinviehs essen, damit du lernst, JHWH, deinen Gott, zu fürchten alle Tage.
24 Aber wenn dir der Weg zu weit ist, (nämlich) wenn du es (alles zu Verzehrende) nicht tragen kannst – denn der Ort, den JHWH, dein Gott, erwählen wird, um seinen Namen dort einzusetzen, ist dir zu weit entfernt, denn JHWH, dein Gott, wird dich gesegnet haben –
25 dann sollst du (alles) für Geld verkaufen und das Geld in deine Hand binden und an den Ort gehen, den JHWH, dein Gott, erwählen wird,
26 und sollst (dort) das Geld ausgeben für alles, was deine Seele begehrt, für Rind und für Kleinvieh, für Wein und für starkes Getränk und für alles, was deine Seele von dir verlangt, und dann sollst du dort vor JHWH, deinem Gott, essen und sollst fröhlich sein, du und dein Haus.
27 Und der Levit, der in deinen Toren wohnt – du sollst ihn nicht (im Stich) lassen,[569] denn er hat keinen (Land)Anteil und Erbbesitz mit dir.

In V. 22 wird insbesondere dem – wie aus dem Kontext hervorgeht – männlichen Familienoberhaupt vorgeschrieben, dass der Ertrag der Saat bzw. dass die Feldfrüchte „jedes Jahr" (שנה שנה) – genauer: in jedem ersten, zweiten, vierten und fünften Jahr der Sieben-Jahres-Periode[570] – verzehntet werden müssen. Es folgen in V. 23–27 weitere Anweisungen in Bezug auf den Zehnten.[571] In V. 23 wird angewiesen, dass der Zehnte „deines Korns, deines Mosts und deines Öls" sowie „die Erstlinge deiner Rinder und deines Kleinviehs" am Zentralheiligtum in Jerusalem vor JHWH zu verzehren sind, um JHWH-Furcht zu „lernen" (למד q.).

---

[568] Der Infinitivsatz wird (hier und an den vergleichbaren Stellen im Deuteronomium) zumeist final aufgelöst, vgl. nur König, Deuteronomium, S. 128; von Rad, Deuteronomium, S. 71; Rose, 5. Mose Teilband 1, S. 31; Nielsen, Deuteronomium, S. 154; Jenni, Präposition Lamed, S. 195; Christensen, Deuteronomy 1,1–21,9, S. 298. Eine gerundivische Übersetzung („indem") vertritt Lohfink in der Einheitsübersetzung (in: Braulik, Deuteronomium 1–16,17, S. 109 f.), vgl. auch seine Ausführungen in ders., Zentralisationsformel.

[569] Die LXX hat kein Äquivalent für לא תעזבנו im MT. Beide Versionen machen Sinn, syntaktisch erscheint der MT aber umständlich. Dies könnte dafür sprechen, dass לא תעזבנו, vielleicht mit Blick auf Dtn 12,19, später in den Text eingefügt wurde, vgl. auch Rose, 5. Mose Teilband 1, S. 35.

[570] Nach Dtn 14,28 f. muss in jedem dritten Jahr (also wohl im dritten und sechsten Jahr nach dem Brachjahr) der Zehnte an Leviten, Fremdlinge, Waisen und Witwen im Tor der Ortschaften abgeliefert werden; im Siebtjahr (Brachjahr) wird nicht geerntet, also konnte die Vorschrift, die Erträge zu verzehnten, nicht gelten, vgl. auch Nielsen, Deuteronomium, S. 157; Tigay, Deuteronomy, S. 142; Christensen, Deuteronomy 1,1–21,9, S. 303.

[571] Zum Hintergrund der Zehntabgabe im vorexilischen Israel und in der Umwelt vgl. Crüsemann, Tora, S. 253 f.

3.3. Moses Lehre der Satzungen und Rechtsvorschriften (Dtn 6–26)

Ein Zeitpunkt wird nicht angegeben, wahrscheinlich soll das Festmahl beim Laubhüttenfest gehalten werden.[572] In V. 24–26 wird ein Sonderfall geregelt, nämlich wenn der Israelit (seinem Ermessen nach[573]) zu weit vom Heiligtum entfernt wohnt, um alles zu Verzehrende dorthin tragen zu können. V. 27 schreibt vor, dass auch der landlose Levit am Festmahl zu beteiligen ist.

Laut V. 23 soll der Israelit also den Zehnten und die Erstlinge seines Viehs bei einem Festmahl vor JHWH verzehren, damit er lernt (למד q.), JHWH alle Tage zu fürchten.[574] Zu beachten ist, dass das „Lernziel" JHWH-Furcht im Kontext von dtn Fest-Anweisungen einmalig ist. Inwieweit kann nun bei diesem Festmahl gelernt werden, JHWH zu fürchten? Drei Punkte sind hier anzuführen:

Zum einen handelt es sich bei dem Festmahl, wie die detaillierte Aufzählung des zu Verzehrenden in V. 23a und die weiteren Ausführungen bezüglich des zu verzehrenden Essens in V. 24–27 suggerieren, um ein Fest der *Fülle*.[575] Die Natur hat *reichlich* Gaben gebracht. Dafür verantwortlich ist JHWH: Er segnete den Israeliten (V. 24b), sprich, er sorgte dafür, dass der Israelit eine reiche Ernte hal-

---

[572] Da der Zehnte erst abgegeben werden kann, wenn die ganze Jahresernte eingebracht ist, ist anzunehmen, dass das Festmahl beim Laubhüttenfest im Herbst gehalten werden sollte, vgl. auch Braulik, Deuteronomium 1–16,17, S. 109; Nielsen, Deuteronomium, S. 157. Im Zusammenhang der Anweisungen bezüglich der Entefeste Shawuot und Sukkot (Dtn 16) schweigt das Dtn in Bezug auf ein Kultmahl. Nach Braulik, Leidensgedächtnisfeier, S. 114f., wird mit dieser „Fehlanzeige" ein unüberhörbarer theologischer Akzent gesetzt: „Da Wochen- und Laubhüttenfest ihre liturgische Mitte im Segen Jahwes, d.h. in der von ihm geschenkten Fruchtbarkeit, besitzen (V. 10.15), grenzt sie das Deuteronomium gegenüber den Mahlfeiern der kanaanäischen Fruchtbarkeitsreligionen ab, wenn es nicht vom Essen spricht." Dtn 14,22 ff. war möglicherweise der literarisch „unverdächtige" Ort, ein (am Laubhüttenfest zu feierndes) Mahl zu thematisieren.

[573] Dies geht aus folgenden Formulierungen in V. 24a hervor: Der Weg ist *dir* zu viel (ירבה ממך הדרך) bzw. der Ort ist *dir* zu weit entfernt (ירחק ממך המקום); darauf weist auch Rose, 5. Mose Teilband 1, S. 35, hin.

[574] Nach Rose, 5. Mose Teilband 1, S. 36, gibt der Finalsatz an, welche Funktion das Zehnt-Gesetz hat, nämlich „der ‚Lerneffekt' der Gottesfurcht liegt natürlich nicht bei der Praxis des Essens, sondern in der Beachtung der alten Zehnt-Regel von V. 22. [...] Der späte Redaktor will zurechtrücken, daß ein Festessen vor Gott (V. 23) noch nicht das Eigentliche am Zehnt-Gesetz und am Gottesdienst sein kann: wäre das nicht viel zu weltlich?! So ‚überhöht' er religiös den alten, ihm vorliegenden Text; und unversehens wird aus dem Gott, mit dem man in aller Freude Gemeinschaft hält, der majestätisch-ferne Herr, demgegenüber vor allem Respekt und Furcht geboten sind." Doch der Finalsatz in V. 23b ist besser an das Verb ואכלת (V. 23a) anzuschließen, so auch die Mehrheit der Exegetinnen und Exegeten. Am Text vorbei geht m.E. auch die Interpretation von Tigay, Deuteronomy, S. 142: „Reverence will be fostered by contact with the priests in the chosen city, who teach the people piety and law. This view is consistent with 31,10–13, which commands the reading of Deuteronomy in the chosen place every seventh year so that people will learn reverence."

[575] Nach V. 24b kann der Israelit das zu Verzehrende nicht weit tragen, denn JHWH wird ihn *gesegnet* haben; nach V. 26a soll der Israelit von dem Zehnt-Geld *alles*, was seine Seele begehrt bzw. *alles*, was seine Seele von ihm verlangt, kaufen. Nach V. 26b soll er und seine Familie *fröhlich* sein von JHWH – womit die Freude über reichlich eingetroffene Segensgaben JHWHs gemeint ist. Vgl. zu Feiern und Festen im dtn Gesetz insbesondere Braulik, Freude des Festes, und ders., Leidensgedächtnisfeier.

ten konnte. Die Fülle an Nahrung während des Festmahls – man muss sich vergegenwärtigen, dass hierbei ein Zehntel einer guten Jahresernte „verjubelt"[576] werden soll – verweist den feiernden Israeliten also auf JHWH als den alleinigen souveränen Herrscher über die Natur.[577] Doch wird auf JHWH nicht nur das männliche Familienoberhaupt verwiesen:

Zum zweiten ist zu beachten, dass alle (landbesitzenden) israelitischen *Familien* (V. 26bβ: „du und dein Haus") samt (landlosen) *Leviten* (V. 27)[578] das Festmahl am Zentralheiligtum vor JHWH, ihrem Gott, halten sollen (V. 23a).[579] Nun gilt letzteres auch für andere festliche Opfermahlzeiten (vgl. Dtn 12,6f.17f.). Doch kein Festmahl kann diese Ausmaße erreichen, bei keinem wird JHWHs Segen in solcher Fülle sichtbar. Also ist festzuhalten: Bei diesem kollektiven Festmahl „erleben" die israelitischen Familien in ganz besonderer Weise JHWH als den Gott, der seinen Namen in Israel wohnen lässt und der für das Wohlergehen seines ganzen Volkes sorgt.

Zum dritten wird die reich gesegnete israelitische Familie sich „in Gegenwart" ihres Gottes erinnern, dass dessen segensreiche Zuwendung für das kommende Jahr nur garantiert ist, wenn sie (weiterhin) die Gebote JHWHs hält.[580] Denn die Israelitinnen und Israeliten wissen ja, was Mose mehrfach darlegte: In Dtn 8,11 ff. und Dtn 11,13 ff. warnte der dtn Mose ausdrücklich davor, in der Situation der Fülle und der Sattheit[581] im Land JHWHs Gesetz zu vernachlässigen. JHWH könnte sonst sein Volk der Vernichtung preisgeben (Dtn 8,19f.) bzw. dafür sorgen, dass das Land unfruchtbar wird und Israel keine Existenzgrundlage mehr hat (Dtn 11,16f.).[582] So „begegnet" den Israelitinnen und Israeliten wäh-

---

[576] Im Anschluss an die treffende Formulierung von Braulik, Deuteronomium 1–16,17, S. 110.

[577] Die Betonung liegt darauf, dass JHWH Segen gibt – und nicht *Baal*, vgl. zum Thema auch Braulik, Freude des Festes, S. 184f.

[578] Zu beachten ist, dass der im Zehntgesetz Dtn 14,22–27 angeredete Israelit (mit Ausnahme des Leviten) Land und Vieh hat. Dies könnte man idealiter deuten in dem Sinn, dass es in der Gesellschaft keine landlosen Armen geben sollte (vgl. Dtn 15,4). Nach Crüsemann, Tora, S. 254, sind zum Verständnis des Zehntgesetzes andere Passagen wie Dtn 12,6f.11f.17f. und 16,10f.14 hinzunehmen. Demnach „sollen an den großen Jahresfesten am Zentralheiligtum nicht nur die gesamte Familie partizipieren, sondern auch Klienten aller Art, Sklaven und Sklavinnen, Leviten und Fremde, Witwen und Waisen – alle, die in den Ortschaften neben den landbesitzenden Familien leben, vor allem die sozialen Problemgruppen", so auch noch Tigay, Deuteronomy, S. 143, anders Braulik, Freude des Festes, S. 204.

[579] Zu der Wendung „vor JHWH, deinem/eurem Gott" vgl. Reindl, Angesicht, S. 28, und Braulik, Leidensgedächtnisfeier, S. 115f.

[580] Tigay, Deuteronomy, S. 142f., trifft die Sache m.E. nicht genau: „Another possibility is that the festive celebration of God's bounty will teach people reverence by keeping them aware of their dependence on God and prevent them from taking their prosperity for granted."

[581] Vgl. Dtn 8,12ff.: „dass du nicht ißt und satt wirst (...) und sich dein Herz erhebt"; Dtn 11,15f.: „wenn du gegessen hast und satt geworden bist, hütet euch (...)".

[582] Vgl. auch noch Dtn 7,13; 14,29; 15,18; 30,16.

rend des Mahls JHWH auch als Gesetzgeber, der darüber wacht, dass seine Gebote im Land befolgt werden.

Die Israelitinnen und Israeliten lernen also während dieses Festmahls „vor JHWH", JHWH zu fürchten, indem sie ihren Gott als den mächtigen, als den zu Israels Wohl handelnden und als den über die Einhaltung seines Gesetzes wachenden Gott „erfahren". Der Lerneffekt soll nachhaltig sein: Die JHWH-Furcht soll „alle Tage" (V. 23b: כל הימים) währen.

Zu beachten ist noch, dass das Zehntmahl Jahr für Jahr (שנה, s. o.) zu halten ist, dass also jährlich JHWH-Furcht gelernt werden soll. Dieses Lernen ist somit *kein einmaliger* Vorgang. Durch die Vorschrift des jährlichen Festmahls wird vielmehr gezielt dafür gesorgt, dass die israelitischen Familien beim Mahl ihrem Gott „begegnen" und dass sie ihn dabei *immer wieder neu* fürchten lernen. Es ist somit garantiert, dass die JHWH-Furcht als grundlegende religiöse Haltung in Israel nicht „abgelegt" wird.[583]

3.3.2.8. *Dtn 17,10f.: Du sollst handeln gemäß der Weisung, die sie dich weisen*

Im Folgenden sind zwei Aussagen über priesterliches und richterliches „Weisen" (ירה hif.) zu untersuchen (Dtn 17,10.11).[584] Sie stehen in einem Abschnitt, in dem es darum geht, was der Ortsrichter tun soll, wenn ihm ein Streitfall begegnet, der so schwierig ist, dass er ihn nicht lösen kann (Dtn 17,8–13):

8   Wenn dir ein Fall zu ungewöhnlich ist, um den Rechtsentscheid treffen zu können, zwischen Blut und Blut, zwischen Rechtsanspruch und Rechtsanspruch, zwischen Schlag und Schlag, (also) Streitfälle in deinen Toren, dann sollst du dich aufmachen und zu dem Ort hinaufgehen, den JHWH, dein Gott, erwählen wird.

9   Und du sollst zu den levitischen Priestern und zu dem Richter kommen, der in diesen Tagen anwesend sein wird, und du sollst (sie um Hilfe) ersuchen.[585] Sie werden dir dann den Spruch des Rechts verkünden.

---

[583] Im Dtn werden nur zwei Gelegenheiten aufgeführt, bei denen die Israelitinnen und Israeliten JHWH-Furcht „lernen" (למד q.) soll(t)en: Beim Hören von JHWHs Worten am Horeb (Dtn 4,10) und bei der „jährlichen" feierlichen Konsumierung des Zehnten und der Erstlinge in Jerusalem (Dtn 14,23). Zu beachten ist noch Dtn 31,12 (obwohl sich „lernen" hier nicht direkt auf die JHWH-Furcht bezieht): Demnach soll das Hören und Lernen der Tora am Laubhüttenfest des Siebtjahres in Jerusalem zu JHWH-Furcht und Gebotsgehorsam führen.

[584] Zu Dtn 17,10f. bzw. 17,8–13 siehe außer den Kommentaren insbesondere Lohfink, Sicherung, S. 319f.; Rüterswörden, Gemeinschaft, S. 39–49; Crüsemann, Tora, S. 119f.279f.; Reuter, Kultzentralisation, S. 174–180; Gertz, Gerichtsorganisation, S. 59–71; Krinetzki, Rechtsprechung, S. 33–54; Dahmen, Leviten, S. 206–230. Zum Verhältnis von Priestern und Leviten in der Zeit Josias bis zum Ende des Exils siehe auch noch Schaper, Priester, S. 79ff.

[585] Die LXX und der Sam haben das Verb im Plural. Die levitischen Priester und der Richter werden demnach nach den Hintergründen des Falls forschen. Eine Entscheidung, welche Version hier als der bessere Text zu beurteilen ist, ist m.E. nicht möglich. Der LXX und dem Sam

10 Und du sollst verfahren nach dem Spruch, den sie dir verkünden am Ort, den JHWH erwählen wird, und du sollst sorgfältig tun nach allem, was sie dich weisen.

11 Gemäß der Weisung, die sich dich weisen,[586] und nach dem Recht, das sie dir sagen, sollst du handeln; du sollst nicht von dem Spruch, den sie dir verkünden, nach rechts oder links abweichen.

12 Doch derjenige, der in Vermessenheit handelt und nicht auf den Priester, der dort JHWH, deinem Gott, dient, oder auf den Richter hört, der soll sterben. Und du sollst das Böse aus Israel ausrotten.

13 Und das ganze Volk soll hören und sich fürchten und man soll nicht mehr in Vermessenheit handeln.

Der Ortsrichter kann sich also in einem schwierigen Fall in bestimmten Fällen an die am zentralen Jerusalemer Gerichtshof tätigen levitischen Priester und den dort amtierenden Richter wenden.[587] Diese werden ihm nach V. 9b „den Spruch des Rechts" (הדבר המשפט), also den Urteilsspruch für den vorliegenden Fall verkünden. Es folgen in V. 10 und V. 11 vier an den Ortsrichter gerichtete Ermahnungen:[588] Nach V. 10a muss er den ihm von den levitischen Priestern und von dem Richter verkündeten Spruch (הדבר) tun. In V. 10b wird er ermahnt, sorgfältig alles, was sie ihn „gewiesen" (ירה III hif.) haben, zu tun. Nach V. 11a soll der Ortsrichter tun gemäß der ihm gewiesenen Weisung (על פי התורה אשר יורוך) und nach dem ihm mitgeteilten Recht (ועל המשפט אשר יאמרו לך). Nach V. 11b darf er

---

folgt etwa Crüsemann, Tora, S. 120. Mehrheitlich wird dem MT gefolgt, wobei die Übersetzungen von ודרשו allerdings divergieren, vgl. Driver, Deuteronomy, S. 208, und Christensen, Deuteronomy 1,1–21,9, S. 372: „And you shall inquire"; Buber/Rosenzweig, Schrift, z. St.: „suche an"; von Rad, Deuteronomium, S. 83: „und [du sollst] nachfragen"; die Einheitsübersetzung: „Du sollst genaue Ermittlungen anstellen lassen" (in: Braulik, Deuteronomium II, S. 126); Rose, 5. Mose Teilband 1, S. 62: „und lege (ihnen)? Gott?) die Frage vor"; Nielsen, Deuteronomium, S. 174: „und frage an"; die neue JPS-Übersetzung: „and present your problem" (in: Tigay, Deuteronomy, S. 165); Dahmen, Leviten, S. 221: „nachfragen".

[586] Weder die LXX noch die Vulg. haben ein Äquivalent für אשר יורוך. Vermutlich ist der Relativsatz hier durch Haplographie ausgefallen, vgl. auch Nielsen, Deuteronomium, S. 176. Die Kommentare folgen durchweg dem MT.

[587] Zu einer zentralen richterlichen Instanz vgl. auch Ex 18; ein zentraler Gerichtshof wird in II Chr 19 bezeugt. Zu Bezügen zwischen Dtn 17, Ex 18 und II Chr 19 siehe Crüsemann, Tora, S. 120 f.; García López, Art. תורה, Sp. 606 f. Zu der Zentralgerichtsbarkeit siehe auch noch Otto, Gerichtsordnung, S. 152 f.; ders., Art. שער, S. 379 f.

[588] Es sei hier eine Anmerkung zum Aufbau von V. 10 und V. 11 gestattet. Die vier sehr ähnlich klingenden Anweisungen an den Ortsrichter sind m. E. nach bestimmten Kriterien zusammengestellt: a) V. 10a: Anweisung zum Tun des Spruches, b) V. 10b (Vertiefung): Anweisung zum *sorgfältigen umfassenden* Tun des Gewiesenen (d. h. des Spruches), c) V. 11a: Anweisung zum Tun von Weisung und Recht (d. h. des Spruches), d) V. 11b (Vertiefung): Anweisung zum *genauen* Tun des Spruches. Zu beachten ist die Korrespondenz der ersten (a) und letzten Anweisung (d) durch die Formulierung הדבר אשר יגידו לך („den Spruch, den sie dir verkünden").

3.3. Moses Lehre der Satzungen und Rechtsvorschriften (Dtn 6–26) 269

von dem ihm verkündeten Spruch keinen Millimeter abweichen (... לא תסור ימין ושמאל).

Die vier Ermahnungen verleihen also im Grunde ein und derselben Forderung Nachdruck: Der Ortsrichter muss den ihm vermittelten Urteilsspruch der levitischen Priester und des Richters genau befolgen. Dabei wird in V. 10b die Mitteilung dieses Spruches als „weisen" (ירה III hif.) bezeichnet[589] und in V. 11a wird u. a. die Formulierung „weisen" (ירה III hif.) einer „Weisung" (תורה) gewählt.[590] Zunächst ist der Bezeichnung des Spruches als Weisung Beachtung zu schenken.

Das Nomen תורה ist in Dtn 1–32[591] fester Terminus zur Bezeichnung der dtn Tora, deren Kern das im Land zu befolgende JHWH-Gesetz ist. Nur Dtn 17,11 bildet hier eine Ausnahme.[592] „Weisung" (תורה) bezeichnet in Dtn 17,11 nicht die dtn Tora in toto.[593] Man könnte erwägen, ob die Bezeichnung des Spruches als „Weisung" anzeigen soll, dass der Spruch ein Gesetzestext ist, der aus der dtn Tora stammt.[594] Doch dagegen sprechen m. E. folgende Überlegungen: Zum einen ist die dtn Tora (nach der dtn Fiktion) dem Ortsrichter selbst bestens bekannt. Würde sich ein Fall nach den Gesetzen der dtn Tora lösen lassen, müsste er nicht das Zentralgericht anrufen. Zum zweiten ist der als „Weisung" bezeichnete Spruch des Zentralgerichts sicher „einmalig", da er auf einen besonders komplizierten Fall bezogen ist. Es kann also als Urteil kaum eine „alte Tora" zitiert, sondern es muss eine „neue Tora" erlassen werden.

Vielleicht sollte durch die Bezeichnung des Spruches der levitischen Priester und des Richters als Weisung angezeigt werden, dass diese Weisung im weitesten Sinn als Auslegung oder Anwendung der dtn Tora (bzw. ihrer Gebote) zu

---

[589] Zu Weisen (ירה III hif.) im Sinn von *Mitteilen* (einer Botschaft) vgl. auch Wagner, Art. ירה III/מורה, Sp. 920: „Die Bedeutung [des Verbs] neigt dem deutschen Äquivalent ‚verkünden' zu." Siehe auch noch Willi, Jehud, S. 98 f.

[590] Auch Braulik, Deuteronomium II, S. 126; Crüsemann, Tora, S. 120; Krinetzki, Rechtsprechung, S. 48, und Dahmen, Leviten, S. 225, weisen darauf hin, dass „Weisung" und „Recht" andere Bezeichnungen für „Spruch" sind. Anders Gertz, Gerichtsorganisation, S. 67 f., der zwischen Tora (im Sinne des ganzes Gesetzes) und Spruch unterscheidet.

[591] Die beiden Belege im sog. „Mosesegen" Dtn 33 (Dtn 33,4.10) sollen hier außer Acht gelassen werden, zu Dtn 33,10a siehe unten z. St.

[592] Hinzuweisen ist noch auf Dtn 24,8 nach der Fassung des Sam und der LXX, siehe dazu unten z. St. Eine Übersicht über das Vorkommen von Tora im Buch Deuteronomium (MT) bietet Braulik, Ausdrücke, S. 36.

[593] Anders Dahmen, Leviten, S. 225. Nach Albertz, Religionsgeschichte, S. 318, machen es die Aussagen von Dtn 17,10 f. wahrscheinlich, „daß die gesamte dtn. Reformgesetzgebung dem Jerusalemer Obergericht entstammt". Für den Autor von V. 11 seien „die Rechtsschöpfung des Obergerichts und die dtn. Gesetze identisch", ders., a. a. O., S. 318, Anm. 53. In dtn Perspektive allerdings geht die gesamte dtn Gesetzgebung der Einrichtung des Zentalgerichts *voraus*.

[594] In diese Richtung scheint Braulik, Deuteronomium II, S. 127, zu denken: „Hier ist die Weisung der Priester bereits auf das Dtn bezogen und meint: Auskunft aus der dtn Tora."

verstehen ist.[595] Sicher wird damit signalisiert, dass der Spruch denselben Status bzw. dieselbe Dignität hat wie die dtn Tora. Der Spruch gilt wie eines der dtn Gebote JHWHs und ist insofern verbindlich wie jedes Gebot der dtn Tora.[596]

Die „Weisung" (תורה) wird „gewiesen" (ירה III hif.). Theoretisch könnte man ירה III hif. hier statt mit „weisen"[597] auch mit „anweisen"[598] wiedergeben. Die Übersetzung mit „weisen" ist allerdings vorzuziehen, da der Ortsrichter ja nicht in erster Linie eine (Handlungs)Anweisung von den levitischen Priestern und von dem Richter mit auf den Weg bekommt, sondern einen Spruch in Bezug auf einen Rechtsfall. Die Übersetzung mit „lehren" ist m. E. aus folgendem Grund nicht zu wählen:[599] Es geht, wie die im Kontext stehenden Verben נגד hif. und אמר q.[600] klar anzeigen, um die mündliche *Mitteilung* des Spruches und nicht um Belehrung (im Sinn von Darlegung, Erklärung, Begründung oder Erläuterung). Auszuschließen ist die Übersetzung von ירה III hif. mit ein „Orakel sagen"[601]. Denn der unter Umständen ausführliche Richterspruch erfordert doch wohl in erster Linie genaue juristische Überlegungen und kann nicht nur auf einem Gottesurteil basieren.[602]

---

[595] Vgl. Rose, 5. Mose, Teilband 1, S. 69: „Was die innerhalb der Gemeinschaft ‚höchste Instanz' als autoritativ verkündet, basiert auf dem ‚Gesetz'; ihre Rechtsentscheidungen sind letztlich nichts anderes als Auslegung und Anwendung der ‚Tora'." De facto ist allerdings zu bezweifeln, ob die Basis der Rechtsentscheidungen nur die *deuteronomische* Tora sein konnte. Denn in Bezug auf komplizierte Fälle von Blutschuld oder Körperverletzung gibt der Text der dtn Tora nicht viel her. Es ist zu vermuten, dass den levitischen Priestern und dem Richter noch andere „Torot" vorlagen.

[596] Zu dieser Auffassung kommt nach anderen Überlegungen auch Crüsemann, Tora, S. 120: „Von besonderer Bedeutung ist das Gewicht, das die gefällte Entscheidung hat. Von einem solchen Spruch soll man weder nach rechts noch nach links abweichen (v. 11), und so soll das Böse in Israel ausgerottet werden, was wiederum alles Volk hören und sich fürchten soll (v. 12f). Das sind gewichtige Formulierungen, mehr: Es sind in der Sprache des Deuteronomiums eindeutig besetzte Formulierungen. Nicht ‚nach rechts und links abweichen' – das gilt sonst für die Bewachung der Worte Gottes bzw. des Mose (Dtn 5,32; 28,14). Und die Ausrottung des Bösen geschieht sonst eben durch die Beachtung der Weisungen Gottes bzw. des Mose (Dtn 13,6; 17,7; 19,19; 21,21; 22,21f; 24,7). *Der Schluß, den man daraus ziehen muß, ist völlig eindeutig: Die Entscheidungen des Gerichts haben dieselbe Bedeutung und denselben Rang wie die Rede des Mose und damit wie das Deuteronomium selbst.* Das Jerusalemer Obergericht entscheidet mit der Autorität des Mose, und es hat seine Kompetenz. Es spricht im Namen des Mose und schreibt seine Übermittlung des JHWH-Willens fort." Zustimmend auch Dahmen, Leviten, S. 226.

[597] So noch Buber/Rosenzweig, Weisung, S. 521.

[598] Driver, Deuteronomy, S. 208 („to direct"); Rose, 5. Mose Teilband 1, S. 62. In der neuen JPS-Übersetzung wird V. 10bβ mit „all their instructions to you" wiedergegeben (in: Tigay, Deuteronomy, S. 165); Christensen, Deuteronomy, S. 372, übersetzt ירה hif. in V. 10 mit „to instruct", in V. 11 mit „to teach".

[599] G. von Rad, Deuteronomium, S. 83; Seitz, Studien, S. 202; die Einheitsübersetzung (in: Braulik, Deuteronomium II, S. 126), vgl. auch Reuter, Kultzentralisation, S. 180.

[600] Vgl. V. 9b.10a.11a2.β.

[601] Nielsen, Deuteronomium, S. 174.

[602] Vgl. insbesondere Rüterswörden, Gemeinschaft, S. 48 f., und auch Braulik, Deuterono-

Es bleiben im Abschnitt viele Fragen bezüglich der Amtsträger am Jerusalemer Gericht[603] sowie bezüglich des nur knapp skizzierten Procedere offen: Wodurch gewannen beispielsweise die Amtsträger ihre Kompetenz? Was ist die Textgrundlage für ihre richterliche Entscheidung: nur die dtn Tora oder auch andere Torot? Sollten wirklich die levitischen Priester *zusammen* mit dem Richter den Ortsrichter „Weisung weisen"?[604] Wie auch immer – deutlich ist jedenfalls die absolute Autorität der Amtsträger, denen höchste juristisch-religiöse Entscheidungskompetenz zugesprochen sowie religiöse „Weisungsberechtigung" zugestanden wird.

3.3.2.9. Dtn 17,19: Der König soll täglich in der Tora lesen, damit er lernt, JHWH zu fürchten

Auch im sog. Königsgesetz (Dtn 17,14–20) ist das „Lernen" (למד q.) Thema (V. 19); übersetzt werden sollen hier nur V. 18–20:[605]

> 18 Und wenn er (der König) auf dem Thron seines Königreiches sitzt, soll er sich von dieser Tora, die in der Obhut der levitischen Priester ist, eine Zweitschrift auf eine Schriftrolle schreiben.
> 19 Und sie soll mit ihm sein und er soll in ihr lesen alle Tage seines Lebens, damit er lernt, JHWH, seinen Gott, zu fürchten, indem er alle Worte dieser Tora und alle diese Satzungen sorgfältig tut,
> 20 dass sich sein Herz nicht über seine Geschwister erhebt und dass er nicht von dem Gebotenen abweicht nach rechts oder links, (und) damit er die Tage seines Königtums verlängert, er und seine Söhne, inmitten Israels.

---

mium II, S. 126: „Das Urteil wird jedoch nicht, wie man es bei einem Sakralgericht erwarten würde, mittels Gottesurteil, etwa durch ein Losorakel (33,8), einen Reinigungseid (Ex 22,7.10) oder ein Trankordal (Num 5,11–31) gefällt. Es bleibt ein ‚Urteilsspruch' (9), oder genauer: ein Spruchurteil." Dies schließt nicht aus, dass es im Zuge der Rechtsfindung *auch* Gottesbefragungen gegeben hat, vgl. von Rad, Deuteronomium, S. 85; Crüsemann, Tora, S. 120f.; García López, Art. תורה, Sp. 607.

[603] Nach V. 9 amtierten mehrere „levitische Priester" (הכהנים הלוים), nach V. 12 ein „Priester" ([...] הכהן העמד לשרת שם).

[604] Zu diesen und anderen Fragen an den Text vgl. auch noch Buchholz, Die Ältesten Israels, S. 91–94; Dahmen, Leviten, S. 230ff.; Tigay, Deuteronomy, S. 164f.

[605] Zu Dtn 17,19 bzw. zu Dtn 17,14–20 vgl. außer den Kommentaren insbesondere Lohfink, Sicherung, S. 315–319; Seitz, Studien, S. 231–235; García López, Israël; Rüterswörden, Gemeinschaft, S. 50–66; Fischer/Lohfink, Schlüssel, S. 195–197; Zobel, Prophetie, S. 110–149; Braulik, Gedächtniskultur, S. 137f.; Crüsemann, Tora, S. 274–277; Krinetzki, Rechtsprechung, S. 54–73; Schäfer-Lichtenberger, Josua, S. 69–85; Sonnet, Book, S. 71–83.

Gemäß V. 18 soll sich der König nach seiner Thronbesteigung eine Abschrift der dtn Tora (also Dtn 5–26, Dtn 28 und Dtn 32[606]), deren Original der Obhut der levitischen Priester anvertraut wurde (vgl. Dtn 31,24 ff.), selbst fertigen.[607] Nach V. 19a soll er sein persönliches Toraexemplar ständig in seiner Nähe haben und er soll „alle Tage seines Lebens", also täglich, in der Schriftrolle lesen (קרא q.). Bezüglich des „Lesepensums" wird keine Vorgabe gemacht. Im Hinblick auf das „Lesen" ist noch Folgendes anzumerken: Das Verb קרא q. bedeutet auch „rufen". Der König soll also die Tora lesen im Sinn von *laut* lesen.[608]

Wie wird sich nach dieser Anweisung der König von seinen israelitischen „Geschwistern" unterscheiden? Die „normalen" Israelitinnen und Israeliten sollen nach Dtn 31,12 die alle sieben Jahre beim Laubhüttenfest in Jerusalem von den levitischen Priestern und den Ältesten vorgelesene *ganze* Tora hören und lernen, tagtäglich sollen sie mit dem *dtn Gesetz* (Dtn 12,1–26,16) umgehen, d. h. es die Kinder lehren, es am Körper tragen, es in Form des an Wände und Stadttore geschriebenen Textes vor Augen haben (vgl. Dtn 6,6–9, Dtn 11,18–20). Dies gilt, obwohl nicht explizit erwähnt, auch für den König. Doch soll er darüber hinaus jeden Tag in seinem persönlichen Toraexemplar laut lesen, wobei sich dies auf die *ganze* Tora, nicht nur auf das Gesetz, erstreckt. Er wird dadurch quasi zum „Toragelehrten". Doch ist dies, laut Text, nicht der Hauptzweck der Lektüre.

In V. 19b und V. 20 wird explizit angegeben, was das tägliche Lesen in der Tora bezwecken soll.[609] Nach V. 19bα soll der König durch die tägliche Lektüre von Toratexten JHWH-Furcht „lernen" (למד q.). Es ist durchaus nachvollziehbar, dass aufgrund der Beschäftigung mit der Tora JHWH-Furcht erzeugt wird. Denn

---

[606] Zur Begründung dieses Verständnisses von Tora siehe unten die Exegese zu Dtn 31,12 (3.4.2.2.).

[607] Der König soll selbst schreiben, so auch Driver, Deuteronomy, S. 212; König, Deuteronomium, S. 137; Buber/Rosenzweig, Weisung, S. 522; Mayes, Deuteronomy, S. 273; Rüterswörden, Gemeinschaft, S. 50; Crüsemann, Tora, S. 274; Tigay, Deuteronomy, S. 168; Sonnet, Book, S. 74; Christensen, Deuteronomy 1,1–21,9, S. 380. Zu כתב ל in diesem Sinn siehe auch Ex 34,27; Dtn 31,19; Jer 30,2; Ez 24,2. Im Sinn von „schreiben lassen" deuten hingegen von Rad, Deuteronomium, S. 83; die Einheitsübersetzung (in: Braulik, Deuteronomium II, S. 129); Krinetzki, Rechtsprechung, S. 65; Rose, 5. Mose, Teilband 1, S. 72; Nielsen, Deuteronomium, S. 174; Schäfer-Lichtenberger, Josua, S. 81 (vgl. auch dies., Verfassungsentwurf, S. 115).

[608] Vgl. auch Fischer/Lohfink, Schlüssel, S. 195 f.; Braulik, Deuteronomium II, S. 129; Sonnet, Book, S. 76 f.; Christensen, Deuteronomy 1,1–21,9, S. 386 f.

[609] An V. 19aα „und er soll in ihm lesen alle Tage seines Lebens" schließen sich vier finale Bestimmungen an: a) ... למען ילמד ליראה, b) ... לבלתי רום, c) ... לבלתי סור, d) ... למען יאריך. Nach Fischer/Lohfink, Schlüssel, S. 196, schließen die negierten Infinitive in V. 20a an למען ילמד an: „(damit er lernt,) sein Herz nicht über seine Brüder zu erheben ..." Dagegen spricht m. E., dass „lernen" und „JHWH fürchten" im Deuteronomium eine Art feste Verbindung bilden (vgl. Dtn 4,10; 14,23; 31,13); von daher ist das, was gelernt werden soll, auch in Dtn 17,19 wohl ausschließlich die JHWH-Furcht, vgl. auch Rüterswörden, Gemeinschaft, S. 64. Schäfer-Lichtenberger, Josua, S. 82 f., schließt die beiden לבלתי – Sätze in V. 20a an V. 19b. an. Dann ergäbe sich die m. E. wenig sinnige Aussage, dass die Gesetzespraxis dazu führt, das Gesetz genau zu tun.

zahlreiche Passagen in der dtn Tora (vor allem in den „nicht-gesetzlichen" Teilen), in denen JHWHs gnädiges, befreiendes, helfendes oder vernichtendes Handeln thematisiert wird (z. B. im Zuge des Rückblicks des Mose auf den Horeb in Dtn 5 und Dtn 9 f. oder im Zuge der Segens- und Fluchverheißungen in Dtn 28), vermögen Furcht und Ehrfurcht vor ihm zu wecken.

Der „Urlernort" der JHWH-Furcht für Israel ist nach dem Deuteronomium der Horeb (Dtn 4,10). Doch „hat" Israel JHWH-Furcht nicht, sie ist kein „Besitz", den man ein für alle Mal erwerben könnte. JHWH-Furcht müssen die Kinder lernen (vgl. Dtn 4,10 und Dtn 31,13), sie ist von den (erwachsenen) Israelitinnen und Israeliten regelmäßig zu lernen (vgl. Dtn 14,23: beim jährlichen Festmahl anlässlich der Verzehntung der Ernte) bzw. sie ist in den Israelitinnen und Israeliten regelmäßig zu erzeugen (vgl. Dtn 31,12: durch das Hören und Lernen der Tora alle sieben Jahre am Laubhüttenfest). Der König soll JHWH fürchten wie die anderen Israelitinnen und Israeliten auch. Nur soll er, da er ja *täglich* in seinem Toraexemplar zu lesen hat, *täglich* JHWH-Furcht lernen.[610]

Der König fürchtet JHWH, indem[611] er „alle Worte dieser Tora" (כל דברי התורה הזאת) und „diese Satzungen" (החקים האלה) sorgfältig tut. „Alle Worte dieser Tora" bedeutet faktisch alle Tora*gebote*, da nur die Gebote (und z. B. nicht die Paränesen) zu tun sind.[612] Erklärungsbedürftig ist die Ergänzung „diese Satzungen". Zwar sind im Deuteronomium Reihen mit verschiedenen synonymen Ausdrücken für Gesetz nicht selten.[613] Doch die Wendungen bezüglich des Tuns der „Worte der Tora" stehen im Deuteronomium (mit Ausnahme von Dtn 17,19bβ) stets ohne Ergänzung.[614] Folgende „kontextbezogene" Deutung bietet sich an: „Diese Satzungen" sind, wie wohl auch das Demonstrativpronomen signalisieren soll, speziell auf die Anweisungen in Dtn 17,14–20 zu bezie-

---

[610] Braulik, Gedächtniskultur, S. 138, merkt zu dem Lernen an: „In 14,23 und 17,19 entspringt למד q. einer konkreten Praxis, die, wenn auch unterschiedlich, in der Liturgie des Laubhüttenfestes im Zentralheiligtum ihren Ort hat: Gelernt wird jährlich beim Verzehren des Zehnten der Ernte und der tierischen Erstlinge (14,23) bzw. bei der täglichen Lesung der Tora durch den König (17,19), die an der öffentlichen Rezitation im Tempel ausgerichtet ist (31,12)." Doch was bedeutet „ausgerichtet"? Wird hier nicht künstlich eine Verbindung zwischen Dtn 17,19 und Dtn 31,12 hergestellt?

[611] Vgl. auch Rüterswörden, Gemeinschaft, S. 50; Sonnet, Book, S. 72. Der Infinitivsatz in V. 19bβ gibt nicht den Zweck des *Lesens* an, so aber Christensen, Deuteronomy 1,1–21,9, S. 387.

[612] Dies wird vor allem deutlich, wenn man Dtn 28,58 und Kontext auf synchroner Ebene analysiert. Dtn 28,58 ist ein Beleg des gesetzesparänetischen Schemas (vgl. dazu Finsterbusch, Schema), der inhaltlich dasselbe wie die anderen Belege des Schemas in Dtn 28 besagt (28,1.2.9.13.15.45.62): Die dtn Gebote müssen unbedingt getan werden.

[613] Vgl. dazu insbesondere Braulik, Ausdrücke.

[614] Dtn 27,26; 28,58; 29,28; 31,12; 32,46.

hen.[615] Der König muss alle Worte der Tora sorgfältig befolgen – und natürlich insbesondere die Satzungen, die seine Person direkt angehen.

Nach V. 20aα soll das tägliche Lesen in der Tora verhindern, dass sich das Herz des Königs über seine Geschwister erhebt. Da im dtn Gesetz der (männliche) Israelit vor allem als „Bruder" angesprochen wird, der zum gerechten, geschwisterlichen Verhalten aufgefordert wird, vermag die Lektüre dem König wohl zu vermitteln, dass auch er „Bruder" ist und keinen Grund hat, sich über andere erhaben zu fühlen. Nach V. 20aβ soll das tägliche Lesen in der Tora verhindern, dass der König von dem Gebotenen (המצוה), also von dem dtn Gesetz,[616] nach rechts oder links abweicht. Die in der Tora dokumentierten, an *ganz* Israel gerichteten Ermahnungen des dtn Mose, vom Gesetz nicht nach rechts oder links abzuweichen (Dtn 5,32; 28,14), bzw. seine vielen Ermahnungen, das Gesetz sorgfältig zu tun, machen deutlich, dass es diesbezüglich keine Ausnahme gibt. Die tägliche Lektüre zeigt also dem König, dass er sich in Bezug auf den Gebotsgehorsam keinerlei Freiheiten nehmen darf. Der König über Israel soll nach dem Königsgesetz demnach vor allem[617] der „Musterisraelit"[618] sein. V. 20b stellt die tägliche Lektüre der Tora in den Horizont einer Segensverheißung: Wenn der König diese so zentrale Anweisung (mit allen in V. 19b und 20a genannten Implikationen) befolgt,[619] dann wird er lange regieren und dann wird das Königtum auch auf seine Nachkommen übergehen.

---

[615] So auch Braulik, Ausdrücke, S. 25, zustimmend Schäfer-Lichtenberger, Josua, S. 82, Anm. 290. In seinem Kommentar erläutert Braulik den Begriff „Satzungen" allerdings wie folgt: „die Einzelgesetze innerhalb der Tora (12–26) oder diese Ämtergesetze", Deuteronomium II, S. 129 f. In diesem Sinn auch Fischer/Lohfink, Schlüssel, S. 196, Anm. 39. Für Rose, 5. Mose Teilband 1, S. 82, kommt mit dem Begriff „nichts Neues zum vorangehenden Ausdruck ‚alle Worte dieses Gesetzes' hinzu, sondern mit dem Begriff ‚Satzungen' wird nur einer der geläufigen Termini des 5. Mose-Buchs eingebracht." Nach Krinetzki, Rechtsprechung, S. 71, ist תורה der übergeordnete Begriff, חקים meint die Einzelgesetze im Sinn der einzelnen Weisungen des Deuteronomiums.

[616] M. E. bezeichnet המצוה hier wie meist im Deuteronomium (Ausnahmen: Dtn 26,13 und 31,5, hier bezeichnet המצוה eindeutig ein bestimmtes Gebot) das ganze dtn Gesetz, vgl. auch Seitz, Studien, S. 233; García López, Israël, S. 295; Rose, 5. Mose Teilband 1, S. 80; Nielsen, Deuteronomium, S. 185; Schäfer-Lichtenberger, Josua, S. 82; Sonnet, Book, S. 82. Anders Fischer/Lohfink, Schlüssel, S. 196, und Braulik, Deuteronomium II, S. 130, nach denen mit המצוה hier das Königsgesetz gemeint ist; Zobel, Prophetie, S. 118, beurteilt die Möglichkeit als „plausibel" (im Anschluss an Rüterswörden). Schließt man V. 20aβ an V. 19aβ an, wäre es merkwürdig, wenn die tägliche Lektüre der Tora den König vor allem dazu bringen sollte, nicht von den Königsgesetz abzuweichen.

[617] Nach dem dtn Verfassungsentwurf ist, wie schon häufig bemerkt wurde, die Macht des Königs beschränkt: Der König kann zwar unter gewissen Auflagen eine Rolle in Diplomatie und Politik spielen (Dtn 17,16 f.), er darf aber weder Recht sprechen noch das Heer führen noch hat er sonstige Rechte oder Privilegien – mit Ausnahme des Besitzes der Zweitschrift der Tora.

[618] So die Formulierung von Lohfink, Sicherung, S. 316; vgl. auch Braulik, Deuteronomium II, S. 129; Sonnet, Book, S. 71, und Christensen, Deuteronomy 1,1–21,9, S. 386.

[619] V. 20b ist die „letzte Auswirkung der Torarezitation", so Fischer/Lohfink, Schlüssel, S. 197; vgl. auch Braulik, Deuteronomium II, S. 130.

3.3.2.10. Dtn 18,9: Du sollst nicht lernen, gemäß den Greueln dieser Völker zu tun

Das sog. Prophetengesetz (Dtn 18,9–22) wird durch ein Lern-Verbot eröffnet.[620] Übersetzt werden sollen hier nur die Verse 9–14:

> 9 Wenn du in das Land kommst, das dir JHWH, dein Gott, gibt, dann sollst du nicht lernen, gemäß der Greuel dieser Völker zu tun.
> 10 Nicht soll bei dir gefunden werden einer, der seinen Sohn oder seine Tochter durch das Feuer gehen lässt, einer, der Losorakel befragt, ein Wolkendeuter, Weissager, Zauberer,
> 11 einer, der Gebetsbeschwörungen hersagt, einer, der Totengeist und Wahrsagegeist befragt, einer, der die Toten befragt.
> 12 Denn JHWH ein Greuel ist jeder, der diese Dinge tut, und wegen dieser Greuel beseitigt JHWH, dein Gott, sie (diese Völker) vor dir her.
> 13 Ganz sollst du sein mit JHWH, deinem Gott.
> 14 Denn diese Völker, deren Besitz du übernimmst, hören auf Wolkendeuter und Orakelleser, doch für dich hat es JHWH, dein Gott, anders bestimmt.

In V. 9b wird Israel verboten zu „lernen" (למד q.), gemäß der in V. 10–11 aufgelisteten „Greuel"[621] (תועבות) der kanaanäischen Völker[622] zu tun.[623] In Dtn 12,4 und Dtn 12,30f. wurde Israel verboten, gemäß (im Kontext angeführter) heidnischer Gebräuche zu handeln.[624] Demgegenüber setzt das Verbot zu lernen in Dtn 18,9b eine Stufe früher an: Israel soll gar nicht erst die Fähigkeit zu solchem Tun erwerben.

---

[620] Zu Dtn 18,9 bzw. zu Dtn 18,9–22 siehe außer den Kommentaren insbesondere noch Perlitt, Mose, S. 8f.; Seitz, Studien, S. 235–243; Hossfeld/Meyer, Prophet, S. 150–154; Rüterswörden, Gemeinschaft, S. 76–88; Zobel, Prophetie, S. 192–215; Braulik, Gedächtniskultur, S. 137f.; Crüsemann, Tora, S. 280–283; Lohfink, Opferzentralisation, S. 256–258; Krinetzki, Rechtsprechung, S. 95f.; Schäfer-Lichtenberger, Josua, S. 85–103; Otto, Gesetz und Prophetie; Köckert, Ort; Lange, Wort, S. 169–175.

[621] Es handelt sich um eine Liste von acht Praktiken. Besonders auffällig ist die Zusammenstellung von „Feuerritual" (Kindopfer?) und mantischen bzw. magischen Praktiken. Siehe zu den Praktiken Seitz, Studien, S. 236f.; Rüterswörden, Gemeinschaft, S. 78ff.; ders., Stellung, S. 200ff.; Tropper, Nekromantie, S. 227ff.; Rose, 5. Mose Teilband 1, S. 95f.; Nielsen, Deuteronomium, S. 186; Schäfer-Lichtenberger, Josua, S. 89f.; Tigay, Deuteronomy, S. 173; Christensen, Deuteronomy 1,1–21,9, S. 408f.

[622] Möglicherweise sind (mit Blick auf Dtn 20,18) insbesondere die sechs (sieben) kanaanäischen Völker gemeint, vgl. auch Lohfink, Opferzentralisation, S. 256f. Anders etwa Nielsen, Deuteronomium, S. 186, nach dem „diese Völker" in Dtn 18,9 alle im Land lebenden kanaanäischen Völker bezeichnet.

[623] Vgl. dazu auch Ps 106,34f.

[624] In Gen–Num finden sich entsprechende Stellen nur noch in Ex 23,24 und Lev 18,3, dazu Lohfink, Opferzentralisation, S. 258, Anm. 89.

Wer dennoch im Zuge von Kontakten mit den kanaanäischen Völkern solche Praktiken lernen und entsprechend tun wird, der wird JHWH selbst zum Greuel (V. 12a). Aus V. 12b geht hervor, wie JHWH auf die Ausübung der Greuel reagieren wird: Er wird die kanaanäischen Völker wegen dieser Greuel im Zuge der In-Besitz-Nahme des Landes vor Israel her beseitigen (מוריש אתם מפניך)[625]. Die Beseitigung der Völker kann hier nicht als ein Akt verstanden werden, der der In-Besitz-Nahme des Landes *vorausgeht*, denn sonst könnte es keine Kontakte mehr zwischen Israel und den Völkern geben. Die Beseitigung ist als Prozess kriegerischer Auseinandersetzungen zwischen Israel und den Völkern zu denken,[626] und im Zuge dieses Prozesses könnten sich durchaus Gelegenheiten für das Lernen ergeben.

In V. 13 wird gesagt, wie sich Israel im Land verhalten soll: Es soll „ganz" (תמים) mit JHWH, seinem Gott, sein. Israel soll sich also *ganz und gar* auf seinen Gott JHWH und auf dessen Willen konzentrieren – und nicht durch die Konsultierung entsprechender heidnischer „Wolkendeuter und Orakelleser" das Geschick zu beeinflussen und die Zukunft zu deuten suchen (V. 14).[627] Es muss diesbezüglich im kanaanäischen Umfeld keine Anleihen machen.

Exkurs 4: Der Prophet – Lehrer von JHWHs Worten? (Dtn 18,18)

Im direkten Anschluss an die eben behandelte Stelle wird dem Volk ein Prophet „aus der Mitte Israels" verheißen, auf den es hören muss. Die Aufgabe dieses Propheten wird mit Bezug auf Mose genau bestimmt. Dtn 18,15–18 sind im Folgenden daraufhin zu befragen, ob der Prophet – wie der dtn Mose – auch als Lehrer bezeichnet werden kann.[628]

15 Einen Propheten aus deiner Mitte, aus deinen Geschwistern, wie mich wird JHWH, dein Gott, (immer wieder)[629] erstehen lassen, auf den sollt ihr hören –
16 gemäß allem, das du von JHWH, deinem Gott, am Horeb, am Tag der Versammlung, erbeten hast: ‚Ich kann nicht länger

---

[625] ירש hif. bedeutet hier wie auch in Dtn 4,38; 7,17; 9,3.4.5 und 11,23 wohl nicht vertreiben, so die Mehrheit der Exegetinnen und Exegeten, sondern beseitigen oder vernichten. Siehe dazu die Begründung von Lohfink, Bedeutungen, S. 26–32; vgl. auch Braulik, Deuteronomium 1–16,17, S. 46 (Anm. zur Übersetzung von Dtn 4,38).
[626] Vgl. auch Krinetzki, Rechtsprechung, S. 95, Anm. 3.
[627] Vgl. dazu auch Perlitt, Mose, S. 8 f.: „Die Ausgangsfrage der Komposition [Dtn 18,9–22] lautet: ‚Auf wen hört Israel?'", und Otto, Gesetz und Prophetie, S. 280, nach dem das Prophetengesetz „quasi-prophetische Praktiken der Völker als ‚Greuel' verwirft".
[628] Literatur zum Prophetengesetz siehe oben zu Dtn 18,9.
[629] Iterative Funktion des יקום, vgl. auch Perlitt, Mose, S. 9; Rüterswörden, Gemeinschaft, S. 84; Braulik, Deuteronomium II, S. 135; Crüsemann, Tora, S. 281; Zobel, Prophetie, S. 198 f.; Lange, Wort, S. 171; anders und kaum überzeugend Barstad, Understanding, S. 249 („However, here we do not have to do with prophets in general, but with Moses' successor, Joshua").

die Donnerstimme JHWHs, meines Gottes, hören, und dieses
große Feuer kann ich nicht mehr sehen, ohne dass ich sterbe.'
17 Und JHWH sagte zu mir: ‚Es ist gut, was sie sagten.
18 Einen Propheten werde ich ihnen erstehen lassen aus der Mitte ihrer Geschwister wie dich, und ich werde meine Worte in seinen Mund legen und er wird zu ihnen alles reden, was ich ihm gebiete.'

Nach V. 18 soll der jeweilige Prophet die Worte bzw. Gebote JHWHs Israel vermitteln (דבר pi.).[630] Mit der Einrichtung dieses Mittleramtes entspricht nach V. 16 f. JHWH einer Bitte des Volkes am Horeb. Zu beachten ist hierbei, dass der Prophet von JHWH – anders als der dtn Mose – nicht beauftragt wird zu „lehren" (למד pi.). Dies ist m. E. kein Zufall. Denn das Lehren des dtn Mose umfasst, wie aus der Analyse von Dtn 6–26 hervorging, nicht nur die genaue Vermittlung der Gebote JHWHs, sondern auch (nicht von JHWH vorgegebene) Ausführungen in Bezug auf die Art und Weise, wie die dtn Gebote zu befolgen sind, und in Bezug auf die Gründe, die Gebote zu befolgen (Dtn 6–11). „Freie" Ausführungen in Bezug auf die zu verkündenden Worte liegen nach dem Wortlaut von Dtn 18,15 ff. zu urteilen nicht im Aufgabenbereich der künftigen Propheten.[631] Von daher erstaunt es kaum, dass ihre Tätigkeit nicht mit „lehren" (למד pi.) bezeichnet wird. Nur darauf hingewiesen sei hier noch, dass an keiner Stelle in der Hebräischen Bibel die Tätigkeit eines Propheten mit dem Verb למד pi. bezeichnet wird. Die Sprachregelung ist diesbezüglich einheitlich.

3.3.2.11. Dtn 20,18: Die Völker sollen dich nicht lehren, gemäß ihrer Greuel zu tun

Dtn 20,18 („lehren zu tun gemäß all ihrer Greuel") greift in synchroner Hinsicht die Aussage von Dtn 18,9 („lernen zu tun gemäß den Greueln") auf.[632] Der Vers bildet den Abschluss eines Abschnitts, der von der Kriegsführung gegen Städte handelt (Dtn 20,10–18). Übersetzt werden sollen Dtn 20,15–18:

---

[630] Kontrovers wird vor allem das Verhältnis von Tora und Prophetenwort diskutiert. Lohfink, Sicherung, 320 f.; Groß, Prophet, S. 266 f., und Lange, Wort, S. 172, sehen Dtn 18,15.18 mit II Reg 17,13 zusammen; demnach hätte der Prophet nach deuteronomistischer Auffassung die Möglichkeit, die Tora zu erweitern und zu ergänzen. Jedoch spielt die dtn Tora im Prophetengesetz – anders als z. B. im Königsgesetz – selbst keine Rolle, was z. B. Lohfink auch sieht, vgl. auch Otto, Gesetz und Prophetie, S. 295 f. Nach Otto, Gerichtsordnung, S. 154, wird aus guten theologischen Gründen, nämlich aus dem Wissen um die Freiheit des Gotteswillens, das Verhältnis zwischen Prophetenwort und Tora in der Schwebe gelassen, vgl. auch ders., Gesetz und Prophetie, S. 296 ff.

[631] Vgl. den Kommentar von Schäfer-Lichtenberger, Josua, S. 96, zu V. 18b: „Beschreibung des Verhältnisses zwischen JHWH und Prophet als göttlicher Sprecher und menschliches Tonband."

[632] Zu Dtn 20,18 bzw. Dtn 20,10–18 siehe außer den Kommentaren insbesondere noch Crüsemann, Tora, S. 283–286; Braulik, Gedächtniskultur, S. 137 f.; Lohfink, Opferzentralisation, S. 255–260.

Kapitel 3: Religiöses Lehren und Lernen im Buch Deuteronomium

> 15 So sollst du tun mit allen von dir sehr entfernt liegenden Städten, die nicht von den Städten dieser Völker sind.[633]
> 16 Jedoch von den Städten dieser Völker, die JHWH euch zum Erbbesitz gibt, sollst du nichts, was Atem hat, leben lassen.
> 17 Vielmehr unbedingt bannen sollst du sie, den Hetiter und den Amoriter, den Kanaaniter und den Perisiter, den Hiwiter und den Jebusiter, wie JHWH, dein Gott, dir geboten hat,
> 18 damit sie euch nicht lehren, gemäß all ihrer Greuel zu tun, die sie für ihre Götter getan haben, und ihr euch (so) an JHWH, eurem Gott, versündigt.

Nach den Anweisungen für künftige Kriegsführung bezüglich entfernt liegender Städte (V. 10–14) ergeht eine Anweisung in Bezug auf die im Land liegenden Städte der sechs kanaanäischen Völker (V. 15–18): Mit den Bewohnern dieser Städte darf sich Israel nicht friedlich einigen, gegen die sechs kanaanäischen Völker soll es vielmehr nach JHWHs Gebot[634] einen sakralen Vernichtungskrieg führen. Zu ergänzen ist hier mit Blick auf andere dtn Texte, dass dieser Vernichtungskrieg bei der In-Besitz-Nahme des Landes (im Sinn von: „nur" bei der In-Besitz-Nahme des Landes) geführt werden soll.[635] Der Grund für diese Anweisung steht in V. 18: Damit sie Israel nicht „lehren" können (למד pi.), gemäß all ihrer „Greuel" (תועבות) zu tun (V. 18aα.β). Die „Greuel" werden durch einen Relativsatz noch näher charakterisiert: „die sie für ihre Götter getan haben" (V. 18aγ). „Greuel" sind hier also götzendienerische Praktiken bzw. Kultbräuche.

Im Text wird davon ausgegangen, dass Kontakte zwischen Israeliten und Kanaanäern – würden sie am Leben bleiben – im Land stattfinden könnten.[636] Diese Kontakte könnten dazu führen, dass die Kanaanäer die Israeliten ihre Kultbräu-

---

[633] הנה hier verstanden als Pronomen, vgl. auch die entsprechende Anm. von Driver, Deuteronomy, S. 239; König, Deuteronomium, S. 148 f., sowie die Übersetzungen von Buber/Rosenzweig, Weisung, S. 528, und Nielsen, Deuteronomium, S. 197. Als Abverb („hier") übersetzen הנה die Einheitsübersetzung (in: Braulik, Deuteronomium II, S. 148); Rose, 5. Mose Teilband 1, S. 237, und die neue JPS Übersetzung (in: Tigay, Deuteronomy, S. 189).

[634] Der Rückverweis bleibt m. E. hier ohne konkreten Bezugstext, da sich in anderen Toratexten (Ex-Num) ein entsprechendes Gebot JHWHs nicht nachweisen lässt, vgl. Skweres, Rückverweise, S. 43–47. Ein Bezug auf Dtn 7,1 f. ist gegen Skweres m. E. unwahrscheinlich, da dort kein neues Gebot JHWHs promulgiert, sondern das Bann-Gebot von dem dtn Mose interpretiert wird.

[635] Vgl. Dtn 7,1 f.; 9,1–5; 12,29; 18,12, siehe auch Crüsemann, Tora, S. 284. In der „erzählten Zeit" gab es die sechs (bzw. sieben) kanaanäischen Völker längst nicht mehr. Vielleicht muss man, wie Braulik, Deuteronomium II, S. 150, das Bann-Gebot und die entsprechenden Landeroberungserzählungen als „literarische Gegenwehr" gegen die Angst einflößende assyrische Reichspropaganda (dazu II Reg 18,19–36; 19,10–13) lesen: „Sie zeigten am Beispiel der Frühzeit, daß Jahwe, der Gott Israels, als Weltgott über das Schicksal der Völker entschied und die Macht zu noch viel schrecklicheren Vernichtungsaktionen besaß." Siehe zum Thema insbesondere auch noch Braulik, Völkervernichtung, und Hoffman, Concept.

[636] Vgl. auch Dtn 7,3 f. und Tigay, Deuteronomy, S. 190.

che lehren. Damit ist sicher nicht nur eine theoretische Erläuterung der Bräuche gemeint. Kultbräuche bzw. Götterverehrung lernt man nicht in der Theorie, sondern durch Partizipation am Kult. Israel würde also aufgrund der Lehre wie die kanaanäischen Völker „Greuliches" tun und damit das erste Gebot verletzen: Es würde sich an JHWH versündigen (V. 18b). Dem will das dtn Gebot „gewaltsam" vorbeugen.

Abschließend ist im Hinblick auf Dtn 18,9 und Dtn 20,18 Folgendes festzuhalten: Beide Stellen enthalten eine „Erklärung", wie Israel im Land dazu kommen könnte, gemäß heidnischer „Greuel" zu tun: Dieses Tun wäre das Ergebnis eines Lehr- und Lernprozesses.[637] In Bezug auf die Vorbeugung solchen Lehrens und Lernens geht Dtn 20,15–18 einen Schritt weiter als Dtn 18,9ff. Nach Dtn 20,15ff. soll *Israel* die kanaanäischen Völker als potentielle Lehrmeister bei der In-Besitz-Nahme des Landes vernichten.

3.3.2.12. Dtn 24,8: Ihr sollt tun gemäß allem, was euch die levitischen Priester weisen

Dtn 24,8f. ist ein Gesetz bezüglich der „Aussatzplage", in dem das „Weisen" (ירה III hif.) der levitischen Priester eine zentrale Rolle spielt:[638]

> 8 Habe Acht im Fall der Aussatzplage, sehr zu achten und zu tun gemäß allem,[639] was euch die levitischen Priester weisen werden. Dementsprechend wie ich ihnen geboten habe, sollt ihr sorgfältig tun.
> 9 Erinnere dich an das, was JHWH, dein Gott, Miriam angetan hat auf dem Weg, bei eurem Auszug aus Ägypten.

In V. 8 werden die von „Aussatzplage" (נגע הצרעת)[640] betroffenen Israelitinnen und Israeliten[641] zweimal ermahnt.[642] Nach der ersten Ermahnung (V. 8a.b1) sol-

---

[637] Vgl. in diesem Zusammenhang auch noch Jer 12,16 und die Exegese z. St.
[638] Zu Dtn 24,8f. vgl. außer den Kommentaren noch Skweres, Rückverweise, S. 194f.; Otto, Gesetz und Prophetie, S. 297f.; Dahmen, Leviten, S. 335–344.
[639] Der Sam und die LXX weichen hier in zwei Punkten vom MT ab: In V. 8a steht vor dem Verb „tun" kein „und" (der Sam Targ. und der Sam nach der Ausgabe von A. Tal bezeugen allerdings „und"); in V. 8b hat der Sam ככל התורה; entsprechend die LXX: κατὰ πάντα τὸν νόμον. Es ist m. E. nicht zu entscheiden, welche Fassung den älteren bzw. besseren Text repräsentiert. Sowohl die Fassung des Sam (bzw. der LXX) als auch die des MT ist in sich schlüssig. Angefügt werden sollen hier noch einige Bemerkungen zur Bedeutung des Begriffs „Weisung" in Dtn 24,8b (nach dem Sam bzw. der LXX): Weisung kann hier ebensowenig wie in Dtn 17,11 die dtn Tora in toto meinen. Es kann auch definitiv ausgeschlossen werden, dass diese Weisung ein Gesetzestext aus der dtn Tora ist oder mit einem solchen in Beziehung steht. Denn die Aussatzplage wird nur an dieser Stelle im Deuteronomium erwähnt. Der Begriff „Weisung" signalisiert jedoch hier (wie auch schon in Dtn 17,11), dass das vom levitischen Priester Gesagte in Bezug auf die Aussatzplage dieselbe Verbindlichkeit und Autorität hat wie ein Gesetz JHWHs aus der dtn Tora.
[640] Welche Krankheit genau gemeint ist, ist unklar, die LXX übersetzt השמר בנגע הצרעת mit πρόσεχε σεαυτῷ ἐν τῇ ἁφῇ τῆς λέπρας, die Vulg. mit observa diligenter ne incurras in plagam

len die Erkrankten sorgfältig gemäß allem tun, was die levitischen Priester sie „weisen" (ירה III hif.).[643] Weisen bedeutet in diesem Kontext demnach, den Erkrankten „Anweisung(en)" zu geben, wie sie sich zu verhalten haben.[644]

Nach der zweiten Ermahnung (V. 8b2) sollen die betroffenen Israelitinnen und Israeliten sorgfältig tun „dementsprechend wie ich ihnen (den levitischen Priestern) geboten habe" (כאשר צויתם). Das Ich in dem כאשר–Satz bezeichnet m. E. JHWH und nicht den dtn Mose.[645] JHWH hat demnach den levitischen Priestern zu einem nicht näher bestimmten Zeitpunkt und unter nicht näher beschriebenen Umständen „geboten". Dies bedeutet konkret, er hat ihnen ein Gesetz bezüglich der Aussatzplage gegeben. Die levitischen Priester besitzen also, in welcher Form auch immer, eine Art Priestergesetz[646] bezüglich der Aussatz-

---

leprae. In der Regel wird heute nicht mehr an Lepra, sondern an Hautkrankheiten wie Psoriasis oder Favus gedacht, vgl. die Kommentare z. St.

[641] השמר בנגע הצרעת (V. 8a1) ist – wie der Kontext zeigt – nicht in dem Sinn zu deuten, dass die Israelitinnen und Israeliten sich *vor* Aussatz hüten sollen, gegen von Rad, Deuteronomium, S. 107 („Hüte dich vor der Plage des Aussatzes"), anders schon König, Deuteronomium, S. 171. Siehe auch Dahmen, Leviten, S. 336.

[642] Die syntaktische Struktur von V. 8 ist schwierig. Man könnte den כאשר-Satz („dementsprechend wie ich ihnen geboten habe") auch auf ירה hif. beziehen und übersetzen: „Habe Acht im Fall der Aussatzplage, sehr zu achten und zu tun: gemäß allem, was euch die levitischen Priester weisen werden, wie ich ihnen geboten habe, sollt ihr sorgfältig tun." So etwa König, Deuteronomium, S. 171; Buber/Rosenzweig, Weisung, S. 537; Rose, 5. Mose Teilband 1, S. 282; Dahmen, Leviten, S. 338. – Die vorgeschlagene Übersetzung geht davon aus, dass sich ככל אשר יורו אתכם הכהנים הלוים („gemäß allem, was euch die levitischen Priester weisen") quasi „natürlich" an die Verben von V. 8a (לשמר ולעשות) anschließt (vgl. auch Dtn 17,10) und dass man eine Zäsur am besten vor dem כאשר-Satz setzt. So auch Nielsen, Deuteronomium, S. 107; die Einheitsübersetzung z. St. (in: Braulik, Deuteronomium II, S. 179 f.); Nielsen, Deuteronomium, S. 224; die neue JPS Übersetzung (in: Tigay, Deuteronomy, S. 225).

[643] Das „Weisen" der levitischen Priester erfolgt wie auch nach Dtn 17,8 ff. auf „Anfrage". Es ist also nach dieser Stelle kein regelmäßiger, zeitlich festgeschriebener Vorgang.

[644] Man könnte ירה III hif. hier auch noch wie folgt übersetzen: Driver, Deuteronomy, S. 275: „direct", von Rad, Deuteronomium, S. 107: „Weisungen erteilen", Einheitsübersetzung: „anweisen" (in: Braulik, Deuteronomium II, S. 179); Nielsen, Deuteronomium, S. 224: „vorschreiben"; die neue JPS Übersetzung: „instruct" (in: Tigay, Deuteronomy, S. 225). Nicht genau ist hier angesichts der dtn Sprachregelung die Übersetzung mit „lehren", so aber Rose, 5. Mose Teilband 1, S. 282; Christensen, Deuteronomy 21,10–34,12, S. 574 („teach"). Mit „weisen" übersetzen ירה III hif. hier noch Buber/Rosenzweig, Weisung, S. 537.

[645] Vgl. auch Driver, Deuteronomy, S. 275; von Rad, Deuteronomium, S. 108; Preuss, Deuteronomium, S. 128; Nielsen, Deuteronomium, S. 228; Jenni, Präposition Kaph, S. 133, Anm. 23. Anders Braulik, Deuteronomium II, S. 180, nach dem das gebietende Ich zwischen Mose und JHWH „schillert", sowie König, Deuteronomium, S. 171; Skweres, Rückverweise, S. 194 f.; Rose, 5. Mose Teilband 1, S. 283, und Dahmen, Leviten, S. 349 f., die das Ich als das Ich des Mose deuten.

[646] Im Anschluss an Braulik, Deuteronomium II, S. 180. Vgl. auch Nielsen, Deuteronomium, S. 228: „Die Zitationsformel כאשר צויתם setzt wahrscheinlich diese oder ähnliche, von Gott gegebene, schriftlich ausgeformte Gesetze voraus." Anders Dahmen, Leviten, S. 339, der den Rückverweis auf die „allgemeine Lehrkompetenz der Priester" bezieht. Doch wann wäre den Priestern solches Gesetz geboten worden?

plage. Man könnte hierbei an eine Vorfassung von Lev 13 f. denken, Genaueres lässt sich aber nicht sagen.

Ohne Zweifel ist das Weisen der levitischen Priester in engem Bezug zu diesem Priestergesetz zu sehen.[647] Die levitischen Priester handeln bei ihrem Weisen also in JHWHs Auftrag und das, was sie weisen, basiert auf JHWHs Autorität. Hier liegt auch der Grund dafür, warum die Israelitinnen und Israeliten weisungsgebunden sind: Bei dem, was die levitischen Priester weisen, geht es letztlich um *JHWHs* Weisung.[648]

3.4. Ein weiterer Lehrauftrag für Mose in Moab und abschließende Lehraufträge für Israel (Dtn 27–34)

3.4.1. *Aufbau und Inhalt von Dtn 27–34*

Die zweite Rede des Mose endete in Dtn 26. Im Zuge dieser Rede promulgierte er das dtn Gesetz. In Dtn 27–34 folgen weitere Reden des Mose und der Bericht von seinem Tod. Bevor die Belegstellen für religiöses Lehren und Lernen analysiert werden, soll eine grobe Übersicht über Dtn 27–34 gegeben werden. Zu unterscheiden sind sechs Einheiten:

Die erste Einheit besteht aus Dtn 27,1–28,68, sie ist nach unten durch eine Überschrift des Bucherzählers in Dtn 28,69[649] abgegrenzt. Folgt man den eingeschalteten Bemerkungen des Bucherzählers (27,1; 27,9; 27,11), lässt sie sich in drei Abschnitte gliedern:

a) Dtn 27,1-8:	Gebot des Mose und der Ältesten, das Gesetz zu tun; Anweisung, die Worte der Tora am Tag der Überquerung des Jordans auf Gedenksteine zu schreiben
b) Dtn 27,9-10:	Proklamation des Mose und der levitischen Priester, Israel werde heute (von JHWH) zum JHWH-Volk gemacht; Aufforderung zum Gesetzesgehorsam

---

[647] Diese „Priestertora" ist den Laien – anders als die „Laientora", das dtn Gesetz – offenbar nur zugänglich durch die Weisung der levitischen Priester.
[648] Der Sinn der Ermahnung von V. 9, sich an JHWHs Handeln an Miriam beim Auszug aus Ägypten zu erinnern (vgl. die Erzählung in Num 12), ist nicht ganz klar. Nach Braulik, Deuteronomium II, S. 180, soll das Schicksal der Miriam vor Ungehorsam warnen. Nach Nielsen, Deuteronomium, S. 229, soll mit der Geschichte die „Notwendigkeit des Ausschließens der von der Hautkrankheit betroffenen Person aus der Gemeinschaft für kürzere oder längere Zeit" angedeutet werden. Tigay Deuteronomy, S. 225, vermutet: „So perhaps the point is to show that nobody is immune, so that people wouldn't assume ‚it can't happen to me' and fail to consult a priest regarding a potentially ‚leprous' skin affection."
[649] In synchroner Perspektive ist Dtn 28,69 als Überschrift zu identifizieren, vgl. Lohfink, Bundesschluß im Land Moab; ders., Überschrift; Seitz, Studien, S. 23 ff.; Rofé, Covenant, S. 310 f.; Braulik, Deuteronomium II, S. 210; Christensen, Deuteronomy 21,10–34,12, S. 703–706.

Kapitel 3: Religiöses Lehren und Lernen im Buch Deuteronomium

c) Dtn 27,11-28,68:   Anweisungen des Mose für den Tag der Überquerung des Jordans: Sprechen von Segensworten (Dtn 28,1–14[650]) durch sechs Stämme[651] auf dem Berg Garizim (27,12); Sprechen von Fluchworten (Dtn 28,15–68) durch sechs Stämme auf dem Berg Ebal (27,13); danach[652] Sprechen eines „Fluchdodekalogs" durch die Leviten (27,14.15–26).[653]

Die zweite Einheit umfasst Dtn 28,69–30,20. In Dtn 31,1 beginnt, wie die Bemerkung des Bucherzählers in Dtn 31,1 zeigt, eine neue Einheit. Dtn 28,69–30,20 lassen sich in sieben Abschnitte gliedern:

a) Dtn 28,69:   Überschrift des Bucherzählers: „Dies sind die Worte des Bundes"
b) Dtn 29,1-8: Rückblick des Mose auf die Ereignisse vom Exodus bis Moab

---

[650] M. E. sind in synchroner Perspektive die nach Dtn 27,12.13 von jeweils sechs Stämmen zu sprechenden Segens- bzw. Fluchworte mit den in Dtn 28,1–15.16–68 von dem dtn Mose angeführten Segens- und Fluchworten (V. 2: כל הברכות האלה; V. 15: כל הקללות האלה) gleichzusetzen, vgl. auch Nielsen, Deuteronomium, S. 244; Preuss, Deuteronomium, S. 151. Anders, Braulik, Deuteronomium II, S. 199, der den Befund wie folgt kommentiert: „Nach [27,]11 folgt eine weitere Redeeinleitung: Mose ordnet eine Fluch-Segens-Zeremonie an Ebal und Garizim an (12f.), wobei er ein Fluchritual vorschreibt, das die Leviten vortragen sollen (14–26). 28 führt es *nahtlos weiter* [kursiv K.F.], obwohl es der Form nach neu ansetzt. Das ist im Blick auf die Ankündigung von Segen und Fluch in 27,12f auch logisch. Inhaltlich entsteht dann im Gesamttext 27,15–28,68 die Abfolge Fluch-Segen-Fluch, und dieser Text ist nicht eigentlich Mosetora aus Moab, sondern nur ein in der Mosetora angeordneter liturgischer Text für eine einmalige Zeremonie nach der Landnahme, *von Leviten vorzutragen* [kursiv K.F.]." So auch Lohfink, Moab oder Sichem, S. 211, und Sonnet, Book, S. 98 f.

[651] V. 12a („diese [sechs Stämme] sollen sich aufstellen auf dem Berg Garizim, um das Volk zu segnen") und V. 13a („und diese [sechs Stämme] sollen sich aufstellen auf dem Berg Ebal für den Fluch") sind m. E. so zu verstehen, dass die jeweiligen sechs Stämme *selbst* Segen bzw. Fluch sprechen sollen, vgl. Driver, Deuteronomy, S. 298; von Rad, Deuteronomium, S. 119; Preuss, Deuteronomium, S. 151; Nielsen, Deuteronomium, S. 247 f.; Rose, 5. Mose Teilband 2, S. 544 f. Anders Lohfink, Moab oder Sichem, S. 209, Anm. 16, der unter Hinweis auf die „Ausführungserzählung" in Jos 8,30 ff. offen lassen will, wer Segen bzw. Fluch spricht, und Dtn 27,12aα wie folgt übersetzt: „sie sollen (dort) stehen zur Segnung des Volkes."

[652] Aus der Textabfolge in Dtn 27,12–14 ergibt sich, dass das Sprechen der (in Dtn 27,15–26 vorgegebenen) Flüche durch die Leviten dem Sprechen der (in Dtn 28 vorgegebenen) Segens- und Fluchworte durch die Stämme (wobei Levi beim Segnen beteiligt ist, V. 13!) zeitlich nachgeordnet ist, so auch G. von Rad, Deuteronomium, S. 119.

[653] Die in Dtn 28 zitierten Segens- und Fluchworte sind nicht nur (einmalig) von den Stämmen bei der Zeremonie in Sichem zu sprechen (vgl. Dtn 27,12.13). Sie sind in synchroner Perspektive auch identisch mit Segen und Fluch, die der dtn Mose „heute" Israel in Moab vorlegt. Dies geht zum einen klar aus Dtn 11,26.29 hervor: Die von dem dtn Mose den Israelitinnen und Israeliten heute vorgelegten Segens- und Fluchworte sollen noch einmal beim Einzug ins Land von den Israelitinnen und Israeliten auf Ebal und Garizim „gegeben" (נתן q. + על) werden. Zum anderen ist dies aus den rückblickenden Bemerkungen des dtn Mose in Dtn 30,1.15 zu schließen: Segen und Fluch wurden Israel von ihm vorgelegt (נתתי לפניך). Die Fluchworte in Dtn 28 sind darüber hinaus mit den in Dtn 29,18 erwähnten Fluchworten identisch, die bei dem Bundesschluss (von dem dtn Mose) gesprochen werden, siehe dazu unten die Anmerkung zu Dtn 29,15–20. Zur Diskussion der Ansätze, die Proklamation von Segen und Fluch (Dtn 28) in Moab und/oder in Sichem anzusiedeln, siehe vor allem Lohfink, Moab oder Sichem.

c) Dtn 29,9-14:	Darlegungen des Mose in Bezug auf den Zweck der Versammlung ganz Israels vor JHWH heute: „Hindurchgehen" Israels durch Bund und Fluch und Eintreten in den Bund JHWHs
d) Dtn 29,15-20:	Warnung des Mose vor Abwendung von JHWH und vor dem Sprechen eines „Gegensegens" (V. 18aα2) beim „Hören dieser Worte des Fluches" (V. 18aα1)[654]
e) Dtn 29,21-28:	Ankündigung von Fluch aufgrund des von Mose in Zukunft erwarteten Bundesbruchs Israels
f) Dtn 30,1-14:	Ankündigung von Segen aufgrund der in Zukunft erwarteten Umkehr Israels zu JHWH
g) Dtn 30,15-20:	Zusammenfassender Rückblick Moses auf die Israel vorgelegten Alternativen Leben/Tod bzw. Segen/Fluch und abschließende Aufforderung zur Wahl des Lebens.

Die dritte Einheit ist Dtn 31,1–32,47. Wie Dtn 31,1 zeigt, sind hier weitere Worte des Mose gesammelt.[655] Diese Worte enden in Dtn 32,47. Der Aufbau der Einheit lässt sich anhand der eingeschalteten Bemerkungen des Bucherzählers wie folgt wiedergeben:[656]

a) Dtn 31,1-6:	Kriegsansprache des Mose
b) Dtn 31,7-8:	Einsetzung Josuas zum Feldherrn und zum Landverteiler durch Mose

---

[654] Es ist mittlerweile mehrfach darauf hingewiesen worden, dass es sich bei Dtn 29,9–14 um sogenannte performative Rede handelt, vgl. Lohfink, Überschrift oder Kolophon, S. 289; ders., Bund als Vertrag, S. 296–298; Braulik, Deuteronomium II, S. 212. M. E. sind auch Dtn 29,15–20 performativ (und zum Ritual des Bundesschlusses gehörend) zu verstehen: Das in Dtn 29,18 erwähnte Hören der Fluchworte kann nach der Textlogik nicht schon erfolgt sein, da sonst die Warnung, *beim Hören* der Fluchworte einen Gegensegen zu sprechen (Dtn 29,18), sinnlos wäre, anders Braulik, Deuteronomium II, S. 214, zu Dtn 29,15–20: „Diese Predigt möchte bei äußerer Teilnahme am Ritual doch noch denkbaren inneren Vorbehalt ausräumen und die Zustimmung des Herzens [...] zu der *soeben rechtsgültig vollzogenen Zeremonie* [kursiv K. F.] sichern." Es wird nicht explizit gesagt, was genau unter den Fluchworten zu verstehen ist. Durch die Aussage, dass der Fluch (und damit sicher auch der Segen) in der (Tora)Rolle geschrieben steht (V. 19.20) – doch wohl von dem dtn Mose geschrieben – wird aber deutlich, dass damit nur die von dem dtn Mose in 28,15–68 vorgegebenen Fluchworte gemeint sein können, vgl. zu Fluchworten als Teil der Torarolle auch Dtn 28,61. Vgl. auch Driver, Deuteronomy, S. 326, und Braulik, Deuteronomium II, S. 214 f.; etwas anders deuten Rose, 5. Mose Teilband 2, S. 552, und Sonnet, Book, S. 104, die die Fluchworte auf Dtn 27,15 ff. und 28,15 ff. beziehen.

[655] Dtn 31,1 bietet ein schwieriges textkritisches Problem. Die vielen Exegetinnen und Exegeten anstößig erscheinende Bemerkung, dass Mose „ging" (so der MT), hat (ebenso wie Dtn 32,44, dass er „kam") wohl nur einleitende Funktion (וילך kann vor einem zweiten finiten Verb einfach den Vorgang anschaulich machen), vgl. auch Polzin, Moses, S. 69; Rose, 5. Mose Teilband 2, S. 557; Talstra, Deuteronomy, S. 97. Mit 1QDeut[b], Frag. 13 Kol II, Z. 4 (DJD 1, S. 59) und mit der LXX („Mose hörte auf, diese Worte zu sprechen") entscheiden Tov, Text, S. 108; Laberge, Texte, S. 146; Nielsen, Deuteronomium, S. 277; Lohfink, Fabel in Dtn 31–32, gegen den MT. Nach Nwachukwu, Differences, S. 88–90, machen MT und Q/LXX hier Sinn.

[656] Die angeführte Gliederung deckt sich in Bezug auf Dtn 31 weitgehend mit der von Talstra vertretenen Gliederung, Deuteronomy 31, S. 96–101.

c) Dtn 31,9-13:	Übergabe der von Mose aufgeschriebenen Tora an die Leviten und Ältesten, verbunden mit der Weisung, die Tora am Laubhüttenfest des Siebtjahres Israel vorzulesen
d) Dtn 31,14-15:	Erscheinung JHWHs vor Mose und Josua
e) Dtn 31,16-22:	Offenbarung eines Liedes durch JHWH, verbunden mit der Weisung an Mose (und Josua), dieses aufzuschreiben und Israel zu lehren
f) Dtn 31,23:	Einsetzung Josuas zum Feldherren durch JHWH
g) Dtn 31,24-29:	Übergabe der von Mose aufgeschriebenen Tora an die Leviten zur Aufbewahrung in der Lade; Anweisung an die Leviten, die Ältesten und Listenführer einzuberufen zwecks Promulgation des Liedes
h) Dtn 31,30-32,43:	Promulgation des Liedes vor den Notabeln Israels durch Mose
i) Dtn 32,44:	Promulgation des Liedes vor dem ganzen Volk durch Mose und Josua
j) Dtn 32,45-47:	Abschließende Aufforderung Moses zur Bewahrung der promulgierten Toraworte im Herzen und zur Ermahnung der Kinder, die Toraworte zu tun.

Die vierte Einheit (Dtn 32,48–52) ist eine Art Zwischenstück. Hier gibt der Bucherzähler eine Anweisung JHWHs an Mose wieder: Demnach soll Mose auf den Berg Nebo steigen, auf dem er sterben wird. Von dort darf er das Land Kanaan sehen.

Die fünfte Einheit umfasst Dtn 33,1–29: Nach einer Überschrift des Bucherzählers (33,1) folgt der Segen (Dtn 33,2–29), mit dem Mose Israel segnet.

Dtn 34 bildet den Abschluss des Buches: In Dtn 34,1–9 wird vom Tod des Mose vor JHWH auf dem Berg Nebo, der Trauer der Israeliten um ihn und der Erfüllung Josuas mit einem „Geist von Weisheit" berichtet. Die Schlusspassage Dtn 34,10–12 ist eine abschließende Würdigung des Mose, sie „gleicht einer Grabinschrift, geschrieben auf das Monument des Pentateuch"[657].

3.4.2. Belegstellen für religiöses Lehren und Lernen in Dtn 27–34

Im Folgenden sind acht Stellen zu besprechen. An vier Stellen kommt das Verb למד vor (Dtn 31,12.13; 31,19.22); an einer Stelle das Verb ירה III hif. (Dtn 33,10). Des Weiteren sind zu besprechen Dtn 30,14, da hier eine wichtige Aussage über das Lehren und Lernen des dtn Gesetzes getroffen wird, und Dtn 32,46, da der dtn Mose hier den Eltern noch einmal die Belehrung ihrer Kinder einschärft. In einem Exkurs ist kurz auf eine für die Konturierung des dtn Lehr- und Lernprogramm wichtige Aussage im Moselied einzugehen, wonach Väter und Alte Geschichtswissen (auf Anfrage) weitergeben sollen (Dtn 32,7).

---

[657] Braulik, Deuteronomium II, S. 246.

3.4.2.1. Dtn 30,14: Nahe ist dir das Wort in Mund und Herz

Dem Vers, der den Abschnitt Dtn 30,11–14 abschließt, sind für das Thema religiöses Lehren und Lernen einige wichtige Aussagen zu entnehmen:[658]

> 11 Denn dieses Gebotene, das ich dir heute gebiete, ist dir nicht zu schwer und ist nicht fern.
> 12 Es ist nicht im Himmel, so dass du sagen müsstest: ‚Wer steigt für uns in den Himmel hinauf und holt es uns und lässt es uns hören, so dass wir es tun können?'
> 13 Und es ist nicht jenseits des Meeres, so dass du sagen müsstest: ‚Wer überquert für uns das Meer und holt es uns und lässt es uns hören, so dass wir es tun können?'
> 14 Vielmehr ist dir das Wort sehr nahe, in deinem Mund und deinem Herzen, es zu tun.

Nach dem Blick in die Zukunft des Volkes (Dtn 30,1–10)[659] wendet sich der dtn Mose nun wieder an das „heute" vor ihm versammelte Israel. Das von ihm gebotene dtn Gesetz (המצוה) ist, so V. 11, für Israel weder zu schwer (לא נפלאת הוא ממך) noch ist es fern (לא רחקה הוא). Letzteres wird in zwei parallel aufgebauten Sätzen erläutert (V. 12 f.): Das Gesetz ist weder im Himmel noch ist es jenseits des Meeres. Es muss nicht erst irgendjemand das Gesetz für Israel von diesen Orten holen und es Israel hören lassen, so dass Israel es daraufhin tun kann (ונעשׂנה). Vielmehr gilt (V. 14): Das Gesetz – jetzt bezeichnet als „das Wort" (הדבר) –[660] ist, so Mose, Israel sehr nahe, es ist in seinem Mund und in seinem Herzen, und deswegen kann es Israel auch tun.

Der Grund für die Versicherung des Mose, dass das Gesetz Israel sehr nahe ist, kann nur folgender sein: Weil *Mose* Israel das Gesetz hören ließ (vgl. V. 11a), ist dieses Gesetz Israel nahe und also in Mund und Herz. Die Nähe des Gesetzes, die Präsenz in Mund und Herz, ist demnach eine Folge der mosaischen Promulgation.

Näher zu betrachten ist die Formulierung in V. 14b: בפיך ובלבבך („in deinem Mund und in deinem Herzen"). Sie hat in der Literatur reichlich Beachtung gefunden: Zum einen wird gelegentlich auf eine angebliche Ähnlichkeit mit Jer

---

[658] Vgl. zu Dtn 30,10–14 außer den Kommentaren insbesondere Köckert, Wort, S. 499 ff.; Fischer/Lohfink, Schlüssel, S. 198; Aurelius, Heilsgegenwart.

[659] Mit Groß, Zukunft, S. 43, lässt sich der Abschnitt wie folgt zusammenfassen: Der Autor von Dtn 30,1–10 knüpft „zunächst an den Passus 4,29–30 an und reproduziert dessen Sicht, indem er für die Umkehr *aus dem Exil* Israels Initiative und Umkehr als Bedingung für (YHWHs Umkehr und) YHWHs Zuwendung darstellt; dann bringt er in V. 6–8 für die Umkehr Israels *im Land*, nach der Rückkehr aus dem Exil seine eigene Konzeption, die zugleich als Interpretationsanweisung auch für das Vorherige dient: Nur falls die Herzensbeschneidung durch YHWH vorausgeht, ist Umkehr Israels möglich. Wenn er anschließend wieder konditioniert formuliert, so ist dies unter dem Vorzeichen der V. 6–8 zu verstehen."

[660] Vgl. auch Dtn 32,47. Gemeint ist Dtn 12–26, anders Braulik, Ausdrücke, S. 19 f., nach dem הדבר//המצוה hier Gesetz und Paränese meinen.

31,33 hingewiesen.[661] Doch nach Jer 31,33 hat JHWH Israel die Tora *ins Herz* gegeben, eine entsprechende Bemerkung in Bezug auf den „Mund" fehlt. Zum zweiten wird vorgeschlagen, man solle V. 14b vor dem Hintergrund der an manchen atl. Stellen (von JHWH) monierten „Differenz von Mund und Herz"[662] verstehen.[663] In Dtn 30,14b versichere der dtn Mose deshalb ausdrücklich, dass die Tora in Mund *und* Herz sei. Diese Deutung ist möglich, zögern lässt allerdings, dass die Betonung solcher Einheit im Kontext völlig unvermittelt käme. Zum dritten wird versucht, Dtn 30,14 mit Hilfe von Dtn 6,6 f. zu deuten. So schreibt G. Braulik in seinem Kommentar: „Nach 6,6 f ist das Gesetz auswendigzulernen (‚Herz') und ständig zu rezitieren (‚Mund')."[664] Übersehen wird bei dieser Interpretation allerdings, dass es in Dtn 6,6 f. (und in der Parallelstelle Dtn 11,18 f.) *zuerst* heißt, dass das Gesetz im Herzen sein soll, und *dann*, dass über das Gesetz mit den Kindern geredet werden soll (bzw. nach anderer Deutung: dass das Gesetz rezitiert werden soll). Diese Reihenfolge ist schlüssig: Zuerst muss das Gesetz im Herzen verankert sein, dann kann man über es reden (bzw.: es rezitieren). Doch in Dtn 30,14 steht „in deinem Mund und in deinem Herzen" (בפיך ובלבבך). Die Übersetzung der Nomina mit „Rezitieren" oder „Reden über die Tora" (בפיך) und „Auswendigwissen" oder „Auswendiglernen" (בלבבך) leuchtet im Hinblick auf die Reihenfolge nicht ein.

M. E. ist V. 14 folgendermaßen zu deuten: Der Grund für die Aussage in V. 14a, dass das Gesetz Israel sehr nahe ist, liegt, wie oben dargelegt, darin, dass der dtn Mose es dem in Moab versammelten Volk promulgiert bzw. genauer: dass er Israel das Gesetz lehrt (vgl. Dtn 5,28; 6,1). Aufgrund dieser Voraussetzung lassen sich die Nomina wie folgt verstehen: בפיך („in deinem Mund") bedeutet, dass im Zuge des Lehr- und Lernvorgangs die Israelitinnen und Israeliten die Worte des dtn Mose in den Mund nehmen, also nachsprechen. בלבבך („in deinem Herzen") bedeutet, dass in einem zweiten Schritt die gelernten Sätze im Herzen verankert werden müssen. Eine diesbezügliche Weisung findet sich in Dtn 6,6 (vgl. auch Dtn 11,18): Die Israelitinnen und Israeliten sollen dafür sorgen, dass die – gelernten – Worte auf ihrem Herzen sind.[665]

Die Aussagen von V. 11–14 sind nicht so zu verstehen, dass das Gesetz aufgrund der mosaischen Promulgation nur den in Moab versammelten Israelitinnen und Israeliten nahe sein soll. Wodurch wird aber die zukünftige Nähe des Gesetzes garantiert? Die Frage lässt sich wie folgt beantworten: Nach der dtn

---

[661] Von Rad, Deuteronomium, S. 132; Rose, 5. Mose Teilband 2, S. 556; Nielsen, Deuteronomium, S. 272.
[662] Köckert, Wort, S. 500, Anm. 11, zustimmend Aurelius, Heilsgegenwart, S. 22.
[663] Vgl. z. B. Jes 29,13; Ps 55,22 und die inhaltlich verwandten Stellen Jer 12,2 und Ps 62,5.
[664] Braulik, Deuteronomium II, S. 219; vgl. auch Driver, Deuteronomy, S. 331; König, Deuteronomium, S. 200; Fischer/Lohfink, Schlüssel, S. 198; Rose, 5. Mose Teilband 2, S. 556; Christensen, Deuteronomy 21,10–34,12, S. 743.
[665] Vgl. auch oben die Exegese zu Dtn 11,18.

Fiktion sollen die Eltern ihre Kinder das Gesetz lehren (Dtn 6,7; 11,19). Dies ist die Voraussetzung dafür, dass die Kinder – wie die Eltern – die gelernten Worte auf ihr Herz legen können. Auf diese Weise kann das Gesetz für alle Zeiten Israel nahe, also „im [...] Mund und im [...] Herzen" sein, und infolgedessen getan werden.[666]

Aus Dtn 30,14 lässt sich eine Erkenntnis in Bezug auf die im Deuteronomium vorausgesetzte religiöse Lehrmethode gewinnen (ansatzweise wurde diese auch schon in Dtn 6,7 sichtbar): Ein Text wird von einem Lehrenden vorgesprochen, die Lernenden nehmen ihn „in den Mund", sprechen ihn also nach. Das Ergebnis der Analyse von Dtn 30,14 in Bezug auf die Lehrmethode wird in einer noch zu besprechenden Stelle, in Dtn 31,19, bestätigt werden.[667]

3.4.2.2. Dtn 31,12: Du sollst das Volk versammeln, damit es hört und lernt

Zu den letzten Worten des dtn Mose an Israel gehört die Anweisung, alle sieben Jahre am Laubhüttenfest in Jerusalem im Rahmen einer Volksversammlung die Tora gemeinsam zu hören und zu lernen (Dtn 31,9–13). Im Folgenden interessiert zunächst V. 9–12:[668]

> 9   Und Mose schrieb diese Tora auf und gab sie den Priestern, den Söhnen Levis, die die Lade des Bundes JHWHs trugen, und allen Ältesten Israels.
> 10 Und Mose gebot ihnen: ‚Am Ende von sieben Jahren zur Festzeit des Erlassjahres, am Laubhüttenfest,
> 11 wenn ganz Israel kommt, das Angesicht JHWHs, deines Gottes, <zu sehen>[669], am Ort, den er erwählen wird, dann sollst du diese Tora ganz Israel gegenüber in ihre Ohren rufen.
> 12 Du sollst das Volk versammeln, die Männer, die Frauen, den Anhang und deinen Fremdling, der in deinen Toren lebt, damit sie hören und damit sie lernen und sie (daraufhin) JHWH,

---

[666] Anders Driver, der zu Dtn 30,14 anmerkt: „[...] it has been brought so near to thee, – viz. by prophets and other teachers, and especially in the discourses of Dt", Deuteronomy, S. 331. Doch im Deuteronomium wird *genau* festgelegt, wer für die Weitergabe (Lehre) des Gesetzes an die nächste Generation verantwortlich ist, nämlich die Eltern.

[667] Siehe die jeweiligen Exegesen zu Dtn 6,7 und Dtn 31,19.

[668] Zu Dtn 31,9–13 siehe außer den Kommentaren Perlitt, Bundestheologie, S. 115–128; Lohfink, Glaube, S. 158 f.; Fischer/Lohfink, Schlüssel, S. 198 f.; Buchholz, Älteste, S. 15–21; Braulik, Gedächtniskultur, S. 133–137; Dahmen, Leviten, S. 140–195; Sonnet, Book, S. 134–147.

[669] Der Infinitiv לראות ist hier (gegen den MT) als Qal zu vokalisieren. Die Vokalisation von לראות als Niphal (Sam: להראות) kann als (spätere) Beseitigung der wohl als anstößig geltenden Rede vom Sehen des Angesichts JHWHs erklärt werden, vgl. auch Driver, Deuteronomy, S. 198 f.; die Einheitsübersetzung (in: Braulik, Deuteronomium II, S. 224); Dahmen, Leviten, S. 155 f.; Nwachukwu, Differences, S. 81 f. – Der Vokalisation des MT („vor JHWH erscheinen", entsprechend schon LXX und Vg.) folgen von Rad, Deuteronomium, S. 133; Rose, 5. Mose Teilband 2, S. 557; Nielsen, Deuteronomium, S. 273; Christensen, Deuteronomy 21,10–34,12, S. 763.

euren Gott, fürchten und sie sorgfältig alle Worte dieser Tora tun.'

Die levitischen Priester (die den göttlichen Bundespartner vertreten) und die Ältesten Israels (die den menschlichen Bundespartner repräsentieren)[670] erhalten von Mose die von ihm niedergeschriebene dtn Tora (V. 9).[671] Damit verbunden ist eine Aufgabe: Sie müssen nach V. 10 f. am Laubhüttenfest des Siebtjahres in Jerusalem die dtn Tora ganz Israel – das sich zur Feier des Festes in der Stadt befindet (vgl. Dtn 16) – laut vorlesen (קרא q.).[672] Vorgelesen werden müssen demnach Dtn 5–26,[673] die Segens- und Fluchworte (Dtn 28)[674] sowie das Lied (Dtn 32).[675] Zu dieser Lesung der Tora müssen sie nach V. 12aα1 das Volk versammeln. Wer zum „Volk" gehört, wird sofort definiert (V. 12aα2.aβ): Männer (אנשים), Frauen (נשים), Anhang (טף im Sinn von Kindern)[676] und Fremdling (גר).

---

[670] Zu den Funktionen der beiden Gruppen siehe vor allem Braulik, Deuteronomium II, S. 223; Lohfink, Die Ältesten Israels, S. 273 ff.; Sonnet, Book, S. 139 f. Vgl. die Übersicht über die verschiedenen Lösungsvorschläge bezüglich des Nebeneinanders der beiden Gruppen in V. 9 bei Buchholz, Die Ältesten Israels, S. 15–17, und Dahmen, Leviten, S. 146–151.

[671] Anders Otto, Mose, S. 327: „Neben der am Sinai und in Moab verschrifteten Tora steht das Heiligkeitsgesetz in Lev 17–26 als mündlich am Sinai ergangene Tora, die dort nicht verschriftet wird. Auch sie fällt unter die Verschriftungsnotiz in Dtn 31,9"; vgl. auch ders., Deuteronomium im Pentateuch, S. 183, Anm. 133. Dagegen spricht m. E., dass die Übergabe der Tora an die Ältesten und levitischen Priester (Dtn 31,9) eng verbunden ist mit dem Auftrag zur Durchführung eines kollektiven Tora-Lernrituals alle sieben Jahre am Laubhüttenfest in Jerusalem (V. 10–13). Gelehrt und gelernt werden muss jedoch nur die dtn Tora bzw. müssen nur ihre Gebote, wie aus anderen Aussagen im Deuteronomium ausdrücklich hervorgeht.

[672] Lesen sollen die levitischen Priester und die Ältesten, denn an sie richtet sich die Weisung Moses in V. 9, vgl. auch Braulik, Gedächtniskultur, S. 133 f.; Lohfink, Die Ältesten Israels, S. 270; Rose, 5. Mose Teilband 2, S. 561; Dahmen, Leviten, S. 156 f. Anders mSota 7,8, wonach der König lesen soll; Sonnet, Book, S. 141, wonach Israel lesen soll, und Weinfeld, Deuteronomic School, S. 65, Anm. 1, wonach Josua lesen soll.

[673] Nach der Überschrift des Bucherzählers (Dtn 4,44) sind Dtn 5–26 „Tora".

[674] Die Fluchworte sind nach Dtn 28,61 sowie Dtn 29,19 f. Teil des Torabuches. Insofern ist wohl Dtn 28 als Teil der dtn Tora anzusehen.

[675] Siehe zu dem Lied als Teil der Tora unten zu Dtn 31,19.22. In späterer Zeit konnte „Tora" in einem weiteren Sinn aufgefasst werden: Nach mSot 7,8 wurde eine Auswahl an Texten aus dem *Buch Deuteronomium* vorgelesen: Dtn 1,1–6,3; 6,4–9; 11,13–21; 14,22–29 (oder: 14,22–28,69); 26,12–15; 17,14–20 und 27 f., vgl. auch noch Braulik, Ausdrücke, S. 37 f.

[676] Es gibt eine Tradition, die טף im Sinn von Kleinkindern versteht, vgl. den Kommentar der Mechilta d'Rabbi Ismael, Depascha Bo 16 zu Dtn 29,9 (Ed. Horovitz/Rabin, S. 59): מה טף זה יודע להבין בין טוב ורע („warum *taf*, weiß der etwa zwischen gut und böse zu unterscheiden?"); so auch die Übersetzung der Vg.: „parvuli"; vgl. auch die Übersetzung von טף mit „little ones" von Driver, Deuteronomy, S. 322; Sonnet, Book, S. 142, und Christensen, Deuteronomy 21,10–34,12, S. 763. Doch das Volk kann schwerlich aus Erwachsenen und Kleinkindern bestehen, es gehören natürlich auch die älteren Kinder dazu. Die Einheitsübersetzung übersetzt טף mit „Kinder und Greise" (in: Braulik, Deuteronomium II, S. 213). Dies ist m. E. nicht plausibel, denn ältere Menschen werden mit den Kategorien „Männer" und „Frauen" erfasst. Dass man טף als nicht-erwachsene Menschen deuten kann, zeigt Dtn 1,39, siehe dazu Finsterbusch, Kind. Mehrheitlich wird טף in Dtn 31,12aα als Kinder verstanden, vgl. von Rad, Deuteronomium,

3.4. Weitere Lehraufträge für Mose und Israel

In V. 12b schließen sich vier Verbalsätze an: 1. „damit sie hören" (למען תשמעו), 2. „und damit sie lernen" (ולמען ילמדו), 3. „und sie JHWH, euren Gott, fürchten" (ויראו את יהוה אלהיכם), 4. „und sie sorgfältig alle Worte dieser Tora tun" (ושמרו לעשות את כל דברי התורה הזאת). Die ersten beiden Sätze heben sich deutlich von den letzten beiden ab: Nur bei den ersten beiden Verben steht die Konjunktion למען: „*damit* sie hören" und „*damit* sie lernen".[677] Israel soll also aufgrund der Lesung hören und lernen. Hören heißt hier einfach, mit den Ohren den Toratext aufnehmen (vgl. V. 11b: „du sollst diese Tora ganz Israel gegenüber in ihre Ohren rufen"). Doch was bedeutet „lernen"?

Zunächst bedeutet lernen mit Blick auf Dtn 6,7, Dtn 30,14 und Dtn 31,19 ganz praktisch „nachsprechen": Israel lernt, indem es den vorgelesenen Text der ganzen Tora (satzweise) nachspricht.[678] Doch ist das Lernen damit noch nicht vollständig beschrieben. Lernen umfasst sicherlich mehr als nachsprechen. Zu fragen ist also: Worin besteht das „mehr"? Bei der Beantwortung dieser Frage ist zu bedenken, dass die dtn Tora durchaus heterogene Texte enthält, die im Alltag der Israelitinnen und Israeliten eine unterschiedliche Rolle spielen:[679]

Die im Alltag omnipräsenten Satzungen und Rechtsvorschriften (Dtn 12–26) sind, wenn das dtn Programm nach Dtn 6,6–9 und 11,18–20 befolgt wurde, bereits in den Familien auswendig gelernt worden. Bezüglich der Satzungen und Rechtsvorschriften kann lernen jenseits von nachsprechen also nur wiederholen (und nicht auswendig lernen) bedeuten.[680]

Wie steht es mit Dtn 5–11 und mit Segen und Fluch (Dtn 28)?[681] Theoretisch könnte lernen in Bezug auf diese Texte bedeuten, dass die Israelitinnen und Is-

---

S. 127; Locher, Art. שׂך, Sp. 374; Rose, 5. Mose Teilband 2, S. 548; Nielsen, Deuteronomium, S. 261; Tigay, Deuteronomy, S. 292. So im Übrigen auch schon die LXX (τὰ ἔκγονα).

[677] Vgl. Braulik, Gedächtniskultur, S. 135: „Die beiden Verben [lernen, fürchten] sind in V. 12bα parataktisch konstruiert, das Lernen hat also Eigengewicht." Anders schon die LXX, die in V. 12bα hat: ἵνα μάθωσιν φοβεῖσθαι κύριον τὸν θεὸν ὑμῶν. Sie löst auf diese Weise gegen den MT das Problem des fehlenden Objekts von למד q. und ist von daher als lectio facilior zu beurteilen, vgl. auch Braulik, Gedächtniskultur, S. 135, Anm. 74. Im Sinne der LXX übersetzen V. 12bα auch noch König, Deuteronomium, S. 203; von Rad, Deuteronomium, S. 133; Nielsen, Deuteronomium, S. 274.

[678] Vgl. Braulik, Gedächtniskultur, S. 135: „למד q. heißt in diesem Zusammenhang vor allem, daß man die Tora ‚wiederholt', sie also im Sinn des damaligen schulischen Lernens satzweise nachspricht [...]."

[679] Auch Braulik, Gedächtniskultur, S. 135 f., Anm. 76, bestimmt lernen hier differenziert: Die schon auswendig gekonnten Teile der Tora werden nach Braulik gelernt im Sinn von wiederholt, für die anderen Teile (nach Braulik Dtn 28) genüge lernen im Sinn von nachsprechen.

[680] Insofern ist למד q. in Dtn 31,12bα nicht mit „auswendig lernen" zu übersetzen, so die Einheitsübersetzung (in: Braulik, Deuteronomium II, S. 224).

[681] Wer die Satzungen und Rechtsvorschriften bzw. die Worte in Dtn 6,6 auf Dtn (5)6–26 bezieht, muss in Bezug auf die „anderen Teile der dtn Tora" natürlich auch zu einem anderen Schluss kommen, vgl. etwa Braulik, Gedächtniskultur, S. 135 f., Anm. 76: „Sollten die דברים [in Dtn 6,6] nur die Paränese und Einzelgesetze bezeichnen, gäbe es bei der תורה den Textüberhang der Segenszusagen und Fluchsanktionen."

raeliten sie bei der Siebtjahresversammlung auswendig lernen (dies würde für die Angehörigen des Volks gelten, die den Text bei dem Ritual zum ersten Mal hören) bzw. dass sie den bei einer früheren Siebtjahresversammlung auswendig gelernten Text „auffrischen" (dies würde für diejenigen gelten, die zwei- oder mehrfach an dem Ritual teilnahmen). Dagegen spricht jedoch das praktische Argument, dass diese Texte im Alltag eben nicht auswendig „vorgehalten" werden müssen (sie sind anders als die Satzungen und Rechtsvorschriften in der Familie nicht zu rezitieren oder zu lehren). So ist es m. E. plausibler, lernen jenseits von nachsprechen in Bezug auf Dtn 5–11 und Dtn 28 wie folgt zu deuten: Die Israelitinnen und Israeliten sollen diese Texte so intensiv zur Kenntnis nehmen, dass sie, wenn auch nicht Wort für Wort, so doch nach Sinn und Gehalt im Gedächtnis haften bleiben.

Einen Sonderfall bildet das Lied Dtn 32.[682] Es muss auswendig gekonnt werden, denn wenn Not und Unglück über Israel kommen, muss Israel es nach der dtn Fiktion rezitieren, damit es Zeuge JHWHs gegen das Volk sein kann (nach Dtn 31,19 ff.). In Bezug auf den Liedtext muss lernen also jenseits von nachsprechen im Sinne von auswendig lernen (dies gilt für die Angehörigen des Volks, die den Text bei dem Ritual zum ersten Mal hören) oder von wiederholen (dies gilt für diejenigen, die zwei- oder mehrfach an dem Ritual teilnahmen) gedeutet werden.

Zu beachten ist noch ein letzter Punkt: Die Israelitinnen und Israeliten lernen die *ganze dtn Tora*. Dies bedeutet, dass sie die ihnen vertrauten Satzungen und Rechtsvorschriften, also den Kern der dtn Tora, in ihrem zugehörigen Kontext wahrnehmen. Erklärt wird durch diesen Kontext der Ursprung der Satzungen und Rechtsvorschriften (Dtn 5), und es werden ihnen die Gründe eindrücklich dargelegt, warum die Satzungen und Rechtsvorschriften unbedingt zu halten sind (Dtn 6–11, Dtn 28, Dtn 32). Dieser Kontext ermöglicht einen vertieften Blick auf die Satzungen und Rechtsvorschriften. Insofern lässt sich sagen, dass Wesentliches gelernt wird *in Bezug auf die ganze Tora*: Die Israelitinnen und Israeliten sollen sich den Sinn und Zweck der Satzungen und Rechtsvorschriften (und damit den Sinn und Zweck der dtn Tora) quasi neu vergegenwärtigen.

An die beiden Finalsätze „damit sie hören" bzw. „damit sie lernen" schließen sich parataktisch zwei weitere Sätze an. Der Anschluss ist m. E. konsekutiv zu deuten:[683] „und sie (daraufhin) JHWH, euren Gott, fürchten und sie sorgfältig alle Worte dieser Tora tun." Faktisch meint „alle Worte dieser Tora" die Tora*gebote*,

---

[682] Siehe dazu ausführlich unten zu Dtn 31,19.22.
[683] Vgl. auch Christensen, Deuteronomy 21,10–34,12, S. 763. Die Einheitsübersetzung differenziert in Bezug auf die Verbalsätze in V. 12b nicht („damit sie zuhören und auswendiglernen und den Herrn, euren Gott, fürchten und darauf achten, daß sie alle Bestimmungen dieser Weisung halten", in: Braulik, Deuteronomium II, S. 224); Rose, 5. Mose Teilband 2, S. 558, versteht den Anschluss der letzten beiden Verbalsätze in finalem Sinn.

da nur diese (und z. B. nicht die „Paränesen") zu tun sind.[684] JHWH-Furcht und Gesetzesgehorsam sind tatsächlich die „logischen" Folgen des eben beschriebenen Hörens und Lernens: Furcht und Ehrfurcht vor JHWH wecken zahlreiche Passagen der dtn Tora, in denen JHWHs gnädiges, helfendes oder vernichtendes Handeln thematisiert wird (z. B. im Zuge des Rückblicks auf den Horeb in Dtn 5 und Dtn 9 f.). Zum Gesetzesgehorsam bewegen die vielen gehörten und gelernten eindrücklichen Paränesen des dtn Mose. JHWH-Furcht und Gesetzesgehorsam sind, wie auch andere Stellen im Deuteronomium zeigen, die beiden untrennbar miteinander verbundenen religiösen Grundhaltungen, die Israel einnehmen soll: Dies ist der Wunsch JHWHs in Bezug auf sein Volk (Dtn 5,29). Und der dtn Mose will Israel die Satzungen und Rechtsvorschriften lehren, damit Israel JHWH fürchtet, wobei sich diese Furcht im Halten der Gebote äußern soll (Dtn 6,2a).

Wie ist das in Dtn 31,12 vorgeschriebene Lernen zu beurteilen? Zur Beantwortung dieser Frage sind die im Deuteronomium erwähnten Situationen des *kollektiven Lernens* insgesamt in den Blick zu nehmen: Im Rahmen seiner ersten Rede „heute" in Moab hält der dtn Mose einen Rückblick auf die von dem angeredeten Volk Israel „mit eigenen Augen" gesehenen Ereignisse am Horeb (Dtn 4,9–14). Dabei merkt er ausdrücklich an, dass das versammelte Volk nach JHWHs Willen durch das Hören seiner Worte JHWH-Furcht lernen sollte (V. 10). Die „heutige" Aufgabe der Angeredeten, also der in Moab versammelten Israelitinnen und Israeliten, beschreibt der dtn Mose wie folgt: Sie sollen die Satzungen und Rechtsvorschriften hören, lernen und dann tun (Dtn 5,1; 6,1–3). Nach Dtn 31,10–13 gebietet der dtn Mose den levitischen Priestern und den Ältesten, künftig am Laubhüttenfest des Siebtjahres in Jerusalem das Volk zu versammeln zwecks eines „festlichen Lernrituals"[685], bei dem die Israelitinnen und Israeliten den Toratext neu oder erneut lernen bzw. die Tora als ganze quasi neu sehen lernen sollen. Das ganze Volk hat also (als Kollektiv) nach der dtn Fiktion am Horeb gelernt, es lernt „heute" in Moab, es soll künftig in Jerusalem lernen. Nun sind diese drei Lernorte nicht voneinander unabhängige Stationen in der vergangenen, gegenwärtigen und zukünftigen Geschichte des Volkes:

Dadurch, dass die Tora als direkte Anrede des dtn Mose an Israel formuliert ist und diese Anrede bei der Verlesung der Tora durch die levitischen Priester und die Ältesten auch erhalten bleibt, wird gleichzeitig die Identität der am Laubhüttenfest des Siebtjahres Versammelten *definiert*. Sie lernen, wo sie herkommen: von der Versammlung vor JHWH am Horeb (vgl. Dtn 5,2!), wo sie

---

[684] Von einem Tun der Toraworte ist im Deuteronomium noch an drei Stellen die Rede: Dtn 28,58; Dtn 32,46 und Dtn 27,26. Der Beleg des gesetzesparänetischen Schemas Dtn 28,58 ist synonym mit den anderen Belegen des Schemas in Dtn 28 zu sehen (28,1.2.9.13.15.45.62). Von hieraus ist deutlich, dass das Tun der Toraworte das Tun der Tora*gebote* meint. Vgl. auch Dahmen, Leviten, S. 159 f.

[685] So treffend Lohfink, Glaube, S. 158.

292 Kapitel 3: Religiöses Lehren und Lernen im Buch Deuteronomium

„heute" stehen: in Moab vor dem dtn Mose bzw. vor JHWH,[686] wo sie „ab heute" sein werden: in dem den Vätern von JHWH zugeschworenen Land, und was sie „ab heute" zu tun haben: JHWH fürchten und seine Gebote halten. Die Versammelten lernen, dass sie Teil des Volkes sind, an dessen religiöser Identität sie partizipieren und für dessen Existenz sie mit verantwortlich sind.

Am Laubhüttenfest des Siebtjahres nimmt Israel also nicht nur die ganze Tora als Grundlage seines Handelns neu bzw. erneut wahr, es lernt sich zugleich auch als Volk JHWHs durch die Geschichte hindurch neu bzw. erneut begreifen. Dieses ritualisierte kollektive religiöse Lernen ist damit ein zentraler Faktor im Leben Israels.

3.4.2.3. Dtn 31,13: Ihre Kinder, die nicht wissen, sollen hören und lernen, JHWH zu fürchten

Im Rahmen von Dtn 31,9–13 ist in V. 13a ein weiteres Mal von „lernen" (למד q.) die Rede:

> Und ihre Kinder, die nicht wissen, sollen hören und sie sollen
> lernen, JHWH, euren Gott, zu fürchten.

In V. 13a wird eine bestimmte Gruppe eigens in den Blick genommen: „ihre Kinder" (בניהם). Gemeint sein können nur die Kinder der in V. 12 genannten Erwachsenen (Frauen, Männer, Fremdling). Diese Kinder werden in V. 13aα noch genauer bestimmt: Kinder, die nicht wissen (אשר לא ידעו). Ein Akkusativobjekt fehlt, es gibt nur zwei Möglichkeiten der Ergänzung: entweder „die Tora"[687] oder „das Ritual"[688]. Gegen die Ergänzung „die Tora" spricht die Fortsetzung im Vers (siehe dazu gleich unten): Die Kinder sollen zwar lernen – aber eben nicht die Tora. So bleibt die zweite Möglichkeit: In den Blick genommen werden Kinder, die die Versammlung des Volkes am Laubhüttenfest des Siebtjahres noch

---

[686] Vgl. auch Braulik, Gedächtniskultur, S. 134: „Der archetypische Ort dieser Versammlung ist der Horeb (קהלכם 5,22), wo Jahwe zu den Israeliten gesprochen und mit ihnen einen Bund geschlossen hatte und wo sie ihn ‚gefürchtet' hatten (ירא 5,29). Dieser ‚Tag der Versammlung' (18,16) wird zu Beginn der Tora in Kap. 5 geschildert. Deshalb kann man, wo die Tora vorgetragen wird, wieder in diese Ursituation hineingeraten. Wenn die Tora jetzt verlesen wird, soll freilich die Versammlung Israels *im Land Moab* [kursiv K. F.] vergegenwärtigt werden. Auf ihr hatte Mose erstmals die ganze Tora – und in sie eingebunden das Theophanieerlebnis am Horeb – vorgetragen und den Bund geschlossen." Anders Lohfink, Glaube, S. 159: „Mitten darin [im Fest] ereignet es sich dann: In einem öffentlichen Lernritual steht Israel als ‚Versammlung' wieder am *Horeb* [kursiv K. F.], und die Gesellschaft Jahwes wird im kollektiven Bewußtsein neu geboren"; so auch Fischer/Lohfink, Schlüssel, S. 198 f.; Sonnet, Book, S. 143.
[687] So König, Deuteronomium, S. 203; Nielsen, Deuteronomium, S. 274.
[688] So von Rad, Deuteronomium, S. 133; die Einheitsübersetzung (in: Braulik, Deuteronomium II, S. 224); Braulik, Gedächtniskultur, S. 136. Etwas anders Christensen, Deuteronomy 21,10–34,12, S. 762: „The reference to ‚their children who have not known it' refers to those in the future who do not know firsthand the experiences of the people of Israel under the leadership of Moses and Joshua."

nicht erlebt haben. Damit lässt sich das Alter dieser Kinder recht genau bestimmen: Es handelt sich um Kinder, die jünger als sieben Jahre sind.

Für die unter Siebenjährigen soll die Versammlung folgende Ziele haben (V. 13aα2.aβ): Die Kinder sollen hören (ישמעו) und sie sollen lernen, JHWH zu fürchten (ולמדו ליראה את יהוה אלהיכם). Was bedeuten hier hören und lernen? Eindeutig lässt sich bestimmen, was die Kinder hören: Sie hören nicht nur die von den Ältesten und levitischen Priestern vorgetragene Tora, sie hören auch das respondierende Nachsprechen des Textes in ihrer Umgebung – sie selbst müssen nicht respondieren.[689] Denn Lernen bezieht sich anders als in V. 12bα nicht auf die Tora, gelernt werden soll vielmehr JHWH-Furcht. Die JHWH-Furcht soll wiederum anders als in V. 12bα nicht aus dem Lernen der Tora resultieren. Das Lernen der JHWH-Furcht kann hier nur als die Folge des – stellt man sich die Szenerie einmal vor – gewaltigen Hörerlebnisses verstanden werden, dem damit nachhaltige pädagogische Wirkung gerade auf die jüngeren Kinder zugeschrieben wird. JHWH-Furcht wird also gelernt durch dieses religiöse *Erleben*. Zu beachten ist, dass es eine Altersgrenze für solches Lernen der JHWH-Furcht nach dem Dtn nicht gibt,[690] wenngleich man in Bezug auf Kleinstkinder die Textaussagen sicherlich nicht überstrapazieren darf.

Wieso wird auf die Gruppe der unter Siebenjährigen in V. 13a besonders eingegangen? M.E. hängt dies mit folgendem Problem zusammen: Im Zuge der Definition von Volk (עם) mussten in V. 12aα auch die Kinder (טף) erwähnt werden. Doch die Angaben in V. 12b über den Sinn und Zweck der Versammlung gelten nur *für die Erwachsenen und für die älteren Kinder (also für die Kinder über sieben Jahre)*: Diese Kinder müssen wie die Erwachsenen lernen und für sie sind die Toragebote wie für die Erwachsenen verbindlich (wobei hier ein Problem liegt: de facto sind die Toragebote nicht für Kinder gedacht[691]). Allein für die unter Siebenjährigen gelten diese Bestimmungen nicht: Sie müssen nicht (den Toratext) lernen, er ist für sie nicht verbindlich, sie müssen bei der Teilnahme an der Versammlung vielmehr anders und anderes lernen. Insofern mussten in Bezug auf diese Gruppe die Anweisungen differenziert werden.

Die aus Dtn 31,12f. gewonnenen Differenzierungen hinsichtlich des Alters der Kinder sind auch für andere dtn Texte wichtig: Es ist davon auszugehen, dass das systematische Lehren der dtn Gebote, wie es in Dtn 6,7 und 11,19 vorgeschrieben wird, beginnen soll, wenn die Kinder ca. sieben Jahre alt sind.

---

[689] So auch Lohfink, Glaube, S. 159; Braulik, Gedächtniskultur, S. 136.

[690] Vgl. auch Dtn 4,10.

[691] Faktisch richtet sich das dtn Gesetz an freie erwachsene Männer (und Frauen), vgl. Crüsemann, Tora, S. 256 ff. Man könnte sich vorstellen, dass in Dtn 31,12b gemeint ist: Die Kinder über sieben Jahre sollen (soweit möglich) nachmachen bzw. mitmachen, was ihre Eltern tun, bis sie in der Lage sind, selbstständig die Gebote zu erfüllen. Im späteren Judentum müssen bekanntlich Jungen ab 13 Jahren („Bar Mizwa") die Gebote eigenverantwortlich tun.

Hinzuweisen ist noch darauf, dass טף in Dtn 31,12a zweifellos Jungen und Mädchen meint. Da בנים in V. 13a gewissermaßen eine Untergruppe von טף ist, kann בנים nicht nur als „Jungen" bzw. „Söhne" übersetzt werden.[692] Aus V. 12 f. geht eindeutig hervor, dass Jungen und Mädchen (ebenso wie Männer *und Frauen*!) gleichermaßen zum Lernen verpflichtet sind. Damit wird bestätigt, was auch schon aus anderen Stellen im Deuteronomium hervorging:[693] Mädchen sind in die Lehr- und Lernkultur, die das Dtn vorschreibt, ausdrücklich einbezogen.

3.4.2.4. Dtn 31,19.22: Lehre Israel dieses Lied

Die in Dtn 31,19.22 wiedergegebenen Anweisungen JHWHs zur Lehre des Liedes (Dtn 32,1–43) sind fest in ihren Kontext eingebunden. Es soll deshalb hier Dtn 31,14–23 übersetzt werden:[694]

> 14 Und JHWH sagte zu Mose: ‚Nun nahen sich die Tage, dass du sterben musst. Rufe Josua und tretet ins Zelt der Begegnung, dass ich ihn beauftrage.' Und Mose ging und (mit ihm) Josua, und sie traten ein ins Zelt der Begegnung.
> 15 Und JHWH erschien im Zelt in einer Wolkensäule. Und die Wolkensäule blieb über dem Eingang des Zeltes stehen.
> 16 Und JHWH sprach zu Mose: ‚Siehe, du legst dich zu deinen Vätern und dann wird dieses Volk sich erheben und wird in seiner Mitte den fremden Göttern des Landes, in das es hineinkommt, nachhuren und wird mich verlassen und meinen Bund brechen, den ich mit ihm geschlossen habe.
> 17 Und an jenem Tag wird mein Zorn gegen es entbrennen und ich werde sie verlassen und mein Angesicht vor ihnen verbergen. Und es wird zum Fraß werden und viel Unheil und Not werden es treffen. Und es wird an jenem Tag sagen: ‚Hat mich dieses Unheil nicht getroffen, weil mein Gott nicht (mehr) in meiner Mitte ist?'
> 18 Doch ich werde an jenem Tag mein Angesicht ganz verbergen wegen all des Bösen, das es getan hat, denn es hat sich anderen Göttern zugewandt.
> 19 Und nun schreibt euch dieses Lied auf und lehre es die Kinder Israels, lege es in ihren Mund, damit mir dieses Lied Zeuge ist gegen die Kinder Israels.
> 20 Wenn ich es (das Volk) in das Land kommen lasse, das ich seinen Vätern als ein von Milch und Honig fließendes zugeschworen habe, und es isst, satt und fett wird und sich anderen

---

[692] So etwa Lohfink, Glaube, S. 158; Nielsen, Deuteronomium, S. 274.

[693] Dtn 4,9 f.; 6,7; 6,20; 11,19.

[694] Vgl. zu Dtn 31,14–23 außer den Kommentaren insbesondere noch Lohfink, Glaube, S. 160; ders., Fabel in Dtn 31–32, S. 237–239; Braulik, Gedächtniskultur, S. 138 f.; Sonnet, Book, S. 147–156, und Talstra, Deuteronomy 31, S. 97–99. M. E. muss in den MT nicht eingegriffen werden, so auch Nwachukwu, Differences.

Göttern zuwendet, und sie (die Israelitinnen und Israeliten) ihnen dienen und mich verwerfen und meinen Bund brechen,
21 und wenn es (das Volk) viel Unheil und Not treffen, dann wird dieses Lied vor ihm als Zeuge aussagen, denn es (das Lied) wird unvergessen im Mund seiner (des Volkes) Nachkommenschaft sein. Denn ich kenne seine Neigung, nach der es heute (schon) handelt, noch bevor ich es ins Land kommen lasse, das ich zugeschworen habe.'
22 Und Mose schrieb an jenem Tag das Lied auf und lehrte es die Kinder Israels.
23 Und er (JHWH) beauftragte Josua bin Nun und sagte: ‚Sei stark und mutig, denn du wirst die Kinder Israels in das Land bringen, das ich ihnen zugeschworen habe und ich werde mit dir sein.'

Der Abschnitt setzt sich zusammen aus Rahmenteilen, die die Einsetzung Josuas zum Nachfolger des Mose im Zelt der Begegnung durch JHWH zum Thema haben (V. 14 f. 23), und aus einem Mittelteil, der im Wesentlichen aus JHWH-Rede besteht und der im Folgenden näher in den Blick zu nehmen ist.

Der Mittelteil beginnt mit einer Prophezeiung JHWHs bezüglich der Zeit nach dem Tod des Mose (V. 16aβ–18): Das Volk wird JHWH verlassen und sich anderen Göttern zuwenden (V. 16b). Daraufhin wird auch JHWH das Volk verlassen (V. 17aα), das Volk wird heimgesucht werden (V. 17aβ). In dieser Situation wird Israel sein Unglück deuten und es auf die Abwesenheit JHWHs in seiner Mitte zurückführen (V. 17b). JHWH wird an jenem Tag sein Angesicht wegen der Fremdgötterverehrung seines Volkes verborgen halten (V. 18).

In V. 19a erteilt JHWH drei Anweisungen. Die erste ist im imp. pl. formuliert: Sie, also Mose und Josua, sollen „dieses Lied" aufschreiben (כתבו את השירה הזאת). Die beiden nächsten Anweisungen folgen im imp. sg.: Das Lied soll den Kindern Israels gelehrt werden (למדה את בני ישראל); es soll in ihren Mund gelegt werden (שימה בפיהם). Im Ausführungsbericht des Bucherzählers in V. 22 steht, dass *Mose* das Lied aufschrieb und es Israel lehrte. In V. 30 ist vermerkt, dass *Mose* den Notabeln Israels (כל קהל ישראל)[695] das Lied vortrug, in Dtn 32,44 ist davon die Rede, dass *Mose und Josua* das Lied dem Volk (העם) vortrugen. Dieser merkwürdig komplexe Befund ist wohl so zu deuten, dass Mose zwar für Schreiben und Lehren des Liedes noch die Hauptverantwortung tragen sollte bzw. trug, sein Nachfolger Josua bei allen Vorgängen aber schon beteiligt werden sollte bzw. beteiligt war.[696] Wie sind nun die drei Vorgänge und insbesondere das „Lehren" (למד pi.) hier zu verstehen?

---

[695] Die Leviten sollen nach Dtn 31,28 nur die Stammesältesten und Listenführer versammeln (קהל hif.), vgl. zur Begründung der Interpretation von כל קהל ישראל als Notabeln Israels besonders Lohfink, Fabel in Dtn 31–32, S. 229 f. 240–244. Ansonsten wird in der Literatur durchweg כל קהל ישראל auf ganz Israel bezogen.

[696] Vgl. dazu auch die Deutung von Sonnet, Book, S. 150, Anm. 108: „The writing down and

Die erste Anweisung JHWHs bezieht sich auf die Niederschrift des Liedes (V. 19aα). Diese Niederschrift soll wohl zeitgleich mit der Offenbarung des Textes durch JHWH erfolgen – von der hier und in dem Ausführungsbericht in V. 22 allerdings nichts explizit gesagt wird. Die Frage stellt sich, warum das Lied niedergeschrieben werden soll. Die Niederschrift ist für das „aktuelle" Lehren ja nicht notwendig: Das Lied wird, wie die Bemerkungen des Bucherzählers in Dtn 31,30 und Dtn 32,44 zeigen, den Notabeln Israels und dem Volk „gesagt" (דבר באזנים pi.), der Liedtext wird nicht abgelesen (wäre dies gemeint gewesen, dann hätte wohl קרא q. im Text gestanden).[697]

Will man sich nicht mit der Feststellung begnügen, dass das Motiv der schriftlichen Fixierung des Liedes ein „totes Motiv"[698] im Kapitel ist, so bietet sich in synchroner Hinsicht wohl nur eine Lösung an. Den Schlüssel für diese Lösung liefern die Bemerkungen des Bucherzählers in V. 9 und V. 24 f.:

V. 9   Und Mose schrieb diese Tora auf und gab sie den Priestern, den Söhnen Levis, die die Lade des Bundes JHWHs trugen, und allen Ältesten Israels.

V. 24   Und als Mose fertig war, die Worte dieser Tora auf eine Schriftrolle zu schreiben – bis sie vollständig waren –

V. 25   da gebot Mose den Leviten, die die Lade des Bundes JHWHs trugen, Folgendes (...).

In V. 24 fallen im Vergleich mit V. 9 die Formulierungen auf, durch die die „vollständige" Beendigung des Schreibens der Tora durch Mose betont wird (V. 24a: ויהי ככלות משה לכתוב; V. 24b: עד תמם). In synchroner Hinsicht kann man dies dahingehend deuten, dass die Tora bei ihrer in V. 9 berichteten Übergabe an die levitischen Priester und Ältesten in der Perspektive des Bucherzählers noch nicht ganz fertig geschrieben war.[699] Der einzige Text, von dem berichtet wird, dass er nach der in V. 9 berichteten Übergabe der Tora von Mose noch geschrieben wird, ist das Lied (V. 19aα.22a). Es ist also zu schließen, dass das von JHWH offenbarte Lied, von dessen Existenz weder Mose noch das in Moab versammelte Is-

---

the teaching of the Song of Moses alone in 31,22 actually ensures that, although Joshua is now associated with Moses' prophetic mediation, every bit of revelation within Deuteronomy is written down by Moses, and therefore transmitted under his sole authority."

[697] So etwa Dtn 17,19; 31,11.

[698] Lohfink, Fabel in Dtn 31–32, S. 236.

[699] Die Aussage, dass es sich bei V. 9 und V. 24 um „Dubletten" handelt, ist kaum befriedigend, so aber von Rad, Deuteronomium, S. 136: „Das Verhältnis der Rede an die Leviten in V. 24 ff. zu der Rede an die Leviten in V. 9–13 wird sich kaum im Sinne von zwei einander chronologisch folgenden Aufträgen verstehen lassen, sondern eher im Sinne von Dubletten. Das ganze Kapitel bietet ja mehr Traditionsgeröll [!] als ein wirkliches Fortschreiten in der erzählenden Darstellung." Jüngst hat Lohfink die These vertreten, dass man in Bezug auf V. 9 und V. 24 mit ein und dem selben Geschehen rechnen muss, Fabel in Dtn 31–32, S. 228 f. Das Ergebnis ist eine äußerst komplizierte Rekonstruktion der Fabel in Dtn 31 f., skeptisch dazu auch Sonnet, Book, S. 122–125.157 f. M. E. ist es möglich, V. 9 ff. und V. 24 ff. so zu deuten, dass sie zwei verschiedene, aufeinander folgende Vorgänge beschreiben.

rael zum Zeitpunkt der in V. 9 erwähnten Übergabe der Tora etwas wissen konnten, als *Teil der Tora* noch nachträglich aufgeschrieben werden musste.[700] Durch die Aufnahme des Liedes erhält die Tora eine weitere Funktion: Sie wird zum „Zeugen" (JHWHs) gegen Israel (V. 26b: והיה שם בך לעד). Als „Zeuge" JHWHs ist sie dann den Leviten (die die Vertreter JHWHs sind)[701] anzuvertrauen.

Laut der zweiten Anweisung (V. 19aβ1) soll der dtn Mose die in Moab versammelten Israelitinnen und Israeliten das Lied „lehren" (למד pi). Die dritte Anweisung (V. 19aβ2) lautet, dass das Lied in ihren Mund zu legen ist. Zu beachten ist, dass die dritte Anweisung asyndetisch hinter der zweiten steht. Dies ist ein Indiz dafür, dass sie erläuternde Funktion hat: Gelehrt werden soll, indem das Lied in ihren Mund gelegt wird. Dies bedeutet, dass den Israelitinnen und Israeliten das Lied vorgesprochen wird und sie den Text im Zuge der Lehre „in den Mund nehmen". Damit bestätigt Dtn 31,19aβ, was schon bei den Exegesen von Dtn 6,7 und 30,14 festgehalten wurde: Lehren und Lernen eines Textes erfolgt, indem der Text von dem Lehrenden vorgesprochen und von den Lernenden nachgesprochen wird. Doch steckt wohl noch mehr hinter der Anweisung, das Lied den Israelitinnen und Israeliten lehrend in den Mund zu legen, wie die Fortsetzung zeigt.

In V. 19b wird angegeben, wozu die Lehre bzw. das In-Den-Mund-Legen des Liedtextes dienen soll: Damit das Lied Zeuge (עד) JHWHs gegen Israel wird bzw. werden kann.[702] In V. 20 f. wird noch einmal (wie in V. 16–18) der Blick auf die Zukunft gerichtet: Wenn (כי)[703] Israel im Land „satt wird" und sich fremden Göttern zuwendet und es daraufhin Unheil und Not treffen (V. 20.21aα1), dann wird das Lied als JHWHs Zeuge gegen Israel „aussagen", d. h. Israel (und nicht JHWH, vgl. V. 17b) für Unheil und Not verantwortlich machen (V. 21aα2). Die Begründung dafür, dass das Lied in Zukunft als Zeuge „aussagen" kann (ענה q.), steht in V. 21aβ: „denn es [das Lied] wird unvergessen im Mund seiner [des Volkes] Nachkommenschaft sein". Demnach geht JHWH davon aus, dass nicht nur die Moabgeneration das Lied lernt, sondern dass es von allen zukünftigen Ge-

---

[700] So auch noch Schäfer-Lichtenberger, Josua, S. 182; Rose, 5. Mose Teilband 2, S. 562; Sonnet, Book, S. 156 ff.; Talstra, Deuteronomy 31, S. 100, und Otto, Mose, S. 325. Als Möglichkeit wird dies zumindest erwogen von Lohfink, Fabel in Dtn 31–32, S. 235. Lohfink entscheidet sich dann doch dafür, dass das Lied in ein eigenes Dokument geschrieben wird, a. a. O., S. 235 f. Britt, Memorial, S. 366 f., verkennt m. E. die Struktur von Dtn 31 f. und schließt: „The ambiguity of the term [תורה] is never resolved as such, but in 32:46, תורה appears to refer both to the law and the song."

[701] Zu dieser Funktion der Leviten siehe oben die Exegese zu Dtn 31,9.

[702] Wie aus V. 21a hervorgeht (s. u.) hat die Zeugenfunktion insbesondere etwas mit der Präsenz des Liedes im Mund der Israeliten zu tun.

[703] In V. 20 f. liegt (wie in Dtn 6,10 ff. und 7,1 ff.) ein Temporal-Bedingungssatz-Gefüge vor, V. 20 ist Vordersatz, in V. 21 beginnt der Nachsatz, so auch die Einheitsübersetzung (in: Braulik, Deuteronomium II, S. 225), Christensen, Deuteronomy 21,10–34,12, S. 773. Anders König, Deuteronomium, S. 204; von Rad, Deuteronomium, S. 133; Rose, 5. Mose Teilband 2, S. 558; Nielsen, Deuteronomium, S. 279, die das כי in V. 20 kausal auflösen.

neration gelernt werden wird. Genauer: Er geht davon aus, dass es im *Mund* der Israelitinnen und Israeliten bleiben wird. Die zweimalige Verwendung von „Mund" (פה) im Text (V. 19aβ; 21aβ) ist zu beachten, denn vorstellbar wäre auch die Anweisung gewesen, das Lied auf das *Herz* der Israelitinnen und Israeliten zu legen, auf dass es in ihrem *Herzen* bleibe[704]. Dass das Lied im *Mund* ist, ist die spezifische Bedingung dafür, dass das Lied „aussagen" kann. Dies kann nur bedeuten: Das Lied muss, damit es als Zeuge aussagen, d. h. sich „Gehör verschaffen" kann, tatsächlich „in den Mund genommen", also *rezitiert* werden.

Rezitiert werden muss das Lied aber nicht ständig und überall:[705] Das Lied soll ja in der ganz speziellen Situation von Not und Unheil „aussagen", es soll also von Israel *in einer solchen Situation* erinnert und rezitiert werden. Das Lied soll also nicht im Gedächtnis „verstaut" werden, sondern es soll „niedrigschwellig" im Mund parat sein, um bei Bedarf sofort abgerufen werden zu können.

Zwar fehlt im Kontext eine explizite Anweisung der Weitergabe des Liedes an die nächste Generation und es fehlt jede Auskunft darüber, wie und wo das Lied gelehrt und gelernt werden soll. Doch ist die Interpretation richtig, dass das Lied Bestandteil der schriftlich niedergelegten Tora ist (s. o.), so folgt, dass das Lied am Laubhüttenfest des Siebtjahres im Zuge der Verlesung der ganzen Tora von den levitischen Priestern und den Ältesten zu Gehör gebracht wird. Bei dieser Gelegenheit müssen es die Versammelten dann lernen, also nachsprechen (in den Mund nehmen) und – je nachdem – auswendig lernen oder wiederholen. So ist gesichert, dass der Liedtext künftig nicht vergessen, sondern in Israel präsent gehalten wird und rezitiert werden kann.

Exkurs 5: Das Geschichtswissen der Väter und der Alten (Dtn 32,7)

Das von Mose im Auftrag JHWHs zu lehrende Lied (Dtn 32,1–43)[706] will nach Aussage des Proömiums (V. 1–3) für Israel belebende Botschaft (לֶקַח)[707] bzw.

---

[704] Das „Herz" (לב) steht für „Gedächtnis", vgl. Dtn 6,6 und Dtn 11,18.

[705] So jedoch Lohfink, Glaube, S. 160, und Braulik, Gedächtniskultur, S. 138. Sonnet, Book, S. 150, bemerkt treffend: „In Deut 6:6 and 11:18 the metaphor of the ‚heart' (לב) implied that the words of the Torah were to be committed to memory. The reference to the ‚mouth' (פה) in 31:19, 21 has rather in view the actual utterance of the Song. From generation to generation, God announces, the poem will indeed be uttered."

[706] Die Gliederung des Liedes ist umstritten, vgl. dazu die Übersicht von Römer, Väter, S. 97, Anm. 444; siehe zudem noch Sanders, Provenance, S. 264, und Christensen, Deuteronomy 21,10–34,12, S. 792. Meine Gliederung folgt Carrillo Alday, Cántico (zitiert von Römer, a. a. O.), und Braulik, Deuteronomium II, S. 227–235.

[707] Das Nomen לֶקַח weist darauf hin, dass der Text einer Überlieferung entstammt, d. h. in synchroner Hinsicht: dass er von JHWH offenbart wurde. Mit Seebass, Art. לְקָחָה/לֶקַח, Sp. 594, gilt, dass לֶקַח nicht eigentlich „Lehre oder gar Überredung [...] meinen [dürfte], sondern das, was man sich an Weisheit oder Lehre zu eigen hat machen können und daher weiterzugeben in der Lage ist." Zumeist wird לֶקַח hier mit „Lehre" übersetzt, vgl. König, Deuteronomium, S. 205; von Rad, Deuteronomium, S. 136; Skehan, Structure, S. 160 („instruction"); die Einheitsübersetzung (in: Braulik, Deuteronomium II, S. 227); Rose, 5. Mose Teilband 2, S. 563; Weitzman,

Rede (אמרה) sein (V. 2). In einem ersten Abschnitt (V. 4–6) folgt nach einem Lobpreis der Treue Gottes (V. 4) eine Anklage: Israel wird der Untreue und des Undanks bezichtigt (V. 5 f.). Nach V. 7a soll Israel die „Tage der Vergangenheit" (ימות עלם) bzw. die „Jahre von Geschlecht zu Geschlecht" (שנות דור ודור) erinnern. Laut V. 7b soll man dazu seinen „Vater" (אביך) und seine „Alten" (זקניך) befragen (wobei dies impliziert, dass die Väter und die Alten ihr Wissen wiederum von ihren „Vätern" und ihren „Alten" erhalten haben – usque ad initium). Was die Befragung hier ergibt bzw. nur ergeben kann, wird in V. 8–16 angeführt.[708] Zunächst werden in V. 8–14 bestimmte Israel in der Frühzeit erwiesene Wohltaten JHWHs geschildert. In V. 15–18 wird dann der Abfall Israels von JHWH berichtet. Aus V. 8–16 geht hervor, dass die Väter und die Alten nicht „Fakten" referieren, sondern „gedeutete" Geschichte. Es ist die Geschichte der Beziehung des treuen Gottes und seines untreuen Volkes. Das sich anschließende Straf- und Gnadengericht wird in Form von zwei Gottesreden beschrieben (V. 19–42); ein Aufruf zum Jubelgesang schließt das Lied ab (V. 43).[709]

Dieses Lied wird von Mose schriftlich fixiert (Dtn 31,22). Alle Israelitinnen und Israeliten müssen es im Zuge des Vortragens der Tora am Laubhüttenfest des Siebtjahres in Jerusalem lernen.[710] Zwei für religiöses Lehren und Lernen relevante Punkte werden damit fixiert:

1. Es wird auf die Väter und Alten in ihrer Eigenschaft als mögliche Übermittler gedeuteter Geschichte hingewiesen (V. 7).[711]

2. Die in V. 8 ff. angeführte gedeutete Geschichte wird Teil des dtn Lehr- und Lernprogramms.

Es ist jedoch im Lied nicht die Rede davon, dass die Väter und Alten *regelmäßig* befragt werden sollen bzw. *lehren* müssen. Die Väter und Alten wissen natürlich mehr, als in V. 8 ff. angeführt ist. Weder im Lied noch sonst im Deuteronomium werden sie aber – dies ist festzuhalten – verpflichtet, dieses (in der Summe umfassende) Geschichtswissen in ritualisierter Form zu tradieren. Es wird deutlich, dass im Deuteronomium durchaus die Überlieferung religiösen Wissens (gedeuteter Geschichte) „zugelassen" wurde, ohne sie systematisch in das dtn Lehr- und Lernprogramm einzubinden.

Lessons, S. 380; Sanders, Provenance, S. 138 („teaching"); Christensen, Deuteronomy 21,10–34,12, S. 789. Anders aber Buber/Rosenzweig, Weisung, S. 560 („Botschaft").

[708] Mit Driver, Deuteronomy, S. 354, und König, Deuteronomium, S. 20 f., ist nach V. 7 ein Doppelpunkt zu setzen. König bestimmt den Umfang der Antwort nicht; Driver, a. a. O., S. 355, kommentiert V. 8: „The answer of the ‚elders,' extending to v. 14, or rather, probably, gliding insensibly into the poet's own discourse."

[709] Vgl. Braulik, Deuteronomium II, S. 231.

[710] Zu Begründung siehe oben die Exegese zu Dtn 31,19.22.

[711] Vgl. noch Dtn 4,32; Joel 1,3; Ps 78,3; Hiob 8,8–10; 15,9 f. Zu Beispielen aus Israels Umwelt in Bezug auf die Konsultierung der Alten siehe Sanders, Provenance, S. 373; Tigay, Deuteronomy, S. 302. Vgl. auch noch Christensen, Deuteronomy 21,10–34,14, S. 796: „The challenge to consult the elders was apparently a traditional element in ancient rhetoric."

3.4.2.5. Dtn 32,46: Ihr sollt euren Kindern das Tun dieser Worte gebieten

In Dtn 32,46 wird eine letzte Aussage in Bezug auf die Belehrung der Kinder getroffen, wobei hier nicht das sonst im Deuteronomium übliche Lehr- und Lernvokabular verwendet wird.[712] Zunächst die Übersetzung des kleinen Abschnittes Dtn 32,45–47:

> 45 Und Mose hörte auf, all diese Worte[713] zu ganz Israel zu reden.
> 46 Und er sagte zu ihnen (den Israelitinnen und Israeliten): ‚Richtet euer Herz auf alle Worte, die ich heute gegen euch bezeuge, die ihr ihnen, (d. h.) euren Kindern, gebieten sollt, sorgfältig zu tun, (nämlich) alle Worte dieser Tora,
> 47 denn es (das Wort) ist kein leeres Wort, (das ihr) von euch weg(weisen könntet), sondern es ist euer Leben, und durch dieses Wort werdet ihr euere Tage verlängern in dem Land, in das hin ihr den Jordan überquert, es in Besitz zu nehmen.'

In synchroner Perspektive weist die Bemerkung des Bucherzählers in Dtn 32,45 (MT) auf seine Bemerkung in Dtn 1,1aα zurück:[714]

1,1aα: Dies sind die Worte, die Mose zu ganz Israel redete.

(אלה הדברים אשר דבר משה אל כל ישראל)

32,45: Und Mose hörte auf, all diese Worte zu ganz Israel zu reden.

(ויכל משה לדבר את כל הדברים האלה אל כל ישראל)

Nun kommen also die Worte des dtn Mose, die er an Israel richtet, an ihr Ende. Es sind in synchroner Perspektive die Worte, die in Dtn 1,6 begannen.

---

[712] Siehe zu Dtn 32,45–47 außer den Kommentaren insbesondere noch Lohfink, Glaube, S. 160; Laberge, Texte, S. 159 f.; Sonnet, Book, S. 178–180.

[713] Die LXXBmin hat eine entsprechende Wortgruppe für את כל הדברים האלה nicht, einige hebr. Hss., der Sam, die Pesch und die LXX-LO haben kein כל bzw. kein entsprechendes Äquivalent. M. E. ist dem Urteil Lohfinks zuzustimmen: „Wir haben hier wohl Zeugen eines sukzessiven Textwachstums", Fabel in Dtn 31–32, S. 240. Durch das Objekt את כל הדברים האלה sollte m. E. der Bezug zu Dtn 1,1aα deutlicher herausgestellt werden, hier gegen Lohfink, a. a. O., nach dem der Befund zur Annahme reizt, „daß die erste, in Sam bezeugte und auch in MT vorauszusetzende Erweiterungsstufe eine Angleichung an 31,1 war, wo damals am Anfang des Satzes noch ויכל gestanden hätte." Ob „damals" ויכל in Dtn 31,1 stand, ist aber durchaus fraglich, siehe dazu schon die Anm. in 3.4.1. zu Dtn 31,1.

[714] Vgl. auch Perlitt, Priesterschrift, S. 130 f.; zustimmend Braulik, Gedächtniskultur, S. 125, Anm. 32. Nach Christensen, Deuteronomy 21,10–34,12 beziehen sich die Worte auf das ganze Buch Deuteronomium; Sonnet, Book, S. 179, verkennt den Bezug zu Dtn 1,1aα und bemerkt, dass die Promulgation der Tora, die in 5,1 begann, nun zu einem Ende gekommen ist. Nach von Rad, Deuteronomium, S. 143, zeugen V. 44–47 von einer „Zweigleisigkeit, insofern einerseits vom Lied (V. 44) andererseits vom Gesetz (V. 46) die Rede ist. Das kann doch nur so erklärt werden, daß ein ursprünglich vom Gesetz handelnder Text durch eine ziemlich oberflächliche Überarbeitung auf das Lied bezogen wurde." Rose, 5. Mose Teilband 2, S. 572, bezieht V. 45–47 auf das Lied; Nielsen, Deuteronomium, S. 293, bemerkt, dass sich V. 45–46a auf den Vortrag des Liedes beziehen lassen.

3.4. Weitere Lehraufträge für Mose und Israel

Mose beendet seine „Worte" mit einer letzten Forderung an die in Moab versammelten Israelitinnen und Israeliten: Sie sollen ihr Herz auf „alle Worte" (לכל הדברים) richten (V. 46aα.β). Was bedeutet hier Worte? Dies wird geklärt durch den ersten אשר–Satz (V. 46aγ), der als Relativsatz[715] „alle Worte" in V. 46aβ näher bestimmt: Es sind die Worte, die Mose heute gegen Israel bezeugt. Die Formulierung „bezeugen gegen Israel" (עוד hif. + ב) verweist auf Stellen aus dem vorherigen Kapitel: Die von Mose aufgeschriebene Tora (Dtn 31,26) und insbesondere das Lied (Dtn 31,19.21.28), das ja Teil der Tora ist, werden als „Zeugen" (עד) gegen Israel bezeichnet. „Alle Worte" in V. 46aβ sind also die „heute" vernommenen *Worte der Tora* (und damit sind sie nicht mit den Worten in V. 45 identisch).[716] Die Israelitinnen und Israeliten sollen also auf die Toraworte ihr Herz richten (V. 46aα.β). Dies bedeutet konkret: Das Volk soll nun die Ausführungen des Mose in Bezug auf die dtn Gebote (Dtn 5–11) samt Segens- und Fluchworten und den Worten des Liedes (Dtn 28.32) beherzigen und die Gebote (Dtn 12–26) tun. Die Tora könnte sonst – und dies klingt durchaus drohend – als Zeuge gegen das Volk (vor JHWH) aussagen.

Der zweite אשר–Satz (V. 46b) wird in der Literatur zumeist als ein sich an V. 46aα.β anschließender Finalsatz verstanden.[717] Doch ergibt dies m. E. keinen rechten Sinn: Sollen die Israelitinnen und Israeliten ihr Herz wirklich *nur oder vor allem* aus dem Grund auf die (Tora)Worte richten, damit sie ihren Kindern in Bezug auf diese Worte gebieten können?[718] Es bleibt die Möglichkeit, auch das zweite אשר als Relativpronomen aufzufassen, das sich auf „alle Worte" in V. 46aβ bezieht.[719] Der אשר–Satz in V. 46b ist demnach ein etwas überladen wirkender Relativsatz. Der Satz birgt nun folgendes Problem (dies unabhängig davon, ob man ihn als Relativ- oder als Finalsatz bestimmt): Man kann die Infinitive לשמור לעשות entweder final übersetzen oder sie direkt auf das Verb צוה pi. beziehen.

Im Sinne der ersten Möglichkeit (finale Auflösung der Infinitive)[720] wäre V. 46b wie folgt zu übersetzen:

---

[715] So die meisten Kommentare und Sonnet, Book, S. 179; anders nur die Einheitsübersetzung (in: Braulik, Deuteronomium II, S. 236).

[716] Gelegentlich werden die von Mose gegen Israel bezeugten Worte unter alleinigem (und m. E. einseitigem) Verweis auf Dtn 31,(19)28 nur auf die Worte des Liedes bezogen, so Nielsen, Deuteronomium, S. 293; Sonnet, Book, S. 179.

[717] Vgl. König, Deuteronomium, S. 215; Buber/Rosenzweig, Weisung z. St.; von Rad, Deuteronomium, S. 139; Rose, 5, Mose Teilband 2, S. 566; Nielsen, Deuteronomium, S. 284; Sonnet, Book, S. 179.

[718] Gegen eine solche Deutung spricht m. E. auch V. 47, der die Begründung liefert, warum die Erwachsenen ihr Herz auf die Worte richten sollen.

[719] So die LXX (vgl. dazu den Kommentar von Wevers, Deuteronomy, S. 536); siehe auch Steuernagel, Deuteronomium, S. 172, und Christensen, Deuteronomy 21,10–34,12, S. 822.

[720] Die Infinitive werden zumeist final aufgelöst, vgl. Driver, Deuteronomy, S. 382; Steuernagel, Deuteronomium, S. 172; von Rad, Deuteronomium, S. 139; Rose, 5. Mose Teilband 2, S. 566; Nielsen, Deuteronomium, S. 284; Sonnet, Book, S. 179.

(alle Worte ...,) die ihr ihnen, (d.h.) euren Kindern, gebieten sollt, damit sie sorgfältig tun alle Worte dieser Tora.

Demnach sollen die Israelitinnen und Israeliten ihren Kindern die (Tora)Worte (Dtn 5–26.28.32) „gebieten" (צוה pi.). Skeptisch dieser Übersetzung gegenüber macht hier vor allem eine Beobachtung auf semantischer Ebene: Im Dtn wird sonst nie das Promulgationsverb „gebieten" auf die (ganze) Tora bezogen. Geboten werden (bei einem Bezug des Verbs auf Ausdrücke für Gesetz) immer nur die dtn Gesetze (oder ein Gesetz). Dieser Sprachgebrauch ist im Deuteronomium so konsequent durchgehalten, dass die Forderung, die (Tora)Worte den Kindern zu gebieten, in den Schlussworten des dtn Mose sehr merkwürdig wäre.

Vorzuziehen ist deshalb die zweite Möglichkeit: Die Infinitive לשמור לעשות sind an das Verb צוה pi. anzuschließen[721] (eine Verbindung, die im Deuteronomium mehrfach belegt ist[722]). Entsprechend ist der Relativsatz wie folgt zu übersetzen:

(alle Worte ...,) die ihr ihnen, (d.h.) euren Kindern, gebieten sollt, sorgfältig zu tun, (nämlich) alle Worte dieser Tora.

Demnach sollen die Eltern ihren Kindern gebieten, sorgfältig alle Worte zu tun. Getan werden sollen, wie in V. 46bβ m. E. zur Verdeutlichung noch hinzugefügt wird,[723] „alle Worte dieser Tora" (כל דברי התורה הזאת). Faktisch sind alle Tora*gebote* gemeint, die ja allein *zu tun* sind.[724] Die Eltern sollen also ihren Kindern mit Autorität vermitteln, dass sie *alle Toragebote* unbedingt einhalten müssen. Über die näheren Umstände dieser Vermittlung wird nichts weiter gesagt. Von Dtn 32,46b her ist jedenfalls in synchroner Hinsicht deutlich, dass es nicht genügt, die Kinder die Satzungen und Rechtsvorschriften nur zu lehren (Dtn 6,7; 11,19). Es gilt ihnen zudem klar zu machen, dass die dtn Gebote für sie absolut verbindlich und also zu halten sind.[725]

V. 47 begründet, warum das in Moab versammelte Israel auf alle von dem dtn Mose vernommenen (Tora)Worte „das Herz richten soll": Die Tora ist für Israel kein „leeres Wort", sondern sie ist Israels „Leben" (V. 47a). Und nur durch die Tora („durch dieses Wort")[726] – d. h. insbesondere durch das dauerhafte und konsequente Tun ihrer Gebote – können die Israelitinnen und Israeliten ihre Tage im in zu Besitz nehmenden Land verlängern (V. 47b).

---

[721] So auch die LXX; König, Deuteronomium, S. 215; Buber/Rosenzweig, Weisung, z. St.; Jenni, Präposition Lamed, S. 206f.; Christensen, Deuteronomy 21,10–34,12, S. 822.

[722] Vgl. Dtn 6,24; 7,11; 11,22; 13,6; 24,18.22; 26,16; 28,13.

[723] Die LXX löst das Problem dieses Akkusativobjekts recht elegant: ἃ ἐντελεῖσθε τοῖς υἱοῖς ὑμῶν φυλάσσειν καὶ ποιεῖν πάντας τοὺς λόγους τοῦ νόμου τούτου.

[724] Siehe schon oben zu Dtn 31,12bβ. γ.

[725] Vgl. auch Dtn 6,20–25, insbesondere V. 24f.

[726] Driver, Deuteronomy, S. 382, und Nielsen, Deuteronomium, S. 293, beziehen הדבר auf das deuteronomische Gesetz; laut Christensen, Deuteronomy 21,10–34,12, S. 824, bedeutet הדבר „the teaching".

Der dtn Mose beschließt also seine Worte an das in Moab vor ihm versammelte Israel mit einer Bemerkung über die Zukunft Israels im Land. Diese Bemerkung war vielleicht der Anlass, in den Schlussworten noch einmal eine „pädagogische" Anweisung in Bezug auf das Tun der Gebote einzufügen. Denn nur wenn gesichert ist, dass auch die (jeweils) nächste Generation die Gebote befolgt, ist in dtn Perspektive auch das dauerhafte und friedliche (Über)Leben im Land gesichert.

3.4.2.6. Dtn 33,10: Die Leviten werden weisen JHWHs Rechtssprüche und seine Weisung

Im sog. „Levispruch" (Dtn 33,8–11), der Teil des Segens des dtn Mose ist, mit dem er Israel vor seinem Tod segnet (Dtn 33), kommt zum letzen Mal im Deuteronomium „weisen" (ירה hif.) vor (V. 10a).[727] Der „Levispruch" lautet:

> 8 Für Levi sprach er (Mose):
> ‚Deine (JHWHs) Tummim und deine Urim (sind gegeben)
> dem dir getreuen Mann, den du geprüft hast in Massa, mit
> dem du gestritten hast an den Wassern zu Meriba,
>
> 9 der von seinem Vater und seiner Mutter sagte: ‚Ich habe ihn
> (sie) nicht gesehen!', und der seine Geschwister nicht kannte
> und <seine Kinder>[728] verleugnete, denn sie (die Leviten) bewahrten dein Wort und deinen Bund bewachen sie.
>
> 10 Sie werden weisen[729] deine Rechtssprüche Jakob und deine
> Weisung Israel. Sie werden legen Räucherwerk in deine Nase
> und ein Ganzopfer auf deinen Altar.

---

[727] Vgl. zu Dtn 33,10a bzw. zu Dtn 33,8–11 außer den Kommentaren insbesondere noch Gese, Gesetz, S. 58 f.; Beyerle, Mosesegen, S. 113–136; Dahmen, Leviten, S. 196–201; Zobel, Stammesspruch und Geschichte.

[728] Mit dem Qere ist בניו zu lesen (der MT hat בנו „sein Sohn"), anders Beyerle, Mosesegen, S. 126; Dahmen, Leviten, S. 196; Christensen, Deuteronomy 21,10–34,13, S. 841.

[729] Zu dem Verb ירה III hif. ist hier Folgendes zu bemerken: In der Vg. fehlt in V. 10a ein Verb, die LXX hat δηλώσουσιν, in der Hs. 4Q175, Z. 17 (in: DJD 5, S. 58), fehlt im Haupttext das Verb, über der Zeile ist ויארו nachgetragen. Die Frgm. 11–15 der Hs. 4QDeut^h, Z. 3 (in: DJD 14, S. 68), haben יור. Der Befund ist wie folgt zu deuten: Da V. 10b (nach allen Versionen) mit einem Verb beginnt, ist von der Textlogik her kaum anzunehmen, dass V. 10a einmal ohne Verb existierte. In der Vg. könnte das Fehlen des Verbs durch Haplographie in der hebr. Vorlage bedingt sein, vgl. auch Nielsen, Deuteronomium, S. 297. Das Verb δηλώσουσιν der LXX für יורו ist möglich, aber ungewöhnlich. M. E. ist der Erklärung Wevers, Deuteronomy, S. 544, zuzustimmen: „The verb δηλώσουσιν recalls the δήλους of v. 8 and was probably intentionally chosen for that reason." Anders Tov, Text-Critical Use, S. 244, der postuliert, dass δηλώσουσιν die Übersetzung von יאירו (s. o.) sei, vgl. auch Kister, Phrases, S. 29 f. Beide Verben יאירו und יורו machen in V. 10a Sinn. Der MT, der unterstützt wird durch die Hs. 4QDeut^h, Z. 3 (wenn das Verb hier auch in apokopierter Form erscheint), ist jedoch aus inhaltlichen Gründen vorzuziehen: Das Weisen ist, wie z. B. Dtn 17,11; 24,8; Jes 29,8; Micha 3,11 belegen, genuine Tätigkeit Levis.

11 Segne, JHWH, seinen (Levis) Besitz und das Tun seiner Hände möge dir gefallen. Zerschmettere die Lenden seinen Widersachern und seinen Hassern, dass sie sich nicht mehr erheben.'

In V. 8a wird die besondere Stellung Levis betont: Ihm, dem JHWH Treuen (איש חסידך), sind JHWHs Lose *Tummim* und *Urim* anvertraut.[730] V. 8b–9a machen weitere Angaben in Bezug auf Levi: Nach V. 8b versuchte ihn JHWH bzw. stritt gegen ihn in den Wüstenorten Massa und Meriba (vgl. Ex 17,7); zu den näheren Umständen gibt es in der Hebräischen Bibel keine Überlieferung.[731] Nach V. 9a nahm Levi auf seine engsten Familienangehörigen keine Rücksicht. Dies spielt wohl auf ein in Ex 32,26–29 berichteten Vorfall am Horeb an, bei dem Levi u. a. viele seiner Verwandten tötete. Der Grund für das in V. 9a beschriebene Verhalten steht in V. 9bα: Die Leviten bewahrten JHWHs Wort (שמרו אמרתך). Sie stellten also zugunsten des Gehorsams gegenüber JHWHs Wort die Loyalität der eigenen Familie gegenüber zurück. V. 9bβ gibt an, welche Aufgaben die Leviten seither erfüllen: Sie bewachen den Bund JHWHs (בריתך ינצרו). In synchroner Hinsicht ist dies mit Blick auf Dtn 10,8 wohl wie folgt zu deuten: JHWH hat dem Stamm Levi (als Lohn für seinen „Eifer"?) noch am Horeb die Aufgabe anvertraut, die Lade des Bundes zu tragen. In Dtn 33,10 wird angegeben, welche Aufgaben die Leviten – nach der dtn Fiktion wohl zukünftig im Land[732] – noch übernehmen sollen: „Weisen" (ירה III hif.) und Vollzug des Opferkults. Mit Bitten an JHWH um Segen und Schutz für Levi schließt der Spruch (V. 11).

V. 10a lautet im hebräischen Text: יורו משפטיך ליעקב ותורתך לישראל. Zu fragen ist hier zunächst nach der Bedeutung der in der Literatur zumeist nicht näher bestimmten Nomina משפטים und תורה. Im Blick auf den sonstigen Sprachgebrauch des Deuteronomiums scheint dabei zunächst die Annahme naheliegend, משפטים als Rechtsvorschriften im Sinn der dtn Einzelgebote (Dtn 12,1–26,16) und תורה als dtn Tora im Sinn von Dtn 5–26.28.32[733] zu verstehen. Doch beides ist m. E. ganz unwahrscheinlich, da „Weisen" (ירה III hif.) der Rechtsvorschriften und der

---

[730] V. 8a ist mit Blick auf die anderen Aussagen bezüglich der Funktionen Levis in V. 9bβ.10 m. E. nicht als Bitte oder Wunsch zu deuten, anders König, Deuteronomium, S. 222; von Rad, Deuteronomium, S. 145; Rose, 5. Mose Teilband 1, S. 575; Christensen, Deuteronomy 21,10–34,12, S. 841. In der Perspektive des Pentateuchs sind die Urim und Tumim jedenfalls längst im Besitz des Stammes Levi, vgl. auch die Einheitsübersetzung (in: Braulik, Deuteronomium II, S. 239).

[731] Die Leviten werden in Ex 17,1–7 nicht erwähnt. Zu Meriba vgl. auch noch Num 20,13, auch hier werden die Leviten nicht erwähnt.

[732] Es ist zu beachten, dass V. 8b–10 nach „chronologischen" Gesichtspunkten gestaltet sind: V. 8b spielt auf Exodusereignisse vor dem Horeb an (Massa und Meriba in Ex 17,7), V. 9a.bα beziehen sich auf Ereignisse am Horeb, V. 9bβ erwähnt eine Aufgabe, die Levi am Horeb übertragen wurde und die er bis „heute" zu erfüllen hat, V. 10 beschreibt zwei Aufgaben Levis, die er künftig im Land wahrnehmen muss.

[733] Zur Begründung dieser Definition der dtn Tora siehe oben zu Dtn 31,12.

dtn Tora durch die Leviten⁷³⁴ in der deuteronomischen Systematik keinen Sinn machen würde. Denn nach dem im Deuteronomium vorgeschriebenen Lehren und Lernen sollten die entsprechenden Texte den Israelitinnen und Israeliten, Nicht-Leviten wie Leviten gleichermaßen, bekannt sein. Gesetze bzw. Tora müssen also von den Leviten nicht „gewiesen" im Sinne von gelehrt oder erklärt werden.⁷³⁵ Die Israelitinnen und Israeliten sollen die gelehrten und gelernten Gebote, wie der dtn Mose vielfach anmahnt, sorgfältig tun, und für dieses alltägliche Tun ist eine besondere levitische Unterweisung nicht erforderlich.

Was bedeuten die Nomina משפטים und תורה in V. 10a im dtn Horizont dann? Die משפטים bedeuten m. E. mit Blick auf Dtn 17,9–11 „Rechtssprüche", die Levi im Zuge seiner richterlichen Tätigkeit am Zentralgericht (zusammen mit dem Richter) sprechen muss. Diese Rechtssprüche müssen den Israeliten (den Ortsrichtern) mitgeteilt werden, zur Bezeichnung dieser Mitteilung ist der Gebrauch des Verbs ירה III hif. plausibel. Denn in Dtn 17,10 ist eines der Verben, mit denen die Mitteilung des Spruches bezeichnet wird, ירה III hif. Das Nomen תורה könnte mit Blick auf Dtn 17,11 ebenfalls die Bedeutung „Rechtsspruch" haben. Zur Mitteilung dieser תורה wird in Dtn 17,11 explizit das Verb ירה III hif. verwendet. Gegen diese Möglichkeit spricht allerdings der Gebrauch des Singulars תורה in Dtn 33,10a: Wären hier mit beiden Nomina „Rechtssprüche" gemeint, dann hätten wohl auch beide Nomina im Plural stehen müssen. Das Nomen תורה bezeichnet m. E. ein den levitischen Priestern von JHWH übergebenes „Priestergesetz" (in welcher Form auch immer). Ein Hinweis auf die Existenz eines solchen Priestergesetzes ist Dtn 24,8b zu entnehmen. Unter Bezugnahme auf dieses Priestergesetz müssen nach Dtn 24,8b die levitischen Priester im Rahmen ihrer „kultischen" Funktion Anweisungen⁷³⁶ geben. Zur Mitteilung von solchen Anweisungen passt die Wahl des Verbs ירה III hif., in Dtn 24,8b wird explizit das Verb ירה III hif. gewählt.

Im Lichte dieser Stellen bezieht sich das in Dtn 33,10a Levi zugeschriebene Weisen von משפטים und תורה also auf ganz spezielle Bereiche. Dieser religiösen Weisungsbefugnis Levis wird, wie Dtn 33,10a auch zu entnehmen ist, beträchtliche Bedeutung beigemessen: Was er weist, gilt als *JHWHs* משפטים und als *JHWHs* תורה.⁷³⁷ Levi hat damit eine besondere Bedeutung in Israel: Ein Blick auf

---

⁷³⁴ Gemeint ist wohl: Die Leviten insgesamt, also beide Klassen des Kultpersonals, die Priester und die Leviten als clerus minor, vgl. zum Thema noch Steins, Chronik, S. 119 f.; Dahmen, Leviten, S. 199 f.

⁷³⁵ So etwa Mayes, Deuteronomy, S. 403 f.; Dahmen, Leviten, S. 200; Beyerle, Mosesegen, S. 49.130; vgl. auch noch Johnson, Paralysis, S. 265.

⁷³⁶ Eine solche „Anweisung" wird in Dtn 24,8b nach dem Sam und der LXX als „Tora" bezeichnet, vgl. oben z. St.

⁷³⁷ Tora wird im Deuteronomium nie als Tora *JHWHs* bezeichnet. Die dtn Gebote werden hingegen häufiger als JHWHs Gebote ausgewiesen, vgl. etwa Dtn 8,11; 11,1; 26,17; 30,16; 33,21. Zu משפט als JHWHs משפט siehe noch Dtn 1,17.

die anderen Stammessprüche im Mosesegen zeigt, dass von allen Stämmen allein Levi in und für Israel „weisungsbefugt" ist.

3.5. Ergebnisse

Die wichtigsten Ergebnisse der Analysen der vielfältigen Aussagen zum Thema religiöses Lehren und Lernen im Buch Deuteronomium lassen sich wie folgt zusammenfassen:

3.5.1. Mose als Lehrer der Tora

1. Mose erscheint im Buch Deuteronomium auf eindrückliche Weise als Lehrer der nach der dtn Fiktion „heute" vor ihm in Moab versammelten Israelitinnen und Israeliten: In der das Deuteronomium einleitenden Überschrift des Bucherzählers bestimmt dieser die erste im Auftrag JHWHs ergehende mosaische Rede Dtn 1,6–4,40 als Erklärung der Tora (באר pi.). Die erste Rede ist demnach im weiteren Sinn als Lehre des dtn Mose zu verstehen. Aus der ersten Rede geht für Israel in der Tat hervor – auch wenn die Erklärung nicht in Form einer konzentrierten, sachbezogenen Abhandlung erfolgt – warum es eine dtn Tora gibt, warum Mose sie promulgieren muss, warum Mose sie Israel (erst) in Moab „heute" vorlegt, welche Bedeutung die Toragebote haben und welchen Charakter die dtn Tora hat. Mit dieser „Voraberklärung" wird Israel auf die „heute" noch folgende Mitteilung der dtn Tora (Dtn 5–26.28.32)[738] vorbereitet.

2. Im Rahmen der ersten Rede „lehrt" (למד pi.) Mose zudem Israel, die Toragebote, also die Satzungen und Rechtsvorschriften, *zu tun* (Dtn 4,1–40). Die Bedeutung von „Lehren zu tun" erschließt sich durch die Betrachtung von Dtn 4,1–40: Mose legt Israel dar, dass die dtn Gebote unmittelbar nach ihrer Promulgation unbedingt zu befolgen sind. Damit wird Israel auf die Lehre der Satzungen und Rechtsvorschriften selbst eingestimmt.

3. Den Auftrag, die Satzungen und Rechtsvorschriften Israel zu „lehren" (למד pi.), erhält Mose von JHWH am Horeb (Dtn 4,5.14; 5,31; 6,1), wobei er ihm nach Dtn 5,31 die dtn Gebote noch am Horeb mitteilt. Mose kommt seinem Lehrauftrag in Dtn 6,1–26,16 nach. „Lehren" hat hier eine zweifache Bedeutung, wie die Analyse von Dtn 6,1–26,16 zeigt: Die Satzungen und Rechtsvorschriften werden in einem ersten Teil (Dtn 6–11) dahingehend gelehrt, dass Mose Israel erläutert, wie die dtn Gebote im Land zu befolgen sind, und ausführlich begründet, warum Israel die Satzungen und Rechte unbedingt zu befolgen hat (so wird in

---

[738] Zur Begründung des Umfangs der Tora siehe die Exegese von Dtn 31,12 (3.4.2.2.) und von Dtn 31,19.22 (3.4.2.4.).

Dtn 6,1–7,11 etwa dargelegt, dass sich Liebe zu dem Israel liebenden und erwählenden JHWH und Gebotsgehorsam entsprechen; so wird in Dtn 7,12–8,19 insbesondere der Zusammenhang von Segen JHWHs und Gebotsgehorsam erklärt; so wird in Dtn 9,1–10,11 deutlich gemacht, dass Israel nur aufgrund der Gnade JHWHs nicht schon am Horeb vernichtet wurde und nur aufgrund des Schwurs an die Väter das Land in Besitz nehmen darf – wobei es sich, wie dann in Dtn 10,12–11,32 gezeigt wird, sofort ändern muss und die Gebote JHWHs befolgen muss, wenn es im Land auf Dauer leben will). In einem zweiten Teil (Dtn 12,1–26,16) lehrt der dtn Mose die Satzungen und Rechtsvorschriften dahingehend, dass er sie Israel promulgiert.

4. Der von JHWH am Horeb erteilte Lehrauftrag impliziert also ganz offensichtlich eine gewisse Freiheit: Die Lehre der Satzungen und Rechtsvorschriften in Dtn 6–11 ist in synchroner Perspektive keine Wiedergabe der von JHWH am Horeb Mose mitgeteilten Worte, sondern freie Rede des dtn Mose – was vor allem durch den Rückblick auf die Horebereignisse in Dtn 9 f. deutlich wird. Die Promulgation der Satzungen und Rechtsvorschriften in Dtn 12,1–26,16 entspricht zwar zweifellos der Vorgabe JHWHs (sonst könnte Israel die Gebote natürlich nicht adäquat befolgen). Sie ist aber nicht *wortwörtliche* Wiedergabe, auch hier kann der dtn Mose gelegentlich Eigenes einfließen lassen. Dies unterstreicht die hohe Autorität des dtn Mose: Er ist nicht nur Mittler der Gebote, er ist auch Lehrer in JHWHs Auftrag. Insbesondere durch das gebietende Ich, das zwischen Mose und JHWH „schillern" (BRAULIK) kann,[739] wird angezeigt, dass jedes Wort, das der dtn Mose lehrt, im Geist JHWHs gesprochen ist.

5. Was könnte in dtn Perspektive der Grund für diese – in der Hebräischen Bibel einmalige – Konzeption des mosaischen Lehrens der dtn Gebote sein?[740] Warum sollte der dtn Mose die Satzungen und Rechtsvorschriften *lehren* und sie nicht einfach nur mitteilen? Hier lassen sich zwei Gründe denken:

a) Mose lehrt die Israelitinnen und Israeliten in Moab – dies ist die Geburtsstunde Israels als religiöser Lehr- und Lerngemeinschaft. Mose ist der „Urlehrer" Israels, Israel soll fortan als Lehr- und Lerngemeinschaft nach JHWHs Willen leben, insofern es die von Mose gebotenen vielfältigen Vorschriften zu religiösem Lehren und Lernen befolgen soll.

b) Auffällig ist, dass an allen vier Stellen, an denen explizit das mosaische Lehren der Gebote erwähnt wird (Dtn 4,5.14; 5,31; 6,1), sich eine finale Bestimmung in Bezug auf das Tun Israels anschließt. Das Tun wird somit *besonders* betont. Hier könnte ein weiterer Schlüssel zur Erhebung der Bedeutung der Kon-

---

[739] Siehe 3.3.1.1. (zu Dtn 7,4).
[740] Die Gebotspromulgation des Mose wird außerhalb des Deuteronomiums nur an einer Stelle mit einem Verb für Lehren bezeichnet, nämlich in Ex 24,12 mit dem Verb ירה III hif. (im Deuteronomium wird dieses Verb nicht auf eine Tätigkeit des Mose bezogen).

308 *Kapitel 3: Religiöses Lehren und Lernen im Buch Deuteronomium*

zeption des mosaischen Lehrens liegen: Insbesondere durch den ersten Teil der Lehre (Dtn 6–11), in dem eindringlich dargelegt wird, wie und aus welchen Gründen die Gebote unbedingt zu befolgen sind, wird ein wesentlicher Beitrag geleistet, Israel zum Tun der Gebote zu motivieren. Die alleinige *Weitergabe* der Gebote hätte eine solche Motivation nicht leisten können. Insofern unterscheidet sich die Tätigkeit des Mose im Deuteronomium charakteristisch von der in den Büchern Exodus bis Numeri.[741] Nur darauf hingewiesen sei an dieser Stelle noch, dass die dtn Konzeption des mosaischen Lehrens auch der Grund dafür gewesen sein könnte, den im Prophetengesetz verheißenen Propheten nicht als *Lehrer* zu bezeichnen: Er muss „nur" die Worte JHWHs getreu weitergeben (Dtn 18,18). Er ist Prophet wie Mose – aber nicht Lehrer wie Mose.[742]

6. Nach der dtn Fiktion bekommt Mose von JHWH noch einen zweiten Lehrauftrag, und zwar „heute" in Moab (Dtn 31,19.22): Nach Bekanntgabe der Tora offenbart JHWH Mose und Josua in Moab im Zelt der Begegnung noch einen letzten Teil der Tora, das Lied. Dieses Lied soll Mose wie nahezu alle Teile der dtn Tora Israel „lehren" (למד pi.).[743] Lehren zielt hier nicht nur auf die Zur-Kenntnis-Nahme des Textes durch Israel, sondern ausdrücklich darauf, dass das Lied auswendig gewusst wird. Es ist JHWHs Zeuge in dem Fall, dass Israel die Gebote nicht hält – wovon im Kontext ausgegangen wird. Das mosaische Lehren des Liedes setzt somit einen gewissen pessimistischen Gegenakzent zu dem eher optimistischen Zug, der dem mosaischen Lehren der dtn Gebote und dem von Mose Israel gebotenen Lehren und Lernen eignet. Es bleibt die offene Frage, ob dieser Pessimismus (auch) durch den anthropologisch-theologischen „Urzweifel" bedingt ist: Kann der Mensch von seiner Konstitution her (auf Dauer) wirklich tun, was er nach Gottes Willen tun soll? Wie auch immer, anders als etwa in Jer 31,31–34 wird jedenfalls keine Lösung in einem utopischen Modell gesucht (nach dem JHWH selbst die Konstitution des Menschen verändern wird) – trotz des Pessimismus bleibt die Forderung, dass Mose lehren und Israel lernen und tun soll.

3.5.2. Israel als Lehr- und Lerngemeinschaft

1. Nach der dtn Fiktion lehrt Mose Israel nicht nur in besonderer geschichtlicher Stunde. Er gebietet den Israelitinnen und Israeliten in Moab ein gezieltes Lehren und Lernen, das künftig das Leben aller Generationen wesentlich bestimmen soll.

---

[741] In Exodus – Numeri gibt Mose die Gebote JHWHs weiter, eine Lehre *in Bezug auf die Gebote*, die derjenigen von Dtn 6–11 vergleichbar wäre, findet sich nicht.

[742] Nur darauf hingewiesen werden soll hier noch, dass an keiner Stelle in der Hebräischen Bibel die Tätigkeit eines Propheten mit למד pi. bezeichnet wird.

[743] Laut Text werden der „Lehre" (למד pi.) des dtn Mose in Bezug auf die Tora nur Dtn 5 und Dtn 28 nicht zugeordnet.

2. Die Elterngeneration wird gleich in mehrfacher Hinsicht zum Lehren der Kinder verpflichtet. Nach Dtn 4,9 müssen die Eltern die Horebereignisse ihren Kindern so nahebringen, dass die Kinder sie quasi mit „eigenen Augen" gesehen haben und dass diese Ereignisse für die Kinder zu ihrer eigenen „Urgeschichte" werden können. Als Medium ist hier wohl vor allem an das intensive Erzählen gedacht: Dadurch können Erlebnisse so „sichtbar" gemacht werden, dass sie für die Zuhörerinnen und Zuhörer zu eigenen Erlebnissen werden. Durch diese Erzählung sollen die Kinder insbesondere lernen, den gesetzgebenden JHWH zu fürchten (Dtn 4,10).

3. Die Eltern müssen des Weiteren die Kinder die dtn Gebote (Dtn 12,1–26,16) lehren, die sie selbst im Zuge der Promulgation des dtn Mose auswendig lernten (Dtn 5,1; 6,6; 30,14): Im Alltag sollen die Eltern die Gebote nicht nur ständig wiederholen, so dass die Kinder sie schließlich auswendig können. Sondern die Eltern sollen auch mit den Kindern über die Gebote reden, d. h. wohl, sie sollen ihnen zum Verständnis der einzelnen Gebote Hintergrundwissen vermitteln und Fragen zu einzelnen Geboten beantworten (Dtn 6,7; 11,19). Zudem ist den Kindern der Sinn des Gesetzes insgesamt zu erklären (Dtn 6,20–25): Die Eltern sollen dazu anhand einer vorgegebenen Erzählung, in der sie sich mit den vergangenen Generationen zu einem zeitübergreifenden kollektiven „Wir" zusammenschließen, die wunderbaren Taten JHWHs im Zusammenhang mit Exodus und Eisodus als selbst gesehen und sein Gesetz als an sie selbst ergangen bezeugen. Insbesondere diese zeitübergreifende Zeugenschaft ermöglicht es der nächsten Generation, sich als Teil des „Wir" sehen zu lernen und das Gesetz von JHWH als „uns" geboten zu begreifen. Schließlich werden die Eltern noch aufgefordert, ihren Kindern das Tun der Tora(gebote) zu „gebieten" (Dtn 32,46). Sie müssen also die Gebote nicht nur lehren, sie müssen auch mit elterlicher Autorität dafür sorgen, dass die nächste Generation die Gebote befolgt, denn daran hängt das (Über)Leben des Volkes und seine Zukunft im Land (V. 47).

4. Das ganze Volk (Männer, Frauen, Kinder, Fremdling) wird nach der Anweisung Dtn 31,10–13 zu einem regelmäßigen Tora-Lernritual verpflichtet: Es soll sich in jedem siebten Jahr am Laubhüttenfest in Jerusalem versammeln, um bei der Verlesung der Tora (Dtn 5–26.28.32) durch die Ältesten und die levitischen Priester zu „lernen" (למד q.). Lernen bedeutet hier wohl zunächst, die Tora satzweise nachzusprechen. Die weitere Bedeutung von lernen ist, da die einzelnen Teile der dtn Tora im Alltag der Israelitinnen und Israeliten eine unterschiedliche Rolle spielen sollen, differenziert zu bestimmen: In Bezug auf die (schon gelernten) Gebote bedeutet lernen wiederholen, in Bezug auf die Teile der Tora, mit denen Israel im Alltag nicht aktiv umgehen muss (Dtn 5–11; 28), bedeutet es intensiv zur Kenntnis nehmen, in Bezug auf das Lied (Dtn 32), das Israel rezitieren können muss, bedeutet es auswendig lernen bzw. wiederholen. Doch da-

mit ist die Bedeutung des Lernens hier noch nicht erschöpft – um seine volle Bedeutung zu erfassen, sind alle drei im Deuteronomium erwähnten Stationen des *kollektiven Lernens* in den Blick zu nehmen (Horeb – Moab – Jerusalem):

5. Im Rahmen seiner ersten Rede „heute" in Moab hält Mose einen Rückblick auf die von dem angeredeten Volk Israel „mit eigenen Augen" gesehenen Ereignisse am Horeb (Dtn 4,9–14). Dabei merkt er ausdrücklich an, dass das versammelte Volk nach JHWHs Willen durch das Hören seiner Worte JHWH-Furcht lernen sollte (V. 10). Die „heutige" Aufgabe der Angeredeten, also der in Moab versammelten Israeliten und Israelitinnen, beschreibt der dtn Mose wie folgt: Sie sollen die Satzungen und Rechtsvorschriften hören, lernen und dann tun (Dtn 5,1; 6,1–3). Nach Dtn 31,10–13 gebietet Mose das Vorlesen der Tora am Laubhüttenfest des Siebtjahrs in Jerusalem, bei dem Israel den Toratext neu oder erneut lernen soll. Das ganze Volk hat also (als Kollektiv) nach der dtn Fiktion am Horeb gelernt, es lernt „heute" in Moab, es soll künftig in Jerusalem lernen. Nun sind diese drei Lernorte nicht voneinander unabhängige Stationen in der vergangenen, gegenwärtigen und zukünftigen Geschichte des Volkes: Dadurch, dass der Inhalt der Tora als direkte Anrede des dtn Mose an Israel formuliert ist und diese Anrede bei der Verlesung der Tora auch erhalten bleibt, wird gleichzeitig die Identität der am Laubhüttenfest des Siebtjahrs Versammelten *definiert*. Sie lernen, wo sie herkommen: von der Versammlung vor JHWH am Horeb (Dtn 5,2), wo sie „heute" stehen: in Moab vor dem dtn Mose, wo sie „ab heute" sein werden: in dem den Vätern von JHWH zugeschworenen Land, und was sie „ab heute" tun sollen: das von Mose gelehrte Gesetz zu befolgen. Die Versammelten lernen somit, dass sie Teil des Volkes sind, an dessen religiöser Identität sie partizipieren und für dessen Existenz sie mit verantwortlich sind.

6. Für die Kinder, die zum *ersten Mal* an dem alle sieben Jahre stattfindenden Ritual teilnehmen – also die Kinder unter sieben Jahre – wird im Rahmen der Anweisungen bezüglich des Rituals eine eigene Bestimmung erlassen: Sie sollen JHWH-Furcht lernen (Dtn 31,13). Das Lernen der JHWH-Furcht kann hier nur als die Folge des – stellt man sich die Szenerie einmal vor – gewaltigen Hörerlebnisses verstanden werden, dem damit nachhaltige pädagogische Wirkung gerade auf die jüngeren Kinder zugeschrieben wird. Die aus Dtn 31,12 f. gewonnenen Differenzierungen hinsichtlich des Alters der Kinder sind auch für andere dtn Texte wichtig: Es ist davon auszugehen, dass das systematische Lehren der Gebote, wie es in Dtn 6,7 und 11,19 vorgeschrieben wird, beginnen soll, wenn die Kinder ca. sieben Jahre alt sind.

7. Aus den Bestimmungen Dtn 31,12 f. geht explizit hervor, dass auch die Frauen und Mädchen an dem Lehren in Bezug auf die Tora zu beteiligen sind. Es ist aus diesem Grund unwahrscheinlich, dass die vielfältigen mosaischen Bestimmun-

gen zum Lehren der Kinder nur auf die Väter und Söhne zu beziehen sind. Fundierende Geschichte (nicht Frühgeschichte oder Weltgeschichte, wie Dtn 32,7 zeigt), JHWH-Furcht und Gesetz die Söhne und Töchter zu lehren, ist Aufgabe der Väter und Mütter.

8. Nach Dtn 14,23 soll jeder mit seiner Familie und den Leviten am Zentralheiligtum versammelte Israelit bei einem Festmahl „vor JHWH" den Zehnten seiner ganzen Jahresernte verzehren, damit er (und seine Familie samt Levit) „lernt" (למד q.), JHWH alle Tage zu fürchten. Dieses Lernen ist zweifellos bedingt durch die besonderen Umstände dieses Festmahls, das auf JHWH als den souveränen Herrn über die Natur, als den für sein ganzes Volk sorgenden Gott und als den über die Einhaltung seines Gesetzes wachenden Gott verweist. Zu beachten ist besonders, dass dieses Lernen der JHWH-Furcht kein *einmaliger* Vorgang ist – wie etwa in der besonderen Situation am Horeb, dem „Urlernort" der JHWH-Furcht (Dtn 4,10). Durch die Vorschrift des jährlichen Festmahls wird vielmehr gezielt dafür gesorgt, dass die israelitischen Familien beim Mahl ihrem Gott „begegnen" und dass sie ihn dabei *immer wieder neu* fürchten lernen. Darauf hinzuweisen ist in diesem Zusammenhang auch noch, dass insbesondere die Kinder JHWH-Furcht lernen sollen (Dtn 4,10; 31,13) und dass die JHWH-Furcht im Volk auch noch regelmäßig durch das Hören und Lernen der Tora alle sieben Jahre am Laubhüttenfest hervorgerufen werden soll (Dtn 31,12). Es ist somit garantiert, dass die JHWH-Furcht als grundlegende religiöse Haltung in Israel nicht „abgelegt" wird.

9. Zu erwähnen ist noch, dass eine besondere Bestimmung dem König gilt: Er soll durch die tägliche Lektüre in seinem Toraexemplar JHWH-Furcht lernen (Dtn 17,19), wobei sich die JHWH-Furcht in der Befolgung der Toragebote äußern soll. Der König über Israel kann sich in Bezug auf JHWH-Furcht und Gesetzesgehorsam nicht nur keine Freiheiten nehmen, er hat nach dem Königsgesetz der „Musterisraelit" (LOHFINK) zu sein.

10. Die vielen den Israelitinnen und Israeliten gebotenen Vorschriften zu Lehren und Lernen ergeben zusammen ein äußerst dichtes Programm. Dieses zeichnet sich vor allem durch *Komplementarität* aus: Religiöses Lehren und Lernen von Erwachsenen und Kindern soll im Rahmen der Familie im Alltag sowie bei Festen am Zentralheiligtum in Jerusalem stattfinden. Im Rahmen des Kollektivs soll alle sieben Jahre am Zentralheiligtum gelernt werden. Im Zentrum des Lehrens und Lernens stehen zweifellos die dtn Gebote, doch kein Lehren und Lernen dieser Gebote ist denkbar ohne das Lehren und Lernen von Geschichte und von JHWH-Furcht. Insbesondere durch seine Komplementarität ist dieses Programm geeignet, die religiöse Identität Israels zu fundieren und nachhaltig zu sichern.

3.5.3. Die Weisungsbefugnis bestimmter Autoritäten

Von einer besonderen religiösen Weisungsbefugnis (ירה III hif.) ist im Deuteronomium an drei Stellen die Rede: Erstens soll der Ortsrichter, wenn ihm Fälle zu schwierig sind, die am Zentralgericht amtierenden levitischen Priester und den Richter konsultieren. In Bezug auf den ihm von ihnen gewiesenen Urteilsspruch ist der Ortsrichter weisungsgebunden (Dtn 17,10 f.), d. h. er ist dafür verantwortlich, dass der Urteilsspruch entsprechend ausgeführt wird. Zweitens sind die levitischen Priester weisungsbefugt im Fall von Aussatz (Dtn 24,8), d. h. sie müssen auf der Grundlage eines ihnen wohl von JHWH erteilten Gebots den Erkrankten „Anweisung(en)" geben, wie sie sich zu verhalten haben. Drittens wird im sog. Levispruch „Levi" die allgemeine Weisungsbefugnis in Bezug auf JHWHs Rechtssprüche (משפטים) und Tora (תורה) zugeschrieben (Dtn 33,10) – mit an Sicherheit grenzender Wahrscheinlichkeit ist mit Tora hier ein Priestergesetz (und nicht die dtn Tora) gemeint, auf dessen Grundlage Levi seine Anweisungen geben soll. Diese richterlichen bzw. priesterlichen Weisungsaufträge erscheinen im Deuteronomium als *eigenes System* neben dem sonstigen auf fundierende Geschichte, JHWH-Furcht und dtn Gesetz bezogenen Lehren und Lernen im Volk.

3.5.4. JHWH als Erzieher seines Volkes

JHWH wird im Deuteronomium konsequent nicht als „Lehrer" (למד pi. oder ירה III hif.) bezeichnet,[744] wohl aber wird drei Mal in den Reden des dtn Mose die Erziehung JHWHs thematisiert: Nach Dtn 4,36 erzog er Israel am Horeb durch eine einzigartige Demonstration seiner Gottheit. Zwar wird kein Erziehungsziel angegeben. Aus dem Kontext geht jedoch hervor, wozu der dtn Mose Israel durch die Erinnerung an diese Demonstration motivieren will: zum Gehorsam gegenüber JHWHs Geboten. Nach Dtn 8,5 soll Israel erkennen, dass JHWH es erzieht wie ein Vater seinen Sohn. Dies impliziert nach dem Kontext die Erkenntnis, dass JHWH Israel in der Wüste erzogen hat, insofern er prüfte, wie es mit seinem Gebotsgehorsam stand und ihm diesbezüglich einige Einsichten vermittelte. Dies impliziert zugleich die Erkenntnis, dass JHWH es auch künftig wie ein Sohn erziehen wird. Israel sollte dadurch motiviert sein, sich wie ein Sohn erziehen zu lassen, und dies bedeutet im Kontext vor allem, der Aufforderung des dtn Mose nachzukommen, die Gebote JHWHs zu befolgen. Nach Dtn 11,2 soll Israel die bisherigen Geschichtstaten JHWHs im Zusammenhang mit Exodus und Wüstenzeit „heute" als Erziehung begreifen: Es soll im Rückblick erkennen, dass JHWH immer wieder zuverlässig und wunderbar für sein Volk sorgte, dass er es allerdings bei Ungehorsam auch strafte. Auf der Grundlage dieser Erkenntnis soll Israel JHWH nunmehr lieben und seine Gebote halten. Durch die Erwähnung der

---

[744] Möglicherweise liegt der Grund darin, dass das dtn Lehren und Lernen zu „irdisch-konkret" ausgerichtet war.

Erziehung JHWHs zeigt der dtn Mose Israel also vor allem, dass JHWH bemüht ist, Israel in seinem eigenen Interesse religiöse Einsichten zu vermitteln bzw. es zu bestimmten Verhaltensweisen zu bewegen. Insofern ergänzt auf einer erfahrungsbezogenen Ebene die göttliche Erziehung das im Deuteronomium vorgeschriebene textbezogene Lehren und Lernen. Im Rahmen seiner Argumentation dient dem dtn Mose die Rede von der göttlichen Erziehung zudem dazu, seiner Aufforderung, die Gebote zu befolgen, Nachdruck zu verleihen.

3.5.5. Semantischer Befund

1. Siebenmal wird im Deuteronomium die Tätigkeit des dtn Mose mit למד pi. bezeichnet (4,1.5.14; 5,31; 6,1; 31,19.22). למד pi. meint dabei durchweg textbezogenes Lehren, wobei dies bedeuten kann: einen Text so vermitteln, dass er auswendig gekonnt wird, und/oder etwas in Bezug auf einen Text vermitteln. Zu vermerken ist hier auch, dass die mit למד pi. bezeichnete Vermittlung von Texten – wie sich aus Dtn 31,19 erschließen lässt – eine bestimmte Methode impliziert: Ein Text wird gelehrt, indem er von dem Lehrenden vor- und von dem Lernenden nachgesprochen wird.[745] In Dtn 11,19 bedeutet למד pi. die elterliche Vermittlung des (Gebots-)Textes im Alltag und das Reden über diesen Text mit den Kindern. In Dtn 4,10 bezeichnet למד pi. die Vermittlung einer religiösen Haltung (JHWH-Furcht), indem die Eltern durch Erzählung der Horebereignisse in den Kindern JHWH-Furcht erzeugen sollen. In Dtn 20,18 nennt למד pi. die Vermittlung von kultischen Praktiken im Zuge von engen Kontakten zwischen kanaanäischen Völkern und Israel – in diesem Zusammenhang sei hier noch angefügt, dass למד q. in Dtn 18,9 die Aneignung von kanaanäischen Praktiken meint.

2. Das Verb למד q. bezeichnet in Dtn 5,1 textbezogenes Lernen in dem Sinn, dass der (Gebots-)Text in das Gedächtnis aufgenommen werden soll. Auch in Dtn 31,12 meint למד q. vor allem textbezogenes Lernen im Sinn von (Tora-)Text wiederholen, bzw. noch nicht bekannten Text neu in das Gedächtnis aufnehmen. Das ohne Objekt stehende למד q. bezeichnet hier aber wohl auch den Gewinn bestimmter Einsichten, die sich durch die Kenntnisnahme des *gesamten* Toratextes ergeben. Viermal bezeichnet das Verb die Annahme bzw. Vertiefung von JHWH-Furcht (Dtn 4,10; 14,23; 17,19; 31,13), bedingt durch ein bestimmtes Erleben (beim Hören von JHWHs Stimme am Horeb, bei einem Fest, bei der Teilnahme an dem kollektiven Lernritual in Jerusalem am Laubhüttenfest des Shabbatjahres) bzw. durch ein bestimmtes Handeln (durch tägliche Toralektüre).

3. Alle vier Belege des Verbs ירה III hif. (Dtn 17,10.11; 24,8; 33,10) bezeichnen die Mitteilung eines verbindlichen Bescheides, d. h. eines juristischen Spruches oder einer Anweisung in kultischen Fragen.

---

[745] Siehe dazu auch die Exegesen von Dtn 6,7 (3.3.2.2.) und Dtn 30,14 (3.4.2.1.).

314 *Kapitel 3: Religiöses Lehren und Lernen im Buch Deuteronomium*

4. Das Verb יסר pi. bedeutet in Dtn 4,36 und in Dtn 8,5 JHWHs Erziehen im Sinne von Vermittlung von „geschichtlicher" Erfahrung, um – wie aus Dtn 8,5 hervorgeht – Israel zur Annahme einer bestimmten Haltung (Gebotsgehorsam) zu bewegen. Das Nomen מוסר in Dtn 11,2 meint ebenfalls JHWHs Erziehung in dem schon genannten Sinn.

5. Die Sprachregelung im Deuteronomium zeichnet sich also in Bezug auf die untersuchten Begriffe für religiöses Lehren und Lernen למד q./pi., ירה III hif., יסר pi. sowie מוסר durch besondere Einheitlichkeit aus. Kurz zusammengefasst könnte man sagen: Der dtn Mose lehrt (למד pi.), er gebietet Israel zu lernen und zu lehren (למד q./pi.), er setzt die Autorität bestimmter Gruppen zum Weisen voraus (ירה III hif.) und er argumentiert im Rahmen seines Lehrens mit JHWHs Erziehung (יסר pi.; מוסר).[746]

---

[746] Über die Genese des Buches Deuteronomium gibt es bekanntlich divergierende Auffassungen, nach G. Braulik wächst aber auch ein gewisser Konsens (siehe oben Anm. 6 in Teil 3). Auf dieser Grundlage soll eine diachrone Skizze der wichtigsten Texte zu religiösem Lehren und Lernen im Deuteronomium vorgestellt werden: Demnach bestand der erste dtn Textkomplex aus einem JHWH-Gesetz (siehe dazu Lohfink, Jahwegesetz) und Dtn 6,6*–9, also der Aufforderung, dieses Gesetz zu lernen, mit ihm im Alltag umzugehen und die Kinder zu lehren. Dies passt zu der allgemein akzeptierten Hypothese, dass der erste dtn Textkomplex im Zuge der joschijanischen Reform formuliert wurde, deren Anliegen offenbar die Begründung und Sicherung religiöser Identität in Israel war (II Reg 22 f.). Die dtn Aufforderung zu religiösem Lehren und Lernen – die kaum an innerisraelitische Traditionen anknüpfen konnte (vgl. die Ergebnisse der Untersuchungen zum Jesaja-, zum Jeremia- und zum Proverbienbuch), sondern möglicherweise ihren Impuls aus den VTE erhielt (vgl. oben Anm. 507) – bauten dtr Redaktoren dann vermutlich noch vor dem Exil aus: Zum einen formulierten sie wohl Dtn 31,9–13, also die Aufforderung zu einem kollektiven festlichen Lernritual am Laubhüttenfest des Siebtjahres, und die „Kinderkatechese" Dtn 6,20–25. Zum anderen legten sie die Texte Mose in den Mund und machten Mose dadurch zum Urlehrer Israels (Dtn 5*; 6*). Durch diese Zuordnung konnten die Redaktoren der Forderung zu lehren und zu lernen Rahmen und Perspektive geben (Moses Lehren in Moab „definierte" quasi Israel als Lehr- und Lerngemeinschaft) und dieser Forderung höchste Autorität verleihen (nur im Dtn ist Mose „Lehrer"). In den exilischen Texten ist die Auseinandersetzung mit dem Untergang Judas zu erkennen, der vordergründig als Scheitern des bisherigen Lehrens und Lernens erscheinen musste (Dtn 4*; Dtn 9 f.*; Dtn 31 f.*). Die Texte aus dieser Zeit zeigen, dass die exilischen dtr Redaktoren aus dem Untergang nicht die Konsequenz zogen, Israel sei nicht in der Lage zu lehren und zu lernen bzw. Lehren und Lernen hätte keinen Sinn. Im Gegenteil wurde das bisherige Lehr- und Lernprogramm erheblich erweitert (erwähnt seien z. B. Dtn 14,23 mit der Anweisung, „jährlich" im Tempel die Abgabe des Zehnten zu verzehren, damit JHWH-Furcht gelernt werden könne, und Dtn 17,19 mit der Forderung, dass der König im Zuge der täglichen Toralektüre JHWH-Furcht lernen sollte; erwähnt sei hier auch noch das Motiv der Erziehung Israels durch JHWH in Dtn 4;8;11). Im Zuge der nachexilischen Redaktionen des Deuteronomiums gaben die Redaktoren m. E. Dtn 6–11 die Gestalt von „Lehrreden" und machten durch die Einleitung Dtn 1,1–5 auch die erste mosaische Rede quasi zu einer Lehrrede. Mit Hilfe dieser nunmehr ausgefeilten Lehr- und Lernkonzeption konnten die Redaktoren besonders eindringlich darlegen, warum das deuteronomische Gesetz unbedingt gehalten werden muss.

Kapitel 4

Schluss

Abschließend ist die deuteronomische Lehr- und Lernkonzeption im Vergleich mit den Aussagen zu religiösem Lehren und Lernen in den anderen untersuchten Schriften zu würdigen:

Im Jesajabuch erfährt man über religiöses Lehren und Lernen im Volk wenig. Als Lehrer werden nur Priester, die religiöses Wissen vermitteln sollten, und Propheten, die JHWHs Weisung mitteilen sollten, erwähnt. Es fehlen konkrete programmatische Aussagen (beispielsweise wie anders oder besser in Israel religiöse Tradition gelehrt und gelernt werden sollte). Zentrale Ausführungen zu religiösem Lehren und Lernen im Jesajabuch gelten der *Hoffnung auf die Zukunft*: JHWH wird dafür sorgen, dass die Judäerinnen und Judäer *in Zukunft in seinem Sinn lernen* und folglich nach seinem Willen leben werden, wobei auch die Völker in diese Hoffnung mit einbezogen sind.

Im Jeremiabuch wird auf die Praxis religiösen Lehrens und Lernens im Sinn der Weitergabe religiöser Tradition im Volk nicht eingegangen. Wie im Jesajabuch fehlen auch hier konkrete programmatische Aussagen. Die Ausführungen zu religiösem Lehren und Lernen dienen (zusammen mit anderen Ausführungen) im Jeremiabuch vor allem der *Erklärung der Vergangenheit*. Sie sollen begreiflich machen, wie es zu der Katastrophe von 587/6 v. Chr. kam: Die Judäerinnen und Judäer haben Verhaltensweisen gelehrt und gelernt, die den Weisungen JHWHs in keiner Weise entsprachen. Eine „Lösung" verheißt der utopische Text Jer 31,31–34: JHWH wird künftig seine Tora in die Herzen der einzelnen einschreiben, so dass sie gar nicht mehr anders können, als nach seinem Willen zu leben – religiöses Lehren und Lernen wird demnach in Israel überflüssig.

Im Proverbienbuch werden als Lehrende die Eltern (Vater und Mutter) erwähnt, zudem erscheinen als Lehrer die im Proverbienbuch redenden Weisheitslehrer. Die entscheidende Aussage zu weisheitlichem Lehren und Lernen, das nach dem Motto Prov 1,7 ausdrücklich unter religiösem Vorzeichen steht, ist im Proömium enthalten (Prov 1,1–6): Demnach soll das Proverbienbuch als Ganzes Lehrbuch für die lebenslang lernenden Weisen und ihre Schüler (die Jugend und die Einfältigen) sein. Ihr Lehren und Lernen zielt auf die Erlangung bzw. Vertiefung von *Weisheit für das Leben*, wobei weisheitsgemäßes Handeln im Alltag moralisch-religiöse Integrität und gesellschaftlichen Erfolg garantiert. Keine Rolle in dieser Programmatik spielt die Ausprägung und Bewahrung der Identität Israels. Zudem wird das weisheitliche Lehren und Lernen nicht als Spezifikum Israels gesehen – hat doch das letzte Wort im Proverbienbuch die Mutter des Königs Lemuel.

Demgegenüber erscheinen die Aussagen zu religiösem Lehren und Lernen im Deuteronomium als eigenständige, geschlossene Konzeption.[1] Versammelt vor Mose in Moab bekommt Israel vor dem Einzug in das Land nach der deuteronomischen Fiktion ein neues Profil: Mose *lehrt* die Israelitinnen und Israeliten nach JHWHs Weisung in Bezug auf die deuteronomische Tora – dies ist die Geburtsstunde Israels als religiöser Lehr- und Lerngemeinschaft. Als Lehr- und Lerngemeinschaft soll das Volk nach JHWHs Willen fortan leben, insofern es die von Mose gebotenen, jedem einzelnen geltenden Vorschriften zu religiösem Lehren und Lernen verwirklichen soll (den Priestern bleibt die Wahrnehmung spezieller Aufgaben). Nur als Lehr- und Lerngemeinschaft kann Israel überleben. Überleben hat wesentlich mit Bewusstsein und Bewahrung von Identität zu tun. Genau dies garantieren die vieldimensionalen deuteronomischen Vorschriften zu religiösem Lehren und Lernen: Sie überlassen weder die Kenntnis der eigenen „Urgeschichte", noch die Kenntnis der dtn Gebote, nach denen im Land Israel gelebt werden soll, noch die religiöse Haltung, aus der heraus die Gebote zu befolgen sind (JHWH-Furcht), dem Zufall. „Wer nach diesen Gesetzen lebt", so J. ASSMANN, „vergißt keinen Augenblick, wer er ist und wohin er gehört." Anknüpfend an diese Formulierung lässt sich zusammenfassend festhalten: *Leben die Israelitinnen und Israeliten als Lehr- und Lerngemeinschaft im Sinn des Deuteronomiums, werden sie niemals vergessen, woher sie kommen, wer sie sind und wer sie morgen sein werden.*

---

[1] Diese Konzeption ist aus dem biblischen Umfeld nicht „ableitbar". Möglicherweise bekam sie ihren entscheidenden Impuls durch die VTE, siehe Anm. 507 zu Dtn 6,7 (3.3.2.2.).

Literaturverzeichnis

Achenbach, R.: Israel zwischen Verheißung und Gebot. Literarkritische Untersuchungen zu Deuteronomium 5–11, Frankfurt a. M. 1991.

Ackroyd, P. R.: A Note on Isaiah 2,1, ZAW 75 (1963), S. 320–321.

Albani, M.: Der eine Gott und die himmlischen Heerscharen. Zur Begründung des Monotheismus bei Deuterojesaja im Horizont der Astralisierung des Gottesverständnisses im Alten Orient, Leipzig 2000.

Albertz, R.: Jer 2–6 und die Frühzeitverkündigung Jeremias, ZAW 94 (1982), S. 20–47.

– Religionsgeschichte Israels in alttestamentlicher Zeit, Bd. 1: Von den Anfängen bis zum Ende der Königszeit, Göttingen 1992.

Althann, R.: A Philological Analysis of Jeremiah 4–6 in the Light of Nordwest Semitic, Rom 1983.

Amsler S./Mury, O.: Yahweh et la sagesse du paysan. Quelques remarques sur Ésaïe 28,23–29, RHPhR 53 (1973), S. 1–5.

Anbar, M.: The Story about the Building of an Altar on Mount Ebal: The History of its Composition and the Question of the Centralization of the Cult, in: N. Lohfink (Hg.): Das Deuteronomium: Entstehung, Gestalt und Botschaft, Leuven 1985, S. 304–309.

André, G.: „Walk", „Stand", and „Sit" in Psalm I 1–2, VT 32 (1982), S. 326.

– Art. פקד u. a., ThWAT VI (1989), Sp. 708–723.

Assmann, J.: Politische Theologie zwischen Ägypten und Israel, München 1992.

– Das kulturelle Gedächtnis. Schrift, Erinnerung und politische Identität in frühen Hochkulturen [1992], München 1999.

Aurelius, E.: Der Fürbitter Israels. Eine Studie zum Mosebild im Alten Testament. Stockholm 1988.

– Heilsgegenwart im Wort. Dtn 30,11–14, in: Kratz, R. G./Spieckermann, H. (Hg.): Liebe und Gebot. Studien zum Deuteronomium. FS L. Perlitt, Göttingen 2000, S. 13–29.

Backhaus, F.-J./Meyer, I.: Das Buch Jeremia, in: E. Zenger u. a. (Hg.): Einleitung in das Alte Testament, Stuttgart u. a. [4]2001, S. 405–430.

Baltzer, K.: Das Bundesformular, Neukirchen-Vluyn [2]1964.

Barbiero, G.: kî 'al kol 'ēllæh (Jer 2,34bβ). Eine kontextbezogene Lektüre, in: ders.: Studien zu alttestamentlichen Texten, Stuttgart 2002 [1992], S. 28–37.

– „Höre Israel" (Dtn 6,4–25), in: ders.: Studien zu alttestamentlichen Texten, Stuttgart 2002, S. 93–167.

Barr, J.: Comparative Philology and the Text of the Old Testament, Oxford 1968.

Barstad, H. M.: The Understanding of the Prophets in Deuteronomy, SJOT 8 (1994), S. 236–251.

Bartelmus, R.: Art. שמים, ThWAT VIII (1995), Sp. 204–239.

Bartelt, A. H.: The Book around Immanuel: Style and Structure in Isaiah 2–12, Winona Lake 1996.

Barth, H.: Die Jesaja-Worte in der Josiazeit. Israel und Assur als Thema einer produktiven Neuinterpretation der Jesajaüberlieferung, Neukirchen-Vluyn 1977.

Barthel, J.: Prophetenwort und Geschichte. Die Jesajaüberlieferung in Jes 6–8 und 28–31, Tübingen 1997.

Barthélemy, D.: Critique textuelle de l'Ancien Testament. Bd. 2: Isaïe, Jérémie, Lamentations, Freiburg (Schweiz) u. a. 1986.

Baumann, G.: Die Weisheitsgestalt in Proverbien 1–9. Traditionsgeschichtliche und theologische Studien, Tübingen 1996.

Becker, J.: Gottesfurcht im Alten Testament, Rom 1965.

Becker, U.: Jesaja – von der Botschaft zum Buch, Göttingen 1997.

– Jesajaforschung (Jes 1–39), ThR 64 (1999), S. 1–37.117–152.

Becking, B.: „I will break his yoke from off your neck". Remarks on Jeremiah XXX 4–11, in: A. S. van der Woude (Hg.): New Avenues in the Study of the Old Testament, Leiden 1989, S. 63–76.

– Jeremiah's Book of Consolation: A Textual Comparison. Notes on the Massoretic Text and the Old Greek Version of Jeremiah XXX–XXXI, VT 44 (1994), S. 145–169.

– Text-Internal and Text-External Chronology in Jeremiah 31,31–34, SEÅ 61 (1996), S. 33–51.

Begg, C. T.: The Destruction of the Calf (Exod 32,20/Deut 9,21), in: N. Lohfink (Hg.): Das Deuteronomium. Entstehung, Gestalt, Botschaft, Leuven 1985, S. 208–251.

– The Destruction of the Golden Calf Revisited, in: M. Vervenne/J. Lust (Hg.): Deuteronomy and Deuteronomic Literature, Leuven 1997, S. 469–479.

Berges, U.: Das Buch Jesaja. Komposition und Endgestalt, Freiburg i. Br. u. a. 1998.

Berlejung, A.: Die Theologie der Bilder. Herstellung und Einweihung von Kultbildern in Mesopotamien und die alttestamentliche Bilderpolemik, Freiburg (Schweiz)/Göttingen 1998.

Beuken, W. A. M.: Isa 29,15–24: Perversion Reverted, in: F. García Martínez u. a. (Hg.): The Scriptures and the Scrolls. FS A. S. van der Woude, Leiden 1992, S. 43–64.

– Isaiah 28: Is It Only Schismatics That Drink Heavily? Beyond the Synchronic Versus Diachronic Controversy, in: J. C. de Moor (Hg.): Synchronic or Diachronic? A Debate on Method in Old Testament Exegesis, Leiden u. a. 1995, S. 15–38.

– What Does the Vision Hold: Teachers or One Teacher? Punning Repetition in Isaiah 30,20, HejJ 36 (1995), S. 451–466.

– Isaiah II Volume 2: Isaiah Chapters 28–39 (Historical Commentary on the Old Testament), Leuven 2000.

Beyerle, S.: Der Mosesegen im Deuteronomium. Eine text-, kompositions- und formkritische Studie zu Deuteronomium 33, Berlin/New York 1997.

Blenkinsopp, J.: Wisdom and Law in the Old Testament, The Ordering of Life in Israel and Early Judaism, Oxford 1983.

- The Family in First Temple Israel, in: L. G. Perdue u. a. (Hg.): Families in Ancient Israel, Louisville 1997, S. 48–103.
- Isaiah 1–39. A New Translation with Introduction and Commentary (AncB 19), New York u. a. 2000.

Blum, E.: Jesaja und der דבר des Amos. Unzeitgemäße Überlegungen zu Jes 5,25; 9,7–20; 10,1–4, DBAT 28 (1992/1993), S. 75–95.
- Jesajas prophetisches Testament. Beobachtungen zu Jes 1–11 (Teil 1), ZAW 108 (1996), S. 547–568.
- Jesajas prophetisches Testament. Beobachtungen zu Jes 1–11 (Teil 2), ZAW 109 (1997), S. 12–29.

Böckler, A.: Keine väterliche Züchtigung! Zur Exegese von Prov. 3,12b, BN 96 (1999), S. 12–18.

Böhler, D.: Geschlechterdifferenz und Landbesitz. Strukturuntersuchungen zu Jer 2,2–4,2, in: W. Groß (Hg.): Jeremia und die „deuteronomistische Bewegung", Weinheim 1995, S. 91–127.

Böhmer, S.: Heimkehr und neuer Bund. Studien zu Jeremia 30–31, Göttingen 1976.

Bogaert, P.-M.: Les mécanismes rédactionels en Jér 10,1–16 (LXX et TM) et la signification des supplements, in: ders. (Hg.): Le livre de Jérémie. Le prophète et son milieu. Les oracles et leur transmission, Leuven 1981, S. 222–238.
- Le livre de Jérémie en perspective: les deux rédactions antiques selon les travaux en cours, RB 101 (1994), S. 363–406.

Botterweck, G. J.: Art. ידע u. a. II,2–III, ThWAT III (1982), Sp. 486–512.

Bozak, B. A.: Life ‚Anew'. A Literary-Theological Study of Jer. 30–31, Rom 1991.

Branson, R. D.: Art. מוסר/יסר II–IV, ThWAT III (1982), Sp. 690–697.

Braulik, G.: Die Ausdrücke für „Gesetz" im Buch Deuteronomium, in: ders.: Studien zur Theologie des Deuteronomiums, Stuttgart 1988 [1970], S. 11–38.
- Die Mittel deuteronomischer Rhetorik erhoben aus Deuteronomium 4,1–40, Rom 1978.
- Weisheit, Gottesnähe und Gesetz – Zum Kerygma von Deuteronomium 4,5–8, in: ders.: Studien zur Theologie des Deuteronomiums, Stuttgart 1988 [1977], S. 53–93 (= Weisheit).
- Leidensgedächtnisfeier und Freudenfest. „Volksliturgie" nach dem deuteronomischen Festkalender (Dtn 16,1–17), in: ders.: Studien zur Theologie des Deuteronomiums, Stuttgart 1988 [1981], S. 95–121.
- Gesetz als Evangelium. Rechtfertigung und Begnadigung nach der deuteronomischen Tora, in: ders.: Studien zur Theologie des Deuteronomiums, Stuttgart 1988 [1982], S. 123–160.
- Die Freude des Festes. Das Kultverständnis des Deuteronomium – die älteste biblische Festtheorie, in: Studien zur Theologie des Deuteronomiums, Stuttgart 1988 [1983], S. 161–218.
- Die Abfolge der Gesetze in Deuteronomium 12–26 und der Dekalog, in: ders.: Studien zur Theologie des Deuteronomiums, Stuttgart 1988 [1985], S. 231–256.

- Das Deuteronomium und die Geburt des Monotheismus, in: ders.: Studien zur Theologie des Deuteronomiums, Stuttgart 1988 [1985], S. 257–300.
- Deuteronomium 1–16,17 (NEB), Würzburg 1986.
- Die deuteronomischen Gesetze und der Dekalog. Studien zum Aufbau von Deuteronomium 12–26, Stuttgart 1991.
- Die Entstehung der Rechtsfertigungslehre in den Bearbeitungsschichten des Buches Deuteronomium. Ein Beitrag zur Klärung der Voraussetzungen paulinischer Theologie, in: ders.: Studien zum Buch Deuteronomium, Stuttgart 1997 [1989], S. 11– 27.
- Deuteronomium II: 16,18–34,12 (NEB), Würzburg 1992.
- Das Deuteronomium und die Gedächtniskultur Israels. Redaktionsgeschichtliche Beobachtungen zur Verwendung von למד, in: ders.: Studien zum Buch Deuteronomium, Stuttgart 1997 [1993], S. 119–146.
- „Weisheit" im Buch Deuteronomium, in: ders.: Studien zum Buch Deuteronomium, Stuttgart 1997 [1996], S. 225–271 (= Weisheit im Buch Deuteronomium).
- Das Deuteronomium und die Bücher Ijob, Sprichwörter, Rut. Zur Frage früher Kanonizität des Deuteronomiums, in: ders.: Studien zum Deuteronomium und seiner Nachgeschichte, Stuttgart 2001 [1996], S. 213–293 (= Kanonizität).
- Die Völkervernichtung und die Rückkehr Israels ins Verheissungsland. Hermeneutische Bemerkungen zum Buch Deuteronomium, in: M. Vervenne/L. Lust (Hg.): Deuteronomy and Deuteronomic Literature. FS C. H. W. Brekelmans, Leuven 1997, S. 3–38.
- Das Buch Deuteronomium, in: E. Zenger u. a. (Hg.): Einleitung in das Alte Testament, Stuttgart u. a. ^{4}2001, S. 125–141 (= Das Buch Deuteronomium).
- Deuteronomium 1–4 als Sprechakt, Bib. 80 (2002), S. 249–257.

Braulik, G./Lohfink, N.: Deuteronomium 1,5 באר את־התורה הזאת: „er verlieh dieser Tora Rechtskraft", in: K. Kiesow/Th. Meurer (Hg.): Textarbeit. Studien zu Texten und ihrer Rezeption aus dem Alten Testament und der Umwelt Israels. FS P. Weimar, Münster 2003, S. 35–51.

Brekelmans, C. H. W.: Deuteronomy 5: Its Place and Function, in: N. Lohfink (Hg.).: Das Deuteronomium. Entstehung, Gestalt und Botschaft, Leuven 1985, S. 164–173.

Brenner, A.: Proverbs 1–9: An F Voice?, in: A. Brenner/van Dijk-Hemmes, F. (Hg.): On Gendering Texts. Female and Male Voices in the Hebrew Bible, Leiden u. a. 1993, S. 113–130.

Brettler, M. Z.: The Creation of History in Ancient Israel, London/New York 1995.

Bright, J.: Jeremiah (AncB 21) Garden City/New York 1965.

Britt, B.: Deuteronomy 31–32 as a Textual Memorial, Bibl. Interp. 8 (2000), S. 358–374.

Brooke, G. J.: The Book of Jeremiah and its Reception in the Qumran Scrolls, in: A. H. W. Curtis/T. Römer (Hg.): The Book of Jeremiah and its Reception. Le livre de Jérémie et sa reception, Leuven 1997, S. 183–205.

Brueggemann, W.: Unity and Dynamic in the Isaiah Tradition, JSOT 29 (1984), S. 89–107.

- A ‚Characteristic' Reflection on What Comes Next (Jer 32.16–44), in: S. B. Reid (Hg.): Prophets and Paradigms. FS G. M. Tucker, Sheffield 1996, S. 16–32.
- A Commentary on Jeremiah: Exile and Homecoming, Grand Rapids/Cambridge (Massachusetts) 1998.

Brunner, H.: „Was aus dem Munde Gottes geht", VT 8 (1958), S. 428–429.
- Altägyptische Erziehung, Wiesbaden ²1991.

Buchholz, J.: Die Ältesten Israels im Deuteronomium, Göttingen 1988.

Buber, M./Rosenzweig F.: siehe unter „Schrift".

Bühlmann, W.: Vom rechten Reden und Schweigen. Studien zu Prov 10–31, Freiburg (Schweiz)/Göttingen 1976.

Camp, C. V.: Wisdom and the Feminine in the Book of Proverbs, Sheffield, 1985.

Carmichael, C. M.: The Laws of Deuteronomy, Ithaca/London 1974.

Carr, D.: Reaching for Unity in Isaiah, JSOT 57 (1993), S. 61–80.

Carroll, R. P.: Theodicy and the Community: The Text and Subtext of Jeremiah V 1–6, OTS 23 (1984), S. 19–38.
- Jeremiah. A Commentary (OTL), London 1986.

Childs, B. S.: Introduction to the Old Testament as Scripture, London 1979.
- Isaiah (OTL), Louisville 2001.

Christensen, D. L.: Form and Structure in Deuteronomy 1–11, in: N. Lohfink (Hg.): Das Deuteronomium. Entstehung, Gestalt und Botschaft, Leuven 1985, S. 135–144.
- Deuteronomy 1:1–21:9 (WBC 6a), Nashville 2001.
- Deuteronomy 21:10–34:12 (WBC 6b), Nashville 2002.

Clements, R. E.: Isaiah 1–39 (NCB), Grand Rapids/London 1980.
- The Unity of the Book of Isaiah, Interp. 36 (1982), S. 117–129.

Clifford, R. J.: The Unity of the Book of Isaiah and its Cosmogonic Language, CBQ 55 (1993), S. 1–17.

Cody, A.: Notes on Proverbs 22,21 and 22,23b, Bib 61 (1980), S. 418–426.

Cook, J.: אשה זרה (Proverbs 1–9 Septuagint): A Metaphor for Foreign Wisdom, ZAW 106 (1994), S. 476–485.
- The Septuagint of Proverbs. Jewish and/or Hellenistic Proverbs? Concerning the Hellenistic Colouring of LXX Proverbs, Leiden 1997.

Craigie, P. C.: Commentary on the Book of Deuteronomy, Grand Rapids 1976.

Craigie, P. C./Kelley, P. H./Drinkard J. F.: Jeremiah 1–25 (WBC 26), Dallas 1991.

Crenshaw, J. L.: Old Testament Wisdom, Atlanta/London 1981.
- Education in Ancient Israel, JBL 104 (1985), S. 601–615.
- A Mother's Instruction to her Son (Proverbs 31,1–9), PRSt 15 (1988), S. 9–22.
- Education in Ancient Israel: Across the Deadening Silence, New York u. a. 1998.

Crüsemann, F.: Die Tora. Theologie und Sozialgeschichte des alttestamentlichen Gesetzes, München 1992.

- Bewahrung der Freiheit. Das Thema des Dekalogs in sozialgeschichtlicher Perspektive, Gütersloh ²1998.
- Gott als Anwalt der Kinder!? Zur Frage von Kinderrechten in der Bibel, JBTh 17 (2002), S. 183–197.

Dahmen, U.: Leviten und Priester im Deuteronomium. Literarkritische und redaktionsgeschichtliche Studien, Bodenheim 1996.

Dahood, M.: Ugaritic-Hebrew Philology. Marginal Notes on Recent Publications, Rom 1965.

- Hebrew-Ugaritic Lexicography, VIII, Bib. 51 (1970), S. 391–404.

Davies, G. I.: Were there schools in ancient Israel?, in: J. Day u. a. (Hg.): Wisdom in ancient Israel. FS J. A. Emerton, Cambridge 1995, S. 199–211.

Delkurt, H.: Grundprobleme alttestamentlicher Weisheit, VF 36 (1991), S. 38–71.

- Ethische Einsichten in der alttestamentlichen Spruchweisheit, Neukirchen-Vluyn 1993.
- Erziehung nach dem Alten Testament, JBTh 17 (2002), S. 227–253.

Deurloo, K. A.: The One God and All Israel in its Generations, in: F. Garcia Martínez u. a. (Hg.): Studies in Deuteronomy. FS C. J. Labuschagne, Leiden u. a. 1994, S. 31–46.

Diedrich, F.: Lehre mich, Jahwe! Überlegungen zu einer Gebetsbitte in den Psalmen, in: J. Zmijewski (Hg.): Die alttestamentliche Botschaft als Wegweisung. FS H. Reinelt, Stuttgart 1990, S. 59–74.

Dietrich, W.: Die frühe Königszeit in Israel. 10. Jahrhundert v. Chr., Stuttgart u. a. 1997.

D'Hamonville, D.-M.: Les Proverbes. Traduction du texte grec de la Septante. Introduction et notes, Paris 2000.

Discoveries in the Judaean Desert I: Qumran Cave I, by D. Barthélemy/J. T. Milik, Oxford 1955.

Discoveries in the Judaean Desert of Jordan V: Qumran Cave 4 I (4Q158– 4Q186), by J. M. Allegro, Oxford 1968.

Discoveries in the Judaean Desert XIV: Qumran Cave 4 IX, Deuteronomy, Joshua, Judges, Kings, by E. Ulrich u. a., Oxford 1995.

Dohmen, Ch.: Das Bilderverbot. Seine Entstehung und seine Entwicklung im Alten Testament, Königstein i. Ts./Bonn 1985.

Dohmen, Ch./Oeming, M.: Als Mose fertig war, die Worte dieser Tora vollständig in ein Buch zu schreiben... (Dtn 31, 24). Der Tod des Mose als Geburt des Pentateuch, in: dies.: Biblischer Kanon – warum und wozu? Eine Kanontheologie, Freiburg i. Br. u. a. 1992, S. 54–68.

Doyle, B.: The Apocalypse of Isaiah Metaphorically Speaking. A Study of the Use, Function and Significance of Metaphors in Isaiah 24–27, Leuven 2000.

Driver, S. R.: A Critical and Exegetical Commentary on Deuteronomy (ICC), Edinburgh ³1902.

Driver, G. R.: Problems of the Hebrew Text and Language, in: H. Junker/J. Botterweck (Hg.): Alttestamentliche Studien. FS F. Nötscher, Bonn 1950, S. 46–61.

- Isaianic Problems, in: G. Wiessner (Hg.): FS W. Eilers, Wiesbaden 1967, S. 43–57.

Dürr, L.: Das Erziehungswesen im Alten Testament und im antiken Orient, Leipzig 1932.

Duhm, B.: Jeremia (KHC 11), Tübingen/Leipzig 1901.

Eaton, J.: The Origin of the Book of Isaiah, VT 9 (1959), S. 138–157.

Ego, B.: „In meinem Herzen berge ich dein Wort." Zur Rezeption von Jer 31,33 in der Torafrömmigkeit der Psalmen, JBTh 12 (1998), S. 277–289.

Ehrlich, A. B.: Randglossen zur Hebräischen Bibel. Textkritisches, Sprachliches und Sachliches, Bde. 1–7, Leipzig 1908–1918.

Emerton, J. A.: Notes on two Verses in Isaiah (26,16 and 66,17), in: ders. (Hg.): Prophecy, FS G. Fohrer, Berlin 1980, S. 12–25.

– The Teaching of Amenemope and Proverbs XXII 17–XXIV 22: Further Reflections on a Long-standing Problem, VT 51 (2001), S. 431–265.

Ernst, A. B.: Weisheitliche Kultkritik. Zu Theologie und Ethik des Sprüchebuchs und der Prophetie des 8. Jahrhunderts, Neukirchen-Vluyn 1994.

Evans, C. A.: On the Unity and Parallel Structure of Isaiah, VT 38 (1988), S. 129–147.

Even-Shoshan, A.: A New Concordance of the Bible. Thesaurus of the Language of the Bible. Hebrew and Aramaic. Roots, Words, Proper Names, Phrases and Synonyms, Jerusalem 1986.

Exum, J. C.: Of Broken Pots, Fluttering Birds and Visions in the Night. Extended Simile and Poetic Technique in Isaiah, CBQ 43 (1981), S. 331–352.

– „Whom Will He Teach Knowledge?" A Literary Approach to Isaiah 28, in: D. J. A. Clines u. a. (Hg.): Art and Meaning: Rhetoric in Biblical Literature, Sheffield 1982, S. 108–139.

Fabry, H.-J.: Art. דל u. a., ThWAT II (1977), Sp. 221–244.

– Gott im Gespräch zwischen den Generationen. Überlegungen zur „Kinderfrage" im Alten Testament, KatBl 107 (1982), S. 754–760.

– Art. לב/לבב, ThWAT IV (1984), Sp. 413–451.

Finsterbusch, K.: Das gesetzesparänetische Schema im Deuteronomium. Überlegungen zu Definition und Funktion im Anschluss an N. Lohfink, BN 103 (2000), S. 53–63.

– Bezüge zwischen Aussagen von Dtn 6,4–9 und 6,10–25, ZAW 114 (2002), S. 433–437.

– Die kollektive Identität und die Kinder. Bemerkungen zu einem Programm im Buch Deuteronomium, JBTh 17 (2002), S. 99–120.

– Das Kind als Teil der Gemeinde im Spiegel des Deuteronomiums, in: M. Augustin/ H. M. Niemann (Hg.): „Basel und Bibel." Collected Communications to the XVIIth Congress of the International Organization for the Study of the Old Testament (Basel 2001), Frankfurt 2004, S. 71–81.

– „Ich habe meine Tora in ihre Mitte gegeben." Bemerkungen zu Jer 31,33, BZ 49 (2005), S. 86–92.

– Du sollst sie lehren, damit sie tun... Mose als Lehrer der Tora im Buch Deuteronomium, in: B. Ego/H. Merkel (Hg.): Religiöses Lernen im Alten Testament, antiken Judentum und frühen Christentum, Tübingen (im Erscheinen).

Fischer, G.: Das Trostbüchlein. Text, Komposition und Theologie von Jer 30–31, Stuttgart 1993.

– Zum Text des Jeremiabuches, Bib. 78 (1997), S. 305–328.

– Jeremia 52 – ein Schlüssel zum Jeremiabuch, Bib. 79 (1998), S. 333–359.

– Art. Jeremia/Jeremiabuch, RGG[4] Bd. 4 (2001), Sp. 414–423.

Fischer, G./Lohfink, N.: „Diese Worte sollst du summen". Dtn 6,7 *wedibbartā bām* – ein verlorener Schlüssel zur meditativen Kultur in Israel, in: N. Lohfink: Studien zum Deuteronomium und zur deuteronomistischen Literatur III, Stuttgart 1995 [1987], S. 181–203.

Fischer, I.: Tora für Israel – Tora für die Völker. Das Konzept des Jesajabuches, Stuttgart 1995.

– Über Lust und Last, Kinder zu haben. Soziale, genealogische und theologische Aspekte in der Literatur Alt-Israels, JBTh 17 (2002), S. 55–82.

Fohrer, G.: Jesaja 1 als Zusammenfassung der Verkündigung Jesaja, ZAW 74 (1962), S. 251–280.

Fontaine, C.: The Sage in Family and Tribe, in: J. G. Gammie/L. G. Perdue (Hg.): The Sage in Israel and the Ancient Near East, Winona Lake 1990, S. 155–164.

Fouts, D. M.: A Suggestion for Isaiah XXVI 16, VT 41 (1991), S. 472–475.

Fox, M.: The Pedagogy of Proverbs 2, JBL 113 (1994), S. 233–243.

– Who Can Learn? A Dispute in Ancient Pedagogy, in: M. Barré (Hg.): Wisdom, You Are My Sister. FS R. E. Murphy, Washington 1997, S. 62–77.

– Art. Erziehung [IV.1. Biblisch. Altes Testament], RGG[4] Bd. 2 (1999), Sp. 1509 f.

– Proverbs 1–9. A New Translation with Introduction and Commentary, New York u. a. 2000.

Frankena, R.: The Vassal-Treaties of Esarhaddon and the Dating of Deuteronomy, OTS 14 (1965), S. 122–154.

Franklyn, P.: The Sayings of Agur in Proverbs 30: Piety or Scepticism?, ZAW 95 (1983), S. 238–252.

Fuhs, H. F.: Sprichwörter (NEB), Würzburg 2001.

– Das Buch der Sprichwörter. Ein Kommentar, Würzburg 2001.

García López, F.: Analyse littéraire de Deutéronome, V–XI, RB 84 (1977), S. 481–522 (= Analyse I).

– Analyse littéraire de Deutéronome, V–XI (fin), RB 85 (1978), S. 5–49 (= Analyse II).

– Deut., VI et la Tradition-Rédaction du Deutéronome, RB 85 (1978), S. 161–200 (= Tradition-Rédaction I).

– Deut., VI et la Tradition-Rédaction du Deutéronome (fin), RB 86 (1979), S. 59–91 (= Tradition-Rédaction II).

– Yahvé, fuente última de vida: análisis de Dt 8, Bib 62 (1981), S. 21–54.

– Le roi d'Israël: Dt 17,14–20, in: N. Lohfink (Hg.): Das Deuteronomium. Entstehung, Gestalt und Botschaft, Leuven 1985, S. 277–297.

- Deut 34, Dtr History and the Pentateuch, in: F. García Martínez u. a. (Hg.): Studies in Deuteronomy in Honour of C. J. Labuschagne on the Occasion of his 65th Birthday, Leiden u. a. 1994, S. 47–61.
- Art. תורה, I–III.7, ThWAT VIII (1995), Sp. 597–630.

García Martínez, F./Tigchelaar, E. J. C. (Hg.): The Dead Sea Scrolls Study Edition Vol. 2 (4Q274–11Q31), Leiden u. a. 1997.

Gemser, B.: Sprüche Salomos (HAT 1/16), Tübingen ²1963.

Georgi, D.: Weisheitliche Skepsis und Charismatische Weisheit, in: U. Bail/R. Jost (Hg.): Gott an den Rändern: sozialgeschichtliche Perspektiven auf die Bibel, Gütersloh 1996, S. 53–63.

Gerlach, M.: Zur chronologischen Struktur von Jer 30, 12–17. Reflexion auf die involvierten grammatischen Ebenen, BN 33 (1986), S. 34–52.

Gerstenberger, E.: Wesen und Herkunft des „apodiktischen Rechts", Neukirchen 1965.

Gertz, J. C.: Die Gerichtsorganisation Israels im deuteronomischen Gesetz, Göttingen 1994.

Gese, H.: Das Gesetz, in: ders.: Zur biblischen Theologie. Alttestamentliche Vorträge, Tübingen ²1983, S. 55–84.

Gesenius, W.: Hebräische Grammatik. Völlig umgearbeitet von E. Kautzsch, Leipzig ²⁸1909. [Nachdruck-]Ausgabe zusammen mit G. Bergsträsser: Hebräische Grammatik. I. Teil: Einleitung, Schrift- und Lautlehre, Leipzig 1918; II. Teil: Verbum, Leipzig 1929. Hildesheim u. a. 1995.

Gesenius, W.: Hebräisches und Aramäisches Handwörterbuch über das Alte Testament, unter verantwortlicher Mitarbeit von U. Rüterswörden bearbeitet und herausgegeben von R. Meyer und H. Donner. 18. Auflage, Bd. 1: Berlin 1987, Bd. 2: Berlin 1995.

Gilbert, M.: Le discours de la Sagesse en Proverbes 8, in: M. Gilbert (Hg.): La Sagesse de l'Ancien Testament, Leuven 1979, S. 202–218.

Giles, T.: Knowledge as a Boundary in the Organization of Experience Dtn 8:3,16, IBS 13 (1991), S. 155–169.

Gillmayr-Bucher, S.: Hoffnung und Aufgabe. Kinder im Ersten Testament, ThPQ 147 (1999), S. 226–232.

Gitay, Y.: Isaiah and Syro-Ephraimite War, in: J. Vermeylen (Hrsg.): The Book of Isaiah. Le Livre d'Isaïe, Leuven 1989, S. 217–230.

Glaßner, G.: Vision eines auf Verheißung gegründeten Jerusalem. Textanalytische Studien zu Jesaja 54, Klosterneuburg 1991.

Goldingay, J.: Isaiah I 1 and II 1, VT 58 (1998), S. 326–332.

Golka, F. W.: Die israelitische Weisheitsschule oder „des Kaisers neue Kleider", VT 33 (1983), S. 257–270.
- Die Königs- und Hofsprüche und der Ursprung der israelitischen Weisheit, VT 36 (1986), S. 13–36.

Gomes de Araújo, R.: Theologie der Wüste im Deuteronomium, Frankfurt a. M. u. a. 1999.

Gorges-Braunwarth, S.: „Frauenbilder – Weisheitsbilder – Gottesbilder" in Spr 1–9. Die personifizierte Weisheit im Gottesbild der nachexilischen Zeit, Münster u. a. 2002.

Gosse, B.: Isaïe 1 dans la rédaction du livre d'Isaïe, ZAW 104 (1992), S. 52–66.

– Isa 59,21 et 2 Sam 23,1–7, l'opposition entre les lignées sacerdotales et royales à l'époque post-exilique, BN 68 (1993), S. 10–12.

Graupner, A.: Auftrag und Geschick des Propheten Jeremia. Literarische Eigenart, Herkunft und Intention vordeuteronomistischer Prosa im Jeremiabuch, Neukirchen-Vluyn 1991.

– Vom Sinai zum Horeb oder vom Horeb zum Sinai. Zur Intention der Doppelüberlieferung des Dekalogs, in: ders. u. a. (Hg.): Verbindungslinien. FS W. H. Schmidt, Neukirchen-Vluyn 2000, S. 85–101.

Gray, G. B.: The Book of Isaiah I–XXXIX (ICC), 2 Vols., Edinburgh ²1928.

Groß, W.: Zur Syntagmen-Folge im Hebräischen Verbalsatz. Die Stellung des Subjekts in Dtn 1–15, BN 40 (1987), S. 63–96.

– Prophet gegen Institution im alten Israel? Warnung vor vermeintlichen Gegensätzen, in: ders.: Studien zur Priesterschrift und zu alttestamentlichen Gottesbildern, Stuttgart 1999 [1991], S. 255–273.

– Israel und die Völker: Die Krise des YHWH-Volk-Konzepts im Jesajabuch, in: E. Zenger (Hg.): Der Neue Bund im Alten. Studien zur Bundestheologie der beiden Testamente, Freiburg u. a. 1993, S. 149–167.

– Die Satzteilfolge im Verbalsatz alttestamentlicher Prosa. Untersucht an den Büchern Dtn, Ri und 2 Kön, Tübingen 1996.

– Zukunft für Israel. Alttestamentliche Bundeskonzepte und die aktuelle Debatte um den Neuen Bund, Stuttgart 1998.

Gunneweg, A. H. J.: Weisheit, Prophetie und Kanonformel. Erwägungen zu Proverbia 30,1–9, in: J. Hausmann/H.-J. Zobel (Hg.): Alttestamentlicher Glaube und Biblische Theologie, FS H. D. Preuss, Stuttgart u. a. 1992, S. 253–260.

Haag, H.: Der Gottesknecht bei Deuterojesaja, Darmstadt 1985.

Haelewyck, J.-C.: Le cantique ‚de nocte'. Histoire du texte vieux latin d'Is. 26.9b–20 (21), RBen 105 (1989), S. 7–34.

Haran, M.: On the Diffusion of Literacy and Schools in Ancient Israel, in: J. A. Emerton (Hg.): Congress Volume Jerusalem 1986, VTS 40 (1988), S. 81–95.

Hardmeier, C.: Verkündigung und Schrift bei Jesaja. Zur Entstehung der Schriftprophetie als Oppositionsliteratur im alten Israel, ThGl 73 (1983), S. 119–134.

– Jesajaforschung im Umbruch, VF 31 (1986), S. 3–31.

– Prophetie im Streit vor dem Untergang Judas. Erzählkommunikative Studien zur Entstehungssituation der Jesaja- und Jeremiaerzählungen in II Reg 18–20 und Jer 37–40, Berlin/New York 1990.

– Geschichte und Erfahrung in Jer 2–6, EvTh 56 (1996), S. 3–29.

– Zeitverständnis und Geschichtssinn in der Hebräischen Bibel. Geschichtstheologie und Gegenwartserhellung bei Jeremia, in: J. Rüsen u. a. (Hg.): Die Vielfalt der Kulturen. Erinnerung, Geschichte, Identität, Frankfurt a. M. 1998, S. 308–342.

- Das Schᵉmaʿ Jisraʾel in Dtn 6,4 im Rahmen der Beziehungstheologie der deuteronomistischen Tora, in: E. Blum (Hg.): Mincha. FS R. Rendtorff, Neukirchen-Vluyn 2000, S. 61–92.
- Wahrhaftigkeit und Fehlorientierung bei Jeremia. Jer 5,1 und die divinatorische Expertise Jer 2–6* im Kontext der zeitgenössischen Kontroversen um die politische Zukunft Jerusalems, in: Ch. Maier u. a. (Hg.): Exegese vor Ort. FS P. Welten, Leipzig 2001, S. 121–144.

Hartenstein, F.: Die unvergleichliche „Gestalt" JHWHs. Israels Geschichte mit den Bildern im Licht von Deuteronomium 4,1–40, in: B. Janowski/N. Zchomelidse (Hg.): Die Sichtbarkeit des Unsichtbaren. Zur Korrelation von Text und Bild im Wirkungskreis der Bibel, Stuttgart 2003, S. 49–77.

Harris, S. L.: „Figure" and „Riddle": Prov 1:18–19 and Inner-Biblical Interpretation, BR 41 (1996), S. 58–76.
- Proverbs 1–9: A Study of Inner-Biblical Interpretation, Atlanta 1995.
- Proverbs 1:8–19, 20–33 as „Introduction", RB 107 (2000), S. 205–231.

Hausmann, J.: Studien zum Menschenbild der älteren Weisheit (Spr. 10 ff.), Tübingen 1995.
- „Weisheit" im Kontext alttestamentlicher Theologie. Stand und Perspektiven gegenwärtiger Forschung, in: B. Janowski (Hg.): Weisheit außerhalb der kanonischen Weisheitsschriften, Gütersloh 1996, S. 9–19.

Hempel, J.: Die Schichten des Deuteronomiums. Ein Beitrag zur israelitischen Literatur- und Rechtsgeschichte, Leipzig 1914.

Hentschke, R.: Satzung und Setzender. Ein Beitrag zur israelitischen Rechtsterminologie, Stuttgart 1963.

Hermisson, H.-J.: Studien zur israelitischen Spruchweisheit, Neukirchen-Vluyn 1968.
- Der Lohn des Knechts, in: ders.: Studien zu Prophetie und Weisheit. Gesammelte Aufsätze, hrsg. von J. Barthel u. a., Tübingen 1998 [1981], S. 177–196.
- Der verborgene Gott im Buch Jesaja, in: ders.: Studien zu Prophetie und Weisheit. Gesammelte Aufsätze, hrsg. von J. Bartehl u. a., Tübingen 1998 [1994], S. 105–116.
- Das vierte Gottesknechtslied im deuterojesajanischen Kontext, in: ders.: Studien zu Prophetie und Weisheit. Gesammelte Aufsätze, hrsg. von J. Barthel u. a., Tübingen 1998 [1996], S. 220–240.
- Bund und Erwählung, in: H. J. Boecker u. a. (Hg.) Altes Testament, Neukirchen-Vluyn ⁵1996, S. 244–276.
- Deuterojesaja (BK. AT. XI), Lfg. 10, Neukirchen-Vluyn 2002.

Herrmann, S.: Jeremia (BK. AT. XII), Lfg. 1 ff., Neukirchen-Vluyn 1986 ff.
- Jeremia. Der Prophet und das Buch, Darmstadt 1990 (= Prophet).

Hezser, C.: Jewish Literacy in Roman Palestine, Tübingen 2001.

Höffken, P.: Das Buch Jesaja 1–39 (NSK.AT 18/1), Stuttgart 1993.
- Das Buch Jesaja 40–66 (NSK.AT 18/2), Stuttgart 1998.

Hoffman, Y.: The Deuteronomistic Concept of the Herem, ZAW 111 (1999), S. 196–210.

Hoffmann, D.: Das Buch Deuteronomium, Berlin 1913.

Holladay, W. L.: Jeremiah 1. A Commentary on the Book of the Prophet Jeremiah Chapters 1–25 (Hermeneia), Philadelphia 1986.

– Jeremiah 2. A Commentary on the Book of the Prophet Jeremiah Chapters 26–52 (Hermeneia), Philadelphia 1989.

Holter, K.: Literary Critical Studies of Deut 4: Some Criteriological Remarks, BN 81 (1996), S. 91–103.

Horst, F.: Das Privilegrecht Jahves. Rechtsgeschichtliche Untersuchung zum Deuteronomium, Göttingen 1930.

Hossfeld, F.-L.: Der Dekalog. Seine späten Fassungen, die originale Komposition und seine Vorstufen, Fribourg/Göttingen 1982.

Hossfeld, F.-L./Meyer, I.: Prophet gegen Prophet. Eine Analyse der alttestamentlichen Texte zum Thema: Wahre und falsche Prophetie, Freiburg (Schweiz) 1973.

Hurowitz, V. A.: The Seventh Pillar – Reconsidering the Literary Structure and Unity of Proverbs 31, ZAW 113 (2001), S. 209–218.

Huwyler, B.: Jeremia und die Völker. Untersuchungen zu den Völkersprüchen in Jeremia 46–49, Tübingen 1997.

Ilan, T.: Jewish Women in Greco-Roman Palestine. An Inquiry into Image and Status, Tübingen 1995.

Irvine, S. A.: Isaiah, Ahaz, and the Syro-Ephraimitic Crisis, Atlanta 1990.

Irwin, W.: Isaiah 28–33. Translation with Philological Notes, Rom 1977.

– Syntax and Style in Isaiah 26, CBQ 41 (1979), S. 240–261.

Jamieson-Drake, D. W.: Scribes and Schools in Monarchic Judah. A Socio-Archeological Approach, Sheffield 1991.

Janowski, B.: Stellvertretung. Alttestamentliche Studien zu einem theologischen Grundbegriff, Stuttgart 1997.

– Das verborgene Angesicht Gottes. Psalm 13 als Muster eines Klagelieds des einzelnen, JBTh 16 (2001), S. 25–53.

– Konfliktgespräche mit Gott. Eine Anthropologie der Psalmen, Neukirchen-Vluyn 2003.

Janzen, J. G.: Studies in the Text of Jeremiah, Cambridge (Massachusetts) 1973.

Jenni, E.: Das hebräische Piel. Syntaktisch-semasiologische Untersuchungen einer Verbalform im Alten Testament, Zürich 1968.

– Die hebräischen Präpositionen, Bd. 1: Die Präposition Beth, Stuttgart u. a. 1992.

– Die hebräischen Präpositionen, Bd. 2: Die Präposition Kaph, Stuttgart u. a. 1994.

– Lexikalisch-semantische Strukturunterschiede: hebräisch ḤDL – deutsch „aufhören/ unterlassen", ZAH 7 (1994), S. 124–132.

– Die hebräischen Präpositionen, Bd. 3: Die Präposition Lamed, Stuttgart u. a. 2000.

Jeremias, J.: משפט im ersten Gottesknechtslied (Jes. XLII 1–4), VT 22 (1972), S. 31–42.

Johnson, B.: Art. משפט u. a., ThWAT V (1986), Sp. 93–107.

Johnson, M. D.: The Paralysis of Torah in Habakkuk I 4, VT 35 (1985), S. 257–266.

Jones, D. R.: Jeremiah (NCBC), Grand Rapids 1992.

Joüon, P.: A Grammar of Biblical Hebrew. Translated and Revised by T. Muraoka, 2 Vol., Rom 1991.

Jüngling, H.-W.: Das Buch Jesaja, in: E. Zenger u. a. (Hg.): Einleitung in das Alte Testament, Stuttgart u. a. [4]2001, S. 381–404.

Kaiser, O.: Das Buch des Propheten Jesaja. Kapitel 1–12 (ATD 17), Göttingen (1960) [5]1981.

– Das Buch des Propheten Jesaja. Kapitel 13–39 (ATD 18), Göttingen (1973) [3]1983.

– Einleitung in das Alte Testament. Eine Einführung in ihre Ergebnisse und Probleme, Gütersloh [5]1984.

Kaiser, O. u. a. (Hg.): Texte aus der Umwelt des Alten Testaments Bd. I. Rechts- und Wirtschaftsurkunden/Historisch-chronologische Texte, Gütersloh 1982–1985.

Kallai, Z.: Where did Moses speak (Deuteronomy 1,1–5)? VT 45 (1995), S. 188–197.

Kaufman, S. A.: The Structure of the Deuteronomic Law, Maarav 1/2 (1978/79), S. 105–158.

Kayatz, C.: Studien zu Proverbien 1–9. Eine form- und motivgeschichtliche Untersuchung unter Einbeziehung ägyptischen Vergleichmaterials, Neukirchen-Vluyn 1966.

Kedar-Kopfstein, B.: Art. קול, ThWAT VI (1989), Sp. 1237–1252.

Keel, O.: Zeichen der Verbundenheit. Zur Vorgeschichte und Bedeutung der Forderungen von Deuteronomium 6,8 f. und Par., in: P. Casetti u. a. (Hg.): FS D. Barthélemy, Freiburg (Schweiz)/Göttingen 1981, S. 160–240.

– Die Welt der altorientalischen Bildsymbolik und das alte Testament: am Beispiel der Psalmen, Göttingen [5]1996.

Kellermann, U.: Tritojesaja und das Geheimnis des Gottesknechts. Erwägungen zu Jes 59,21; 61,1–3; 66,18–24, BN 58 (1991), S. 46–82.

Keown, G. L./Scalise, P. J./Smothers, T. G.: Jeremiah 26–52 (WBC 27), Dallas 1995.

Kilian, R.: Jesaja 1–39, Darmstadt 1983.

– Jesaja 1–12 (NEB), Würzburg (1986) [2]1999.

– Jesaja II: 13–39 (NEB), Würzburg 1994.

Kilpp, N.: Niederreißen und aufbauen. Das Verhältnis von Heilsverheißung und Unheilsverkündigung bei Jeremia und im Jeremiabuch, Neukirchen-Vluyn 1990.

Kister, M.: Biblical Phrases and Hidden Biblical Interpretations and Pesharim, in: D. Dimant/U. Rappaport (Hg.): The Dead Sea Scrolls: Forty Years of Research, Leiden u. a. 1992, S. 27–39.

Klostermann, A.: Schulwesen im alten Israel, Leipzig 1908.

Knapp, D.: Deuteronomium 4. Literarische Analyse und theologische Interpretation, Göttingen 1987.

Köckert, M.: Das nahe Wort. Zum entscheidenden Wandel des Gesetzesverständnisses im Alten Testament, ThPh 60 (1985), S. 496–519.

- Zum literargeschichtlichen Ort des Prophetengesetzes Dtn 18 zwischen dem Jeremiabuch und Dtn 13, in: R. Kratz/H. Spieckermann (Hg.): Liebe und Gebot. Studien zum Deuteronomium, FS L. Perlitt, Göttingen 2000, S. 80–100.

Köhler, L.: Hebräisches und Aramäisches Lexikon zum Alten Testament. Dritte Auflage, neu bearbeitet von W. Baumgartner, Bde. 1–4, Leiden 1967–1990.

Koenen, K.: Ethik und Eschatologie im Tritojesajabuch. Eine literarkritische und redaktionsgeschichtliche Studie, Neukirchen-Vluyn 1990.

König, E.: Historisch-kritisches Lehrgebäude der hebräischen Sprache mit comparativer Berücksichtigung des Semitischen überhaupt. Zweite Hälfte 2. (Schluss-)Theil: Syntax [1897], Nachdruck: Hildesheim 1979.

- Das Deuteronomium, eingeleitet, übersetzt und erklärt (KAT 3), Leipzig 1917.

- Das Buch Jesaja, eingeleitet, übersetzt und erklärt, Gütersloh 1926.

Koerrenz, R.: Das hebräische Paradigma der Pädagogik, Zeitschrift für Pädagogik und Theologie (vormals: EvErz) 50 (1998), S. 331–342.

Kooij, A. van der: Die alten Textzeugen des Jesajabuches. Ein Beitrag zur Textgeschichte des Alten Testaments, Freiburg (Schweiz)/Göttingen 1981.

Koole, J. L.: Isaiah III Volume 1: Isaiah 40–48 (Historical Commentary on the Old Testament), Kampen 1997.

- Isaiah III Volume 2: Isaiah 49–55 (Historical Commentary on the Old Testament), Leuven 1998.

Kratz, R. G.: Kyros im Deuterojesaja-Buch. Redaktionsgeschichtliche Untersuchungen zu Entstehung und Theologie von Jes 40–55, Tübingen 1991.

- Die Kultpolemik der Propheten im Rahmen der israelitischen Kultgeschichte, in: B. Köhler (Hg.): Religion und Wahrheit. Religionsgeschichtliche Studien. FS G. Wießner, Wiesbaden 1998, S. 101–116.

- Der literarische Ort des Deuteronomiums, in: R. Kratz/H. Spieckermann (Hg.): Liebe und Gebot. Studien zum Deuteronomium, FS L. Perlitt, Göttingen 2000, S. 101–120.

Kraus, H.-J.: Geschichte als Erziehung. Biblisch-theologische Perspektiven, in: H. W. Wolff (Hg.): Probleme biblischer Theologie. FS G. von Rad, München 1971, S. 258–274.

Krinetzki, G.: Rechtsprechung und Amt im Deuteronomium. Zur Exegese der Gesetze Dtn 16, 18–20; 17,8–18,22, Frankfurt a. M. u. a. 1994.

Krüger, Th.: Das menschliche Herz und die Weisung Gottes. Elemente einer Diskussion über Möglichkeiten und Grenzen der Tora-Rezeption im Alten Testament, in: R. G. Kratz/Th. Krüger (Hg.): Rezeption und Auslegung im Alten Testament und in seinem Umfeld. FS O. H. Steck, Freiburg (Schweiz)/Göttingen 1997, S. 65–92.

- Zur Interpretation der Sinai/Horeb-Theophanie in Dtn 4,10–14, in: R. G. Kratz u. a. (Hg.): Schriftauslegung in der Schrift. FS O. H. Steck, Berlin/New York 2000, S. 85–93.

Kutsch, E.: Art. ברית, THAT I (1971), Sp. 339–352.

- Art. Bund, TRE VII (1981), S. 397–410.

- Neues Testament – Neuer Bund? Eine Fehlübersetzung wird korrigiert, Neukirchen-Vluyn 1978.
- Verheißung und Gesetz. Untersuchungen zum sogenannten „Bund" im Alten Testament, Berlin/New York 1973.

Labahn, A.: Wort Gottes und Schuld Israels. Untersuchungen zu Motiven deuteronomistischer Theologie im Deuterojesajabuch mit einem Ausblick auf das Verhältnis von Jes 40–55 zum Deuteronomismus, Stuttgart u. a. 1999.

Laberge, L.: Le texte de Deutéronome 31 (Dt 31,1–29; 32,44–47), in: C. Brekelmans/ J. Lust (Hg.): Pentateuchal and Deuteronomistic Studies. Papers Read at the XIIIth IOSOT Congress Leuven 1989, Leuven 1990, S. 143–160.

Lang, B.: Frau Weisheit. Deutung einer biblischen Gestalt, Düsseldorf 1975.
- Schule und Unterricht im alten Israel, in: M. Gilbert (Hg.): La Sagesse de l' Ancien Testament, Gembloux/Leuven 1979, S. 186–201.

Lange, A.: Vom prophetischen Wort zur prophetischen Tradition. Studien zur Traditions- und Redaktionsgeschichte innerprophetischer Konflikte in der Hebräischen Bibel, Tübingen 2002.

Lau, W.: Schriftgelehrte Prophetie in Jes 56–66. Eine Untersuchung zu den literarischen Bezügen in den letzten elf Kapiteln des Jesajabuches, Berlin/New York 1994.

Leeuwen, R. C. van: Liminality and Worldview in Proverbs 1–9, in: L. G. Perdue/J. G. Gammie (Hg.): Paraenesis: Act and Form, Atlanta 1990, S. 111–144.
- The Background to Proverbs 30: 4aα, in: M. Barré (Hg.): Wisdom, You Are My Sister. FS R. E. Murphy, Washington 1997, S. 102–121.

Lemaire, A.: Les écoles et la formation de la bible dans l'ancien Israel, Freiburg (Schweiz)/Göttingen 1981.

Levin, Ch.: Die Verheißung des neuen Bundes in ihrem theologiegeschichtlichen Zusammenhang ausgelegt, Göttingen 1985.
- Über den „Color hieremianus" des Deuteronomiums, in: T. Veijola (Hg.): Das Deuteronomium und seine Querbeziehungen, Göttingen 1996, S. 107–126.

Levine, B. A.: Art. מצוה, in: ThWAT IV (1984), Sp. 1085–1095.

Lichtenberger, H.: Lesen und Lernen im Judentum, in: A.Th. Koury/L. Muth (Hg.): Glauben durch Lesen? Für eine christliche Lesekultur, Freiburg i. Br. u. a. 1990, S. 23–38.

Lichtenstein, M. H.: Chiasm and Symmetry in Proverbs 31, CBQ 44 (1982), S. 202–211.

Liedke, G.: Gestalt und Bezeichnung alttestamentlicher Rechtssätze, Neukirchen-Vluyn 1971.

Liedke, G./Petersen, C.: Art. תורה, THAT II (1976), Sp. 1032–1043.

Limbeck, M.: Das Gesetz im Alten und Neuen Testament, Darmstadt 1997.

Liwak, R.: Der Prophet und die Geschichte: eine literar-historische Untersuchung zum Jeremiabuch, Stuttgart u. a. 1987.

Locher, C.: Art. טף, ThWAT III (1982), Sp. 372–375.

Lohfink, N.: Darstellungskunst und Theologie in Dtn 1,6–3,29, in: ders.: Studien zum Deuteronomium und zur deuteronomistischen Literatur I, Stuttgart 1990 [1960], S. 15–44.

- Der Bundesschluß im Land Moab. Redaktionsgeschichtliches zu Dt 28,69 bis 32,47, in: ders.: Studien zum Deuteronomium und zur deuteronomistischen Literatur I, Stuttgart 1990 [1962], S. 53–82.

- Das Hauptgebot. Eine Untersuchung literarischer Einleitungsfragen zu Dtn 5–11, Rom 1963.

- Verkündigung des Hauptgebots in der jüngsten Schicht des Deuteronomiums (Dt 4,1–40), in: ders.: Studien zum Deuteronomium und zur deuteronomistischen Literatur I, Stuttgart 1990 [1964], S. 167–191.

- Zur Dekalogfassung von Dt 5, in: ders.: Studien zum Deuteronomium und zur deuteronomistischen Literatur I, Stuttgart 1990 [1965], S. 193–209.

- Die Sicherung der Wirksamkeit des Gotteswortes durch das Prinzip der Schriftlichkeit der Tora und durch das Prinzip der Gewaltenteilung nach den Ämtergesetzen des Buches Deuteronomium (Dt 16,18–18,22), in: ders.: Studien zum Deuteronomium und zur deuteronomistischen Literatur I, Stuttgart 1990 [1971], S. 305–323.

- Art. אחד [ohne II.1a: Ägypten], ThWAT I (1973), Sp. 210–218.

- Kohelet (NEB), Würzburg 1980.

- Der junge Jeremia als Propagandist und Poet. Zum Grundstock von Jer 30–31, in: ders.: Studien zum Deuteronomium und zur deuteronomistischen Literatur II, Stuttgart 1991 [1981], S. 87–123.

- Kerygmata des deuteronomistischen Geschichtswerks, in: ders.: Studien zum Deuteronomium und zur deuteronomistischen Literatur II, Stuttgart 1991 [1981], S. 125–142.

- Art. חֵרֶם/חָרַם, ThWAT III (1982), Sp. 192–213.

- Art. ירשׁ u. a., ThWAT III (1982), Sp. 953–985.

- Die Bedeutungen von hebr. *jrš qal* und *hif*, in: BZ 27 (1983), S. 14–33.

- Zur deuteronomischen Zentralisationsformel, in: ders: Studien zum Deuteronomium und zur deuteronomistischen Literatur II, Stuttgart 1991 [1984], S. 147–177.

- Der Glaube und die nächste Generation. Das Gottesvolk als Lerngemeinschaft, in: ders.: Das Jüdische am Christentum. Die verlorene Dimension, Freiburg u. a. ²1989, S. 144–166.260–263.

- Die ḥuqqîm ûmišpāṭîm und ihre Neubegrenzung durch Dtn 12,1, in: ders.: Studien zum Deuteronomium und zur deuteronomistischen Literatur II, Stuttgart 1991 [1989], S. 229–256.

- Dtn 12,1 und Gen 15,18: Das dem Samen Abrahams geschenkte Land als der Geltungsbereich der deuteronomischen Gesetze, in: ders.: Studien zum Deuteronomium und zur deuteronomistischen Literatur II, Stuttgart 1991 [1989], S. 257–285.

- Der niemals gekündigte Bund. Exegetische Gedanken zum christlich-jüdischen Dialog, Freiburg u. a. 1989 (= Der niemals gekündigte Bund).

- 2 Kön 23,3 und Dtn 6,17, in: ders.: Studien zum Deuteronomium und zur deuteronomistischen Literatur III, Stuttgart 1995 [1990], S. 145–156.

- Das Deuteronomium: Jahwegesetz oder Mosegesetz? Die Subjektzuordnung bei Wörtern für „Gesetz" im Dtn und in der dtr Literatur, in: ders.: Studien zum Deuteronomium und zur deuteronomistischen Literatur III, Stuttgart 1995 [1990], S. 157–165.
- 'd(w)t im Deuteronomium und in den Königsbüchern, in: ders.: Studien zum Deuteronomium und zur deuteronomistischen Literatur III, Stuttgart 1995 [1991], S. 167–177.
- Die Väter Israels im Deuteronomium. Freiburg (Schweiz)/Göttingen 1991.
- Der neue Bund und die Völker, KuI 6 (1991), S. 115–133 (= Der neue Bund und die Völker).
- Deuteronomium und Pentateuch. Zum Stand der Forschung, in: ders.: Studien zum Deuteronomium und zur deuteronomistischen Literatur III, Stuttgart 1995 [1992], S. 13–38.
- Deuteronomium 6,24 לְחַיֹּתֵנוּ „für unseren Unterhalt aufzukommen", in: ders.: Studien zum Deuteronomium und zur deuteronomistischen Literatur III, Stuttgart 1995 [1992], S. 269–278.
- Dtn 28,69 – Überschrift oder Kolophon, in: ders.: Studien zum Deuteronomium und zur deuteronomistischen Literatur III, Stuttgart 1995 [1992], S. 279–291.
- Noch einmal חק ומשפט (zu Ps 81,5f), in: ders.: Studien zum Deuteronomium und zur deuteronomistischen Literatur IV, Stuttgart 2000 [1992], S. 105–106.
- Die Stimmen in Deuteronomium 2, in: ders.: Studien zum Deuteronomium und zur deuteronomistischen Literatur IV, Stuttgart 2000 [1993], S. 47–74.
- Zur Fabel in Dtn 31–32, in: ders.: Studien zum Deuteronomium und zur deuteronomistischen Literatur IV, Stuttgart 2000 [1993], S. 219–245.
- Die Ältesten Israels und der Bund. Zum Zusammenhang von Dtn 5,23; 26,17–19; 27,1.9f und 31,9, in: ders.: Studien zum Deuteronomium und zur deuteronomistischen Literatur IV, Stuttgart 2000 [1993], S. 265–283.
- Bund und Tora bei der Völkerwallfahrt (Jesajabuch und Psalm 25), in: N. Lohfink/ E. Zenger: Der Gott Israels und die Völker. Untersuchungen zum Jesajabuch und zu den Psalmen, Stuttgart 1994, S. 37–83 (= Völkerwallfahrt).
- Moab oder Sichem – wo wurde Dtn 28 nach der Fabel des Deuteronomiums proklamiert?, in: ders: Studien zum Deuteronomium und zur deuteronomistischen Literatur IV, Stuttgart 2000 [1994], S. 205–218.
- Opferzentralisation, Säkularisierungsthese und mimetische Theorie, in: ders.: Studien zum Deuteronomium und zur deuteronomistischen Literatur III, Stuttgart 1995, S. 219–260.
- Zur Fabel des Deuteronomiums, in: ders.: Studien zum Deuteronomium und zur deuteronomistischen Literatur IV, Stuttgart 2000 [1995], S. 247–263.
- Bund als Vertrag im Deuteronomium, in: ders.: Studien zum Deuteronomium und zur deuteronomistischen Literatur IV, Stuttgart 2000 [1995], S. 285–309.
- Der Neue Bund im Buch Deuteronomium?, ZAR 4 (1998), S. 100–125 (= Bund im Buch Deuteronomium).
- Narrative Analyse von Dtn 1,6–3,29, in: E. Blum (Hg.): Mincha. FS R. Rendtorff, Neukirchen-Vluyn 2000, S. 121–176.

- Deuteronomium 9,1–10,11 und Exodus 32–34. Zu Endtextstruktur, Intertextualität, Schichtung und Abhängigkeiten, in: M. Köckert und E. Blum (Hg.): Gottes Volk am Sinai. Untersuchungen zu Ex 32–34 und Dtn 9–10, Gütersloh 2001, S. 41–87.
- Reading Deuteronomy 5 as Narrative, in: B. A. Strawn/N. R. Bowen (Hg.): A God So Near. FS P. D. Miller, Winona Lake 2003, S. 261–281.

Loretz, O.: Der Prolog des Jesaja-Buches (1,1–2,5). Ugaritologische und kolometrische Studien zum Jesaja-Buch, Altenberge 1984.

- Die Einzigkeit Jahwes (Dtn 6,4) im Licht des ugaritischen Baal-Mythos. Das Argumentationsmodell des altsyrisch-kanaanäischen und biblischen „Monotheismus", in: M. Dietrich und O. Loretz (Hg.): Vom Alten Orient zum Alten Testament, FS W. Freiherr von Soden, Neukirchen-Vluyn 1995, S. 215–304.

Loza, J.: Les catéchèses étiologiques dans l'Ancien Testament, RB 78 (1971), S. 481–500.

Lundbom, J. R.: Jeremiah 1–20. A New Translation with Introduction and Commentary (AncB Vol. 21a), New York u. a. 1999.

Maier, Ch.: Die „fremde Frau" in Proverbien 1–9. Eine exegetische und sozialgeschichtliche Studie, Freiburg (Schweiz)/Göttingen 1995.

- Jeremia als Lehrer der Tora. Soziale Gebote des Deuteronomiums in Fortschreibungen des Jeremiabuches, Göttingen 2002.

Maier, J.: Die Qumran-Essener: Die Texte vom Toten Meer. Bd. I Die Texte der Höhlen 1–3 und 5–11, München/Basel 1995.

- Die Qumran-Essener: Die Texte vom Toten Meer. Bd. II Die Texte der Höhle 4, München/Basel 1995.
- Die Qumran-Essener: Die Texte vom Toten Meer. Bd. III Einführung, Zeitrechnung, Register und Bibliographie, München/Basel 1996.

Maire, T.: Proverbes XXII 17ss: Enseignement à Shalishôm? VT 45 (1995), S. 227–238.

Margaliot, M.: Jeremiah X 1–16: a Re-Examination, VT 30 (1980), S. 295–308.

Matheus, F.: Singt dem Herrn ein neues Lied: die Hymnen Deuterojesajas, Stuttgart 1990.

Mayes, A. D. H.: Deuteronomy (NCBC), Grand Rapids 1981.

- Deuteronomy 4 and the Literary Criticism of Deuteronomy, in: D. L. Christensen (Hg.): A Song of Power and the Power of Song. Essays on the Book of Deuteronomy, Winona Lake 1993 [1981], S. 195–224.

McKane, W.: The History of the Text of Jeremiah 10,1–16, in: A. Caquot u. a. (Hg.): Mélanges bibliques et orientaux. FS M. Delcor, Neukirchen-Vluyn 1985, S. 297–304.

- A Critical and Exegetical Commentary on Jeremiah (ICC 24). Vol. 1: I–XXV, Edinburgh 1986.
- A Critical and Exegetical Commentary on Jeremiah (ICC 24). Vol. II: XXV–LII, Edinburgh 1996.

McKay, J. W.: Man's Love for God in Deuteronomy and the Father/Teacher – Son/Pupil Relationship, VT 22 (1972), S. 426–435.

McKenzie, J. L.: The Historical Prologue of Deuteronomy, in: Fourth World Congress of Jewish Studies, Papers, Vol. 1, Jerusalem 1967, S. 95–101.

Mechilta d' Rabbi Ismael, cum variis lectionibus et adnotationibus edidit H. S. Horovitz defuncti editoris opus exornavit et absolvit I. A. Rabin, Jerusalem ²1970.

Meinhold, A.: Die Sprüche. Teil 1: Sprüche Kapitel 1–15 (ZBK.AT 16.1), Zürich 1991.

– Die Sprüche. Teil 2: Sprüche Kapitel 16–31 (ZBK.AT 16.2), Zürich 1991.

Melugin, R. F.: The Formation of Isaiah 40–55, Berlin/New York 1976.

– Figurative Speech and the Reading of Isaiah 1 as Scripture, in: ders./M. A. Sweeney (Hg.): New Visions of Isaiah, Sheffield 1996, S. 282–305.

Meyers, C.: The Family in Early Israel, in: L. G. Perdue u. a. (Hg.): Families in Ancient Israel, Louisville 1997, S. 1–47.

Merendino, R. P.: Das deuteronomische Gesetz. Eine literarkritische, gattungs- und überlieferungsgeschichtliche Untersuchung zu Deuteronomium 12–26, Bonn 1969.

– Der Erste und der Letzte. Eine Untersuchung von Jes 40–48, Leiden 1981.

Migsch, H.: Jeremias Ackerkauf. Eine Untersuchung von Jeremia 32, Frankfurt a. M. u. a. 1996.

Millar, J. G.: Living at the Place of Decision: Time and Place in the Framework of Deuteronomy, in: J. G. McConville/J. G. Millar: Time and Place in Deuteronomy, Sheffield 1994, S. 15–88.

Mittmann, S.: Deuteronomium 1,1–6,3 literarkritisch und traditionsgeschichtlich untersucht, Berlin/New York 1975.

Moor, J. C. de (Hg.): Synchronic or Diachronic? A Debate on Method in Old Testament Exegesis, Leiden u. a. 1995.

Moore, R. D.: A Home for the Alien: Worldly Wisdom and Covenantal Confession in Proverbs 30,1–9, ZAW 106 (1994), S. 96–107.

Mosis, R.: Art. פתה u. a., ThWAT VI (1989), Sp. 820–831.

Moss, A.: Wisdom as Parental Teaching in Proverbs 1–9, HeyJ 37 (1997), 426–439.

Müller, A.: Proverbien 1–9. Der Weisheit neue Kleider, Berlin/New York 2000.

Müller, P.: In der Mitte der Gemeinde. Kinder im Neuen Testament, Neukirchen-Vluyn 1992.

Murphy, R. E.: Proverbs (WBC 22), Nashville 1998.

Nebeling, G.: Die Schichten des deuteronomischen Gesetzeskorpus. Eine traditions- und redaktionsgeschichtliche Analyse von Dtn 12-26, Diss. theol. Münster 1970.

Neumann, P. K. D.: Hört das Wort Jahwäs. Ein Beitrag zur Komposition alttestamentlicher Schriften, Hamburg 1975.

Niehr, H.: Art שׂר, ThWAT VII (1993), Sp. 855–879.

Nielsen, E.: Deuteronomium (HAT I/6), Tübingen 1995.

Noth, M.: Überlieferungsgeschichtliche Studien. Die sammelnden und bearbeitenden Geschichtswerke im Alten Testament. Tübingen ²1957.

Nwachukwu, F.: The Textual Differences Between the MT and the LXX of Deuteronomy 31. A Response to Leo Laberge, in G. Braulik (Hg.): Bundesdokument und Gesetz. Studien zum Deuteronomium, Freiburg u. a. 1995, S. 79–92.

O'Connell, R. H.: Deuteronomy VIII 1–20: Asymmetrical Concentricity and the Rhetoric of Providence, VT 40 (1990), S. 437–452.

– Deuteronomy VII 1–26: Asymmetrical Concentricity and the Rhetoric of Conquest, VT 42 (1992), S. 248–265.

– Deuteronomy IX 7–X 7, 10-11: Panelled Structure, Double Rehearsal and the Rhetoric of Covenant Rebuke, VT 42 (1992), S. 492–509.

Odashima, T.: Heilsworte im Jeremiabuch. Untersuchungen zu ihrer vordeuteronomistischen Bearbeitung, Stuttgart u. a. 1989.

Oeming, M.: Biblische Hermeneutik. Eine Einführung, Darmstadt 1998.

Oesch, J. M.: Jes 1,8f und das Problem der „Wir-Reden" im Jesajabuch, ZKTh 116 (1994), S. 440–446.

Olson, D. T.: Deuteronomy and the Death of Moses. A Theological Reading, Minneapolis 1994.

Oorschot, J. van: Von Babel zum Zion. Eine literarkritische und redaktionsgeschichtliche Untersuchung, Berlin/New York 1993.

– Die Macht der Bilder und die Ohnmacht des Wortes? Bilder und Bilderverbot im alten Israel, ZThK 96 (1999), S. 298–319.

Orel, W.: The Words on the Doorpost, ZAW 109 (1997), S. 614–617.

Oswalt, J. N.: The Book of Isaiah. Chapters 1–39 (NICOT), Grand Rapids 1986.

– The Book of Isaiah. Chapters 40–66 (NICOT), Grand Rapids 1997.

Otto, E.: Theologische Ethik des Alten Testaments, Stuttgart u. a. 1994.

– Von der Gerichtsordnung zum Verfassungsentwurf. Deuteronomische Gestaltung und deuteronomistische Interpretation im „Ämtergesetz" Dtn 16,18–18,22, in: I. Kottsieper u. a. (Hg.): „Wer ist wie du, HERR, unter den Göttern. Studien zur Theologie und Religionsgeschichte Israels. FS O. Kaiser, Göttingen 1994, S. 142–155.

– Von der Programmschrift einer Rechtsreform zum Verfassungsentwurf des Neuen Israel. Die Stellung des Deuteronomiums in der Rechtsgeschichte Israels, in: G. Braulik (Hg.): Bundesdokument und Gesetz. Studien zum Deuteronomium, Freiburg i. Br. u. a. 1995, S. 93–104.

– Art. שער, ThWAT VIII (1995), S. 358–403.

– Deuteronomium 4: Die Pentateuchredaktion im Deuteronomiumsrahmen, in: T. Veijola (Hg.): Das Deuteronomium und seine Querbeziehungen, Göttingen 1996, S. 196–222.

– „Das Deuteronomium krönt die Arbeit der Propheten." Gesetz und Prophetie im Deuteronomium, in: F. Diedrich/B. Willmes (Hg.): Ich bewirke das Heil und erschaffe das Unheil (Jesaja 45,7). Studien zur Botschaft der Propheten. FS L. Ruppert, Würzburg 1998, S. 277–309.

– Das Deuteronomium. Politische Theologie und Rechtsreform in Juda und Assyrien, Berlin/New York 1999 (= Theologie).

– Mose der Schreiber. Zu „poetics" and „genetics" in der Deuteronomiumsanalyse anhand eines Buches von Jean-Pierre Sonnet, ZAR 6 (2000), S. 320–329.

- Das Deuteronomium im Pentateuch und Hexateuch. Studien zur Literaturgeschichte von Pentateuch und Hexateuch im Lichte des Deuteronomiumrahmens, Tübingen 2000 (= Deuteronomium im Pentateuch).

Overland, P.: Did the Sage Draw from the Shema? A Study of Proverbs 3:1–12, CBQ 62 (2000), S. 424–440.

Peckham, B.: The Composition of Dt 9,1–10,11, in: J. Plevnik (Hg.): Word and Spirit. FS D. M. Dtanley SJ, Willowdale, Ontario 1975, S. 3–59.

Perdue, L. G.: The Israelite und Early Jewish Family: Summary and Conclusions, in: L. G. Perdue u. a. (Hg.): Families in Ancient Israel, Louisville 1997, S. 163–222;

Perlitt, L.: Bundestheologie im Alten Testament, Neukirchen-Vluyn 1969.

- Mose als Prophet, in: ders.: Deuteronomium-Studien, Tübingen 1994 [1971], S. 1–19.
- Sinai und Horeb, in: ders.: Deuteronomium-Studien, Tübingen 1994 [1977], S. 32–49.
- Wovon der Mensch lebt (Dtn 8,3b), in: ders.: Deuteronomium-Studien, Tübingen 1994 [1981], S. 74–96.
- Deuteronomium 1–3 im Streit der exegetischen Methoden, in: ders.: Deuteronomium-Studien, Tübingen 1994 [1985], S. 109–122.
- Deuteronomium 6,20–25: eine Ermutigung zu Bekenntnis und Lehre, in: ders.: Deuteronomium-Studien, Tübingen 1994 [1989], S. 144–156.
- „Evangelium" und „Gesetz" im Deuteronomium, in: ders.: Deuteronomium-Studien, Tübingen 1994 [1990], S. 172–183.
- Deuteronomium (BK. AT. V), Lfg. 1–2, Neukirchen-Vluyn 1990.

Pfaff, H.-M.: Die Entwicklung des Restgedankens in Jesaja 1–39, Franktfurt a. M. u. a. 1996.

Plöger, O.: Sprüche Salomos (Proverbia), (BK. AT. XVII), Neukirchen-Vluyn 1984.

Pohlmann, K.-F.: Die Ferne Gottes – Studien zum Jeremiabuch. Beiträge zu den „Konfessionen" im Jeremiabuch und ein Versuch zur Frage nach den Anfängen der Jeremiatradition, Berlin/New York 1989.

Polzin, R.: Moses and the Deuteronomist: A Literary Study of the Deuteronomic History. Part 1: Deuteronomy, Joshua, Judges, New York 1980.

Preuss, H. D.: Deuteronomium, Darmstadt 1982.

- Einführung in die alttestamentliche Weisheitsliteratur, Stuttgart u. a. 1987.
- Zum deuteronomistischen Geschichtswerk, ThR 58 (1993), S. 229–264.

Rad, G. von: Das fünfte Buch Mose. Deuteronomium (ATD 8), Göttingen ^{4}1983.

- Deuteronomium-Studien, Göttingen ^{2}1948.
- Weisheit in Israel, Gütersloh 1992.

Rechenmacher H.: Jes 8,16–18 als Abschluß der Jesaja-Denkschrift, BZ 43 (1999), S. 26–48.

Reindl, J.: Das Angesicht Gottes im Sprachgebrauch des Alten Testaments, Leipzig 1970.

Renaud, B.: L'oracle de la nouvelle alliance. Á propos des divergences entre le text hébreu (Jr 31,31–34) et le texte grec (38,31–34), in: J.-M. Auwers/A. Wénin (Hg.): Lectures et relectures de la bible. FS P.-M. Bogaert, Leuven 1999, S. 85–98.

Rendtorff, R.: Zur Komposition des Buches Jesaja, VT 34 (1984), S. 295–320.

– The Book of Isaiah: A Complex Unity. Synchronic ans Diachronic Reading, in: R. F. Melugin/M. A. Sweeney (Hg.): New Visions of Isaiah, Sheffield 1996, S. 32–49.

– Theologie des Alten Testaments. Ein kanonischer Entwurf. Band 1: Kanonische Grundlegung, Neukirchen-Vluyn 1999.

– Theologie des Alten Testaments. Ein kanonischer Entwurf. Band 2: Thematische Entfaltung, Neukirchen-Vluyn 2001.

Renfroe, F.: The Effect of Redaction on the Structure of Prov 1,1–6, ZAW 101 (1989), S. 290–293.

Reuter, E.: Kultzentralisation. Entstehung und Theologie von Dtn 12, Frankfurt a. M. 1993.

Richter, H.-F.: Hielt Agur sich für den Dümmsten aller Menschen? (Zu Prov 30,1–4), ZAW 113 (2001), S. 419–421.

Richter, W.: Recht und Ethos: Versuch einer Ortung des weisheitlichen Mahnspruches, München 1966.

– Biblia Hebraica transcripta: BHt, Genesis – 2 Chronik + Sirach, St. Ottilien 1991–1993.

Ringgren, H.: Art. שׁינה/שׁנן I.1–II.1, ThWAT VIII (1995) Sp. 343–344.

Ringgren, H./Zimmerli, W.: Sprüche/Prediger (ATD 16/1), Göttingen ³1980.

Robert, Ph. de La nouvelle alliance selon Jérémie, FV 93 (1994), S. 9–13.

Robinson, B. P.: Jeremiah's New Covenant: Jer 31,31–34, SJOT 15 (2001) 181–204.

Römer, Th.: Israels Väter. Untersuchungen zur Väterthematik im Deuteronomium und in der deuteronomistischen Tradition, Freiburg (Schweiz)/Göttingen 1990.

– The Book of Deuteronomy, in: McKenzie, S. L./Graham, M. P. (Hg.): The History of Israel's Traditions, Sheffield 1994, S. 178–212.

– Jugement et salut en Ésaïe 28, PosLuth 43 (1995), S. 55–62.

Römheld, D.: Wege der Weisheit. Die Lehren Amenemopes und Proverbien 22,17–24,22, Berlin/New York 1989.

Rofé, A.: The Covenant in the Land of Moab (Deuteronomy 28,69–30,20): Historico-Literary, Comparative, and Formcritical Considerations, in: D. L. Christensen (Hg.): A Song of Power and the Power of Song. Essays on the Book of Deuteronomy, Winona Lake 1993 [1988], S. 269–280.

– The Arrangement of the Laws in Deuteronomy, EThL 64 (1988), S. 265–287.

Rose, M.: 5. Mose Teilband 1: 5. Mose 12–25. Einführung und Gesetze (ZBK AT 5.1), Zürich 1994.

– 5. Mose Teilband 2: 5. Mose 1–11 und 26–34. Rahmenstücke zum Gesetzeskorpus (ZBK AT 5.2), Zürich 1994.

Rüterswörden, U.: Von der politischen Gemeinschaft zur Gemeinde: Studien zu Dt 16,18–18,22, Frankfurt a. M. 1987.

- Es gibt keinen Exegeten in einem gesetzlosen Land (Prov 29,18 LXX). Erwägungen zum Thema: Der Prophet und die Thora, in: R. Liwak/S. Wagner (Hg.): Prophetie und geschichtliche Wirklichkeit im alten Israel. FS S. Herrmann, Stuttgart u. a. 1991, S. 326–347.
- Art. שמע u. a., ThWAT VIII (1995), Sp. 255–279.
- Dtn 12,1. Der Anfang des deuteronomischen Gesetzes, in: Ch. Kähler u. a. (Hg.): Gedenkt an das Wort. FS W. Vogler, Stuttgart 1999, S. 206–216.
- Die Stellung der Deuteronomisten zum alttestamentlichen Dämonenwesen, in: A. Lange u. a. (Hg.): Die Dämonen. Die Dämonologie der israelitisch-jüdischen und frühjüdischen Literatur im Kontext ihrer Umwelt, Tübingen 2003, S. 197–210.

Ruszkowski, L.: Volk und Gemeinde im Wandel. Eine Untersuchung zu Jesaja 56–66, Göttingen 2000.

Sæbø, M.: Art. יסר, THAT I (1971), Sp. 738–742.

Sanders, P.: The Provenance of Deuteronomy 32, Leiden u. a. 1996.

Sauer, G.: Die Sprüche Agurs. Untersuchungen zur Herkunft, Verbreitung und Bedeutung einer biblischen Stilform unter besonderer Berücksichtigung von Proverbia c. 30, Stuttgart 1963.

- Art שמר, THAT II (1976), Sp. 982–987.

Schäfer, R.: Die Poesie der Weisen. Dichotomie als Grundstruktur der Lehr- und Weisheitsgedichte in Proverbien 1–9, Neukirchen-Vluyn 1999.

Schäfer-Lichtenberger, Ch.: Josua und Salomo. Eine Studie zu Autorität und Legitimität des Nachfolgers im Alten Testament, Leiden u. a. 1995.

- Der deuteronomische Verfassungsentwurf. Theologische Vorgaben als Gestaltungsprinzipien sozialer Realität, in: G. Braulik (Hg.): Bundesdokument und Gesetz. Studien zum Deuteronomium, Freiburg i. Br. u. a. 1995, S. 105–118.
- Jhwh, Israel und die Völker aus der Perspektive von Dtn 7, BZ 40 (1996), S. 194–218.

Schaper, J.: Priester und Leviten im achämenidischen Juda. Studien zur Kult- und Sozialgeschichte Israels in persischer Zeit, Tübingen 2000.

Schawe, E.: Gott als Lehrer im Alten Testament. Eine semantisch-theologische Studie, Diss. theol., Freiburg (Schweiz) 1979.

Schenker, A.: Die Tafel des Herzens. Eine Studie über Anthropologie und Gnade im Denken des Propheten Jeremia im Zusammenhang mit Jer 31,31–34, in: ders.: Text und Sinn im Alten Testament. Textgeschichtliche und bibeltheologische Studien, Freiburg (Schweiz)/Göttingen 1991 [1979], S. 68–81.

- Der nie aufgehobene Bund. Exegetische Beobachtungen zu Jer 31,31–34, in: E. Zenger (Hg.): Der Neue Bund im Alten. Studien zur Bundestheologie der beiden Testamente, Freiburg u. a. 1993, S. 85–112.

Schmid, K.: Buchgestalten des Jeremiabuches. Untersuchungen zur Redaktions- und Rezeptionsgeschichte von Jer 30–33 im Kontext des Buches, Neukirchen-Vluyn 1996.

Schmitt, H.-C.: Prophetie und Schultheologie im Deuterojesajabuch. Beobachtungen zur Redaktionsgeschichte von Jes 40–55, ZAW 91 (1979), S. 43–61.

Schottroff, W.: Art. ידע, THAT I (1971), Sp. 682–701.

- Die Friedensfeier. Das Prophetenwort von der Umwandlung von Schwertern zu Pflugscharen (Jes 2,2–5/Mi 4,1–5), in: ders.: Gerechtigkeit lernen. Beiträge zur biblischen Sozialgeschichte, Gütersloh 1999 [1984], S. 205–224.

- Die große Zeitenwende, JK 54 (1993), S. 432–434.

Schreiner, J.: Jeremia 1–25,14 (NEB), Würzburg (1981) ³1993.

- Jeremia II. 25,15–52,34 (NEB), Würzburg 1984.

Die Schrift. Bd. 1: Die Fünf Bücher der Weisung. Verdeutscht von Martin Buber gemeinsam mit Franz Rosenzweig. 11. verbesserte Auflage der neubearbeiteten Ausgabe von 1954, Darmstadt 1992.

Die Schrift. Bd. 3: Bücher der Kündung. Verdeutscht von Martin Buber gemeinsam mit Franz Rosenzweig. 8. Auflage der neubearbeiteten Ausgabe von 1958, Darmstadt 1992.

Die Schrift. Bd. 4: Die Schriftwerke. Verdeutscht von Martin Buber gemeinsam mit Franz Rosenzweig, 6. Auflage der neubearbeiteten Ausgabe von 1962, Darmstadt 1992.

Schulz, H.: Das Todesrecht im Alten Testament. Studien zur Rechtsform der Mot-Jumat-Sätze, Berlin 1969.

Schwienhorst-Schönberger, L.: Zion – Ort der Tora. Überlegungen zu Mi 4,1–3, in: F. Hahn u. a. (Hg.): Zion Ort der Begegnung, FS L. Klein, Bodenheim 1993, S. 107–125.

- Das Buch der Sprichwörter, in: E. Zenger u. a. (Hg.): Einleitung in das Alte Testament, Stuttgart u. a. ⁴2001, S. 326–336.

Scoralick, R.: Salomos griechische Gewänder. Beobachtungen zur Septuagintafassung des Sprichwörterbuches, in: K. Lönig/M. Faßnacht (Hg.): Rettendes Wissen. Studien zum Fortgang weisheitlichen Denkens im Frühjudentum und im frühen Christentum, Münster 2002, S. 43–75.

Sedlmeier, F.: „Höre, Israel! JHWH: Unser Gott (ist er)..." (Dtn 6,4 f.). Überlegungen zu einem zentralen biblischen Text, TThZ 108 (1999), S. 21–39.

Seebass, H.: Art. לָקַח/לְקַח, ThWAT IV (1984), Sp. 588–594.

- Art. נֶפֶשׁ, ThWAT V (1986), Sp. 531–555.

Seeligmann, I. L.: Erkenntnis Gottes und historisches Bewußtsein im alten Israel, in: H. Donner u. a. (Hg.): Beiträge zur alttestamentlichen Theologie. FS W. Zimmerli, Göttingen 1977, S. 414–445.

Seitz, C. R.: Isaiah 1–66: Making Sense of the Whole, in: ders. (Hg.): Reading and Preaching the Book of Isaiah, Philadelphia 1988, S. 105–126.

Seitz, G.: Redaktionsgeschichtliche Studien zum Deuteronomium, Stuttgart u. a. 1971.

Selms, A. van: Isaiah 28,9–13: An Attempt to Give a New Interpretation, ZAW 85 (1973), S. 332–339.

Septuaginta. Vetus Testamentum Graecum. Auctoritate Academiae Scientiarum Gottingensis editum, Vol. XV: Jeremias, Baruch, Threni, Epistula Jeremiae, edidit J. Ziegler, Göttingen ²1976.

Septuaginta. Vetus Testamentum Graecum. Auctoritate Academiae Scientiarum Gottingensis editum, Vol. III, 2: Deuteronomium, edidit J. W. Wevers, adiuvante U. Quast, Göttingen 1977.

Septuaginta. Id est Vetus Testamentum graece iuxta LXX interpretes edidit Alfred Rahlfs [1935]. Duo volumina in uno, Stuttgart 1979.

Seybold, K.: Der Prophet Jeremia. Leben und Werk, Stuttgart u. a. 1993.

Sheppard, G. T.: The Book of Isaiah: Competing Structures According to a Late Modern Description of its Shape and Scope, SBL.SP 31 (1992), S. 549–582.

Shupak, N.: Where can Wisdom be found? The Sage's Language in the Bible and in Ancient Egyptian Literatur, Freiburg (Schweiz)/Göttingen 1993.

Siphre ad Deuteronomium H. S. Horovitzii schedis usus cum variis lectionibus et adnotationibus edidit L. Finkelstein, Berlin 1939.

Skehan, P. W.: The Structure of the Song of Moses in Deuteronomy (32:1–43), in: D. L. Christensen (Hg.): A Song of Power and the Power of Song. Essays on the Book of Deuteronomy, Winona Lake 1993 [1951], S. 156–168.

Skweres, D. E.: Die Rückverweise im Buch Deuteronomium, Rom 1979.

Slater, S.: Imagining Arrival. Rhetoric, Reader, and Word of God in Deuteronomy 1–3, in: F. Black (Hg.): The Labour of Reading. Desire, Alienation, and Biblical Interpretation, Atlanta 1999, S. 107–122.

Smend, R.: Die Entstehung des Alten Testaments, Stuttgart u. a. 1978.

Soggin, A.: Kultätiologische Sagen und Katechese im Hexateuch, VT 10 (1960), S. 341–347.

Sonnet, J.-P.: The Book within the Book: Writing in Deuteronomy, Leiden u. a. 1997.

Spieckermann, H.: „Barmherzig und gnädig ist der Herr...", ZAW 102 (1990), S. 1–18.

– Mit der Liebe im Wort. Ein Beitrag zur Theologie des Deuteronomiums, in: R. G. Kratz/H. Spieckermann (Hg.): Liebe und Gebot. Studien zum Deuteronomium, FS L. Perlitt, Göttingen 2000, S. 190–205.

– Die Prologe der Weisheitsbücher, in: R. G. Kratz u. a. (Hg.): Schriftauslegung in der Schrift, FS O. H. Steck, Berlin/New York 2000, S. 293–303.

Stansell, G.: Isaiah 28–33: Blest Be the Tie That Binds (Isaiah Together), in: R. F. Melugin/M. A. Sweeney (Hg.): New Visions of Isaiah, Sheffield 1996, S. 68–103.

Steck, O. H.: Aspekte des Gottesknechts in Deuterojesajas „Ebed-Jahwe-Liedern, in: ders. Gottesknecht und Zion. Gesammelte Aufsätze zu Deuterojesaja, Tübingen 1992 [1984], S. 3–21.

– Beobachtungen zu Jesaja 56–59, in: ders.: Studien zu Tritojesaja, Berlin/New York 1991 [1987], S. 169–186.

– Beobachtungen zu den Zion-Texten in Jesaja 51–54. Ein redaktionsgeschichtlicher Versuch, in: ders. Gottesknecht und Zion. Gesammelte Aufsätze zu Deuterojesaja, Tübingen 1992 [1989], S. 96–125.

Steins, G.: Die Chronik als kanonisches Abschlußphänomen. Studien zur Entstehung und Theologie von 1/2 Chronik, Weinheim 1995.

Steuernagel, C.: Das Deuteronomium übersetzt und erklärt, Göttingen ^{2}1923.

Steymans, H. U.: Deuteronomium 28 und die *adê* zur Thronfolgeregelung Asarhaddons. Segen und Fluch im alten Orient und in Israel, Fribourg/Göttingen 1995.

Stipp, H.-J.: Das masoretische und alexandrinische Sondergut des Jeremiabuches. Textgeschichtlicher Rang, Eigenarten, Triebkräfte, Freiburg (Schweiz)/Göttingen 1994.

Strack, H. L./Stemberger, G.: Einleitung in Talmud und Midrasch, München [7]1982.

Strömberg Krantz, E.: „A Man not Supported by God": On Some Crucial Words in Proverbs XXX 1, VT 46 (1996), S. 548–553.

Sweeney, M.: Isaiah 1–4 and the Post-Exilic Understanding of the Isaianic Tradition, Berlin/New York 1988.

– The Book of Isaiah in Recent Research, CR. BS. 1 (1993), S. 141–162.

– Jeremiah 30–31 and King Josiah's Program of National Restoration and Religious Reform, ZAW 108 (1996), S. 569–583.

– Isaiah 1–39, with an Introduction to Prophetic Literature (FOTL 16), Grand Rapids 1996.

– Micah's Debate with Isaiah, JSOT 93 (2001), S. 111–124.

Talstra, E.: Deuteronomy 9 and 10. Synchronic and Diachronic Observations, in: J. C. de Moor (Hg.): Synchronic or Diachronic? A Debate on Method in Old Testament Exegesis, Leiden u. a. 1995, S. 187–210.

– Deuteronomy 31: Confusion or Conclusion? The Story of Moses' Threefold Succession, in: M. Vervenne/J. Lust (Hg.): Deuteronomy and Deuteronomic Literature, FS C. H. W. Brekelmans, Leuven 1997, S. 87–110.

– Texts for Recitation. Deuteronomy 6:7; 11:19, in: J. W. Dyk u. a. (Hg.): Unless some guide me..., FS K. A. Deurloo, Maastricht 2001, S. 67–76.

Tanghe, V.: Dichtung und Ekel in Jesaja XXVIII 7–13, VT 43 (1993), S. 235–260.

Thiel, W.: Die deuteronomistische Redaktion von Jeremia 1–25, Neukirchen-Vluyn 1973 (= Redaktion I).

– Die deuteronomistische Redaktion von Jeremia 26–45. Mit einer Gesamtbeurteilung der deuteronomistischen Redaktion des Buches Jeremia, Neukirchen-Vluyn 1981 (= Redaktion II).

– Ein Vierteljahrhundert Jeremia-Forschung, VF 31 (1986), S. 32–52.

Thompson, J. A.: The Book of Jeremiah (NIC), Grand Rapids 1980.

Tigay, J. H.: Deuteronomy. The Traditional Hebrew Text with the New JPS Translation, Philadelphia/Jerusalem 1996.

Tilly, M.: Zukünftiges Heil und gegenwärtige Heiligung. Jes 29,17–24, Junge Kirche 60 (1999), S. 386–388.

Tomasino, A. J.: Isaiah 1,1–2,4 and 63–66, and the Composition of the Isaianic Corpus, JSOT 57 (1993), S. 81–98.

Toorn, K. van der: Echoes of Judaean Necromancy in Isaiah 28,7–22, ZAW 100 (1988), S. 199–217.

Tov, E.: The Text-Critical Use of the Septuagint in Biblical Research, Jerusalem 1981.

Literaturverzeichnis 343

- Some Aspects of the Textual and Literary History of the Book of Jeremiah, in: P. M. Bogaert (Hg.): Le livre de Jérémie. Le prophète et son milieu. Les oracles et leur transmission, Leuven 1981, S. 145–167.
- The Literary History of the Book of Jeremiah in the Light of its Textual History, in: J. H. Tigay (Hg.): Empirical Models for Biblical Criticism, Philadelphia 1985, S. 211–237.
- Recensional Differences between the Masoretic Text and the Septuagint of Proverbs, in: H. W. Attridge u. a. (Hg.): Of Scribes and Scrolls. Studies on the Hebrew Bible, Intertestamental Judaism and Christian Origins, Lanham 1990, S. 43–56.
- Der Text der Hebräischen Bibel. Handbuch der Textkritik, Stuttgart u. a. 1997.

Toy, C. H.: A Critical and Exegetical Commentary on the Book of Proverbs, (ICC 13), Edinburgh ^{5}1959.

Tropper, J.: Nekromantie. Totenbefragung im Alten Orient und im Alten Testament, Neukirchen-Vluyn 1989.

Urbach, E. E.: The Sages. Their Concepts and Beliefs, Cambridge (Massachusetts)/London 1979.

Utzschneider, H./Nitsche, S. A.: Arbeitsbuch literaturwissenschaftliche Bibelauslegung. Eine Methodenlehre zur Exegese des Alten Testaments, Gütersloh 2001.

Vanoni, G.: Der Geist und der Buchstabe. Überlegungen zum Verhältnis der Testamente und Beobachtungen zu Dtn 30,1–10, BN 14 (1981), S. 65–98.

- Volkssprichwort und YHWH-Ethos. Beobachtungen zu Spr 15,16, BN 35 (1986), S. 73–108.
- „Die Tora im Herzen" (Jes 51,7). Oder: Über das Vergleichen, in: F. V. Reiterer (Hg.): Ein Gott, eine Offenbarung: Beiträge zur biblischen Exegese, Theologie und Spiritualität. FS N. Füglister, Würzburg 1991, S. 357–371.
- „Du bist doch unser Vater" (Jes 63,16). Zur Gottesvorstellung des Ersten Testaments, Stuttgart 1995.

Vargon, S.: The Historical Background and Significance of Isa 1,10–17, in: G. Galil/ M. Weinfeld (Hg.): Studies in Historical Geography and Biblical Historiography, FS Z. Kallai, Leiden 2000, S. 177–194.

Veijola, T.: Principal Observations on the Basic Story in Deuteronomy 1–3, in: M. Augustin/K. D. Schunck (Hg.): „Wünschet Jerusalem Frieden." Collected Communications to the XIIth Congress of the International Organization for the Study of the Old Testament Jerusalem 1986, Frankfurt a. M. u. a. 1988, S. 249–259.

- Das Bekenntnis Israels. Beobachtungen zur Geschichte und Theologie von Dtn 6,4–9, ThZ 48 (1992), S. 369–381.
- Höre Israel! Der Sinn und Hintergrund von Deuteronomium VI 4–9, VT 42 (1992), S. 528–541.
- „Der Mensch lebt nicht vom Brot allein." Zur literarischen Schichtung und theologischen Aussage von Deuteronomium 8, in: G. Braulik (Hg.): Bundesdokument und Gesetz. Studien zum Deuteronomium, Freiburg u. a. 1995, S. 143–158.

- Das Heilshandeln und Welthandeln Gottes nach dem Zeugnis des Alten Testaments, in: J. Heubach (Hg.): Welthandeln und Heilshandeln Gottes. Deus absconditus – Deus revelatus, Erlangen 1999, S. 23–38.
- Bundestheologie in Dtn 10,12–11,30, in: R. G. Kratz/H. Spieckermann (Hg.): Liebe und Gebot. Studien zum Deuteronomium, FS L. Perlitt, Göttingen 2000, S. 206–221.
- Deuteronomismusforschung zwischen Tradition und Innovation (I), ThR 67 (2002), S. 273–327.

Vermeylen, J.: L'unité du livre d'Isaïe, in: ders. (Hg.): The Book of Isaiah. Le livre d'Isaïe: les oracles et leurs relectures, unité et complexité de l'ouvrage, Leuven 1989, S. 29–31.

- L'alliance renouvelée (Jr 31,31–34). L'histoire littéraire d'un texte célèbre, in: J. M. Auwers/A. Wénin (Hg.): Lectures et relectures de la bible. FS P.-M. Bogaert, Leuven 1999, S. 57–83.

Vetter, D.: Lernen und Lehren. Skizze eines lebenswichtigen Vorgangs für das Volk Gottes, in: R. Albertz u. a. (Hg.): Schöpfung und Befreiung, FS Claus Westermann, Stuttgart 1989, S. 220–232.

Vieweger, D.: Die literarischen Beziehungen zwischen den Büchern Jeremia und Ezechiel, Frankfurt a. M. u. a. 1993.

Vincent, J.-M.: Das Auge hört. Die Erfahrbarkeit Gottes im Alten Testament, Neukirchen-Vluyn 1998.

Vries, S. J. de The Development of the Deuteronomic Promulgation Formula, Bibl 55 (1974), S. 301–316.

Wacker, M.-Th.: Was ist neu am „neuen Bund"?, JK 55 (1994), S. 224–226.

Wagner, S.: Art. ירה III/מורה, ThWAT III (1982), Sp. 920–930.

Wambacq, B. N.: Jérémie X, 1–16, RB 81 (1974), S. 57–62.

Wanke, G.: Der Lehrer im alten Israel, in: J. G. Prinz von Hohenzollern/M. Liedtke (Hg.): Schreiber, Magister, Lehrer, Bad Heilbrunn 1989, S. 51–59.

- Religiöse Erziehung im alten Israel, in: M. Liedtke (Hg.): Religiöse Erziehung und Religionsunterricht, Bad Heilbrunn 1994, S. 55–64.
- Jeremia Teilband 1: Jeremia 1,1–25,14 (ZBK.AT 20,1), Zürich 1995.

Warmuth, G.: Das Mahnwort. Seine Bedeutung für die Verkündigung der vorexilischen Propheten Amos, Hosea, Micha, Jesaja und Jeremia, Frankfurt a. M./Bern 1976.

Watts, J. D. W.: Isaiah 1–33 (WBC 24), Waco 1985.

- Isaiah 34–66 (WBC 25), Waco 1987.

Webb, B. G.: Zion in Transformation: A Literary Approach to Isaiah, in: D. J. Clines u. a. (Hg.): The Bible in Three Dimensions, Sheffield 1990, S. 65–84.

Weinfeld, M.: Deuteronomy and the Deuteronomistic School, Oxford 1972.

- The Worship of Molech and of the Queen of Heaven and its Background, UF 4 (1972), S. 133–154.
- Art. ברית, ThWAT I (1973), Sp. 781–808.
- Jeremiah and the Spiritual Metamorphosis of Israel, ZAW 88 (1976), S. 17–56.

- Deuteronomy 1–11. A New Translation with Introduction and Commentary, New York u. a. 1991.

Weippert, H.: Das Wort vom neuen Bund in Jeremia XXXI 31–34, VT 29 (1979), S. 336–351.

- Schöpfer des Himmels und der Erde. Ein Beitrag zur Theologie des Jeremiabuches, Stuttgart 1981.

Weippert, M.: Die ‚Konfessionen' Deuterojesajas, in: R. Albertz u. a. (Hg.): Schöpfung und Befreiung. FS C. Westermann, Stuttgart 1989, S. 104–115.

Weiser, A.: Das Buch Jeremia. Kapitel 1–25,14 (ATD 20), Göttingen (1952) [8]1981.

- Das Buch Jeremia. Kapitel 25,15–52,34 (ATD 21), Göttingen (1955) [7]1982.

Weitzman, S.: Lessons from the Dying: The Role of Deuteronomy 32 in its Narrative Setting, HTR 87 (1994), S. 377–393.

Wendel, U.: Jesaja und Jeremia. Worte, Motive und Einsichten Jesajas in der Verkündigung Jeremias, Neukirchen-Vluyn 1995.

Wenzel, H.: Hören und Sehen, Schrift und Bild. Kultur und Gedächtnis im Mittelalter, München 1995.

Werner, W.: Studien zur alttestamentlichen Vorstellung vom Plan Jahwes, Berlin/New York 1988.

- Das Buch Jeremia. Kapitel 1–25 (Neuer Stuttgarter Kommentar 19/1), Stuttgart 1997.

Westermann, C.: Das Buch Jesaja. Kapitel 40–66 (ATD 19), Göttingen [5]1986.

- Wurzeln der Weisheit. Die ältesten Sprüche Israels und anderer Völker, Göttingen 1990.

- Mahnung, Warnung und Geschichte. Die Paränese Deuteronomium 1–11, in: H. M. Niemann u. a. (Hg.): Nachdenken über Israel, Bibel und Theologie. FS K.-D. Schunck, Frankfurt a. M. u. a. 1994, S. 51–67.

Wevers, J. W.: Notes on the Greek Text of Deuteronomy, Atlanta 1995.

Whybray, R. N.: The Book of Proverbs (CNEB), Cambridge 1972.

- The Composition of the Book of Proverbs, Sheffield 1994.

Wieringen, A. L. H. M. van: The Implied Reader in Isaiah 6–12, Leiden 1998.

- ‚I' and ‚We' before ‚Your' Face: A Communication Analysis of Isaiah 26:7–21, in: H. J. Bosman u. a. (Hg.) Studies in Isaiah 24–27, Leiden u. a. 2000, S. 239–251.

Wildberger, H.: Jesaja 1–12 (BK. AT. X/1), Neukirchen-Vluyn (1972) [2]1980.

- Jesaja 13–27 (BK. AT. X/2), Neukirchen-Vluyn 1978.

- Jesaja 28–39 (BK. AT. X/3), Neukirchen-Vluyn 1982.

Willi, Th.: Juda – Jehud – Israel. Studien zum Selbstverständnis des Judentums in persischer Zeit, Tübingen 1995.

Will-Plein, I.: Hiobs Widerruf? – Eine Untersuchung der Wurzel נחם und ihrer erzähltechnischen Funktion im Hiobbuch, in: dies., Sprache als Schlüssel: gesammelte Aufsätze zum Alten Testament, Neukirchen-Vluyn 2002, S. 130–145.

Williamson, H. G. M.: Synchronic and Diachronic in Isaian Perspective, in: J. C. deMoor (Hg.): Synchronic or Diachronic? A Debate on Method in Old Testament Exegesis, Leiden u. a. 1995, S. 211–226.

Wilson, G. H.: „The Words of the Wise": The Intent and Significance of Qohelet 12,9–14, JBL 103 (1984), S. 175–192.

Wolff, H. W.: Anthropologie des Alten Testaments, Gütersloh [7]2002.

– Schwerter zu Pflugscharen – Mißbrauch eines Prophetenwortes? Praktische Fragen und exegetische Klärungen zu Joel 4,9–12; Jes 2,2–5 und Micha 4,1–5, EvTh 44 (1984), S. 280–292.

Zapff, B. M.: Schüler, Knecht und Zion – zur kontextuellen Einbindung des dritten Gottesknechtsliedes (Jes 50,4–9), in: K. Hillenbrand/H. Niederschlag (Hg.): Glaube und Gemeinschaft, FS P.-W. Scheele, Würzburg 2000, S. 220–232.

– Jesaja 40–55 (NEB), Würzburg 2001.

Zenger, E.: Eigenart und Bedeutung der Weisheit Israels, in: E. Zenger u. a. (Hg.): Einleitung in das Alte Testament, Stuttgart u. a. [4]2001, S. 291–297.

Zipor, M. A.: The Deuteronomic Account of the Golden Calf and its Reverberation in Other Parts of the Book of Deuteronomy, ZAW 108 (1996), S. 20–33.

Zobel, K.: Prophetie und Deuteronomium. Die Rezeption prophetischer Theologie durch das Deuteronomium, Berlin/New York 1992.

Bibelstellenregister
(in Auswahl)

Exodus

12,24–27a	177
13,3–10	177
13,11–16	177
16	192–194
17,7	304
18,13–27	127
23,23–33*	189
24,12	307, Anm. 740
32,26–29	304

Levitikus

13 f.	281

Deuteronomium

1,1–4,40	117–148
1,1–5	117–123
1,1	300
1,5	120–122, 148, 149
1,6–4,40	123, 306
1,6–3,29	123–128
1,6	121 f.
1,9–18	125–128
1,19 ff.	119, 132, 146, 226
4,1–40	128–148, 306
4,1	128–133, 149
4,2–40	133–145
4,5	149 f., 306, 307
4,9	151 f., 309
4,10	153 f., 273, 309, 310, 311
4,13 f.	137, 238
4,14	137, 155–157, 306, 307
4,24	141
4,31	141
4,35	144
4,36	157 f., 312
4,39	144
4,44 f.	236 f., 238
4,44	121
5–26	158, 235, 236, 237, 272, 309
5–11	229, 289 f., 301, 309
5	158 f., 290, 291
5,1	74, 121, 159–161, 237, 291, 309, 310
5,2	291, 310
5,22 ff.	238
5,27	166 f.
5,29	230, 291
5,31	161–169, 226, 235, 306, 307
6–26	146, 171, 277
6–11	202, 233, 236, 277, 290, 306, 307, 308
6,1–26,16	169–239, 306
6,1–7,11	170–185, 307
6,1–3	170–174, 178, 235 f., 291, 310
6,1	239, 306, 307
6,2	291
6,6–9	74, 178, 272, 289
6,6	240, 248, 286, 309
6,7	161, 239–248, 253, 263, 287, 289, 293, 297, 309, 310
6,10–25	176–178

6,18	201	31,12	248, 272, 273, 287–292, 311
6,20–25	249–253, 309	31,13	292–294, 310, 311
6,25	201	31,19	161, 289, 294–298, 308
7,12–8,20	185–199, 307	31,22	294–298, 308
7,17–26	188–190	31,24 f.	296
8,1–18	185, Anm. 303	32	288, 290, 309
8,3	191–194	32,7	298 f., 311
8,5	93, 253–255, 259, 312	32,45	300
9 f.	291	32,46	300–303, 309
9,1–10,11	199–212, 307	33,10	303–306, 312
9,26	257		
10,12–11,32	213–224, 307	*Josua*	
11,2	256–259, 312		
11,13–17	217 f.	1,8	244
11,18–20	246, 263, 272, 289	4,22	151, Anm. 127
11,18	74	7	13
11,19	246, 259–263, 309		
11,31 f.	221 f.	*II Regnum*	
12–26	231, 232, 233, 235, 238, 247	22 f.	314, Anm. 746
12,1–26,16	225–229, 307, 309		
12,1	171, 172, 225, 229, 231 f., 235	*Jesaja*	
12,11	228		
13,1	227	1,16 f.	17 f., 44
14,22 ff.	247	2,3 f.	19–21, 44, 45
14,23	263–267, 311	6,1–8,18	21, 22
16,3	247	8,16	21–23, 43 f.
17,3	228 f.	9,14	23 f., 41
17,9–11	305	24–27	24 f.
17,10 f.	267–274, 312	24,5	26 f.
17,19	271–274, 311	26,9 f.	24–27, 44
18,9–22	227, 275	26,16	27 f., 45
18,9	275 f., 279	28–33	28
18,18	276 f., 308	28,9	28 f., 43
20,16–18	183	28,22	31 f.
20,18	183, 277–279	28,26	29–32, 45
24,8	279–281, 305, 312	28,29 f.	31 f.
24,9	247	29,13	32 f., 41
26,1 ff.	248	29,24	33 f., 44
26,5	247	30,8–11	35 f.
27–34	281–284	30,20	34–36, 44, 45
28	288, 289 f., 309	38,19	151, Anm. 127
30,14	161, 285–287, 289, 297, 309	40–55	36
		48,17–19	40, 41
31,9	296	48,17	36–38, 44

48,20	38	*Psalmen*	
50,4	38–40, 45		
54,13	40 f., 44	1,2	244
56–66	41	78,5	151, Anm. 127
59,20	43	119,46	243 f.
59,21	41–43, 44		
60–62	43	*Proverbien*	
		1,1–7	84–87, 112
Jeremia		1,1–6	112, 315
2–6	48 f.	1,4	86, 104
2,8	74	1,5 f.	86
2,33	48–50, 54, 78	1,7	111, 315
5,4 f.	50–52, 63, 76, 80	1,8–19	87–92
6,8	52 f., 80	1,20–33	103
7,1–10,25	52, 58	1,22	104
8,8	74	2,6	114, Anm. 441
9,4	53 f., 56, 78	3,11 f.	91–94, 112, 114
9,13	54–56, 78	4,4	94–96, 98
9,19	56 f., 79	4,11	96–99, 96
10,1–16	57	5,13	99–101, 112
10,2	57 f., 62, 79	6,20–35	89
10,24	58–60, 66 f., 80	6,25–35	90, 112
11–13	60, 63	8,5	105
12,16	60–63, 76, 78, 79	8,10	101–103, 113
13,23	63 f., 78	9,1–9	103
30–31	64, 79	9,4	104
30,11	59, 60, 64–67, 80 f.	9,7–9	103–105
30,14	67 f., 80	22,17–21	105–108, 113
31,18	53, 68–71, 75, 80 f.	22,22–24,22	108
31,19	75, 79	30,3	108–110, 112
31,31–34	79, 80, 308, 315	31,1	110 f., 113
31,33	286		
31,34	71–76, 79	*Daniel*	
32,33	76–78, 80		
32,36–44	77 f.	9,21	243 f.

Forschungen zum Alten Testament
Herausgegeben von Bernd Janowski, Mark S. Smith
und Hermann Spieckermann

Alphabetische Übersicht

Barthel, Jörg: Prophetenwort und Geschichte. 1997. *Band 19.*
– siehe *Hermisson, Hans-Jürgen.*
Baumann, Gerlinde: Die Weisheitsgestalt in Proverbien 1–9. 1996. *Band 16.*
Bodendorfer, Gerhard und *Matthias Millard* (Hrsg.): Bibel und Midrasch. Unter Mitarbeit
  von B. Kagerer. 1998. *Band 22.*
Chapman, Stephen B.: The Law and the Prophets. 2000. *Band 27.*
Diße, Andreas: siehe *Groß, Walter.*
Ego, Beate: siehe *Janowski, Bernd.*
Emmendörffer, Michael: Der ferne Gott. 1997. *Band 21.*
Finsterbusch, Karin: Weisung für Israel. 2005. *Band 44.*
Groß, Walter: Die Satzteilfolge im Verbalsatz alttestamentlicher Prosa. Unter Mitarbeit von
  A. Diße und A. Michel. 1996. *Band 17.*
Hanhart, Robert: Studien zur Septuaginta und zum hellenistischen Judentum. 1999.
  Band 24.
Hausmann, Jutta: Studien zum Menschenbild der älteren Weisheit (Spr 10ff). 1995.
  Band 7.
Hermisson, Hans-Jürgen: Studien zu Prophetie und Weisheit. Hrsg. von J. Barthel, H. Jauss
  und K. Koenen 1998. *Band 23.*
Huwyler, Beat: Jeremia und die Völker. 1997. *Band 20.*
Janowski, Bernd und *Ego, Beate* (Hrsg.): Das biblische Weltbild und seine altorientalischen
  Kontexte. 2001. *Band 32.*
Janowski, Bernd und *Stuhlmacher, Peter* (Hrsg.): Der Leidende Gottesknecht. 1996.
  Band 14.
Jauss, Hannelore: siehe *Hermisson, Hans-Jürgen.*
Jeremias, Jörg: Hosea und Amos. 1996. *Band 13.*
Kagerer, Bernhard: siehe *Bodendorfer, Gerhard.*
Kiuchi, Nobuyoshi: A Study of Hata' and Hatta't in Leviticus 4–5. 2003. *Band II/2.*
Knierim, Rolf P.: Text and Concept in Leviticus 1:1–9. 1992. *Band 2.*
Köckert, Matthias: Leben in Gottes Gegenwart. 2004. *Band 43.*
Köhlmoos, Melanie: Das Auge Gottes. 1999. *Band 25.*
Koenen, Klaus: siehe *Hermisson, Hans-Jürgen.*
Kratz, Reinhard Gregor: Kyros im Deuterojesaja-Buch. 1991. *Band 1.*
– Das Judentum im Zeitalter des Zweiten Tempels. 2004. *Band 42.*
Lange, Armin: Vom prophetischen Wort zur prophetischen Tradition. 2002. *Band 34.*
Liess, Kathrin: Der Weg des Lebens. 2004. *Band II/5.*
MacDonald, Nathan: Deuteronomy and the Meaning of „Monotheism". 2003. *Band II/1.*
Michel, Andreas: Gott und Gewalt gegen Kinder im Alten Testament. 2003. *Band 37.*
– siehe *Groß, Walter.*
Millard, Matthias: Die Komposition des Psalters. 1994. *Band 9.*
– siehe *Bodendorfer, Gerhard.*
Miller, Patrick D.: The Way of the Lord. 2004. *Band 39.*

Forschungen zum Alten Testament

Müller, Reinhard: Königtum und Gottesherrschaft. 2004. *Band II/3.*
Niemann, Hermann Michael: Herrschaft, Königtum und Staat. 1993. *Band 6.*
Otto, Eckart: Das Deuteronomium im Pentateuch und Hexateuch. 2001. *Band 30.*
Perlitt, Lothar: Deuteronomium-Studien. 1994. *Band 8.*
Podella, Thomas: Das Lichtkleid JHWHs. 1996. *Band 15.*
Pola, Thomas: Das Priestertum bei Sacharja. 2003. *Band 35.*
Rösel, Martin: Adonaj – Warum Gott 'Herr' genannt wird. 2000. *Band 29.*
Ruwe, Andreas: „Heiligkeitsgesetz" und „Priesterschrift". 1999. *Band 26.*
Sals, Ulrike: Die Biographie der „Hure Babylon". 2004. *Band II/6.*
Schaper, Joachim: Priester und Leviten im achämenidischen Juda. 2000. *Band 31.*
Schenker, Adrian (Hrsg.): Studien zu Opfer und Kult im Alten Testament. 1992. *Band 3.*
Schmidt, Brian B.: Israel's Beneficent Dead. 1994. *Band 11.*
Schöpflin, Karin: Theologie als Biographie im Ezechielbuch. 2002. *Band 36.*
Seeligmann, Isac Leo: The Septuagint Version of Isaiah and Cognate Studies. Edited by Robert Hanhart and Hermann Spieckermann. 2004. *Band 40.*
– Gesammelte Studien zur Hebräischen Bibel. Herausgegeben von Erhard Blum mit einem Beitrag von Rudolf Smend. 2004. *Band 41.*
Spieckermann, Hermann: Gottes Liebe zu Israel. *Band 33.*
Steck, Odil Hannes: Gottesknecht und Zion. 1992. *Band 4.*
Stuhlmacher, Peter: siehe *Janowski, Bernd.*
Weber, Cornelia: Altes Testament und völkische Frage. 2000. *Band 28.*
Weippert, Manfred: Jahwe und die anderen Götter. 1997. *Band 18.*
Weyde, Karl William: The Appointed Festivals of YHWH. 2004. *Band II/4.*
Widmer, Michael: Moses, God, and the Dynamics of Intercessory Prayer. 2004. *Band II/8.*
Willi, Thomas: Juda – Jehud – Israel. 1995. *Band 12.*
Williamson, Hugh: Studies in Persian Period History and Historiography. 2004. *Band 38.*
Wilson, Kevin A.: The Campaign of Pharaoh Shoshenq I into Palestine. 2004. *Band II/9.*
Young, Ian: Diversity in Pre-Exilic Hebrew. 1993. *Band 5.*
Zwickel, Wolfgang: Der Tempelkult in Kanaan und Israel. 1994. *Band 10.*

Einen Gesamtkatalog erhalten Sie gerne vom Verlag
Mohr Siebeck • Postfach 2040 • D–72010 Tübingen.
Neueste Informationen im Internet unter http://www.mohr.de